SCRIPTORVM CLASSICORVM
BIBLIOTHECA OXONIENSIS

OXONII
E TYPOGRAPHEO CLARENDONIANO

M. FABI QVINTILIANI

INSTITVTIONIS ORATORIAE

LIBRI DVODECIM

RECOGNOVIT
BREVIQVE ADNOTATIONE CRITICA INSTRVXIT

M. WINTERBOTTOM

COLLEGII VIGORNIENSIS APVD
OXONIENSES SOCIVS

TOMVS II
LIBRI VII–XII

OXONII
E TYPOGRAPHEO CLARENDONIANO

Oxford University Press, Great Clarendon Street, Oxford OX2 6DP

*Oxford New York
Athens Auckland Bangkok Bogota Bombay
Buenos Aires Calcutta Cape Town Dar es Salaam
Delhi Florence Hong Kong Istanbul Karachi
Kuala Lumpur Madras Madrid Melbourne
Mexico City Nairobi Paris Singapore
Taipei Tokyo Toronto Warsaw*

*and associated companies in
Berlin Ibadan*

Oxford is a registered trade mark of Oxford University Press

*Published in the United States by
Oxford University Press Inc., New York*

© Oxford University Press 1970

First published 1970

*All rights reserved. No part of this publication may be reproduced,
stored in a retrieval system, or transmitted, in any form or by any means,
without the prior permission in writing of Oxford University Press.
Within the UK, exceptions are allowed in respect of any fair dealing for the
purpose of research or private study, or criticism or review, as permitted
under the Copyright, Designs and Patents Act, 1988, or in the case of
reprographic reproduction in accordance with the terms of the licences
issued by the Copyright Licensing Agency. Enquiries concerning
reproduction outside these terms and in other countries should be
sent to the Rights Department, Oxford University Press,
at the address above*

ISBN 0-19-814655-8

9 10

*Printed in Great Britain by
Ipswich Book Co Ltd
Suffolk*

SIGLA

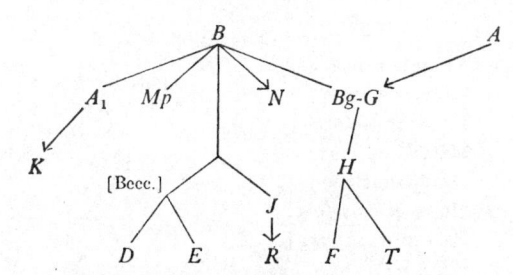

```
           B                         A
        ╱ │ │ ╲                    ╱
      A₁  Mp  N  Bg-G  ←─────────
     ╱
    K       [Becc.]        H
            ╱ │      │     ╱ ╲
           D  E      J    F   T
                     ↓
                     R
```

A   Ambrosianus E. 153 sup., saec. IX
     A^1 idem nondum correctus
     a   corrector eius aequaeuus

Codices mutili

B   Bernensis 351, saec. IX
     B^1 idem nondum correctus
     B^2 corrector eius aequaeuus
A_1 Ambrosianus F. 111 sup., saec. IX
N   Parisinus lat. 18527 (Nostradamensis), saec. X
Mp   Montepessulanus H 336, saec. XI
J   Cantabrigiensis Ioannensis 91, saec. XII
R   Leidensis Voss. lat. q. 77, saec. XII
[E   Breuiarium Stephani Rothomagensis (Parisinus lat. 14146), saec. XII]
D   Parisinus lat. 7719, saec. XIII
K   Parisinus lat. 7720, saec. XIV
     k   eiusdem corrector (Petrarcha)

Codices suppleti

{ Bg   pars antiquior Bambergensis M. 4. 14 (saec. X)
     b   corrector eiusdem (saec. X)
{ G   supplementum eius (saec. x)
     g   scriba supplementi ipse se corrigens
H   Harleianus 2664, saec. X

SIGLA

F		Laurentianus 46. 7, saec. x
	f	corrector eiusdem (saec. xv)
T		Turicensis 288, saec. xi
	t	corrector eiusdem (Ekkehardus IV), saec. xi

Codices recentiores (saec. xv)

1416		Vindobonensis 3135
1418		Laurentianus 46. 9
1434		Harleianus 2662
1461		Marcianus 4111
1470		Harleianus 4995
M		Monacensis 23473
P		Parisinus lat. 7723
	p	correctores eius
	p*	correctiones quas dant et *p* et Vaticanus lat. 1766
*V*₁		Vaticanus lat. 1761

Nomine laudantur

    (Londinensis) Burn(eianus) 243
    (Oxoniensis) D'Orv(ille) 13
    (Oxoniensis) Add. C 169
    Vat(icanus) lat(inus) 1762
    Vat(icanus) lat(inus) 1766

Codices fragmentorum 10. 1. 46–131, 12. 10. 10–15

X	Parisinus lat. 7696, saec. xi
Y	Parisinus lat. 7231, saec. xi
γ	consensus eorum
[*δ*	consensus codicum *DER*, qui separatim habent 10. 1. 46–107, 12. 10. 10–15]

Laudantur etiam

    Vt. = Iulius Victor ⎫
    Π   ⎬ de quibus uide Praef. § 8
    'Cass(iodorus)' ⎭
    Vdalrici Bambergensis epitome rhetorica, ex Vindobonensi 2521, saec. xii
    Flor(ilegium Gallicum), ex Parisino lat. 17903, saec. xiii
    (Francisci) Patr(icii Epitome), ex Londinensi Add. 11671, saec. xv

SIGLA

His compendiis utor:
> conf(irmat)
> conl(ato)
> inu(erso) ord(ine)
> m(anus) rec(ens)
> s(upra) l(ineam)
> → utitur, sed non ad uerbum
> ∼ repugnante

LIBER SEPTIMVS

⟨PROHOEMIVM⟩

De inuentione, ut arbitror, satis dictum est: neque enim **1** ea demum quae ad docendum pertinent executi sumus, uerum etiam motus animorum tractauimus. Sed ut opera extruentibus satis non est saxa atque materiam et cetera aedificanti utilia congerere nisi disponendis eis conlocandisque artificium manus adhibeatur: sic in dicendo quamlibet abundans rerum copia cumulum tantum habeat atque congestum nisi illas eadem dispositio in ordinem digestas atque inter se commissas deuinxerit. Nec inmerito secunda quin- **2** que partium posita est, cum sine ea prior nihil ualeat. Neque enim quamquam fusis omnibus membris statua sit nisi conlocetur, et si quam in corporibus nostris aliorumue animalium partem permutes et transferas, licet habeat eadem omnia, prodigium sit tamen: et artus etiam leuiter loco moti perdunt quo uiguerunt usum, et turbati exercitus sibi ipsi sunt impedimento. Nec mihi uidentur errare qui ipsam **3** rerum naturam stare ordine putant, quo confuso peritura sint omnia. Sic oratio carens hac uirtute tumultuetur necesse est et sine rectore fluitet nec cohaereat sibi, multa repetat, multa transeat, uelut nocte in ignotis locis errans, nec initio nec fine proposito casum potius quam consilium sequatur.

Quapropter totus hic liber seruiat diuisioni, quae quidem, **4** si certa aliqua uia tradi in omnis materias ullo modo posset, non tam paucis contigisset. Sed cum infinitae litium formae fuerint futuraeque sint et tot saeculis nulla reperta sit causa

21 *cf. Boeth. Cons. Phil. 3. 11. 39 Bieler (et ibid. 1. 6. 19)*

A]   3 INCP LIB VII DE DISPOSITIONE De *A*   10 ordinem *ed. Ald.*: ordine *A*   digestas *f* (*uel F*): -ta *A* (*unde* illa ... commissa *a, numerosius*)   11 inter *p**: in *A*   13–14 collocentur *ed. Asc. 1516, fort. recte*   24 dispositioni *D'Orv. 13* (*at cf. 7. 1. 39*)   25 uia *P*: ui *A*   27 fuerint *1416*: -unt *A*

quae esset tota alteri similis, sapiat oportet actor et uigilet et inueniat et iudicet et consilium a se ipso petat. Neque infitias eo quaedam esse quae demonstrari possint, eaque non omittam.

1. Sit igitur, ut supra significaui, diuisio rerum plurium in singulas, partitio singularum in partis discretio, ordo recta quaedam conlocatio prioribus sequentia adnectens, disposi-
2 tio utilis rerum ac partium in locos distributio. Sed meminerimus ipsam dispositionem plerumque utilitate mutari, nec eandem semper primam quaestionem ex utraque parte tractandam. Cuius rei, ut cetera exempla praeteream, Demosthenes quoque atque Aeschines possunt esse documento, in iudicio Ctesiphontis diuersum secuti ordinem, cum accusator a iure, quo uidebatur potentior, coeperit, patronus omnia paene ante ius posuerit, quibus iudicem quaestioni
3 legum praepararet. Aliud enim alii docere prius expedit, alioqui semper petitoris arbitrio diceretur: denique in accusatione mutua, cum se uterque defendat priusquam aduersarium arguat, omnium rerum necesse est ordinem esse diuersum. Igitur quid ipse sim secutus, quod partim praeceptis partim usu partim ratione cognoueram, promam nec umquam dissimulaui.

4 Erat mihi curae in controuersiis forensibus nosse omnia quae in causa uersarentur: nam in schola certa sunt et pauca et ante declamationem exponuntur, quae themata Graeci uocant, Cicero proposita. Cum haec in conspectu quodam modo conlocaueram, non minus pro aduersa parte quam pro
5 mea cogitabam. Et primum, quod non difficile dictu est sed

8 §§ 2–3 → *Fortunatianus p. 121. 5–9*   26 *e.g. top. 79 (sed alia res est)*   28 §§ 5–8 → *Vt. pp. 375. 40–376. 18*

A]   16 praeparet *A*: *corr. g*   alii *D'Orv. 13 (accedente Fort.)*: ali* *A* (alio *G*)   dicere *unus cod. Fort.* (*et 'secundis curis' Obrecht*) 17 petitioris *A*: *corr. g*   17–18 accusatione mutua cum *Obrecht post Regium*: accusatione (-nem *a*) ut uacū (uacuum *a*) *A*   21 usu partim *scripsi* (*1967*): usurpatim *A* (-tum *G, edd.*)

INSTITVTIO ORATORIA 7. 1. 9

tamen ante omnia intuendum, constituebam quid utraque
pars uellet efficere, tum per quid, hoc modo. Cogitabam quid
primum petitor diceret. Id aut confessum erat aut contro-
uersum. Si confessum, non poterat ibi esse quaestio. Trans- 6
ibam ergo ad responsum partis alterius, idem intuebar:
nonnumquam etiam quod inde optinebatur confessum erat.
Vbi primum coeperat non conuenire, quaestio oriebatur. Id
tale est: 'occidisti hominem', 'occidi'. Conuenit, transeo.
Rationem reddere debet reus quare occiderit. 'Adulterum' 7
inquit 'cum adultera occidere licet'. Legem esse certum est.
Tertium iam aliquid uidendum est in quo pugna consistat.
'Non fuerunt adulteri': 'fuerunt'; quaestio: de facto ambigitur, coniectura est. Interim et hoc tertium confessum est, 8
adulteros fuisse: 'sed tibi' inquit accusator 'illos non licuit
occidere: exul enim eras' aut 'ignominiosus'. De iure quaeritur. At si protinus dicenti 'occidisti' respondeatur 'non
occidi', statim pugna est.

Si explorandum est ubi controuersia incipiat, considerari
debet quae ⟨sit intentio quae⟩ primam quaestionem facit.
Intentio simplex: 'occidit Saturninum Rabirius', coniuncta: 9
'lege de sicariis commisit L. Varenus: nam et C. Varenum
occidendum et Cn. Varenum uulnerandum et Salarium item
occidendum curauit'—nam sic diuersae propositiones erunt:
quod idem de petitionibus dictum sit. Verum ex coniuncta
propositione plures esse quaestiones ac status possunt, si
aliud negat reus, aliud defendit, aliud a iure actionis excludit.
In quo genere est agenti dispiciendum quid quoque loco
diluat.

21 *Cic. frg. orat.* II. 6

A] 2 per quid *t* (*cf. 3. 8. 34*): *per quae* id *A*, *quod sufficiat si distinguas* per quae. Id 4 confessum non *Regius* (*confirmante Vt.*): non confessum *A* 12 quaestio *del. Radermacher 1935, Stroux 1936* 13 coniectura est *del. Stroux 1936* et hoc *Halm ex Vt.*: **go *A*¹ (ergo *a*: et ego *G*) 18 incipiat *G ante corr.*: -iet *A* (*et g*): -iat et *t, fort. recte* 19 ⟨quae sit intentio⟩ quae ... facit *Kiderlin 1891-3*: quae ... facit *A* (*quo recepto post* intentio *distinxit Gertz*): quid ... faciat *Happel* 23 curauit *Gesner*: cauit *a* ? (*quid A*¹ *incertum, sed* cadit *G*) sic *g*: si *A*

367

10 Quod pertinet ad actorem, non plane dissentio a Celso, qui sine dubio Ciceronem secutus instat tamen huic parti uehementius, ut putet primo firmum aliquid esse ponendum, summo firmissimum, inbecilliora media, quia et initio mo- **11** uendus sit iudex et summo inpellendus. At pro reo plerumque grauissimum quidque primum mouendum est, ne illud spectans iudex reliquorum defensioni sit auersior. Interim tamen et hoc mutabitur, si leuiora illa palam falsa erunt, grauissimi defensio difficilior, ut detracta prius accusatoribus fide adgrediamur ultimum, iam iudicibus omnia esse uana credentibus. Opus erit tamen praefatione, qua et ratio reddatur dilati criminis et promittatur defensio, ne id quod **12** non statim diluemus timere uideamur. Ante actae uitae crimina plerumque prima purganda sunt, ut id de quo laturus est sententiam iudex audire propitius incipiat. Sed hoc quoque pro Vareno Cicero in ultimum distulit, non quid frequentissime sed quid tum expediret intuitus.

13 Cum simplex intentio erit, uidendum est unum aliquid respondeamus an plura. Si unum, in re quaestionem instituamus an in scripto: si in re, negandum sit quod obicitur an tuendum: si scripto, in qua specie iuris pugna sit, et in **14** ea de uerbis an de uoluntate quaeratur. Id ita consequemur si intuiti fuerimus quae sit lex quae litem faciat, hoc est, qua iudicium sit constitutum. Nam quaedam in scholasticis ponuntur ad coniungendam modo actae rei seriem, ut puta: 'Expositum qui agnouerit, solutis alimentis recipiat: minus dicto audientem filium liceat abdicare. Qui expositum recepit, imperat ei nuptias locupletis propinquae: ille de- **15** ducere uult filiam pauperis educatoris.' Lex de expositis ad adfectum pertinet: iudicium pendet ex lege abdicationis.

1 §§ *10–11* → *Fortunatianus p. 121. 10–21* Cels. *frg. rhet. 11 Marx: cf. Cic. de orat. 2. 314, orat. 50* 16 *frg. orat. II. 19*

A] 1 dissentio *G*: -sio *A*   5 summo *P*: summa *A, fort. recte* (*sed* nouissimo *Fort.*)   7 aduersior *1418* (aduersus *Fort.*)
11 praeparatione *Fort.*   20 an *1434*: iam *A*   in re *P*: iure *a in ras.*   21 si ⟨in⟩ *P*   22 id *t*: ut *A*   28–9 ducere *P*
29 ad *om. A*¹ (*unde* ad factum *Kiderlin 1891-3*)

INSTITVTIO ORATORIA 7. 1. 21

Nec tamen semper ex una lege quaestio est, ut in antinomia.
His spectatis apparebit circa quod pugna sit.

Coniuncta defensio est, qualis pro Rabirio: 'si occidisset, 16
recte fecisset, sed non occidit.' Vbi uero multa contra unam
propositionem dicimus, cogitandum est primum quidquid
dici potest, tum ex his quo quidque loco dici expediat aesti-
mandum. In quo non idem sentio quod de propositionibus
paulo ante quodque de argumentis probationum loco con-
cessi, posse aliquando nos incipere a firmioribus. Nam uis 17
quaestionum semper crescere debet et ad potentissima ab
infirmissimis peruenire, siue sunt eiusdem generis siue
diuersi. Iuris autem quaestiones solent esse nonnumquam 18
ex aliis atque aliis conflictionibus, facti semper idem spectant. In utroque genere similis ordo est; sed prius de dissimilibus: ex quibus infirmissimum quidque primum tractari
oportet, ideo quod quasdam quaestiones executi donare solemus et concedere: neque enim transire ad alias possumus
nisi omissis prioribus. Quod ipsum ita fieri oportet non ut 19
damnasse eas uideamur, sed omisisse quia possimus etiam
sine eis uincere. Procurator alicuius pecuniam petit ex
faenore hereditario: potest incidere quaestio, an huic esse
procuratorem liceat. Finge nos, postquam tractauimus eam, 20
remittere uel etiam conuinci: quaeretur an ei cuius nomine
litigatur procuratorem habendi sit ius. Discedamus hinc
quoque: recipit natura quaestionem an ille cuius nomine
agitur heres sit faeneratoris, an ex asse heres. Haec quoque 21
concessa sint: quaeretur an debeatur. Contra nemo tam demens fuerit ut, cum id quod firmissimum duxerit se habere
⟨tractauerit⟩, remittat illud et ad leuiora transcendat. Huic
in schola simile est: 'non abdicabis adoptatum: ut hunc

A] 1 ut *t*: aut *A*   2 quid *Gemoll 1887* (*simili ratione* est
pro sit *Halm*): quae *t*   7 idem *G*: quidem *A*   8 quodque *t*:
quod *A*   10 semper *ed. Gryph. 1536*: per *A*: om. *Burn. 243*
22 procuratorem (ex -tor ?) *A* (*cf. 4. 4. 6*): -tori *Halm*   25 natura
A: materia *p* (*1470*) (*at cf.* § *49 : 12. 8. 10 . et* §§ *26, 40*)   27–8 demens
ed. Camp. (dehemens *D'Orv. 13 !*): uehemens *A*   29 tractauerit
add. Meister: alii alia suppleuerant

369

quoque, non uirum fortem: ut et fortem, non quicumque uoluntati tuae non paruerit: ut in alia omnia subiectus sit, non propter optionem: ⟨ut propter optionem⟩, non propter
22 talem optionem.' Haec iuris quaestionum differentia est. In factis autem ad idem tendentia sunt plura, ex quibus aliqua citra summam quaestionem remitti solent, ut si is cum quo furti agitur dicat: 'proba te habuisse, proba perdidisse, proba furto perdidisse, proba mea fraude.' Priora enim remitti possunt, ultimum non potest.

23 Solebam et hoc facere [praecipere], ut ⟨uel⟩ ab ultima specie (nam ea fere est quae continet causam) retrorsum quaererem usque ad primam generalem quaestionem, uel a genere ad extremam speciem descenderem: etiam in sua-
24 soriis, ut deliberat Numa an regnum offerentibus Romanis recipiat. Primum, id est genus, an regnandum, ⟨tum⟩ an in ciuitate aliena, an Romae, an laturi sint Romani talem regem. Similiter in controuersiis. Optet enim uir fortis alienam uxorem. Vltima species est an optare possit alienam uxorem. Generale est an quidquid optarit accipere debeat; deinde, an ex priuato, an nuptias, an maritum habentis.
25 Sed hoc non quem ad modum dicitur ita et quaeritur. Primum enim occurrit fere quod est ultimum dicendum, ut hoc: 'non debes alienam uxorem optare', ideoque diuisionem perdit festinatio. Non oportet igitur offerentibus se contentum esse: quaere aliquid ultra, sic: 'ne uiduam quidem'; adhuc plus †si† 'nihil ex priuato': ultimum retrorsum, quod idem

A]   1 quicumque *A*: qui cuicumque *W. Meyer, probabiliter*   2 subiectus *P*: -iunctus *A*[1] (-iunctus *a*)   3–4 opinionem *utroque loco A: corr. Obrecht*   3 ut propter optionem *Spalding post ed. Gryph. 1536, Obrecht*: om. *A*   4 quaestionum *P*: -onis *A* (*unde* ⟨in⟩ iuris quaestionibus *Halm*)   5 facti (*sc.* quaestionibus) *Gertz, conlato § 18*   10 praecipere *del. Meister 1865*   ut uel *ed. Jens.*: ut *A*   13 descenderem *ed. Jens.*: -dere *A*   15 tum *add. Christ (cf. l. 20* deinde)   25 quaere *A*: sed quaerere *Spalding* aliquid *Gertz (conl. § 59)*: aliqui*d*ne *A* (aliquidem *G, unde* aliquid quod est *t, fort. recte* [sine est] *recepto illo* sit)   sic *scripsi (cf. 5. 14. 22)*: sit *A*: sed *Gertz (qui idem uerbum reponit et l. 26 pro* si *et p. 371 l. 1 pro* est)   26 plus *mirum est*, si *corruptum* (si *A*: se *G*) *et fort. delendum* (est *Halm*)

INSTITVTIO ORATORIA 7. 1. 31

a capite primum est, 'nihil inicum'. Itaque propositione uisa, **26** quod est facillimum, cogitemus, si fieri potest, quid naturale sit primum responderi. Id si tamquam res agatur et nobis ipsis respondendi necessitas sit intueri uoluerimus, occurrit. Si id non contigerit, seponamus id quod primum se optulerit, **27** et ipsi nobiscum sic loquamur: quid si hoc non esset? Id iterum et tertium et dum nihil sit reliqui; itaque inferiora quoque scrutabimur, quae tractata faciliorem nobis iudicem in summa quaestione facient. Non dissimile huic est et illud **28** praeceptum, ut a communibus ad propria ueniamus: fere enim communia generalia sunt. Commune: 'tyrannum occidit', proprium: '†tamen† tyrannum occidit', 'mulier occidit', 'uxor occidit'.

Solebam et excerpere quid mihi cum aduersario con- **29** ueniret, si modo id pro me erat, nec solum premere confessionem sed partiendo multiplicare, ut in illa controuersia: 'Dux qui competitorem patrem in suffragiis uicerat captus est: euntes ad redimendum eum legati obuium habuerunt patrem reuertentem ab hostibus. Is legatis dixit: sero itis. **30** Excusserunt illi patrem et aurum in sinu eius inuenerunt: ipsi perseuerarunt ire quo intenderant, inuenerunt ducem cruci fixum, cuius uox fuit: cauete proditorem. Reus est pater.' Quid conuenit? 'Proditio nobis praedicta est et praedicta a duce': quaerimus proditorem. 'Te isse ad hostes fateris et isse clam et ab his incolumem redisse, aurum retulisse et aurum occultum habuisse'. Nam quod †fecit†, **31** id nonnumquam potentius fit in propositione: quae si animos

A] 1 diuisa *Claussen 1872* 4 occurrit *A (unde* uolumus *G) (cf. 7. 2. 15)*: -et *tempt. Spalding, fort. recte* 11 commune *P (uel p*) (cf.* § 9 intentio simplex:): communem *A*: commune est *1434* 11–12 occidi: *A: corr. t* 12 tamen *frigide ad* proprium *referas: latet, ut uidetur, non uerbum nominatiui casus* (amens *Radermacher), sed quod certum quendam tyrannum definiat* (talem *Gertz*): *quo inuento ultimum illud* occidit *forsitan reiciamus* (ut et a, *sed ille alia ratione*) 14 excerpere *1418*: exerpere *A* 17 captus *t*: caput *A* 18 redimendum eum *t (cf. Sen. rhet. pp. 330, 355 Mueller*): redēmeī *G (quid A¹ incertum, sed* redemtionem eius *a, fort. recte*) 23 quid *Bonnell*: qui *A*: quod *F (de quo u. Spalding)* 25 clam et *p**: cla*r*et *A* 26 fecit *A*: laedit *Crusius*

371

occupauit, prope aures ipsae defensioni praecluduntur. In totum autem congregatio criminum accusantem adiuuat, separatio defendentem.

Solebam id, quod fieri et in argumentis dixi, in tota facere materia, ⟨ut⟩ propositis extra quae nihil esset omnibus, deinde ceteris remotis, solum id superesset quod credi uole-
32 bam, ut ⟨in⟩ praeuaricationum criminibus: 'Vt absoluatur reus, aut innocentia ipsius fit aut interueniente aliqua potestate aut ui aut corrupto iudicio aut difficultate probationis aut praeuaricatione. Nocentem fuisse confiteris: nulla potestas obstitit, nulla uis, corruptum iudicium non quereris, nulla probandi difficultas fuit: quid superest nisi ut prae-
33 uaricatio fuerit?' Si omnia amoliri non poteram, plura amoliebar. 'Hominem occisum esse constat, non in solitudine, ut a latronibus suspicer, non praedae gratia, quia inspoliatus est, non hereditatis spe, quia pauper fuit: odium igitur in
34 causa. Quis inimicus?' Quae res autem faciliorem diuisioni uiam praestat, eadem inuentioni quoque: excutere quidquid dici potest et uelut reiectione facta ad optimum peruenire. 'Accusatur Milo quod Clodium occiderit'. Aut fecit aut non: optimum erat negare, sed non potest; occidit ergo. Aut iure aut iniuria: utique iure; aut uoluntate aut necessitate (nam
35 ignorantia praetendi non potest): uoluntas anceps est, sed, quia ita homines putant, attingenda defensio ut id pro re publica fuerit. Necessitate? Subita igitur pugna, non praeparata: alter igitur insidiatus est. Vter? Profecto Clodius. Videsne ut ipsa rerum necessitas diducat defensionem?
36 Adhuc: aut utique uoluit occidere insidiatorem Clodium aut

1–3 cf. *Fortunatianum p. 121. 22–3*

A]   5 ut *Regius*: om. *A*   6 superesset *Regius*: -esse *A*
7 ut in *t*: ut *A*¹ (*del. a*)   11 obstitit *P*: -sistit *A*   13 poteram *Halm*: potra in *A*¹ (potrā in *a*): poteram in *G* (*quo recepto* moliebar *seruauit Radermacher*)   13–14 moliebar *A*: *corr. t*   17 quis *G* (*cf. 7. 2. 54*): cum sis *a in ras.*   27 diduc*at A* (*cf. 7. 10. 5*): de-*1416* (*quo recepto* defensionem ad hoc *Halm*)   28 clodium *1434*: -ius *A*

INSTITVTIO ORATORIA   7. 1. 41

non. Tutius si noluit: fecerunt ergo serui Milonis neque
iubente neque sciente Milone. At haec tam timida defensio
detrahit auctoritatem illi qua recte dicebamus occisum;
adicietur: 'quod suos quisque seruos in tali re facere uoluis- 37
set.' Hoc eo est utilius quod saepe nihil placet et aliquid
dicendum est. Intueamur ergo omnia: ita apparebit aut id
quod optimum est aut id quod minime malum. Propositione
aliquando aduersarii utendum et esse nonnumquam communem eam suo loco dictum est.

Multis milibus uersuum scio apud quosdam esse quaesitum quo modo inueniremus utra pars deberet prior dicere,
quod in foro uel atrocitate formularum uel modo petitionum
uel nouissime sorte diiudicatur. In schola quaeri nihil attinet, 38
cum in declamationibus isdem narrare et contradictiones
soluere tam ab actore quam a possessore concessum sit. Sed
in plurimis controuersiis ne inueniri quidem potest, ut in
illa: 'Qui tris liberos habebat, oratorem philosophum medicum, testamento quattuor partes fecit et singulas singulis
dedit, unam eius esse uoluit qui esset utilissimus ciuitati.
Contendunt'. Quis primus dicat incertum est, propositio 39
tamen certa: ab eo enim cuius persona utemur incipiendum
erit. Et haec quidem de diuidendo in uniuersum praecipi
possunt.

At quo modo inueniemus etiam illas occultiores quaes- 40
tiones? Scilicet quo modo sententias uerba figuras colores:
ingenio cura exercitatione. Non tamen fere umquam nisi
inprudentem fugerint, si, ut dixi, naturam sequi ducem uelit.
Sed plerique eloquentiae famam adfectantes contenti sunt 41
locis speciosis modo uel nihil ad probationem conferentibus:
alii nihil ultra ea quae in oculos incurrunt exquirendum

4 *Cic. Mil. 29*   24 § 40 → *'Cassiodorus' p. 503. 34–5*

A]   21 persona utebimur *A* : *corr. f (cf. 4. 1. 46)*: personam tuebimur*t*
25 quo modo *G*: commodas *a in ras.*: quoniam *'Cass.'*   30 ultra
ea quae *Madvig, opusc. acad. p. 713* (ultra quae *Haupt 1842*): *uitare
quae A* (uitare aquae *G*)

putant. Quod quo facilius appareat, unam de schola controuersiam, non ita sane difficilem aut nouam, proponam in exemplum. 'Qui reo proditionis patri non adfuerit, exheres sit: proditionis damnatus cum aduocato exulet. Reo proditionis patri disertus filius adfuit, rusticus non adfuit: damnatus abiit cum aduocato in exilium. Rusticus cum fortiter fecisset, praemii nomine impetrauit restitutionem patris et fratris. Pater reuersus intestatus decessit: petit rusticus partem bonorum, orator totum uindicat sibi.' Hic illi eloquentes, quibusque nos circa lites raras sollicitiores ridiculi uidemur, inuadent personas fauorabiles: actio pro rustico contra disertum, pro uiro forti contra inbellem, pro restitutore contra ingratum, pro eo qui parte contentus sit contra eum qui fratri nihil dare ex paternis uelit. Quae omnia sunt in materia et multum iuuant, uictoriam tamen non trahunt. In hac quaerentur sententiae, si fieri poterit, praecipites uel obscurae (nam ea nunc uirtus est), et pulchre fuerit cum materia tumultu et clamore transactum. Illi uero quibus propositum quidem melius sed cura in proximo est haec uelut innatantia uidebunt: excusatum esse rusticum quod non interfuerit iudicio nihil conlaturus patri: sed ne disertum quidem habere quod inputet reo, cum is damnatus sit: dignum esse hereditate restitutorem: auarum impium ingratum qui diuidere nolit cum fratre eoque sic merito: quaestionem quoque illam primam scripti et uoluntatis, qua non expugnata non sit sequentibus locus. At qui naturam sequetur, illa cogitabit profecto, primo hoc dicturum rusticum: 'pater intestatus duos nos filios reliquit, partem iure gentium peto'. Quis tam imperitus, quis tam procul a litteris quin sic incipiat, etiam si nescierit quid sit propositio? Hanc communem omnium legem leuiter adornabit ut iustam. Nempe sequetur ut quaeramus quid huic tam aequae postulationi respondeatur. At id manifestum est: 'lex est quae

A]   2 difficilem *p*, *Badius* (*cf. 2. 5. 18*): difficillima *A*¹ (-am *a*)
9 totam *A*: *corr. t*   12 forti *1434*: forte *A*   28 intestatus *G*:
-tos *A*   32 ut *Regius*: at *A*

iubet exheredem esse eum qui patri proditionis reo non adfuerit, tu autem non adfuisti'. Hanc propositionem necessaria sequitur legis laudatio et eius qui non adfuerit uituperatio. Adhuc uersamur in confessis; redeat animus ad 48 petitorem: numquid non hoc cogitet necesse est nisi qui sit plane hebes: 'si lex obstat, nulla lis est, inane iudicium est: atqui et legem esse et hoc quod ea puniat a rustico factum extra dubitationem est.' Quid ergo dicimus? 'Rusticus eram.' Si lex [eram] omnis complectitur, nihil proderit: quaeramus 49 ergo num infirmari in aliquam partem lex possit. Quid aliud (saepius dicam) natura permittit quam ut cum uerba contra sint de uoluntate quaeratur? Generalis igitur quaestio, uerbis an uoluntate sit standum; sed hoc in commune de iure omni disputandum semper nec umquam satis iudicatum est. Quaerendum igitur in hac ipsa qua consistimus, an aliquid inueniri possit quod scripto aduersetur. 'Ergo quisquis non 50 adfuerit, exheres erit? quisquis sine exceptione?' Iam se illa uel ultro offerent argumenta: 'et infans?' (filius enim est et non adfuit): 'et qui aberat et qui militabat et qui in legatione erat?' Iam multum acti est: potest aliquis non adfuisse et heres esse. Transeat nunc idem ille qui ⟨hoc⟩ cogitauit, ut 51 ait Cicero, tibicinis Latini modo ad disertum: 'ut ista concedam, tu nec infans es nec afuisti nec militasti.' Num aliud occurrit quam illud: 'sed rusticus sum'? Contra quod palam 52 est dici: 'ut agere non potueris, adsidere potuisti', et uerum est. Quare redeundum rustico ad animum legum latoris: 'impietatem punire uoluit, ego autem impius non sum.' Contra quod disertus 'tum impie fecisti' inquit 'cum 53

22 *Mur.* 26

A]   4 redeat (*ex* reddeat) animus (*sc.* cogitantis: *cf.* § *46*) *A*: redeamus *Meister 1865*   8 rusticus (-cum *G*) eram *A*: rusticus sum *Meister* (rusticus sum. Verum *Gemoll 1887*): *cf.* § *51*   9 eram *del. Halm*: *fort.* est, (*uel* tamen?)   10 aliqua parte *t* (*certe numerosius: cf.* 2. *13. 14, ubi deest* in)   15 (in) qua *Gemoll 1887*   20 actum *Gesner* (*at cf.* 4. 2. *21*)   21 hoc cogitauit *Christ*: cogitauit *A*: *fort.* cogitabit   22 tibiicinis (*sic*) *p* ex Cic.*: tibicini *A*   25 dicit *A*: *corr. Christ*

exheredationem meruisti, licet te postea uel paenitentia uel ambitus ad hoc genus optionis adduxerit'. Praeterea 'propter te damnatus est pater, uidebaris enim de causa pronuntiasse.' Ad haec rusticus: 'tu uero in causa damnationis fuisti, multos offenderas, inimicitias domui contraxeras.' Haec coniecturalia: illud quoque, quod coloris loco rusticus dicit, patris fuisse tale consilium, ne uniuersam domum periculo subiceret. Haec prima quaestione scripti et uoluntatis continentur. Intendamus ultra animum, uideamusque an aliquid inueniri praeterea possit. Quo id modo fiet? Sedulo imitor quaerentem, ut quaerere doceam, et omisso speciosiore stili genere ad utilitatem me submitto discentium.

Omnes adhuc quaestiones ex persona petitoris ipsius duximus: cur non aliquid circa patrem quaerimus? Dictum enim est: 'quisquis non adfuerit, exheres erit.' Cur non conamur et sic quaerere: 'num cuicumque non adfuerit?' Facimus hoc saepe in iis controuersiis in quibus petuntur in uincula qui parentis suos non alunt, ut eam quae testimonium in filium peregrinitatis reum dixit, eum qui filium lenoni uendidit. In hoc de quo loquimur patre quid adprendi potest? Damnatus est. Numquid igitur lex ad absolutos tantum patres pertinet? Dura prima fronte quaestio. Non desperemus: credibile est hoc uoluisse legum latorem, ne auxilia liberorum innocentibus deessent. Sed hoc dicere rustico uerecundum est, quia innocentem fuisse patrem fatetur. Dat aliud argumentum controuersia: 'damnatus proditionis cum aduocato exulet.' Vix uidetur posse fieri ut poena filio in eodem patre et si adfuerit et si non adfuerit constituta sit. Praeterea lex ad exules nulla pertinet; non ergo credibile est de aduocato damnati scriptum: an possint enim bona

---

A]   5–6 coniecturalia *P*: coniectura alia *A*   10 quo *t*: quod *a uel A*   13–14 duximus *P*: dix- *A*   14 enim *Halm inter addenda*: ñ *a in ras.*: uero *1418*   15 quisquis *Spalding (cf.* § *58)*: *cui* quis *A*   16 num *ed. Jens.*: non *A*   cuicumque ⟨quis⟩ *Obrecht*   18 eam quae *G*: eum qui *A*   19 peregrinitatis *ed. Ald.*: -grinantis *A*   25 ⟨non⟩ est *Spalding* (*cf. 11. 3. 133*)   26 controuersiae *G, edd.*

INSTITVTIO ORATORIA 7.1.62

esse ulla exulis? Rusticus in utramque partem dubium 58
facit: disertus et uerbis inhaerebit, in quibus nulla exceptio
est, et propter hoc ipsum poenam esse constitutam eis qui
non adfuerint, ne periculo exilii deterreantur aduocatione,
5 et rusticum innocenti non adfuisse dicet. Illud protinus non
[id] indignum quod adnotetur, posse ex uno statu duas
generales quaestiones fieri: an quisquis, an cuicumque.
Haec ex duabus personis quaesita sunt. Ex tertia autem, 59
quae est aduersarii, nulla oriri quaestio potest, quia nulla
10 fit ei de sua parte controuersia. Nondum tamen cura deficiat:
ista enim omnia dici possent etiam ⟨non⟩ restituto patre.
Nec statim eo tendamus quod occurrit ultro, a rustico restitutum. Qui subtiliter quaeret, aliquid spectabit ultra: nam,
ut genus species sequitur, ita genus speciem praecedit. Fing- 60
15 amus ergo ab alio restitutum: ratiocinatiua seu collectiua
quaestio orietur, an restitutio pro sublatione iudicii sit et
proinde ualeat ac si iudicium non fuisset? Vbi temptabit
rusticus dicere ne impetrare quidem aliter potuisse suorum
restitutionem uno praemio nisi patre proinde ac si accusatus
20 non esset reuocato, quae res aduocati quoque poenam, tamquam is non adfuisset, remiserit. Tum uenimus ad id quod 61
primum occurrebat, a rustico esse restitutum patrem: ubi
rursus ratiocinamur an restitutor accipi debeat pro aduocato,
quando id praestiterit quod aduocatus petît, nec improbum
25 sit pro simili accipi quod plus est. Reliqua iam aequitatis, 62
utrius iustius sit desiderium. Id ipsum adhuc diuiditur:
etiam si uterque totum sibi uindicaret, nunc utique, cum
alter semissem, alter uniuersa fratre excluso. Sed his tractatis
etiam habet magnum momentum apud iudices patris me-
30 moria, cum praesertim de bonis eius quaeratur. Erit ergo

A]   1 rusticus *Regius, recte ut uidetur*: scolastica *A (mire)*
utramque partem *Zumpt*: utramque parte *A (unde* utraque parte
H)   5–6 non *t*: non id *A*   11 non *P (omisso* etiam):
om. A   15 seu *A*: atque *G*   18 potuisse ⟨se⟩ *Halm, monente
Spaldingio: eadem ratione* impetrari *Gertz*   23 restitutor *P*: -tus
A   24 petiit *t (contra numeros)*   25 aequitatis *p (ed. Jens.)*:
aetatis *A*

377

coniectura qua mente pater intestatus decesserit; sed ea pertinet ad qualitatem: alterius status instrumentum est.
63 Plerumque autem in fine causarum de aequitate tractabitur, quia nihil libentius iudices audiunt. Aliquando tamen hunc ordinem mutabit utilitas, ut, si in iure minus fiduciae erit, aequitate iudicem praeparemus.

Nihil habui amplius quod in uniuersum praeciperem.
64 Nunc eamus per singulas causarum iudicialium partes, quas ut persequi ad ultimam speciem, id est ad singulas lites controuersiasque, non possum, ita in generalibus scribere licet ut quae in quemque statum frequentissime incidant tradam. Et quia natura prima quaestio est factumne sit, ab hoc ordiar.

2. Coniectura omnis aut de re aut de animo est. Vtriusque tria tempora, praeteritum praesens futurum. De re et generales quaestiones sunt et definitae, id est, et quae non
2 continentur ⟨personis et quae continentur.⟩ De animo quaeri non potest nisi ubi persona est et de facto constat. Ergo cum de re agitur aut quid factum sit in dubium uenit aut quid fiat aut quid sit futurum, ut in generalibus 'an atomorum concursu mundus sit effectus, an prouidentia regatur, an sit aliquando casurus': in definitis 'an parricidium commiserit Roscius', 'an regnum adfectet Manlius', 'an recte Verrem sit
3 accusaturus Q. Caecilius'. In iudiciis praeteritum tempus maxime ualet, nemo enim accusat nisi quae facta sunt: nam quae fiant et quae futura sint ex praeteritis colliguntur. Quaeritur et unde quid ortum, ut 'pestilentia ira deum an intemperie caeli an corruptis aquis an noxio terrae halitu', et quae causa facti, ut 'quare ad Troiam quinquaginta reges nauigauerint, iure iurando adacti an exemplo moti an

14 §§ 1–2 → *'Cassiodorus' pp. 503. 36–504. 2*

A]   2 ⟨et⟩ alterius *Gesner*   10 in general*ibus A*: generalius *tempt. Spalding: fort.* generaliter (*nisi* in g. *delendum est, ut ex* 7. 2. 2)   17 *suppl. Halm ex* 'Cass.': ⟨et quae continentur⟩ *iam P*   20 fiat *ed. Ven. 1493*, 'Cass.': fit *A*   29 facti *P*: facit *A in ras. ed. Ven. 1493*, 'Cass.': fit *A*   30 nauigauerunt *A: corr. t*

INSTITVTIO ORATORIA 7.2.8

gratificantes Atridis.' Quae duo genera non multum inter se
distant. Ea uero quae sunt praesentis temporis, si non argu- 4
mentis, quae necesse est praecessisse, sed oculis deprehen-
denda sunt, non egent coniectura, ut si apud Lacedaemonios
5 quaeratur an Athenis muri fiant. Est et illud, quod potest
uideri extra haec positum, coniecturae genus, cum de aliquo
homine quaeritur quis sit, ut est quaesitum contra Vrbiniae
heredes is qui tamquam filius petebat bona Figulus esset an
Sosipater. Nam et substantia eius sub oculos uenit, ut non 5
10 possit quaeri an sit, quo modo an ultra oceanum, nec quid
sit nec quale sit sed quis sit. Verum hoc quoque genus litis
ex praeterito pendet: 'an hic sit ex Vrbinia natus Clusinius
Figulus.' Fuerunt autem tales etiam nostris temporibus controuersiae atque aliquae in meum quoque patrocinium in-
15 ciderunt. Animi coniectura non dubie in omnia tempora 6
cadit: 'qua mente Ligarius in Africa fuerit', 'qua mente
Pyrrhus foedus petat', 'quo modo laturus sit Caesar si
Ptolomaeus Pompeium occiderit.'

Quaeritur per coniecturam et qualitatem circa modum
20 speciem numerum: 'an sol maior quam terra, luna globosa
an plana an acuta, unus mundus an plures.' Itemque extra 7
naturales quaestiones: 'maius bellum Troianum an Peloponnesium', 'qualis clipeus Achillis', 'an unus Hercules.'

In iis autem quae accusatione ac defensione constant,
25 unum est genus in quo quaeritur et de facto et de auctore:
quod interim coniunctam quaestionem habet et utrumque
pariter negatur, interim separatam, cum et factum sit necne
et, si de facto constet, a quo factum sit ambigitur. Ipsum 8

7 ORF p. 522

A]   1 atrid*as A* (-des *G*): *corr. t*: Atridae *Radermacher*
5 est *Spalding*: sed *A*   7 quis *Regius*: qui *a* (quid *A*¹)   urbinae *A*: *corr. p**   8 is qui *Spalding*: si is qui *a* (quid *A*¹, *incertum*: si quis *G*)   10 an² ⟨sit terra⟩ *Radermacher* (*cf. 3.8.16*)   11 quis *ed. Jens.*: qui *A*   12 clusinius *p**, *recte ut uidetur*: dusmius *A* (*ut § 26: nomen nusquam alibi Figulo datur*)   19 qualitatem (*ex* -ate) *A*: -itas *Regius*, *probabiliter*   24 his *A*   26 et *A*: cum *Halm*   27 separatam *P*: -tum *A*

379

quoque factum aliquando simplicem quaestionem habet, an homo perierit, aliquando duplicem, ueneno an cruditate perierit. Alterum est genus de facto tantum, cum, si id certum sit, non potest de auctore dubitari: tertium de auctore tantum, cum factum constat sed a quo sit factum in controuersiam uenit. Et hoc quod tertio loco posui non est simplex. Aut enim reus fecisse tantum modo se negat aut alium fecisse dicit. Sed ne in alterum quidem transferendi criminis una forma est. Interdum enim substituitur mutua accusatio, quam Graeci ἀντικατηγορίαν uocant, nostrorum quidam 'concertatiuam': interdum in aliquam personam quae extra discrimen iudicii est transfertur, et alias certam, alias incertam: et cum certam, aut in extrariam [uitam] aut in ipsius qui perît uoluntatem. In quibus similis atque in ἀντικατηγορίᾳ personarum causarum ceterorum comparatio est, ut Cicero pro Vareno in familiam Anchariarum, pro Scauro circa mortem Bostaris in matrem auertens crimen facit. Est etiam illud huic contrarium comparationis genus, in quo uterque a se factum esse dicit, et illud in quo non personae inter se sed res ipsae colliduntur, id est non uter fecerit, sed utrum factum sit. Cum de facto et de auctore constat, de animo quaeri potest.

Nunc de singulis. Cum pariter negatur, hoc modo: 'adulterium ⟨non⟩ commisi', 'tyrannidem non adfectaui.' In caedis ac ueneficii causis frequens est illa diuisio: 'non est factum, et si factum est ego non feci.' Sed cum dicimus 'proba hominem occisum', accusatoris tantum partes sunt, a reo nihil dici contra praeter aliquas fortasse suspiciones potest: quas spargere quam maxime uarie oportebit, quia, si unum aliquid adfirmaris, probandum est aut causa periclitandum. Nam cum inter id quod ⟨ab⟩ aduersario et id quod a nobis pro-

15 *frg. orat. II. 9*

A] 3–4 certum *t*: circum *A*   10–11 concertatiuam *G*: -iua *A*
13 extrariam *Regius*: extrariam *uitam A ex dittographia*   14 perit ut uid. *A*¹: petit *a*: periit *ed. Asc. 1516*   20 id est *G*: id *A*
24 non¹ *add. t*   31 ab *P*: om. *A*

INSTITVTIO ORATORIA 7.2.18

positum est quaeritur, uidetur utique alterum uerum; ita euerso quo defendimur relicum est quo premimur: ut cum quaerimus de ambiguis signis cruditatis et ueneni, nihil tertium est, ideoque utraque pars quod proposuit tuetur. Interim autem ex re quaeritur ueneficium fuerit an cruditas, cum aliqua ex ipsa citra personam quoque argumenta ducuntur. Refert enim conuiuium praecesserit an tristitia, labor an otium, uigilia an quies. Aetas quoque eius qui perît discrimen facit. Interest subito defecerit an longiore ualetudine consumptus sit: liberior adhuc in utramque partem disputatio si tantum subita mors in quaestionem uenit. Interim ex persona probatio rei petitur, ut propterea credibile sit uenenum fuisse quia credibile est ab hoc factum ueneficium, uel contra. Cum uero de reo et de facto quaeritur, naturalis ordo est ut prius factum esse accusator probet, deinde a reo factum. Si tamen plures in persona probationes habuerit, conuertit hunc ordinem. Defensor autem semper prius negabit esse factum, quia si in hac parte uicerit reliqua non necesse habet dicere: uicto superest ut tueri se possit.

Illic quoque ubi de facto tantum controuersia est, quod si probetur non possit de auctore dubitari, similiter argumenta et ex persona et ex re ducuntur, sed in unam facti quaestionem, sicut in illa controuersia (utendum est enim et hic exemplis quae sunt discentibus magis familiaria): 'Abdicatus medicinae studuit. Cum pater eius aegrótaret, desperantibus de eo ceteris medicis adhibitus sanaturum se dixit si is potionem a se datam bibisset. Pater acceptae potionis epota parte dixit uenenum sibi datum, filius quod relicum erat exhausit: pater decessit, ille parricidii reus est.' Manifestum quis potionem dederit: quae si ueneni fuit, nulla quaestio

---

A]   2 ut *'alii' secundum ed. Leid.*: at *A*   7 praecesserit ⟨laetitia⟩ *Philander, probabiliter*   7–8 labor an otium *Regius*: laborantium *A*   8 periit *t*   14 reo *1434*: re *A*: auctore *Kiderlin 1891-3*   17 conuertet *ed. Camp.*   22–3 quaestionem *G*: -tione *A*   23 utendum est *P* (*cf.* 7. 3. 30): aut duē *A* et hic *Spalding* (*conlato* 5. 10. 96: *cf.* hic quoque 7. 3. 30): et his *A*: iis *ed. Camp.*   26 adhabitus *A*: *corr. t*

de auctore; tamen an uenenum fuerit ex argumentis a persona ductis colligetur.

Superest tertium in quo factum esse constat aliquid, a quo sit factum quaeritur. Cuius rei superuacuum est ponere exemplum, cum plurima sint huius modi iudicia, ut hominem occisum esse manifestum sit uel sacrilegium commissum, is autem qui arguitur fecisse neget. Ex hoc nascitur ἀντικατηγορία: utique enim factum esse conuenit quod duo inuicem
19 obiciunt. In quo quidem genere causarum admonet Celsus fieri id in foro non posse, quod neminem ignorare arbitror: de uno enim reo consilium cogitur, et etiamsi qui sunt qui inuicem accusent, alterum iudicium praeferre necesse est.
20 Apollodorus quoque ἀντικατηγορίαν duas esse controuersias dixit, et sunt re uera secundum forense ius duae lites. Potest tamen hoc genus in cognitionem uenire senatus aut principis. Sed in iudicio quoque nihil interest actionum †utrum simul de utroque pronuntietur an etiamsi de uno fertur.†
21 Quo in genere semper prior debebit esse defensio, primum quia natura potior est salus nostra quam aduersarii pernicies, deinde quod plus habebimus in accusatione auctoritatis si prius de innocentia nostra constiterit, postremum quod ita demum duplex causa erit. Nam qui dicit 'ego non occidi', habet reliquam partem ut dicat 'tu occidisti': ⟨at qui dicit 'tu occidisti',⟩ superuacuum habet postea dicere 'ego non occidi'.
22 Hae porro actiones constant comparatione: ipsa comparatio non una uia ducitur. Aut enim totam causam nostram cum tota aduersarii causa componimus aut singula argumenta cum singulis. Quorum utrum sit faciendum non potest nisi ex ipsius litis utilitate cognosci. Cicero singula

9 *frg. rhet.* 6 *Marx*

A]   11 et etiamsi *Christ*: etiam et si *A*: et si *Regius, fort. recte*
16–17 utrum ... an etiamsi de uno fertur *A*: utrum ... an sententia de uno feratur *Regius*: *malim* ut cum ... etiam si de uno fertur ⟨sententia⟩ (*deleto* an, *ut iam Spalding*)   23–4 *suppleuit p, Regius* (*sed illud* at *forsitan superfluum sit*)   29 quorum *P*: quarum *A*

INSTITVTIO ORATORIA 7. 2. 26

pro Vareno comparat in primo crimine: est enim superior *
enim persona alieni cum persona matris temere compara-
retur. Quare optimum est, si fieri poterit, ut singula uin-
cantur a singulis: sed si quando in partibus laborabimus,
uniuersitate pugnandum est. Et siue inuicem accusant, siue **23**
crimen reus citra accusationem in aduersarium uertit, ut
Roscius in accusatores suos, quamuis reos non fecisset, siue
in ipsos quos sua manu perisse dicemus factum deflectitur,
non aliter quam in iis quae mutuam accusationem habent
utriusque partis argumenta inter se comparantur. Id autem **24**
genus de quo nouissime dixi non solum in scholis saepe tractatur, sed etiam in foro. Nam id est in causa Naeui Arpiniani
solum quaesitum, praecipitata esset ab eo uxor an se ipsa
sua sponte iecisset. Cuius actionem et quidem solam in hoc
tempus emiseram, quod ipsum me fecisse ductum iuuenali
cupiditate gloriae fateor. Nam ceterae quae sub nomine meo
feruntur neglegentia excipientium in quaestum notariorum
corruptae minimam partem mei habent.

Est et alia duplex coniectura, huic anticategoriae diuersa, **25**
de praemiis, ut in illa controuersia: 'Tyrannus suspicatus a
medico suo datum sibi uenenum torsit eum, et cum is dedisse
se pernegaret arcessit alterum medicum: ille datum ei uenenum dixit sed se antidotum daturum, et dedit potionem ei,
qua epota tyrannus decessit. De praemio duo medici contendunt.' Nam ut illic factum in aduersarium transferen-
tium, ita hic sibi uindicantium personae causae facultates
tempora instrumenta testimonia comparantur. Illud quo- **26**
que, etiam si non est ἀντικατηγορία, simili tamen ratione

1 *frg. orat. II.* 7

A]   1 *an* est enim superior *corruptum sit nescimus: at post ea
nonnihil excidit ad primum crimen pertinens, deinde aliquid ad secundum*: etenim in posteriore *Halm (similia Gemoll 1887)*   2 enim
persona *G*: persona enim *a in ras.*: crimine persona *Halm*: persona
1418 (ut coni. Gemoll 1887)   5 et *A*: at *Gesner*   siue inuicem
accusant *delere malim*   9 his *A*   14 cuius *A*: quam *Regius*
15 me fecisse *P*: effecisse *a* (efficis e- *A*¹)   iuuenili *1416 (recte ?)*

383

tractatur in quo citra accusationem quaeritur utrum factum sit. Vtraque enim pars suam expositionem habet atque eam tuetur, ut in lite Vrbiniana petitor dicit Clusinium Figulum filium Vrbiniae acie uicta in qua steterat fugisse, iactatumque casibus uariis, retentum etiam a rege, tandem in Italiam ac patriam suam †marginos† uenisse atque ibi agnosci: Pollio contra seruisse eum Pisauri dominis duobus, medicinam factitasse, manu missum alienae se familiae uenali **27** inmiscuisse, a se rogantem ut ei seruiret emptum. Nonne tota lis constat duarum causarum comparatione et coniectura duplici atque diuersa? Quae autem accusantium ac defendentium, eadem petentium et infitiantium ratio est.

Ducitur coniectura primum ⟨a⟩ praeteritis: in his sunt personae causae consilia. Nam is ordo est, ut facere uoluerit potuerit fecerit. Ideoque intuendum ante omnia qualis sit de **28** quo agitur. Accusatoris autem est efficere ut si quid obiecerit non solum turpe sit, sed etiam crimini de quo iudicium est quam maxime conueniat. Nam si reum caedis inpudicum uel adulterum uocet, laedat quidem infamia, minus tamen hoc ad fidem ualeat quam si audacem petulantem crudelem **29** temerarium ostenderit. Patrono, si fieri poterit, id agendum est ut obiecta uel neget uel defendat uel minuat: proximum est ut a praesenti quaestione separet. Sunt enim pleraque non solum [et] dissimilia sed etiam aliquando contraria, ut si reus furti prodigus dicatur aut neglegens: neque enim uidetur in eundem et contemptus pecuniae et cupiditas **30** cadere. Si deerunt haec remedia, ad illa declinandum est, non de hoc quaeri, nec eum qui aliqua peccauerit utique commisisse omnia, et hanc fiduciam fuisse accusatoribus falsa obiciendi, quod laesum et uulneratum reum sperauerint

3 *ORF p. 523*

A] 3 clusinium *1418* (*cf.* § 5): dusmium *A*   4 Vrbiniae *ed. Jens.*: urbinianae *A*   6 Marrucinos *Cuper* (*u. FOR p. 496*): per mangones *Kiderlin 1891-3*   13 a *add. t*   24 solum *G*: solum et *A*   28 aliquando *a*   30 sperauere *A*: *corr. Gesner*

hac inuidia opprimi posse. Alii a propositione accusatoris contraque eam loci oriuntur. Saepe a persona prior ducit argumenta defensor, et interim generaliter: incredibile esse a filio patrem occisum, ab imperatore proditam hostibus patriam. Facile respondetur, uel quod omnia scelera in malos cadant ideoque saepe deprensa sint, uel quod indignum sit crimina ipsa atrocitate defendi. Interim proprie, quod est uarium: nam dignitas et tuetur reum et nonnumquam ipsa in argumentum facti conuertitur, tamquam inde fuerit spes inpunitatis: proinde paupertas humilitas opes, ut cuique ingenio uis est, in diuersum trahuntur. Probi uero mores et ante actae uitae integritas numquam non plurimum profuerint. Si nihil obicietur, patronus quidem in hoc uehementer incumbet, accusator autem ad praesentem quaestionem de qua sola iudicium sit cognitionem alligabit, dicens neminem non aliquando coepisse peccare, nec pro †encenia† ducendum scelus primum. Haec in respondendo: sic autem praeparabit actione prima iudicum animos ut noluisse potius obicere quam non potuisse credatur. Eoque satius est omni se ante actae uitae abstinere conuicio quam leuibus aut friuolis aut manifesto falsis reum incessere, quia fides ceteris detrahitur: et qui nihil obicit omisisse credi potest maledicta tamquam superuacua, qui uana congerit confitetur unum in ante actis argumentum, in quibus uinci quam tacere maluerit. Cetera quae a personis duci solent in argumentorum locis exposuimus.

Proxima est ex causis probatio, in quibus haec maxime spectantur: ira odium metus cupiditas spes: nam reliqua in horum species cadunt. Quorum si quid in reum conueniet, accusatoris est efficere †ad quidquid† faciendum causae

A] 1 hac ... posse *P*: haec ... posset *A*   ali*a *A*: *malim* tales a (*uel* tales ex)   2 contraque eam *Halm*: contra quam *A* ducit *Obrecht*: dicit *A*   6 indignum *ed. Ald.*: ingenuum *A*: iniquum *Meister*   11 ingenii *Spalding*   16 peccare *P*: *pectare *A* (spectare *G*)   encenia *a in ras.*: ἐνκαινίοις *Radermacher 1934* (-ίῳ *iam Gallaeus*): innocentia *Gertz*: alii alia   20 aut¹ *a*: au *A*¹, *unde* ac *Halm* (atque *1434*)   23 unum *Spalding*: uanum *A*: ualidum *Gertz*   29 ad quicquid *G*: *ad* quid *A*: ut ad quidquid (aliquid *Halm*) *Spalding*

7. 2. 36   M. FABI QVINTILIANI

ualere uideantur, easque quas in argumentum sumet augere:
36 si minus, illuc conferenda est oratio, aut aliquas fortasse
latentes fuisse, aut nihil ad rem pertinere cur fecerit si fecit,
aut etiam dignius esse odio scelus quod non habuerit causam.
Patronus uero, quotiens poterit, instabit huic loco, ut nihil
credibile sit factum esse sine causa. Quod Cicero uehementissime ⟨in⟩ multis orationibus tractat, praecipue tamen pro
Vareno, qui omnibus aliis premebatur (nam et damnatus
37 est). At si proponitur cur factum sit, aut falsam causam aut
leuem aut ignotam reo dicet. Possunt autem esse aliquae interim ignotae: an heredem habuerit, an accusaturus fuerit
eum a quo dicetur occisus. Si alia defecerint, non utique
spectandas esse causas, nam quem posse reperiri qui non
metuat oderit speret, plurimos tamen haec salua innocentia
38 facere. Neque illud est omittendum, non omnis causas in
omnibus personis ualere: nam ut alicui sit furandi causa
paupertas, non erit idem in Curio Fabricioque momentum.
39   De causa prius an de persona dicendum sit quaeritur,
uarieque est ab oratoribus factum, a Cicerone etiam praelatae frequenter causae. Mihi si neutro litis condicio praeponderet secundum naturam uidetur incipere a persona.
Nam hoc magis generale est rectiorque diuisio: an ullum
40 crimen credibile, an hoc. Potest tamen id ipsum, sicut
pleraque, uertere utilitas. Nec tantum causae uoluntatis
sunt quaerendae, sed interim et erroris, ut ebrietas ignorantia. Nam ut haec in qualitate crimen eleuant, ita in coniec-
41 tura premunt. Et persona quidem nescio an umquam, utique
in uero actu rei, possit incidere de qua neutra pars dicat: de
causis frequenter quaeri nihil attinet, ut in adulteriis, ut in
furtis, quia illas per se ipsa crimina secum habent.
42   Post haec intuenda uidentur et consilia, quae late patent:

7–8 *frg. orat. II. 13*

A]   7 in *add. Regius*
1416 (contra numeros)
Regius: plerumque *A*
   10 pro *add. ante* reo *a*
23 sicut *G*: sit *A*¹ (si sit *a*)
   12 dicitur
24 pleraque

INSTITVTIO ORATORIA 7. 2. 47

an credibile sit reum sperasse id a se scelus effici posse; an ignorari cum fecisset; an etiam si ignoratum non esset absolui uel poena leui transigi uel tardiore uel ex qua minus incommodi consecuturus quam ex facto gaudii uideretur; an etiam tanti putauerit poenam subire? Post haec, an alio **43** tempore et aliter facere uel facilius uel securius potuerit, ut dicit Cicero pro Milone enumerans plurimas occasiones quibus ab eo Clodius inpune occidi potuerit. Praeterea cur potissimum illo loco, illo tempore, illo modo sit adgressus, qui et ipse diligentissime tractatur pro eodem locus, an etiam, si nulla ratione ductus est, impetu raptus sit et **44** absque sententia (nam uulgo dicitur scelera non habere consilium), an etiam consuetudine peccandi sit ablatus.

Excussa prima parte 'an uoluerit', sequitur 'an potuerit'. Hic tractatur locus tempus, ut furtum in loco cluso frequenti, tempore uel diurno, cum testes plures, uel nocturno, cum maior difficultas. Inspiciuntur itaque difficultates occasiones, **45** quae sunt plurimae ideoque exemplis non egent. Hic sequens locus talis est ut si fieri non potuit sublata sit lis, si potuit sequatur quaestio an fecerit. Sed haec etiam ad animi coniecturam pertinent: nam et ex his colligitur an sperauerit. Ideo spectari debent et instrumenta, ut Clodi ac Milonis comitatus.

Quaestio 'an fecerit' incipit a secundo tempore, id est **46** praesenti aut [deinde] coniuncto, quorum sunt sonus clamor gemitus: ⟨deinde⟩ insequentis latitatio metus, similia. His accedunt signa, de quibus tractatum est, uerba etiam et facta, quaeque antecesserunt quaeque insecuta sunt. Haec **47** aut nostra sunt aut aliena. Sed uerba nobis magis nocent et minus [magis] prosunt nostra quam aliena, magis prosunt et

7 38 seq.

A]   5 post *G*: potest *A*   8 poterit *A*[1] (*unde* poterat *Halm*)   11–12 et absque sententia *suspectum* (*del. Jordan*)   17 difficultates *G*: -tis *A*   18 quae *A*: que *G*: -que quae *Halm*   25 praesenti aut *scripsi*: praesentiā *G* (praesenti *ac A*)   deinde *del. I. Mueller 1876, ego* (*praeeunte Burmanno*) *post* gemitus *transtuli*   29 et *Bonnell*: aut *A*   30 magis[1] *om. Burn. 243* (*ut coni. Bonnell*)

387

minus nocent aliena quam nostra. Facta autem interim magis prosunt nostra, interim aliena, ut si quid quod pro nobis sit aduersarius fecit: semper uero magis nocent nostra quam aliena. Est et illa in uerbis differentia, quod aut aperta sunt aut dubia. Seu nostra seu aliena sunt, infirmiora in utrumque sint necesse dubia: tamen nostra saepe nobis nocent, ut in illa controuersia: 'interrogatus filius ubi esset pater, dixit: ubicumque est, bibit; at ille in puteo mortuus est inuentus.' Aliena quae sunt dubia numquam possunt nocere nisi aut incerto auctore aut mortuo. 'Nocte audita uox est: cauete tyrannidem', et 'interrogatus cuius ueneno moreretur respondit: non expedit tibi scire.' Nam si est qui possit interrogari, soluet ambiguitatem. Cum autem dicta factaque nostra defendi solo animo possint, aliena uarie refutantur.

De uno quidem maximo genere coniecturalium controuersiarum locuti uidemur, sed in omnis aliquid ex his cadit. Nam furti, depositi, creditae pecuniae et a facultatibus argumenta ueniunt ('an fuerit quod deponeretur') et a personis ('an ullum deposuisse apud hunc uel huic credidisse credibile sit, an petitorem calumniari, an reum infitiatorem esse uel furem'). Sed etiam in furti reo sicut in caedis quaeritur de facto et de auctore. Crediti et depositi duae quaestiones, sed numquam iunctae, an datum sit, an redditum. Habent aliquid proprii adulterii causae, quod plerumque duorum discrimen est et de utriusque uita dicendum, quamquam et id quaeritur, an utrumque pariter defendi oporteat. Cuius rei consilium nascetur ex causa: nam si adiuuabit pars altera, coniungam, si nocebit, separabo. Ne quis autem mihi putet temere excidisse quod plerumque duorum crimen esse adulterium, non semper dixerim, potest accusari sola mulier incerti adulterii: 'munera domi inuenta sunt, pecunia cuius

A] 8 bibit *Gertz (monente Gesnero)*: uiuit *A* 11 cauete *1461*: caueto *A* tyrannidem *G*: tyran*nicidam A (fort. recte)* 14 possint *a*: possunt *A*[1], *edd*. 16–17 controuersiarum *T*: -sarium *A* 17 sed *Spalding*: et *A* 31–2 incerti adulteri *t*: incerto adulteri (-rio *a*) *A*

INSTITVTIO ORATORIA 7.3.1

auctor non extat, codicilli dubium ad quem scripti.' In falso 53 quoque ratio similis: aut enim plures in culpam uocantur aut unus. Et scriptor quidem semper tueri signatorem necesse habet, signator scriptorem non semper, nam et decipi potuit. Is autem qui hos adhibuisse et cui id factum dicitur et scriptorem et signatores defendet. Idem argumentorum loci in causis proditionis et adfectatae tyrannidis.

Verum illa scholarum consuetudo ituris in forum potest 54 nocere, quod omnia quae in themate non sunt pro nobis ducimus. Adulterium obicis: 'quis testis? quis index?' ⟨Proditionem⟩: 'quod pretium? quis conscius?' Venenum: 'ubi emi? a quo? quando? quanti? per quem dedi?' Pro reo tyrannidis adfectatae: 'ubi sunt arma? quos contraxi satellites?' Neque haec nego esse dicenda et ipsis utendum pro 55 parte suscepta: nam et in foro aliqua, quando aduersarius probare non poterit, desiderabo. Sed in foro tantam illam facilitatem olim desiderauimus, ubi non fere causa agitur ut non aliquid ex his aut plura ponantur. Huic simile est quod 56 in epilogis quidam quibus uolunt liberos parentes nutrices accommodant: nisi quod magis concesseris ea quae non sint posita desiderare quam dicere.

De animo quo modo quaeratur satis dictum est, cum ita diuiserimus: an uoluerit, an potuerit, an fecerit. Nam qua uia tractatur an uoluerit, eadem quo animo fecerit: id enim est, an male facere uoluerit. Ordo quoque rerum aut adfert aut 57 detrahit fidem: multo scilicet magis res prout ⟨ponuntur⟩ congruunt aut repugnant. Sed haec nisi in ipso complexu causarum non deprehenduntur. Quaerendum tamen semper quid cuique conectatur et quid consentiat.

3. Sequitur coniecturam finitio; nam qui non potest dicere

A] 4 nam et *t*: manet *A*   8 scolarum *H*: scal- *A*
9 themata *A* : *corr. t*   10–11 proditionem *add. Spalding*   15 aliqua, quando *Spalding*: aliquando *A*   17 olim desiderauimus
uix sanum: fort. nolim desiderari (*praecedente tanta illa facilitate*)
21 dicere *A* (*leuioribus numeris*): adicere '*alii*' *secundum ed. Leid.*
26 ponuntur *add. Spalding* (ordinantur *iam Gesner*): *possis* disponuntur   30 DE FINITIONE Sequitur *A*

nihil fecisse, proximum habebit ut dicat non id fecisse quod obiciatur. Itaque pluribus ⟨in⟩ legibus isdem quibus coniectura uersatur, defensionis tantum genere mutato, ut in furtis depositis adulteriis. Nam quem ad modum dicimus 'non feci furtum', 'non accepi depositum', 'non commisi adulterium', ita 'non est hoc furtum', 'non est hoc infitiatio', 'non est hoc adulterium'. Interim a qualitate ad finitionem descenditur, ut in actionibus dementiae, malae tractationis, rei publicae laesae: in quibus si recte facta esse quae obiciuntur dici non potest, illud succurrit: 'non est ⟨hoc dementem esse,⟩ male tractare, rem publicam [uerbis] laedere.' Finitio igitur ⟨est⟩ rei propositae propria et dilucida et breuiter comprensa uerbis enuntiatio. Constat maxime, sicut est dictum, genere specie differentibus propriis: ut si finias equum (noto enim maxime utar exemplo), genus est animal, species mortale, differens inrationale (nam et homo mortale erat), proprium hinniens. Haec adhibetur orationi pluribus causis. Nam tum est certum de nomine sed quaeritur quae res ei subicienda sit, tum res est manifesta sed quod * nomine constat, de re dubium est, interim coniectura est, ut si quaeratur quid sit deus. Nam qui neget deum esse spiritum omnibus partibus inmixtum, non hoc dicat, falsam esse diuinae illius naturae appellationem, sicut Epicurus, qui humanam ei formam locumque inter mundos dedit. Nomine uterque uno utitur, utrum sit in re coniectat. Interim qualitas tractatur, ut 'quid sit rhetorice, uis persuadendi an bene dicendi scientia'. Quod genus est in iudiciis frequentissimum. Sic enim quaeri-

23 *frg. 352 Usener*

A] 2 in *add. hic Radermacher* (*ante* quibus *Spalding*) iisdem *Regius*: idem *A* 6 initiatio *A*: *corr. Gertz 1874 p. 91 adn.* 10 hoc dementem esse *suppl. Regius* 11 publicam *Regius*: p̄ uerbis *a in ras.* (p. ūb; *G, unde fontem corruptionis uidemus*) est *Regius*: *om. A* 16 differens *Halm*: different *A*[1] (-tia *a*) 17 ⟨in⟩ pluribus *t* (*sed* causis *non significat* iudiciis) 19 sed *Regius*: et *A* *supplendum est e.g.* ⟨nomen imponatur quaeritur. Si de⟩: de (*pro* quod) ⟨nomine non constat. Quando de⟩ *Obrecht, post Regium* 21 qui *Spalding*: quid *A*[1] (qui id *a, non male*)

INSTITVTIO ORATORIA 7. 3. 10

tur an deprehensus in lupanari cum aliena uxore adulter sit: quia non de appellatione sed de ui facti eius ambigitur, an omnino peccauerit; nam si peccauit, non potest esse aliud quam adulter. Diuersum est genus cum controuersia con- 7 sistit in nomine quod pendet ex scripto, nec uersatur in iudiciis nisi propter uerba quae litem faciunt: an qui se interficit homicida sit, an qui tyrannum in mortem compulit tyrannicida, an carmina magorum ueneficium. Res enim manifesta est sciturque non idem esse occidere se quod alium, non idem occidere tyrannum quod compellere ad mortem, non idem carmina ac mortiferam potionem, quaeritur tamen an eodem nomine appellanda sint.

Quamquam autem dissentire uix audeo a Cicerone, qui 8 multos secutus auctores dicit finitionem esse de eodem et de altero (semper ⟨enim⟩ neganti aliquod esse nomen dicendum quod sit potius), tamen equidem tris habeo uelut species. Nam interim conuenit solum quaerere an hoc sit, ut an 9 adulterium in lupanari. Cum hoc negamus, non necesse est dicere quid id uocetur, quia totum crimen infitiamur. Interim quaeritur hoc an hoc: furtum an sacrilegium (non quin sufficiat non esse sacrilegium, sed quia ⟨satius⟩ sit dicere quid sit aliud); quo in loco utrumque finiendum est. Interim quaeritur in rebus specie diuersis, an et hoc et hoc 10 eodem modo sit appellandum, cum res utraque habet suum nomen, ut amatorium, uenenum. In omnibus autem huius generis litibus quaeritur an etiam hoc, quia nomen de quo ambigitur utique in alia re certum est. 'Sacrilegium est rem sacram de templo surripere: an et priuatam?' 'Adulterium cum aliena uxore domi coire: an et ⟨in⟩ lupanari?' 'Tyrannicidium occidere tyrannum: an et in mortem compellere?'

13 *e.g. top. 87*

A] 15 enim *add. Regius* 16 equidem *Christ*: eandem *A*¹ (in eandem *a, unde* in eadem *Capperonnier*) 17 solum *cum Zumptio* dubitanter praebeo*: suum *A* an² *Zumpt**: in *A* 21 satius *add. Kiderlin 1891-3* sit *A*: est *Spalding (cf. 9. 4. 25)* 29 in *add. t*

391

11 Ideoque συλλογισμός, de quo postea dicam, uelut infirmior est finitio, quia in hac quaeritur an idem sit huius rei nomen quod alterius, illo an proinde habenda sit haec [autem] **12** atque illa. Est et talis finitionum diuersitas, ut quae idem sentiunt non isdem uerbis comprehendantur, ut 'rhetorice ⟨est⟩ bene dicendi scientia', et eadem 'bene inueniendi' et 'bene enuntiandi' et 'dicendi secundum uirtutem orationis' et 'dicendi quod sit officii': atque prouidendum †ut sit officii† sensu non pugnant comprehensione dissentiant. Sed de his **13** disputatur, non litigatur. Opus est aliquando finitione obscurioribus et ignotioribus uerbis: quid sit clarigatio, erctum citum, interim notis nomine [uidebis]: quid sit penus, quid litus.

Quae uarietas effecit ut eam quidam coniecturae, quidam **14** qualitati, quidam legitimis quaestionibus subicerent. Quibusdam ne placuit quidem omnino subtilis haec et ad morem dialecticorum formata conclusio, ut in disputationibus potius arguta uerborum cauillatrix quam in oratoris officio multum allatura momenti. Licet enim ualeat in sermone tantum ut constrictum uinculis suis eum qui responsurus est uel tacere uel etiam inuitum id quod sit contra cogat fateri, non eadem **15** est tamen eius in causis utilitas. Persuadendum enim iudici est, ⟨qui⟩, etiam si uerbis deuictus est, tamen nisi ipsi rei accesserit tacitus dissentiet. Agenti uero quae tanta est huius praecisae comprehensionis necessitas? An, si non dixero 'homo est animal mortale rationale', non potero, ex-

A] 3 autem *del. t* 4 finitionum *ed. Asc. 1516 post Regium*: diuisionum *A* quae idem *scripsi* (qui idem *Spalding*): quidem *A* 5 sentiunt *t*: -ient *A, fort. recte* comprehendantur *scripsi*: -dat *A*: -dant *Spalding* 5–6 rethorice est *Burn. 243* (*cf. 5. 10. 54*): rethorice *a* (-icae *A*¹) 8 ut sit (si *a*) officii *A*: officii *del. t, recte*: uelim, deleto etiam sit, reponere ne quae *pro* ut 9 dissentiant *P* (*ante corr.*): -iunt *A* (*et P corr.*) 10 litigatur *t*: litigatori *A* (*similiter disputatori a*) *malim* ⟨in⟩obscurioribus 11 sit *1416*: 5 *A* (*corr.?*) 11–12 erctus citus *A*: *corr. Halm* 12 uidebis *deleui*: uerbis *p* (*ed. Ven. 1493*), *qui temptat* nominibus *pro* nomine uidebis 14 effecit *Regius*: effici *A* (-cit *a*) 18 arguta *optime Zumpt*: argumenta *A* 20 tacere *Regius*: cacere *A*¹ (carcere *a*) 23 qui *add. t* deuinctus *Regius*

392

INSTITVTIO ORATORIA 7. 3. 20

positis tot corporis animique proprietatibus, latius oratione ducta uel a dis eum uel a mutis discernere? Quid quod †nec 16 uno modo† definitur res eadem (ut facit Cicero: 'Quid est enim uulgo?' Vniuersos'), et latiore uarioque tractatu, ut 5 omnes oratores plerumque fecerunt: rarissime enim apud eos reperitur illa ex consuetudine philosophorum ducta seruitus (est certe seruitus) ad certa se uerba adstringendi, idque faciendum in libris Ciceronis de Oratore uetat M. Antonius. Nam est etiam periculosum, cum, si uno uerbo sit erratum, 17 10 tota causa cecidisse uideamur, optimaque est media illa uia, qua utitur Cicero pro Caecina, ut res proponatur, uerba non periclitentur: 'etenim, recuperatores, non ea sola uis est quae ad corpus nostrum uitamque peruenit, sed etiam multo maior ea quae periculo mortis iniecto 15 formidine animum perterritum loco saepe et certo statu demouet'; aut cum finitionem praecedit probatio, ut in 18 Philippicis Cicero Seruium Sulpicium occisum ab Antonio colligit et in clausula demum ita finit: 'is enim profecto mortem attulit qui causa mortis fuit.' Non negauerim tamen 20 haec quoque ut expediet causae esse facienda, et si quando firme comprehendi poterit breui complexu uerborum finitio, esse id tum elegans, tum etiam fortissimum, si modo erit illa inexpugnabilis.

Eius certus ordo est: quid sit, an hoc sit, et in hoc fere 19 25 labor maior est, ut finitionem confirmes, quam ut rei finitionem adplices. In eo 'quid sit' duplex opus est: nam et nostra confirmanda est et aduersae partis destruenda finitio. Ideoque in schola, ubi nobis ipsi fingimus contradictionem, 20 duos ponere debemus fines quales utrimque esse optimi 30 poterunt. At in foro prouidendum num forte superuacua et

3 *Mur. 73*   8 *2. 108 seq.*   11 *42*   17 *9. 7*

A]   2–3 nec uno modo] *fort.* et (*ita Schuetz 1830*) uno uerbo (*ita Happel*)   3 definitur *ed. Ald.*: difinitur (*ex* -us)*A*   4 enim *non hab. Cic.*   5 rarissima *A*: *corr. Spalding*   7 certe *A* (certa *G*): enim *P*: est c. seruitus *del. Halm*   25 rei *scripsi*: in *A*: in rem *1418* (*omisso* ut)   30 poterunt *1434*: -erint *A*

393

7. 3. 21   M. FABI QVINTILIANI

nihil ad causam pertinens an ambigua an contraria an communis sit finitio, quorum nihil accidere nisi agentis culpa
21 potest. Vt recte autem finiamus ita fiet si prius in animo constituerimus quid uelimus efficere: sic enim accommodari ad uoluntatem uerba poterunt. Atque ut a notissimo exemplo, quo sit res lucidior, non recedamus: 'qui priuatam pecu-
22 niam de templo surripuit, sacrilegii reus est': culpa manifesta est, quaestio [est] an huic crimini nomen quod est in lege conueniat. Ergo ambigitur an hoc sacrilegium sit. Accusator, quia de templo surrepta sit pecunia, utitur hoc nomine: reus, quia priuatam surripuerit, negat esse sacrilegium, sed furtum fatetur. Actor ergo ita finiet: 'sacrilegium est surripere aliquid ⟨de sacro'; reus: 'sacrilegium est surripere aliquid⟩
23 sacri.' Vterque finitionem alterius inpugnat. Ea duobus generibus euertitur, si aut falsa est aut parum plena. Nam illud tertium nisi stultis non accidit, ut nihil ad quaestionem
24 pertineat. [Falsa est si dicas 'equus est animal rationale': nam est equus animal, sed inrationale. Quod autem commune cum alio est desinet esse proprium.] Hic reus falsam dicit esse finitionem accusatoris, accusator autem non potest dicere falsam rei, nam est sacrilegium surripere aliquid sacri, sed dicit parum plenam, adiciendum enim 'aut ex sacro'.
25 Maximus autem usus in adprobando refellendoque fine propriorum ac differentium, nonnumquam etiam ἐτυμολογίας. Quae tamen omnia, sicut in ceteris, confirmat aequitas, nonnumquam et coniectura mentis. Ἐτυμολογία maxime rara est: 'quid enim est aliud tumultus nisi perturbatio tanta ut maior timor oriatur? unde etiam nomen ductum est tumul-
26 tus.' Circa propria ac differentia magna subtilitas, ut cum quaeritur an addictus, quem lex seruire donec soluerit iubet,

27 Cic. Phil. 8. 3

A]   7 surripuit *1418*: surrupuit *A*   8 est² *om. Burn. 243* (*ut uol. Meister*): est¹ *om. P*   13 *suppl. P* (*addito tamen post* reus 'sic ita finiet': *at cf.* § *26*)   17–19 falsa ... proprium *del. Gesner*   24 etΥΜΟΛΟΓΙΑΙ *A*   28 ductum *G, Cic.*: dictum *A*

INSTITVTIO ORATORIA   7. 3. 30

seruus sit. Altera pars finit ita: 'seruus est qui est iure in
seruitute', altera: 'qui in seruitute est eo iure quo seruus',
aut, ut antiqui dixerunt, 'qui seruitutem seruit'. Quae finitio, etiam si distat aliquo, nisi tamen propriis et differenti-
5 bus adiuuatur, inanis est. Dicet enim aduersarius seruire 27
eum seruitutem aut eo iure quo seruum. Videamus ergo
propria et differentia, quae libro quinto leuiter in transitu
attigeram. Seruus cum manu mittitur fit libertinus, addictus
recepta libertate ingenuus: seruus inuito domino libertatem
10 non consequetur, ⟨addictus * consequetur:⟩ ad seruum nulla
lex pertinet, addictus legem habet: propria liberi, quod
nemo habet nisi liber, praenomen nomen cognomen tribum;
habet haec addictus.

Excusso 'quid sit', prope peracta est quaestio 'an hoc sit': 28
15 id enim agimus, ut sit causae nostrae conueniens finitio.
Potentissima est autem in ea qualitas: an amor insania. Huc
pertinebunt probationes quas Cicero dicit proprias esse finitionis, ex antecedentibus consequentibus adiunctis repug-
nantibus causis effectis, similibus, de quorum argumentorum
20 natura dictum est. Breuiter autem pro Caecina Cicero initia 29
causas effecta antecedentia consequentia complexus est:
'Quid igitur fugiebant? Propter metum. Quid metuebant?
Vim uidelicet. Potestis igitur principia negare cum extrema
concedatis?' Sed similitudine quoque usus est: 'quae uis in
25 bello appellatur, ea in otio non appellabitur?' Sed etiam ex 30
contrario argumenta ducuntur, ut si quaeratur [an] amatorium uenenum sit necne, quia uenenum amatorium non
sit.

Illud alterum genus quo sit manifestius adulescentibus
30 meis (meos enim semper adulescentes putabo), hic quoque

17 *top.* 88   20 44   24 *ibid.* 43

A]   6 eo iure (*sc.* seruire) *A* : eo esse iure *Spalding*   10 *suppl.*
Regius addictus soluendo citra uoluntatem domini consequetur
11 quod *A*: quae *t*   12 tribus *Halm*   17–18 finitiones
A: *corr. Regius*   24 conceditis *ed. Ald., Cic.*   26 an *A*: *del.*
Spalding (*III. XI*)

395

31 fictae controuersiae utar exemplo. Iuuenes qui conuiuere solebant constituerunt ut in litore cenarent: unius, qui cenae defuerat, nomen tumulo quem extruxerant inscripserunt. Pater eius, a transmarina peregrinatione cum ad litus idem adpulisset, lecto nomine suspendit se. Dicuntur
32 ii causa mortis fuisse. Hic finitio est accusatoris: 'per quem factum est ut quis periret, causa mortis est', rei: 'qui fecit quid sciens per quod perire homini necesse esset.' Remota finitione accusatori sat est dicere: 'causa mortis fuistis, per uos enim factum est ut homo periret: quia nisi uos illud
33 fecissetis uiueret.' Contra: 'Non statim per quem factum est ut quis periret is damnari debet, ut accusator, testis, iudex rei capitalis. Nec undecumque causa fluxit, ibi culpa est: ut si quis profectionem suaserit aut amicum arcessierit trans mare et is naufragio perierit, ad cenam inuitarit et is crudi-
34 tate illic contracta decesserit. Nec fuerit in causa mortis solum adulescentium factum, sed credulitas senis, in dolore ferendo infirmitas: denique si fortior fuisset aut prudentior uiueret. Nec mala mente fecerunt, et ille potuit uel ex loco tumuli uel ex opere tumultuario suspicari non esse monumentum. Qui ergo puniri debent in quibus omnia sunt homicidae praeter manum?'

35 Est interim certa finitio, de qua inter utramque partem conuenit, ut Cicero dicit: 'maiestas est in imperi atque in nominis populi Romani dignitate': quaeritur tamen an
36 maiestas minuta sit, ut in causa Corneli quaesitum est. Sed hic, etiam si uideri potest finitiua, tamen quia de finitione

24 *part. orat.* *105* = *frg. orat. VII.* 27

A]   3 quem *P*: quod *A*   7 periret *Spalding*: perierit *A*   rei *Halm* (rei est *1434*): reum *A*   8 necesse esset *t*: necesset *G* (necesse est *A*)   10 actum *A*: *corr. ed. Vasc. 1538*   quia *A*: qui *Spalding*   14 arcessierit *Spalding*: accerserit *A* (access- *G*)   21–2 *sententia incerta*: absunt *pro* sunt *Teuffel*: ⟨uoluntatem [*malim* animum *uel* mentem] et⟩ manum *Radermacher*   23 utrumque *A*: *corr. t*   24 imperio *a*   27 si *Christ*: similis *A*: si similis ⟨*deinde* finitiuae ut *t*⟩ *Spalding*

INSTITVTIO ORATORIA 7. 4. 4

non ambigitur iudicatio est qualitatis, atque ad eum potius statum reducenda: ad cuius forte quidem uenimus mentionem, sed erat ordine proximus locus.

4. Est autem qualitas alia de summo genere atque ea quidem non simplex. Nam et qualis sit cuiusque rei natura et quae forma quaeritur: an inmortalis anima, an humana specie deus, et de magnitudine ac numero: quantus sol, [et] an unus mundus. Quae omnia coniectura quidem colliguntur, quaestionem tamen habent in eo, qualia sint. Haec 2 et in suasoriis aliquando tractari solent, ut, si Caesar deliberet an Britanniam inpugnet, quae sit Oceani natura, an Britannia insula (nam tum ignorabatur), quanta in ea terra, quo numero militum adgredienda in consilium ferendum sit. Eidem qualitati succedunt facienda ac non facienda, adpetenda uitanda: quae in suasorias quidem maxime cadunt, sed in controuersiis quoque sunt frequentia, hac sola differentia, quod illic de futuris, hic de factis agitur. Item demon- 3 stratiuae partis omnia sunt in hoc statu: factum esse constat, quale sit factum quaeritur. Lis est omnis aut de praemio aut de poena aut de quantitate eorum. Genus causae aut simplex aut comparatiuum: illic quid aequum, hic quid aequius aut quid aequissimum sit excutitur. Cum de poena iudicium est, a parte eius qui causam dicit aut defensio est criminis aut inminutio aut excusatio aut, ut quidam putant, deprecatio.

Defensio longe potentissima est qua ipsum [et] factum 4 quod obicitur dicimus honestum esse. Abdicatur aliquis quod inuito patre militarit, honores petierit, uxorem duxerit: tuemur quod fecimus. Hanc partem uocant Hermagorei κατ'

29 *Hermag. frg. 15a Matthes*

A] 3 ordinem *A*: *corr. t*   4 DE QVALITATE Est *A*
7 spetie *G*: species *A*   8 an *Regius*: et an *a in ras.*   10 solet *Spalding* (*sc.* qualitas)   12 in *del. Francius*   13 in *G*: an *A*
14 *malim* succidunt (*cf. 3. 6. 71*)   15 suasorias *G*: -riis *A*
20 eorum *Halm*: egrum *G*: *agitur A*   26 qua ipsum factum *t*: quae ipsum et factum *G*: ex qua et ipsum factum *a in ras.*

7. 4. 5   M. FABI QVINTILIANI

ἀντίλημψιν, ad intellectum id nomen referentes: Latine ad
uerbum tralatam non inuenio, absoluta appellatur. Est enim
5 de re sola quaestio, iusta sit ea necne. Iustum omne continetur natura uel constitutione. Natura, quod fit secundum
cuiusque rei dignitatem. Hinc sunt pietas fides continentia 5
6 et alia. Adiciunt et id quod sit par. Verum id non temere
intuendum est: nam et uis contra uim et talio nihil habent
aduersum eum qui prior fecit iniusti, et non, quoniam res
pares sunt, etiam id est iustum quod antecessit. Illa utrimque iusta: eadem lex, eadem condicio; ac forsitan ne sint 10
quidem paria quae ulla parte sunt dissimilia. Constitutio est
in lege more iudicato pacto.
7   Alterum est defensionis genus in quo factum per se improbabile adsumptis extrinsecus auxiliis tuemur: id uocant κατ'
ἀντίθεσιν. Latine hoc quoque non ad uerbum transferunt, 15
8 adsumptiua enim dicitur causa. In quo genere fortissimum
est si crimen causa facti tuemur, qualis est defensio Orestis
Horati Milonis. Ἀντέγκλημα dicitur, quia omnis nostra defensio constat eius accusatione qui uindicatur: 'occisus est
9 sed latro', 'excaecatus sed raptor.' Est et illa ex causis facti 20
ducta defensio priori contraria, in qua neque factum ipsum
per se, ut in absoluta quaestione, defenditur, neque ex contrario facto, sed in aliqua utilitate aut rei publicae aut hominum multorum aut etiam ipsius aduersarii, nonnumquam et
nostra si modo id erit quod facere nostra causa fas sit: quod 25
sub extrario accusatore et legibus agente prodesse numquam
10 potest, in domesticis disceptationibus potest. Nam et filius
patri in iudicio abdicationis et maritus uxori si malae tracta-

A]   1 ΑΝΤΙΛΗΨΙΝ *A*: *sed u. Schulze, Orthog.*² *p. 14*
ad ... referentes *nondum explanatum et, ut putat Halm, lacunosum*
2 est *Meister 1876, Gertz*: sed *A*   6 alia *A*: talia *t* (*quod
malim omisso* et)   par. Verum *Regius*: peruersum *a in ras.* (*nisi
peruersi* ÷)   temere *1418*: tim- *A*   7 talia *A*: *corr.* 'Turnebus'
8 iniuste *A*: *corr. Gesner*   et *A*: sed *Gesner*   10 ac *A*: *fort.* at
15 ἀντίθεσιν *1418*: ΑΝΤΙΕΝΓΙΝ *A*   latine *A*: -ini *Regius, probabiliter*   18 Horatii *Spalding*: oratio *A*   23 in *A*: ex *Regius*:
malim delere   27–8 et in (*hoc deleto*) filius patri *A*: et filiis (et in
filiis *iam t*) pater *ed. Jens.*

INSTITVTIO ORATORIA 7. 4. 15

tionis accusabitur ⟨et pater⟩ filio si dementiae causa erit non inuerecunde dicet multum sua interfuisse. In quo tamen incommoda uitantis melior quam commoda petentis est causa. Quibus similia etiam in uera rerum quaestione tractantur. **11** Nam quae in scholis abdicatorum, haec in foro exheredatorum a parentibus et bona apud centumuiros repetentium ratio est: quae illic malae tractationis, hic rei uxoriae, cum quaeritur utrius culpa diuortium factum sit: quae illic dementiae, hic petendi curatoris. Subiacet utilitati etiam illa **12** defensio, si peius aliquid futurum fuit. Nam in comparatione malorum boni locum optinet leuius, ut si Mancinus foedus Numantinum sic defendat, quod periturus nisi id factum esset fuerit exercitus. Hoc genus ἀντίστασις Graece nominatur, comparatiuum nostri uocant.

Haec circa defensionem facti: quae si neque per se ipsa **13** nec adhibitis auxiliis dabitur, proximum est in alium transferre crimen, si possumus. Ideoque etiam in hos qui citra scriptum sunt status uisa est cadere tralatio. Interdum ergo culpa in hominem relegatur, ut si Ti. Gracchus reus foederis Numantini (cuius metu leges populares tulisse in tribunatu uidetur) missum se ab imperatore suo diceret; interim deri- **14** uatur in rem, ut si is qui testamento quid iussus non fecerit dicat per leges id fieri non potuisse. Hoc μετάστασιν dicunt.

Hinc quoque exclusis excusatio superest. Ea est aut ignorantiae, ut si quis fugitiuo stigmata scripserit eoque ingenuo iudicato neget se liberum esse eum scisse: aut necessitatis, ut cum miles ad commeatus diem non adfuit et dicit se fluminibus interclusum aut ualetudine. Fortuna quoque saepe **15** substituitur culpae. Nonnumquam male fecisse nos sed bono

A]   1 et pater filio *scripsi*: filio *A* : et patri filius *ed. Ald. post Regium*   6 centumuiros *Cuiacius*: coñs *a in ras.* (con *G*) 11 maiorum *A* : *corr. t*   12 numantium *A* : *corr. g*   15 facti *p**: facit *A*   17–18 citra scriptum *Christ*: etiam scriptum *G*: iam (*ex* etiam) scrip*ti A* : inscripti *Spalding*   19 si Ti. *Claussen 1872*: sit *A*[1] (si *a*)   20 cuius ⟨criminis⟩ *Spalding*   21 uidetur *t*: -entur *A* : -eretur *Halm*   dicat *Spalding, recte ut uid.*   21–2 deriuatur *P*: di- *A*   23 μετάστασιν *ed. Ven. 1493*: ΜΕΤΑCΑCΙΝ *G* (ΜΕΤΑΘΕCΙΝ *A, sed* -ΘΕ- *in ras.*)

399

animo dicimus. Vtriusque rei multa et manifesta exempla sunt: idcirco non est eorum necessaria expositio.

Si omnia quae supra scripta sunt deerunt, uidendum an inminui culpa possit. Hic est ille qui a quibusdam fieri solet
16 status quantitatis. Sed ea cum sit aut poenae aut honoris, ex qualitate facti constituitur, eoque nobis sub hoc esse statu uidetur sicut eius quoque quae ad numerum refertur a Graecis. Nam et πηλικότητα et ποσότητα dicunt, nos utrumque appellatione una complectimur.

17 Vltima est deprecatio, quod genus causae plerique negarunt in iudicium umquam uenire. Quin Cicero quoque pro Q. Ligario idem testari uidetur, cum dicit: 'causas, Caesar, egi multas et quidem tecum, dum te in foro tenuit ratio honorum tuorum, certe numquam hoc modo: ignoscite, iudices: errauit, lapsus est, non putauit, si umquam posthac',
18 et cetera. In senatu uero et apud populum et apud principem et ubicumque sui iuris clementia est, habet locum deprecatio. In qua plurimum ualent ex ipso qui reus est haec tria: uita praecedens si innocens, si bene meritus; spes in futurum innocenter uicturi et in aliquo usu futuri; praeterea, si uel aliis incommodis uel praesenti periculo uel paenitentia uideatur satis poenarum dedisse. Extra nobilitas dignitas,
19 propinqui amici. In eo tamen qui cognoscit plurimum ponendum est; laus enim misericordis potius quam reprensio dissoluti consecutura est. Verum et in iudiciis etiam si non toto genere causae, tamen ex parte magna hic locus saepe tractatur. Nam et diuisio frequens est: etiam si fecisset,

11 30

A] 7 eius (*ex* ei *corr.*) *A*: *malim* ea (*sc.* quantitas)   8 ΠΗΝ-ΚΟΤΗΤΑ *A*: *corr. Capperonnier*   13 multas *et* quidem *A* (multa sed quidem *G*): multas equidem *t*: *uariant eodem modo codd. Cic.* 17 sui *Gertz*: si *A*: *del. t*   18 uita *Halm* (in uita *t*): uitia *A* 19 praecedens *Christ*: -cedes *G* (-cides *A*)   meritus *A*[1], *ut uol. Gertz*: meritus si *a*   24 ponendumst *Gertz*: ponendum si *A* (*unde* eum *pro* enim *a*)   27 diuisio *A*: defensio *Gertz, qui etiam* (*recepto* diuisio) ñon fecisse et *addendum monuit post* est ignoscendum fuisse, idque in causis dubiis saepe praeualuit, et epilogi omnes in eadem fere materia uersari solent. Sed 20 nonnumquam etiam rei totius hic summa constituta. An uero si exheredatum a se filium pater testatus fuerit elogio propterea quod is meretricem amauerit, non omnis hic erit quaestio, an huic delicto pater debuerit ignoscere et centumuiri tribuere debeant ueniam? Sed etiam in formulis, cum poenariae sunt actiones, ita causam partimur: an commissa sit poena, an exigi debeat. Id autem, quod illi uiderunt, uerum est, reum a iudicibus hoc defensionis modo liberari non posse.

De praemiis autem quaeruntur duo: an ullo sit dignus qui 21 petit, an tanto: ex duobus, uter dignior, ex pluribus, quis dignissimus. Quorum tractatus ex ipso meritorum genere ducuntur. Et intuebimur non rem tantum, siue adleganda siue comparanda erit, sed personam quoque (nam et multum interest, tyrannum iuuenis occiderit an senex, uir an femina, alienus an coniunctus) et locum multipliciter (in ciuitate 22 tyrannis adsueta an libera semper, in arce an domi) et quo modo factum sit (ferro an ueneno) et quo tempore (bello an pace, cum depositurus esset eam potestatem an cum aliquid noui sceleris ausurus.) Habent in meritis gratiam periculum 23 quoque et difficultas. Similiter liberalitas a quo profecta sit refert: nam in paupere gratior quam in diuite, dante beneficium quam reddente, patre quam orbo. Item in quam rem dederit et quo tempore et quo animo, id est, num in aliquam spem suam: similiter alia. Et ideo qualitas maxime oratoris recipit operam, quia in utramque partem plurimum est ingenio loci, nec usquam tantum adfectus ualent. Nam 24 coniectura extrinsecus quoque adductas frequenter probationes habet et argumenta ex materia sumit; quale quidque uideatur, eloquentiae est opus: hic regnat, hic imperat, hic sola uincit.

A]   3 constituta. An *Zumpt** (*cf. 3. 11. 17*): constitutam *G* (constituta *iam A*): *fort.* consistit. An   29 ualent. Nam *Regius*: ualenti iam *A* (ualent iam *f*)   32 eloquentiae est *Obrecht post Badium*: eloquentia est *A* (eloquentiaest *Radermacher*)

7. 4. 25　　　M. FABI QVINTILIANI

Huic parti subiungit Verginius causas abdicationis, dementiae, malae tractationis, orbarum nuptias indicentium. Nam et fere sic accidit, inuentique sunt qui has materias
25 officiorum uocarent. Sed alios quoque nonnumquam leges hae recipiunt status: nam et coniectura est aliquando in 5 plerisque horum (cum se uel non fecisse uel bona mente fecisse contendunt: cuius generis exempla sunt multa) et quid sit dementia ac mala tractatio finitur. Nam iuris leges plerumque quaestiones praecurrere solent, et ex quibus
26 causae non fiat status; quod tamen facto defendi non poterit, 10 iure nitetur: et quot et quibus causis abdicare non liceat, et in quae crimina malae tractationis actio ⟨non⟩ detur, et cui accusare dementiae non permittatur.

27　Abdicationum formae sunt duae: altera criminis perfecti, ut si abdicetur raptor adulter, altera uelut pendentis et 15 adhuc in condicione positi, quales sunt in quibus abdicatur filius quia non pareat patri. Illa semper asperam abdicantis actionem habet (inmutabile est enim quod factum est), haec ex parte blandam et suadenti similem (mauult enim pater corrigere quam abdicare); at pro filiis in utroque genere 20
28 summissa ⟨est⟩ et ad satis faciendum composita. A quo dissensuros scio qui libenter patres figura laedunt: quod non ausim dicere numquam esse faciendum—potest enim materia incidere quae hoc exigat: certe uitandum est quotiens aliter agi potest; sed de figuris alio libro tractabimus. 25
29 Non dissimiles autem abdicationum actionibus sunt malae tractationis [actionis]: nam et ipsae habent eandem in accusationibus moderationem. Dementiae quoque iudicia aut propter id quod factum est aut propter id quod adhuc fieri

---

A]　　8–10 *sensum huius loci eruit Stroux 1936, uerba etiamnunc ualde obscura: alius aliter rescripsit, ut e.g.* leges *et* quaestiones *inter se transposuit Regius*　　10 factum *Schuetz ap. Happel p. 9 (cf. 7. 5. 1)*　　11 quot *1416*: quod *A*: quos *Burman, non male*　　12 non *add. Obrecht*　　21 summissa est *scripsi (sc.* actio): summissa *A*: sit summissa *Kiderlin 1891-2*: submissam *p** (*deinde et* compositam) ἀνακολούθως　　22 patris *A* (*unde* laeduntur *a*): *corr. Gesner*　　24 uitandum *Obrecht*: uidendum *A*　　25 tractabimus *P*: -auimus *A*　　27 actionis *A¹* (-es *a*): *del. Spalding*

INSTITVTIO ORATORIA   7. 4. 36

uel non fieri potest instituuntur. Et actor in eo quod factum **30**
est liberum habet impetum, sic tamen ut factum accuset,
ipsius patris tamquam ualetudine lapsi misereatur: in eo
uero cuius libera mutatio est diu roget et suadeat et nouis-
5 sime dementiam rationi queratur obstare, non mores: quos
quanto magis in praeteritum laudauerit, tanto facilius pro-
babit morbo esse mutatos. Reus, quotiens causa patietur, **31**
debebit esse in defensione moderatus, quia fere ira et concitatio furori sunt similia. Omnibus his commune est quod
10 rei non semper defensione facti, sed excusatione ac uenia frequenter utuntur. Est enim domestica disceptatio, in qua et
semel peccasse et per errorem et leuius quam obiciatur absolutioni nonnumquam sufficit.

   Sed alia quoque multa controuersiarum genera in qualita- **32**
15 tem cadunt. Iniuriarum: quamquam enim reus aliquando
fecisse negat, plerumque tamen haec actio facto atque animo
continetur. De accusatore constituendo, quae iudicia diui- **33**
nationes uocantur: in quo genere Cicero quidem, qui man-
dantibus sociis Verrem deferebat, hac usus est diuisione:
20 spectandum a quo maxime agi uelint ii quorum de ultione
quaeritur, a quo minime uelit is qui accusatur. Frequen- **34**
tissimae tamen hae sunt quaestiones, uter maiores causas
habeat, uter plus industriae aut uirium sit allaturus ad accusandum, uter id fide meliore facturus. Tutelae praeterea: **35**
25 in quo iudicio solet quaeri an alia de re quam de calculis cognosci oporteat, an fidem praestare debeat tantum, non etiam
consilium et euentum. Cui simile est male gestae procura-
tionis, quae in foro negotiorum gestorum: nam et mandati
actio est. Praeter haec finguntur in scholis et inscripti male- **36**
30 ficii, in quibus aut hoc quaeritur, an inscriptum sit, aut hoc,
an maleficium sit, raro utrumque. Male gestae legationis apud
Graecos et ueris causis frequens, ubi iuris loco quaeri solet

A]   1 instituuntur *G*: instuuntur *A*   16 fecisse ⟨se⟩
Halm (ut est 7. 5. 1)   19 deferebat *Halm*: defendebant *A* (*unde
accusabat contra eos qui eum defendebant a*)   23 aut *t*: an *A*: ac
Halm   29–30 inscripti . . . inscriptum *Aerodius*: scripti . . .
scriptum *A*

an omnino aliter agere quam mandatum sit liceat, et quo usque sit legatus (quoniam aliae in ⟨nuntiando, aliae in⟩ renuntiando sunt), ut in Heio, qui testimonium in Verrem dixerat post perlatam legationem. Plurimum tamen est in eo, quale sit factum. Rei publicae laesae: hic mouentur quidem illae iuris cauillationes: 'quid sit rem publicam laedere' et 'laeserit an non profuerit' et 'ab ipso an propter ipsum laesa sit': in facto tamen plurimum est. Ingrati quoque: in quo genere quaeritur an is cum quo agitur acceperit beneficium (quod raro negandum est: ingratus est enim qui negat), quantum acceperit, an reddiderit; an protinus qui non reddidit ingratus sit, an potuerit reddere, an id quod exigebatur ⟨praestare⟩ debuerit, quo animo ⟨datum⟩ sit. Simpliciores illae iniusti repudii, sub qua lege controuersiae illud proprium habent, quod a parte accusantis defensio est et defendentis accusatio. Praeterea, cum quis rationem mortis in senatu reddit, ubi una quaestio est iuris, an is demum prohibendus sit qui mori uult ut se legum actionibus subtrahat, cetera qualitatis. Finguntur et testamenta, in quibus de sola ⟨qualitate⟩ quaeratur, ut in controuersia quam supra exposui, in qua de parte patrimonii quarta quam pater dignissimo ex filiis reliquerat contendunt philosophus medicus orator. Quod idem accidit si orbae nuptias indicant pares gradu et si inter propinquos de idoneo quaeratur. Sed mihi nec omnes persequi materias in animo est (fingi enim adhuc possunt), nec omnis earum quaestiones, quia positionibus mutantur; hoc tantum admiror, Flauum, cuius apud me summa est auctoritas, cum artem scholae tantum componeret, tam anguste materiam qualitatis terminasse.

3 *cf. Cic. Verr. 4. 18*

A] 2 *suppl. Spalding (fort. melius* ⟨aliae legationes in nuntiando,⟩ aliae) 3 ut *t*: et *A* 5 hic *Spalding ex Gothano*: hinc *A* 8 laesa sit *t*: laesit *A* 13 praestare *addidi* (⟨facere⟩ *iam Spalding*) datum *add. W. Meyer, conl.* § *23* 15 a parte *1416*: aperte *A* 17 senatu *p**: -tum *A* 20 qualitate *add. Christ* quaeratur *G*: quaeritur *A, fort. recte (cf.* § 36) (*quo recepto* qualitate *post hoc uerbum ponemus*) 27 tantum *A*: tamen *M*

INSTITVTIO ORATORIA 7. 5. 3

Quantitas quoque, ut dixi, etiam si non semper, plerum- **41** que tamen eidem subiacet, seu modi est seu numeri. Sed modus aliquando constat aestimatione facti, quanta sit culpa quantumue beneficium, aliquando iure, cum id in controuer-
siam uenit, qua quis lege puniendus uel honorandus sit: stuprator decem milia dare debeat, quae poena huic crimini **42** constituta est, an, quia se stupratus suspendit, capite puniri tamquam causa mortis. Quo in genere falluntur qui ita dicunt tamquam inter duas leges quaeratur: nam de decem milibus nulla controuersia est, quae non petuntur; iudicium redditur an reus causa sit mortis. In coniecturam quoque ea- **43** dem species cadit, cum perpetuo an quinquennali sit exilio multandus in controuersiam uenerit: nam an prudens caedem commiserit quaeritur. Illa quoque quae ex numero ducitur **44** pendet ex iure: 'an Thrasybulo triginta praemia debeantur' et 'cum duo fures pecuniam abstulerint, separatim quadruplum quisque an duplum debeat'. Sed hic quoque factum aestimatur; et tamen ius ipsum pendet ex qualitate.

5. Qui neque fecisse se negabit neque aliud esse quod fecerit dicet neque factum defendet, necesse est in suo iure consistat, in quo plerumque actionis est quaestio. Ea non **2** semper, ut quidam putauerunt, iudicium antecedit, qualia sunt praetorum curiosa consilia cum de iure accusatoris ambigitur, sed in ipsis frequentissime iudiciis uersatur. Est enim duplex eius disceptationis condicio, quod aut intentio aut praescriptio habet controuersiam. Ac fuerunt qui praescriptionis statum facerent, tamquam ea non isdem omnibus quibus ceterae leges quaestionibus contineretur. Cum ex **3** praescriptione lis pendet, de ipsa re quaeri non est necesse.

A] 12 cadet *M* an *G*: aut *A* 13 nam an *Spalding*: nam *G*: an *a in ras.* 15 thrasibolo *P*¹ (*cf. 3. 6. 26*): transilo *A* 16 duo *1418*: duos *A* 19 DE IVRIDICIALI QVALITATE Qui *A* 23 praetor*um A*: praetore *G* (*unde* praeturae *t*) 24 frequentissime iudiciis *H*: frequentissime iudiciis frequentissime *G*: iudiciis frequentissime *a in ras.* (*ut totum contextum*), *fort. recte* 25 enim *A*: autem *Spalding, fort. recte* 28 contineretur *G*: contine*atur A* 29 re qu(a)eri *P*: requiri *A*

Ignominioso filius praescribit: de eo solo iudicatio est, an liceat. Quotiens tamen poterimus, efficiendum est ut de re quoque iudex bene sentiat; sic enim iuri nostro libentius indulgebit: ut in sponsionibus quae ex interdictis fiunt, etiam si non proprietatis est quaestio sed tantum possessionis, tamen non solum possedisse nos sed etiam nostrum **4** possedisse docere oportebit. Sed frequentius etiam quaeritur de intentione. 'Vir fortis optet quod uolet': nego illi dandum quidquid optauerit: non habeo praescriptionem, sed tamen uoluntate contra uerba praescriptionis modo utor. In utroque autem genere status idem sunt.

5 Porro lex omnis aut tribuit aut adimit, aut ⟨honorat aut⟩ punit, aut iubet aut uetat aut permittit. Litem habet aut propter se ipsam aut propter alteram, quaestionem aut in scripto aut in uoluntate. Scriptum aut apertum est aut ob **6** scurum aut ambiguum. Quod de legibus dico, idem accipi uolo de testamentis pactis stipulationibus, omni denique scripto: quod de scripto, idem de uoce. Et quoniam quattuor eius generis quaestiones uel status fecimus, singulos percurram.

6. Scripti et uoluntatis frequentissima inter consultos quaestio est, et pars magna controuersi iuris hinc pendet. Quo minus id accidere in scholis mirum est: ibi etiam ex industria fingitur. Eius genus unum est in quo et de scripto **2** et de uoluntate quaeritur. Id tum accidit cum est in lege aliqua obscuritas. In ea aut uterque suam interpretationem confirmat, aduersarii subuertit, ut hic: 'fur quadruplum soluat: duo surripuerunt pariter decem milia: petuntur ab utroque quadragena, illi postulant ut uicena conferant.' Nam et actor dicit hoc esse quadruplum quod petat, et rei hoc quod offerant: uoluntas quoque utrimque defenditur.

A] 1 solo *Regius*: loco *A corr.* (*ex* colo?) 10 utor *A*: nitor *Halm* 12 honorat aut *add. Gertz* 14 quaestionem (*sc.* habet lex) *A*: quaestio est *Regius* 19 fecimus *A*: facimus *G* 19–20 percurram *G*: -ramus *A, fort. recte* 21 SCRIPTVM ET VOLVNTAS Scripti *A* 23 ibi *A*: ubi *1434* 26 aut *del. Gertz* 28 surrupuerunt *A*: *corr. t*

INSTITVTIO ORATORIA 7.6.7

Aut cum de altero intellectu certum est, de altero dubium: 3 'ex meretrice natus ne contionetur: quae filium habebat prostare coepit: prohibetur adulescens contione.' Nam de eius filio quae ante partum meretrix fuit certum est: an eadem huius causa sit dubium est, quamquam ex hac natus est, et haec meretrix est. Solet et illud quaeri, quo referatur 4 quod scriptum est: 'bis de eadem re ne sit actio': id est, hoc 'bis' ad actorem an actionem. Haec ex iure obscuro.

Alterum genus est ex manifesto: quod ⟨qui⟩ solum uiderunt, hunc statum plani et uoluntatis appellarunt. In hoc altera pars scripto nititur, altera uoluntate. Sed contra scrip- 5 tum tribus generibus occurritur. Vnum est in quo ipso patet semper id seruari non posse: 'liberi parentis alant aut uinciantur': non enim alligabitur infans. Hinc erit ad alia transitus et diuisio: 'num quisquis non aluerit? num hic?'

†Propter hoc† quidam tale genus controuersiarum in quo 6 nullum argumentum est quod ex lege ipsa peti possit, sed de eo tantum de quo lis est quaerendum est. 'Peregrinus si murum escenderit capite puniatur. Cum hostes murum escendissent, peregrinus eos depulit: petitur ad supplicium.' Non erunt hic 7 separatae quaestiones: 'an quisquis, an hic', quia nullum potest adferri argumentum contra scriptum uehementius eo quod in lite est, sed hoc tantum, an ne seruandae quidem ciuitatis causa. Ergo aequitate et uoluntate pugnandum. Fieri tamen potest ut ex aliis legibus exempla ducamus, per quae appareat semper stari scripto non posse, ut Cicero pro

11 §§ 5–8 → Vt. p. 384. 12–23   26 51 seq.

A]   4 fuit certum est P: est certum fuit A   5 quamquam *Kiderlin 1891-2*: quae G: qui A: quia P¹ (*quo recepto necesse esset haec* ⟨nunc⟩ *scribere*): *alii aliter locum sanant*   8 actorem t: auct- A   an A¹: an ad a   9 quod qui *Regius*: quod A: qui t   14 hinc *Burn. 243*: hic A   15 num ... num *Regius*: non ... non A (*at cf. 7.1.55*)   16 propter (proponunt a) hoc A: praeter hoc proponunt *Spalding*   18 quaerendum est *Halm* (-dumst *Radermacher*): quaerendum sit A   19 ascenderit ... ascendissent G (*ut est 4.4.4*), *consentiente Vt.*   23 hoc (*sc.* quaeritur) A: haec (*sc.* quaestio) *Spalding*

7. 6. 8   M. FABI QVINTILIANI

8 Caecina fecit. Tertium cum in ipsis uerbis legis reperimus aliquid per quod probemus aliud legum latorem uoluisse, ut in hac controuersia: 'qui nocte cum ferro deprensus fuerit, alligetur: cum anulo ferreo inuentum magistratus alligauit'; hic, quia est uerbum in lege 'deprensus', satis etiam significatum uidetur non contineri lege nisi noxium ferrum.

9 Sed ut qui uoluntate nitetur scriptum quotiens poterit infirmare debebit, ita qui scriptum tuebitur adiuuare se etiam uoluntate temptabit. In testamentis et illa accidunt, ut uoluntas manifesta sit, scriptum nihil sit, ut in iudicio Curiano, in quo nota L. Crassi et Scaeuolae fuit contentio.

10 Substitutus heres erat si postumus ante tutelae ⟨suae⟩ annos decessisset: non est natus: propinqui bona sibi uindicabant. Quis dubitaret quin ea uoluntas fuisset testantis ut is non 11 nato filio heres esset qui mortuo? Sed hoc non scripserat. Id quoque quod huic contrarium est accidit nuper, ut esset scriptum quod apparet scriptorem noluisse. Qui sestertium nummum quinque milia legauerat, cum emendaret testamentum, sublatis sestertiis nummis 'argenti pondo' posuit, 'quinque milia' manserunt. Apparuit tamen 'quinque pondo' dari uoluisse, quia ille in argento legati modus et inauditus 12 erat et incredibilis. Sub hoc statu generales sunt quaestiones, scripto an uoluntate standum sit, quae fuerit scribentis uoluntas: tractatus omnes qualitatis aut coniecturae, de quibus satis dictum arbitror.

7. Proximum est de legibus contrariis dicere, quia inter omnes artium scriptores constitit in antinomia duos esse scripti et uoluntatis status: neque inmerito, quia, cum lex legi obstat, utrimque contra scriptum dicitur et quaestio est

10–11 *ORF pp. 245 seq.*

A]   2 uoluisse *t, Vt.*: fuisse *A*   12 su(a)e *add. hic p*, post* ante *Kiderlin 1891-2*   15 id *P*: hic *A*   17 appareret *G* (*fort. recte*)   sestertium *P*: -tia* *A*   19 pondere *A*¹ (-era *a*): *corr. ed. Ven. 1493*   21 legati *Spalding*: legiti *G* (-ito *A*): legato *p**   26 LEGES CONTRARIAE Proximum *A*   29 obstat *Meister* (obstat et *Halm*): obstet *a* (ostet *A*¹)   utrimque ⟨et⟩ *Spalding* (*qui tamen* et utrimque *emendabat*)

INSTITVTIO ORATORIA 7. 7. 6

de uoluntate; in utraque id ambigitur, an utique illa lege sit utendum. Omnibus autem manifestum est numquam 2 esse legem legi contrariam iure ipso, quia, si diuersum ius esset, alterum altero abrogaretur, sed eas casu collidi et 5 euentu.

Colliduntur autem aut pares inter se, ut si optio tyrannicidae et uiri fortis comparentur, utrique data quod uelit petendi potestate: hic meritorum temporis praemii conlatio est: aut secum ipsae, ut duorum fortium, duorum tyranni- 3 10 cidarum, ⟨duarum⟩ raptarum, in quibus non potest esse alia quaestio quam temporis, utra prior sit, aut qualitatis, utra iustior sit petitio. Diuersae quoque leges confligunt aut 4 ⟨similes aut inpares.⟩ Similium aliae quibus etiam citra aduersam legem contradici possit, ut in hac controuersia: 15 'Magistratus ab arce ne discedat. Vir fortis * uel alia nulla obstante quaeri potest an quidquid optarit accipere debeat, et in magistratus multa dicentur quibus scriptum expugnatur, si incendium in arce fuerit, si in hostis decurrendum. ⟨Aliae⟩ contra quas nihil opponi potest nisi lex altera: 5 20 'Tyrannicidae imago in gymnasio ponatur. ⟨Mulieris imago in gymnasio ne ponatur.⟩ Mulier tyrannum occidit'. Nam neque mulieris imago ullo alio casu poni potest nec tyrannicidae ullo alio casu summoueri. Inpares sunt cum alteri 6 25 multa quae opponi possunt, alteri [si] nihil nisi quod in lite est, ut cum uir fortis inpunitatem desertoris petit. Nam

A] 1 *post* in utraque (*non post* uoluntate) *dist. Christ* 3–4 ius esset *Regius*: iusisset A 10 duarum *add. Regius* 13 similes aut inpares. Similium *scripsi*: similes aut *a* (simili aut A¹?): similes aut inpares *iam Christ* aliae *scripsi*: duae A: diuersae *Regius* 15–16 uir fortis uel ... potest G: uel ... potest uir fortis *a in ras.*: *excidit hoc fere*: optet quod uolet. [qu(a)e uolet optato 1418, omisso uel ... obstante*: sed cf. 7. 5. 4*] Magistratus qui fortiter fecerat ab arce discessit. Inpunitatem optat.' Nam et de lege uiri fortis [*cf.* § 6] 17 magistratus (*sc.* legem, '*quod add. Halm*) A: -tratu H 18 hostes *t*: nostris A decurrendum *Obrecht*: re- A 19 aliae *addidi*: similes *add. Regius* 20–1 *suppl. p** (*nisi quod* contra *praebet in initio, superuacuo: cf.* § 4) 24 multa quae A¹: sint multa quae *a*: multa P, *non male* possunt *g*: possi*n*t A alteri P: alteri*si A¹ (alteri sit *a*) *ex dittographia*

409

contra legem uiri fortis, ut supra ostendi, multa dicuntur, aduersus desertores scripta non potest nisi optione subuerti.

7 Item aut confessum ex utraque parte ius est aut dubium. Si confessum est, haec fere quaeruntur: utra lex potentior, ad deos pertineat an ad homines, rem publicam an priuatos, de honore an de poena, de magnis rebus an de paruis, 8 permittat an uetet an imperet. Solet tractari et utra sit antiquior: sed uelut potentissimum utra minus perdat, ut in desertore et uiro forti, quod illo non occiso lex tota tollatur, occiso sit reliqua uiro forti alia optio. Plurimum tamen est in hoc, utrum fieri sit melius atque aequius: de quo nihil 9 praecipi nisi proposita materia potest. Si dubium, aut alteri aut inuicem utrique de iure fit controuersia, ut in re tali: 'patri in filium, patrono in libertum manus iniectio sit, liberti heredem sequantur: liberti filium quidam fecit heredem: inuicem petitur manus iniectio'; et pater * negat ius patris illi fuisse, quia ipse in manu patroni fuerit.

10 Duplices leges sicut duae colliduntur, ut 'nothus ante legitimum natus legitimus sit, post legitimum tantum ciuis'. Quod de legibus, idem de senatus consultis dictum sit. Quae aut inter se pugnent aut obstent legibus: non tamen aliud sit eius status nomen.

8. Syllogismus habet aliquid simile scripto et uoluntati, quia semper pars in eo altera scripto nititur; sed hoc interest, quod illic dicitur contra scriptum, hic supra scriptum: illic qui uerba defendit hoc agit, ut fiat utique quod scriptum est, hic ne aliud quam scriptum est. Ei nonnulla etiam cum finitione coniunctio: nam saepe, si finitio infirma est, in

A] 4 confessum P: confer sum A ex a: est ex A^1 (*quo recepto* est *post* ius *om. P*) 9 sed G: et *a in ras.* 10 forti P: forte A 17 et pater negat A: et patronus negat t: *lacunam indicauit Halm*, negat ius patroni filio in patrem esse et filius *suppl. Kiderlin 1891-2* 21 sit. Quae *Radermacher*: quae sic A^1?, G (quae si a: *fort.* quae etsi): sit *iam Halm, sed ille ante* dictum (*cf. tamen* 6. 3. 26: 7. 1. 9) 24 COLLECTIO Syllogismus A 29 coniunctio *Regius*: coniectio A: conexio *Obrecht*

INSTITVTIO ORATORIA 7. 8. 6

syllogismum delabitur. Sit enim lex: 'Venefica capite puni- 2
atur. Saepe se uerberanti marito uxor amatorium dedit,
eundem repudiauit: per propinquos rogata ut rediret non est
reuersa: suspendit se maritus. Mulier ueneficii rea est.' For-
5 tissima est actio dicentis amatorium uenenum esse: id erit
finitio. Quod si parum ualebit, fiet syllogismus, ad quem
uelut remissa priore contentione ueniemus: an proinde puniri
debeat ac si uirum ueneno necasset.

Ergo hic status ducit ex eo quod scriptum est id quod in- 3
10 certum est: quod quoniam ratione colligitur, ratiocinatiuus
dicitur. In has autem fere species uenit: an quod semel ius
est, idem et saepius: 'incesti damnata et praecipitata de
saxo uixit: repetitur.' An quod in uno, ⟨et⟩ in pluribus: 'qui
duos uno tempore tyrannos occidit, duo praemia petit.' An 4
15 quod ante, et postea: 'raptor profugit, rapta nupsit, reuer-
so illo petit optionem.' An quod in toto, idem in parte:
'aratrum accipere pignori non licet; uomerem accepit.' An
quod in parte, idem in toto: 'lanas euehere Tarento non
licet; oues euexit.' In his syllogismus et scripto nititur: nam 5
20 satis cautum esse dicit. 'Postulo ut praecipitetur incesta: lex
est', et 'rapta optionem petit', et 'in oue lanae sunt', similiter
alia. Sed quia responderi potest: 'non est scriptum ut bis 6
praecipitetur damnata, ut quandoque rapta optet, ut tyrannicida duo praemia accipiat: nihil de uomere cautum, nihil
25 de ouibus', ex eo quod manifestum est colligitur quod dubium est. Maioris pugnae est ex scripto ducere quod scriptum
non est: an quia hoc, et hoc: 'qui patrem occiderit, culleo
insuatur: matrem occidit'; 'ex domo in ius educere ne liceat:

1 *idem exemplum dat Vt. p. 378. 11–12*   9 *seq. conferendus est
Vt. pp. 384. 25–385. 3*

A]   2 se uerberanti marito uxor amatorium (*hoc iam 1416*)
Halm *ex Vt.*: seuerantia moritorium *G*: se*p*aranti *a*maritorium *A*
10 ratiocinatione Regius (*conf. Vt.*)   13 et *ed. Col. 1527, Vt.*:
om. *A*   17 pignori *Badius, Vt.*: pignore *A* (-a *G*)   19 uexit *A*:
corr. Halm   20 incesta *t*: incestae *A* (ingeste *G*), *quod def.*
Radermacher   22 alia *Regius*: alias *A*   23 quan*doque A* (quanto-
que *G*): quandocumque Burn. 243   25 bouibus *A*: *corr. t*

7 ex tabernaculo eduxit.' In hoc genere haec quaeruntur: an, quotiens propria lex non est, simili sit utendum, an id de quo agitur ei de quo scriptum est simile sit. Simile autem et maius est et par et minus. In illo priore, an satis lege cautum sit, an, etsi parum cautum est, et hoc sit utendum. In utroque de uoluntate legum latoris. Sed de aequo tractatus potentissimi.

9. Amphiboliae species sunt innumerabiles, adeo ut philosophorum quibusdam nullum uideatur esse uerbum quod non plura significet; genera admodum pauca: aut enim uocibus accidit singulis aut coniunctis.

2 Singula adferunt errorem cum pluribus rebus aut hominibus eadem appellatio est (ὁμωνυμία dicitur), ut 'gallus' auem an gentem an nomen an fortunam corporis significet incertum est, et 'Aiax' Telamonius an Oïlei filius. Verba quoque **3** quaedam diuersos intellectus habent, ut 'cerno'. Quae ambiguitas plurimis modis accidit. Vnde fere lites, praecipue ex testamentis, cum de libertate aut etiam hereditate contendunt ii quibus idem nomen est, aut quid sit legatum **4** quaeritur. Alterum est in quo alia integro uerbo significatio est, alia diuiso, ut ingenua et armamentum et Coruinum, ineptae sane cauillationis, ex qua tamen Graeci controuersias ducunt: inde enim αὐλητρίς illa uulgata, cum quaeritur utrum aula quae ter ceciderit an tibicina si ceciderit debeat **5** publicari. Tertia est ex compositis, ut si quis corpus suum in culto loco poni iubeat, circaque monumentum multum agri ab heredibus in tutelam cinerum, ut solent, leget, sit **6** litis occasio cultum ⟨locum dixerit an incultum.⟩ Sic apud Graecos contendunt Leon et Pantaleon, cum scriptura dubia est, bona omnia Leonti an bona Pantaleonti relicta sint.

8 § 1 → *'Cassiodorus' p. 504. 3–6*

A]   4 illo (*sc.* genere) *ed. Col. 1527*: illa *A*   5 an etsi *A, uix recte*: *malim* an si (*ut D'Orv. 13*) *uel* an etiam, si   7 potentissimi. AMPHIBOLOGIA ID EST AMBIGVITAS *A*   8 amphiboliae *p**, 'Cass.': amphibologiae *A* (*et sic semper in hoc capite: cf. 6. 3. 62*)
15 telamonis *T*   19 hi *A*   aut quid *G*: et cui *a in ras.*
28 litus *A*: *corr. Crusius*   *suppl. Zumpt**

INSTITVTIO ORATORIA 7.9.11

In coniunctis plus ambiguitatis est. Fit autem per casus, ut

'aio te, Aeacida, Romanos uincere posse':

per conlocationem, ubi dubium est quid quo referri oporteat, 7 ac frequentissime cum quod medium est utrimque possit trahi, ut de Troilo Vergilius

'lora tenens tamen':

hic utrum teneat tamen lora, an quamuis teneat tamen trahatur quaeri potest. Vnde controuersia illa: 'testamento 8 quidam iussit poni statuam auream hastam tenentem; quaeritur statua hastam tenens aurea esse debeat, an hasta esse aurea in statua alterius materiae'. Fit per flexum idem magis:

'quinquaginta ubi erant centum inde occidit Achilles.'

Saepe utri duorum antecedentium sermo subiunctus sit in 9 dubio est, unde et controuersia: 'heres meus uxori meae dare damnas esto argenti quod elegerit pondo centum; uter eligat quaeritur'.

Verum id quod ex his primum est mutatione casuum, sequens diuisione uerborum aut tralatione emendatur, tertium adiectione. Accusatiui geminatione facta amphibolia 10 soluitur ablatiuo, ut illud

'Lachetem audiui percussisse Demean'

fiat 'a Lachete percussum Demean'. Sed ablatiuo ipsi, ut in primo diximus, inest naturalis amphibolia:

'caelo decurrit aperto':

utrum per apertum caelum an cum apertum esset. Diuisio 11 respiratione et mora constat: 'statuam', deinde 'auream

3 *Enn. ann. 179*   6 *Aen. I. 477*   14 *cf. Aristot. soph. elench. 166*[a]*37*   23 *frg. com. inc. 10 (p. 134 Ribbeck*[3]*)*   26 *Verg. Aen. 5. 212 (cf. I. 155)*

A]   5 qu*od*✶ medium est ✶✶✶ *A*: quidem medum est cum *G*: *fort.* aliquid (*cf. 4. 2. 69: uel* id) medium est quod   14 occidet *A*: *corr. t*   15–16 in dubio *Vat. lat. 1766 (deficit P 7. 9. 5–10. 17)*: in dubium *A*: dubium *Patr.*   23 lachetem *1418*: -en *A*   24 demean *f*: demea *A*: demeam *1416 (hic et supra)*

M. FABI QVINTILIANI

hastam', uel 'statuam auream', deinde 'hastam'. Adiectio talis est: 'argentum quod elegerit ipse', ut heres intellegatur, uel 'ipsa', ⟨ut⟩ uxor. Adiectione facta amphibolia, qualis fit
12 'hunc flentes illos deprendimus', detractione soluetur. Pluribus uerbis emendandum ubi est id quod quo referatur dubium est, et 'ipse' est ambiguum: 'heres meus dare illi damnas esto omnia sua.' In quod genus incidit Cicero loquens de C. Fannio: 'is soceri instituto, quem, quia cooptatus in augurum collegium non erat, non admodum diligebat, praesertim cum ille Q. Scaeuolam sibi minorem natu generum praetulisset.'
13 Nam 'sibi' et ad socerum referri et ad Fannium potest. Productio quoque in scripto et correptio in dubio relicta causa est ambiguitatis, ut in hoc 'cato'. Alium enim ostendit breuis secunda syllaba casu nominatiuo * Plurimae praeterea sunt aliae species, quas persequi nihil necesse est.
14 Nec refert quo modo sit facta amphibolia aut quo resoluatur. Duas enim res significari manifestum est et, quod ad scriptum uocemue pertinet, in utramque partem par est. Ideoque frustra praecipitur ut in hoc statu uocem ipsam ad nostram partem conemur uertere: nam si id fieri potest
15 amphibolia non est. Amphiboliae autem omnis erit in his quaestio: aliquando uter sit secundum naturam magis sermo, semper utrum sit aequius, utrum is qui scripsit ac [si] dixit uoluerit. Quarum in utramque partem satis ex iis quae de coniectura et qualitate diximus praeceptum est.

7 *Brut. 101*

A]   3 ut *G*: om. *A*   fit *Vat. lat. 1766 (fort. et T uel t)*: sit *A*: est *Halm*   4 hunc *Spalding*: nunc *A*: nos *Badius*   flentis *A*[1] detractatione *A*: *corr t.*   5 est *G*: et *a in ras.*   6 et ipse *G*: et ipsum *A*: *distinxi locum ab editoribus frustra temptatum*   7–11 in quod . . . potest *del. Radermacher, fort. recte*   7–8 Fannio is *Vat. lat. 1766*: fanniae is *G* (fanni *et eius A*)   13 aliud *Burn. 243*   14 *lacunam sic suppleuit Halm*: aliud eadem producta casu ablatiuo (alium producta eadem syllaba casu datiuo et ablatiuo *iam Vat. lat. 1766*)   23–4 ac dixit *1418*: ac si dixit *G*: ac dixit sic *a in ras.*: *malim* aut dixit   25 his *A*

414

INSTITVTIO ORATORIA 7.10.6

10. Est autem quaedam inter hos status cognatio. Nam et in finitione quae sit uoluntas nominis quaeritur (ut in syllogismo, qui secundus a finitione status est, †quae spectatur† quid uoluerit scriptor) et contrarias leges duos esse scripti et uoluntatis status apparet. Rursus et finitio quodam modo est amphibolia, cum in duas partes diducatur intellectus nominis, et scriptum et uoluntas habet in uerbis **2** iuris quaestionem, quod idem antinomia petitur. Ideoque omnia haec quidam scriptum et uoluntatem esse dixerunt, alii in scripto et uoluntate amphiboliam esse quae facit quaestionem. Sed distincta sunt: aliud est enim obscurum ius, aliud ambiguum. Igitur finitio in natura ipsa nominis **3** quaestionem habet generalem et quae esse etiam citra complexum causae possit: scriptum et uoluntas de eo disputat iure quod est in lege, syllogismus de eo quod non est. Amphiboliae lis in diuersum trahit, legum contrariarum ex diuerso pugna est. Neque inmerito et recepta est a doctissimis **4** haec differentia et apud plurimos ac prudentissimos durat.

Et de hoc quidem genere dispositionis, etiam si non omnia, tradi tamen aliqua potuerunt. Sunt alia quae nisi proposita **5** de qua dicendum est materia uiam docendi non praebeant. Non enim causa ⟨tantum⟩ uniuersa in quaestiones ac locos diducenda est, sed hae ipsae partes habent rursus ordinem suum. Nam et in prohoemio primum est aliquid et secundum ac deinceps, et quaestio omnis ac locus habet suam dispositionem, ut thesis etiam simplices. Nisi forte satis erit **6** diuidendi peritus qui controuersiam in haec diduxerit, an omne praemium uiro forti dandum sit, an ex priuato, an nuptiae, an eius quae nupta sit, an hae: deinde, cum fuerit

---

A] 1 DE PRAEDICTORVM STATVVM COGNATIONE Est *A* 2 ut *A* (*def. Spalding*): et *1418*   3-4 quae (qua *a*) spectatur *A*: spectatur *Regius*: *del. Radermacher*   6 amphibologia *etiam hic A* 8 iuris *Spalding*: iocis *G* (*uocis *A*): legis *tempt. Spalding, non male* 10 facit *A*: fecit *G*: faciat *Spalding*   19 DE VI DISPOSITIONIS Et *A* 22 tantum *add. Halm* (modo *iam Spalding*)   23 diducenda *Regius*: dicenda *A*: ducenda *t*   26 nisi *Obrecht*: si *A*   27 diduxerit *Regius*: dixerit *A*: duxerit *Vat. lat. 1766*

415

M. FABI QVINTILIANI

de prima quaestione dicendum, passim et ut quidque in mentem ueniet miscuerit, non primum in ea scierit esse
7 tractandum uerbis legis standum sit an uoluntate, huius ipsius particulae aliquod initium fecerit, deinde proxima subnectens struxerit orationem, ut pars hominis est manus, eius digiti, illorum quoque articuli. Hoc est quod scriptor
8 demonstrare non possit nisi certa definitaque materia. Sed quid una faciet aut altera, quin immo centum ac mille in re infinita [que materia in se finita]? Praeceptoris est in alio atque alio genere cotidie ostendere quis ordo sit rerum et quae copulatio, ut paulatim fiat usus et ad similia transitus: tradi
9 enim omnia quae ars efficit non possunt. Nam quis pictor omnia quae in rerum natura sunt adumbrare didicit? Sed percepta semel imitandi ratione adsimulabit quidquid acceperit: quis non faber uasculum aliquod quale numquam uiderat fecit?
10 Quaedam uero non docentium sunt sed discentium. Nam medicus quid in quoque ualetudinis genere faciendum sit, quid quibusque signis prouidendum docebit: uim sentiendi pulsus uenarum, caloris modos, spiritus meatum, coloris distantiam, quae sui cuiusque sunt ingenii, non dabit. Quare plurima petamus a nobis et cum causis deliberemus, cogite-
11 musque homines ante inuenisse artem quam docuisse. Illa enim est potentissima quaeque uere dicitur oeconomia totius causae dispositio, quae nullo modo constitui nisi uelut in re praesente potest: ubi adsumendum prohoemium, ubi omittendum: ubi utendum expositione continua, ubi partita: ubi ab initiis incipiendum, ubi more Homerico a mediis uel
12 ultimis: ubi omnino non exponendum: quando a nostris, quando ab aduersariorum propositionibus incipiamus,

A]   9 infinita *Regius*: finita *A, qui deinde habet* que materia ars (*pro hoc* in se *G*) finita *partim ex l. 7, partim ex dittographia*: *locum purgauit tandem Rollin*   18 medicus *Vat. lat. 1766*: medici *A*   20 caloris *Vat. lat. 1766*: colores *A*   coloris *G*: caloris *A*   22 petamus *Vat. lat. 1766* (*ex* put-): petemus (*ex* petimus) *A*   24 oeconomia *G*: aechonomia *A*: (o)economica *t*   28 a *ed. Camp.*: e *A*

INSTITVTIO ORATORIA 7.10.17

quando a firmissimis probationibus, quando a leuioribus:
qua in causa proponendae prohoemiis quaestiones, qua praeparatione praemuniendae: quid iudicis animus accipere
possit statim dictum, quo paulatim deducendus: singulis an
uniuersis opponenda refutatio: reseruandi perorationi an per
totam actionem diffundendi adfectus: de iure prius an de
aequitate dicendum: ante acta crimina an de quibus iudicium est prius obicere uel diluere conueniat: si multiplices 13
causae erunt, quis ordo faciendus, quae testimonia tabulaeue
cuiusque generis in actione recitandae, quae reseruandae.
Haec est uelut imperatoria uirtus copias suas partim ad
casus proeliorum retinentis, partim per castella tuenda custodiendasue urbes, petendos commeatus, obsidenda itinera,
mari denique ac terra diuidentis. Sed haec in oratione prae- 14
stabit cui omnia adfuerint, natura doctrina studium. Quare
nemo expectet ut alieno tantum labore sit disertus: uigilandum (dicam iterum) enitendum pallendum est, facienda sua
cuique uis, suus usus, sua ratio, non respiciendum ad haec,
sed in promptu habenda, nec tamquam tradita sed tamquam
innata. Nam uia demonstrari potest, uelocitas sua cuique 15
est; uerum ars satis praestat si copias eloquentiae ponit in
medio: nostrum est uti eis scire. Neque enim partium est 16
demum dispositio, sed in his ipsis primus aliquis sensus et
secundus et tertius: qui non modo ut sint ordine conlocati
laborandum est, sed ut inter se uincti atque ita cohaerentes
ne commissura perluceat: corpus sit, non membra. Quod ita 17
continget si et quid quoque ⟨loco⟩ conueniat uiderimus et,
ut uerba uerbis adplicamus non pugnantia sed quae inuicem

A]   2 ⟨in⟩ prohoemiis *intellegebat Spalding*   3 praemouendae *A : corr. t*   10 cuiusque *G*: cuique *A*   12 per *A*
(*cf. Ouid. fast. 3. 671*): propter *ed. Asc. 1516*   17 dicam iterum *bene Kiderlin 1890-1 (conlato 7 pr. 4* uigilet, *et 7. 1. 49: 8. 3. 6*):
dicat iterum *G* (dicendum∗ *A*): durandum *Bonnell* (*Lex. p. 284*): *alii alia*   20–1 sua cuique est *Halm*: sui que est *G*: sua cuique *a in ras.*
22 partium *Regius*: artium *A*: articulorum *Radermacher*   27 quoque loco *scripsi* (*cf. e.g. 8. 6. 63*): quoque *A*: cuique *Spaldingio tribuit Halm*   28 ut *del. Halm*   applicamus *G*: a*p*plicemus *A*: adplicarimus *Halm*

complectantur, ita res non diuersae distantibus ex locis quasi inuicem ignotae collidentur, sed aliqua societate cum prioribus ac sequentibus copulatae tenebunt, ac uidebitur non solum composita oratio sed etiam continua. Verum longius fortasse progredior fallente transitu et a dispositione ad 5 elocutionis praecepta labor, quae proximus liber inchoabit.

A]   1 *fortiter distingunt edd. post* complectantur   3 copulatae *Halm*: scopula *G* (*se* copula *A*)   tenebunt *A* (*def. Radermacher*): tenebuntur *Halm*: *fort.* manebunt (*uel* stabunt ?)

LIBER OCTAVVS

⟨PROHOEMIVM⟩

His fere, quae in proximos quinque libros conlata sunt, **1**
ratio inueniendi atque inuenta disponendi continetur, quam
ut per omnis numeros penitus cognoscere ad summam scientiae necessarium est, ita incipientibus breuius ac simplicius
tradi magis conuenit. Aut enim difficultate institutionis tam **2**
numerosae atque perplexae deterreri solent, aut eo tempore
quo praecipue alenda ingenia atque indulgentia quadam
enutrienda sunt asperiorum tractatu rerum atteruntur, aut
si haec sola didicerunt satis se ad eloquentiam instructos
arbitrantur, aut quasi ad certas quasdam dicendi leges alligati conatum omnem reformidant. Vnde existimant acci- **3**
disse ut qui diligentissimi artium scriptores extiterint ab
eloquentia longissime fuerint. Via tamen opus est incipientibus, sed ea plana et cum ad ingrediendum tum ad demonstrandum expedita. Eligat itaque peritus ille praeceptor ex
omnibus optima et tradat ea demum in praesentia quae
placet, remota refutandi cetera mora: sequentur enim discipuli quo duxeris. Mox cum robore dicendi crescet etiam
eruditio. Idem primo solum iter credant esse in quod in- **4**
ducentur, mox illud cognituri etiam optimum. Sunt autem
neque obscura neque ad percipiendum difficilia, quae scriptores diuersis opinionibus pertinaciter tuendis inuoluerunt. **5**
Itaque in toto artis huiusce tractatu difficilius est iudicare
quid doceas quam cum iudicaris docere, praecipueque in
duabus his partibus perquam sunt pauca, circa quae si is qui
instituitur non repugnauerit pronum ad cetera habiturus est
cursum.

A]   8 numeros(a)e *P*: innumerosae *A*   15 afuerint *Halm*
(*at cf. 2. 15. 4*)   19 placet (*sc.* sibi tradere) *A*: placent *1418*
21 idē *G*: id est *A*   23 pr(a)ecipiendum *D'Orv. 13* (*cf.* § *3* demonstrandum)

6 Nempe enim plurimum in hoc laboris exhausimus, ut ostenderemus rhetoricen bene dicendi scientiam et utilem et artem et uirtutem esse: materiam eius res omnis de quibus dicendum esset: eas in tribus fere generibus, demonstratiuo deliberatiuo iudicialique, reperiri: orationem porro omnem constare rebus et uerbis: in rebus intuendam inuentionem, in uerbis elocutionem, in utraque conlocationem, quae me-
7 moria complecteretur, actio commendaret. Oratoris officium docendi mouendi delectandi partibus contineri, ex quibus ad docendum expositio et argumentatio, ad mouendum adfectus pertinerent, quos per omnem quidem causam sed maxime tamen in ingressu ac fine dominari. Nam delectationem, quamuis in utroque sit eorum, magis tamen proprias
8 in elocutione partes habere. Quaestiones alias infinitas, alias finitas, quae personis temporibus locis continerentur. In omni porro materia tria esse quaerenda, an sit, quid sit, quale sit. His adiciebamus demonstratiuam laude ac uituperatione constare. In ea quae ab ipso de quo diceremus, quae post eum acta essent, intuendum. Hoc opus tractatu honestorum
9 utiliumque constare. Suasoriis accedere tertiam partem ex coniectura, possetne fieri et an esset futurum de quo deliberaretur. Hic praecipue diximus spectandum quis, apud quem, quid diceret. Iudicialium causarum alias in singulis, alias in pluribus controuersiis consistere, et in quibusdam intentionem modo * : depulsionem porro omnem infitiatione duplici, factumne et an hoc factum esset, praeterea
10 defensione ac tralatione constare. Quaestionem aut ex scripto esse aut ex facto: ⟨facto⟩ de rerum fide proprietate qualitate, scripto de uerborum ui aut uoluntate, in quibus uis tum causarum, tum actionum inspici soleat, quae aut

A] 7 utroque *Halm* (*cf.* § 7) 8 complecteretur *G*: conplecterentur *A* 11 sed *P*: et *A*: esse *Kiderlin 1891-1* 18 ⟨quae ante⟩ quae² *Gertz, probabiliter* (ante ipsum *iam P pro* ab ipso) 24-5 quibusdam ⟨statum facere modo⟩ intentionem modo ⟨depulsionem⟩. *Happel, uix recte* 26 praeterea *t*: pea *A* 27 ac translatione *Regius*: ac latratione *G* (*alter*catione *A, praecedente* defensionem *ex* -one *corr.*) 28 facto *add. Spalding* (⟨ex facto⟩ *iam ed. Ald.*) 30 quae *Spalding*: quaeque *A*

INSTITVTIO ORATORIA 8 PR. 15

scripti et uoluntatis aut ratiocinatiua aut ambiguitatis aut legum contrariarum specie continentur. In omni porro causa **11** iudiciali quinque esse partes, quarum exordio conciliari audientem, narratione ⟨doceri, probatione⟩ proposita confir-
5 mari, refutatione ⟨contra dicta dissolui, peroratione⟩ aut memoriam refici aut animos moueri. His argumentandi et **12** adficiendi locos et quibus generibus concitari placari resolui iudices oporteret adiecimus. Accessit ratio diuisionis. Credere modo qui discet uelit, certa quaedam uia est, et in qua multa
10 etiam sine doctrina praestare debeat per se ipsa natura, ut haec de quibus dixi non tam inuenta a praeceptoribus quam cum fierent obseruata esse uideantur.

Plus exigunt laboris et curae quae secuntur. Hinc enim iam **13** elocutionis rationem tractabimus, partem operis, ut inter
15 omnis oratores conuenit, difficillimam. Nam et M. Antonius, cuius supra mentionem habuimus, cum a se disertos uisos esse multos ait, eloquentem neminem, diserto satis putat dicere quae oporteat, ornate autem dicere proprium esse eloquentis. Quae uirtus si usque ad eum in nullo reperta est **14**
20 ac ne in ipso quidem aut L. Crasso, certum est et in his et in prioribus eam desideratam quia difficillima fuit. Et M. Tullius inuentionem quidem ac dispositionem prudentis hominis putat, eloquentiam oratoris, ideoque praecipue circa **15** praecepta partis huius laborauit. Quod eum merito fecisse
25 etiam ipso rei de qua loquimur nomine palam declaratur. Eloqui enim [hoc] est omnia quae mente conceperis promere atque ad audientis perferre, sine quo superuacua sunt priora

15 cf. Cic. orat. 18: de orat. 1. 94   22 orat. 44

A]   2 legum *Regius*: rerum *A*   continentur *1470*: continetur *A*
4 doceri probatione *add. Meister 1862-1* (*monente Spaldingio*)
5 *suppl. Halm* (*conl.* 4 *pr.* 6): iam dissolui peroratione *add. Regius*, peroratione *p* (*1470*)   8 adiecimus *1418*: adiciemus *A*   9 certa quaedam uia (*sic a*: uaria *A*[1]) est *A* (*cf.* 7 *pr.* 4): uarie temptatum, *ut e.g.* materia quidem uaria est *Halm* (*qui lacunam post* uelit *statuit*): artem quidem uariam esse *Wolff* (esse iam *t pro* est et)   13 DE VIRTVTE ELOCVTIONIS Plus *A*   16 a *t*: ad *A*   19 eloquentissimi *A*: *corr. Meister*   25 qua *1418*: quo *A*   26 hoc *del. Gesner*

et similia gladio condito atque intra uaginam suam haerenti.
16 Hoc itaque maxime docetur, hoc nullus nisi arte adsequi
potest, hic studium plurimum adhibendum: hoc exercitatio
petit, hoc imitatio, hic omnis aetas consumitur: hoc maxime
orator oratore praestantior, hoc genera ipsa dicendi aliis alia
17 potiora. Neque enim Asiani aut quocumque alio genere
corrupti res non uiderunt aut eas non conlocauerunt, neque
quos aridos uocamus stulti aut in causis caeci fuerunt, sed
his iudicium in eloquendo ac modus, illis uires defuerunt, ut
appareat in hoc et uitium et uirtutem esse dicendi.
18 Non ideo tamen sola est agenda cura uerborum. Occurram
enim necesse est et uelut in uestibulo protinus adprehensuris
hanc confessionem meam resistam iis qui omissa rerum, qui
nerui sunt in causis, diligentia quodam inani circa uoces
studio senescunt, idque faciunt gratia decoris, qui est in
dicendo mea quidem opinione pulcherrimus, sed cum sequi-
19 tur, non cum adfectatur. Corpora sana et integri sanguinis
et exercitatione firmata ex isdem his speciem accipiunt ex
quibus uires, namque et colorata et adstricta et lacertis expressa sunt: sed eadem si quis uulsa atque fucata muliebriter
20 comat, foedissima sint ipso formae labore. Et cultus concessus
atque magnificus addit hominibus, ut Graeco uersu testa-
tum est, auctoritatem: at muliebris et luxuriosus non corpus
exornat, sed detegit mentem. Similiter illa translucida et
uersicolor quorundam elocutio res ipsas effeminat quae illo
uerborum habitu uestiuntur. Curam ergo uerborum, rerum
21 uolo esse sollicitudinem. Nam plerumque optima rebus
cohaerent et cernuntur suo lumine: at nos quaerimus illa
tamquam lateant semper seque subducant: ita numquam
putamus circa id esse de quo dicendum est, sed ex aliis
22 locis petimus et inuentis uim adferimus. Maiore animo

22 u. Otto, *Sprichwörter p. 100*

A] 11 agendi *A*: *corr. t* 20 sed *t*: et *A*: at *Zumpt*
21 confessus *a* (*cf. 8. 3. 14*) 26 uestiuntur *A*: -antur *G* 29 semper seque *G*: seseque *a in ras.* 31 anima *A*: *corr. t*

INSTITVTIO ORATORIA 8 PR. 28

adgredienda eloquentia est, quae si toto corpore ualet, unguis polire et capillum reponere non existimabit ad curam suam pertinere.

Sed euenit plerumque ut in hac diligentia deterior etiam fiat oratio: primum, quia sunt optima minime arcessita et simplicibus atque ab ipsa ueritate profectis similia. Nam illa quae curam fatentur et ficta atque composita uideri etiam uolunt nec gratiam consecuntur et fidem amittunt, praeter id quod sensus obumbrant et uelut laeto gramine sata strangulant. Nam et quod recte dici potest circumimus amore uerborum, et quod satis dictum est repetimus, et quod uno uerbo patet pluribus oneramus, et pleraque significare melius putamus quam dicere. Quid quod nihil iam proprium placet dum parum creditur disertum quod et alius dixisset? A corruptissimo quoque poetarum figuras seu tralationes mutuamur, tum demum ingeniosi scilicet si ad intellegendos nos opus sit ingenio. Atqui satis aperte Cicero praeceperat in dicendo uitium uel maximum esse a uulgari genere orationis atque a consuetudine communis sensus abhorrere. Sed ille est durus atque ineruditus: nos melius, quibus sordet omne quod natura dictauit, qui non ornamenta quaerimus sed lenocinia, quasi uero sit ulla uerborum nisi rei cohaerentium uirtus: quae ut propria sint et dilucida et ornata et apte conlocentur si tota uita laborandum est, omnis studiorum fructus amissus est. Atqui plerosque uideas haerentis circa singula et dum inueniunt et dum inuenta ponderant ac dimetiuntur. Quod si idcirco fieret ut semper optimis uterentur, abominanda tamen haec infelicitas erat, quae et cursum dicendi refrenat et calorem cogitationis extinguit mora et diffidentia. Miser enim et, ut sic dicam, pauper orator est

9 cf. *Euagrium PL 73. 125–6 et Hieronym. PL 22. 572*   17 *de orat. 1. 12*

A]   2 componere *Obrecht*   14 dixisset *A*: dixit? *Set tempt. Radermacher*   17 atqui *1418*: atque *A*   20 est *Spalding*: et *A*: *del. Regius*   22 ulla *Regius*: illa✱ *A*   30 differentia *A*: *corr. ed. Col. 1527*

qui nullum uerbum aequo animo perdere potest. Sed ne perdet quidem qui rationem loquendi primum cognouerit, tum lectione multa et idonea copiosam sibi uerborum supellectilem compararit, huic adhibuerit artem conlocandi, deinde haec omnia exercitatione plurima roborarit, ut semper in promptu sint et ante oculos: namque ei qui id fecerit sic res cum suis nominibus occurrent. Sed opus est studio praecedente et adquisita facultate et quasi reposita. Namque ista quaerendi iudicandi comparandi anxietas dum discimus adhibenda est, non dum dicimus. Alioqui sicut qui patrimonium non pararunt, sub diem quaerunt, ita in oratione †qui non satis laborauit†: sin praeparata dicendi uis fuerit, erunt in officio, non ut requisita respondere sed ut semper sensibus inhaerere uideantur atque eos ut umbra corpus sequi. Sed in hac ipsa cura est aliquid satis: nam cum Latina significantia ornata, cum apte sunt conlocata, quid amplius laboremus? Quibusdam tamen nullus est finis calumniandi se et cum singulis paene syllabis commorandi, qui etiam cum optima sunt reperta quaerunt aliquid quod sit magis antiquum remotum inopinatum, nec intellegunt iacere sensus in oratione in qua uerba laudantur. Sit igitur cura elocutionis quam maxima, dum sciamus tamen nihil uerborum causa esse faciendum, cum uerba ipsa rerum gratia sint reperta: quorum ea sunt maxime probabilia quae sensum animi nostri optime promunt, atque in animis iudicum quod nos uolumus efficiunt. Ea debent praestare sine dubio et admirabilem et iucundam orationem, uerum admirabilem non sic quo modo

A] 2 eloquendi *p**, *probabiliter* 4 comparauit *A*¹ (-bit *a*): *corr. t* ⟨et⟩ huic *t* 6 ei qui id *Halm*: hii quid *G*: illi qui id *a in ras.* 7 sic *A* (*an ex dittographia?*): simul *Halm* 10 sicut *t*: si *A* 12 latet lacuna: *quam post* laborauit *statuit Spalding* (*supplens* uerba desiderabit), *ante* laborauit, *eodem in* laborabit *mutato, Meister 1876* (*supplens* instructus erit): *certe mentio uerborum excidit* (*cf.* § *30* erunt) sin '*Turnebus*' ('*lectio uetus*'): si *A* 13 si *post* officio *add. a* (*unde suo Heinisch*) requisita *p, 1470* (*ut coni. Zumpt**) (ad requisita *t*): reliquis ita *A* 14 eos ut *p**: ut eos *A* sequi. Sed *Halm*: se quis *G* (sequi*tur A*): sequi tamen *p** 15 nam cum *G*: nam* *A, fort. recte* 17 cum *A*: in *Castiglioni* (*praeeunte Gernhardio*) 18 commoriendi *g, iniuria*

INSTITVTIO ORATORIA 8.2.2

prodigia miramur, et iucundam non deformi uoluptate sed cum laude ac dignitate coniuncta.

1. Igitur quam Graeci φράσιν uocant, Latine dicimus elocutionem. Ea spectatur uerbis aut singulis aut coniunctis. In singulis intuendum est ut sint Latina, perspicua, ornata, ad id quod efficere uolumus accommodata: in coniunctis ut emendata, ut ⟨apte⟩ conlocata, ut figurata. Sed ea quae de 2 ratione Latine atque emendate loquendi fuerunt dicenda in libro primo, cum de grammatice loqueremur, executi sumus. Verum illic tantum ne uitiosa essent praecepimus: hic non alienum est admonere ut sint quam minime peregrina et externa. Multos enim, quibus loquendi ratio non desit, inuenias quos curiose potius loqui dixeris quam Latine, quo modo et illa Attica anus Theophrastum, hominem alioqui disertissimum, adnotata unius adfectatione uerbi hospitem dixit, nec alio se id deprendisse interrogata respondit quam quod nimium Attice loqueretur: et in Tito Liuio, mirae 3 facundiae uiro, putat inesse Pollio Asinius quandam Patauinitatem. Quare, si fieri potest, et uerba omnia et uox huius alumnum urbis oleant, ut oratio Romana plane uideatur, non ciuitate donata.

2. Perspicuitas in uerbis praecipuam habet proprietatem, sed proprietas ipsa non simpliciter accipitur. Primus enim intellectus est sua cuiusque rei appellatio, qua non semper utemur. Nam et obscena uitabimus et sordida et humilia. 2 Sunt autem humilia infra dignitatem rerum aut ordinis. In quo uitio cauendo non mediocriter errare quidam solent, qui omnia quae sunt in usu, etiam si causae necessitas postulet, reformidant: ut ille qui in actione Hibericas herbas se solo nequiquam intellegente dicebat, nisi inridens hanc uanitatem Cassius Seuerus spartum dicere eum uelle indicasset.

31 FOR p. 550

A] 7 apte add. Christ
19 et¹ t: ei A¹ (eius a)
28 in Regius: sine a in ras.
postulet Halm): postulat P

12–13 inueniam A: corr. ed. Camp.
22 DE PERSPICVITATE Perspicuitas A
postule* A (si postulent G, unde sic

425

3 Nec uideo quare clarus orator duratos muria pisces nitidius esse crediderit quam ipsum id quod uitabat. In hac autem proprietatis specie, quae nominibus ipsis cuiusque rei utitur, nulla uirtus est, at quod ei contrarium est uitium. Id apud nos inproprium, ἄκυρον apud Graecos uocatur, quale est
4 'tantum sperare dolorem', aut, quod in oratione Dolabellae emendatum a Cicerone adnotaui, 'mortem ferre', aut qualia nunc laudantur a quibusdam, quorum est 'de cruce uerba ceciderunt'. Non tamen quidquid non erit proprium protinus et inproprii uitio laborabit, quia primum omnium
5 multa sunt et Graece et Latine non denominata. Nam et qui iaculum emittit iaculari dicitur, qui pilam aut sudem appellatione priuatim sibi adsignata caret: et ut lapidare quid sit manifestum est, ita glebarum testarumque iactus non habet nomen. Vnde abusio, quae κατάχρησις dicitur, necessaria.
6 Tralatio quoque, in qua uel maximus est orationis ornatus, uerba non suis rebus accommodat. Quare proprietas non ad nomen sed ad uim significandi refertur, nec auditu sed intel-
7 lectu perpendenda est. Secundo modo dicitur proprium inter plura quae sunt eiusdem nominis id unde cetera ducta sunt, ut uertex est contorta in se aqua uel quidquid aliud similiter uertitur, inde propter flexum capillorum pars summa capitis, ex hoc id quod in montibus eminentissimum. Recte dixeris haec omnia uertices, proprie tamen unde ini-
8 tium est. Sic soleae et turdi pisces et cetera. Tertius est huic diuersus modus cum res communis pluribus in uno aliquo habet nomen eximium, ut carmen funebre proprie 'nenia' et tabernaculum ducis 'augurale'. Item quod commune est et aliis nomen intellectu alicui rei peculiariter tribuitur, ut

6 *Verg. Aen. 4. 419*   *ORF p. 516*

A] 2 uitabat *ed. Ald.*: uidebat *A*   4 nonnulla *a* (*at cf.* § 8) at quod *Spalding*: ad quod *G* (*ob* quod *A*): atqui *t?, 1416*   7 mortem ferre] *obscurum* (*u. Spald.*)   12 pilum '*Turnebus*' (pila *iam D'Orv. 13*)   15 ΚΑΤΑΧΡΗCΙC *G*: ·ICIC *A*   20 ducta *Regius*†: dicta *A*   25 cetera *ed. Jens.*: tetera *A* (tertia *G*) 28 commune est *t*: communem *A*¹ (commune *a*)

INSTITVTIO ORATORIA   8. 2. 13

'urbem' Romam accipimus et 'uenales' nouicios et 'Corinthia' aera, cum sint urbes aliae quoque et uenalia multa et tam aurum et argentum quam aes Corinthium. Sed ne in his quidem uirtus oratoris inspicitur. At illud iam non mediocriter probandum, quod hoc etiam laudari modo solet ut proprie dictum, id est, quo nihil inueniri possit significantius, ut Cato dixit C. Caesarem ad euertendam rem publicam sobrium accessisse, ut Vergilius 'deductum carmen', et Horatius 'acrem tibiam' 'Hannibalemque dirum'. In quo modo illud quoque est a quibusdam traditum proprii genus ex adpositis (epitheta dicuntur), ut 'dulcis musti' et 'cum dentibus albis'. De quo genere alio loco dicendum est. Etiam quae bene tralata sunt, propria dici solent. Interim autem quae sunt in quoque praecipua proprii locum accipiunt, ut Fabius inter plures imperatorias uirtutes cunctator est appellatus. Possunt uideri uerba quae plus significant quam elocuntur in parte ponenda perspicuitatis: intellectum enim adiuuant; ego tamen libentius emphasim retulerim ad ornatum orationis, quia non ut intellegatur efficit sed ut plus intellegatur.

At obscuritas fit uerbis iam ab usu remotis, ut si commentarios quis pontificum et uetustissima foedera et exoletos scrutatus auctores id ipsum petat ex iis quae inde contraxerit, quod non intelleguntur. Hinc enim aliqui famam eruditionis adfectant, ut quaedam soli scire uideantur. Fallunt etiam uerba uel regionibus quibusdam magis familiaria uel artium propria, ut 'atabulus' uentus et nauis 'stlataria' et †inmalocosanum†. Quae uel uitanda apud iudicem ignarum significationum earum uel interpretanda sunt, sicut in iis quae homonyma uocantur, ut 'taurus' animal sit an mons an

8 ecl. 6. 5   9 carm. 1. 12. 1–2: 3. 6. 36   11 Verg. georg. 1. 295   11–12 id. Aen. 11. 681

A]   6 quo t: quod A   21 iam Halm: etiam A   23 et 29 his A   25 etiam ed. Ald.: enim A   26 religionibus A: corr. p*
27 stlataria Haupt 1870: saccaria A   27–8 in maloco sanum A: inula Cosana Schenkl

8.2.14 **M. FABI QVINTILIANI**

signum in caelo an nomen hominis an radix arboris nisi distinctum non intellegetur.

14 Plus tamen est obscuritatis in contextu et continuatione sermonis, et plures modi. Quare nec sit tam longus ut eum prosequi non possit intentio, nec †transiectio intra modum hyperbato† finis eius differatur. Quibus adhuc peior est mixtura uerborum, qualis in illo uersu:

'saxa uocant Itali mediis quae in fluctibus aras'.

15 Etiam interiectione, qua et oratores et historici frequenter utuntur ut medio sermone aliquem inserant sensum, impediri solet intellectus, nisi quod interponitur breue est. Nam Vergilius illo loco quo pullum equinum describit, cum dixisset

'nec uanos horret strepitus',

compluribus insertis alia figura quinto demum uersu redit:

'tum, si qua sonum procul arma dederunt,
stare loco nescit'.

16 Vitanda in primis ambiguitas, non haec solum, de cuius genere supra dictum est, quae incertum intellectum facit, ut 'Chremetem audiui percussisse Demean', sed illa quoque, quae etiam si turbare non potest sensum in idem tamen uerborum uitium incidit, ut si quis dicat uisum a se hominem librum scribentem. Nam etiam si librum ab homine scribi patet, male tamen composuerit, feceritque ambiguum quantum in ipso fuit.

17 Est etiam in quibusdam turba inanium uerborum, qui, dum communem loquendi morem reformidant, ducti specie nitoris circumeunt omnia copiosa loquacitate, eo quod dicere nolunt ipsa: deinde illam seriem cum alia simili iungentes

---

8 *Verg. Aen. 1. 109*   12 *georg. 3. 79 seq.*   20 *cf. 7. 9. 10*

A]   5–6 transiectio intra *modum* (domum *G*) hyperbato *A*: transiectione (*sic p**) ultra modum hyperbati (hiperbaton *iam t*) *tempt. Zumpt**   9 ystorici *t*: storici *A*   11 solet *1418*: -ent *A*   15–16 redit tum *ed. Asc. 1516*: redditum *A*   16 dedere *1418*, *Verg.*   20 chemetem *A¹*: Lachetem *habuimus 7. 9. 10* demeam *1418*   28 eo *Halm*: et *A*: del. *t, fort. recte*   29 ipsa *Christ* (*distinctione mutata*): ipsam *A*

INSTITVTIO ORATORIA 8. 2. 23

miscentesque ultra quam ullus spiritus durare possit extendunt. In hoc malum a quibusdam etiam laboratur: neque 18 id nouum uitium est, cum iam apud Titum Liuium inueniam fuisse praeceptorem aliquem qui discipulos obscurare quae dicerent iuberet, Graeco uerbo utens σκότισον. Vnde illa scilicet egregia laudatio: 'tanto melior: ne ego quidem intellexi.' Alii breuitatem aemulati necessaria quoque orationi 19 subtrahunt uerba, et, uelut satis sit scire ipsos quid dicere uelint, quantum ad alios pertineat nihili putant: at ego uitiosum sermonem dixerim quem auditor suo ingenio intellegit. Quidam, emutatis in peruersum dicendi figuris, idem uitium consecuntur. Pessima uero sunt adianoeta, hoc est 20 quae uerbis aperta occultos sensus habent, ut cum dictus est caecus 'secundum uitam stare', et qui suos artus morsu lacerasse fingitur in scholis 'supra se cubasse'. Ingeniosa 21 haec et fortia et ex ancipiti diserta creduntur, peruasitque iam multos ista persuasio, ut id [iam] demum eleganter atque exquisite dictum putent quod interpretandum sit. Sed auditoribus etiam nonnullis grata sunt haec, quae cum intellexerunt acumine suo delectantur, et gaudent non quasi audierint sed quasi inuenerint.

Nobis prima sit uirtus perspicuitas, propria uerba, rectus 22 ordo, non in longum dilata conclusio, nihil neque desit neque superfluat: ita sermo et doctis probabilis et planus imperitis erit. Haec eloquendi obseruatio: nam rerum perspicuitas quo modo praestanda sit diximus in praeceptis narrationis. Similis autem ratio est in omnibus. Nam si neque pauciora 23 quam oportet neque plura neque inordinata aut indistincta dixerimus, erunt dilucida et neglegenter quoque audientibus aperta: quod et ipsum in consilio est habendum, non semper

3 *frg. 87 Weissenborn–Mueller*

A]   9 nihil *A*: *corr. Spalding*   10 uitiosum *f*: *utiosum *A* (otiosum *G*)   12 ἀδιάνοιτα (*sic*) hoc est *p** (hoc est *iam t*): adiano etorē *A*   13 ductus *A*: *corr. Spalding*   14 uitam *G*: *uiam A*: *utrumque obscurum*   16 persuasitque *A*: *corr. Spalding post Badium*   17 iam² *del. Spalding*

tam esse acrem iudicis intentionem ut obscuritatem apud
se ipse discutiat et tenebris orationis inferat quoddam intel-
legentiae suae lumen, sed multis eum frequenter cogitationibus auocari, nisi tam clara fuerint quae dicemus ⟨ut⟩ in
animum eius oratio, ut sol in oculos, etiam si in eam non in-
tendatur incurrat. Quare non ut intellegere possit sed ne
omnino possit non intellegere curandum. Propter quod etiam
repetimus saepe quae non satis percepisse eos qui cognoscunt
putamus: 'quae causa utique nostra, iudices, culpa dicta obscurius: ad planiora et communia magis uerba descendimus',
cum id ipsum optime fiat, quod nos aliquid non optime
fecisse simulamus.

3. Venio nunc ad ornatum, in quo sine dubio plus quam in
ceteris dicendi partibus sibi indulget orator. Nam emendate
quidem ac lucide dicentium tenue praemium est, magisque
ut uitiis carere quam ut aliquam magnam uirtutem adeptus
esse uidearis. Inuentio cum imperitis saepe communis, dispositio modicae doctrinae credi potest: si quae sunt artes
altiores, plerumque occultantur ut artes sint; denique omnia
haec ad utilitatem causarum solam referenda sunt. Cultu
uero atque ornatu se quoque commendat ipse qui dicit, et in
ceteris iudicium doctorum, in hoc uero etiam popularem
laudem petit, nec fortibus modo sed etiam fulgentibus armis
proeliatur. ⟨An⟩ in causa C. Corneli Cicero consecutus esset
docendo iudicem tantum et utiliter demum ac Latine per-
spicueque dicendo ut populus Romanus admirationem suam
non adclamatione tantum sed etiam plausu confiteretur?
Sublimitas profecto et magnificentia et nitor et auctoritas
expressit illum fragorem. Nec tam insolita laus esset pro-
secuta dicentem si usitata et ceteris similis fuisset oratio.

24 *frg. orat. p. 403*

A] 4 fuerint *G*: fuerit* *A* (*deinde* qua *a*) ut *add. t* 5 oculos
*p**: -is *A* 9 quae *G*: qua *A* iudices *Stroux 1936*: id *A*: est *Halm*
(*quod certe excidit, post* obscurius *add. ed. Ald.*) 10 descendimus
1416 (-damus *Christ, contra numeros*): dis- *A* 13 DE ORNATV
Venio *A* 20 solam *P*: sola *A* 24 an *add. Spalding* cicero
corneli *A*: *transp. Spalding*

INSTITVTIO ORATORIA   8.3.9

Atque ego illos credo qui aderant nec sensisse quid facerent nec sponte iudicioque plausisse, sed uelut mente captos et quo essent in loco ignaros erupisse in hunc uoluptatis adfectum.
5 Sed ne causae quidem parum conferet idem hic orationis 5 ornatus. Nam qui libenter audiunt et magis attendunt et facilius credunt, plerumque ipsa delectatione capiuntur, nonnumquam admiratione auferuntur. Nam et ferrum adfert oculis terroris aliquid, et fulmina ipsa non tam nos confun-
10 derent si uis eorum tantum, non etiam ipse fulgor timeretur. Recteque Cicero his ipsis ad Brutum uerbis quadam in 6 epistula scribit: 'nam eloquentiam quae admirationem non habet nullam iudico.' Eandem Aristoteles quoque petendam maxime putat.
15 Sed hic ornatus (repetam enim) uirilis et fortis et sanctus sit nec effeminatam leuitatem et fuco ementitum colorem amet: sanguine et uiribus niteat. Hoc autem adeo uerum est 7 ut, cum in hac maxime parte sint uicina uirtutibus uitia, etiam qui uitiis utuntur uirtutum tamen iis nomen impo-
20 nant. Quare nemo ex corruptis dicat me inimicum esse culte dicentibus: non hanc esse uirtutem nego, sed illis eam non tribuo. An ego fundum cultiorem putem in quo mihi quis 8 ostenderit lilia et uiolas et anemonas sponte surgentes quam ubi plena messis aut graues fructu uites erunt? sterilem
25 platanum tonsasque myrtos quam maritam ulmum et uberes oleas praeoptauerim? Habeant illa diuites licet: quid essent si aliud nihil haberent? Nullusne ergo etiam frugiferis adhi- 9 bendus est decor? Quis negat? Nam et in ordinem certaque

11 *frg. epist. VII. 8*   13 *rhet. 1404ᵇ11*

A]   2 plausisse sed *t*: plausisset *A*¹ (plausisse *a*)   5 conferet∗ *A* (conferant *G, unde* conferat *P*): confert *ed. Camp.*   9 non tam *t*: notam *A*   13 aristotelis *A: corr. p*∗   15 uirilis et *ed. Ald.* (uirilis iam *P*¹): uiri sed *A*   16 fuco *P*: suco *A* ementitum *Obrecht*: eminentium *A*   16–17 colorem amet *P*: colore manet *A*   21 eam *1418*: etiam *A*   23 sponte '*nemo, opinor, uelit*' (*Spalding*): fonte∗ *A* (fontes *G*): fontesque *temptauit idem Spalding*

431

interualla redigam meas arbores. Quid illo quincunce speciosius, qui in quamcumque partem spectaueris rectus est? Sed protinus in id quoque prodest, ut terrae sucum aequaliter trahat. Fugientia in altum cacumina oleae ferro coercebo: in orbem se formosius fundet et protinus fructum ramis pluribus feret. Decentior equus cuius adstricta ilia, sed idem uelocior. Pulcher aspectu sit athleta cuius lacertos exercitatio expressit, idem certamini paratior. Numquam uera species ab utilitate diuiditur.

Sed hoc quidem discernere modici iudicii est: illud obseruatione dignius, quod hic ipse honestus ornatus materiae genere †decidit uariatus†. Atque ut a prima diuisione ordiar, non idem demonstratiuis et deliberatiuis et iudicialibus causis conueniet. Namque illud genus ostentationi compositum solam petit audientium uoluptatem, ideoque omnes dicendi artes aperit ornatumque orationis exponit, ut quod non insidietur nec ad uictoriam sed ad solum finem laudis et gloriae tendat. Quare quidquid erit sententiis populare, uerbis nitidum, figuris iucundum, tralationibus magnificum, compositione elaboratum, uelut institor quidam eloquentiae intuendum et paene pertractandum dabit: nam euentus ad ipsum, non ad causam refertur. At ubi res agitur et uera dimicatio est, ultimus sit famae locus. Praeterea ne decet quidem, ubi maxima rerum momenta uersantur, de uerbis esse sollicitum. Neque hoc eo pertinet, ut in his nullus sit ornatus, sed uti pressior et seuerior et minus confessus, praecipue materiae accommodatus. Nam et ⟨in⟩ suadendo sublimius aliquid senatus, concitatius populus, et in iudiciis publicae capitalesque causae poscunt accuratius dicendi

A]   4 surgentia *t*   6 ⟨sunt⟩ ilia *ed. Camp.*   9 uera *p (1470)*: *m*era *A*   12 decidit uariatus *A*: decebit (decet *iam T*) uariatus *Gertz*: deciens uariatur *Radermacher*   13 demonstratiuis et *t?, 1418*: demonstrauis et *A* (-aui sed *G*)   14 ostentationi *P*: -nis *A*   17 nec ad *1418*: negat *A*   20 institor *G*: institutor *A*   23 decet *Spalding*: debet *A* (*unde* sollicitus *a*)   26 uti *ed. Ald.*: ubi *A*   et minus *Obrecht*: eminus A^1 (eo minus *a*)   27 in *add. Gesner*   28 populus *t*: -is *A* (*unde* senatui *A*: -tus *G*)

INSTITVTIO ORATORIA 8. 3. 19

genus. At priuatum consilium causasque paucorum, ut frequenter accidit, calculorum purus sermo et dissimilis curae magis decuerit. An non pudeat certam creditam perihodis postulare aut circa stillicidia adfici aut in mancipii redhibitione sudare? Sed ad propositum.

Et quoniam orationis tam ornatus quam perspicuitas aut 15 in singulis uerbis est aut in pluribus positus, quid separata, quid iuncta exigant consideremus. Quamquam enim rectissime traditum est perspicuitatem propriis, ornatum tralatis uerbis magis egere, sciamus nihil ornatum esse quod sit inproprium. Sed cum idem frequentissime plura significent, 16 quod συνωνυμία uocatur, iam sunt aliis ⟨alia⟩ honestiora sublimiora nitidiora iucundiora uocaliora. Nam ut syllabae e litteris melius sonantibus clariores, ita uerba e syllabis magis uocalia, et quo plus quodque spiritus habet, auditu pulchrius. Et quod facit syllabarum, idem uerborum quoque inter se copulatio, ut aliud alii iunctum melius sonet. Diuer- 17 sus tamen usus: nam rebus atrocibus uerba etiam ipso auditu aspera magis conuenient. In uniuersum quidem optima simplicium creduntur quae aut maxime exclamant aut sono sunt iucundissima. Et honesta quidem turpibus potiora semper nec sordidis umquam in oratione erudita locus. Clara 18 illa atque sublimia plerumque materiae modo discernenda sunt: quod alibi magnificum tumidum alibi, et quae humilia circa res magnas apta circa minores uidentur. Vt autem in oratione nitida notabile humilius uerbum et uelut macula, ita a sermone tenui sublime nitidumque discordat fitque corruptum quia in plano tumet. Quaedam non tam ratione 19 quam sensu iudicantur, ut illud

'caesa iungebant foedera porca'

30 *Verg. Aen. 8. 641*

A] 1 at *P*: ad *A* 8 iuncta *a*: iniuncta *A*¹: coniuncta *t* (*ut est 8. 1. 1*) 12 alia *P*: om. *A* (*de ordine cf. 9. 4. 89: 10. 1. 6*) 15 quodque *Spalding*: quoque *A* 20 ⟨rem⟩ maxime explanant *Stroux 1921* (*conlato Cic. orat. 80*) 25 autem *a in ras.*: sint *G*: est *Halm*

8. 3. 20   M. FABI QVINTILIANI

fecit elegans fictio nominis, quod si fuisset 'porco' uile erat.
In quibusdam ratio manifesta est. Risimus, et merito, nuper
poetam qui dixerat:
    'praetextam in cista mures rosere camilli.'
20 At Vergili miramur illud
    'saepe exiguus mus';
nam epitheton 'exiguus' aptum ⟨et⟩ proprium effecit ne
plus expectaremus, et casus singularis magis decuit, et
clausula ipsa unius syllabae non usitata addidit gratiam.
Imitatus est itaque utrumque Horatius:
    'nascetur ridiculus mus.'
21 Nec augenda semper oratio, sed summittenda nonnumquam
est. Vim rebus aliquando uerborum ipsa humilitas adfert.
An cum dicit in Pisonem Cicero 'cum tibi tota cognatio serra-
co aduehatur', incidisse uidetur ⟨in⟩ sordidum nomen, non
eo contemptum hominis quem destructum uolebat auxisse?
22 Et alibi: 'caput opponis cum eo coruscans.' Vnde interim
grati idiotismi †de quot†, qualis est ille apud M. Tullium:
'pusio qui cum maiore sorore cubitabat' et 'Flauius qui
cornicum oculos confixit', et pro Milone illud 'heus tu Rufio',
et 'Erucius Antoniaster'. Id tamen in declamatoribus est
notabilius, laudarique me puero solebat 'da patri panem', et in
23 eodem 'etiam canem pascis'. Res quidem praecipue in scholis
anceps et frequenter causa risus, nunc utique cum haec exercitatio procul a ueritate seiuncta laboret incredibili uerborum fastidio ac sibi magnam partem sermonis absciderit.

    4 frg. inc. 48 Morel   6 georg. 1. 181   11 ars 139
14 frg. 16 Nisbet   17 frg. orat. B. 20   19 Cael. 36   Mur. 25
20 60   21 frg. orat. II. 10

A]   7 alius aliud seclusit, ut e.g. exiguus aptum Christ: malim
exiguus delere   et add. Happel p. 34 (ac Heinisch)   effecit t?, 1418:
-icit A   15 in G: om. A   16 contemptum 1418: contemptu a
(contentu A¹)   17 eo H: ego A (sed altius latere uidetur corruptio)
coruscans Freund, probabiliter: conificans A: cornificans Bonnell
unde A: malim sunt   18 idiotismi Doerry (p. 14): idiotis A   de
quo A: quoque Lana: decor Spalding: del. Russell   19 fabius A:
corr. Regius ex Cic.   20 cornicum P, Cic.: cornificum A   pro t:
pri A   heus P, Cic.: heu A   24 et Christ: sed A

INSTITVTIO ORATORIA 8.3.28

Cum sint autem uerba propria ficta tralata, propriis dig- 24
nitatem dat antiquitas. Namque et sanctiorem et magis
admirabilem faciunt orationem, quibus non quilibet fuerit
usurus, eoque ornamento acerrimi iudicii P. Vergilius unice
5 est usus. 'Olli' enim et 'quianam' et 'moerus' et 'pone' et 25
'porricere' adspergunt illam, quae etiam in picturis est
grauissima, uetustatis inimitabilem arti auctoritatem. Sed
utendum modo nec ex ultimis tenebris repetenda. Satis est
uetus 'quaeso': quid necesse est 'quaiso' dicere? 'Oppido',
10 quamquam usi sunt paulum tempore nostro superiores,
uereor ut iam nos ferat quisquam: certe 'antegerio', cuius
eadem significatio est, nemo nisi ambitiosus utetur. †Aerum- 26
nas† quid opus est, tamquam parum sit si dicatur †quod
horridum†? 'Reor' tolerabile, 'autumo' tragicum; 'prolem'
15 †dicendi uersum ei†, 'prosapiam' insulsum. Quid multa?
totus prope mutatus est sermo. Quaedam tamen adhuc 27
uetera uetustate ipsa gratius nitent, quaedam et necessario
interim sumuntur, ut 'nuncupare' et 'fari': multa alia etiam
audentius inseri possunt, sed ita demum si non appareat
20 adfectatio, in quam mirifice Vergilius:

'Corinthiorum amator iste uerborum,   28
Thucydides Britannus, Atticae febres,

20 *Catal. 2*

A]   5 moerus *Ribbeck* (*ap. Halm*): mus *A*: mis *P*: miis *Bonnell*
6 porricere *Haupt 1870*: pollicerent *A*   7 gratissima *Regius*
9 quaiso *Gertz*: quaeso *A*: quaesito *Halm* (*inter addenda*)   10 quamquam *Gertz*: quam *A*¹ (qua *a*): quo *P*   12–14 aerumnas (*ex* er-) ...
quod horridum (orr- *A*¹) *A*: aerumna (*ita et Luenemann*) ... queo horridum *Madvig, adu. crit. 3. 214*: aerumnosum ... quid miserum
*Zumpt**: erumna ... per *ae* horridum *Stroux 1936*: *alii alia*
14 authumo *A*   15 dicendi uersum ei *A*: dicere uersuum est *Doerry*
(*p. 13*) (*addito tamen perinde post* dicere): dicendi in uersu ius est
Madvig ibid. (in uersu *iam Zumpt**): *alii alia*   prosapia *Zumpt**
18 ut nuncupare *Spalding* (nuncupare *iam ed. Camp.*: ut enuncupare *Burn. 243 corr.*): enuncupare *A*   et fari *A*: effari *Obrecht*
19 audientibus *A*: *corr. Badius*   20 qua *A*: *corr. ed. Jens.*
22 brittannus *A*: tyrannus (*uel* -um) *codd. Catal.* (*deinde* febris)

tau Gallicum, min et sphin †et male illisit†:
ita omnia ista uerba miscuit fratri.'

29 Cimber hic fuit a quo fratrem necatum hoc Ciceronis dicto notatum est: 'Germanum Cimber occidit.' Nec minus noto Sallustius epigrammate incessitur:

'et uerba antiqui multum furate Catonis,
Crispe, Iugurthinae conditor historiae.'

30 Odiosa cura: nam et cuilibet facilis et hoc pessima, quod eius studiosus non uerba rebus aptabit, sed res extrinsecus arcesset quibus haec uerba conueniant.

Fingere, ut primo libro dixi, Graecis magis concessum est, qui sonis etiam quibusdam et adfectibus non dubitauerunt nomina aptare, non alia libertate quam ⟨qua⟩ illi primi **31** homines rebus appellationes dederunt. Nostri aut in iungendo aut in deriuando paulum aliquid ausi uix in hoc satis recipiuntur. Nam memini iuuenis admodum inter Pomponium ac Senecam etiam praefationibus esse tractatum an 'gradus eliminat' in tragoedia dici oportuisset. At ueteres ne 'expectorat' quidem timuerunt, et sane eiusdem notae est 'exani**32** mat'. At in tractu et declinatione talia sunt qualia apud Ciceronem 'beatitas' et 'beatitudo': quae dura quidem sentit esse, uerum tamen usu putat posse molliri. Nec a uerbis modo sed ab nominibus quoque deriuata sunt quaedam, ut a Cicerone 'sullaturit', Asinio 'fimbriatum' et 'figulatum'.
33 Multa ex Graeco formata noua, ac plurima a Sergio Plauto,

4 *Phil. II. 14* 17–18 *frg. trag. inc. 129 (p. 313 Ribbeck³) = Pomp. Secundus frg. inc. IV Klotz* 21 *nat. deor. 1. 95* 24 *Att. 9. 10. 6: ORF pp. 526, 523*

A] 1 min '*alii*' *secundum ed. Leid.* (*et nonnulli codd. Catal.*): enim *A*: et min *tempt. Richmond* (*ad Catal.*) sphin *Buecheler 1883*: spin *A*: psin *duo codd. Catal.* et male illi sit *A* (*quod ita diuisum tuetur Buecheler 1883*), *codd. Catal.*: ut male elisit *Wagner* (*Heyne–Wagner, Verg. 4. 382*) *uersus incertus: nam comparandus est et Ausonius* (*opusc. pp. 167–8 Peiper*), *qui litteras* al *et* sil *addit, quas in hoc epigrammate uarie inseruerunt nonnulli* (*u. Richmond ad Catal.*) 8 eius *Gesner*: rei *A* 13 qua *add. Regius* 19 not(a)e *p**: nocte *A* 19–20 exanimat *p**: exanimata *A* (examinata *G*) 20 at a (ad *A¹*): *del. Christ* 24 ⟨ab⟩ asinio *p* (*1470*) 25 Plauto *Detlefsen*: flauio *A*

INSTITVTIO ORATORIA 8. 3. 37

quorum dura quaedam admodum uidentur, ut [quae] 'ens'
et 'essentia': quae cur tanto opere aspernemur nihil uideo,
nisi quod iniqui iudices aduersus nos sumus: ideoque pauper-
tate sermonis laboramus. Quaedam tamen perdurant. Nam 34
et quae uetera nunc sunt fuerunt olim noua, et quaedam
sunt in usu perquam recentia, ut Messala primus 'reatum',
'munerarium' Augustus primus dixerunt [reatum nemo ante
Messalam, munerarium nemo ante Augustum dixerat].
'Piraticam' quoque ut 'musicam' et 'fabricam' dici adhuc
dubitabant mei praeceptores, 'fauorem' et 'urbanum' Cicero
noua credit. Nam et in epistula ad Brutum 'eum' inquit
'amorem et eum, ut hoc uerbo utar, fauorem in consilium
aduocabo': et ad Appium Pulchrum: 'te, hominem non 35
solum sapientem uerum etiam, ut nunc loquimur, urbanum.'
Idem putat a Terentio primum dictum esse 'obsequium',
†cincilius† a Sisenna 'albenti caelo'. 'Ceruicem' uidetur Hortensius primus dixisse: nam ueteres pluraliter appellabant.
Audendum itaque: neque enim accedo Celso, qui ab oratore
uerba fingi uetat. Nam cum sint eorum alia, ut dicit Cicero, 36
'natiua', id est, 'quae significata sunt primo sensu', alia
'reperta, quae ex his facta sunt': ut iam nobis ponere aliqua,
quod illi rudes homines primique fecerunt, fas non sit, at
deriuare flectere coniungere, quod natis postea concessum
est, quando desît licere? Sed si quid periculosius finxisse 37
uidebimur, quibusdam remediis praemuniendum est: 'ut ita

6 *ORF p. 534*   11 *frg. epist. VII. 9*   13 *fam. 3. 8. 3*
15 *amic. 89*   16 *Sisenna frg. 103 Peter*   18 *frg. rhet. 12 Marx*
19 *part. orat. 16*

A]   1 ut ens *Regius*: ut quae ens *A*: ut queens *Halm*: *an* ut
queentia (*cf. 2. 14. 2*)?   6 prius *A*: *corr.* t   7, 8 munerarium *utroque loco p**: numerarium *utroque loco A*   7–8 reatum . . . dixerat *del. Regius*: ut Messala . . . dixerunt *del. Gesner*
10 dubitabant *om. A*[1]: uetabant *Halm*, *non sine causa* (*nisi* dicere *pro*
dici *malis*)   11 eum *T*: cum *A*   16 cincilius *A* (*corr.?*):
Cincius *Claussen 1872*: c(a)ecilius *1434* (*def. Barwick pp. 101 seq.*)
albente *Spalding*, *probabiliter* (*ut est Non. p. 449 Mueller*)   21–2 aliqua quod *A*: alia quam quae *ed. Vasc. 1538*, *iniuria*   24 desit
G: desiit *A*

8. 3. 38 M. FABI QVINTILIANI

dicam', 'si licet dicere', 'quodam modo', 'permittite mihi sic uti.' Quod idem etiam in iis quae licentius tralata erunt proderit, nihilque non tuto dici potest in quo non falli iudicium nostrum sollicitudine ipsa manifestum erit. Qua de re Graecum illud elegantissimum est, quo praecipitur προεπι- πλήσσειν τῇ ὑπερβολῇ.

38 Tralata probari nisi in contextu sermonis non possunt. Itaque de singulis uerbis satis dictum, quae, ut alio loco ostendi, per se nullam uirtutem habent. Sed ne inornata [quae] sunt quidem, nisi cum sunt infra rei de qua loquendum est dignitatem, excepto si obscena nudis nominibus 39 enuntientur. Quod uiderint qui non putant esse uitanda quia nec sit uox ulla natura turpis, et, si qua est rei deformitas, alia quoque appellatione quacumque ad intellectum eundem nihilo minus perueniat. Ego Romani pudoris more contentus etiam respondendi talibus uerecundiam silentio uindicabo.

40 Iam hinc igitur ad rationem sermonis coniuncti transeamus. Cuius ornatus in haec duo prima diuiditur, quam concipiamus elocutionem, quo modo efferamus. Nam primum est ut liqueat augere quid uelimus an minuere, concitate dicere an moderate, laete an seuere, abundanter an presse, aspere an leniter, magnifice an subtiliter, grauiter an urbane:
41 tum quo tralationum genere, quibus figuris, qualibus sententiis, quo modo, qua postremo conlocatione id quod intendimus efficere possimus.

Ceterum dicturus quibus ornetur oratio, prius ea quae sunt huic laudi contraria attingam: nam prima uirtus est
42 uitio carere. Igitur ante omnia ne speremus ornatam orationem fore quae probabilis non erit. Probabile autem Cicero

5–6 cf. Aristot. rhet. 1408^{b}3   29 part. orat. 19–20

A]   2 his *A*   3 proderit *ed. Jens.*: -erunt *A*   6 τῇ ὑπερβολῇ] ΤΥΠΕΥΒΟΔΝ *A*   10 quae *del. Regius*†: *fort. etiam* sunt[1] *delendum est*   12 uitandum *A*: *corr. t*   16 respondendi *Becher (ap. Rad.)* (*cf. 3. 5. 15*): respondi *A*, *quo recepto* ut iam *pro* etiam *t*   20 liqueat *P*: liceat *A*   23 translationum *Halm*: -nem *A* : -nis *t*   25 possimus *P*: possit *A* (*quo recepto* effici *scribas*)

438

INSTITVTIO ORATORIA   8. 3. 46

id genus dicit quod non nimis est comptum: non quia comi expolirique non debeat (nam et haec ornatus pars est), sed quia uitium est ubique quod nimium est. Itaque uult esse **43** auctoritatem in uerbis, sententias uel graues uel aptas opinionibus hominum ac moribus. His enim saluis licet adsumere ea quibus inlustrem fieri orationem putat, delecta tralata supralata, ad nomen adiuncta, duplicia et idem significantia atque ⟨ab ipsa actione atque⟩ imitatione rerum non abhorrentia.

Sed quoniam uitia prius demonstrare adgressi sumus, ab **44** hoc initium sit quod cacemphaton uocatur: siue mala consuetudine in obscenum intellectum sermo detortus est, ut 'ductare exercitus' et 'patrare bella' apud Sallustium dicta sancte et antique ridentibus, si dis placet (quam culpam non **45** scribentium quidem iudico sed legentium, tamen uitandam, quatenus uerba honesta moribus perdidimus et uincentibus etiam uitiis cedendum est), siue iunctura deformiter sonat, ut, si cum hominibus notis loqui nos dicimus, nisi hoc ipsum 'hominibus' medium sit, in praefanda uidemur incidere, quia ultima prioris [ultimae] syllabae littera, quae exprimi nisi labris coeuntibus non potest, aut intersistere nos indecentissime cogit aut [non] continuata cum insequente in naturam eius corrumpitur. Aliae quoque coniunctiones aliquid simile **46** faciunt, quas persequi libenter est in eo uitio quod uitandum dicimus commorantis. Sed diuisio quoque adfert eandem

13 *Cat. 17. 7, Iug. 38. 1 : 21. 2*

A]   1 comptum *Halm* (comptum atque expolitum *Cic.*): dic*tum A* (dict̃ *G*): pictum *Roscher*: fictum *Gertz (conl. 8 pr. 23)*   6 delecta *Gesner ex Cic., monente 'Turnebo'*: delectat *A*   7 supralata *A*: superlata *ed. Asc. 1531 (om. uett. codd. Cic.)*   duplicata *ed. Asc. 1531, Cic.*   8 *suppl. Halm ex Cic. (cuius uett. codd.* atque imitatione *omittunt), post ed. Vasc. 1538*   10 ab *Halm*: uel *A*
14 ridentibus *A (de quo u. Spalding)*: ridentur *p (1470)*: ridentur a nobis *ed. Ald.*   15 uitandam *ed. Ald.*: -anda *A*   17 etiam *A*: iam *Spalding*   18 nos *mihi suspectum*   nisi *p (1470)*: nos *A*   19 praefanda *G*: praefata *A*   20 syllabae *ed. Jens.*: ultimae syllabae *A*   22 non *om. ed. Ald.*   natura *A*: corr. *Regius*   23 aliae quoque *Spalding*: aliaeque *A*

439

iniuriam pudori, ut si 'intercapedinis' nominatiuo casu quis
47 utatur. Nec scripto modo id accidit, sed etiam sensu plerique
obscene intellegere, nisi caueris, cupiunt (ut apud Ouidium
'quaeque latent meliora putant') et ex uerbis quae longissime ab obscenitate absunt occasionem turpitudinis rapere.
Siquidem Celsus cacemphaton apud Vergilium putat:
         'incipiunt agitata tumescere':
quod si recipias, nihil loqui tutum est.

48 Deformitati proximum est humilitatis uitium (ταπείνωσιν
uocant), qua rei magnitudo uel dignitas minuitur, ut
    'saxea ⟨est⟩ uerruca in summo montis uertice':
cui natura contrarium sed errore par est paruis dare excedentia modum nomina, nisi cum ex industria risus inde captatur. Itaque nec parricidam 'nequam' dixeris hominem nec
deditum forte meretrici 'nefarium', quia alterum parum,
49 alterum nimium est. Proinde quaedam hebes sordida ieiuna
tristis ingrata uilis oratio est. Quae uitia facillime fient manifesta contrariis uirtutibus. Nam primum acuto, secundum
nitido, tertium copioso, deinceps hilari iucundo accurato
diuersum est.

50 Vitari * et ἔλλειψις, cum sermoni deest aliquid, quo minus
plenus sit, quamquam id obscurae potius quam inornatae
orationis est uitium. Sed hoc quoque, cum a prudentibus fit,
schema dici solet, sicut tautologia, id est eiusdem uerbi aut
51 sermonis iteratio. Haec enim, quamquam non magnopere
a summis auctoribus uitata, interim uitium uideri potest,
in quod saepe incidit etiam Cicero securus tam paruae

3 *met. I. 502*   6 *Celsus frg. rhet. 13 Marx*   7 *georg.
I. 357*   9 §§ *48, 50–1* → Π *pp. 10. 17, 20. 4–5: 10. 11–12*
11 *frg. trag. inc. 75 Klotz*

A]   1 intercapedinis *p**: -ines *A*   2 *malim* sensum
3–4 ut ... putant *del. Spalding, recte ut puto*   4 putat *1416 (ut Ouidius)*   11 saxea *ed. Ald.*, Π (*cf. 8. 6. 14*): exea *A*¹ (exeat *a*)
est *G*, Π: *om. A*   16 quaedam *G*: qu*ae haec A*   hebes
Badius: habet *A*   21 uitari et *A*: uitari debet et *Halm*: *fort.*
uitari solet et   ΕΜΕΙΓΙC *A*: *corr. Kaibel*: μείωσις *ed. Ven. 1493*
(μείωσιν iam *P*)

INSTITVTIO ORATORIA   8. 3. 55

obseruationis, sicut hoc loco: 'non solum igitur illud iudicium iudicii simile, iudices, non fuit.' Interim mutato nomine ἐπανάλημψις dicitur, atque est et ipsum inter schemata, quorum exempla illo loco quaerenda quo uirtutes erunt.

Peior hac ὁμοείδεια; quae nulla uarietatis gratia leuat 52 taedium atque est tota coloris unius, qua maxime deprehenditur carens arte oratio, eaque et in sententiis et in figuris et in compositione longe non animis solum sed etiam auribus est ingratissima. Vitanda macrologia, id est longior quam 53 oportet sermo, ut apud T. Liuium: 'legati non impetrata pace retro domum, unde uenerant, abierunt.' Sed huic uicina periphrasis uirtus habetur. Est et pleonasmos uitium, cum superuacuis uerbis oratio oneratur: 'ego oculis meis uidi' (sat est enim 'uidi'). Emendauit hoc etiam urbane in Hirtio 54 Cicero: cum is apud ipsum declamans filium a matre decem mensibus in utero latum esse dixisset, 'quid? aliae' inquit 'in perula solent ferre?' Nonnumquam tamen illud genus, cuius exemplum priore loco posui, adfirmationis gratia adhibetur:

             'uocemque his auribus hausi.'

At uitium erit quotiens otiosum fuerit et supererit, non cum 55
* adicietur. Est etiam quae periergia uocatur, [cum] superuacua, ut sic dixerim, operositas, ut a diligenti curiosus et religione superstitio distat. Atque, ut semel finiam, uerbum omne quod neque intellectum adiuuat neque ornatum

1 Cluent. 96   5 §§ 52–5 → Π pp. 12. 10–11: 10. 13–16, 29–30
10 frg. 75 Weissenborn–Mueller   20 Verg. Aen. 4. 359

A]   3 ΕΠΑΛΝΜΨΙC a (ΕΠΑΛΜΨΙC A¹): epenlipsis Π
5 ὁμοείδεια Halm (ομοειδια Π): omoeiaRIΑ G (ΟΜΟΕΟΛΟΓΙΑ ex corr. A)   7 oratio (ita Π) eaque Halm: oratoriae aque A¹ (oratoria eaque a)   8 compositione 1418: positione A   10 alia Π, cum Charisio (p. 357 Barwick) et Isidoro (etym. 1. 34. 8) fere consentiens   14 sat est a (sates A¹): satis F (uel f): satis est P
15 cum is apud ipsum (Asinium Radermacher) Volkmann 1885: cui sapasim cum A: alii alia   17 penula A: corr. ed. Leid. (Passerat?)
22 lacunam indicauit post Kiderlin 1891-1 Radermacher: excidit e.g. proderit quod   cum A: del. Regius: uitium Kiderlin 1891-1
23 et A: et a P, Π

441

8. 3. 56   M. FABI QVINTILIANI

56 uitiosum dici potest. Cacozelon, ⟨id⟩ est mala adfectatio, per omne dicendi genus peccat; nam et tumida et pusilla et praedulcia et abundantia et arcessita et exultantia sub idem nomen cadunt. Denique cacozelon uocatur quidquid est ultra uirtutem, quotiens ingenium iudicio caret et specie 5 boni fallitur, omnium in eloquentia uitiorum pessimum:
57 nam cetera parum uitantur, hoc petitur. Est autem totum in elocutione. Nam rerum uitia sunt stultum commune contrarium superuacuum: corrupta oratio in uerbis maxime inpropriis, redundantibus, compressione obscura, composi- 10 tione fracta, uocum similium aut ambiguarum puerili capta-
58 tione consistit. Est autem omne cacozelon utique falsum, etiam si non omne falsum cacozelon: †et† dicitur aliter quam se natura habet et quam oportet et quam sat est. Totidem autem generibus corrumpitur oratio quot ornatur. 15 Sed de hac parte et in alio nobis opere plenius dictum est et in hoc saepe tractatur et adhuc spargetur omnibus locis. Loquentes enim de ornatu subinde quae sint uitanda similia uirtutibus uitia dicemus.

59   Sunt inornata et haec: quod male dispositum est, id 20 ἀνοικονόμητον, quod male figuratum, id ἀσχημάτιστον, quod male conlocatum, id κακοσύνθετον uocant. Sed de dispositione diximus, de figuris et compositione dicemus. Σαρδισμός quoque appellatur quaedam mixta ex uaria ratione linguarum oratio, ut si Atticis Dorica et Aeolica et Iadica 25

1 §§ 56–8 → Vt. p. 436. 5–14   §§ 56, 59–60 → Π p. 12. 1–9
23 cf. Cassiodori exp. psalm. 41. 8 : 59. 8

A]   1 id *t* (*conf. Vt., Π*): *om. A* (*unde* ⟨haec⟩ per *a*)   2 pusilla *Bonnell ex Vt., Π*: silla *A*[1] (sicca *a*)   10 compressione *A*: comprehensione *p**   11 ambiguarum *G*: ambiguarum *haec A*   13 et *uix sufficit* (cacozelon uero est quod dicitur ... *Vt.*): est enim quod *Russell*   17 *malim* tractatum   20 inornata *Regius*: in ornatu *A*   21 anoiKON OMHTON *G*: ΑΠΟΙΝΟΜΗΤΟΝ *A*: ΑΝΟΕϹΟΜΕΤΟΝ Π   ἀσχημάτιστον 1418, ut coni. Halm (cf. 9. 1. 13): ΑϹΧΗΜΑΤΟΝ *A*: scheamastiton Π   23 σαρδισμός Halm ex Π: ϹΟΡΔΙϹΜΟϹ *A*   24 quoque: ⟨sic⟩ *Kiderlin 1891-2*   25 Dorica et *scripsi*: loricae *G* (ionica et *a in ras.*): dorica Π   aeolica et ia*dica A* (aeolica etiam dicta *G*): eolica iadicas Π

442

INSTITVTIO ORATORIA 8.3.64

confundas. Cui simile uitium est apud nos si quis sublimia 60
humilibus, uetera nouis, poetica uulgaribus misceat—id enim
tale monstrum quale Horatius in prima parte libri de arte
poetica fingit:
          'humano capiti ceruicem pictor equinam
           iungere si uelit'
et cetera ex diuersis naturis subiciat.

Ornatum est quod perspicuo ac probabili plus est. Eius 61
primi sunt gradus in eo quod uelis †exprimendo†, tertius
qui haec nitidiora faciat, quod proprie dixeris cultum. Itaque
ἐνάργειαν, cuius in praeceptis narrationis feci mentionem,
quia plus est euidentia uel, ut alii dicunt, repraesentatio
quam perspicuitas, et illud patet, hoc se quodam modo
ostendit, inter ornamenta ponamus. Magna uirtus res ⟨de⟩ 62
quibus loquimur clare atque ut cerni uideantur enuntiare.
Non enim satis efficit neque, ut debet, plene dominatur
oratio si usque ad aures ualet, atque ea sibi iudex de quibus
cognoscit narrari credit, non exprimi et oculis mentis ostendi.

Sed quoniam pluribus modis accipi solet, non equidem in 63
omnis eam particulas secabo, quarum ambitiose a quibusdam numerus augetur, sed maxime necessarias attingam.
Est igitur unum genus, quo tota rerum imago quodam modo
uerbis depingitur:
          'constitit in digitos extemplo arrectus uterque'
et cetera, quae nobis illam pugilum congredientium faciem
ita ostendunt ut non clarior futura fuerit spectantibus.
Plurimum in hoc genere sicut ceteris eminet Cicero: an 64
quisquam tam procul a concipiendis imaginibus rerum

3 *1–2*   24 *Verg. Aen. 5. 426*   27 §§ *64, 66–74* → *Vt.*
pp. 436. 20–437. 17

A] 9 exprimendo *A* : exprimere clare ostendendo et augendo *Halm*
(*similia Radermacher*): *nescio an sufficiat* exprimendo et augendo
11 ἐνάργειαν *P*: ΕΠΑΤΕΙΑΝ *A*   14 de *P*: *om. A*   16 plene
A : plane *Burn. 243*   20 secabo *p* (*Regius*): locabo *A*   25 illam
P: illa *A*   faciem *ed. Gryph. 1536*: aciem *A*   27 ⟨in⟩ ceteris *a*

abest ut non, cum illa in Verrem legit: 'stetit soleatus praetor populi Romani cum pallio purpureo tunicaque talari muliercula nixus in litore', non solum ipsos intueri uideatur et locum et habitum, sed quaedam etiam ex iis quae dicta non sunt sibi ipse adstruat? Ego certe mihi cernere uideor et uultum et oculos et deformes utriusque blanditias et eorum qui aderant tacitam auersationem ac timidam uerecundiam.

66 Interim ex pluribus efficitur illa quam conamur exprimere facies, ut est apud eundem (namque ad omnium ornandi uirtutum exemplum uel unus sufficit) in descriptione conuiuii luxuriosi: 'Videbar uidere alios intrantis, alios autem exeuntis, quosdam ex uino uacillantis, quosdam hesterna ex potatione oscitantis. Humus erat inmunda, lutulenta uino, coronis languidulis et spinis cooperta piscium.' Quid plus uideret qui intrasset? Sic ⟨et⟩ urbium captarum crescit miseratio. Sine dubio enim qui dicit expugnatam esse ciuitatem complectitur omnia quaecumque talis fortuna recipit, sed in adfectus minus penetrat breuis hic uelut nuntius. At si aperias haec, quae uerbo uno inclusa erant, apparebunt effusae per domus ac templa flammae et ruentium tectorum fragor et ex diuersis clamoribus unus quidam sonus, aliorum fuga incerta, alii extremo complexu suorum cohaerentes et infantium feminarumque ploratus et male usque in illum diem seruati fato senes: tum illa profanorum sacrorumque direptio, efferentium praedas repetentiumque discursus, et acti ante suum quisque praedonem catenati, et conata retinere infantem suum mater, et sicubi maius lucrum est pugna inter uictores. Licet enim haec omnia, ut dixi,

1 5. 86   11 *frg. orat. VI. 1*

A, et inde ab ex iis (4) *AB*]   1 ut non cum *P* (*uel p**): cum ut non *G* (*ut cum** *A*)   4 his *AB*   9 eodem *B* (∼ *Vt.*)
11 autem *A*, *Vt.* (*conf. 11. 3. 165 et Aquil. Rom. 2*): uero *B*   13 immundo *A contra Vt.* (*uerbum om. Aquil. Rom.*)   15 qui intrasset *B*: quintrasset *A*: qui interesset *Burn. 243* (*cf. 6. 2. 32*) *et add. Bonnell ex Vt.*   17 sed *B*, *Vt.*: *om. A*   18 affectibus *A* (∼ *Vt.*)
20 effusae *A*, *Vt.*: et fusae *B*   21 clamoribus *B*, *Vt.*: fragoribus *A*
22 et *B*, *Vt.*: *om. A*   26 quique *A*   28 pugnam *B*

INSTITVTIO ORATORIA 8. 3. 74

complectatur 'euersio', minus est tamen totum dicere quam omnia. Consequemur autem ut manifesta sint si fuerint ueri similia, et licebit etiam falso adfingere quidquid fieri solet. Contingit eadem claritas etiam ex accidentibus: 70

'mihi frigidus horror
membra quatit gelidusque coit formidine sanguis'
et
    'trepidae matres pressere ad pectora natos'.

Atque huius summae iudicio quidem meo uirtutis facillima est uia: naturam intueamur, hanc sequamur. Omnis eloquentia circa opera uitae est, ad se refert quisque quae audit, et id facillime accipiunt animi quod agnoscunt. 71

Praeclare uero ad inferendam rebus lucem repertae sunt similitudines: quarum aliae sunt quae probationis gratia inter argumenta ponuntur, aliae ad exprimendam rerum imaginem compositae, quod est huius loci proprium: 72

'inde lupi ceu
raptores atra in nebula'
et
    'aui similis quae circum litora, circum
piscosos scopulos humilis uolat aequora iuxta.'

Quo in genere id est praecipue custodiendum, ne id quod similitudinis gratia adsciuimus aut obscurum sit aut ignotum: debet enim quod inlustrandae alterius rei gratia adsumitur ipsum esse clarius eo quod inluminat. Quare poetis quidem permittamus sane eius modi exempla: 73

'qualis ubi hibernam Lyciam Xanthique fluenta
deserit aut Delum maternam inuisit Apollo':

non idem oratorem decebit, ut occultis aperta demonstret. Sed illud quoque de quo in argumentis diximus similitudinis 74

5 *Verg. Aen. 3. 29–30*   8 *ibid. 7. 518*   17 *ibid. 2. 355–6*
20 *ibid. 4. 254–5*   27 *ibid. 4. 143–4*

AB]   4 continget *Vt.*   accedentibus *B* (~ *Vt.*)   11 quisquis *A*   23 ascibimus *a*: adsciuerimus *Vt.*   26 sane *om. A*   28 aut *AB*: ac *Verg.*: et *Vt.*   29 operta *A*   30 sed *B*: sit *A*

genus ornat orationem, facitque sublimem floridam iucundam mirabilem. Nam quo quaeque longius petita est, hoc plus adfert nouitatis atque inexpectata magis est. Illa uulgaria uideri possunt et utilia tantum ad conciliandum fidem:'ut terram cultu, sic animum disciplinis meliorem uberioremque fieri', et 'ut medici abalienata morbis membra praecidant, ita turpes ac perniciosos, etiam si nobis sanguine cohaereant, amputandos'. Iam sublimius illud pro Archia: 'saxa atque solitudines uoci respondent, bestiae saepe inmanes cantu flectuntur atque consistunt' et cetera. Quod quidem genus a quibusdam declamatoria maxime licentia corruptum est: nam et falsis utuntur, nec illa iis quibus similia uideri uolunt adplicant. Quorum utrumque in his est, quae me iuuene ubique cantari solebant: 'magnorum fluminum nauigabiles fontes sunt', et 'generosioris arboris statim planta cum fructu est.' In omni autem parabole aut praecedit similitudo, res sequitur, aut praecedit res et similitudo sequitur. Sed interim libera et separata est, interim, quod longe optimum est, cum re cuius est imago conectitur, conlatione inuicem respondente, quod facit redditio contraria, quae antapodosis dicitur. Praecedit similitudo illa cuius modo feci mentionem:

'inde lupi ceu
raptores atra in nebula':

Sequitur in primo Georgicon post longam de bellis ciuilibus atque externis conquestionem:

'ut, cum carceribus sese effudere quadrigae,
addunt in spatia, et frustra retinacula tendens
fertur equis auriga, neque audit currus habenas.'

8 *19*   23 *Verg. Aen. 2. 355–6*   25 *512–14*

AB]   1 ornat ... facitque *B*: oratorium facit enim orationem *a in ras.* (orat orationem facitque enim *b*)   4 uideri possunt *B*: uide*ntur A*   conciliandam *A* (*et B corr.*)   7 praecid*unt A*   8 iam *AB*: nam *Spalding* (*at cf.* § *80*)   sub*missius A*   12 quibus *B*: quae *dis A* (quidem *b*)   14 cantare *B*   28 spatia *A*: spatio *B*: *eadem in codd. Verg. uariatio*

INSTITVTIO ORATORIA 8.3.83

Sed hae sunt sine antapodosi. Redditio autem illa rem **79**
utramque quam comparat uelut subicit oculis et pariter
ostendit. Cuius praeclara apud Vergilium multa reperio
exempla, sed oratoriis potius utendum est. Dicit Cicero pro
5 Murena: 'ut aiunt in Graecis artificibus eos auloedos esse
qui citharoedi fieri non potuerint: sic nos uidemus, qui
oratores euadere non potuerint, eos ad iuris studium de-
uenire.' Illud pro eodem iam paene poetico spiritu, sed **80**
tamen cum sua redditione, quod est ad ornatum accommo-
10 datius: 'nam ut tempestates saepe certo aliquo caeli signo
commouentur, saepe inprouiso nulla ex certa ratione obscura
aliqua ex causa concitantur: sic in hac comitiorum tempestate populari, saepe intellegas quo signo commota sit, saepe
ita obscura est ut sine causa excitata uideatur.' Sunt et illae **81**
15 breues: 'uagi per siluas ritu ferarum', et illud Ciceronis in
Clodium: 'quo ex iudicio uelut ex incendio nudus effugit.'
Quibus similia possunt cuicumque etiam ex cotidiano sermone succurrere.

Huic subiacet uirtus non solum aperte ponendi rem ante
20 oculos, sed circumcise atque uelociter. Ac merito laudatur **82**
breuitas integra. Sed ea minus praestat quotiens nihil dicit
nisi quod necesse est (βραχυλογίαν uocant, quae reddetur
inter schemata), est uero pulcherrima cum plura paucis
complectimur, quale Sallusti est: 'Mithridates corpore
25 ingenti, perinde armatus.' Hoc male imitantes sequitur
obscuritas.

Vicina praedictae, sed amplior uirtus est emphasis, altio- **83**
rem praebens intellectum quam quem uerba per se ipsa

5 29   10 36   16 cf. frg. orat. XIV. 6   20 §§ 82–6 → Π
p. 12. 12–27   24 hist. 2 frg. 77 Maurenbrecher

AB]   1 haec A   2 quam om. A (unde ⟨et⟩ uelut a)
4 oratoris A   5 ut aiunt om. A   6 potuerunt A (et
nonnulli codd. Cic.)   7–8 diuertere A   11 inprouisas A (in-
probis b)   13 populi A   commissa A   14 excita A
16 ex² om. A   21 breuitas A: uelocitas B   ea minus A: eam
nimis B   25 perinde ed. Ald., Π: proinde AB   hoc B,
Π: in hoc A   imitantes B, Π: -tem (ex -te?) A

declarant. Eius duae sunt species: altera quae plus significat
84 quam dicit, altera quae etiam id quod non dicit. Prior est et
apud Homerum, cum Menelaus Graios in equum 'descendisse' ait—nam uerbo uno magnitudinem eius ostendit, et
apud Vergilium: 'demissum lapsi per funem': nam sic
quoque est demonstrata altitudo. Idem Cyclopa cum iacuisse
dixit 'per antrum', prodigiosum illud corpus spatio loci men-
85 sus est. Sequens positum in uoce aut omnino suppressa aut
etiam abscisa. Supprimitur uox, ut fecit pro Ligario Cicero:
'quod si in tanta fortuna bonitas tanta non esset quam tu
per te, per te, inquam, optines: intellego quid loquar.' Tacuit
enim illud, quod nihilo minus accipimus, non deesse homines
qui ad crudelitatem eum inpellant. Absciditur per ἀπο-
86 σιώπησιν, quae quoniam est figura reddetur suo loco. Est in
uulgaribus quoque uerbis emphasis: 'uirum esse oportet', et
'homo est ille', et 'uiuendum est': adeo similis est arti
plerumque natura.

Non tamen satis eloquenti est ea de quibus dicat clare
atque euidenter ostendere, sed sunt multi ac uarii excolen-
87 dae orationis modi. Nam ipsa illa ἀφέλεια simplex et inad-
fectata habet quendam purum, qualis etiam in feminis
amatur, ornatum, et sunt quaedam †uelute† tenui diligentia
circa proprietatem significationemque munditiae. Alia copia
88 locuples, alia floribus laeta. Virium non unum genus: nam
quidquid in suo genere satis effectum est, ualet. Praecipua
tamen eius opera δείνωσις in exaggeranda indignitate et in
ceteris altitudo quaedam, φαντασία in concipiendis uisionibus,

3 *Od. 11. 523*   5 *Aen. 2. 262*   7 *ibid. 3. 631*   9 15
24 § 88 → Π *p. 14. 1–3*

AB]   5 dimissum *B*: demissa Π   6 est demonstrata altitudo *A*, *numerose*: alt. dem. est *B*: dem. est alt. Π   10 bonitas *AB*, Π: lenitas *ed. Ald., codd. Cic.*   11 per te *bis B*, *semel A et nonnulli codd. Cic.* (*et* Π)   optines *B*, Π, *Cic.*: optime *A*   15 uirum *A*: uirum uirum *B*: uerum Π   16 uidendum *A* (∼ Π)   18 eloquenti est *Radermacher* (eloquenti *iam Meister 1876*): eloquentiae *a* (-ia *A*¹): eloquentiae est *B*   22 uelut e *B*: uel*uti A*: *malim* uel ex (*uel* uel in)

INSTITVTIO ORATORIA 8. 4. 3

ἐξεργασία in efficiendo uelut opere proposito, cui adicitur
ἐπεξεργασία, repetitio probationis eiusdem et cumulus ex
abundanti, ἐνέργεια confinis his (est enim ab agendo ducta) 89
et cuius propria sit uirtus non esse quae dicuntur otiosa.
5 Est et amarum quiddam, quod fere in contumelia est positum,
quale Cassi: 'quid facies cum in bona tua inuasero, hoc est,
cum te docuero nescire maledicere?' et acre, ut illud Crassi:
'ego te consulem putem, cum tu me non putes senatorem?'
Sed uis oratoris omnis in augendo minuendoque consistit.
10 Vtrique parti totidem modi, ex quibus praecipuos attinge-
mus (reliqui similes erunt). Sunt autem positi in rebus et
uerbis: sed quae sit rerum inuentio ac ratio, tractauimus; 90
nunc quid elocutio attollat aut deprimat dicendum.

4. Prima est igitur amplificandi uel minuendi species in
15 ipso rei nomine, ut cum eum qui sit caesus 'occisum', eum
qui sit improbus 'latronem', contraque eum qui pulsauit
'attigisse', qui uulnerauit 'laesisse' dicimus. Vtriusque pariter exemplum est pro M. Caelio: 'si uidua libere, proterua
petulanter, diues effuse, libidinosa meretricio more uiueret,
20 adulterum ego putarem si qui hanc paulo liberius salutasset?'
Nam et inpudicam meretricem uocauit et eum cui longus 2
cum illa fuerat usus liberius salutasse. Hoc genus increscit
ac fit manifestius si ampliora uerba cum ipsis nominibus pro
quibus ea posituri sumus conferantur, ut Cicero in Verrem:
25 'non enim furem sed ereptorem, non adulterum sed ex-
pugnatorem pudicitiae, non sacrilegum sed hostem sacrorum
religionumque, non sicarium sed crudelissimum carnificem
ciuium sociorumque in uestrum iudicium adduximus.' Illo 3
enim modo ut sit multum, hoc etiam plus ut sit efficitur.

6 *FOR p. 551*   8 *ORF p. 252*   14 §§ *1 et 3 → Iul.*
Seuerianus RLM pp. 368. 29–369. 5 (ut uid.)   18 38   25 *1. 9*
28 §§ *3–4 → II p. 22. 13–18*

AB]   3 his *om. A*   dicta *A*   5 et *om. A*   quod
D: quo id *B*: cum *a in ras.* (con *b*)   6 hoc *B*: quod *A*
7 nescire *om. A*   12 sed *A (ex* set?*)*: et *B*   15 caecus
A (~ Seu.)   17 qui uulnerauit laesisse *B: om. A*   20 quis
E, Cic.   21 (et) meretricem *a (sed et in ras.)*   longius *B*

449

8.4.4 M. FABI QVINTILIANI

Quattuor tamen maxime generibus uideo constare amplificationem, incremento comparatione ratiocinatione congerie.

Incrementum est potentissimum cum magna uidentur etiam quae inferiora sunt. Id aut uno gradu fit aut pluribus, et peruenit non modo ad summum sed interim quodam modo supra summum. Omnibus his sufficit uel unum Ciceronis exemplum: 'facinus est uincire ciuem Romanum, scelus uerberare, prope parricidium necare: quid dicam in crucem tollere?' Nam et si tantum uerberatus esset uno gradu increuerat, ponendo etiam id esse facinus quod erat inferius, et si tantum occisus esset per plures gradus ascenderat: cum uero dixerit 'prope parricidium necare', supra quod nihil est, adiecit 'quid dicam in crucem tollere?' Ita cum id quod maximum est occupasset necesse erat in eo quod ultra est uerba deficere. Fit et aliter supra summum adiectio, ut apud Vergilium de Lauso:

'quo pulchrior alter
non fuit, excepto Laurentis corpore Turni'.

Summum est enim 'quo pulchrior alter non fuit', huic deinde aliquid superpositum. Tertius quoque est modus, ad quem non per gradus itur, et quod non est plus quam maximum, sed quo nihil maius est. 'Matrem tuam cecidisti: quid dicam amplius? Matrem tuam cecidisti.' Nam et hoc augendi genus est, tantum aliquid efficere ut non possit augeri. Crescit oratio minus aperte, sed nescio an hoc ipso efficacius, cum citra distinctionem in contextu et cursu semper aliquid priore maius insequitur, ut de uomitu in Antonium Cicero:

---

8 *Verr.* 5. *170*   18 *Aen.* 7. *649–50*   28 *Phil.* 2. *63*

AB]   6 et peruenit *Halm ex Π*: id peruenit *A*: per id uenit *B*   6–7 sed . . . summum *om. A* (~ *Π*)   6 interdum *Π*   9–13 quid dicam . . . necare *om. A*   13 prope *N*: pro *B*   19–20 excepto . . . non fuit *om. A*   20 huic *A*: hic *B*   21 supra positum *1434* (*cf.* § 9)   22 et quod *AB*, *uix recte: fort.* et ⟨quo id ponitur⟩ quod   quam maximum *B*: maximum *A*¹ (-imo *a*)   23–4 quid . . . cecidisti *om. A*   25–6 crescit oratio *om. A*   28 de uomitu in *B*: demouit uim̄ *A*

450

'in coetu uero populi Romani, negotium publicum gerens, magister equitum.' Singula incrementum habent. Per se deforme uel non in coetu uomere, in coetu etiam, non populi, populi etiam, non Romani, uel si nullum negotium ageret
5 uel si non publicum uel si non magister equitum. Sed alius 9 diuideret haec et circa singulos gradus moraretur: hic in sublime etiam currit et ad summum non peruenit nisu, sed impetu.

Verum ut haec amplificatio in superiora tendit, ita quae
10 fit per comparationem incrementum ex minoribus petit. Augendo enim quod est infra necesse est extollat id quod superpositum est, ut idem atque in eodem loco: 'si hoc tibi 10 inter cenam et in illis inmanibus poculis tuis accidisset, quis non turpe duceret? In coetu uero populi Romani.' Et in
15 Catilinam: 'serui mehercule mei si me isto pacto metuerent ut te metuunt omnes ciues tui, domum meam relinquendam putarem.' Interim proposito uelut simili exemplo efficiendum 11 est ut sit maius id quod a nobis exaggerandum est, ut idem pro Cluentio, cum exposuisset Milesiam quandam a secundis
20 heredibus pro abortu pecuniam accepisse: 'quanto est' inquit 'Oppianicus in eadem iniuria maiore supplicio dignus! si quidem illa, cum suo corpori uim attulisset, se ipsa cruciauit, hic autem idem illud effecit per alieni corporis uim atque cruciatum.' Nec putet quisquam hoc, quamquam est simile 12
25 illi ex argumentis loco quo maiora ex minoribus colliguntur, idem esse. Illic enim probatio petitur, hic amplificatio, sicut in Oppianico non id agitur hac comparatione, ut ille male fecerit, sed ut peius. Est tamen quamquam diuersarum rerum quaedam uicinia: repetam itaque hic quoque idem

5 §§ 9–10 → Π p. 22. 18–21   12 Phil. 2. 63   15 1. 17   19 32

AB]   1 in om. A   3 mouere A   4 ageretur A   6 in om. A
7 cucurrit A, non male (at u. Spald.)   9 in om. A (ad a)   10 sit A
11 quod est infra B: id (est b) quod est infra A: id quae infra est Π
12 supra positum B, Π (fort. recte)   14 diceret E, codd. Cic.
(at u. 9. 4. 107)   15 mehercules A (~ Π)   23 fecit A
27 hac A: hic B   28 quamquam B: *tamquam A   29 hic A: hinc B

451

quo sum illic usus exemplum, sed non in eundem usum.
13 Nam hoc mihi ostendendum est, augendi gratia non tota modo totis sed etiam partes partibus comparari, sicut hoc loco: 'an uero uir amplissimus P. Scipio pontifex maximus Ti. Gracchum mediocriter labefactantem statum rei publicae priuatus interfecit: Catilinam orbem terrae caede atque in-
14 cendio uastare cupientem nos consules perferemus?' Hic et Catilina Graccho et status rei publicae orbi terrarum et mediocris labefactatio caedi et incendiis et uastationi et priuatus consulibus comparatur: quae si quis dilatare uelit, plenos singula locos habent.

15 Quas dixi per ratiocinationem fieri amplificationes uiderimus an satis proprio uerbo significauerim: nec sum in hoc sollicitus, dum res ipsa uolentibus discere appareat; hoc sum tamen secutus, quod haec amplificatio alibi posita est, alibi ualet: ut aliud crescat, aliud augetur, inde ad id quod extolli
16 uolumus ratione ducitur. Obiecturus Antonio Cicero merum et uomitum 'tu' inquit 'istis faucibus, istis lateribus, ista gladiatoria totius corporis firmitate'. Quid fauces et latera ad ebrietatem? Minime sunt otiosa: nam respicientes ad haec possumus aestimare quantum ille uini in Hippiae nuptiis exhauserit, quod ferre et coquere non posset illa corporis gladiatoria firmitate. Ergo, si ex alio colligitur aliud, nec inproprium nec inusitatum nomen est ratiocinationis,
17 ut quod ex eadem causa inter status quoque habeamus. Sic et ex insequentibus amplificatio ducitur, si quidem tanta uis fuit uini erumpentis ut non casum adferret aut uoluntatem sed necessitatem ubi minime deceret uomendi, et cibus non recens, ut accidere interim solet, redderetur, sed usque
18 in posterum diem redundaret. Idem hoc praestant quae

4 *Cic. Cat. 1. 3*   18 *Phil. 2. 63*

AB]   6–7 incendiis *Cic.* (*cf.* § *14*)   9–10 caedis *et incendii uastationi* epriuatus *A*   10 quis *B*: qui *A*   11 singulos *A*¹ (per singula *a*)   habet *A*   13 signauerim *B*   16 ut *A*: et ut *B*   22 coquere *t*: conquere *B*: quod coquere *A*: concoquere *Spalding, fort. recte*   25 habemus *B*   27–8 uoluptatem *A*

INSTITVTIO ORATORIA 8. 4. 23

antecesserunt: nam cum Aeolus a Iunone rogatus 'cauum conuersa cuspide montem impulit in latus, et uenti uelut agmine facto ruunt', apparet quanta sit futura tempestas. Quid? cum res atrocissimas quasque in summam ipsi extuli- 19 mus inuidiam eleuamus consulto, quo grauiora uideantur quae secutura sunt, ut a Cicerone factum est cum illa diceret: 'Leuia sunt haec in hoc reo. Metum uirgarum nauarchus nobilis nobilissimae ciuitatis pretio redemit: humanum est; alius ne securi feriretur pecuniam dedit: usitatum est.' Nonne usus est ratione, qua colligerent audientes quantum 20 illud esset quod inferebatur, cui comparata haec uiderentur humana atque usitata? Sic quoque solet ex alio aliud augeri cum Hannibalis bellicis laudibus ampliatur uirtus Scipionis, et fortitudinem Gallorum Germanorumque miramur quo sit maior C. Caesaris gloria. Illud quoque est ex relatione ad 21 aliquid quod non eius rei gratia dictum uidetur amplificationis genus. Non putant indignum Troiani principes Graios Troianosque propter Helenae speciem tot mala tanto temporis spatio sustinere: quaenam igitur illa forma credenda est? Non enim hoc dicit Paris, qui rapuit, non aliquis iuuenis aut unus e uulgo, sed senes et prudentissimi et Priamo adsidentes. Verum et ipse rex decenni bello exhaustus, 22 amissis tot liberis, imminente summo discrimine, cui faciem illam, ex qua tot lacrimarum origo fluxisset, inuisam atque abominandam esse oportebat, et audit haec et eam filiam appellans iuxta se locat et excusat etiam sibi atque esse malorum causam negat. Nec mihi uidetur in symposio 23 Plato, cum Alcibiaden confitentem de se quid a Socrate pati uoluerit narrat, ut illum culparet haec tradidisse, sed ut

1 *Verg. Aen. 1. 81–3*   7 *Verr. 5. 117*   10 § 20 → Π *p. 22. 21–2*   17 *cf. Hom. Il. 3. 156 seq.*   27 *218 b seq.*

AB]   2–3 et ... facto *AB*: ac ... facto qua data porta *t ex Verg.*   5 eleuamus *B*: et euasimus *A*   8 nobilis *om. A* (*cf. 9. 2. 51*): *quid scripserit ipse Cicero, incertum*   10 ratiocinatione *Regius* (*at cf.* § *15* ratione)   16 uide*tur*** *A*: uideretur *B*   25 eam filiam *B*: ex familia* (-am *b*) *A*   26 sibi atque *AB*: atque sibi *Regius*

Socratis inuictam continentiam ostenderet, quae corrumpi
speciosissimi hominis tam obuia uoluntate non posset. Quin
ex instrumento quoque heroum illorum magnitudo aestimanda
nobis datur: huc pertinet clipeus Aiacis et pelias
Achillis. Qua uirtute egregie est usus in Cyclope Vergilius.
Nam quod illud corpus mente concipiam cuius 'trunca manum
pinus regit'? Quid? cum uix loricam duo 'multiplicem
conixi umeris' ferunt, quantus Demoleos qui indutus ea
'cursu palantis Troas agebat'? Quid? M. Tullius de M.
Antoni luxuria tantum fingere saltem potuisset quantum
ostendit dicendo: 'conchyliatis Cn. Pompei peristromatis
seruorum in cellis stratos lectos uideres'? Conchyliata peristromata
et Cn. Pompei terunt serui et ⟨in⟩ cellis: nihil dici
potest ultra, et necesse est tamen infinito plus in domino
cogitare. Est hoc simile illi quod emphasis dicitur: sed illa
ex uerbo, hoc ex re coniecturam facit, tantoque plus ualet
quanto res ipsa uerbis est firmior.

Potest adscribi amplificationi congeries quoque uerborum
ac sententiarum idem significantium. Nam etiam si non
per gradus ascendant, tamen uelut aceruo quodam adleuantur:
'Quid enim tuus ille, Tubero, destrictus in acie Pharsalica
gladius agebat? Cuius latus ille mucro petebat? Qui
sensus erat armorum tuorum? Quae tua mens, oculi, manus,
ardor animi? Quid cupiebas? Quid optabas?' Simile est hoc
figurae quam συναθροισμόν uocant, sed illic plurium rerum
est congeries, hic unius multiplicatio. Haec etiam crescere

---

4 *Hom. Il. 7. 219, 16. 140 seq.*   5 *Aen. 3. 659*   7 *ibid.*
5. *264–5*   11 *Phil. 2. 67*   15 §§ *26–7* → Π *p. 22. 22–9*
18 §§ *26–7* → *Iul. Seuerianus RLM p. 369. 5–14*   21 *Cic. Lig. 9*

AB]   1 corrumpis *A*   2 uoluptate *A*   quin *B*: atqui
a in ras.   4–5 huc ... Achillis *del. Meister 1860 (p. 4)*
4 huc *Obrecht (cf. 7. 3. 28)*: hoc *B*: ad hoc *a in ras.*   pelta *a*   6 concupiam *A*   11 cochyliata (cociliatis *b*) ... perstromata
(pertromatis *b*) *A* (*qui* perstromata *infra praebet*)   12 uideret *A*
13 terunt *B*: ceterum *a in ras.* (t̅t̅ *b*)   in *add. Regius*   16 hoc
J: haec *AB*   23 tuorum *om. A* (∼ *Seu.*)   24–5 simil*is
est huic* figura *A* (simile est figurae *b*)   25 plurim*arum A*: plurimum Π (multorum [criminum] *Seu.*)

INSTITVTIO ORATORIA 8. 5. 2

solet uerbis omnibus altius atque altius insurgentibus:
'aderat ianitor carceris, carnifex praetoris, mors terrorque
sociorum et ciuium Romanorum, lictor Sextius.'

Eadem fere est ratio minuendi: nam totidem sunt ascen- **28**
dentibus quot descendentibus gradus. Ideoque uno ero
exemplo contentus, eius loci quo Cicero de oratione Rulli
haec dicit: 'pauci tamen qui proxumi adstiterant nescio quid
illum de lege agraria uoluisse dicere suspicabantur.' Quod
si ad intellectum referas, minutio est, si ad obscuritatem,
incrementum.

Scio posse uideri quibusdam speciem amplificationis **29**
hyperbolen quoque: nam et haec in utramque partem ualet;
sed quia excedit hoc nomen, in tropos differenda est. Quos
continuo subiungerem, nisi esset a ceteris separata ratio
dicendi quae constat non propriis nec tralatis. Demus ergo
breuiter hoc desiderio iam paene publico, ne omittamus eum
quem plerique praecipuum ac paene solum putant orationis
ornatum.

5. Sententiam ueteres quod animo sensissent uocauerunt.
Id cum est apud oratores frequentissimum, tum etiam in
usu cotidiano quasdam reliquias habet: nam et iuraturi 'ex
animi nostri sententia' et gratulantes 'ex sententia' dicimus.
Non raro tamen et sic locuti sunt, ut 'sensa' sua dicerent.
Nam sensus corporis uidebantur. Sed consuetudo iam tenuit **2**
ut mente concepta sensus uocaremus, lumina autem praecipueque in clausulis posita sententias; quae minus crebrae
apud antiquos nostris temporibus modo carent. Ideoque

2 *id. Verr.* 5. *118*   7 *leg. agr.* 2. *13*   24 §§ 2–4 → *Vt. p.*
437. 18–30

AB]   1 solent *A*   3 et om. *A in ras.* (~ *Seu.*)   5 ero
om. *A*   13 excidit *A*   15 proprius *B*   nec *Stroux 1930*:
sed *AB*: et *Spalding, dubitanter (praecedente* non constat): *locus
fort. nondum sanatus*   19 DE GENERIBVS SENTENTIARVM Sententiam *AB*   21 usu *om. B*   reliquas *B*   26 sententia *A*[1]
(-ae *a*), *contra Vt.*   crebra *AB*: *corr. Meister 1860 (p. 22)*: celebratae
Bonnell ex Vt.

8. 5. 3   M. FABI QVINTILIANI

mihi et de generibus earum et de usu arbitror pauca dicenda.

3   Antiquissimae sunt quae proprie, quamuis omnibus idem nomen sit, sententiae uocantur, quas Graeci gnomas appellant: utrumque autem nomen ex eo acceperunt quod similes sunt consiliis aut decretis. Est autem haec uox uniuersalis, quae etiam citra complexum causae possit esse laudabilis, interim ad rem tantum relata, ut 'nihil est tam populare quam bonitas': interim ad personam, quale est Afri Domiti: 'princeps qui uult omnia scire necesse habet multa ignoscere.'

4 Hanc quidam partem enthymematis, quidam initium aut clausulam epichirematis esse dixerunt, et est aliquando, non tamen semper. Illud uerius, esse eam aliquando simplicem, ut ea quae supra dixi, aliquando ratione subiecta: 'nam in omni certamine qui opulentior est, etiam si accipit iniuriam, tamen quia plus potest facere uidetur': nonnumquam duplicem: 'obsequium amicos, ueritas odium parit.'

5 Sunt etiam qui decem genera fecerint, sed eo modo quo fieri uel plura possunt: per interrogationem, per comparationem, infitiationem, similitudinem, admirationem et cetera huius modi—per omnes enim figuras tractari potest. Illud notabile ex diuersis:

'mors misera non est, aditus ad mortem est miser.'

6 Ac rectae quidem sunt tales:

'tam deest auaro quod habet quam quod non habet.'

Sed maiorem uim accipiunt et mutatione figurae, ut

'usque adeone mori miserum est?'

(acrius hoc enim quam per se 'mors misera non est'), et tralatione a communi ad proprium. Nam cum sit rectum

8 *Cic. Lig. 37*   9 *FOR p. 570*   15 *Sall. Iug. 10. 7*
17 *Ter. Andr. 68*   23 *frg. trag. inc. 109 Klotz*   25 *Syri sent.*
628 *Meyer*   27 *Verg. Aen. 12. 646*

AB]   10 principes *A* (∼ *Vt.*)   11 quidem *B*(∼ *Vt.*)   partem *B, Vt.*: *om. A*   13 non tamen ... aliquando *A, Vt.*: *om. B*
15 etiam *A, Vt., Sall.*: iam *B*   accipit *B, Vt., Sall.*: accepit *A*
20 similitudinem *om. B*, admirationem *om. A* (*sed utrumque placet: u. Isid. etym. 2. 21. 15, 25*)   23–8 aditus ... est *om. A*

INSTITVTIO ORATORIA 8.5.11

'nocere facile est, prodesse difficile', uehementius apud Ouidium Medea dicit:

'seruare potui: perdere an possim rogas?'

Vertit ad personam Cicero: 'nihil habet, Caesar, nec fortuna 7 tua maius quam ut possis, nec natura melius quam ut uelis seruare quam plurimos.' Ita quae erant rerum, propria fecit hominis. In hoc genere custodiendum est et id, quod ubique, ne crebrae sint, ne palam falsae (quales frequenter ab iis dicuntur qui haec catholica uocant et quidquid pro causa uidetur quasi indubitatum pronuntiant) et ne passim et a quocumque dicantur. Magis enim decet eos in quibus est 8 auctoritas, ut rei pondus etiam persona confirmet. Quis enim ferat puerum aut adulescentulum aut etiam ignobilem si iudicet in dicendo et quodam modo praecipiat?

Enthymema quoque est omne quod mente concepimus, 9 proprie tamen dicitur quae est sententia ex contrariis, propterea quod eminere inter ceteras uidetur, ut Homerus 'poeta', 'urbs' Roma. De hoc in argumentis satis dictum est. Non 10 semper autem ad probationem adhibetur, sed aliquando ad ornatum: 'quorum igitur inpunitas, Caesar, tuae clementiae laus est, eorum te ipsorum ad crudelitatem acuet oratio?'— non quia sit ratio dissimilis, sed quia iam per alia ut id iniustum appareret effectum erat; et addita in clausula est 11 epiphonematis modo non tam probatio quam extrema quasi insultatio. Est enim epiphonema rei narratae uel probatae summa adclamatio:

'tantae molis erat Romanam condere gentem!';

2 *frg. 1 Lenz* 4 §§ 7–8 → *Vt. p.* 437. 30–4   *Lig.* 38   18 §§ 10–11 → *Π p.* 12. 28–30   20 *Cic. Lig.* 10   23 §§ 11, 13–14 → *Vt. pp.*437. 35–438. 7   27 *Verg. Aen.* 1. 33

AB]   7 et *del. Spalding (om. Vt.)*   10 et ne *A, Vt.*: et *B*: ne *Spalding*   11 quoque *A* (∼ *Vt.*)   dicantur *ed. Ven. 1493, Vt.*: -atur *AB*   decent *ed. Vasc. 1538* (∼ *Vt.*)   14 praecipiat *B, Vt.*: praeciat *A*¹ (-cidat *a*)   15 quoque est *B*: quidē *A* 22 non ... ratio *om. A*   iam *B*: tam *A*   alia ut id *B*: aliud *A* 26 exclamatio *Vt.* (*sed* accl- *etiam Π*)   27 gentem ⟨et⟩ *Halm, Vt.* (at *cf.* § 18)

457

8. 5. 12 M. FABI QVINTILIANI

'facere enim probus adulescens periculose quam perpeti tur-
12 piter maluit.' Est et quod appellatur a nouis noema, qua
uoce omnis intellectus accipi potest, sed hoc nomine dona-
runt ea quae non dicunt uerum intellegi uolunt, ut in eum
quem saepius a ludo redemerat soror, agentem cum ea
talionis quod ei pollicem dormienti recidisset: 'eras dignus
ut haberes integram manum': sic enim auditur 'ut de-
13 pugnares'. Vocatur aliquid et clausula: quae si est quod
conclusionem dicimus, et recta et quibusdam in partibus
necessaria est: 'quare prius de uestro facto fateamini necesse
est quam Ligari culpam ullam reprehendatis.' Sed nunc aliud
uolunt, ut omnis locus, omnis sensus in fine sermonis feriat
14 aurem. Turpe autem ac prope nefas ducunt respirare ullo loco
qui adclamationem non petierit. Inde minuti corruptique
sensiculi et extra rem petiti: neque enim possunt tam multae
bonae sententiae esse quam necesse est multae sint clausulae.
15 Iam haec magis noua sententiarum genera: ex inopinato,
ut dixit Vibius Crispus in eum qui, cum loricatus in foro
ambularet, praetendebat id se metu facere: 'quis tibi sic
timere permisit?' et insigniter Africanus apud Neronem de
morte matris: 'rogant te, Caesar, Galliae tuae ut felicitatem
16 tuam fortiter feras.' Sunt et alio relata (ut Afer Domitius,
cum Cloatillam defenderet, cui obiectum crimen quod uirum
qui inter rebellantis fuerat sepelisset, remiserat Claudius, in
epilogo filios eius adloquens 'matrem tamen' inquit 'pueri
17 sepelitote') et aliunde petita, id est in alium locum ex alio
tralata: pro Spatale Crispus, quam ⟨qui⟩ heredem amator
instituerat decessit cum haberet annos duodeuiginti: 'homi-
18 nem diuinum, qui sibi indulsit.' Facit quasdam sententias

1 *Cic. Mil. 9*   10 *id. Lig. 2*   18 *FOR p. 588*   20 *ibid. p. 571*   22 *ibid. p. 567*   27 *ibid. p. 588*

AB]   2 nobis *A*   4 ut *om. B*   5 quam *B*   8 quae *B*: qua∗ *A*
9 et recta *p* (*1470*): et recte *B*: *om. A*   10 peius *B* (∼ *Vt.*)
11 illam *A* (∼ *Vt.*)   13 illo *A* (*deinde* quo)   15 tam *B*, *Vt.*: eo
a in ras.   16 sententiae *om. A* (∼ *Vt.*)   quam *B*, *Vt.*:
quo *A*   23 domit*illam A*   27 qui *add. ed. Asc. 1516 post
Regium*   28–9 hominem *B*: o hominem *a in ras.*

INSTITVTIO ORATORIA 8. 5. 23

sola geminatio, qualis est Senecae in eo scripto quod Nero ad senatum misit occisa matre, cum se periclitatum uideri uellet: 'saluum me esse adhuc nec credo nec gaudeo.' Melior cum ex contrariis ualet: 'habeo quem fugiam, quem sequar non habeo'; 'quid quod miser, cum loqui non posset, tacere non poterat?' Ea uero fit pulcherrima cum aliqua compara- 19 tione clarescit. Trachalus contra Spatalen: 'placet hoc ergo, leges, diligentissimae pudoris custodes, decimas uxoribus dari, quartas meretricibus?'

Sed horum quidem generum et bonae dici possunt et malae: illae semper uitiosae †aut† a uerbo: 'patres conscrip- 20 ti: sic enim incipiendum est mihi, ut memineritis patrum.' Peius adhuc, quo magis falsum est et longius petitum, contra eandem sororem gladiatoris cuius modo feci mentionem: 'ad digitum pugnaui.' Est etiam generis eiusdem, nescio an 21 uitiosissimum, quotiens uerborum ambiguitas cum rerum falsa quadam similitudine iungitur. Clarum actorem iuuenis audiui cum lecta in capite cuiusdam ossa sententiae gratia tenenda matri dedisset: 'infelicissima femina, nondum extulisti filium et iam ossa legisti.' Ad hoc plerique minimis etiam 22 inuentiunculis gaudent, quae excussae risum habent, inuentae facie ingenii blandiuntur. De eo qui naufragus et ante agrorum sterilitate uexatus in scholis fingitur se suspendisse: 'quem neque terra recipit nec mare, pendeat.' Huic simile in 23 illo de quo supra dixi, cui pater sua membra laceranti uenenum dedit: 'qui haec edit, debet hoc bibere.' Et in luxuriosum qui apocarteresin simulasse dicitur: 'necte laqueum, habes

1 *Sen. frg. 106 Haase* = FOR *p.* 584   4 *Cic. Att.* 8. 7. 2
5 *id. Pis. frg.* 3 *Nisbet*   7 FOR *p.* 593   15 §§ *21–2* → *Vt.*
p. 436. *14–16*

AB]   8 custos *decumas A*   10 sed *B*: et *A*   bon(a)e *J*:
bene *AB*   11 ille *B*: illo *A*: aliae *Halm*   aut a *B*: uti *a in ras.*:
ut a *Halm* (uti a *ed. Ald.*)   17 actorem *J* (*ut coni. Spalding*):
actorum *A*: autorem *B*   18 audi *A*   18–19 ossa . . .
dedisset *B*: matri dedissent *A* (ossa tenenda matri dedit *Vt.*)
20 mimicis *Hey, probabiliter*   23 sterilitatem *A*   24 recepit *A*
26 et *om. A*   27 apocaresim *B*: in apotecafrenesim *a in ras.*

459

8. 5. 24   M. FABI QVINTILIANI

quod faucibus tuis irascaris: sume uenenum, decet luxurio-
24 sum bibendo mori.' Alia uana, ⟨ut⟩ suadentis purpuratis ut
Alexandrum Babylonis incendio sepeliant: 'Alexandrum
sepelio: hoc quisquam spectabit a tecto?'—quasi uero id sit
in re tota indignissimum. Alia nimia, ut de Germanis dicentem quendam audiui: 'caput nescio ubi impositum', et
25 de uiro forti: 'bella umbone propellit.' Sed finis non erit si
singulas corruptorum persequar formas: illud potius quod
est magis necessarium.

Duae sunt diuersae opiniones, aliorum sententias solas
paene sectantium, aliorum omnino damnantium, quorum
26 mihi neutrum admodum placet. Densitas earum obstat inuicem, ut in satis omnibus fructibusque arborum nihil ad
iustam magnitudinem adolescere potest quod loco in quem
crescat caret. Nec pictura in qua nihil circumlitum est eminet,
ideoque artifices, etiam cum plura in unam tabulam opera
contulerunt, spatiis distingunt, ne umbrae in corpora cadant.
27 Facit res eadem concisam quoque orationem: subsistit enim
omnis sententia, ideoque post eam utique aliud est initium.
Vnde soluta fere oratio et e singulis non membris sed frustis
conlata structura caret, cum illa rutunda et undique cir-
28 cumcisa insistere inuicem nequeant. Praeter hoc etiam color
ipse dicendi quamlibet clarus multis tamen ac uariis uelut
maculis conspergitur. Porro, ut adferunt lumen clauus et
purpurae loco insertae, ita certe neminem deceat intertexta
29 pluribus notis uestis. Quare licet haec et nitere et aliquatenus
extare uideantur, tamen et lumina illa non flammae sed
scintillis inter fumum emicantibus similia dixeris (quae ne

AB]   2 ut¹ *add. Regius*   3 babilonis ... alexandrum *A* : *om.
B*   7 forti *D* : forte *AB*   umbone propell*it A* : uiti bone propello
B   10 opinionis *A*   11 spectantium *AB* : *corr. Spalding* (*sed
iam uiderat uerum Valla, qui in margine cod.* P *scripsit* qui nimis
sectantur sententias)   13 arborum *B* : *r*amorum *A* (armorum *b*) :
aruorum *P*   14 multitudinem *A*   quem *B* : qu*o A*   16 opera
AB : corpora *Jahn*: *om. T* (*et E*), *non male*   18 eandem *B*
23 clarus *E* : claris *AB*   24 adferunt *Spalding*₁ adferent *B* : affert
a (adfertur *A*¹)   et *om. A* (*unde* insert*us*)   27 non ... sed
B : flamma est et *A*

460

INSTITVTIO ORATORIA 8.5.34

apparent quidem ubi tota lucet oratio, ut in sole sidera ipsa desinunt cerni) et quae crebris paruisque conatibus se attollunt inaequalia tantum et uelut confragosa nec admirationem consecuntur eminentium et planorum gratiam perdunt. Hoc quoque accedit, quod solas captanti sententias **30** multas dicere necesse est leues frigidas ineptas: non enim potest esse delectus ubi numero laboratur. Itaque uideas et diuisionem pro sententia poni et argumentum, sit tantum in clausula et †male† pronuntietur. 'Occidisti uxorem ipse **31** adulter; non ferrem te etiam si repudiasses' diuisio est. 'Vis scire uenenum esse amatorium? Viueret homo nisi illud bibisset' argumentum est. Nec multas plerique sententias dicunt, sed omnia tamquam sententias. Huic quibusdam **32** contrarium studium, qui fugiunt ac reformidant omnem hanc in dicendo uoluptatem, nihil probantes nisi planum et humile et sine conatu. Ita, dum timent ne aliquando cadant, semper iacent. Quod enim tantum in sententia bona crimen est? Non causae prodest? non iudicem mouet? non dicentem commendat? 'Sed est quoddam genus quo ueteres non **33** utebantur.' Ad quam usque nos uocatis uetustatem? Nam si illam extremam, multa Demosthenes quae ante eum nemo. Quo modo potest probare Ciceronem qui nihil putet ex Catone Gracchisque mutandum? Sed ante hos simplicior adhuc ratio loquendi fuit. Ego uero haec lumina orationis **34** uelut oculos quosdam esse eloquentiae credo. Sed neque oculos esse toto corpore uelim, ne cetera membra officium suum perdant, et, si necesse sit, ueterem illum horrorem dicendi malim quam istam nouam licentiam. Sed patet

---

AB] 1 ut om. A 4 consequentur B 5 sentias B
7 dilectus AB: corr. t (de) numero Gesner (at u. II. 3. 57) 8 sit
B: si A (quo recepto scribere possis clausula clamose pronuntietur)
9 clausula et male B: clausulae calce A: clausula et apte Stroux
1930 10–11 uis scire B: uides certe a in ras. min. 18 monet
B 19 sed est t: sed A: est B (unde at est ed. Col. 1527, fort.
recte) 20 ad Regius: et A: et ad B 21 extrema A (unde
illa a) multa B: mutat A 22 ciceronem B: cicero ciceronem
A 23 catonem B 24 ratio B: oratio A 27 ueterum A
28 istam B: istam tam A

media quaedam uia, sicut in cultu uictuque accessit aliquis
citra reprensionem nitor. Quare, sicut possumus, adiciamus
uirtutibus: prius tamen sit uitiis carere, ne, dum uolumus
esse meliores ueteribus, simus tantum dissimiles.

35 Reddam nunc quam proximam esse dixeram partem de
tropis, quos motus clarissimi nostrorum auctores uocant.
Horum tradere praecepta et grammatici solent; sed a me,
cum de illorum officio loquerer, dilata pars haec est, quia
de ornatu orationis grauior uidebatur locus et maiori operi
reseruandus.

6. Tropos est uerbi uel sermonis a propria significatione
in aliam cum uirtute mutatio. Circa quem inexplicabilis et
grammaticis inter ipsos et philosophis pugna est quae sint
genera, quae species, qui numerus, quis cuique subiciatur.
2 Nos, omissis quae nihil ad instruendum oratorem pertinent
cauillationibus, necessarios maxime atque in usum receptos
exequemur, haec modo in his adnotasse contenti, quosdam
gratia significationis, quosdam decoris adsumi, et esse alios
in uerbis propriis, alios in tralatis, uertique formas non uer-
3 borum modo sed et sensuum et compositionis. Quare mihi
uidentur errasse qui non alios crediderunt tropos quam in
quibus uerbum pro uerbo poneretur. Neque illud ignoro, in
isdem fere qui significandi gratia adhibentur esse et ornatum, sed non idem accidet contra, eruntque quidam tantum
ad speciem accommodati.

4 Incipiamus igitur ab eo qui cum frequentissimus est tum
longe pulcherrimus, tralatione dico, quae μεταφορά Graece
uocatur. Quae quidem cum ita est ab ipsa nobis concessa
natura ut indocti quoque ac non sentientes ea frequenter
utantur, tum ita iucunda atque nitida ut in oratione quam-
5 libet clara proprio tamen lumine eluceat. Neque enim uulgaris esse neque humilis nec insuauis haec recte modo adscita

AB]   2 sicut *AB*: si quid *Spalding*   5 primam *A*
esse ... partem *B*: partem ... esse *A*   6 motus *B* (*cf. 9.
1. 2*): modos *A* (*ut est RLM p. 611. 21*)   10 seruandus *B*
11 DE TROPIS Tropos (-us *B*) *AB*   24 -que *om. B*   27 trans-
lationem *A*   32 haec *E*: hac *B*: ac *A*   recto *A* (*corr.?*)

INSTITVTIO ORATORIA 8.6.9

potest. Copiam quoque sermonis auget permutando aut mutuando quae non habet, quodque est difficillimum, praestat ne ulli rei nomen deesse uideatur. Transfertur ergo nomen aut uerbum ex eo loco in quo proprium est in eum in quo aut proprium deest aut tralatum proprio melius est. Id **6** facimus aut quia necesse est aut quia significantius est aut, ut dixi, quia decentius. Vbi nihil horum praestabit quod transferetur, inproprium erit. Necessitate rustici 'gemmam' in uitibus (quid enim dicerent aliud?) et 'sitire segetes' et 'fructus laborare', necessitate nos 'durum hominem' aut 'asperum': non enim proprium erat quod daremus his adfectibus nomen. Iam 'incensum ira' et 'inflammatum cupidi- **7** tate' et 'lapsum errore' significandi gratia: nihil enim horum suis uerbis quam his arcessitis magis proprium erit. Illa ad ornatum, 'lumen orationis' et 'generis claritatem' et 'contionum procellas' et 'eloquentiae fulmina', ut Cicero pro Milone Clodium 'fontem gloriae eius' uocat et alio loco 'segetem ac materiem'. Quaedam etiam parum speciosa dictu per **8** hanc explicantur:

'hoc faciunt nimio ne luxu obtunsior usus
sit genitali aruo et sulcos oblimet inertes'.

In totum autem metaphora breuior est similitudo, eoque distat quod illa comparatur rei quam uolumus exprimere, haec pro ipsa re dicitur. Comparatio est cum dico fecisse **9** quid hominem 'ut leonem', tralatio cum dico de homine 'leo est'. Huius uis omnis quadruplex maxime uidetur: cum in rebus animalibus aliud pro alio ponitur, ut de agitatore

'gubernator magna contorsit equum ui',

16–17 34–5   20 *Verg. georg. 3. 135–6*   28 *Enn. ann.* 486

AB]   1 permittendo *B*   2 mutua*ndo A*: mutuari *B*
4 proprium *B*: primum *A*   5 melius est *B*: melius *A*
9 'sitire agros', 'laetas esse segetes' *Cic. orat. 81*   10 nos *om.*
A   11–12 adfectionibus *B*   18 materiam *A*   20 obtusior
B   24 pro *om. A*

10 aut [ut Liuius Scipionem a Catone 'adlatrari' solitum refert] inanima pro aliis generis eiusdem sumuntur, ut

'classique inmittit habenas',

aut pro rebus animalibus inanima:

'ferron an fato moerus Argiuom occidit?'

aut contra:

'sedet inscius alto
accipiens sonitum saxi de uertice pastor.'

11 Praecipueque ex his oritur mira sublimitas quae audaci et proxime periculum tralatione tolluntur, cum rebus sensu carentibus actum quendam et animos damus, qualis est

'pontem indignatus Araxes'

12 et illa Ciceronis: 'Quid enim tuus ille, Tubero, destrictus in acie Pharsalica gladius agebat? Cuius latus ille mucro petebat? Qui sensus erat armorum tuorum?' Duplicatur interim haec uirtus, ut apud Vergilium:

'ferrumque armare ueneno',

nam et 'ueneno armare' et 'ferrum armare' tralatio est.

13 Secantur haec in pluris ⟨partis⟩, ut a rationali ad rationale et idem de inrationalibus et haec inuicem, quibus similis ratio est et a toto et ⟨a⟩ partibus. Sed iam non pueris praecipimus, ut accepto genere species intellegere non possint.

14 Vt modicus autem atque oportunus eius usus inlustrat orationem, ita frequens et obscurat et taedio complet, continuus uero in allegorian et aenigmata exit. Sunt etiam

---

1 *38. 54. 1*   3 *Verg. Aen. 6. 1*   5 *frg. trag. inc. 35 Klotz*
7 *Verg. Aen. 2. 307–8*   12 *ibid. 8. 728*   13 *Lig. 9*
17 *Aen. 9. 773*

AB]   1 aut ut *A*: aut *B*: et ut *1418 (praeeunte t)*   ut . . refert *del. Christ*   5 ferron an *Buecheler (ap. frg. trag. inc. 35 Ribbeck²)*: ferro non *A*: ferro an *B*   moerus *B*: omerus *A*   argiuom *B*: argum *A* (argiuum *b*)   9 mira *om. A*   9–10 audaci . . . tolluntur *B*: audaciae proxima periculo* translationis attollitur *A*   16 ut *om. B*   19 partis *add. Kiderlin 1891-2* (species *iam Daniel*)   20 item *D (ut coni. Halm)*   inrationibilibus *B (sic)*   21 et a toto et a *H*: et a toto et *A*: toto et *B*: *haec et* partibus *del. Christ, probabiliter*   25 allegoriam *B*: -ias *A*

quaedam et humiles tralationes, ut id de quo modo dixi, 'saxea est uerruca', et sordidae. Non enim, si Cicero recte 'sentinam rei publicae' dixit, foeditatem hominum significans, idcirco probem illud quoque ueteris oratoris: 'persecuisti rei publicae uomicas.' Optimeque Cicero demonstrat cauendum ne sit deformis tralatio, qualis est (nam ipsis eius utar exemplis): 'castratam morte Africani rem publicam', et 'stercus curiae Glauciam': ne nimio maior aut, quod saepius accidit, minor, ne dissimilis. Quorum exempla nimium frequenter deprendet qui scierit haec uitia esse. Sed copia quoque modum egressa uitiosa est, praecipue in eadem specie. Sunt et durae, id est a longinqua similitudine ductae, ut

'capitis niues'

et

'Iuppiter hibernas cana niue conspuit Alpes.'

In illo uero plurimum erroris, quod ea quae poetis, qui et omnia ad uoluptatem referunt et plurima uertere etiam ipsa metri necessitate coguntur, permissa sunt conuenire quidam etiam prorsae putant. At ego in agendo nec 'pastorem populi' auctore Homero dixerim nec uolucres per aëra 'nare', licet hoc Vergilius in apibus ac Daedalo speciosissime sit usus. Metaphora enim aut uacantem locum occupare debet aut, si in alienum uenit, plus ualere eo quod expellit.

Quod [aliquando] paene iam magis de synecdoche dicam. Nam tralatio permouendis animis plerumque ⟨et⟩ signandis rebus ac sub oculos subiciendis reperta est: haec uariare sermonem potest, ut ex uno pluris intellegamus, parte totum,

1-2 *u. 8. 3. 48*   2 *Cat. 1. 12*   5 *de orat. 3. 164*   13 *Hor. carm. 4. 13. 12*   15 *Furius Bibaculus frg. 15 Morel*   20 *e.g. Il. 2. 243*   21 *georg. 4. 59: Aen. 6. 16*

AB: sed post similitudine (*l. 12*) *solus A*]   1 saxea *B* (*cf. 8. 3. 48*): sax*um A* (saxa *b*)   6 nam ... eius *B*: ut ipsius *a in ras.* (nam *del. b*)   7 curiae *om. A*   8 nimio *B*: minio *A*: *del. Kiderlin 1891-2*   20 per aera nare *Halm* (*praeeunte Burmanno*): sperae sanare *G*: pennis remigare *a in ras. min.* (*infelici coniectura*)   23 expellit *A*: -et *G*   24 aliquando *A*: -to *Regius*: *del. Bonnell*   pene iam (*ex* pentiam) *A*: p(a)ene etiam *Obrecht*   25 et *add. t* (signandisque *a*)   26 oculos *P*: -is *A*   uanare *A*: *corr.*

8. 6. 20   M. FABI QVINTILIANI

specie genus, praecedentibus sequentia, uel omnia haec
20 contra, liberior poetis quam oratoribus. Nam prorsa, ut
'mucronem' pro gladio et 'tectum' pro domo recipiet, ita non
'puppem' pro naui nec 'abietem' pro tabellis, et rursus, ut
pro gladio 'ferrum', ita non pro equo 'quadrupedem'. Maxime 5
autem in orando ualebit numerorum illa libertas. Nam et
Liuius saepe sic dicit: 'Romanus proelio uictor', cum Romanos uicisse significat, et contra Cicero ad Brutum 'populo'
inquit 'imposuimus et oratores uisi sumus', cum de se tan-
21 tum loqueretur. Quod genus non orationis modo ornatus sed 10
etiam cotidiani sermonis usus recipit. Quidam synecdochen
uocant et cum id in contextu sermonis quod tacetur
accipimus: uerbum enim ex uerbis intellegi, quod inter uitia
ellipsis uocatur:
  'Arcades ad portas ruere'.   15
Mihi hanc figuram esse magis placet, illic ergo reddetur.
22 Aliud etiam intellegitur ex alio:
  'aspice, aratra iugo referunt suspensa iuuenci',
unde apparet noctem adpropinquare. Id nescio an oratori
conueniat nisi in argumentando, cum rei signum est: sed 20
hoc ab elocutionis ratione distat.
23   Nec procul ab hoc genere discedit μετωνυμία, quae est
nominis pro nomine positio, [cuius uis est pro eo quod dicitur
causam propter quam dicitur ponere] sed, ut ait Cicero,
hypallagen rhetores dicunt. Haec inuentas ab inuentore et 25
subiectas res ab optinentibus significat, ut
  'Cererem corruptam undis',

7 *e.g. 2. 27. 1*   8 *frg. epist. VII. 10*   15 *Verg. Aen. 11. 142*
18 *id. ecl. 2. 66*   24 *orat. 93*   27 *Verg. Aen. 1. 177*

A]   6 ornando *Victorius (p. 501)*   12 contextu *H*: conextu *A*
14 ellipsis *post Gesnerum Spalding*: etlipsis *A*¹ (ecl- *a*)   16 red-
dentur (*ex* redentur)*A*: *corr. p** (redditur *iam t*)   17 alio *ed.
Jens.*: alia *A*   20 sed *P*: sic *A*   23 nominis pro *p, ed. Ald.*
(nominis *iam t*): non ministro *A*   23–4 cuius . . . ponere *del.
Spalding*   24 ponere sed *t* (*sed et hoc dubium*): ponere et *A*
(pone si ed *G*)   25–6 inuentas (*ex* -ta *ut G*) . . . subiectas *res* (sub-
ecta est *G*) *A*: inuenta . . . subiecta *t*

INSTITVTIO ORATORIA 8. 6. 28

et
'receptus
terra Neptunus classes aquilonibus arcet'.
Quod fit retrorsum durius. Refert autem in quantum hic 24
tropos oratorem sequatur. Nam ut 'Vulcanum' pro igne
uulgo audimus et 'uario Marte pugnatum' eruditus est sermo
et 'Venerem' quam coitum dixisse magis decet, ita 'Liberum
et Cererem' pro uino et pane licentius quam ut fori seueritas
ferat. Sicut ex eo quod ⟨continet id quod⟩ continetur: usus
recipit 'bene moratas urbes' et 'poculum epotum' et 'saeculum felix', at id quod contra est raro audeat nisi poeta: 25
'iam proximus ardet | Vcalegon.'
Nisi forte hoc potius est a possessore quod possidetur, ut
'hominem deuorari', cuius patrimonium consumatur: quo
modo fiunt innumerabiles species. Huius enim sunt generis 26
cum 'ab Hannibale' caesa [et apud tragicos aegialeo] apud
Cannas sexaginta milia dicimus, et carmina Vergili 'Vergilium', 'uenisse' commeatus qui adferantur, 'sacrilegium'
deprehensum, non sacrilegum, 'armorum' scientiam habere,
non artis. Illud quoque et poetis et oratoribus frequens, quo 27
id quod efficit ex eo quod efficitur ostendimus. Nam et carminum auctores
'pallida mors aequo pulsat pede pauperum tabernas',
et
'pallentesque habitant morbi tristisque senectus',
et orator 'praecipitem iram', 'hilarem adulescentiam', 'segne
otium' dicet.

Est etiam huic tropo quaedam cum synecdoche uicinia; 28
nam cum dico 'uultus hominis' pro uultu, dico pluraliter quod

2 *Hor. ars 63–4*   12 *Verg. Aen. 2. 311–12*   23 *Hor. carm.
1. 4. 13*   25 *Aen. 6. 275*

A]   6 audiuimus *A* : *corr. t*   9 *suppl. p, Badius (u. Gertz)*
16 et . . . aegialeo *ex* § 34 *A* : *del. Zumpt (monente Spaldingio)*
18 afferantur *ed. Jens.* : -atur *A*   19 sacrilegum *a* : sacrilegium non
*A*¹ ? (*et G*), *unde* sacrilegum hominem *Spalding*   28 *fort.* (alia)
quaedam

467

singulare est: sed non id ago, ut unum ex multis intellegatur (nam id est manifestum), sed nomen inmuto: et cum aurata tecta 'aurea', pusillum ab ea discedo, quia non est pars auratura. Quae singula persequi minutioris est curae etiam non oratorem instruentibus.

29 Antonomasia, quae aliquid pro nomine ponit, poetis utroque modo frequentissima, et per epitheton, quod detracto eo cui adponitur ualet pro nomine ('Tydides', 'Pelides'), et ex iis quae in quoque sunt praecipua:

'diuum pater atque hominum rex'.

[Et ex factis quibus persona signatur:

'thalamo quae fixa reliquit impius'.]

30 Oratoribus etiamsi rarus eius rei nonnullus tamen usus est. Nam ut 'Tydiden' et 'Peliden' non dixerint, ita dixerint 'impium' et 'parricidam': 'euersorem' quoque 'Carthaginis et Numantiae' pro Scipione et 'Romanae eloquentiae principem' pro Cicerone posuisse non dubitent. Ipse certe usus est hac libertate: 'non multa peccas, inquit ille fortissimo uiro senior magister': neutrum enim nomen est positum et utrumque intellegitur.

31 Onomatopoeia quidem, id est fictio nominis, Graecis inter maximas habita uirtutes, nobis uix permittitur. Et sunt plurima ita posita ab iis qui sermonem primi fecerunt, aptantes adfectibus uocem: nam 'mugitus' et 'sibilus' et 'mur-
32 mur' inde uenerunt. Deinde, tamquam consumpta sint omnia, nihil generare audemus ipsi, cum multa cotidie ab

10 *Verg. Aen. 1. 65*   12 *ibid. 4. 495–6*   19 *Mur. 60*

A]   2 immuto *p (1470)*: multa *A*   3 ab ea (*sc.* synecdoche) *A*: a uero *P* (*quo recepto* est ⟨nisi⟩ pars *ed. Asc. 1516*)   9 his *A*
11–13 et ex factis ... impius *del. Christ*   15 dixerint[1] *ed. Jens.*: -erit *A*   dixerint[2] *G*: -erit* *A*: *fort.* dixerim (*uel etiam decebunt uel decebit, receptis nominatiuis sequentibus*)   16 impium et parricidam *ed. Camp.*: impius et parricida *A*: impios et parricidas *Spalding*   *lacunam post* parricidam *statuit Halm*   18 dubitent *ed. Jens.*: dubitet *a* (dubite *A*[1]): dubitem *Francius*: *fort.* dubites   23 et *A*: at *Burman*: sed *Halm*   24 his *A*

INSTITVTIO ORATORIA 8. 6. 36

antiquis ficta moriantur. Vix illa, quae πεποιημένα uocant, quae ex uocibus in usum receptis quocumque modo declinantur nobis permittimus, qualia sunt [ut] 'sullaturit' et 'proscripturit' ; atque 'laureati postes' pro illo 'lauru coronati' ex
5 eadem fictione sunt, sed hoc feliciter eualuit. †Adoinoia 33 etuio eo† ferimus in Graecis, Ouidius †ocoeludit† 'uinoeo bonoeo'. Dure etiam iungere arquitenentem et diuidere septentriones uidemur.

Eo magis necessaria catachresis, quam recte dicimus abu- 34
10 sionem, quae non habentibus nomen suum accommodat quod in proximo est, sic:

'equum †ogra putant†
aedificant',

et apud tragicos 'Aegialeo parentat pater'. Mille sunt haec: 35
15 'acetabula' quidquid habent et 'pyxides' cuiuscumque materiae sunt et 'parricida' matris quoque aut fratris interfector. Discernendumque est ⟨ab⟩ hoc totum tralationis istud genus, quod abusio est ubi nomen defuit, tralatio ubi aliud fuit. Nam poetae solent abusiue etiam in iis rebus quibus
20 nomina sua sunt uicinis potius uti, quod rarum in prorsa est.
Illa quoque quidam catachresis uolunt esse, cum pro temeri- 36 tate 'uirtus' aut pro luxuria 'liberalitas' dicitur. A quibus

3 cf. Cic. Att. 9. 10. 6   6 frg. 7 Lenz   9 cf. Cassiodori
exp. psalm. 43. 23   12 cf. (ut uid.) Verg. Aen. 2. 15–16
14 frg. trag. inc. 79 Klotz

A]   1 ΠΕΠΟΙΚΜΕΝΔ A: uerbum def. Heraeus, Barwick (pp. 94 seq.): παρηγμένα Stroux 1930   3 ut A: del. p (1470): illa Halm: ut ⟨supra dixi⟩ Heraeus (cf. 8. 3. 32)   4 atqui ut uid. 1418 (ut coni. Spalding 'cum Hubero Basileensi')   5–6 adoinoia etuio eo A: at οἴνοιο et βιοῖο Heraeus: at οἴνοι ἀγαθοῖο Radermacher   6 obidius A   ocoeludit A: ioco cludit Heraeus (idem tempt. hoc 'oeo' ludit): fort. hoc eludit   uinoeo Heraeus: uino A   7 arquitollentem A: corr. Haupt 1871   diuidere Obrecht: uidere A   12 equum 1418: aecum A   ogra putant A: diuina Palladis arte Badius (ex Verg.): fort. delendum est (inrepsit fort. ex interpretis cuiusdam uerbis qui Graii suppleuit)   14 parentat Gertz: paret at A   15 habet A: corr. Gallaeus   pixides 1418: pisides A   17 ab add. Gertz, recte nisi hoc ablatiuo casu est spectatque ad quod   19 his A
20 sua sunt t: sunt A (sua G), fort. recte

469

8. 6. 37   M. FABI QVINTILIANI

equidem dissentio: namque in his non uerbum pro uerbo ponitur, sed res pro re. Neque enim quisquam putat [et] 'luxuriam' et 'liberalitatem' idem significare, uerum id quod fit alius luxuriam esse dicit, alius liberalitatem, quamuis neutri dubium sit haec esse diuersa.

37 Superest ex his quae aliter significant metalempsis, id est transumptio, quae ex alio †tropo† in alium uelut uiam praestat, * et rarissimus et improbissimus, Graecis tamen frequentior, qui Centaurum, qui Chiron est, Ἥσσονα ⟨et⟩ insulas ὀξείας θοάς dicunt. Nos quis ferat si Verrem 'suem' aut
38 Aelium ⟨Catum⟩ 'doctum' nominemus? Est enim haec in metalempsi natura, ut inter id quod transfertur ⟨et id quo transfertur⟩ sit medius quidam gradus, nihil ipse significans sed praebens transitum: quem tropum magis adfectamus ut habere uideamur quam ullo in loco desideramus. Nam id eius frequentissimum exemplum est: 'cano canto', ⟨et 'canto⟩
39 dico', ita 'cano dico': interest medium illud 'canto'. Nec diutius in eo morandum: †innisi† usus admodum uideo, †nihil†, ut dixi, in comoedis.

40 Cetera iam non significandi gratia, sed ad ornandam †non† augendam orationem adsumuntur. Ornat enim ἐπίθετον,

6 §§ 37–8 → Π p. 20. 6–12   20 § 40 → Π p. 10. 19–23

A]   1 equidem *Halm*: *ego quidem A* (haec quidem *G*) 2–3 luxuriam *ed. Vasc. 1542*: *et* luxuriam *A* (ex luxuria *G*)   7 transmutatio *Π*   tropo *A*, *Π*: *om. ed. Ald.* (*deinde* in aliud [alium *A*, *Π*: -ut *G*] *fort. recte*)   8 *lacunam stat. ed. Ald.* (*quae tropus suppl.*): *inter alia uerbum usus excidisse recte putat e.g. Christ*: *excidit fort. etiam aliquid de comoedis* (*cf.* § 39), *ut uol. Butler, Radermacher* 9 qui centaurum *Regius* (qui centarum *Π*): qua scientaurum *A* Chiron est *Halm ex Π*: hirori est *A*: Chironem *Meister* (Chirona iam *Regius*), *deleto* qui   ἥσσονα et *Meister 1862-1*: hoccona *A*: hippon et *Π*   9–10 insulas ὀξείας θοάς *Meister 1865* (*p. 34*) *ex Π*: insulā (*ex* -la) ΕΜΨΙΑϹΘΟΑϹ *A*: ⟨et⟩ νήσους θοὰς ὀξείας *iam Regius* 10 nos *A*: ad (*unde* at *Eckstein*) nos *Π*   11 Catum *add. Halm ex Π* 12–13 *suppleuit Meister ex Π*, qui et in quo transfertur *praebet* (*corr. Eckstein*): et in quod transfertur *Halm*: *malim* et id in quod transfertur   16 et canto *suppleui ex Π* (qui ita cano dico *omittit*): canto *iam add. Christ*   18–19 innisi . . . nihil *A*: nihil enim usus admodum uideo nisi *Regius* (*quod sensum certe sanat, uerba tamen minime*)   20 non² *A*: et *Spalding*: *fort.* aut

INSTITVTIO ORATORIA 8. 6. 43

quod recte dicimus adpositum, a nonnullis sequens dicitur.
Eo poetae et frequentius et liberius utuntur. Namque illis
satis est conuenire id uerbo cui adponitur: itaque et 'dentes
albos' et 'umida uina' in his non reprehendemus; apud oratorem, nisi aliquid efficitur, redundat: tum autem efficitur
si sine illo ⟨id⟩ quod dicitur minus est, qualia sunt: 'o scelus
abominandum, o deformem libidinem.' Exornatur autem res 41
tota maxime tralationibus: 'cupiditas effrenata' et 'insanae
substructiones.' Et solet fieri aliis adiunctis [epitheton]
tropis, ut apud Vergilium 'turpis egestas' et 'tristis senectus'.
Verumtamen talis est ratio huiusce uirtutis ut sine adpositis
nuda sit et uelut incompta oratio, oneretur tamen multis.
Nam fit longa et impedita †uti questionibus† eam iungas 42
similem agmini totidem lixas habenti quot milites, cui et
numerus est duplex nec duplum uirium. Quamquam non
singula modo, sed etiam plura uerba adponi solent, ut
'coniugio Anchisa Veneris dignate superbo'.
Sed hoc quocumque modo: duo uero uni adposita ne uersum 43
quidem decuerint. Sunt autem quibus non uideatur hic
omnino tropos quia nihil uertat, nec est semper, sed cum id
⟨quod⟩ est adpositum, si a proprio diuiseris, per se significat
et facit antonomasian. Nam si dicas 'ille qui Numantiam ⟨et⟩

3–4 *Verg. Aen. 11.681: georg. 3. 364*   8 *Cic. Cat. 1. 25: Mil. 53*
10 *Aen. 6. 276, 275*   13 §§ 42–3 → Π *p. 10. 24–8*   17 *Aen. 3. 475*

A] 1 consequens Π   2 illis *1418*, Π: illi *A*   6 si sine
a (sine *A*¹): cum sine Π (*sed praecedente* efficit)   id *add. Meister
1865 ex* Π   7 exornatus *A* : *corr. t*   8 insan(a)e *P* (*conf. Cic.*):
insanatae *A*   9 epitheton *deleui*: epitheto *Gertz*   10 tropus *Obrecht*
13 uti questionibus *A*: utique si omnibus (*deinde* ea iungas, simillima)
Gertz: ubi congestioribus *Haupt 1870*: *alii alia*   14 cui *Bonnell*:
qui *A*: in quo *p**   17 anchisa *P*, Π: anchisae *A*¹ (-se *a*), *ut
nonnulli codd. Verg.*   dignate *t*, Π: dignitate *A*   18 quocumque
Spalding: quoque *A*: malim quoque ⟨uersum⟩   20 nec est
Spalding: necesse est *A*: nec esse potest *Radermacher*   20–1 id
quod est *ed. Asc. 1516*, Π (qui id qui est habet): id est *A*: idē *G, fort.
recte*   22 et² *add. t* (*habet* Π, *sed ille* chartaginem et nomantiam:
quem ordinem praebet ed. Jens., prob. Halm conlato § *30, fort. recte nisi
deleas alterutrum nomen*)

M. FABI QVINTILIANI

Carthaginem euertit', antonomasia est, si adieceris 'Scipio' adpositum: †non potest ergo esse iunctum.†

44 Allegoria, quam inuersionem interpretantur, aut aliud uerbis, aliud sensu ostendit, aut etiam interim contrarium. Prius fit genus plerumque continuatis tralationibus, ut

'O nauis, referent in mare te noui
fluctus: o quid agis? Fortiter occupa
portum',

totusque ille Horati locus, quo nauem pro re publica, fluctus et tempestates pro bellis ciuilibus, portum pro pace atque
45 concordia dicit. Tale Lucreti

'auia Pieridum peragro loca',

et Vergili

'sed nos inmensum spatiis confecimus aequor,
et iam tempus equum fumantia soluere colla.'

46 Sine tralatione uero in Bucolicis:

'certe equidem audieram, qua se subducere colles
incipiunt mollique iugum demittere cliuo,
usque ad aquam et ueteris iam fracta cacumina fagi,
omnia carminibus uestrum seruasse Menalcan.'

47 Hoc enim loco praeter nomen cetera propriis decisa sunt uerbis, uerum non pastor Menalcas sed Vergilius est intellegendus. Habet usum talis allegoriae frequenter oratio, sed raro totius, plerumque apertis permixta est. Tota apud Ciceronem talis est: 'hoc miror, hoc queror, quemquam hominem ita pessumdare alterum uelle ut etiam nauem
48 perforet in qua ipse nauiget.' Illud commixtum frequentissimum: 'equidem ceteras tempestates et procellas in illis

6 *Hor. carm.* 1. 14. 1–3   12 *4. 1* = *1. 926*   14 *georg.* 2. 541–2
17 *9. 7–10*   25 *frg. orat. B. 13*   28 *Cic. Mil.* 5

A] 1 antonomasia est si *a* (antonomasi *A*¹): erit antonomasia *Π* (*deinde* diceris)   2 ⟨erit⟩ appositum *Π*   seiunctum *Heinisch*: *sed altius latet, ut uidetur, corruptio*   3 allegoria *p* (*ed. Camp.*): adlegoriam *A*¹ (ad allegoriam *a*)   quam *t*: quod *A*   interp̄tatur *A*: *corr.* t (*cf.* 2. 15. 25)   aut *Spalding*: ut *G* (*et A*)   12 pieridum *1418, Lucr.*: pieridium *A*   14 spaciis *A, codd. Verg.*: spaci *G* (*cf.* 9. 3. 20)   18 demittere *1418, Verg.*: di- *A*   23 frequentior *A*: *corr.* *p**   28 procellis *A* (*ut uid.*): *corr.* t

INSTITVTIO ORATORIA 8.6.52

dumtaxat fluctibus contionum semper Miloni putaui esse subeundas.' Nisi adiecisset 'dumtaxat contionum', esset allegoria: nunc eam miscuit. Quo in genere et species ex arcessitis uerbis uenit et intellectus ex propriis. Illud uero 49 longe speciosissimum genus orationis in quo trium permixta est gratia, similitudinis allegoriae tralationis: 'Quod fretum, quem euripum tot motus, tantas, tam uarias habere creditis agitationes commutationes fluctus, quantas perturbationes et quantos aestus habet ratio comitiorum? Dies intermissus unus aut nox interposita saepe [et] perturbat omnia et totam opinionem parua nonnumquam commutat aura rumoris.' Nam id quoque in primis est custodiendum, ut, quo ex 50 genere coeperis tralationis, hoc desinas. Multi autem, cum initium tempestatem sumpserunt, incendio aut ruina finiunt, quae est inconsequentia rerum foedissima. Ceterum allegoria 51 paruis quoque ingeniis et cotidiano sermoni frequentissime seruit. Nam illa in agendis causis iam detrita 'pedem conferre' et 'iugulum petere' et 'sanguinem mittere' inde sunt, nec offendunt tamen: est enim grata in eloquendo nouitas et emutatio, et magis inopinata delectant. Ideoque iam in his amisimus modum et gratiam rei nimia captatione consumpsimus. Est in exemplis allegoria, si non praedicta 52 ratione ponantur. Nam ut 'Dionysium Corinthi esse', quo Graeci omnes utuntur, ita plurima similia dici possunt. Sed allegoria quae est obscurior 'aenigma' dicitur, uitium meo quidem iudicio si quidem dicere dilucide uirtus, quo tamen et poetae utuntur:

'dic quibus in terris, et eris mihi magnus Apollo,
tris pateat caeli spatium non amplius ulnas?'

6 *Cic. Mur. 35*   23 *cf. Otto, Sprichwörter p. 118*   28 *Verg. ecl. 3. 104–5*

A]   2 dumtaxat ⟨fluctibus⟩ *G, iniuria*   8 *locus incertus*
10 et¹ *om. M, codd. Cic.*   11 parua *t, Cic.*: paruo *A*   13 ⟨in⟩ hoc *Francius*   14 tempestatem *A*: a tempestate *t, fort. recte*
20 commutatio *P* (*at cf. 8. 2. 19* emutatis)   22 est ⟨et⟩ *Spalding non praedicta t*: prae non dicta *A*¹ (pro non dicta *a*)   24 sed *Spalding*: haec *A* (*quo recepto fort.* cum *pro* quae *legendum est*)
25 enigma *Vdalricus Bambergensis, 1418*: enigra *G* (*et* nigra *A*)

473

8. 6. 53   M. FABI QVINTILIANI

53 et oratores nonnumquam, ut Caelius 'quadrantariam Clytaemestram' et 'in triclinio coam, in cubiculo nolam'. Namque et nunc quidem soluuntur et tum erant notiora cum dicerentur: aenigmata sunt tamen; non et cetera, si quis interpretetur, intellegas?
54 In eo uero genere quo contraria ostenduntur ironia est (inlusionem uocant): quae aut pronuntiatione intellegitur aut persona aut rei natura; nam si qua earum uerbis dissen-
55 tit, apparet diuersam esse orationi uoluntatem. Quamquam in plurimis id tropis accidit, ut intersit †quid de quoquo† dicatur, quia quod dicitur alibi uerum est. Et laudis autem simulatione detrahere et uituperationis laudare concessum est: 'quod C. Verres, praetor urbanus, homo sanctus et diligens, subsortitionem eius in codice non haberet.' Et contra:
56 'oratores uisi sumus et populo imposuimus.' Aliquando cum inrisu quodam contraria dicuntur iis quae intellegi uolunt, quale est in Clodium: 'integritas tua te purgauit, mihi crede,
57 pudor eripuit, uita ante acta seruauit.' Praeter haec usus est allegoriae ut tristia dicamus melioribus uerbis urbanitatis gratia aut quaedam contrariis significemus *†aliut textum sp† 'exta cocta numerabimus'. Haec si quis ignorat quibus Graeci nominibus appellent, σαρκασμόν, ἀστεϊσμόν,
58 ἀντίφρασιν, παροιμίαν dici sciat. Sunt etiam qui haec non species allegoriae sed ipsa tropos dicant, acri quidem ratione,

1–2 *ORF p. 486*   13 *Cluent. 91*   15 *u.* § *20 supra*
17 *Cic. frg. orat. XIV. 29*

A]   1 Coelius *ed. Leid.*: caecilius *A*   quadrantariam *f (et p)*: quadratariam *A*   2 cubiculo *1416*: cubilo *A*   nolam *reuera aenigma est*: Nolanam *probat Verdière*   4 non *A*: nam *Christ* cetera *A*: ceratinas *Radermacher: fort.* incertiora (*uel sim.*)   10 quid de quoque (*sc.* et de quo) *Zumpt** (quid de quo *iam H*): *fort.* de quo quidque   19 mollioribus *Werlhof ap. Gesnerum*: mitioribus *Meister* 19–20 urbanitatis *Gesner*: aut bonae rei *A*   20–1 *lacunam statuit Freund: excidit aliquid ad* παροιμίας *pertinens (u. Charis. p. 364 Barwick): exemplum sequitur in A ita corruptum*: aliut (aliud *a*) textum spectaco et enumerauimus: *unde* ut 'exta cocta numerabimus' *idem Freund ex Charisio (et quidem fort. illud* textum mera est dittographia)

474

INSTITVTIO ORATORIA 8.6.63

quod illa obscurior sit, in his omnibus aperte appareat quid uelimus. Cui accedit hoc quoque, quod genus, cum diuidatur in species, nihil habet proprium, ut arbor pinus et olea et cupressus, et ipsius per se nulla proprietas, allegoria uero 5 habet aliquid proprium. Quod quo modo fieri potest nisi ipsa species est? Sed utentium nihil refert. Adicitur his mycter- 59 ismos, dissimulatus quidem sed non latens derisus.

Pluribus autem uerbis cum id quod uno aut paucioribus certe dici potest explicatur, periphrasin uocant, circumitum 10 quendam eloquendi, qui nonnumquam necessitatem habet, quotiens dictu deformia operit, ut Sallustius 'ad requisita naturae', interim ornatum petit solum, qui est apud poetas 60 frequentissimus:

'tempus erat quo prima quies mortalibus aegris
15   incipit et dono diuum gratissima serpit',

et apud oratores non rarus, semper tamen adstrictior. Quid- 61 quid enim significari breuius potest et cum ornatu latius ostenditur periphrasis est, cui nomen Latine datum est non sane aptum orationis uirtuti circumlocutio. Verum hoc ut 20 ⟨cum⟩ decorem habet periphrasis, ita cum in uitium incidit perissologia dicitur: obstat enim quidquid non adiuuat.

Hyperbaton quoque, id est uerbi transgressionem, quo- 62 niam frequenter ratio compositionis et decor poscit, non inmerito inter uirtutes habemus. Sit enim frequentissime 25 aspera et dura et dissoluta et hians oratio si ad necessitatem ordinis sui uerba redigantur, et ut quodque oritur ita proximis, etiam si uinciri non potest, alligetur. Differenda igitur 63 quaedam et praesumenda, atque ut in structuris lapidum inpolitorum loco quo conuenit quodque ponendum. Non

11 *hist. frg. inc. 3 Maurenbrecher*   14 *Verg. Aen. 2. 268–9*

A]   2 accidit *A*: *corr. Regius*   diuidatur (*ex* diuinatur) *A*: -ditur *F* (*recte?*)   4 et ipsius *A*: sed ipsius *Spalding* (*idem est*, ipsius *tempt.*): *malim* ipsius   6–7 mycterismos *p* (*Regius*): misteriismos *A*   7 quidem *A*: quidam *Vat. lat. 1766, fort. recte*   20 cum decorem *t*: decere *A*   23 comparationis *A*: *corr. Daniel*   24 fit *t*   29 impolitorum *Vdalricus Bambergensis, p* (*Badius*): inpolitor *A*¹ (-ior *a*)

enim recidere ea nec polire possumus quo coagmentata se magis iungant, sed utendum iis qualia sunt, eligendaeque sedes. Nec aliud potest sermonem facere numerosum quam oportuna ordinis permutatio, neque alio ceris Platonis inuenta sunt quattuor illa uerba, quibus in illo pulcherrimo operum in Piraeum se descendisse significat, plurimis modis scripta ⟨quam ut⟩ quo ordine quodque maxime faceret experiretur. Verum id cum in duobus uerbis fit, anastrophe dicitur, reuersio quaedam, qualia sunt uulgo 'mecum', 'secum', apud oratores et historicos 'quibus de rebus'. At cum decoris gratia traicitur longius uerbum, proprie hyperbati tenet nomen: 'animaduerti, iudices, omnem accusatoris orationem in duas diuisam esse partis.' Nam 'in duas partis diuisam esse' rectum erat, sed durum et incomptum. Poetae quidem etiam uerborum diuisione faciunt transgressionem:

'Hyperboreo septem subiecta trioni,'

quod oratio nequaquam recipiet. At id quidem proprie dici tropos possit, quia componendus est e duobus intellectus: alioqui, ubi nihil ex significatione mutatum est et structura sola uariatur, figura potius uerborum dici potest, sicut multi existimarunt. Longis autem hyperbatis et confusis quae uitia accidunt, suo loco diximus.

Hyperbolen audacioris ornatus summo loco posui. Est haec decens ueri superiectio: uirtus eius ex diuerso par, augendi atque minuendi. Fit pluribus modis; aut enim plus

---

5 *resp. ad init.*   12 *Cic. Cluent. 1*   16 *Verg. georg. 3. 381*

A, sed inde a superiectio (*l. 24*) *AB*]   4 alio *A*: *fort.* alia ⟨causa⟩ (*cf. 4. 1. 5*)   ⟨in⟩ ceris *Burman* (*hoc leg. Muretus, Var. Lect. 18. 8*): *at cf. 10. 3. 31*   7 quam ut *add. Schoene* (quam *iam Regius*: ut *iam a, sed ante* experiretur)   quo ordine *scripsi* (*cf. 6. 4. 22*): quod eum *A*: quo demum *Schoene*   quodque *Schoene*: quoque *A*   11 traicitur *Spalding*: trahitur *A*   11–12 hyperbati tenet *ed. Jens.*: hiperbaliten et *G* (hyperbatos tenet *a in ras.*)   17 id quidem *A*: id qui est *G*   proprie *scripsi*: propter quod *A*: proprie quod *Spalding* (*praecedente* atqui est)   18 possit *Spalding*: sit *A*   22 accidant *Regius*   23–4 est haec *G*: est autem haec *a in ras.*   24 decens (*hoc iam Obrecht*) ueri *Spalding*: decensuris *G* (demensuris *A*)

INSTITVTIO ORATORIA 8. 6. 72

facto dicimus: 'uomens frustis esculentis gremium suum et totum tribunal impleuit', et
    'geminique minantur | in caelum scopuli',
aut res per similitudinem attollimus:
        'credas innare reuulsas | Cycladas',
aut per comparationem, ut   **69**
    'fulminis ocior alis',
aut signis quasi quibusdam:
    'illa uel intactae segetis per summa uolaret
    gramina nec teneras cursu laesisset aristas',
uel tralatione, ut ipsum illud 'uolaret'. Crescit interim hyper- **70** bole alia insuper addita, ut Cicero in Antonium dicit: 'Quae Charybdis tam uorax? Charybdin dico? Quae si fuit, fuit animal unum: Oceanus, medius fidius, uix uidetur tot res, tam dissipatas, tam distantibus in locis positas tam cito absorbere potuisse.' Exquisitam uero figuram huius rei **71** deprendisse apud principem lyricorum Pindarum uideor in libro quem inscripsit Hymnus. Is namque Herculis impetum aduersus Meropas, qui in insula Coo dicuntur habitasse, non igni nec uentis nec mari sed fulmini dicit similem fuisse, ut illa minora, hoc par esset. Quod imitatus Cicero illa com- **72** posuit in Verrem: 'Versabatur in Sicilia longo interuallo alter non Dionysius ille nec Phalaris (tulit enim illa quondam insula multos et crudelis tyrannos), sed quoddam nouum monstrum ex uetere illa inmanitate quae in isdem uersata

---

1 *Cic. Phil.* 2. *63*   3 *Verg. Aen.* 1. *162–3*   5 *ibid.* 8. *691–2*   7 *ibid.* 5. *319*   9 *ibid.* 7. *808–9*   12 *Phil.* 2. *67* 17 *frg.* 28 *Bowra*   22 5. *145*

AB]   1 dicimus *B*: dicim*us ut A*   2 impleuit et *a in ras. min.*: impleuit *B, fort. recte*   5 uulsas *B*   6 ut *B*: et *A* (*fort. recte: tum distingues* 'et fulminis . . .')   13 fuit *semel A* 14 oceanus . . . fidius *B, Cic.*: oceanum (*ex* -nu) *si medium* *A* (oceanum s medius *b*)   15 tam² *B, Cic.*: *et* tam *A*   16 rei *AB*: generis *Spalding*   17 reprendisse *B*   18 *quem in*scripsit *A* (que scripta sunt *b*): quem scripsit *B*   19 europas *A*   Co *Regius* (coa *p**)   20 fulmini *T*: fulminis *A*: flumini *B*   21 par esset *B*: essent *a* (*ex* esset)   23 alter *Philander ex Cic.*: aut *A*: *om. B*

8. 6. 73   QVINTILIANI INSTITVTIO

locis dicitur. Non enim Charybdin tam infestam neque Scyllam nauibus quam istum in eodem freto fuisse arbitror.'
73 Nec pauciora sunt genera minuendi:
'uix ossibus haerent.'
Et quod Cicero [est] in quodam ioculari libello:
'fundum †Vetto† uocat quem possit mittere funda:
ni tamen exciderit qua caua funda patet.'
Sed huius quoque rei seruetur mensura quaedam. Quamuis enim est omnis hyperbole ultra fidem, non tamen esse debet 74 ultra modum, nec alia uia magis in cacozelian itur. Piget referre plurima hinc orta uitia, cum praesertim minime sint ignota et obscura. Monere satis est mentiri hyperbolen, nec ita ut mendacio fallere uelit. Quo magis intuendum est quo usque deceat extollere quod nobis non creditur. Peruenit haec res frequentissime ad risum: qui si captatus est, 75 urbanitatis, sin aliter, stultitiae nomen adsequitur. Est autem in usu uulgo quoque et inter ineruditos et apud rusticos, uidelicet quia natura est omnibus augendi res uel minuendi cupiditas insita nec quisquam uero contentus est: sed 76 ignoscitur, quia non adfirmamus. Tum est hyperbole uirtus cum res ipsa de qua loquendum est naturalem modum excessit: conceditur enim amplius dicere, quia dici quantum est non potest, meliusque ultra quam citra stat oratio. Sed de hoc satis, quia eundem locum plenius in eo libro quo causas corruptae eloquentiae reddebamus tractauimus.

4 *Verg. ecl. 3. 102*   5 *frg. poet. 4 Morel*

AB]   5 et quod *B*: quod et *A*   cicero *D* (*et E, sed ille* libello ⟨ait⟩): cicero est *AB*: Ciceronis est *Spalding*   6 uetto *AB*: Vettu' *Leo*   uocant *A*   quem *AB*: *fort.* quod   possim mittere fundā (*om.* ni) *B*   7 tamen *et* qua *om. A*   11 hic *A*   16 si *A*   17 **eruditos *A* (*non sine specie*)   18 uel *om. A* (*unde* minuendique *a*)   19 ne *A*   est sed *B*: si et *A*   22, 24 quia *B*: qui *A*   25 correptae *B*

LIBER NONVS

1. Cum sit proximo libro de tropis dictum, sequitur pertinens ad figuras (quae schemata Graece uocantur) locus ipsa rei natura coniunctus superiori. Nam plerique has tropos esse existimauerunt, quia, siue ex hoc duxerint nomen, quod sint formati quodam modo, siue ex eo, quod uertant orationem, unde et motus dicuntur, fatendum erit esse utrumque eorum etiam in figuris. Vsus quoque est idem: nam et uim rebus adiciunt et gratiam praestant. Nec desunt qui tropis figurarum nomen imponant, quorum est C. Artorius Proculus. Quin adeo similitudo manifesta est ut ea discernere non sit in promptu. Nam quo modo quaedam in his species plane distant, manente tamen generaliter illa societate, quod utraque res a derecta et simplici ratione cum aliqua dicendi uirtute deflectitur: ita quaedam perquam tenui limite diuiduntur, ut cum ironia tam inter figuras sententiae quam inter tropos reperiatur, περίφρασιν autem et ὑπέρβατον et ὀνοματοποιίαν clari quoque auctores figuras uerborum potius quam tropos dixerint.

Quo magis signanda est utriusque rei differentia. Est igitur tropos sermo a naturali et principali significatione tralatus ad aliam ornandae orationis gratia, uel, ut plerique grammatici finiunt, dictio ab eo loco in quo propria est

---

2 §§ *1–2* → *Diom. GL 1. 443. 6–10*   20 § 4 → *Cassiodori exp. psalm. 2. 2; cf. et Diom. GL 1. 456. 29–31, 443. 6–7*

AB]   2 QVO (QVI *B*[1]: QVOD *A*) DIFFERANT FIGVRAE A TROPIS Cum *AB*   4 ipsa *B*, *Diom.*: ipse *A*   has *B*: ea *a in ras.*   10 figuram *B*   11 artorius *B*: aristarchus *A* (-arcus *b*)   12 eam *B*   13 in his *B*: in* *A* (*ex* ini)   generali *P*   14 a derecta *B*: de*r*ecta *A* (dereta *b*): a recta *K* (*cf. 9. 3. 3*)   ratione *B*: translatione *A*[1] (significatione *a*)   16 ut *A*: et *B*   inter *A*: in *B*   21 sermo a naturali *B* (*et sine* a *codd. Diom.*): serali *A*   21–2 tralatus *B* (*conf. Diom.*): translati *A*[1] (-atio *a*)

tralata in eum in quo propria non est: 'figura', sicut nomine ipso patet, conformatio quaedam orationis remota a communi et primum se offerente ratione. Quare in tropis ponuntur uerba alia pro aliis, ut in μεταφορᾷ, μετωνυμίᾳ, ἀντονομασίᾳ, μεταλήμψει, συνεκδοχῇ, καταχρήσει, ἀλληγορίᾳ, plerumque ὑπερβολῇ: namque et rebus fit et uerbis. Ὀνοματοποιία fictio est nominis: ergo hoc quoque pro aliis ponitur, quibus usuri fuimus si illud non fingeremus. Περίφρασις, etiam si frequenter et id ipsum in cuius locum adsumitur nomen complecti solet, utitur tamen pluribus pro uno. Ἐπίθετον, quoniam plerumque habet antonomasiae partem, coniunctione eius fit tropos. In hyperbato commutatio est ordinis, ideoque multi tropis hoc genus eximunt: transfert tamen uerbum aut partem eius a suo loco in alienum. Horum nihil in figuras cadit: nam et propriis uerbis et ordine conlocatis figura fieri potest. Quo modo autem ironia alia sit tropi, alia schematos, suo loco reddam: nomen enim fateor esse commune. Haec scio quam multiplicem habeant quamque scrupulosam disputationem, sed ea non pertinet ad praesens meum propositum. Nihil enim refert quo modo appelletur utrumlibet eorum, si quid orationi prosit apparet: nec mutatur uocabulis uis rerum. Et sicut homines, si aliud acceperunt quam quod habuerant nomen, idem sunt tamen, ita haec de quibus loquimur, siue tropi siue figurae dicentur, idem efficient. Non enim nominibus prosunt sed effectibus, ut statum coniecturalem an infitialem an facti an de substantia nominemus nihil interest, dum idem quaeri sciamus. Optimum ergo in his sequi maxime recepta, et rem ipsam, quocumque appellabitur modo, intellegi. Illud tamen notandum,

---

AB]   2 orationis remota *om. A*   5 ΜΕΤΑΛΗΜΨΕΙ *B post corr.*: ΕΛΗΜΨΕΙC *A*   6 namque ... ΟΝΟΜΟΤΟΠΟΙΙΑ (*sic*) *B*: *om. A*   8 si[1] *om. A*   11 habet *om. A* (*deinde pars est*)   17 nomen *B*: non *A*   haec *AB* (*def. Gertz*): et Obrecht (haec et *ed. Jens.*)   19 praesens meum *B*: *inu. ord. A*   22 et *B*: sed *a in ras.* (est *b*)   24 dic*antur A* (-untur *b*)   26 an[s] *A*: an substantia an *B, fort. recte si* substantiae *scribimus* (*ut p, ed. Ald.*)   29 intelligere *A*

coire frequenter in easdem sententias et tropon et figuram: tam enim tralatis uerbis quam propriis figuratur oratio. Est autem non mediocris inter auctores dissensio et quae uis nominis eius et quot genera et quae quam multaeque sint species. Quare primum intuendum est quid accipere debeamus figuram. Nam duobus modis dicitur: uno qualiscumque forma sententiae, sicut in corporibus, quibus, quoquo modo sunt composita, utique habitus est aliquis: altero, quo proprie schema dicitur, in sensu uel sermone aliqua a uulgari et simplici specie cum ratione mutatio, sicut nos sedemus, incumbimus, respicimus. Itaque cum in eosdem casus aut tempora aut numeros aut etiam pedes continuo quis aut certe nimium frequenter incurrit, praecipere solemus uariandas figuras esse uitandae similitudinis gratia: in quo ita loquimur tamquam omnis sermo habeat figuram. Itemque eadem figura dicitur 'cursitare' qua 'lectitare', id est eadem ratione declinari. Quare illo intellectu priore et communi nihil non figuratum est. Quo si contenti sumus, non inmerito Apollodorus, si tradenti Caecilio credimus, incomprensibilia partis huius praecepta existimauit. Sed si habitus quidam et quasi gestus sic appellandi sunt, id demum hoc loco accipi schema oportebit quod sit a simplici atque in promptu posito dicendi modo poetice uel oratorie mutatum. Sic enim uerum erit aliam esse orationem ἀσχημάτιστον, id est carentem figuris, quod uitium non inter minima est, aliam ἐσχηματισμένην, id est figuratam. Verum id ipsum anguste Zoilus terminauit, qui id solum putauerit schema quo aliud simulatur dici quam dicitur, quod sane uulgo quoque sic accipi scio:

8 § 11 → *Iul. Rufin. RLM p. 59. 1–2* 19 *Caec. frg. 50 A Ofenloch* 26 *frg. 3 AS*

AB] 1 eadem sententia *A*, *non male* 2 tam enim *B*: tam *a in ras. mai.* 4 quam multaeque *B*: quamque multae *a in ras. min.* (quam *del. b*) 14 gratia in quo ita *B*: ratione quo *A* (ratio quod *b*) 16 dici∗ *B* cursitare *B*: sitale *A* 20 existimarit *B* 21 id demum *B*: idem cum *A* 26 ipsum *B*: ipsum tamen *A* zoilus *B*: theodulus *A* (*ras. min. est*) 27 qui id *B*: quod *A*

unde et figuratae controuersiae quaedam, de quibus post
paulo dicam, uocantur. Ergo figura sit arte aliqua nouata
forma dicendi.

15 Genus eius unum quidam putauerunt, in hoc ipso diuersas
opiniones secuti. Nam hi, quia uerborum mutatio sensus
quoque uerteret, omnis figuras in uerbis esse dixerunt, illi,
quia uerba rebus accommodarentur, omnis in sensibus.
16 Quarum utraque manifesta cauillatio est. Nam et eadem
dici solent aliter atque aliter manetque sensus elocutione
mutata, et figura sententiae plures habere uerborum figuras
potest. Illa est enim posita in concipienda cogitatione, haec
in enuntianda, sed frequentissime coeunt, ut in hoc: 'iam,
iam, Dolabella, neque me tui neque tuorum liberum—':
nam oratio a iudice auersa in sententia, 'iam iam' et 'liberum' in uerbis sunt schemata.
17 Inter plurimos enim, quod sciam, consensus est duas eius
esse partes, διανοίας, id est mentis uel sensus uel sententiarum (nam his omnibus modis dictum est), et λέξεως, id est
uerborum uel dictionis uel elocutionis uel sermonis uel ora-
18 tionis: nam et uariatur et nihil refert. Cornelius tamen Celsus adicit uerbis et sententiis figuras colorum, nimia profecto
nouitatis cupiditate ductus. Nam quis ignorasse eruditum
alioqui uirum credat colores et sententias sensus esse? Quare
sicut omnem orationem, ita figuras quoque uersari necesse
est in sensu et in uerbis.
19 Vt uero natura prius est concipere animo res quam enuntiare, ita de iis figuris ante est loquendum quae ad mentem
pertinent: quarum quidem utilitas cum magna tum multiplex in nullo non orationis opere uel clarissime lucet. Nam

2 *u. Diom. GL 1. 443. 10–11*   12 *Cic. Verr. 1. 77*   17 *u. Diom. GL 1. 443. 11–12*   20 *frg. rhet. 14 Marx*

AB]   1–2 post paulo *B*: paulo (polo *b*) post *a in ras.* (*et b*)
4 ipso diuersas *B*: ipsas *A*   5 hi *om. A*   8 quorum *A* et *B*: ut *A* (*unde* mutata ⟨ita⟩ *a*)   12–13, 14 iam *semel utroque loco A*   14 sententiam *B*   18 et *om. A* (*et codd. Diom.*)   19 locutionis *A* (∼ *Diom.*)   23 et sententias *fort. delendum est*   29 nullo non *B*: ullo *A*   elucet *B*

etsi minime uidetur pertinere ad probationem qua figura quidque dicatur, facit tamen credibilia quae dicimus, et in animos iudicum qua non obseruatur inrepit. Namque ut in armorum certamine aduersos ictus et rectas ac simplices manus cum uidere tum etiam cauere ac propulsare facile est, auersae tectaeque minus sunt obseruabiles, et aliud ostendisse quam petas artis est: sic oratio, quae astu caret, pondere modo et inpulsu proeliatur, simulanti uariantique conatus in latera atque in terga incurrere datur et arma auocare et uelut nutu fallere. Iam uero adfectus nihil magis ducit. Nam si frons, oculi, manus multum ad motum animorum ualent, quanto plus orationis ipsius uultus ad id quod efficere tendimus compositus? Plurimum tamen ad commendationem facit, siue in conciliandis agentis moribus siue ad promerendum actioni fauorem siue ad leuandum uarietate fastidium siue ad quaedam uel decentius indicanda uel tutius.

Sed antequam quae cuique rei figura conueniat ostendo, dicendum est nequaquam eas esse tam multas quam sint a quibusdam constitutae: neque enim me mouent nomina illa, quae fingere utique Graecis promptissimum est. Ante omnia igitur illi qui totidem figuras putant quot adfectus repudiandi, non quia adfectus non sit quaedam qualitas mentis, sed quia figura, quam non communiter sed proprie nominamus, non sit simplex rei cuiuscumque enuntiatio. Quapropter in dicendo irasci dolere misereri timere confidere contemnere non sunt figurae, non magis quam suadere minari rogare excusare. Sed fallit parum diligenter intuentes quod inueniunt in omnibus iis locis figuras et earum exempla ex orationibus excerpunt: neque enim pars ulla dicendi est quae non recipere eas possit. Sed aliud est admittere figuram, aliud figuram esse: neque enim uerebor explicandae rei gratia

AB]   4 aduersos ictus *B*: aduers*as*∗∗ *A*   13 intendimus *A*   14 agendis *A*¹ (agendi *a*)   19 eas *om. B*   multis *B*   23 sint *A* (*unde* qualitates *a*)   25 cuiusq*ue*∗∗ renuntiatio *A*   26 conficere *A*   28 diligenter *om. A*

25 frequentiorem eiusdem nominis repetitionem. Quare dabunt mihi aliquam in irascente deprecante miserante figuram; scio: sed non ideo irasci, misereri, deprecari figura erit. Cicero quidem omnia orationis lumina in hunc locum congerit, mediam quandam, ut arbitror, secutus uiam: ut neque omnis sermo schema iudicaretur neque ea sola quae haberent aliquam remotam ab usu communi fictionem, sed quae essent clarissima et ad mouendum auditorem ualerent plurimum: quem duobus ab eo libris tractatum locum ad litteram subieci, ne fraudarem legentes iudicio maximi auctoris.

26 In tertio de Oratore ita scriptum est: 'In perpetua autem oratione, cum et coniunctionis leuitatem et numerorum quam dixi rationem tenuerimus, tum est quasi luminibus distinguenda et frequentanda omnis oratio sententiarum

27 atque uerborum. Nam et commoratio una in re permultum mouet et inlustris explanatio rerumque quasi gerantur sub aspectum paene subiectio, quae in exponenda re plurimum ualet, ad inlustrandum id quod exponitur, et ad amplificandum, ut iis qui audient illud quod augebimus, quantum

28 efficere oratio poterit, tantum esse uideatur: et huic contraria saepe percursio est et plus ad intellegendum quam dixeris significatio et distincte concisa breuitas et extenuatio, et huic adiuncta inlusio, a praeceptis Caesaris non abhorrens, et ab re digressio, in qua cum fuerit delectatio, tum reditus ad rem aptus et concinens esse debebit: propositioque quid sis dicturus et ab eo quod est dictum seiunctio et reditus ad propositum et iteratio et rationis apta conclusio:

29 tum augendi minuendiue causa ueritatis supralatio atque

11 §§ 26–36 = *Cic. de orat. 3. 201–8*

AB] 5 ut² *om. A* 9 litteras *A* 11 inscriptum *A*
11–12 perpetua ... cum *B, Cic.*: perpetuam autem orationem qua∗ *A*
12 et² *A, Cic.*: ex *B* 17 quae *A*: quae et *B, codd. Cic.* 18 ualet
AB: ualent *codd. mut. Cic.*: ualet et *1416, cod. Laud. Cic.* 18–19 placandum *A* (plic- *b*) 19 iis *B, Cic.*: hii∗ *A* audiant *A* 21 percursio *Gebhard*: -cussio *AB et codd. Cic.* est *om. A* 24 degressio *B* (*ut et* § *32*) cum *B, Cic.*: cumque *A* 25 concinn*ens A, cod. Laud. Cic.*: -cinnus *P, cod. M Cic.* (*quod nescio an hic scribendum sit*)

traiectio, et rogatio atque huic finitima quasi percontatio expositioque sententiae suae: tum illa, quae maxime quasi inrepit in hominum mentes, alia dicentis ac significantis dissimulatio, quae est periucunda cum [in] orationis non con- 5 tentione sed sermone tractatur: deinde dubitatio, tum distri- 30 butio, tum correctio uel ante uel post quam dixeris, uel cum aliquid a te ipso reicias. Praemunitio etiam est ad id quod adgrediare, et traiectio in alium: communicatio, quae est quasi cum iis ipsis apud quos dicas deliberatio: morum ac 10 uitae imitatio uel in personis uel sine illis, magnum quoddam ornamentum orationis et aptum ad animos conciliandos uel maxime, saepe autem etiam ad commouendos: personarum 31 ficta inductio, uel grauissimum lumen augendi: descriptio, erroris inductio, ad hilaritatem inpulsio, anteoccupatio: tum 15 duo illa quae maxime mouent, similitudo et exemplum: digestio, interpellatio, contentio, reticentia, commendatio: uox quaedam libera atque etiam effrenatior augendi causa, 32 iracundia, obiurgatio, promissio, deprecatio, obsecratio, declinatio breuis a proposito, non ut superior illa digressio, 20 purgatio, conciliatio, laesio, optatio atque execratio. His fere 33 luminibus inlustrant orationem sententiae. Orationis autem ipsius tamquam armorum est uel ad usum comminatio et quasi petitio uel ad uenustatem ipsa tractatio. Nam et geminatio uerborum habet interdum uim, leporem alias, et 25 paulum inmutatum uerbum atque deflexum, et eiusdem uerbi crebra tum a primo repetitio, tum in extremum conuersio, et in eadem uerba impetus et concursio, et adiunctio et progressio, et eiusdem uerbi crebrius positi quaedam

AB] 1 huic *om. A*   percunctatio *A*   4 in *deleui (om. codd. mut. Cic.)*   orationis *B, cod. H Cic.*: -ones *A*: -one *(recepto* in) *Regius, cod. Laud. Cic.*   4–5 contentiones et *A*   6 tum correctio *E et cod. Laud. Cic.*: tum correptio *B (et codd. mut. Cic.)*: *om. A*   7 te . . . reicias *B, Cic.*: *re* ipsa reicis *A*   est *B, Cic.*: est et *A*   8 traiectio *N, Cic.*: reiectio *AB*   9 iis *om. A*   12 commodos *B*   13 descriptio *N*: disc- *AB (uariant codd. Cic.)*   17 augendi *E*: agendi *AB, codd. Cic.*   23 ipsam *A (ut coni. Reid ap. Cic.)*   24 leporem*que (om.* alias) *A*   25 paululum *B*   26 uerbi *om. B*   27–8 *de distinctione haereo*

9. 1. 34

distinctio, et reuocatio uerbi, et illa quae similiter desinunt aut quae cadunt similiter aut quae paribus paria referuntur aut
34 quae sunt inter se similia. Est etiam gradatio quaedam et conuersio et uerborum concinna transgressio et contrarium et dissolutum et declinatio ⟨et⟩ reprehensio et exclamatio et inminutio et quod in multis casibus ponitur et quod de singulis rebus propositis ductum refertur ad singula, et ad propositum subiecta ratio et item in distributis supposita ratio,
35 et permissio et rursus alia dubitatio et inprouisum quiddam, et dinumeratio et alia correctio et dissipatio, et continuatum et interruptum, et imago et sibi ipsi responsio et inmutatio et diiunctio et ordo et relatio et digressio et circumscriptio.
36 Haec enim sunt fere atque horum similia, uel plura etiam esse possunt, quae sententiis orationem uerborumque conformationibus inluminent.'

Eadem sunt in Oratore plurima, non omnia tamen et paulo magis distincta, quia post orationis et sententiarum figuras tertium quendam subiecit locum ad alias, ut ipse
37 ait, quasi uirtutes dicendi pertinentem: 'Et reliqua ex conlocatione uerborum quae sumuntur quasi lumina magnum adferunt ornatum orationi. Sunt enim similia illis quae in amplo ornatu scaenae aut fori appellantur insignia, non quia
38 sola ornent, sed quod excellant. Eadem ratio est horum, quae sunt orationis lumina et quodam modo insignia, cum aut duplicantur iteranturque uerba aut breuiter commutata ponuntur, aut ab eodem uerbo ducitur saepius oratio aut in idem conicitur aut utrumque, aut adiungitur idem iteratum

19 §§ *37–45 = Cic. orat. 134–9*

AB] 1 uocatio *A* desinent *B* 1–2 aut . . . similiter *om. A* 2 referunt *A* 3 quaedam *B, Cic.*: ad quedam *A* 4 conuersio *B, Cic.*: congressio *A* 5 et³ *J, Cic.*: *om. AB* 10 dissipatio *A* (dissup- *codd. AH Cic.*): disputatio *B, cod. Laud. Cic.* 12 et ordo . . . circumscriptio *om. A* 13 atque *B, Cic.*: neque *A* 14–15 confirmationibus *A* 19–20 collocatione *A, Cic.*: conlatione *B* 23 ornant *A* 24 cum aut *ed. Ald., Cic.*: qua aut *A*: aut cum *B* 25 -que *om. A* uerba *om. B* breuiter *AB, codd. Cic.*: leuiter *Gesner (quod certe uoluit Cic.)* 26 eo *A*

INSTITVTIO ORATORIA 9. 1. 44

aut idem ad extremum refertur, aut continenter unum uerbum non eadem sententia ponitur, aut cum similiter uel **39**
cadunt uerba uel desinunt, aut multis modis contrariis relata contraria, aut cum gradatim sursum uersum reditur, aut
5 cum demptis coniunctionibus dissolute plura dicuntur, aut
cum aliquid praetereuntes cur id faciamus ostendimus,
aut cum corrigimus nosmet ipsos quasi reprehendentes, aut
si est aliqua exclamatio uel admirationis uel questionis, aut
cum eiusdem nominis casus saepius commutantur. Senten- **40**
10 tiarum ornamenta maiora sunt: quibus quia frequentissime
Demosthenes utatur, sunt qui putent idcirco eius eloquentiam maxime esse laudabilem. Et uero nullus fere ab eo
locus sine quadam conformatione sententiae dicitur, nec
quicquam est aliud dicere nisi omnes aut certe plerasque
15 aliqua specie inluminare sententias. Quas cum tu optume, **41**
Brute, teneas, quid attinet nominibus uti aut exemplis?
Tantum modo notetur locus. Sic igitur dicet ille quem expeti-
mus ut uerset saepe multis modis eadem et in una re haereat
in eademque commoretur sententia: saepe etiam ut extenuet **42**
20 aliquid, saepe ut inrideat, ut declinet a proposito deflectat-
que sententiam, ut proponat quid dicturus sit, ut, cum
transegerit iam aliquid, definiat, ut se ipse reuocet, ut quod
dixerit iteret, ut argumentum ratione concludat, ut interro-
gando urgeat, ut rursus quasi ad interrogata sibi ipse respon-
25 deat, ut contra ac dicat accipi et sentiri uelit, ut addubitet **43**
quid potius aut quo modo dicat, ut diuidat in partis, ut
aliquid relinquat et neglegat, ut ante praemuniat, ut in eo
ipso in quo reprehendatur culpam in aduersarium conferat,
ut saepe cum iis qui audiunt, nonnumquam etiam cum ad- **44**
30 uersario quasi deliberet, ut hominum mores sermonesque

AB]   4 uersus *A, Cic. (recte ?)*   5 demotis *A (om.* cum)
9 saepe *A*   9–10 sententiarum *B*: uel sententiarum *A*: sed sent.
Cic.   11 utatur *B (et cod. L Cic.)*: ut*ebatur A* (ut*atus b*):
utitur *t (et cod. A Cic.)*   12 uere *A*   nullus *A, Cic.*: et nullus *B*
13–14 nec quiquam *a* (nequiquam *A*¹)   16 uti *om. A*   exemplis
B, Cic.: sententiis *A*   19–20 saepe ... aliquid *om. A (ut cod. A
Cic.)*   22 ut¹ *om. A*   27 praemoneat *A (corr. ?)*   28 reprendatur *B (recte ?)*

487

describat, ut muta quaedam loquentia inducat, ut ab eo
quod agitur auertat animos, ut saepe in hilaritatem risumue
conuertat, ut ante occupet quod uideat opponi, ut comparet
similitudines, ut utatur exemplis, ut aliud alii tribuens dis-
pertiat, ut interpellatorem coerceat, ut aliquid reticere se 5
dicat, ut denuntiet quid caueant, ut liberius quid audeat, ut
irascatur etiam, ut obiurget aliquando, ut deprecetur, ut
supplicet, ut medeatur, ut a proposito declinet aliquantum,
ut optet, ut execretur, ut fiat iis apud quos dicet familiaris.
45 Atque alias etiam dicendi quasi uirtutes sequetur: breuita- 10
tem si res petet, saepe etiam rem dicendo subiciet oculis,
saepe supra feret quam fieri possit: significatio saepe erit
maior quam oratio, saepe hilaritas, saepe uitae naturarum-
que imitatio. Hoc in genere (nam quasi siluam uides) omnis
eluceat oportet eloquentiae magnitudo.' 15

2. Ergo cui latius complecti conformationes uerborum ac
sententiarum placuerit habet quod sequatur, nec adfirmare
ausim quicquam esse melius; sed haec ad propositi mei
rationem legat: nam mihi de iis sententiarum figuris dicere
in animo est quae ab illo simplici modo indicandi recedunt, 20
2 quod idem multis doctissimis uiris uideo placuisse. Omnia
tamen illa, etiam quae sunt alterius modi lumina, adeo sunt
uirtutes orationis ut sine iis nulla intellegi uere possit oratio.
Nam quo modo iudex doceri potest si desit inlustris explanatio, propositio, promissio, finitio, seiunctio, expositio 25
sententiae suae, rationis apta conclusio, praemunitio, similitudo, exemplum, digestio, distributio, interpellatio, inter-
3 pellantis coercitio, contentio, purgatio, laesio? Quid uero
agit omnino eloquentia detractis amplificandi minuendique
rationibus? Quarum prior desiderat illam plus quam dixeris 30

AB] 3 uideatur *A, fort. recte* 4 ut¹ *A* (*post corr.*): *om.*
B (*et codd. Cic.*) 6 caueant *Halm ex Cic.*: -eat *AB* ut² *om.*
A 8 ut² *om. A* 9 his *AB* dicit *B* 11 si res
om. A 13 ratio *B* 16 DE FIGVRIS SENTENTIARVM Ergo *AB*
18 ausim quicquam *B*: a*u*din (aut in *b*: audeo in *a*) quo*q*uam *A*
19 his *AB* dicere *om. A* 23 fere *1434, fort. recte* 24 de(e)st
Gertz p. 98 (des *A*¹) 26 orationis *B* praemonitio *A* 30 plus
B: prius *A*

INSTITVTIO ORATORIA 9.2.7

significationem, id est ἔμφασιν, et supralationem ueritatis et traiectionem, haec altera extenuationem ⟨et⟩ deprecationem. Qui adfectus erunt uel concitati detracta uoce libera ⟨et⟩ effrenatiore, iracundia, obiurgatione, optatione, execra-
5 tione? uel illi mitiores nisi adiuuantur commendatione, conciliatione, ad hilaritatem inpulsione? Quae delectatio aut 4 quod mediocriter saltem docti hominis indicium nisi alia repetitione, alia commoratione infigere, digredi a re et redire ad propositum suum scierit, remouere a se, in alium traicere,
10 quae relinquenda, quae contemnenda sint iudicare? Motus est in his orationis atque actus, quibus detractis iacet et uelut agitante corpus spiritu caret. Quae cum adesse debent, 5 tum disponenda atque uarianda sunt, ut auditorem, quod in fidibus fieri uidemus, omni sono mulceant. Verum ea
15 plerumque recta sunt, nec se fingunt sed confitentur. Admittunt autem, ut dixi, figuras, quod uel ex proxima doceri potest.

Quid enim tam commune quam interrogare uel percon- 6 tari? Nam utroque utimur indifferenter, quamquam alterum
20 noscendi, alterum arguendi gratia uidetur adhiberi. At ea res, utrocumque dicitur modo, etiam multiplex habet schema: incipiamus enim ab iis quibus acrior ac uehementior fit probatio, quod primo loco posuimus. Simplex est sic 7 rogare:
25   'sed uos qui tandem? quibus aut uenistis ab oris?':
figuratum autem quotiens non sciscitandi gratia adsumitur,

18 §§ 6–15 → Π pp. 20. 15–22. 12   25 Verg. Aen. 1. 369

AB]   2 traiectionem *A*: reiect- *B*   et *add. Meister* (deprecationemque *ed. Jens.*)   3 et *add. Francius* (*sine quo* effrenatione *t*)   8 degredi *B*   9–10 traicere quae *B*: traicere et ea quae *a in ras.* (traice et eque *b*)   12 caret *om. A* (*unde et ante* uelut *in A deletum est*)   15 sed *B*: et *A*   16 proxima (*sc.* figura?) *AB*: proximo *E*   19 nam *A*: quam *B* (*unde* quo *N*)   quamquam *Spalding*: quam cum *A*: cum *B* (*quo recepto scripsit infra* uideatur *Regius*)   20 at ea *B*: ad eas *A*   22 his *AB*   23 probatio *AB*: rogatio *Capperonnier* (*iniuria*)   25 aut uenistis *B*, Π(-ti), *Verg.*: aduenistis *A* (*et cod. R Verg.*)

489

M. FABI QVINTILIANI

sed instandi: 'quid enim tuus ille, Tubero, destrictus in acie Pharsalica gladius agebat?' et 'quo usque tandem abutere, Catilina, patientia nostra?' et 'patere tua consilia non sentis?' et totus denique hic locus. Quanto enim magis ardet quam si diceretur 'diu abuteris patientia nostra', et 'patent tua consilia'. Interrogamus etiam quod negari non possit: 'dixitne tandem causam C. Fidiculanius Falcula?' aut ubi respondendi difficilis est ratio, ut uulgo uti solemus: 'quo modo? qui fieri potest?' aut inuidiae gratia, ut Medea apud Senecam: 'quas peti terras iubes?' aut miserationis, ut Sinon apud Vergilium 'heu quae me tellus', inquit, 'quae me aequora possunt accipere?' aut instandi et auferendae dissimulationis, ut Asinius: 'Audisne? Furiosum, inquam, non inofficiosum testamentum reprendimus.' Totum hoc plenum est uarietatis: nam et indignationi conuenit:

'et quisquam numen Iunonis adoret?'

et admirationi:

'quid non mortalia pectora cogis,
auri sacra fames?'

Est interim acrius imperandi genus:

'non arma expedient totaque ex urbe sequentur?'

Et ipsi nosmet rogamus, quale est illud Terentianum: 'quid igitur faciam?' Est aliqua etiam in respondendo figura, cum aliud interroganti ad aliud, quia sic utilius sit, occurritur, tum augendi criminis gratia, ut testis in reum, rogatus an ab

---

1 *Cic. Lig. 9*   2 *id. Cat. 1. 1*   3 *ibid.*   7 *id. Cluent. 103*
10 *453*   11 *Aen. 2. 69–70*   13 *ORF p. 521*   16 *Verg. Aen.
1. 48*   18 *ibid. 3. 56–7*   21 *ibid. 4. 592*   22 *Eun. 46*
23 §§ 12–13 cf. *Iul. Rufin. RLM p. 40. 26–31*

AB]   1 districtus *A, Π*   6 potest *Π*   7 causam c. *B* (*conf. Π*), *Cic.*: causam *A*   13 dissimilitudinis *A*   13–14 inquam ... inofficiosum *om. A*   16 numen *A, Π, Verg.*: nomen *B*   adorat *Π, Verg.*   17 et *om. B*   21 expediunt *B* (~ *Π*)   22 est illud *Burn. 243* (est id *1418*): est in *A* (*unde* terentio*num): est *B* (*quo recepto* terentii *E*)   24 sic utilius *B* (*conf. Π*): subtilius *A in ras.* (m. 1?) sit *A in ras.* (m. 1?), *B, Π*: est *Halm* (*contra numeros*)   24–5 occurritur tum *B*: occurrit utrum *A*[1] (occurrit uerum *a*): occurruntur tum *Π*

INSTITVTIO ORATORIA 9.2.16

reo fustibus uapulasset, 'innocens', inquit: tum declinandi, quod est frequentissimum: 'quaero an occideris hominem', respondetur 'latronem': 'an fundum occupaueris', respondetur 'meum', ut confessionem praecedat defensio: ut apud 13 Vergilium in Bucolicis dicenti

'non ego te uidi Damonis, pessime, caprum
excipere insidiis?'

occurritur:

'an mihi cantando uictus non redderet ille?'

Cui est confinis dissimulatio, non alibi quam in risu posita 14 ideoque tractata suo loco: nam serio si fiat, pro confessione est. Ceterum et interrogandi se ipsum et respondendi sibi solent esse non ingratae uices, ut Cicero pro Ligario: 'Apud quem igitur hoc dico? Apud eum qui, cum hoc sciret, tamen me, antequam uidit, rei publicae reddidit.' Aliter pro Caelio 15 ficta interrogatione: 'dicet aliquis: haec igitur est tua disciplina? sic tu instituis adulescentis?' et totus locus. Deinde: 'ego, si qui, iudices, hoc robore animi atque hac indole uirtutis ac continentiae fuit', et cetera. Cui diuersum est, cum alium rogaueris, non expectare responsum, sed statim subicere: 'Domus tibi deerat? At habebas. Pecunia superabat? At egebas.' Quod schema quidam 'per suggestionem' uocant. Fit et comparatione: 'uter igitur facilius suae sententiae 16 rationem redderet?' et aliis modis tum breuius tum latius, tum de una re tum de pluribus.

Mire uero in causis ualet praesumptio, quae πρόλημψις dicitur, cum id quod obici potest occupamus. Id neque in

6, 9 3. *17–18 et 21*   13 7   16, 18 39   21 *id. Scaur.* 45 m   23 *id. Cluent. 106*

AB]   1 ⟨et⟩ innocens *1416* (*at et deest et in Π et in edit. princ. Iul. Ruf.*)   2 frequentissime (*ex* -ae) *A*, contra Π   4 *uulgo fortiter distingunt post* meum: *at u. Ruf.*   5 dicendi *B*   10 cui *p, Regius* † (*cf. 9. 3. 68*): quis *A*: cuius *B*   risum *A*   14 tamen *B, Π, Cic.*: et tamen *A*   15 me antequam *B* (*conf. Π*), *Cic.*: mente quam (qua *a*) *A*   18 qui *B* (quis *Bg*): quid *A, Π: uariant codd. ipsius Cic.*   20 sed *A* (*ex* set), *Π*: et *B*   22 quidem *A, Π*   23 comparatione *B*: per comparationem *A*

aliis partibus rarum est et praecipue prohoemio conuenit.
17 Sed quamquam generis unius diuersas species habet. Est enim quaedam praemunitio, qualis Ciceronis contra Q. Caecilium quod ad accusandum descendat qui semper defenderit: quaedam confessio, ⟨ut⟩ pro Rabirio Postumo, quem sua quoque sententia reprehendendum fatetur quod pecuniam regi crediderit: quaedam praedictio, ut 'dicam enim non augendi criminis gratia': quaedam emendatio, ut 'rogo ignoscatis mihi, si longius sum euectus': frequentissima praeparatio, cum pluribus uerbis uel quare facturi quid
18 simus uel quare fecerimus dici solet. Verborum quoque uis ac proprietas confirmatur †uel praesumptione†: 'quamquam illa non poena sed prohibitio sceleris fuit', aut reprehensione: 'ciues, inquam, si hoc eos nomine appellari fas est.'
19 Adfert aliquam fidem ueritatis et dubitatio, cum simulamus quaerere nos unde incipiendum, ubi desinendum, quid potissimum dicendum, an omnino dicendum sit. Cuius modi exemplis plena sunt omnia, sed unum interim sufficit: 'Equidem, quod ad me attinet, quo me uertam nescio. Negem
20 fuisse infamiam illam iudicii corrupti?' et cetera. Hoc etiam in praeteritum ualet: nam et dubitasse nos fingimus.

A quo schemate non procul abest illa quae dicitur communicatio, cum aut ipsos aduersarios consulimus, ut Domitius Afer pro Cloatilla: 'nescit trepida quid liceat feminae, quid coniugem deceat: forte uos in illa solitudine obuios casus miserae mulieri optulit: tu, frater, uos, paterni amici, quod consilium datis?' aut cum iudicibus quasi deliberamus, 21 quod est frequentissimum: 'quid suadetis?' et 'uos interrogo' et 'quid tandem fieri oportuit?' ut Cato: 'cedo, si uos in eo loco essetis, quid aliud fecissetis?' et alibi: 'communem rem agi putatote ac uos huic rei praepositos esse.' Sed non numquam communicantes aliquid inexpectatum subiungimus, 22 quod et per se schema est, ut in Verrem Cicero: 'quid deinde? quid censetis? furtum fortasse aut praedam aliquam?' deinde, cum diu suspendisset iudicum animos, subiecit quod multo esset improbius. Hoc Celsus sustentationem uocat. Est autem duplex: nam et contra frequenter, cum expecta- 23 tionem grauissimorum fecimus, ad aliquid quod sit leue aut nullo modo criminosum descendimus. Sed quia non tantum per communicationem fieri solet, παράδοξον alii nominarunt, id est inopinatum. Illis non accedo qui schema esse existi- 24 mant etiam si quid nobis ipsis dicamus inexpectatum accidisse, ut Pollio: 'numquam fore credidi, iudices, ut reo Scauro ne quid in eius iudicio gratia ualeret precarer.' Paene 25 idem fons est illius quam 'permissionem' uocant qui communicationis, cum aliqua ipsis iudicibus relinquimus aestimanda, aliqua nonnumquam aduersariis quoque, ut Caluus Vatinio: 'perfrica frontem et dic te digniorem qui praetor fieres quam Catonem.'

Quae uero sunt augendis adfectibus accommodatae 26 figurae constant maxime simulatione. Namque et irasci nos et gaudere et timere et admirari et dolere et indignari et

5–7 *ORF p. 94* 9 *5. 10* 12 *frg. rhet. 15 Marx*
19 *ORF p. 520* 21 *cf. Isid. etym. 2. 21. 30* 24 *ORF p. 497*

AB] 1 sollicitudine *A* 2 tu frater *B*: tum propter *A*
3 detis *A* 5 et *om. B* ut *B*: et *A* 5–6 in eo *AB, Ruf.*:
meo *Madvig (adu. crit. 3. 275)* 10 praeda aliqua *A* 11 quod
B: cum *A* 13 et *om. B* 13–14 explicationem *A* 16 commutationem *A* 18 quid *B*: quod *A* inexpectato *A*
20 eius *B*: eum *A* (*deinde* iudic*um*) 21 quem *A* 27 maxime
B: maxime e *A*

optare quaeque sunt similia his fingimus. Vnde sunt illa: 'liberatus sum, respiraui', et 'bene habet', et 'quae amentia est haec?' et 'o tempora, o mores!' et 'miserum me! consumptis enim lacrimis infixus tamen pectori haeret dolor', et 'magnae nunc hiscite terrae'.

27 Quod exclamationem quidam uocant ponuntque inter figuras orationis. Haec quotiens uera sunt, non sunt in ea forma de qua nunc loquimur: adsimulata et arte composita procul dubio schemata sunt existimanda. Quod idem dictum sit de oratione libera, quam Cornificius licentiam uocat, Graeci παρρησίαν. Quid enim minus figuratum quam uera libertas?

28 Sed frequenter sub hac facie latet adulatio. Nam Cicero cum dicit pro Ligario: 'suscepto bello, Caesar, gesto iam etiam ex parte magna, nulla ui coactus consilio ac uoluntate mea ad ea arma profectus sum quae erant sumpta contra te', non solum ad utilitatem Ligari respicit, sed magis laudare

29 uictoris clementiam non potest. In illa uero sententia: 'quid autem aliud egimus, Tubero, nisi ut quod hic potest nos possemus?' admirabiliter utriusque partis facit bonam causam, sed hoc eum demeretur cuius mala fuerat.

Illa adhuc audaciora et maiorum, ut Cicero existimat, laterum, fictiones personarum, quae προσωποποιίαι dicuntur:

30 mire namque cum uariant orationem tum excitant. His et aduersariorum cogitationes uelut secum loquentium protrahimus (qui tamen ita demum a fide non abhorrent si ea locutos finxerimus quae cogitasse eos non sit absurdum), et

2 *Cic. Mil. 47: Mur. 14*   2–3 *cf. Verr. 1. 54*   3 *Cat. 1. 2*
3–4 *Cic. Phil. 2. 64*   5 *frg. inc. 41 Morel*   6 §§ 27–9 *cf. Iul. Rufin. RLM p. 46. 17–21*   10 *rhet. Her. 4. 48*   13 7
18 *ibid. 10*   21 *orat. 85*

AB]   1 inde *B*   2 et² *om. A*   4 et *B*: etomo *A*¹ (et homo *a*), *ut uid. ex l. 3 ubi* (et) o mores *a*   5 hiscite *B*: conscit∗e *A*   6 quidem *A*   8 eloquimur *A*   adsimulata *B*: asimulata *A*¹ (ass- *a*): at simulata *Spalding* (sed simulata *iam 1434*)   13 iam *om. Ruf. et codd. Cic. (at cf. 11. 3. 166)*   14 magna nulla *B, Ruf., Cic.: inu. ord. A*   18 hic *om. A* (∼ *Ruf.*)   20 eum *B*: cum *A*   cuius *B*: cum∗ *A*   25 quae *a*   abhorreant *A*

INSTITVTIO ORATORIA 9.2.35

nostros cum aliis sermones et aliorum inter se credibiliter
introducimus, et suadendo, obiurgando, querendo, laudando,
miserando personas idoneas damus. Quin deducere deos in 31
hoc genere dicendi et inferos excitare concessum est. Vrbes
5 etiam populique uocem accipiunt. Ac sunt quidam qui has
demum προσωποποιίας dicant in quibus et corpora et uerba
fingimus: sermones hominum adsimulatos dicere διαλόγους
malunt, quod Latinorum quidam dixerunt sermocinationem.
Ego iam recepto more utrumque eodem modo appellaui: 32
10 nam certe sermo fingi non potest ut non personae sermo
fingatur. Sed in iis quae natura non permittit hoc modo
mollior fit figura: 'etenim si mecum patria mea, quae mihi
uita mea multo est carior, si cuncta Italia, si omnis res
publica sic loquatur: Marce Tulli, quid agis?' Illud audacius
15 genus: 'quae tecum, Catilina, sic agit et quodam modo tacita
loquitur: nullum iam aliquot annis facinus extitit nisi per
te.' Commode etiam aut nobis aliquas ante oculos esse rerum 33
personarum uocum imagines fingimus, aut eadem aduersariis
aut iudicibus non accidere miramur: qualia sunt 'uidetur
20 mihi' et 'nonne uidetur tibi?' Sed magna quaedam uis eloquentiae desideratur. Falsa enim et incredibilia natura
necesse est aut magis moueant, quia supra uera sunt, aut
pro uanis accipiantur, quia uera non sunt. Vt dicta autem 34
quaedam, ita scripta quoque fingi solent, quod facit Asinius
25 pro Liburnia: 'mater mea, quae mihi cum carissima tum
dulcissima fuit, quaeque mihi uixit bisque eodem die uitam
dedit' et reliqua, deinde 'exheres esto'. Haec cum per se
figura est, tum duplicatur quotiens, sicut in hac causa, ad
imitationem alterius scripturae componitur. Nam contra 35

8 *e.g. rhet. Her. 4. 55 et 65*   12 *Cic. Cat. 1. 27*   15 *ibid. 18*
25 *ORF p. 521*

AB]   1 cum aliis B: q*uoque* A (qualis b)   2 obiurgando
om. B   4 excitare B: *exci*tare (exercitare b) concitare A
10 certe B: certo serio A   11 his AB   12 melior A
17 oculis B   18 uocum B: *ue**** A (uacum b)   19–20 uidetur
mihi B: *inu. ord.* A   23 autem B: aut cum A   26 bisque B:
cum A

9. 2. 36   M. FABI QVINTILIANI

recitabatur testamentum: 'P. Nouanius Gallio, cui ego omnia meritissimo uolo et debeo pro eius animi in me summa uoluntate', et adiectis deinceps aliis 'heres esto': incipit esse quodam modo παρῳδή, quod nomen ductum a canticis ad aliorum similitudinem modulatis abusiue etiam in uersifica- 5
36 tionis ac sermonum imitatione seruatur. Sed formas quoque fingimus saepe, ut Famam Vergilius, ut Voluptatem ac Virtutem, quem ad modum a Xenophonte traditur, Prodicus, ut Mortem ac Vitam, quas contendentes in satura tradit, Ennius. Est et incerta persona ficta oratio: 'hic aliquis' et 10
37 'dicat aliquis'. Est et iactus sine persona sermo:

'hic Dolopum manus, hic saeuus tendebat Achilles'.

Quod fit mixtura figurarum, cum προσωποποιίᾳ accedit illa quae est orationis per detractionem: detractum est enim quis diceret. Vertitur interim προσωποποιία in speciem nar- 15 randi. Vnde apud historicos reperiuntur obliquae adlocutiones, ut in Titi Liui primo statim: 'urbes quoque ut cetera ex infimo nasci, deinde, quas sua uirtus ac di iuuent, magnas opes sibi magnumque nomen facere.'

38   Auersus quoque a iudice sermo, qui dicitur apostrophe, 20 mire mouet, siue aduersarios inuadimus: 'quid enim tuus ille, Tubero, in acie Pharsalica?' siue ad inuocationem aliquam conuertimur: 'uos enim iam ego, Albani tumuli atque luci', siue ad inuidiosam inplorationem: 'o leges Porciae

---

7 *Aen. 4. 173 seq.*   8 *mem. 2. 1. 21 seq.*   10 *Enn. p. 207*
12 *Verg. Aen. 2. 29*   17 *1. 9. 3*   21 *Cic. Lig. 9*   23 *id.*
Mil. 85   24 *id. Verr. 5. 163*

AB]   1 gallo *A*   3 *nescio an* incipit *illi* quotiens (§ 34) *coniungendum sit*   5 abusiuo *A*   5–6 uersificationes *B*   7 uoluptatem *B*: uol*antem**** *A*   8 prodig*am A* (prodignus *b*) 9 consentientes *A*   10 et¹ *A*: ut *B*: ex *Radermacher* incerta persona *A*¹ *ut uid.*, *B*: in incertam personam *a*: incert(a)e person(a)e (*praecedente* et) *p**   11 tactus *A*¹ (tacitus *a*)   13 accidit *A* 17 liuii *B*: libro *A*   18 quas *ed. Vasc. 1542*: quos *B*: quod *A*: qua *codd. Liu.*   ac di *B, Liu.*: accidi *A*   iuuent *R, Liu.*: uiuent *B*: iubent *A*   21 inuadimus *ed. Vasc. 1538*: -simus *AB* 22 innouationem *B*   23 iam ego *B*: ego iam *A*: iam *M* (*ut Cic.*). *probabiliter* (*cf. 11. 1. 34*)   24 luci *B, Cic.*: in luci *A*   lex Porcia *Cic.* (*et p**)

INSTITVTIO ORATORIA 9.2.42

legesque Semproniae !' Sed illa quoque uocatur auersio quae **39**
a proposita quaestione abducit audientem:
  'non ego cum Danais Troianam excindere gentem
  Aulide iuraui'.
5 Quod fit et multis et uariis figuris, cum aut aliud expectasse
nos aut maius aliquid timuisse simulamus aut plus uideri
posse ignorantibus, quale est prohoemium pro Caelio.
  Illa uero, ut ait Cicero, sub oculos subiectio tum fieri solet **40**
cum res non gesta indicatur sed ut sit gesta ostenditur, nec
10 uniuersa sed per partis: quem locum proximo libro subiecimus euidentiae. Et Celsus hoc nomen isti figurae dedit: ab
aliis ὑποτύπωσις dicitur, proposita quaedam forma rerum ita
expressa uerbis ut cerni potius uideantur quam audiri: 'ipse
inflammatus scelere et furore in forum uenit, ardebant oculi,
15 toto ex ore crudelitas eminebat.' Nec solum quae facta sint **41**
aut fiant sed etiam quae futura sint aut futura fuerint
imaginamur. Mire tractat hoc Cicero pro Milone, quae
facturus fuerit Clodius si praeturam inuasisset. Sed haec quidem tralatio temporum, quae proprie μετάστασις dicitur, in
20 diatyposi uerecundior apud priores fuit (praeponebant enim
talia: 'credite uos intueri', ut Cicero: 'haec, quae non uidistis
oculis, animis cernere potestis'): noui uero et praecipue **42**
declamatores audacius nec mehercule sine motu quodam
imaginantur, ut Seneca in controuersia, cuius summa est
25 quod pater filium et nouercam inducente altero filio in

3 Verg. Aen. 4. 425–6   8 de orat. 3. 202 (cf. orat. 139)
11 frg. rhet. 15 Marx   13 Cic. Verr. 5. 161   17 88 seq.
21 frg. orat. B. 26   24 p. 584 Mueller

AB]   6 uidere B   10 loco B   11 euidentiae∗∗ (om.
et) A   hoc nomen B: cognomen A   13 uideatur AB: corr.
Obrecht   15 eminebat B, Cic.: emicabat A   sint ed. Asc. 1516:
sunt AB (quo recepto fiunt pro fiant E)   19 propria A   19–20 in
diatyposi B: in cliatibosi A: in ὑποτυπώσει ed. Col. 1527 (sed sine in):
illa hypotyposis Radermacher: malim delere   20 uerecundius A
(deinde āput A¹: uerecundiosam b)   proponebant A   21–2 non
uidistis . . . animis AB: audiuistis oculis Meister 1876 ex Cic. Rosc.
Am. 98   22 noui uero B: non uidere A (ex non uiuere)
24 ut B: et A   25 nouerca inducentem A

9.2.43   M. FABI QVINTILIANI

adulterio deprensos occidit: 'duc, sequor: accipe hanc senilem
43 manum et quocumque uis inprime.' Et post paulo: 'Aspice,
inquit, quod diu non credidisti. Ego uero non uideo, nox
oboritur et crassa caligo.' Habet haec figura manifestius
44 aliquid: non enim narrari res sed agi uidetur. Locorum quoque dilucida et significans descriptio eidem uirtuti adsignatur a quibusdam, alii τοπογραφίαν dicunt.

Εἰρωνείαν inueni qui dissimulationem uocaret: quo nomine quia parum totius huius figurae uires uidentur ostendi,
nimirum sicut in plerisque erimus Graeca appellatione contenti. Igitur εἰρωνεία quae est schema ab illa quae est tropos
genere ipso nihil admodum distat (in utroque enim contrarium
ei quod dicitur intellegendum est), species uero prudentius
45 intuenti diuersas esse facile est deprendere: primum quod
tropos apertior est et, quamquam aliud dicit ac sentit, non
aliud tamen simulat: nam et omnia circa fere recta sunt, ut
illud in Catilinam: 'a quo repudiatus ad sodalem tuum,
uirum optimum, Metellum demigrasti'; in duobus demum
46 uerbis est ironia. Ergo etiam breuior est tropos. At in figura
totius uoluntatis fictio est, apparens magis quam confessa,
ut illic uerba sint uerbis diuersa, hic †sensus sermonis et loci†
et tota interim causae conformatio, cum etiam uita uniuersa
ironiam habere uideatur, qualis est uisa Socratis (nam
ideo dictus εἴρων, agens imperitum et admiratorem aliorum
tamquam sapientium), ut, quem ad modum ἀλληγορίαν

17 1. 19

AB]   1 deprehensus *A*   2 manum ... quocumque *B*:
animam quod cum *A*   4 figura *B*: igitur∗ *A* (igitur a *b*)
5 argui *A*   6 dilucida ... descriptio *B*: dilucida*tio A*
(dilucida et *b*) *AB*: eidem uirtuti *Regius*: eiusdem uirtutis *B*: huic
(*a s.l.*) uirtuti∗ *A* (uirtutis *retinet b, deleto* eiusdem)   17 a quo
repudiatus *om. A*   20 uoluntatis *B*: orbitatis *A*   21 uerbis *AB*:
ueris *Kiderlin 1891-1*: rebus *Gertz* (*et J ante corr. !*)   sensus sermonis
et loci (ioci *B*) *AB*: sensus sermoni (*ita p∗*) et uoci *Halm*: *malim e.g.*
sensus sermoni: ⟨et hanc figuram recipiunt⟩ et loci   22 cause
B: causa et *A*   confirmatio *B* (*et A¹ ?*)   cum *B*: quae *A*   uita
uniuersa *B*: in uniuersa uita *a in ras.*   24 dictus ⟨est⟩ *Kiderlin 1892-1*   admirator *A¹B*

INSTITVTIO ORATORIA 9. 2. 50

facit continua μεταφορά, sic hoc schema faciat tropos ille contextus. Quaedam uero genera huius figurae nullam cum 47 tropis habent societatem, ut illa statim prima quae ducitur a negando, quam nonnulli ἀντίφρασιν uocant: 'non agam 5 tecum iure summo, non dicam quod forsitan optinerem', et: 'quid ego istius decreta, quid rapinas, quid hereditatium possessiones datas, quid ereptas proferam?' et: 'mitto illam primam libidinis iniuriam', et: 'ne illa quidem testimonia recito quae dicta sunt de sestertiis sescentis milibus', 10 et: 'possum dicere.' Quibus generibus per totas interim 48 quaestiones decurrimus, ut Cicero: 'hoc ego si sic agerem tamquam mihi crimen esset diluendum, haec pluribus dicerem.' Εἰρωνεία est et cum similes imperantibus uel permittentibus sumus:

15   'i, sequere Italiam uentis',

et cum ea quae nolumus uideri in aduersariis esse concedi- 49 mus eis. Id acrius fit cum eadem in nobis sunt et in aduersario non sunt:

                'meque timoris
20   argue tu, Drance, quando tot caedis aceruos
        Teucrorum tua dextra dedit'.

Quod idem contra ualet cum aut ea quae a nobis absunt aut etiam quae in aduersarios reccidunt quasi fatemur:

'me duce Dardanius Spartam expugnauit adulter'.

25 Nec in personis tantum sed et in rebus uersatur haec con- 50 traria dicendi quam quae intellegi uelis ratio, ut totum pro Q. Ligario prohoemium et illae eleuationes: 'uidelicet, o di

4 *Cic. Verr.* 5. 4   6 *id. Phil.* 2. 62   7, 8 *id. frg. orat. B.* 5, 6   10 *e.g. id. Cael.* 53   11 *Cluent.* 166   15 *Verg. Aen.* 4. 381   19 *ibid.* 11. 383-5   24 *ibid.* 10. 92

AB]   3 dicitur *AB*: *corr. Madvig*   7 et *om. A*   8 ne *om. A*   9 sescentis *B*: septingentis *A*   11 decurrimus *et* sic *om. A*   12 haec *B, Cic.*: hoc *A*   14-15 sumus i sequere *B*: su*mus* quaere *A* (sumsisse quere *b*)   16 uideri *B*: esse *A*   esse *B*: *in A rasura II litt. est* (se *b*)   20 tu Drance *om. B*   24 partam *B*   25 sed et *ed. Asc. 1516* (sed etiam *E*): sed *a in ras.* (et *b*), *B*   27 leuationes *A*

51 boni!', 'scilicet is superis labor est', et ille pro Oppio locus: 'o amorem mirum! o beniuolentiam singularem!' Non procul autem absunt ab hac simulatione res inter se similes, confessio nihil nocitura, qualis est: 'habes igitur, Tubero, quod est accusatori maxime optandum, confitentem reum', et concessio, cum aliquid etiam inicum uidemur causae fiducia pati: 'metum uirgarum nauarchus nobilis nobilissimae ciuitatis pretio redemit: humanum est', et pro Cluentio de inuidia: 'dominetur in contionibus, iaceat in iudiciis': tertia **52** consensio, ut pro eodem: 'iudicium esse corruptum.' Hac euidentior figura est cum alicui rei adsentimur quae est futura pro nobis, uerum id accidere sine aduersarii uitio non potest. Quaedam etiam uelut laudamus, ut Cicero in Verrem circa crimen Apolloni Drepanitani: 'gaudeo etiam si quid ab eo abstulisti, et abs te nihil rectius factum esse dico.' **53** Interim augemus crimina quae ex facili aut diluere possimus aut negare, quod est frequentius quam ut exemplum desideret. Interim hoc ipso fidem detrahimus illis, quod sint tam grauia, ut pro Roscio Cicero, cum inmanitatem parricidii, quamquam per se manifestam, tamen etiam ui orationis exaggerat.

54 Ἀποσιώπησις, quam idem Cicero reticentiam, Celsus obticentiam, nonnulli interruptionem appellant, et ipsa ostendit adfectus, uel irae, ut

'quos ego—sed motos praestat componere fluctus',

uel sollicitudinis et quasi religionis: 'An huius ille legis, quam

1 *Verg. Aen. 4. 379*   2 *Cic. frg. orat. III. 6*   4 *id. Lig. 2*
7 *id. Verr. 5. 117*   9 *5*   10 *63*   14 *4. 37*   22 *de orat. 3. 205*   *Celsus frg. rhet. 16 Marx*   25 *Verg. Aen. 1. 135*
26 *u. ad Cic. Mil. 33 Clark*

AB]   1 pro oppio *B*: proprius *A* (-rio *b*)   3 autem *om. A*   simulatione *B*: similitudine *A*   6 confessio *B*   causa fiduciae *A*   7 nobilis *om. A* (cf. 8. 4. 19)   8 pretio redemit *B*, *Cic.*: pretio se redemit *A* (metu *pro* metum *a uel A*)   10 confessio *A*   hac *Spalding*: haec *AB*, *fort. recte*   11 assentimus *A*   16 gaudemus *B*   19 cicero *hic B*, *ante* pro *A*   20 oratoris *A*   23 ipse *a* (ipsi *A*[1])   24 affectus *A*: ad effectus *B*

Clodius a se inuentam gloriatur, mentionem facere ausus esset uiuo Milone, non dicam consule? De nostrum omnium—non audeo totum dicere' (cui simile est in prohoemio pro Ctesiphonte Demosthenis); uel alio transeundi gratia: 'Cominius autem—tametsi ignoscite mihi, iudices.' In quo est et illa, si tamen inter schemata numerari debet, cum aliis etiam pars causae uideatur, digressio; abit enim causa in laudes Cn. Pompei, idque fieri etiam sine ἀποσιωπήσει potuit. Nam breuior illa, ut ait Cicero, a re digressio plurimis fit modis. Sed haec exempli gratia sufficient: 'tum C. Varenus, is qui a familia Anchariana occisus est—hoc quaeso, iudices, diligenter attendite', et pro Milone: 'et aspexit me illis quidem oculis quibus tum solebat cum omnibus omnia minabatur.' Est alia non quidem reticentia, quae sit imperfecti sermonis, sed tamen praecisa uelut ante legitimum finem oratio, ut illud: 'nimis urgeo, commoueri uidetur adulescens', et: 'quid plura? ipsum adulescentem dicere audistis.'

Imitatio morum alienorum, quae ἠθοποιία uel, ut alii malunt, μίμησις dicitur, iam inter leniores adfectus numerari potest: est enim posita fere in eludendo. Sed uersatur et in factis et in dictis: in factis, quod est ὑποτυπώσει uicinum, in dictis quale est apud Terentium:

'Aut ego nescibam quorsum tu ires. Paruola
hinc est abrepta, eduxit mater pro sua.
Soror dicta est: cupio abducere, ut reddam suis.'

9.2.59　M. FABI QVINTILIANI

59 Sed nostrorum quoque dictorum factorumque similis imitatio est per relationem, nisi quod frequentius adseuerat quam eludit: 'dicebam habere eos actorem Q. Caecilium.' Sunt et illa iucunda et ad commendationem cum uarietate tum etiam ipsa natura plurimum prosunt, quae simplicem quandam et non praeparatam ostendendo orationem minus nos
60 suspectos iudici faciunt. Hinc est quasi paenitentia dicti, ut pro Caelio: 'sed quid ego ita grauem personam introduxi?' et quibus utimur uulgo: 'inprudens incidi'; uel cum quaerere nos quid dicamus fingimus: 'quid relicum est?' et: 'num quid omisi?' et cum ibidem inuenire, ut ait Cicero: 'unum etiam mihi relicum eius modi crimen est', et 'aliud ex alio
61 succurrit mihi'—unde etiam uenusti transitus fiunt (non quia transitus ipse sit schema), ut Cicero narrato Pisonis exemplo, qui anulum sibi cudi ab aurifice in tribunali suo iusserat, uelut hoc in memoriam inductus adiecit: 'Hoc modo me commonuit Pisonis anulus quod totum effluxerat. Quam multis istum putatis hominibus honestis de digitis anulos aureos abstulisse?'; et cum aliqua uelut ignoramus: 'Sed earum rerum artificem quem?—quemnam? Recte admones,
62 Polyclitum esse dicebant.' Quod quidem non ⟨in⟩ hoc tantum ualet; quibusdam enim, dum aliud agere uidemur, aliud efficimus, sicut hic Cicero consequitur ne, cum morbum in signis atque tabulis obiciat Verri, ipse quoque earum rerum studiosus esse credatur. Et Demosthenes iurando per interfectos in Marathone et Salamine id agit ut minore inuidia
63 cladis apud Chaeroneam acceptae laboret. Faciunt illa quoque iucundam orationem, aliqua mentione habita differre et

---

3 *Cic. diu. Caec.* 4　　8 35　　9 cf. *Verr.* 4. 43　　10 seq.
Cic. frg. orat. B. 7–9　　11 *Cluent. 169*　　16 *Verr.* 4. 57
19 *ibid.* 4. 5　　25 *de cor.* 208

AB]　　3 auctorem *A*　　5 possunt *A*　　9 quibus] *alterum ergo exemplum excidit post* incidi?　　11 quid *B*: quid relicum est *A*　　12 et *B*: sed *A*　　14 narrato pisonis *B*: narrat opis *A*　　15 cudi *p?, ed. Jens.*: cludi *AB*　　16 hoc² *AB*: hic *P, Cic.*　　19 aureos *non hab. Cic.*　　21 non *om. A*　　in *add. Regius*　　22 ualent *A*　　25 et *om. A*　　27 heronedam *A*　　28 habita *B*: aliqua *A*　　differre et *B*: differens *A*

INSTITVTIO ORATORIA 9.2.67

deponere apud memoriam iudicis et reposcere quae deposueris et iterare quaedam schemate aliquo (non enim est ipsa per se iteratio schema) et excipere aliqua et dare actioni uarios uelut uultus. Gaudet enim res uarietate, et sicut oculi diuersarum aspectu rerum magis detinentur, ita semper animis praestat in quod se uelut nouum intendant.

Est emphasis etiam inter figuras, cum ex aliquo dicto 64 latens aliquid eruitur, ut apud Vergilium:

'non licuit thalami expertem sine crimine uitam
    degere more ferae';

quamquam enim de matrimonio queritur Dido, tamen huc erumpit eius adfectus ut sine thalamis uitam non hominum putet sed ferarum. Aliud apud Ouidium genus, apud quem Zmyrna nutrici amorem patris sic confitetur:

'o, dixit, felicem coniuge matrem!'

Huic uel confinis uel eadem est qua nunc utimur pluri- 65 mum. Iam enim ad id genus quod et frequentissimum est et expectari maxime credo ueniendum est, in quo per quandam suspicionem quod non dicimus accipi uolumus, non utique contrarium, ut in εἰρωνείᾳ, sed aliud latens et auditori quasi inueniendum. Quod, ut supra ostendi, iam fere solum schema a nostris uocatur, et unde controuersiae figuratae dicuntur. Eius triplex usus est: unus si dicere palam parum tutum est, 66 alter si non decet, tertius qui uenustatis modo gratia adhibetur et ipsa nouitate ac uarietate magis quam si relatio sit recta delectat.

Ex his quod est primum frequens in scholis est. Nam et 67 pactiones deponentium imperium tyrannorum et post

9 *Aen.* 4. 550–1   15 *met.* 10. 422   16 §§ 65–72 → *Vt.*
p. 434. 7–32

AB]   2 iterare *Wolff*: sperare *B*: separare *a in ras.* (spera *b*)
6 quo *A*   8 latens *B*: *etiam* latens *A* (exlatens *b*)   12 erupit *B*
13 aliud *om. A* (*unde* ⟨hoc⟩ genus *a*)   14 zmyrna *B*: myrra
A (*et codd. Ouid.*)   15 ⟨et⟩ o *a* (*memor Ouidii*)   19 uolumus
non *B*, *Vt.*: eo uolumus *A*   24 alter ... tertius *B*, *Vt.*: alter*um
si non* licet tertium *A*   25 *r*elatio *A*: elatio *B*: *neutrum ualde
placet*: oratio *Capperonnier* (*cf.* § 79): *an* elocutio ?   28 pactiones
B, *Vt.*: factiones et *A*

503

9.2.68

bellum ciuile senatus consulta finguntur et capital est obicere ante acta, ut quod in foro non expedit illic nec liceat; sed schematum condicio non eadem est: quamlibet enim apertum, quod modo et aliter intellegi possit, in illos tyrannos bene dixeris, quia periculum tantum, non etiam offensa uitatur; quod si ambiguitate sententiae possit eludi, nemo non illi furto fauet. Vera negotia numquam adhuc habuerunt hanc silentii necessitatem, sed aliam huic similem uerum multo ad agendum difficiliorem, cum personae potentes obstant sine quarum reprensione teneri causa non possit. Ideoque hoc parcius et circumspectius faciendum est, quia nihil interest quo modo offendas, et aperta figura perdit hoc ipsum quod figura est. Ideoque a quibusdam tota res repudiatur, siue intellegatur siue non intellegatur. Sed licet modum adhibere, in primis ne sint manifestae. Non erunt autem si non ex uerbis dubiis et quasi duplicibus petentur, quale est in suspecta nuru: 'duxi uxorem quae patri placuit'; aut, quod est multo ineptius, compositionibus ambiguis, ut ⟨in⟩ illa controuersia in qua infamis amore filiae uirginis pater raptam eam interrogat a quo uitiata sit: 'Quis te, inquit, rapuit? Tu, pater, nescis?' Res ipsae perducant iudicem ad suspicionem, et amoliamur cetera ut hoc solum supersit: in quo multum etiam adfectus iuuant et interrupta silentio dictio et cunctationes. Sic enim fiet ut iudex quaerat illud nescio quid ipse quod fortasse non crederet si audiret, et ei quod a se inuentum existimat credat. Sed ne si optimae quidem sint esse debent frequentes. Nam densitate ipsa figurae aperiuntur, nec offensae minus habent sed auctoritatis. Nec pudor uidetur quod non palam obicias, sed diffidentia. In summa sic maxime iudex credit figuris si nos putat nolle dicere. Equidem et in personas incidi tales, et in rem

AB]   1 capitale *A*   2 sed *B*: sed res *A*   4 in *om. A*
7 nego numquam et huc (hoc *a*) *A* (*contra Vt.*)   8 sed *B, Vt.*: et *A*
11 hoc *B, Vt.*: *om. A*   13 quod *AB*: quo *Vt.*   16 ex *B, Vt.*: et *A*   17 quale *A, Vt.*: qualis *B*   19 in[1] *Burn. 243, Vt.*: *om. AB*   20 interrogat *B, Vt.*: -et *A*   22 ut *om. A*
31 etquidem *A*   tales et *A*: tale est *B*

quoque, quod est magis rarum, quae optineri nisi hac arte non posset. Ream tuebar quae subiecisse dicebatur mariti testamentum: et dicebantur chirographum marito expiranti heredes dedisse, et uerum erat. Nam, quia per leges institui 74 uxor non poterat heres, id fuerat actum ut ad eam bona per hoc tacitum fideicommissum peruenirent. Et caput quidem tueri facile erat si hoc diceremus palam, sed peribat hereditas. Ita ergo fuit nobis agendum ut iudices illud intellegerent factum, delatores non possent adprendere ut dictum, et contigit utrumque. Quod non inseruissem ueritus opinionem iactantiae nisi probare uoluissem in foro quoque esse his figuris locum. Quaedam etiam quae probare non possis 75 figura potius spargenda sunt. Haeret enim nonnumquam telum illud occultum, et hoc ipso quod non apparet eximi non potest: at si idem dicas palam, et defenditur et probandum est.

Cum autem obstat nobis personae reuerentia, quod secun- 76 dum posuimus genus, tanto cautius dicendum est quanto ualidius bonos inhibet pudor quam metus. Hic uero tegere nos iudex quod sciamus et uerba ui quadam ueritatis erumpentia credat coercere. Nam †quot† minus aut ipsi in quos dicimus aut iudices aut adsistentes oderint hanc maledicendi lasciuiam si uelle nos credant? Aut quid interest quo modo 77 dicatur cum et res et animus intellegitur? Quid dicendo denique proficimus nisi ut palam sit facere nos quod ipsi sciamus non esse faciendum? Atqui praecipue prima quibus praecipere coeperam tempora hoc uitio laborarunt: dicebant

12 §§ 75–7 → *Vt. pp. 434. 32–435. 6*

AB] 1 hac *om. B* 2 marito *a* 3 et dicebantur *b*: et dicebat*ur *A, B*: *malim* ea dicebat expirante *B* 5 factum *A* 7 tueri *p (1470)*: ueri *B*: quaeri *A* 8 ut id illud intellegere *A* 9 apprehenderent *A* 10 utique *A* 12 etiam *om. A (hab.Vt.)* 14 quod *B, Vt.*: quo *a in ras. (om. b)* 20 sciamus *B, Vt.*: scimus *A* 21 credat *B, Vt.*: -ant *A* quo *AB, Vt.*: qui *Kiderlin 1892-1 (cf. 9. 4. 6)*: *alii alia*: *fort.* ⟨quid obstat⟩ quo 24 cum *a in ras.*: quo *B*: quom *f*: si *Vt.* dicendo *A* (dicimus *b*): *om. B (recte ?)*: ⟨sic⟩ dicendo *Kiderlin 1892-1 (conl. § 84)* 25 nos *B, Vt.*: *om. A* 26 fat*endum *A* (∼ *Vt.*)

505

enim libenter tales controuersias. Quae difficultatis gratia
78 placent, cum sint multo faciliores. Nam rectum genus
adprobari nisi maximis uiribus non potest: haec deuerticula
et anfractus suffugia sunt infirmitatis, ut qui cursu parum
ualent, flexu eludant—cum haec quae adfectatur ratio sen- 5
tentiarum non procul a ratione iocandi abhorreat. Adiuuat
etiam quod auditor gaudet intellegere et fauet ingenio suo et
79 alio dicente se laudat. Itaque non solum si persona obstaret
rectae orationi, quo in genere saepius modo quam figuris
opus est, decurrebant ad schemata, sed faciebant illis locum 10
etiam ubi inutiles ac nefariae essent, ut si pater qui infamem
in matre filium secreto occidisset reus malae tractationis
80 iacularetur in uxorem obliquis sententiis. Nam quid impurius
quam retinuisse talem? Quid porro tam contrarium
quam eum, qui accusetur quia summum nefas suspicatus de 15
uxore uideatur, confirmare id ipsa defensione quod diluendum
est? At si iudicum sumerent animum, scirent quam
eius modi actionem laturi non fuissent, multoque etiam
minus cum in parentis abominanda crimina spargentur.
81 Et quatenus huc incidimus, paulo plus scholis demus: nam 20
et in his educatur orator, et in eo quo modo declametur positum
est etiam quo modo agatur. Dicendum ergo de iis
quoque in quibus non asperas figuras sed palam contrarias
causae plerique fecerunt: 'Tyrannidis adfectatae damnatus
torqueatur ut conscios indicet: accusator eius optet quod 25
uolet. Patrem quidam damnauit, optat ne is torqueatur:
82 pater ei contra dicit.' Nemo se tenuit agens pro patre quin
figuras in filium faceret, tamquam illum conscium in tormentis
nominaturus. Quo quid stultius? Nam cum hoc
iudices intellexerint, aut non torquebitur, cum ideo torqueri 30

AB]   2 place*rent* A   3 defe*r*ticula (*sic*) b: diuerticula A, B
4 *infirmitati*∗ *ut uid.* A (firmitates b)   5 eludant (-daent b)
A, B: -dunt *Regius*   11 ut si *Regius* (uti si *Radermacher*): ut is AB
12 matrem A, *fort. recte*   17 iudic*is* A (-cem b)   scirem B
19 spargerentur B, *non male*   21 eo quo A: equo B   23 non *a
in ras.*: nos B   25 ut . . . indicet *om.* A (*prob. Radermacher*)
26 quidam (qui *Obrechi*) damnauit B: qui accusauit *in ras. a uel* A

INSTITVTIO ORATORIA 9.2.87

uelit, aut torto non credetur. 'At credibile est hoc eum uelle.'
Fortasse: dissimulet ergo, ut efficiat. 'Sed nobis, declamatori- 83
bus dico, quid proderit hoc intellexisse nisi dixerimus?' Ergo,
si uere ageretur, similiter consilium illud latens prodidisse-
5 mus? Quid si neque utique uerum est, et habere alias hic
damnatus contradicendi causas potest, uel quod legem con-
seruandam putet, uel quod nolit accusatori debere beneficium, uel, quod ego maxime sequerer, ut se in tormentis
innocentem esse pertendat? Quare ne illud quidem semper 84
10 succurret sic dicentibus: 'patrocinium hoc uoluit qui controuersiam finxit.' Fortasse enim noluit, sed esto uoluerit:
continuone, si ille stulte cogitauit, nobis quoque stulte
dicendum est? At ego in causis agendis frequenter non puto
intuendum quid litigator uelit. Est et ille in hoc genere fre- 85
15 quens error, ut putent aliud quosdam dicere, aliud uelle,
praecipue cum in themate est aliquem ut sibi mori liceat
postulare, ut in illa controuersia: 'Qui aliquando fortiter
fecerat et alio bello petierat ut militia uacaret e lege, quod
quinquagenarius esset, aduersante filio ire in aciem coactus
20 deseruit. Filius, qui fortiter eodem proelio fecerat, incolumi-
tatem eius optat: contra dicit pater.' Non enim, inquiunt,
mori uult, sed inuidiam filio facere. Equidem rideo, quod 86
[ipsi] sic timent tamquam ipsi morituri et in consilium suos
metus ferunt, obliti tot exemplorum circa uoluntariam mor-
25 tem, causarum quoque quas habet factus ex uiro forti deser-
tor. Sed de una controuersia loqui superuacuum est: ego in 87
uniuersum neque oratoris puto esse umquam praeuaricari,
neque litem intellego in qua pars utraque idem uelit, neque

14 §§ 85, 87 → Vt. p. 435. 12–16

AB]   1 at *B*: et *A*   4 uere *B*: ue *A*   7 nolet *A*
8–9 ut . . . esse *B* (*numerose*): innocens esse in tormentis *A*
9 pr(a)etendat *P*, *probabiliter*   14 litigator *B*: uticato *A*   et om. *B*
22 etquidem *A*   23 ipsi¹ *AB*: *del. Radermacher*: isti *Castiglioni*:
illi *p**   24 ferant *A*   25 forti *P*: forte *AB* (*numerose!*)
26 loqui *B*: sequi contrarium *A*   27 uniuerso *A*   umquam *B*:
unam *A*   28 litem *B*: in litem *A*

507

tam stultum quemquam qui, si uiuere uult, mortem potius
88 male petat quam omnino non petat. Non tamen nego esse
controuersias huius modi figuratas, ut est illa: 'reus parricidii quod fratrem occidisset damnatu iri uidebatur: pater
pro testimonio dixit eum se iubente fecisse: absolutum ab- 5
dicat.' Nam neque in totum filio parcit, nec quod priore
iudicio adfirmauit mutare palam potest, et, ut non durat
ultra poenam abdicationis, ita abdicat tamen: et alioqui
89 figura in patrem plus facit quam licet, in filium minus. Vt
autem nemo contra id quod uult dicit, ita potest melius 10
aliquid uelle quam dicit: quo modo ille abdicatus, qui a patre
ut filium expositum et ab eo educatum solutis alimentis
recipiat postulat, reuocari fortasse mauult, non tamen quod
90 petit non uult. Est latens et illa significatio qua, cum ius
asperius petitur a iudice, fit [ei] tamen spes aliqua clemen- 15
tiae, non palam, ne paciscamur, sed per quandam credibilem
suspicionem, ut in multis controuersiis, sed in hac quoque:
'raptor nisi intra tricesimum diem et raptae patrem et suum
exorauerit pereat: qui exorato raptae patre suum non exorat
91 agit cum eo dementiae': nam si promittat hic pater, lis 20
tollitur: si nullam spem faciat, ut non demens, crudelis certe
uideatur et a se iudicem auertat. Latro igitur optime: 'Occides
ergo?—Si potero.' Remissius et pro suo ingenio pater Gallio:
92 'dura, anime, dura: here fortior fuisti.' Confinia sunt his cele-
brata apud Graecos schemata, per quae res asperas mollius 25
significant. Nam Themistocles suasisse existimatur Atheni-
ensibus ut urbem apud deos deponerent, quia durum erat

22 *FOR p. 542*   24 *Sen. contr. 2. 3. 6 = FOR p. 544*

AB]   1 qui *om. A*   uiuere uult (mauult *Vt.*) *B, Vt.*: uere
mauult *A*   4 dampnatum *t*   7 et *om. A*   8 poena *A*
abdicat tamen et *B*: et abdicati *a in ras.*   9 patrem *Regius*:
patre *AB* (*simili ratione, recepto* patre, *infra* filio *1434*): *utroque
modo locus obscurus*   13 reuocari *J*: recocari *B*: reuocare *A*
14 qua cum *B*: cum quam *a in ras.* (quam cum *b*)   ius *B*: uis *A*
15 fit tamen *Spalding*: fit ei tamen *B*: tamen *A*   20 permittat *A*
22 occidet *A*   24 dura anime *B*: durat animae *A*: anime *codd. Sen.*
here *A*[1] (bere *a*): heri *B*: *codd. Sen. corrupti* here *uidentur confirmare*
24–5 scelerata *B*   27 deos *B*: se *a in ras.*

INSTITVTIO ORATORIA   9.2.97

dicere ut relinquerent; et qui Victorias aureas in usum belli conflari uolebat ita declinauit, uictoriis utendum esse. Totum autem allegoriae simile est aliud dicere, aliud intellegi uelle.

Quaesitum etiam est quo modo responderi contra figuras 93 oporteret. Et quidam semper ex diuerso aperiendas putauerunt, sicut latentia uitia rescinduntur. Idque sane frequentissime faciendum est: aliter enim dilui obiecta non possunt, utique cum quaestio in eo consistit quod figurae petunt. At cum maledicta sunt tantum, et non intellegere interim bonae conscientiae est. Atque etiam si fuerint cre- 94 briores figurae quam ut dissimulari possint, postulandum est ut nescio quid illud quod aduersarii obliquis sententiis significare uoluerint, si fiducia sit, obiciant palam, aut certe non exigant ut, quod ipsi non audent dicere, id iudices non modo intellegant sed etiam credant. Vtilis aliquando etiam 95 dissimulatio est, ut in eo (nota enim fabula est) qui, cum esset contra eum dictum 'iura per patris tui cineres', paratum se esse respondit, et iudex condicione usus est, clamante multum aduocato schemata de rerum natura tolli: ut protinus etiam praeceptum sit eius modi figuris utendum temere non esse.

Tertium est genus in quo sola melius dicendi petitur occa- 96 sio, ideoque id Cicero non putat esse positum in contentione. Tale est illud quo idem utitur in Clodium: 'quibus iste, qui omnia sacrificia nosset, facile ab se deos placari posse arbitrabatur.' Εἰρωνεία quoque in hoc genere materiae frequen- 97 tissima est. Sed eruditissimum longe si per aliam rem alia

---

4 §§ 93–4 → Vt. p. 435. 25–34   23 de orat. 3. 203   24 frg. orat. XIV. 14

AB]   1 et om. A   2 malim ⟨in⟩ totum   5 aperienda A (∼ Vt.)   8 constitit A (∼ Vt.)   9 intelligi A   11 possunt A (∼ Vt.)   12 ut om. A (∼ Vt.)   13 -ia sit B, Vt.: -iant A   14 audeant A (∼ Vt.)   16 tabula A   17 per om. A   patris p (Obrecht): patroni AB (cf. Sen. contr. 7 pr. 7: Suet. gr. rhet. 30. 5)   19 schema A (∼ Sen.)   23 id om. A contione A   24 quod A   clodium B: dialogo ut a in ras.   25 ab B: a∗ A

9. 2. 98 M. FABI QVINTILIANI

indicetur, ut cum aduersus tyrannum, qui sub pacto abolitionis dominationem deposuerat, agit competitor: 'mihi in te dicere non licet: tu in me dic, et potes; nuper te uolui **98** occidere.' Frequens illud est nec magno opere captandum, quod petitur a iure iurando, ut pro exheredato: 'ita mihi contingat herede filio mori.' Nam et in totum iurare, nisi ubi necesse est, graui uiro parum conuenit, et est a Seneca dictum eleganter non patronorum hoc esse sed testium. Nec meretur fidem qui sententiolae gratia iurat, nisi si potest **99** tam bene quam Demosthenes, ut supra dixi. Leuissimum autem longe genus ex uerbo, etiam si est apud Ciceronem in Clodiam: 'praesertim quam omnes amicam omnium potius quam cuiusquam inimicam putauerunt.'

100 Comparationem equidem uideo figuram †non† esse, cum sit interim probationis, interim etiam causae genus; et si talis eius forma qualis est pro Murena: 'uigilas tu de nocte ut tuis consultoribus respondeas, ille ut eo quo contendit mature cum exercitu perueniat: te gallorum, illum buci- **101** narum cantus exsuscitat' et cetera, nescio an orationis potius quam sententiae sit. Id enim solum mutatur, quod non uniuersa uniuersis sed singula singulis opponuntur. Et Celsus tamen et non neglegens auctor Visellius in hac eam parte posuerunt, Rutilius quidem Lupus in utroque genere, idque ἀντίθετον uocat.

102 Praeter illa uero quae Cicero inter lumina posuit sententiarum, multa alia et idem Rutilius Gorgian secutus, non illum Leontinum, sed alium sui temporis, cuius quattuor

7 *p. 584 Mueller*   12 *Cael. 32*   16 *22*   21 *frg. rhet. 17 Marx*   24 *2. 16*

AB]   1 indicetur *A* (-g- *b*): inducetur *B*   3 te[1] *B*: ter *A*
tu *B*: et tu *A*   5 exhaeredata *A*   12 omnes *B*, *Cic.*:
mones *A*   14 equidem *om. A*   non *AB*: nunc *Madvig*: non
(*deinde* esse ⟨per se⟩) *Kiderlin 1892-1*: *fort.* non ⟨semper⟩   15 etsi
iunxit *Madvig*   16 necte *B*   17 consultatoribus *A*   eo quo
A, *Cic.*: qui *B*   intendit *Cic.* (*et noster* 9. 3. 32), *probante Burmanno*
19 exsuscitat *B* (exscitat *post corr.*), *Cic.*: exsuscita*nt A* (*sed* -itat *b*)

INSTITVTIO ORATORIA 9.2.107

libros in unum suum transtulit, et Celsus, uidelicet Rutilio accedens, posuerunt schemata: consummationem, quam **103** Graecus διαλλαγήν uocat, cum plura argumenta ad unum effectum deducuntur: consequens (ille ἐπακολούθησιν) de quo nos in argumentis diximus: collectionem, qui apud illum est συλλογισμός: minas, id est κατάπληξιν: exhortationem, παραινετικόν. Quorum nihil non rectum est nisi cum aliquam ex iis de quibus locuti sumus figuram accipit. Praeter haec **104** Celsus excludere, adseuerare, detrectare, excitare iudicem, prouerbiis uti et uersibus et ioco, et inuidia et inuocatione intendere crimen, quod est δείνωσις, adulari, ignoscere, fastidire, admonere, satisfacere, precari, corripere figuras putat. Partitionem quoque et propositionem et diuisionem **105** et rerum duarum cognationem, quod est ut idem ualeant quae uidentur esse diuersa, ut non is demum sit ueneficus qui uitam abstulit data potione, sed etiam qui mentem, quod est in parte finitionis. Rutilius siue Gorgias ἀναγκαῖον, ἀνά- **106** μνησιν, ἀνθυποφοράν, ἀντίρρησιν, παραύξησιν, προέκθεσιν (quod est dicere quid fieri oportuerit, deinde quid factum sit), ἐναντιότητα (unde sint ἐνθυμήματα κατ' ἐναντίωσιν), μετάλημψιν etiam, quo statu Hermagoras utitur. Visellius, quam- **107** quam paucissimas faciat figuras, ἐνθύμημα tamen, quod commentum uocat, et rationem appellans ἐπιχείρημα inter eas habet. Quod quidem recipit quodam modo et Celsus: nam

---

1, 9 *frg. rhet. 18 Marx*   17 *Rutil. 1.20*   21 *Herm. frg.*
17a Matthes

AB]   1 unum *AB*: usum *Ahrens, recte nisi errat noster*
3 gr(a)ecus *AB*: Gorgias *Spalding*   διαλλαγήν *P*: ΔΙΑΜΑΤΗΝ *B (ex*
ΔΙΑΛΛ- ?): ΔΙΑΜΑΡΗΝ *A*: *alii alia*   4 consequens *B*: sequens
est *A*   *malim* ⟨quod⟩ ille   6 exortationem *A*: exorat- *B*
7 aliqua *A*   9 excudere *A*   detrectare *ed. Asc.*
1516: detractare *AB*   10 loco *A*   *de distinctione haereo*
11 adulare *A*   14 cognitionem *A¹B*   15 non *A*: non in *B*
17 ΑΛΑΝΚΟΛΟΝ *A* (*qui omnia haec Graeca titubanter exscripsit*)
18 ΠΑΡΑΖΕΥΞΙΝ *A* (*corr.*)   20 κατ' ἐναντίωσιν *Kayser (ad Cornific. p. 291)*: ΚΑΤΑΙΚΤΙΑCΙΝ *B*: ΚΑΤΑΥΤΙΑCΙΝ *A*: *fort.*
κατ' ἀντίθεσιν   21 etiam *B*: et a *A*   23 ratione *A*
24 et *A*: ex *B*

consequens an epichirema sit dubitat. Visellius adicit et sententiam. Inuenio qui adgregent his διασκευάς, ἀπαγορεύσεις, παραδιηγήσεις. Sed ut haec non sunt schemata, sic alia uel sint forsitan ac nos fugerint uel etiam noua fieri adhuc possint, eiusdem tamen naturae cuius sunt ea de quibus dictum est.

3. Verborum uero figurae et mutatae sunt semper et utcumque ualuit consuetudo mutantur. Itaque, si anticum sermonem nostro comparemus, paene iam quidquid loquimur figura est, ut 'hac re inuidere', non, ut omnes ueteres et Cicero praecipue, 'hanc rem', et 'incumbere illi', non 'in illum', et 'plenum uino', non 'uini', et 'huic', non 'hunc adulari' iam dicitur et mille alia, utinamque non peiora uincant. Verum schemata lexeos duorum sunt generum: alterum loquendi rationem nouat, alterum maxime conlocatione exquisitum est. Quorum tametsi utrumque conuenit orationi, tamen possis illud grammaticum, hoc rhetoricum magis dicere.

Prius fit isdem generibus quibus uitia: esset enim omne eiusmodi schema uitium si non peteretur sed accideret. Verum auctoritate uetustate consuetudine plerumque defenditur, saepe etiam ratione quadam. Ideoque, cum sit a simplici rectoque loquendi genere deflexa, uirtus est si habet probabile aliquid quod sequatur. Vna tamen in re maxime utilis, ut et cotidiani ac semper eodem modo formati sermonis fastidium leuet et nos a uulgari dicendi genere defendat.

7 § *1* → *Vt. pp.* 435. 35–436. *1*   21 §§ *3–4* → *Vt. p.* 436. 2–4

AB, sed post eiusmodi (*l.* 20) *solus A*]   2–3 ΔΙΑϹΚΕΙ ΑΠΑΤΟ-
ΕΡΙϹΕΤϹΙ *A*   3 sed *A* : K̄ sed *B*   4 ac nos *B* : magnos *A*
uel *B* : tu*m* *A* (tua *b*)   7 DE FIGVRIS VERBORVM Verborum
AB   10 hanc rem *a* (*contra Vt.*)   11 hanc rem *B, Vt.*
(*quamquam errat noster*) : sed huic rei *in ras. IX litt. a* : huic rei *Madvig*
(*Emend. Liu.*² *p. 74 adn. 1*)   in *om. J* (*et Vt. ante corr.*)
13 utinamque *B* : utrum nam *a in ras. min.*   13–14 non ... uerum
om. hic A, hab. post sunt *l. 14* (*sed quae pro* non)   15 nouat *A* :
uocat *B* (*unde* uocant *1434*)   17 grammaticum *A* : -atici cum *B*
19–20 omne eiusmodi *B* : omne *a in ras.* (homini *G*)

INSTITVTIO ORATORIA 9.3.9

Quod si quis parce et cum res poscet utetur, uelut adsperso 4
quodam condimento iucundior erit: at qui nimium adfecta-
uerit, ipsam illam gratiam uarietatis amittet. Quamquam
sunt quaedam figurae ita receptae ut paene iam hoc ipsum
5 nomen effugerint: quae etiam si fuerint crebriores, consuetas
aures minus ferient. Nam secretae et extra uulgarem usum 5
positae ideoque magis notabiles ut nouitate aurem excitant,
ita copia satiant, et se non obuias fuisse dicenti, sed con-
quisitas et ex omnibus latebris extractas congestasque
10 declarant.

Fiunt ergo et circa genus figurae in nominibus, nam et 6
'oculis capti talpae' et 'timidi dammae' dicuntur a Vergilio,
sed subest ratio, quia sexus uterque altero significatur,
tamque mares esse talpas dammasque quam feminas cert-
15 um est: et in uerbis, ut 'fabricatus est gladium' et 'inimicum
poenitus es'. Quod minus mirum est quia in natura uerborum 7
est et quae facimus patiendi modo saepe dicere, ut 'arbitror',
'suspicor', et contra faciendi quae patimur, ut 'uapulo':
ideoque frequens permutatio est et pleraque utroque modo
20 efferuntur: luxuriatur luxuriat, fluctuatur fluctuat, adsentior adsentio. Est figura et in numero, uel cum singulari 8
pluralis subiungitur: 'gladio pugnacissima gens Romani'
(gens enim ex multis), uel ex diuerso:

'qui non risere parentes,
25   nec deus hunc mensa dea nec dignata cubili est':
ex illis enim 'qui non risere' hic quem non dignata * in 9
satura:

'et nostrum istud uiuere triste | aspexi,'

12 *georg. 1. 183: ecl. 8. 28*   15 *Cic. Rab. Post. 7*   15–16 *id.
Mil. 33*   24 *Verg. ecl. 4. 62–3*   28 *Pers. 1. 9–10*

A]   1 quod *A*: qua *t*: quo *ed. Jens., Vt. (at ille iucundior erit
non habet)*   7 nobiles *A*: *corr. Lochmann (u. Spalding): cf.*
§ 27   14 tā quē ares *G*: nam tam mares *a in ras.*   16 poenitus *G*: pu∗nitus *A*: *cf. 5. 14. 18*   es *Philander ex Cic.*: est *A*
19 plerumque *A*: *corr. t*   24 qui *Politianus (misc. 1. 89)*: cui *A
(et codd. Verg.)*   parenti *Bonnell*   26 *lacunam esse dispexit
quicumque in ed. Asc. 1531 scripsit* (et mutatione partium ut) in satura
(cf. et Kiderlin 1891-3)   28 et *A*: est *(iunctum illi* in satura) *Spalding*

513

M. FABI QVINTILIANI

cum infinito uerbo sit usus pro appellatione: nostram enim uitam uult intellegi. Vtimur et uerbo pro participio:

'magnum dat ferre talentum,'

tamquam 'ferendum', et participio pro uerbo: 'uolo datum.'

10 Interim etiam dubitari potest cui uitio simile sit schema, ut in hoc:

'uirtus est uitium fugere':

aut enim partis orationis mutat ex illo 'uirtus est fuga uitiorum', aut casus ex illo 'uirtutis est uitium fugere', multo tamen hoc utroque excitatius. Iunguntur interim schemata:
11 'Sthenelus sciens pugnae': est enim 'scitus pugnandi'. Transferuntur et tempora: 'Timarchides negat esse ei periculum a securi' (praesens enim pro praeterito positum est) et status: 'hoc Ithacus uelit': et, ne morer, per omnia genera per quae fit soloecismus.

12 Haec quoque est quam ἑτεροίωσιν uocant, cui non dissimilis ἐξαλλαγή dicitur, ut apud Sallustium 'neque ea res falsum me habuit' et 'duci probare'. Ex quibus fere praeter nouitatem breuitas etiam peti solet. Vnde eo usque processum est ut 'non paeniturum' pro non acturo paenitentiam et
13 'uisuros' ad uidendum missos idem auctor dixerit. Quae ille quidem fecerit schemata: an idem uocari possint uidendum, quia recepta sunt. Nam ⟨in⟩ receptis etiam uulgo auctore contenti sumus, ut iam eualuit 'rebus agentibus', quod Pollio in Labieno damnat, et 'contumeliam fecit', quod a Cicerone reprehendi notum est: 'adfici' enim 'contumelia'

---

3 *Verg. Aen. 5. 248*   7 *Hor. ep. 1. 1. 41*   11 *Hor. carm. 1. 15. 24–5*   12 *Cic. Verr. 5. 116*   14 *Verg. Aen. 2. 104*   17 *Iug. 10. 1*   18–21 *Sall. hist. frg. inc. 34–6 Maurenbrecher*   25 *ORF p. 523*   26 *Phil. 3. 22*

A]   5 simile *1416*: -ilo *A*   9 uirtutis *ed. Gryph. 1536*: uirtus *A*   multo *A ut coni. Gesner*: multa *G*   11 stenelus *t*: schelelus *A*   scitus *1470 (ut coni. Halm)*: sciusticus *G* (sciusscitus *A*): sciens scitus *Vat. lat. 1766*: *fort.* 'sciens' 'scitus', *deinde* ⟨'pugnae'⟩ 'pugnandi'   17 ΕΖΑΜΑΤΗ *A*   18 duci probare] *uerba incerta*   22 possint *p**: possunt *A*: *fort.* ⟨iam⟩ possint   23 quia *G*: quae *A*   in *add. Halm*   24 ut (uti *Castiglioni*) iam *Spalding*: utinam *G*: utrum nam *a in ras.*

dicebant. Alia commendatio uetustatis, cuius amator unice **14**
Vergilius fuit:
  'uel cum se pauidum contra mea iurgia iactat';
  'progeniem sed enim Troiano a sanguine duci
5   audierat'.
Quorum similia apud ueteres tragicos comicosque sunt plurima. Illud et in consuetudine remansit 'enimuero'. His am- **15**
plius apud eundem:
  'nam quis te, iuuenum confidentissime',
10 quo sermonis initium fit; et
  'tam magis illa tremens et tristibus effera flammis,
  quam magis effuso crudescunt sanguine pugnae.'
Quod est uersum ex illo:
  'quam magis aerumna urget, tam magis ad male-
15   faciendum uiget.'
Pleni talibus antiqui sunt. Initio Eunuchi Terentius **16**
  'quid igitur faciam?'
inquit. †Alius:†
  'ain tandem leno?'
20 Catullus in epithalamio:
  'dum innupta manet, dum cara suis est',
cum prius 'dum' significet 'quoad', sequens 'usque eo'. Ex **17**
Graeco uero tralata uel Sallusti plurima, quale est: [uulgus]
'amat fieri', uel Horati, nam id maxime probat:
25   'nec ciceris nec longae inuidit auenae',

3 *Aen. 11. 406*   4 *ibid. 1. 19–20*   9 *georg. 4. 445*
11 *Aen. 7. 787–8*   14 *frg. trag. inc. 89 Klotz*   16 *46*
19 *frg. com. inc. 23 (p. 137 Ribbeck²)*   20 *62. 45*   24 *cf.*
Iug. 34. 1   25 *sat. 2. 6. 83–4*

A]   3 iactat' ⟨et⟩ *Halm (at cf. §§ 21, 29)*   6 tragicos *1416*:
traicos *A*   10 fit *Obrecht*: sit *A*   11 fremens *ed. Ald., Verg.*
16 pleni talibus *t*: plettalibus *G* (plerique tales *A*) eunuchi *t*: enuchi *a*
(enuci *A¹*)   18 inquit (*ex* inqui) alius *A*: *latet nomen poetae, e.g.*
inquit. Atilius *Woelfflin (ap. Halm)*: *etiam* inquit *corruptum esse susp.*
Radermacher   19 ain *Halm*: in *A*   20 catulus *A*   epitala-
mino *A*: *corr. g*   21 dum¹ *t*: tum *A*   22 quoad *Regius*:
quod ad *A*   23 uulgus *A*: *del. Radermacher*: uulgo *Francius*:
illud *Woelfflin 1886*   24 uel *P*: uero *A*   25 ciceronis *A*: *corr.*
ed. Leid.   auenae *ed. Ald., Hor.*: hernae *A*

uel Vergili:

'Tyrrhenum nauigat aequor',
et iam uulgatum actis quoque: 'saucius pectus.'

18 Ex eadem parte figurarum (priore dico) et adiectio est illa quae uideri potest superuacua, sed non sine gratia est:

'nam neque Parnasi uobis iuga, nam neque Pindi'
(potest enim deesse alterum 'nam'): et apud Horatium illud:

'Fabriciumque,
  hunc et intonsis Curium capillis';

et detractiones quae in complexu sermonis aut uitium habent aut figuram:

'accede ad ignem, iam calesces plus satis':

19 'plus' enim 'quam satis' est. Nam de altera quae ∗ detractione pluribus dicendum est.

Vtimur uulgo et comparatiuis pro absolutis, ut cum se quis infirmiorem esse dicet. Duo inter se comparatiua committimus: 'si te, Catilina, comprehendi, si interfici iussero, credo erit uerendum mihi ne non potius hoc omnes boni serius a me quam quisquam crudelius factum esse dicat.'

20 Sunt et illa non similia soloecismo quidem, sed tamen numerum mutantia, quae et tropis adsignari solent, ut de uno pluraliter dicamus:

'sed nos inmensum spatiis confecimus aequor',

et de pluribus singulariter:

'haud secus ac patriis acer Romanus in armis'.

2 *Aen. 1. 67*   3 *ibid. 12. 5*   6 *Verg. ecl. 10. 11*
9 *carm. 1. 12. 40–1*   13 *Ter. Eun. 85*   18 *Cic. Cat. 1. 5*
24 *Verg. georg. 2. 541*   26 *ibid. 3. 346*

A]   4 dico *Gertz (cf. 9. 2. 83)*: dicto A   6 nam[1] ... Pindi *Regius ex Verg.*: nam neque pindi potest enim deesse alterum neque parnasi uobis iuga∗ nam neque pindi A   7 nam p (*1470*): neque A   11 detractiones G: -ctationes A (*similis uariatio ll. 14–15*)   12 figuram: ⟨uitium ut⟩ Halm (figuram ut *iam add. ed. Asc. 1516*)   14 *lacunam hic primus indicauit Halm, supplens* figuram facit: *u. et Gertz*: quae *om. Vat. lat. 1766 (ut scripsit Halm)*   15 dicendum *Regius*: adiciendum A   17 dicit *D'Orv.*   13 (ut *coni. Kiderlin 1891-3, addito* et)   24 spatiis a: spatii A[1]: *cf.* 8. 6. 45   26 haud] aut∗ A: non *Verg.*

INSTITVTIO ORATORIA 9.3.25

Specie diuersa sed genere eadem et haec sunt: 21
'neue tibi ad solem uergant uineta cadentem';
'ne mihi tum mollis sub diuo carpere somnos,
neu dorso nemoris libeat iacuisse per herbas':
5 non enim nescio cui alii prius, nec postea sibi uni, sed omnibus praecipit. Et de nobis loquimur tamquam de aliis: 'dicit Seruius, negat Tullius.' Et nostra persona utimur pro aliena, 22 et alios pro aliis fingimus. Vtriusque rei exemplum pro Caecina. Pisonem, aduersae partis aduocatum, adloquens Cicero
10 dicit: 'restituisse te dixti: nego me ex edicto praetoris restitutum esse': uerum enim est illud: 'restituisse' Aebutius dixit, 'nego me' Caecina [ex edicto praetoris restitutum esse]: et ipsum 'dixti', excussa syllaba, figura in uerbo. Illa quoque 23 ex eodem genere possunt uideri: unum quod interpositionem
15 uel interclusionem dicimus, Graeci παρένθεσιν ⟨siue⟩ παρέμπτωσιν uocant, cum continuationi sermonis medius aliqui sensus interuenit: 'ego cum te (mecum enim saepissime loquitur) patriae reddidissem': cui adiciunt hyperbaton qui id inter tropos esse noluerunt: alterum quod est ei figurae 24
20 sententiarum quae ἀποστροφή dicitur simile, sed non sensum mutat uerum formam eloquendi:
'Decios Marios magnosque Camillos,
Scipiadas duros bello et te, maxime Caesar'.
Acutius adhuc in Polydoro: 25
25 'Fas omne abrumpit, Polydorum obtruncat et auro
ui potitur. Quid non mortalia pectora cogis
auri sacra fames?'

2 *ibid. 2. 298* 3 *ibid. 3. 435–6* 6 *Cic. frg. orat. B.19* 10 *Caec.
82* 17 *id. Mil. 94* 22 *Verg. georg. 2. 169–70* 25 *id. Aen. 3. 55–7*

A] 2 cadentem' ⟨et⟩ *Halm* 10 dixti *Vat. lat. 1766* (dixsti *p*): dixisti *a in ras., codd. Cic.* 11 aebutius∗ *A*: Aebutius ⟨se⟩ *Radermacher* (⟨se⟩ Aebutius *iam Halm*) 12 me *om. A¹, fort. recte* ex edicto . . . restitum (*sic*) esse *A* (*quo recepto* Caecina: 'nego me . . .' *Gesner*): *seclusi* 13 dixti *t*: disti *G*: dix*isti A* 15 siue *add. Becher* (*ap. Rad.*) (ἢ *Spalding*): et *add. Halm* (*monente Spaldingio*) 15–16 παρέμπτωσιν *om. A* 16 cum *Meister 1876*: dum *A* (duo *G*) 19 figur(a)e *H*: fugerae *A* 20 sed *Spalding*: et *post corr. A* (est *G*) 26 nos *A*: corr. *t*

517

M. FABI QVINTILIANI

Hoc, qui tam parua momenta nominibus discreuerunt, μετάβασιν uocant, quam et aliter fieri putant:
'quid loquar? aut ubi sum?'

26 Coniunxit autem παρένθεσιν et ἀποστροφήν Vergilius illo loco:
'haud procul inde citae Mettum in diuersa quadrigae
distulerant (at tu dictis, Albane, maneres!)
raptabatque uiri mendacis uiscera Tullus'.

27 Haec schemata, aut his similia quae erunt per mutationem adiectionem detractionem ordinem, et conuertunt in se auditorem nec languere patiuntur subinde aliqua notabili figura excitatum, et habent quandam ex illa uitii similitudine gratiam, ut in cibis interim acor ipse iucundus est. Quod continget si neque supra modum multae fuerint nec eiusdem generis aut iunctae aut frequentes, quia satietatem ut uarietas earum, ita raritas effugit.

28 Illud est acrius genus quod non tantum in ratione positum est loquendi, sed ipsis sensibus tum gratiam tum etiam uires accommodat. Ex quibus primum sit quod fit adiectione. Plura sunt genera. Nam et uerba geminantur, uel amplificandi gratia, ut 'occidi, occidi non Spurium Maelium' (alterum est enim quod indicat, alterum quod adfirmat), uel miserandi, ut
'a Corydon, Corydon'.

29 Quae eadem figura nonnumquam per ironian ad eleuandum conuertitur. Similis geminationis post aliquam interiectionem repetitio est, sed paulo etiam uehementior: 'bona ⟨Cn. Pompei—miserum me! consumptis enim lacrimis infixus tamen pectori haeret dolor—bona,⟩ inquam, Cn. Pompei

3 *Verg. Aen. 4. 595*   5 *ibid. 8. 642–4*   20 *Cic. Mil. 72*
23 *Verg. ecl. 2. 69*   26 *Cic. Phil. 2. 64*

A]   1 hoc *recte Halm ex* h' *A*[1]: ii *a?*   5 haud] aut *A*
8 quae erunt *p* (*Regius*): quaerunt *A*   17 tum[1] *A* : cum *ed. Vasc. 1542*   18 ex *Halm*: e∗ *A* (et *G*)   21 est enim *P* (enim *iam 1434*): est etenim *A*   26–8 *suppleui post Emlein partim ex codd. Tullianis, partim ex iis quae noster dat 9. 2. 26*: miserum me consumptis enim lacrimis tamen infixus animo h(a)eret dolor bona *iam P ex codd. Cic.*

INSTITVTIO ORATORIA 9.3.34

acerbissimae uoci subiecta praeconis'; 'uiuis, et uiuis non
ad deponendam sed ad confirmandam audaciam'. Et ab 30
isdem uerbis plura acriter et instanter incipiunt: 'nihilne te
nocturnum praesidium Palatii, nihil urbis uigiliae, nihil
timor populi, nihil consensus bonorum omnium, nihil hic
munitissimus habendi senatus locus, nihil horum ora uul-
tusque mouerunt?' et in isdem desinunt: 'Quis eos postulauit? Appius. Quis produxit? Appius.' Quamquam hoc 31
exemplum ad aliud quoque schema pertinet, cuius et initia
inter se et rursus inter se fines idem sunt ('quis' et 'quis',
'Appius' et 'Appius')—quale est: 'Qui sunt qui foedera saepe
ruperunt? Carthaginienses. Qui sunt qui crudelissime bellum
gesserunt? Carthaginienses. Qui sunt qui Italiam deforma-
runt? Carthaginienses. Qui sunt qui sibi ignosci postulant?
Carthaginienses.' Etiam in contrapositis uel comparatiuis 32
solet respondere primorum uerborum alterna repetitio, quod
modo huius [modi] esse loci potius dixi: 'uigilas tu de nocte ut
tuis consultoribus respondeas, ille ut eo quo intendit mature
cum exercitu perueniat: te gallorum, illum bucinarum cantus
exsuscitat: tu actionem instituis, ille aciem instruit: tu caues
ne consultores tui, ille ne urbes aut castra capiantur.' Sed 33
hac gratia non fuit contentus orator; uertit in contrarium
eandem figuram: 'ille tenet et scit ut hostium copiae, tu ut
aquae pluuiae arceantur: ille exercitatus in propagandis finibus, tu in regendis.' Possunt media quoque respondere uel 34
primis, ut
   'te nemus Angitiae, uitrea te Fucinus unda,'
uel ultimis, ut: 'haec nauis onusta praeda Siciliensi, cum et

1 *id. Cat. 1. 4*   3 *ibid. 1. 1*   7 *id. Mil. 59*   11 *rhet.
Her. 4. 20*   17 *Cic. Mur. 22*   27 *Verg. Aen. 7. 759*   28 *Cic.
Verr. 5. 44*

A]   1 subiecta *1418, Cic.*: -am *A*   3 et *om. A*¹   17 modi *del.
Regius*   nocte *1418, Cic.*: noctu *A*   18, 21 consultoribus (*1434*)...
consultores (*P*)] -tatoribus...-tatores *A* (*cf. 9. 2. 100*)   20 exsuscitat *1418* (*cf. 9. 2. 100*), *Cic.*: -ant *A*   23 tenet et *G, Cic.*:
ten*dit A*   scit ut *1418, Cic.*: sicut *A*   24 pluui(a)e arceantur
1418, Cic.: pluuiaeque arceantur *A* (pluuiae parceantur *G*)

9.3.35   M. FABI QVINTILIANI

ipsa esset ex praeda.' Nec quisquam dubitabit idem fieri posse iteratis utrimque mediis. Respondent primis et ultima: 'multi et graues dolores inuenti parentibus et propinquis, 35 multi.' Est et illud repetendi genus quod semel proposita iterat et diuidit:

'Iphitus ⟨et Pelias mecum, quorum Iphitus⟩ aeuo
iam grauior, Pelias et uulnere tardus Vlixei'.

36 Ἐπάνοδος dicitur Graece, nostri regressionem uocant. Nec solum in eodem sensu sed etiam in diuerso eadem uerba contra sumuntur: 'principum dignitas erat paene par, non par fortasse eorum qui sequebantur.' Interim uariatur casibus haec et generibus retractatio: 'magnus est dicendi labor, magna res.' Est et apud Rutilium longa περίοδοις, sed haec initia sententiarum sunt: 'Pater hic tuus? Patrem nunc **37** appellas? Patris tui filius es?' Fit casibus modo hoc schema (quod πολύπτωτον uocant), constat et aliis etiam modis, ut pro Cluentio: 'Quod autem tempus ueneni dandi illo die, illa frequentia? Per quem porro datum? Vnde sumptum? Quae porro interceptio poculi? Cur non de integro autem datum?' **38** Hanc rerum coniunctam diuersitatem Caecilius μεταβολήν uocat, qualis est pro Cluentio locus in Oppianicum: 'illum tabulas publicas Larini censorias corrupisse decuriones uniuersi iudicauerunt, cum illo nemo rationem, nemo rem ullam contrahebat, nemo illum ex tam multis cognatis et adfinibus tutorem umquam liberis suis scripsit', et deinceps adhuc

---

3 *Cic. Verr.* 5. *119*   6 *Verg. Aen.* 2. *435–6*   10 *Cic. Lig. 19*   12 *id. Mur.* 29   13 *I. 10*   17 *167*
20 *frg.* 69 *Ofenloch*   21 *41*

A]   1 ex *P, Cic.*: et *G*: ∗∗ *A*   dubitabit *P*: -auit *A*   4 simul *Spalding*   6 et pelias . . . iphitus *P ex Verg.*: om. *A*   7 ulixi *1418, Verg.*   13 *distinxit Radermacher* περιόδοις (περίοδος *Radermacher*) *sed Spalding post Regium*: ΠΕΡΙΟΔΟΙϹ et *A*   15–16 *locus conclamatus: pro* fit *scripsit ex Kroll (ap. Rad.)*: et *post* constat *del. Halm: si mutandum est, malim* Nec casibus modo . . . constat, sed aliis   17 illo die *Vat. lat. 1762, Cic.*: unde de *G* (∗∗*unde A*)   22 Larini *Gesner ex Cic.*: lari *A*[1] (uiolari *a*)

INSTITVTIO ORATORIA   9.3.43

multa. Vt haec in unum congeruntur, ita contra illa dispersa **39**
sunt, quae a Cicerone 'dissupata' dici puto:
> 'hic segetes, illic ueniunt felicius uuae,
>   arborei fetus alibi',

et deinceps. Illa uero apud Ciceronem mira figurarum **40**
mixtura deprehenditur, in qua et primo uerbo longum post
interuallum redditum est ultimum, et media primis et
mediis ultima congruunt: 'uestrum iam hic factum deprehenditur, patres conscripti, non meum, ac pulcherrimum quidem
factum, uerum, ut dixi, non meum, sed uestrum.' Hanc **41**
frequentiorem repetitionem πλοκήν uocant, quae fit et permixtis figuris, ut supra dixi, utque se habet epistula ad
Brutum: 'ego cum in gratiam redierim cum Appio Claudio,
et redierim per Cn. Pompeium, [et] ego ergo cum redierim', **42**
et in isdem sententiis crebrioribus mutata declinationibus
iteratione uerborum, ut apud Persium:
> 'usque adeone
> scire tuum nihil est nisi te scire hoc sciat alter?'

et apud Ciceronem: '†neque enim poterat indicio et his
damnatis qui indicabantur.'† Sed sensus quoque toti quem **43**
ad modum coeperunt desinunt: 'Venit ex Asia. Hoc ipsum
quam nouum! Tribunus plebis uenit ex Asia.' In eadem
tamen perihodo et uerbum ultimum primo refertur, tertium
iam sermone, adiectum est enim: 'uerumtamen uenit.' Interim sententia quidem repetitur, ⟨sed non eodem⟩ uerborum

2 *de orat.* 3. 207   3 *Verg. georg.* I. 54–5   8 *frg. orat. XII.* 5
13 *frg. epist. VII.* 11   16 I. 26–7   19 *frg. orat. B.* 4
21 *frg. orat. XII.* 6

A]   6–7 longo (*sic* G) ... interuallo *1418* (*cf.* 10. 1. 75)
8–9 hic ... deprehenditur *A* : hoc ... reprehendo *Isid. etym.* 2. 21. 8
(*unde* reprehenditur *hic prob. Spalding*)   14 et² *del. Sigonius* (*ad
frg. Cic. a. 1559, p. 182*), *Halm: def. Tyrrell–Purser ad Cic. ep. VI*¹. *305
tamquam Quintiliani, non Ciceronis*   cum *Burn.* 243: quam *A* (quom
Radermacher)   19 *post* poterat *add.* non damnari *Schoell* (*ad frg.
Cic.*)   20 *an* indicarant?   22 nouum *Zumpt**: bonum *A*
24 sermone *t* (*et F*): sermonem *A*: in sermone *Bonnell*   adiectum
P: ab- *A*   25 *suppl. Meister 1860, p. 17* (*sed eodem iam add. ed.
Asc. 1516,* eodem *Regius: utrumque quia infra p. 522. 2–3* Cleomenes
facere potuit *uulgo tum scribebatur*)

9.3.44 M. FABI QVINTILIANI

ordine: 'Quid Cleomenes facere potuit? Non enim possum quemquam insimulare falso. Quid, inquam, facere Cleo- 44 menes potuit?' Prioris etiam sententiae uerbum ultimum ac sequentis ⟨primum⟩ frequenter est idem, quo quidem schemate utuntur poetae saepius:

'Pierides, uos haec facietis maxima Gallo,
Gallo, cuius amor tantum mihi crescit in horas',

sed ne oratores quidem raro: 'hic tamen uiuit: uiuit? immo 45 uero etiam in senatum uenit.' Aliquando, sicut in geminatione uerborum diximus, initia quoque et clausulae sententiarum aliis sed non alio tendentibus uerbis inter se consonant. Initia hoc modo: 'dediderim periculis omnibus, optulerim insidiis, obiecerim inuidiae.' Rursus clausulae ibidem statim: 'uos enim statuistis, uos sententiam dixistis, uos iudicastis.' Hoc alii συνωνυμίαν, alii diiunctionem uocant, utrumque, etiam si est diuersum, recte: nam est nominum idem significantium separatio. Congregantur quoque uerba idem significantia: 'quae cum ita sint, Catilina, perge quo coepisti, egredere aliquando ex urbe: patent portae, pro- 46 ficiscere.' Et in eundem alio libro: 'abiit excessit erupit euasit.' Hoc Caecilio pleonasmos uidetur, id est abundans super necessitatem oratio, sicut illa:

'uidi oculos ante ipse meos':

in illo enim 'uidi' inest 'ipse'. Verum id, ut alio quoque loco dixi, cum superuacua oneratur adiectione, uitium est, cum auget aut manifestat sententiam, sicut hic, uirtus: 'uidi', 47 'ipse', 'ante oculos' totidem sunt adfectus. Cur tamen haec proprie nomine tali notarit non uideo: nam et geminatio et repetitio et qualiscumque adiectio πλεονασμός uideri potest. Nec uerba modo sed sensus quoque idem facientes

1 *Verr.* 5. *107*   6 *Verg. ecl.* 10. 72–3   8 *Cic. Cat.* 1. 2
12, 14 *Cic. frg. or. XII.* 7   18 *id. Cat.* 1. 10   20 2. 1
21 *frg.* 64 *Ofenloch*   23 *Verg. Aen.* 12. 638

A]   4 *suppl. Badius*   25 onerat *Schuetz 1830*   26 uidi
ed. Camp.: uid *a* (uidet *A¹*)

INSTITVTIO ORATORIA 9.3.51

aceruantur: 'perturbatio istum mentis et quaedam scelerum offusa caligo et ardentes furiarum faces excitauerunt.'

Congeruntur et diuersa: 'mulier, tyranni saeua crudelitas, **48** patris amor, ira praeceps, temeritatis dementia.' Et apud Ouidium:

'sed graue Nereidum numen, sed corniger Ammon,
sed quae uisceribus ueniebat belua ponti
exsaturanda meis'.

Inueni qui et hoc πλοκήν uocaret: cui non adsentior, cum sit **49** unius figurae. Mixta quoque et idem et diuersum significantia, quod et ipsum diallagen uocant: 'quaero ab inimicis, sintne haec inuestigata comperta †id est patefacta sublata delata extincta per me.' Et 'inuestigata comperta id est patefacta' aliud ostendunt, 'sublata delata extincta'† sunt inter se similia, sed non etiam prioribus. Et hoc autem ex- **50** emplum et superius aliam quoque efficiunt figuram, quae quia coniunctionibus caret dissolutio uocatur, apta cum quid instantius dicimus: nam et singula inculcantur et quasi plura fiunt. Ideoque utimur hac figura non ⟨in⟩ singulis modo uerbis, sed sententiis etiam, ut Cicero dicit contra contionem Metelli: 'qui indicabantur, eos uocari, custodiri, ad senatum adduci iussi: †senatum si interposui'†, et totus hic locus talis est. Hoc genus et βραχυλογίαν uocant, quae potest esse copulata dissoluto. Contrarium [ut] est schema quod coniunctionibus abundat: illud ἀσύνδετον, hoc πολυσύνδετον dicitur. Sed hoc est uel isdem saepius repetitis, ut **51**

'tectumque laremque
armaque Amyclaeumque canem Cressamque pharetram',

---

1 *Cic. Pis. frg. 4 Nisbet* 3 *locus ignotus* 5 *met. 5. 17–19*
11 *Cic. frg. orat. XII. 8* 21 *ibid. 9* 27 *Verg. georg. 3. 344–5*

A] 3 crudelitas *G*: credulitas *A* 4 temeritas *P* 7 sed *P, Ouidius*: et *A* (*in ras.*) 10 unitis *A*: *corr. t* mixtae *A*: *corr. t* 12, 13–14 id est *om. ed. Ven. 1493*: id est patefacta *del. Halm* 13, 14 delata *A*: deleta *ed. Asc. 1531*: *del. Halm* 13 et *om. P* 14 aliud *mihi suspectum* 19 in *add. Regius* 22 *locus conclamatus* 24 *post* copulata *distinxit Gertz*: an ⟨aut⟩ dissoluta? est *ed. Jens.*: ut est *A*: id est *t* (est id *P*¹): *fort.* huic est

523

M. FABI QVINTILIANI

52 uel diuersis: 'arma uirumque—multum ille et terris—multa
53 quoque.' Aduerbia quoque et pronomina uariantur: 'hic illum uidi iuuenem—bis senos cui nostra dies—hic mihi responsum primus dedit ille petenti.' Sed utrumque horum
54 aceruatio est aut iuncta aut dissoluta. Omnibus scriptores sua nomina dederunt, sed uaria et ut cuique fingenti placuit: fons quidem unus, qui acriora facit et instantiora quae dicimus et uim quandam prae se ferentia uelut saepius erumpentis adfectus.

Gradatio, quae dicitur κλῖμαξ, apertiorem habet artem et
55 magis adfectatam, ideoque esse rarior debet. Est autem ipsa quoque adiectionis: repetit enim quae dicta sunt, et priusquam ad aliud descendat in prioribus resistit. Cuius exemplum ex Graeco notissimo transferatur: 'non enim dixi quidem ⟨haec⟩, sed non ⟨scripsi, nec scripsi quidem, sed non⟩ obii legationem, ⟨nec obii quidem legationem,⟩ sed non per-
56 suasi Thebanis.' Sunt tamen tradita et Latina: 'Africano uirtutem industria, uirtus gloriam, gloria aemulos comparauit.' Et Calui: 'non ergo magis pecuniarum repetundarum quam maiestatis, neque maiestatis magis quam Plautiae legis, neque Plautiae legis magis quam ambitus, neque
57 ambitus magis quam omnium legum.' †Est† inuenitur apud poetas quoque, ut apud Homerum de sceptro, quod a Ioue

1 *Verg. Aen. 1. 1 seq.*   2 *id. ecl. 1. 42 seq.*   10 §§ 54–7 →
Diom. GL 1. 448. 12–449. 2   14 *Dem. de cor. 179*   17 *rhet.*
Her. 4. 34   19 *ORF p. 497*   23 *Il. 2. 101 seq.*

A]   2–4 *locus mihi suspectus*   5 est aut *Halm* (est tantum iam *Spalding*): et tantum *A*   7 qui *A*: quia *P ?, Vat. lat. 1766* (quo recepto erumpens *Spalding, contra numeros*)   8 s(a)epius *1416*: se prius *A*   14 transferat *A*: *corr. t*   15 haec *add. Radermacher* (*sic et p, 1470 in marg.*): *his comparandus est RLM p. 34. 23 seq.*   scripsi¹ ... non *suppl. p, 1470 in marg., Keil ad Diom.* (*cuius codd. et ipsi lacunosi sunt*)   16 nec obii quidem legationem *suppl. p in marg., Keil ad Diom.*   16–17 persuasi thebanis *p, 1470 in marg.*: persuasit haec uanis *A* (persuasi thebas *codd. Diom.*)   18 uirtutem industria *A, Diom.*: industria uirtutem *Meister 1860, p. 17* (*ut nonnulli codd. rhet. Her.*)   22 est *A*: et cetera *Spalding*: iudicia perierunt *p** (*ex Aquil. Rom. 40*): sed om. *Diom.*

INSTITVTIO ORATORIA 9.3.62

ad Agamemnonem usque deducit, et apud nostrum etiam tragicum:

'Ioue propagatus est, ut perhibent, Tantalus,
ex Tantalo ortus Pelops, ex Pelope autem satus
5 Atreus, qui nostrum porro propagat genus.'

At quae per detractionem fiunt figurae, breuitatis noui- 58 tatisque maxime gratiam petunt: quarum una est ea quam libro proximo in figuras ex συνεκδοχῇ distuli, cum subtractum uerbum aliquod satis ex ceteris intellegitur, ut Caelius 10 in Antonium: 'stupere gaudio Graecus': simul enim auditur 'coepit'; Cicero ad Brutum: 'Sermo nullus scilicet nisi ⟨de⟩ te: quid enim potius? Tum Flauius, cras, inquit, tabellarii, et ego ibidem has inter cenam exaraui.' Cui similia sunt illa 59 meo quidem iudicio, in quibus uerba decenter pudoris gratia 15 subtrahuntur:

'nouimus et qui te, transuersa tuentibus hircis,
et quo, sed faciles Nymphae risere, sacello.'

Hanc quidam aposiopesin putant, frustra: nam illa quid 60 taceat incertum est aut certe longiore sermone explicandum, 20 hic unum uerbum et manifestum quidem desideratum: quod si aposiopesis est, nihil non in quo deest aliquid idem appellabitur. Ego ne illud quidem aposiopesin semper uoco, in 61 quo res quaecumque relinquitur intellegenda, ut ea quae in epistulis Cicero: 'data Lupercalibus, quo die Antonius 25 Caesari.' Non enim opticuit: lusit, quia nihil aliud intellegi poterat quam hoc: 'diadema imposuit.' Altera est per 62

---

3 *frg. trag. inc. 54 Klotz* 10 *ORF p. 483* 11 *frg. epist. VII. 12* 16 *Verg. ecl. 3. 8–9* 24 *frg. epist. XVII. 1*

A] 1 et *om. Diom.* 5 porro propagat genus *p**, *Diom.*: porro pagens *G*: propagat genus *a in ras.* 8 *cum A: quam *G* (quom *1434*), *unde* qua *t, fort. recte* 10 gaudio *1434*: -eo *A* Graecus *ed. Jens.*: grecos *A* (grẹc *G*) 11 de *add. ed. Ald.* 12 tabellari∗e *A*: *corr. Spalding* (-ius *iam Burman*) 13 has *Burman*: cras *A* 18 hanc *a* (hinc *A*[1]): hoc *Halm* 20 desideratur *P* 22 ego ne *Spalding* (ne ego *iam 1418*): nego *A*: nec ego *Gebhard* 23 ea quae *G*: ea aeque *A* (*corr.?*): *fort. delendum est* (*ut tempt. Spalding*) 25 ⟨sed⟩ lusit *Halm*

9.3.63

detractionem figura, de qua modo dictum est, cui coniunctiones eximuntur. Tertia, quae dicitur ἐπεζευγμένον, in qua unum ad uerbum plures sententiae referuntur, quarum unaquaeque desideraret illud si sola poneretur. Id accidit aut praeposito uerbo ad quod reliqua respiciant: 'uicit pudorem ⟨libido, timorem⟩ audacia, rationem amentia', aut inlato quo plura cluduntur: 'neque enim is es, Catilina, ut te aut pudor umquam a turpitudine aut metus a periculo aut ratio ⟨a⟩
63 furore reuocauerit.' Medium quoque potest esse quod et prioribus et sequentibus sufficiat: iungit autem et diuersos sexus, ut cum marem feminamque 'filios' dicimus, et singu-
64 laria pluralibus miscet. Sed haec adeo sunt uulgaria ut sibi artem figurarum adserere non possint. Illud plane figura est, quo diuersa sermonis forma coniungitur:

'sociis tunc arma capessant
edico, et dira bellum cum gente gerendum.'

Quamuis enim pars [bello] posterior participio insistat, utrique conuenit illud 'edico'. Non utique detractionis gratia factam coniunctionem συνοικείωσιν uocant, quae duas res diuersas colligat:

'tam deest auaro quod habet quam quod non habet.'
65 Huic diuersam uolunt esse distinctionem, cui dant nomen παραδιαστολήν, qua similia discernuntur: 'cum te pro astuto sapientem appelles, pro confidente fortem, pro inliberali diligentem.' Quod totum pendet ex finitione, ideoque an figura sit dubito. Cui contraria est ea qua fit ex uicino

5 Cic. Cluent. 15   7 id. Cat. 1. 22   15 Verg. Aen. 3. 234–5   21 Syri sent. 628 Meyer   23 cf. Isid. etym. 2. 21. 9 = Hyperid. frg. 44 Jensen (u. Rutil. Lup. 1. 4)

A]   2 ΕΠΕΖΕΓΜΕΝΟΝ A   6 libido timorem P, Cic.: om. A   8 aut ratio a G, Cic.: ut ratio A   9 reuocarit ed. Camp. et ut uid. Cic., numerose   14 quo Halm (qua iam t): quod A   17 bello A: del. Burman   18 detractionis G: -ctationis A   19 facta coniunctio A: corr. Spalding (nisi fuit ⟨Est et⟩ non ... facta coniunctio (σ. uocant), quae ...)   23 qua Regius: quia A   simili A: corr. t   discernuntur Regius: -nunt A   24 appellas Vat. lat. 1762 (consentiente Isid.)   26 uicina A: -nia g: corr. Halm: sensus obscurus (ex u. del. Spalding)

INSTITVTIO ORATORIA 9.3.69

transitus ad diuersa ut similia: 'breuis esse laboro, obscurus fio' et quae secuntur.

Tertium est genus figurarum quod aut similitudine aliqua **66** uocum aut paribus aut contrariis conuertit in se aures et animos excitat. Hinc est παρονομασία, quae dicitur adnominatio. Ea non uno modo fieri solet: ex uicinia quadam praedicti nominis ducta, casibus declinatis, ut Domitius Afer pro Cloatilla: 'mulier omnium rerum imperita, in omnibus rebus infelix,' et cum uerbo idem uerbum plus significans subiun- **67** gitur: 'quando homo hostis, homo.' Quibus exemplis sum in aliud usus, †sed in uno φάσις est geminatio.† Παρονομασίᾳ contrarium est quod eodem uerbo quasi falsum arguitur: 'quae lex priuatis hominibus esse lex non uidebatur.' Cui **68** confinis est quae ἀντανάκλασις dicitur, eiusdem uerbi contraria significatio. Cum Proculeius quereretur de filio quod is mortem suam expectaret, et ille dixisset 'se uero non expectare', 'immo', inquit, 'rogo expectes'. Non ⟨ex⟩ eodem sed ex uicino diuersum accipitur cum supplicio adficiendum dicas quem supplicatione dignum iudicaris. Aliter quoque **69** uoces aut eaedem [aut] diuersa in significatione ponuntur aut productione tantum uel correptione mutatae: quod etiam in iocis frigidum equidem tradi inter praecepta miror,

1 Hor. ars 25–6   8 FOR p. 567   13 Cic. Pis. 30

A]   1 ut A¹: aut a   8 ominibus a   rebus 1418, numerose: rerum A: del. Becher (ap. Rad.)   9 significans Burman: significan G¹: -icat* A (idem g)   10 quando A: an quamuis ?   11 sed ... geminatio A: sensus corruptus et lacunosus: sed in uno ἔμφασις (hoc saltem recte) est et geminatio Woelfflin (ap. Halm)   11 παρονομασίᾳ Spalding: ΠΑΡΟΝΟΜΑϹΙΑ ei A (-ίᾳ ei Obrecht), quod probauit Gertz (qui scripsit ἔμφασις est, geminatio, παρονομασία. Ei contrarium est cum (hoc iam Spalding) eodem ...): temptaui Παρονομασία et (deinde contrarium ⟨efficit cum id positum⟩ est quod ...)   14 ΑΝΤ-ΑΝΑΚΛΑϹΙϹ G: ΑΝΤΙΠΕΚΔΟϹΙϹ post corr. A: ἀνάκλασις Radermacher   17 ex M: om. A   18 uicino diuersum Schuetz 1830: diuerso uicinum A   18–19 cum ... dicas suspectum Spaldingio   19 iudicaris mihi suspectum   20 eaedem ed. Asc. 1516: eadem aut A   significatione T: signatione A   21 aut G: *ut A   22 iocis P: locis A   equidem 1416: et quidem A

eorumque exempla uitandi potius quam imitandi gratia pono:
70 'amari iucundum est, si curetur ne quid insit amari', 'auium dulcedo ⟨ad⟩ auium ducit', et apud Ouidium ludentem:
'cur ego non dicam, Furia, te furiam?'
71 Cornificius hanc traductionem uocat, uidelicet alterius intellectus ad alterum. Sed elegantius quod est positum in distinguenda rei proprietate: 'hanc rei publicae pestem paulisper reprimi, non in perpetuum comprimi posse'; et quae praepositionibus in contrarium mutantur: 'non emissus ex urbe, sed inmissus in urbem esse uideatur.' Melius atque acrius quod cum figura iucundum est, tum etiam sensu
72 ualet: 'emit morte inmortalitatem'. Illa leuiora: 'non Pisonum sed pistorum' et 'ex oratore arator'. Pessimum uero: 'ne patres conscripti uideantur circumscripti'. Raro euenit, sed uehementer †uenit sic† contigit, ut aliqui sensus uehemens et acer uenustatem aliquam †non eadem eo uerbo non dis-
73 sona accipit.† Et cur me prohibeat pudor uti domestico exemplo? Pater meus contra eum qui se legationi inmoriturum dixerat, deinde uix paucis diebus insumptis re infecta redierat: 'non exigo uti inmoriaris legationi: inmorare.' Nam et ualet sensus ipse et in uerbis tantum distantibus iucunde consonat uox, praesertim non captata sed uelut oblata, cum
74 altero suo sit usus, alterum ab aduersario acceperit. Magnae ueteribus curae fuit gratiam dicendi et paribus et contrariis adquirere. Gorgias in hoc inmodicus: copiosus, aetate utique

2-3 *rhet. Her.* 4. 21 et 29   4 *frg. 4 Morel*   5 *rhet. Her.* 4. 20   7 *Cic. Cat.* 1. 30   9 *ibid.* 27   13 *Cic. Phil.* 3. 22: *rhet. Her.* 4. 30

A]   1 eoque *Spalding*   3 dulcedo ad *ed. Jens.*: dulce *A*: dulcedo *iam P* (*deinde* ducit ad auium *ut est in rhet. Her.* 4. 29)
4 ego *F*: ergo *A*   5 hanc *t*: haec *A*: hoc *Halm*   9 praepositionibus *ed. Jens.*: pro- *A*   10 inmissus *P, Cic.*: missus *A*
12 leuiora *P*: leuiorest *A*   13 oratore *G, Cic.*: aratore *A*   arator *p*, Cic.*: orator *A*   13-14 ne p. c. *P*: nempe *A*   15 uenit sic contigit *A*: ualet (iuuat *Russell*) si contigit (*hoc iam 1418*) *Gertz*
16 eadem eo uerbo *A*: eodem ex uerbo *Regius* (eadem ex uoce *Christ*: ex uoce *recepto* dissona accipiat (*sic Christ*) *malim, sed* non eadem *deleto*)   22 captatis ... oblatis *Gertz*   23 altero *P*: alter *A*
24 et[1] *A*: ex *Halm* (e iam *t*)

INSTITVTIO ORATORIA 9. 3. 77

prima, Isocrates fuit. Delectatus est his etiam M. Tullius,
uerum et modum adhibuit non ingratae nisi copia redundet
uoluptati, et rem alioqui leuem sententiarum pondere
impleuit. Nam per se frigida et inanis adfectatio, cum in
5 acris incidit sensus innatam ⟨gratiam⟩ uidetur habere,
non arcessitam.

Similium fere quadruplex ratio est. Nam est primum 75
quotiens uerbum uerbo aut non dissimile ualde quaeritur, ut
'puppesque tuae pubesque tuorum',
10 et: 'sic in hac calamitosa fama quasi in aliqua perniciosissima
flamma', et: 'non enim tam spes laudanda quam res est', aut
certe par et extremis syllabis consonans: 'non uerbis sed
armis.' Et hoc quoque quotiens in sententias acris incidit 76
pulchrum est: 'quantum possis, in eo semper experire ut
15 prosis.' Hoc est πάρισον, ut plerisque placuit; Theon Stoicus
πάρισον existimat quod sit e membris non dissimilibus. Secun- 77
dum ut clausula similiter cadat, syllabis isdem ⟨in⟩ ultimam
partem conlatis; ὁμοιοτέλευτον ⟨uocant, id est⟩ similem
duarum sententiarum uel plurium finem: 'non modo ad
20 salutem eius extinguendam, sed etiam gloriam per tales
uiros infringendam.' Ex quibus fere fiunt, non tamen ut semper utique ultimis consonent, quae τρίκωλα dicuntur: 'uicit
pudorem libido, timorem audacia, rationem amentia.' In
quaternas quoque ac plures haec ratio ire sententias potest.
25 Fit etiam singulis uerbis:
'Hecuba hoc dolet pudet piget',

9 *Verg. Aen. I. 399*   10 *Cic. Cluent. 4*   11 *id. rep. frg. 5
Ziegler*   12 *cf. Rutil. Lup. 2. 12*   19 *Cic. Mil. 5*   22 *id.
Cluent. 15*   26 *frg. trag. inc. 9 Klotz*

A]   5 gratiam *add. hic Halm, post* arcessitam *Meister 1865*
8 dissimile ualde A: ualde dissimile *Spalding*   12 par et *Buttmann (ap. Spalding)*: patet A: par est *iam P*   14 experiri A: *corr.
Regius*   15 Theo Stoicus *Halm*: cheostolcus A   17 syllabis
Spalding: I in his G (I* *in A*)   *in ed. Camp.*: om. A   18 uocant, id
est *suppleui (cf. 5. 10. 86)*: ⟨uocant⟩ *iam Capperonnier*   22 uicit
ed. Ven. 1493, Cic. (cf. § 62): uincit A   23 timorem *g, Cic.*: morem
A ⟨sed⟩ *in G, edd.*   26 *uerbum quartum desiderant quidam
(e.g.* dolet ⟨miseret⟩ *Bergk Kl. phil. Schrift. 1. 378)*

9. 3. 78   M. FABI QVINTILIANI

78 et 'abiit excessit erupit euasit'. Tertium est quod [non] in eosdem casus cadit: *ὁμοιόπτωτον* dicitur. Sed neque quod finem habet similem, utique in eundem uenit finem *ὁμοιόπτωτον*, quia *ὁμοιόπτωτον* est tantum casu simile [est] etiam si dissimilia sint quae declinentur, nec tantum in fine depre- 5 henditur, sed respondentibus uel primis inter se uel mediis uel extremis uel etiam permutatis his, ut media primis et summa mediis accommodentur; et quocumque modo accom-
79 modari potest: nec enim semper paribus syllabis constat, ut est apud Afrum: 'amisso nuper infelicis †auleis† non praesidio 10 inter pericula, tamen solacio inter aduersa.' Eius fere uidentur optima in quibus initia sententiarum et fines consentiunt (ut hic 'praesidio, solacio' †pedem†) ⟨ut⟩ et similia sint uer-
80 bis et a paribus cadant et eodem modo desinant: etiam ut sint, quod est quartum, membris aequalibus, quod *ἰσόκωλον* 15 dicitur. 'Si, quantum in agro locisque desertis audacia potest, tantum in foro atque iudiciis impudentia ualeret' *ἰσόκωλον* est et *ὁμοιόπτωτον* habet; 'non minus nunc in causa cederet Aulus Caecina Sexti Aebuti impudentiae quam tum in ui facienda cessit audaciae' *ἰσόκωλον, ὁμοιόπτωτον, ὁμοιοτέλευ-* 20 *τον*. Accedit et ex illa figura gratia qua nomina dixi mutatis casibus repeti: 'non minus cederet quam cessit.' Adhuc *ὁμοιοτέλευτον* et *παρονομασία* est 'neminem alteri posse dare ⟨in⟩ matrimonium nisi penes quem sit patrimonium.'

---

1 *Cic. Cat. 2. 1*   10 *FOR p. 569*   16 *Cic. Caec. 1*

A]   1 quod *P*: quod non *A*   4 quia *t*: quam (*ex* qua) *A, sed deinde* ἀΜΟΙΟΠΤωΤΟΝ   est[2] *del. t*   6 sed *t*: et *A* respondent *A*: *corr. Halm*   10 auleis *A*: Auli si *Norden* (*Antik. Kunstpr. p. 270*) (aulae si *iam ed. Jens.*), *in quo saltem* si *rectum est* 11 *an* pericla?   13 hic ... pedem *del. Radermacher*: hic ... solacio pericula aduersa *Laubmann* (*ap. Halm*), *fort. recte*   ut *hic addidi* (*post* et *ed. Asc. 1516*)   14 a paribus *A*: paribus *G*: pariter *Hirt* 14–15 etiam ut sint] *constructio dubia*   15 *fort.* ⟨in⟩ membris ΙϹΟΚΟΜΜΟΝ *A* (*corr.*) (ΥϹΟΚΜΔΟΝ *G*)   17 ΙϹΟΚωΛΝ *A* 20–1 ΟΜΟΤΟΤΕΛΕΥϹΤΟΝ (*sic*) *G*: ΟΜΟΙΟΤΕΛΟΝ *A* (*corr.*) 21 accidit *A*: *corr. Regius*   22 adhuc *A* (*cf. 7. 1. 36*): at hoc *Halm*   24 in *G*: *om. A*

INSTITVTIO ORATORIA 9.3.86

Contrapositum autem uel, ut quidam uocant, contentio 81 (ἀντίθετον dicitur) non uno fit modo. Nam et [sic] singula singulis opponuntur, ut in eo quod modo dixi: 'uicit pudorem libido, timorem audacia', et bina binis: 'non nostri
5 ingeni, uestri auxili est', et sententiae sententiis: 'dominetur in contionibus, iaceat in iudiciis.' Cui commodissime 82 subiungitur et ea species quam distinctionem diximus: 'odit populus Romanus priuatam luxuriam, publicam magnificentiam diligit', et quae sunt simili casu dissimili sententia
10 in ultimo locata: 'ut quod in tempore mali fuit nihil obsit, quod in causa boni fuit prosit.' Nec semper contrapositum 83 subiungitur, ut in hoc: 'est igitur haec, iudices, non scripta sed nata lex', uerum, sicut Cicero dicit, de singulis rebus propositis refertur ad singula, ut ⟨in⟩ eo quod sequitur:
15 'quam non didicimus accepimus legimus, uerum ex natura ipsa arripuimus hausimus expressimus.' Nec semper quod 84 aduersum est contra ponitur, quale est apud Rutilium: 'nobis primis di inmortales fruges dederunt, nos quod soli accepimus in omnes terras distribuimus.' Fit etiam adsump- 85
20 ta illa figura qua uerba declinata repetuntur, quod ἀντιμεταβολή dicitur: 'non ut edam uiuo, sed ut uiuam edo.' Et quod apud Ciceronem conuersum ita est ut, cum mutationem casus habeat, etiam similiter desinat: 'ut et sine inuidia culpa plectatur et sine culpa inuidia ponatur.' Et eodem 86
25 eluditur uerbo, ut quod dicit de [se] Roscio: 'etenim cum

3 *Cic. Cluent. 15*   4 *ibid. 4*   5 *ibid. 5*   7 *id. Mur. 76*
10 *id. Cluent. 80*   12 *id. Mil. 10*   13 *de orat. 3. 207*
18 2. 16 = *Demetrius Phalereus frg. 185 Wehrli*   19 §§ *85–6 cf.*
Isid. etym. 2. 21. 11   21 *cf. rhet. Her. 4. 39*   23 *Cluent. 5*
25 *Quinct. 78*

A]   2 et *Dzialas* (*u. addenda edit. Halm.*): et sic *A* (*corr.?*): et fit
G, unde et fit si *t*   7 et ea species *t*: ex ea speciae *A*   14 in *add. t*
24 et^a ⟨quod⟩ *Regius*†   25 eluditur *A*: cluditur *p* (*1470*),
sine sensu: malim luditur   se *A*: sexto *p** (*sed Quintus erat*): *del.*
Obrecht   25–p. 532 l. 2 etenim … accedat *A*^{1}, *mance*: *supplementum*
incertum: qui scaenam introeat solus *add. post* esse *a*: etenim … modi
sit ut solus dignus uideatur esse qui in scaena spectetur, tum uir eius
modi est ut solus dignus uideatur qui eo non accedat *codd. Cic.* (*et*
fere P: in quo uariam huius loci lectionem purgauit p*)

531

M. FABI QVINTILIANI

artifex eius modi est ut solus uideatur dignus esse * uideatur qui non accedat.' Est et in nominibus ex diuerso conlocatis sua gratia: 'si consul Antonius, Brutus hostis, ⟨si conseruator rei publicae Brutus, hostis⟩ Antonius.'

87 Olim plura de figuris quam necesse erat, et adhuc erunt qui putant esse figuram 'incredibile est quod dico sed uerum' (ἀνθυποφοράν uocant) et 'aliquis hoc semel tulit, nemo bis, ego ter' (διέξοδον) et 'longius euectus sum, sed redeo ad pro-
88 positum' (ἄφοδον). Quaedam uerborum figurae paulum ⟨a⟩ figuris sententiarum declinantur, ut dubitatio. Nam cum est in re, priori parti adsignanda est, cum in uerbo, sequenti:
89 'siue me malitiam siue stultitiam dicere oportet.' Item correctionis eadem ratio est: nam quod illic dubitat, hic emendat. Etiam in personae fictione accidere quidam idem putauerunt, ut in uerbis esset haec figura: 'crudelitatis mater est auaritia', et apud Sallustium in Ciceronem 'o Romule Arpinas': quale est apud Menandrum 'Oedipus Thriasius'. Haec omnia copiosius sunt executi qui non ut partem operis transcurrerunt, sed proprie libros huic operi dedicauerunt, sicut Caecilius, Dionysius, Rutilius, Cornificius, Visellius aliique non pauci (sed non minor erit eorum qui uiuunt
90 gloria). Vt fateor autem uerborum quoque figuras posse pluris reperiri a quibusdam, ita his, quae ab auctoribus claris traduntur, meliores non adsentior. Nam in primis M. Tullius multas in tertio de Oratore libro posuit quas in Oratore postea scripto transeundo uidetur ipse damnasse: quarum pars est quae sententiarum potius quam uerborum sit, ut

3 *Cic. Phil. 4. 8*   12 *cf. rhet. Her. 4. 40*   15 *u. Rutil. Lup.*
*2. 6 (cf. Ribbeck, Com. Rom. Frag.*² *p. 372)*   16 *'Sall.' in Cic. 7*
17 *frg. 888 Koerte*

A]   2 in omnibus *A*¹ (*unde* nominibus *omisso* in *Meister*)
3–4 si² . . . hostis *P*, *Cic.*: om. *A*   6 putent *Halm post Regium*
7 ΑΝΟΥΠΟΦΟΡΑΝ *G*: ΑΠΟΙΠΟΦΟΡΑΝ *A*   nemo *Badius*:
nego *A*   8 et *Spalding*: eo *A*   9 a *add. Halm*   10 *malim*
declinant   12 me *A*: om. *Vat. lat. 1762* (*ut rhet. Her.*), *fort.*
recte   13 correctionis *1434*: corrept- *A*   13–14 dubitatur ...
emendatur *tempt. Halm*   14 quidam *P*: -dem *A*

inminutio, inprouisum, imago, sibi ipsi responsio, digressio, permissio, contrarium (hoc enim puto quod dicitur ἐναντιότης), sumpta ex aduerso probatio: quaedam omnino non 91 sunt figurae, sicut ordo, dinumeratio, circumscriptio, siue hoc nomine significatur comprensa breuiter sententia siue finitio: nam et hoc Cornificius atque Rutilius schema λέξεως putant. Verborum autem concinna transgressio hyperbaton est, quod Caecilius quoque putat schema, a nobis est inter ⟨tropos⟩ posita. Sed mutatio, [et] si ea est quam Rutilius 92 ἀλλοίωσιν uocat, dissimilitudinem ostendit hominum rerum factorum: quae si latius fiat, figura non est, si angustius, in ἀντίθετον cadet; si uero haec appellatio significat ὑπαλλαγήν, satis de ea dictum est. Quod uero schema est ad propositum 93 subiecta ratio, quod Rutilius αἰτιολογίαν uocat? [utrum] Nam de illo dubitari possit, an schema sit in distributis subiecta ratio, quod apud eundem primo loco positum est: προσαπόδοσιν dicit, quae, ut maxime, seruetur sane in pluri- 94 bus propositis, quia aut singulis statim ratio subiciatur, ut est apud Gaium Antonium: 'sed neque accusatorem eum metuo, quod sum innocens, neque competitorem uereor, quod sum Antonius, neque consulem spero, quod est Cicero': aut positis duobus uel tribus eodem ordine singulis continua 95 reddatur, quale apud Brutum de dictatura Cn. Pompei: 'praestat enim nemini imperare quam alicui seruire: sine illo enim uiuere honeste licet, cum hoc uiuendi nulla

6 *rhet. Her. 4. 35* : *Rutil.* 2. 5   8 *frg. 67 Ofenloch*
9 *2. 2*   14 *2. 19*   17 *1. 1*   19 *FOR p.* 395   24 *ORF p.* 463

A] 1 inprouisa A : *corr.* 'Turnebus' (*cf.* 9. 1. 35)   2–3 *fort.* è., sumpta ex aduersis probatio)   5 comp̄hensa P: compressa (*ex* cump-) A   9 *suppl. Burman   sed Spalding*: et *a* (est A¹): *fort. delendum*   inmutatio *Halm, probabiliter* (*cf.* 9. 1. 35) et *del. Halm*   11 arguitius A : *corr.* t   12 ΥΠΑΜΑϹΤΕΝ G (ΥΠΛΛΑΚΤΗΝ *post corr.* A)   14 utrum *a in ras.*: *post* ratio *posuit ed. Gryph. 1536*: *lacunam post hoc uerbum indicauit Radermacher*: *del. Spalding*   17 ΠΡΟϹΑΠΟΟϹΟϹΙΝ G (ΠΡΟϹΑΡΠΑϹΙΝ *in ras. mai.* A)   18 quia A : quibus *Radermacher*: *malim* cum

96 condicio est.' Sed et uni rei multiplex ratio subiungitur, ut apud Vergilium:

'siue inde occultas uires et pabula terrae
pinguia concipiunt, siue illis omne per ignem
excoquitur uitium'   et totus locus,
'seu pluris calor ille uias ... seu durat magis'.

97 Relationem quid accipi uelit non liquet mihi: nam si ἀντανάκλασιν aut ἐπάνοδον aut ἀντιμεταβολήν dicit, de omnibus his locuti sumus. Sed quidquid est, nec hoc nec superiora in Oratore repetit. Sola est in eo libro posita inter figuras uerborum exclamatio quam sententiae potius puto (adfectus **98** enim est); [et] ceteris omnibus consentio. Adicit his Caecilius περίφρασιν, de qua dixi, Cornificius interrogationem ratiocinationem subiectionem transitionem occultationem, praeterea sententiam membrum articulos interpretationem conclusionem. Quorum priora alterius generis sunt schemata, **99** sequentia schemata omnino non sunt. Item Rutilius, praeter ea quae apud alios quoque sunt, παρομολογίαν, ἀναγκαῖον, ἠθοποιίαν, δικαιολογίαν, πρόλημψιν, χαρακτηρισμόν, βραχυλογίαν, παρασιώπησιν, παρρησίαν, de quibus idem dico. Nam eos quidem auctores qui nullum prope finem fecerunt exquirendis nominibus praeteribo, qui etiam quae sunt argumentorum figuris adscripserunt.

100   Ego illud de iis etiam quae uere sunt adiciam breuiter, sicut ornent orationem oportune positae, ita ineptissimas esse cum inmodice petantur. Sunt qui, neglecto rerum pondere et uiribus sententiarum, si uel inania uerba in hos modos

INSTITVTIO ORATORIA 9.4.3

deprauarunt summos se iudicent artifices, ideoque non desinant eas nectere, quas sine substantia sectari tam est ridiculum quam quaerere habitum gestumque sine corpore. Sed 101 ne eae quidem quae recte fiunt densandae sunt nimis: nam et uultus mutatio oculorumque coniectus multum in actu ualet, sed si quis ducere os exquisitis modis et frontis ac luminum inconstantia trepidare non desinat, rideatur. Et oratio habet rectam quandam uelut faciem, quae ut stupere inmobili rigore non debebit, ita saepius in ea quam natura dedit specie continenda est. Sciendum uero 102 in primis quid quisque in orando postulet locus, quid persona, quid tempus: maior enim pars harum figurarum posita est in delectatione. Vbi uero atrocitate inuidia miseratione pugnandum est, quis ferat contrapositis et pariter cadentibus et consimilibus irascentem flentem rogantem?—cum nimia in his rebus cura uerborum deroget adfectibus fidem, et ubicumque ars ostentatur, ueritas abesse uideatur.

4. De compositione non equidem post M. Tullium scribere auderem, cui nescio an ulla pars operis huius sit magis elaborata, nisi et eiusdem aetatis homines scriptis ad ipsum etiam litteris reprehendere id conlocandi genus ausi fuissent, et post eum plures multa ad eandem rem pertinentia memoriae tradidissent. Itaque accedam in plerisque Ciceroni, 2 atque in his ero, quae indubitata sunt, breuior, in quibusdam paulum fortasse dissentiam. Nam etiam cum iudicium meum ostendero, suum tamen legentibus relinquam.

Neque ignoro quosdam esse qui curam omnem composi- 3 tionis excludant, atque illum horridum sermonem, ut forte fluxerit, modo magis naturalem, modo etiam magis uirilem esse contendant. Qui si id demum naturale esse dicunt quod natura primum ortum est et quale ante cultum fuit, tota hic

A]   4 eae *t*: ea et *A*   6 os *t*: eos *A*   8 orator *A*: *corr.*
Regius   11 quisquis *A*: *corr. t*   16 nimia *Halm*: tam *A*¹ (iam *a*)
derogat *A*: *corr. t*   18 uideatur *1418*: uidetur *A*   19 DE
COMPOSITIONE De *A*   32 (a) natura *a*   hic *A*: h(a)ec *f*: his *p**

535

9. 4. 4   M. FABI QVINTILIANI

4 ars orandi subuertitur. Neque enim locuti sunt ad hanc regulam et diligentiam primi homines, nec prohoemiis praeparare, docere expositione, argumentis probare, adfectibus commouere scierunt. Ergo his omnibus, non sola compositione caruerunt: quorum si fieri nihil melius licebat, ne domi- 5 bus quidem casas aut uestibus pellium tegmina aut urbibus
5 montes ac siluas mutari oportuit. Quae porro ars statim fuit? Quid non cultu mitescit? Cur uites coercemus manu? Cur eas fodimus? Rubos aruis excidimus: terra et hos generat. Mansuefacimus animalia: indomita nascuntur. Verum id est 10
6 maxime naturale quod fieri natura optime patitur. Fortius uero qui incompositum potest esse quam uinctum et bene conlocatum? Neque, si praui pedes uim detrahunt rebus, ut sotadeorum et galliamborum et quorundam in oratione simili paene licentia lasciuientium, ⟨id uitium⟩ compositionis 15
7 est iudicandum. Ceterum quanto uehementior fluminum cursus est prono alueo ac nullas moras obiciente quam inter obstantia saxa fractis aquis ac reluctantibus, tanto quae conexa est et totis uiribus fluit fragosa atque interrupta melior oratio. Cur ergo uires ipsa specie solui putent, quando 20 res nec ulla sine arte satis ualeat et comitetur semper artem
8 decor? An non eam quae missa optime est hastam speciosissime contortam ferri uidemus, et arcu derigentium tela quo certior manus, hoc est habitus ipse formosior? Iam in certamine armorum atque in omni palaestra quid satis recte 25 cauetur ac petitur cui non artifex motus et certi quidam
9 pedes adsint? Quare mihi compositione uelut ammentis quibusdam neruisue intendi et concitari sententiae uidentur.

A]   5–6 domibus *ed. Jens.*: omnibus *A*¹ (hominibus *a*)   6 uestibus *ed. Camp.*: uestes *A*: ueste *D'Orv. 13*   9 hos *Obrecht*: hoc *A*   12 qui *Regius*: quid∗∗ *A*: qui rude et *Kiderlin 1891-3 (conlato § 17)*   13 parui *A*: *corr. Madvig*   14 Galliamborum *ed. Ald.* (-iambicorum *Spalding*): callim*achorum A* (-machiorum *Regius*)   15 id uitium *addidi*: uitium *iam add. hic Kuehnert, post* est *Halm*   17 obicientes *G* (-tis *A*): *corr. t*   20 quando *A: fort.* cum   21 res nec ulla] *mirus ordo*: nec res ulla *Regius* (nec ulla res *P*): *an* res nulla?   23 derigentium *Halm*: dirig- *A*

INSTITVTIO ORATORIA 9. 4. 15

Ideoque eruditissimo cuique persuasum est ualere eam plurimum, non ad delectationem modo sed ad motum quoque animorum: primum quia nihil intrare potest in adfectus quod in aure uelut quodam uestibulo statim offendit, deinde quod natura ducimur ad modos. Neque enim aliter eueniret ut illi quoque organorum soni, quamquam uerba non exprimunt, in alios tamen atque alios motus ducerent auditorem. In certaminibus sacris non eadem ratione concitant animos ac remittunt, non eosdem modos adhibent cum bellicum est canendum et cum posito genu supplicandum est, nec idem signorum concentus est procedente ad proelium exercitu, idem receptui carmen. Pythagoreis certe moris fuit et cum euigilassent animos ad lyram excitare, quo essent ad agendum erectiores, et cum somnum peterent ad eandem prius lenire mentes, ut, si quid fuisset turbidiorum cogitationum, componerent. Quod si numeris ac modis inest quaedam tacita uis, in oratione ea uehementissima, quantumque interest sensus idem quibus uerbis efferatur, tantum uerba eadem qua compositione uel in textu iungantur uel in fine cludantur: nam quaedam et sententiis parua et elocutione modica uirtus haec sola commendat. Denique quod cuique uisum erit uehementer dulciter speciose dictum, soluat et turbet: abierit omnis uis iucunditas decor. Soluit quaedam sua in Oratore Cicero: 'Neque me diuitiae mouent, quibus omnis Africanos, Laelios multi uenalicii mercatoresque ⟨superarunt. Inmuta paululum, ut sit "multi superarunt mercatores⟩ uenaliciique"', et insequentis deinceps perihodos, quas si ad illum modum turbes, uelut fracta aut transuersa tela proieceris. Idem corrigit quae a Graccho composita durius putat. Illum decet: nos hac sumus probatione contenti, quod in scribendo quae se nobis solutiora optulerunt componimus.

24 232 = *frg. orat. VIII. 9*   29 *ibid. 233*

A]   9 est *t*: is *G* (*his A*)   17 ea (*uel* est) *Badius*: eo *A*
19 *fort.* contextu   24 neque *t, Cic.*: *nam* quae *A*   25 (et)
Laelios *p*, Cic.*   25–6 *suppl. ex Cic. ed. Vasc. 1538*   27 quas
Regius: quos *a* (quo *A*¹?, *G*)   30 simus *ed. Jens.*

537

9.4.16　M. FABI QVINTILIANI

Quid enim attinet eorum exempla quaerere quae sibi quisque experiri potest? Illud notasse satis habeo, quo pulchriora et sensu et elocutione dissolueris, hoc orationem magis deformem fore, quia neglegentia conlocationis ipsa uerborum luce
16 deprenditur. Itaque ut confiteor paene ultimam oratoribus artem compositionis, quae quidem perfecta sit, contigisse, ita illis quoque priscis habitam inter curas, in quantum adhuc profecerant, puto. Neque enim mihi quamlibet magnus auctor Cicero persuaserit, Lysian Herodotum Thucydiden parum
17 studiosos eius fuisse. Genus fortasse sint secuti non idem quod Demosthenes aut Plato, quamquam et hi ipsi inter se dissimiles fuerunt. Nam neque illud in Lysia dicendi textum tenue atque rasum laetioribus numeris corrumpendum erat: perdidisset enim gratiam, quae in eo maxima est, simplicis atque inadfectati coloris, perdidisset fidem quoque. Nam scribebat aliis, non ipse dicebat, ut oporteret esse illa rudi-
18 bus et incompositis similia: quod ipsum compositio est. Et historiae, quae currere debet ac ferri, minus conuenissent insistentes clausulae et debita actionibus respiratio et cludendi inchoandique sententias ratio. In contionibus quidem etiam similiter cadentia quaedam et contraposita deprehendas. In Herodoto uero cum omnia, ut ego quidem sentio, leniter fluunt, tum ipsa dialectos habet eam iucunditatem
19 ut latentes in ⟨se⟩ numeros complexa uideatur. Sed de propositorum diuersitate post paulum: nunc quae prius iis qui recte componere uolent discenda sunt.

Est igitur ante omnia oratio alia uincta atque contexta, soluta alia, qualis in sermone ⟨et⟩ epistulis, nisi cum aliquid supra naturam suam tractant, ut de philosophia, de re

9 e.g. orat. 186, 219

A]　5 deprenditur *D'Orv. 13, numerose*: -prehenditur *A*　6 quae quidem *Spalding* (quae *ed. Jens.*): qua de *A*　16 oporteret esse (oporturerit esse *iam P*) *Halm*: oportuisset *A*　20 *ante* in contionibus *excidisse nonnulla ad Thucydiden pertinentia putat Gertz*　23 eam *Regius*: etiam *A*　24 in se *Obrecht*: in *A*: etiam *Regius*　25 his *A*　26 discenda *p* (*Regius*): dic- *A*　28 et *add. t* (epistolisque *a*)

INSTITVTIO ORATORIA 9. 4. 24

publica similibusque. Quod non eo dico quia non illud quo- 20
que solutum habeat suos quosdam et forsitan difficiliores
etiam pedes: neque enim aut hiare semper uocalibus aut
destitui temporibus uolunt sermo atque epistula, sed non
fluunt nec cohaerent nec uerba uerbis trahunt, ut potius
laxiora in his uincla quam nulla sint. Nonnumquam in causis 21
quoque minoribus decet eadem simplicitas, quae non nullis
sed aliis utitur numeris, dissimulatque eos et tantum communit occultius.

At illa conexa series tris habet formas: incisa, quae com- 22
mata dicuntur, membra, quae κῶλα, περίοδον quae est uel
ambitus uel circumductum uel continuatio uel conclusio.
In omni porro compositione tria sunt genera necessaria:
ordo, iunctura, numerus.

Primum igitur de ordine. Eius obseruatio in uerbis est 23
singulis et contextis (singula sunt quae ἀσύνδετα diximus).
In his cauendum ne decrescat oratio, et fortiori subiungatur
aliquid infirmius, ut sacrilego fur aut latroni petulans: augeri
enim debent sententiae et insurgere, et optime Cicero 'tu',
inquit, 'istis faucibus, istis lateribus, ista gladiatoria totius
corporis firmitate': aliud enim maius alii superuenit. At si
coepisset a toto corpore, non bene ad latera faucesque
descenderet. Est et alius naturalis ordo, ut 'uiros ac feminas,' 'diem ac noctem', 'ortum et occasum' dicas potius,
quamquam et retrorsum. Quaedam ordine permutato fiunt 24
superuacua, ut 'fratres gemini': nam si 'gemini' praecesserint, 'fratres' addere non est necesse. Illa nimia quorundam
fuit obseruatio, ut uocabula uerbis, uerba rursus aduerbiis,
nomina adpositis et pronominibus essent priora: nam fit

15 § 23 → *Diom. GL I. 465. 29–31*   19 *Phil. 2. 63*

A] 8–9 communit] *mirum uerbum*   10–11 commota *A*: *corr. t*
13 genera *om. Burn. 243 (del. Regius)*   16 ἀσύνδετα *ed. Ald.*:
ΔCINΘΕΤΔ *a in ras.*   21 alii *Christ*: alio *A*   23 descenderet *H*: disc- *A*   25 quam*quam et A*: quam *p**   26–7 praecesserit *P*   29 pronominibus *A*: pronomina nominibus *Naylor*

25 contra quoque frequenter non indecore. Nec non et illud nimiae superstitionis, uti quaeque sint tempore, ea facere etiam ordine priora, non quin frequenter sit hoc melius, sed quia interim plus ualent ante gesta ideoque leuioribus super-
26 ponenda sunt. Verbo sensum cludere multo, si compositio patiatur, optimum est: in uerbis enim sermonis uis est. Si id asperum erit, cedet haec ratio numeris, ut fit apud summos Graecos Latinosque oratores frequentissime. Sine dubio erit omne quod non cludet hyperbaton, sed ipsum hoc inter
27 tropos uel figuras, quae sunt uirtutes, receptum est. Non enim ad pedes uerba dimensa sunt, ideoque ex loco transferuntur in locum, ut iungantur quo congruunt maxime, sicut in structura saxorum rudium etiam ipsa enormitas inuenit cui adplicari et in quo possit insistere. Felicissimus tamen sermo est cui et rectus ordo et apta iunctura et cum
28 his numerus oportune cadens contigit. Quaedam uero transgressiones et longae sunt nimis, ut superioribus diximus libris, et interim etiam compositione uitiosae, quae in hoc ipsum petuntur, ut exultent atque lasciuiant, quales illae Maecenatis: 'sole et aurora rubent plurima'; 'inter sacra mouit aqua fraxinos'; 'ne exequias quidem unus inter miserrimos uiderem meas' (quod inter haec pessimum est, quia
29 in re tristi ludit compositio). Saepe tamen ⟨est⟩ uehemens aliquis sensus in uerbo, quod si in media parte sententiae latet, transire intentionem et obscurari circumiacentibus solet, in clausula positum adsignatur auditori et infigitur, quale illud est Ciceronis: 'ut tibi necesse esset in conspectu
30 populi Romani uomere ⟨postridie⟩.' Transfer hoc ultimum: minus ualebit. Nam totius ductus hic est quasi mucro, ut per se foeda uomendi necessitas iam nihil ultra expectantibus

27 *Phil.* 2. 63

A]   2 ea *A*: ita *p, iam deletum (ut Bonnell, Lex. p. 924)*
9 sed *Spalding*: et *A* (est *G*)   16 contingit *t (contra numeros)*   20 inter ⟨se⟩ *Halm: alii* mouit *mutant (e.g.* mouetur *Wolff)*   23 est *G*: om. *A*   24 *fort.* aliqui *(cf. 9. 3. 72)*
28 postridie *add. Regius ex Cic.*   30 foedae ... necessitati *Regius*

INSTITVTIO ORATORIA 9. 4. 34

hanc quoque adiceret deformitatem, ut cibus teneri non posset postridie. Solebat Afer Domitius traicere in clausulas 31 uerba tantum asperandae compositionis gratia, et maxime in prohoemiis, ut pro Cloatilla: 'gratias agam continuo', et
5 pro Laelia: 'eis utrisque apud te iudicem periclitatur Laelia.' Adeo refugit teneram delicatamque modulandi uoluptatem ut currentibus per se numeris quod eos inhiberet [et] obiceret. Amphiboliam quoque fieri uitiosa locatione uerborum 32 nemo est qui nesciat. Haec arbitror, ut in breui, de ordine
10 fuisse dicenda: qui si uitiosus est, licet et uincta ac sit apte cadens oratio, tamen merito incomposita dicatur.

Iunctura sequitur. Est in uerbis, incisis, membris, periodis: omnia namque ista et uirtutes et uitia in complexu habent. Atque ut ordinem sequar, primum sunt quae im- 33
15 peritis quoque ad reprehensionem notabilia uidentur, id est, quae commissis inter se uerbis duobus ex ultima [fine] prioris ac prima sequentis syllaba deforme aliquod nomen efficiunt. Tum uocalium concursus: quod cum accidit, hiat et intersistit et quasi laborat oratio. Pessime longae, quae
20 easdem inter se litteras committunt, sonabunt: praecipuus tamen erit hiatus earum quae cauo aut patulo maxime ore efferuntur. E planior littera est, i angustior, ideoque ob- 34 scurius in his uitium. Minus peccabit qui longis breues subiciet, et adhuc qui praeponet longae breuem. Minima est in
25 duabus breuibus offensio. Atque cum aliae subiunguntur aliis, proinde asperiores ⟨aut leuiores⟩ erunt prout oris habitu

4 FOR p. 567

A] 7 ut currentibus G: occurr- A   quod A¹: quo a   7–8 ob(i)iceret p (1470): et obicetret (sic) G (et abiceret A)   8 amphibologiam A: corr. p*   uitiosa P: -am A   10 uincat A: corr. Obrecht (iuncta iam Regius, non male)   ac sit A: sit et Regius (elegantius)   14 sunt quae Capperonnier: quae sunt A: qu(a)e p (Regius)   16 quae ed. Jens.: qua A   duorum A: corr. t fine del. p*   19 longae malim delere   25 aliae p (Regius): alia A   26 aut leuiores add. Ammon 1929, p. 90 (aut leniores iam Christ)

M. FABI QVINTILIANI

35 simili aut diuerso pronuntiabuntur. Non tamen id ut crimen ingens expauescendum est, ac nescio neglegentia in hoc an sollicitudo sit peior. Inhibeat enim necesse est hic metus impetum dicendi et a potioribus auertat. Quare ut neglegentiae ⟨est⟩ pars hoc pati, ita humilitatis ubique perhorrescere, nimiosque non inmerito in hac cura putant omnis Isocraten
36 secutos praecipueque Theopompum. At Demosthenes et Cicero modice respexerunt ad hanc partem. Nam et coeuntes litterae, quae συναλιφαί dicuntur, etiam leuiorem faciunt orationem quam si omnia uerba suo fine cludantur, et nonnumquam hiulca etiam decent faciuntque ampliora quaedam, ut 'pulchra oratione †acta oratio iactatae',† cum longae per se et uelut opimae syllabae aliquid etiam medii
37 temporis inter uocales quasi intersistatur adsumunt. Qua de re utar Ciceronis potissimum uerbis. 'Habet' inquit 'ille tamquam hiatus et concursus uocalium molle quiddam et quod indicet non ingratam neglegentiam de re hominis magis quam de uerbis laborantis.'

Ceterum consonantes quoque, earumque praecipue quae sunt asperiores, in commissura uerborum rixantur, ut s ultima cum x proxima, quarum tristior etiam si binae colli-
38 dantur stridor est, ut 'ars studiorum'. Quae fuit causa et Seruio ⟨Sulpicio⟩, ut dixi, subtrahendae s litterae quotiens ultima esset aliaque consonante susciperetur, quod reprehendit Luranius, Messala defendit. Nam neque Lucilium

14 § 37 → *Vt. pp. 432. 35–433. 4*   15 *orat. 77*

A]   4–5 neglegentiae est *t* (neglegentia *a, recte?*): neglegentia A^1?, *G*   5 pars *del. Regius*: passim *Christ*: *fort.* semper   9 CINΔΛ-ΛΟΓΙΦΔΙ *A (corr.)*: CΥCΙΔΛΙΦΛΙ *G*   12 *exemplum corruptum*: ista iacta te (*iactatae A*) *Halm, deleto* oratio: iacta, orator, iacta te *Radermacher*: *alii alia*   cum A^1: tum *a*   13 optimae *A*: *corr. Obrecht*   13–14 mediis temporibus *A*: *corr. Regius*   20 ut *Rollin* (ut si *Vt.*): et *A*   22 ut ars *Regius* (*ex Diom. GL 1. 467. 16, quem laudat Valla in marg. P: cf. et Isid. etym. 2. 19. 2*): ua *A*   23 Sulpicio *add. Bergk* (*idem nomen illi ut dixi substituit Leo, Plaut. Forsch. p. 254 adn. 4*)

INSTITVTIO ORATORIA 9. 4. 44

putat uti eadem ultima, cum dicit 'Aeserninus fuit' et 'dignus locoque', et Cicero in Oratore plures antiquorum tradit sic locutos. Inde 'belligerare', 'pos meridiem' et illa Censori 39 Catonis 'dicae' 'faciae'que, m littera in e mollita. Quae in 5 ueteribus libris reperta mutare imperiti solent, et dum librariorum insectari uolunt inscientiam, suam confitentur. Atqui eadem illa littera, quotiens ultima est et uocalem uerbi 40 sequentis ita contingit ut in eam transire possit, etiam si scribitur, tamen parum exprimitur, ut 'multum ille' et 10 'quantum erat', adeo ut paene cuiusdam nouae litterae sonum reddat. Neque enim eximitur sed obscuratur, et tantum in hoc aliqua inter duas uocales uelut nota est, ne ipsae coeant. Videndum etiam ne syllaba uerbi prioris ultima et 41 prima sequentis †idē nec†: quod ne quis praecipi miretur, 15 Ciceroni in epistulis excidit: 'res mihi ⟨inuisae⟩ uisae sunt, Brute', et in carmine:

'o fortunatam ⟨natam⟩ me consule Romam.'

Etiam monosyllaba, si plura sunt, male continuabuntur, quia 42 necesse est compositio multis clausulis concisa subsultet. 20 Ideoque etiam breuium uerborum ac nominum uitanda continuatio et ex diuerso quoque longorum: adfert enim quandam dicendi tarditatem. Illa quoque uitia sunt eiusdem loci, si cadentia similiter et desinentia et eodem modo declinata multa iunguntur. Ne uerba quidem uerbis aut nomina 43 25 nominibus similiaque his continuari decet, cum uirtutes etiam ipsae taedium pariant nisi gratia uarietatis adiutae.

Membrorum incisorumque iunctura non ea modo est 44

1 *149, 150 Marx*   2 *161*   15 *frg. epist. VII. 13*   17 *frg.* 17 *Morel*

A]   1 putant *A*: *corr. m.* 2 *Burn. 243 ut uid.* (*ut coni. Spalding*) Aeserninus *Schmidt* (*ap. Halm*): serinus *A*   3 pelligerere *A*: *corr. t* pos meridiem *Ritschl* (*opusc. phil.* 2. *549*): prom- *A*: pom- *Regius* 4 dicae faciaeque *Gertz p.* 93 (*cf. 1. 7. 23*): dieae haceque *A* 11 sed *t*: et *A*   14 idē nec *A*: idem sonet *Watt* (*ad frg. Cic.*): sit eadem *Meister*   15 inuis(a)e *suppl. p* (*Regius*)   17 natam *1418* (nato *iam t*): *om. A*   25 cum *1418*: tum *A*   26 pariant *p* (*Regius*): patiantur *A* (*ex* pac-)   27 ea *G*: eo∗ *A*

543

obseruanda quae uerborum, quamquam et in his extrema
ac prima coeunt, sed plurimum refert compositionis quae
quibus anteponas. Nam et 'uomens frustis esculentis gremium suum et totum tribunal impleuit' * et contra (nam
frequentius utar isdem diuersarum quoque rerum exemplis,
quo sint magis familiaria) 'saxa atque solitudines uoci
respondent, bestiae saepe inmanes cantu flectuntur atque
consistunt' magis insurgebat si uerteretur: nam plus est
saxa quam bestias commoueri; uicit tamen compositionis
decor. Sed transeamus ad numeros.

45 Omnis structura ac dimensio et copulatio uocum constat
aut numeris (numeros ῥυθμούς accipi uolo) aut μέτροις, id est
dimensione quadam. Quod, etiam ⟨si⟩ constat utrumque
46 pedibus, habet tamen non simplicem differentiam. Nam primum numeri spatio temporum constant, metra etiam ordine,
ideoque alterum esse quantitatis uidetur, alterum qualitatis.
Rhythmos est aut par, ut dactylicus, una enim syllaba par
est breuibus (est quidem uis eadem et aliis pedibus, sed
47 nomen illud tenet: longam esse duorum temporum, breuem
unius etiam pueri sciunt) aut sescuplex, ut paeanicus: is est
ex longa et tribus breuibus ⟨aut ex tribus breuibus⟩ et longa
(uel alio quoque modo, ut tempora tria ad duo relata sescuplum faciant) aut duplex, ut iambos (nam est ex breui et
48 longa) quique est ei contrarius. Sunt hi et metrici pedes, sed
hoc interest, quod rhythmo indifferens dactylicusne ille
priores habeat breues an sequentes: tempus enim solum

3 *Cic. Phil. 2. 63*   6 *id. Arch. 19*

A]   4 *lacunam indicauit Halm* (*supplens* recte se habet, cum
maius sit quod tribunal impleuit,)   11 dimensio et *del. Gertz*
(*malim equidem* id ... quadam *secludere*)   12 ΡΥΘΜΟΙϹ *A*
ΜΕΤΡΕΙϹ *A*   13 si *add. p**   14–15 primum *ed. Ald.*: plurimum *A*   17 syllaba⟨longa duabus⟩*Radermacher* (*praeeunte Rollino*)
20 paeonicus: is est *Halm*: paeanicūsisē *G* (paeonicū si*⁂ *A*): paeon
(*ita t*) cum sit *Spalding*: *fort*. paeanicus (*uel* paean): fit   21 aut
(*fort.* uel?) ex tribus breuibus *suppl. Halm*: ⟨quique ei contrarius ex
tribus breuibus⟩ *iam p**   22 quoque *A uel a in ras. min.*: quo *G*
(*recte?*)   26 habeat *p* (*Regius*): habet *A*   solum *P*: sonum *G* (sono *A*)

INSTITVTIO ORATORIA 9. 4. 52

metitur, ut a sublatione ad positionem idem spatii sit.
Proinde alia [ad] dimensio uersuum: pro dactylico poni non
poterit anapaestos aut spondius, nec paean eadem ratione
breuibus incipiet ac desinet. Neque solum alium pro alio 49
pedem metrorum ratio non recipit, sed ne dactylum quidem
aut forte spondium alterum pro altero. Itaque si quinque
continuos dactylos, ut sunt in illo
    'panditur interea domus omnipotentis Olympi'
confundas, solueris uersum. Sunt et illa discrimina, quod 50
rhythmis libera spatia, metris finita sunt, et his certae
clausulae, illi quo modo coeperant currunt usque ad meta-
bolen, id est transitum ad aliud rhythmi genus, et quod
metrum in uerbis modo, rhythmos etiam in corporis motu
est. Inania quoque tempora rhythmi facilius accipient, quam- 51
quam haec et in metris accidunt. Maior tamen illic licentia
est; ubi tempora †etiam animo† metiuntur et pedum et
digitorum ictu, interualla signant quibusdam notis, atque
aestimant quot breues illud spatium habeat: inde tetrasemoe, pentasemoe, deinceps longiores sunt percussiones
(nam semion tempus est unum).

In compositione orationis certior et magis omnibus aperta 52
seruari debet dimensio. Est igitur in pedibus, et metricis
quidem pedibus, ⟨qui⟩ adeo reperiuntur in oratione ut in ea
frequenter non sentientibus nobis omnium generum exci-
dant uersus, et contra nihil quod est prorsa scriptum ⟨non⟩

8 *Verg. Aen. 10. 1*

A]   2 proinde *uix sanum*   dimensio *scripsi* (dimensio est *iam
Spalding*): ad dimensionem *A*   3 paean *Halm* (-on *ed. Col. 1527*):
paene *A*   5 pedem *ed. Ven. 1493*: pede *A*   11–12 metabulen *A*
14 rihtmi (*sic*) *t*: rythmici *A*: *fort.* rhythmoe (*cf.* § 54, *ubi* rithmoe *A*)
16 etiam animo *A*: etiam manu mota *Radermacher* (*quod uix placet*):
fort. et animo (*nisi delendum est*)   17 ⟨et⟩ interualla *Spalding*
18 quot *p**: quod *A* (*unde* breue *a*)   18–19 tetrasemoe pentasemoe *1418* (t. et p. *t*: *fort.* et t. et p.): tetrasemoae *et thascymo* est
A (t. et thascymoe *G*)   23⟦qui *add. Halm*   25 non *add. hic t*
(*post* contra *a*)

545

redigi possit in quaedam uersiculorum genera uel in membra,
si in tam molestos incidimus grammaticos quam fuerunt
qui lyricorum quorundam carmina in uarias mensuras
coegerunt. At Cicero frequentissime dicit totum hoc constare
numeris, ideoque reprehenditur a quibusdam tamquam
orationem ad rhythmos alliget. Nam sunt numeri rhythmoe,
ut et ipse constituit et secuti eum Vergilius, cum dicit
      'numeros memini, si uerba tenerem',
et Horatius
      'numerisque fertur | lege solutis'.
Inuadunt ergo hanc inter ceteras uocem: 'neque enim Demosthenis fulmina tantopere uibratura' dicit 'nisi numeris contorta ferrentur': in quo si hoc sentit: 'rhythmis contorta', dissentio. Nam rhythmi, ut dixi, neque finem habent certum nec ullam in contextu uarietatem, sed qua coeperunt sublatione ac positione ad finem usque decurrunt: oratio non descendet ad crepitum digitorum. Idque Cicero optime uidet ac testatur frequenter se quod numerosum sit quaerere ut magis non arrhythmum, quod esset inscitum atque agreste, quam enrhythmum, quod poeticum est, esse compositionem uelit: sicut etiam quos palaestritas esse nolumus, tamen esse nolumus eos qui dicuntur apalaestroe. Verum ea quae efficitur e pedibus apta conclusio nomen aliquod desiderat. Quid sit igitur potius quam 'numerus', sed oratorius numerus, ut enthymema rhetoricus syllogismus? Ego certe, ne in calumniam cadam, qua ne M. quidem Tullius caruit,

7 *orat. 67*   8 *ecl. 9. 45*   10 *carm. 4. 2. 11–12*   11 *Cic. orat. 234*   17 *e.g. ibid. 220*

A]   1 possunt *A*: *corr. t*   2 si in tam *Gertz*: sint a*t* (ad *G*) *A*: *alii alia, minus eleganter*   10 fertur *p**, *Hor.* (feratur *uel* fertur iam *t*): referatur *A*   11–12 demosthenis *p**: -es *A*   16 ac *ed. Jens.*: a *A*   ad finem *om. T* (*prob. Radermacher*)   17 crepitum *Bonnell* (*uix G*): screpitum *A*¹ (strepitum *a*)   idque *Spalding*: et quae *A*: *alii alia*   18 uidit *Gallaeus*   se *G*: sed *A*   20–1 compositionem *T*: -one *A*   21, 22 uolumus *utroque loco A*: *corr. ed. Ven. 1493*   23 apta *Spalding*: aqua *A* (aequa *P*)   24 sed *Christ*: et *A*   25 ut *G*: aut *A*   26 cadam *1418*: cadat *A*

INSTITVTIO ORATORIA 9. 4. 61

posco hoc mihi, ut, cum pro composito dixero numerum et ubicumque iam dixi, oratorium dicere intellegar.

Conlocatio autem uerba iam probata et electa et uelut 58 adsignata sibi debet conectere: nam uel dure inter ⟨se⟩ commissa potiora sunt inutilibus. Tamen et eligere quaedam, dum ex iis quae idem significent atque idem ualeant, permiserim, et adicere dum non otiosa, et detrahere dum non necessaria, et figuris mutare [et] casus atque numeros, quorum uarietas frequenter gratia compositionis adscita etiam suo nomine solet esse iucunda. Etiam ubi aliud ratio, 59 aliud consuetudo poscet, utrum uolet sumat compositio, 'uitauisse' uel 'uitasse', 'deprehendere' uel 'deprendere'. Coitus etiam syllabarum non negabo et quidquid sententiis aut elocutioni non nocebit. Praecipuum tamen in hoc opus 60 est, scire quod quoque loco uerborum maxime quadret. Atque is optime componet qui hoc ⟨non⟩ solum componendi gratia facit.

Ratio uero pedum in oratione est multo quam in uersu difficilior: primum quod uersus paucis continetur, oratio longiores habet saepe circumitus, deinde quod uersus semper similis sibi est et una ratione decurrit, orationis compositio, nisi uaria est, et offendit similitudine et in adfectatione deprenditur. Et in omni quidem corpore totoque, ut ita 61 dixerim, tractu numerus insertus est: neque enim loqui possum nisi e syllabis breuibus ac longis, ex quibus pedes fiunt. Magis tamen et desideratur in clausulis et apparet, primum quia sensus omnis habet suum finem, poscitque naturale interuallum quo a sequentis initio diuidatur, deinde quod aures continuam uocem secutae, ductaeque uelut

A] 1 pro composito] *ab edd. iniuria temptatum (u. Radermacher)* 4 se *Regius*†: *om. A* 6 his *A* 8 et¹ *Regius*: sed *a in ras. (ut tot. cont.)* figuris *G*: figuras *a in ras.* casus *Spalding*: et casus *A (praecedente uacuo spatio, unde* ⟨tempora⟩ et casus *tempt. Radermacher* 14 elocutioni *p (Spalding)*: -one *A* non nocebit *G*: *e*lucebit *A* 15 uerbum *ed. Ald.* 16 non *add. Rollin (sed is ante* hoc), *Spalding* 22 offendit *P*: -et *A* 23 deprenditur *D'Orv. 13, numerose*: -prehenditur *A* 24 tractu *P*: tractatu *A* 25 e *del. Spalding* 28 naturalem *A*: *corr. t*

547

prono decurrentis orationis flumine, tum magis iudicant
62 cum ille impetus stetit et intuendi tempus dedit. Non igitur
durum sit neque abruptum quo animi uelut respirant ac
reficiuntur. Haec est sedes orationis, hoc auditor expectat,
hic laus omnis †declamat.† Proximam clausulis diligentiam 5
63 postulant initia: nam et in haec intentus auditor est. Sed
eorum facilior ratio est; non enim cohaerent aliis nec praecedentibus seruiunt: exordium sumunt, †cum ea† quamlibet
sit enim composita ipsa, gratiam perdet si ad eam rupta uia
uenerimus. Namque eo fit ut cum Demosthenis seuera uidea- 10
tur compositio τοῖς θεοῖς εὔχομαι πᾶσι καὶ πάσαις, et illa
quae ab uno, quod sciam, Bruto minus probatur, ceteris
64 placet κἂν μήπω βάλλῃ μηδὲ τοξεύῃ, Ciceronem carpant in his
'familiaris coeperat esse balneatori' et 'non nimis dura archipiratae'. Nam 'balneatori' et 'archipiratae' idem finis est qui 15
πᾶσι καὶ πάσαις et qui μηδὲ τοξεύῃ, sed priora sunt seueriora.
65 Est in eo quoque nonnihil, quod hic singulis uerbis bini
pedes continentur, quod etiam in carminibus est praemolle,
nec solum ubi quinae, ut in his, syllabae nectuntur, 'fortissima Tyndaridarum', sed etiam quaternae, cum uersus 20

10 § 63 → *Rufin. GL* 6. 568. 5–7   11 *de cor.* 1   13 *Phil.* 3.
17   14 *Cael.* 62 : *alter locus ignotus* (*at cf. Verr.* 5. 70)   19 *Hor.
sat.* 1. 1. 100

A]   2 intuendi *P*: -dis *A*   3 sit *p**: sed *A*   5 de-
clamat *A*: et clamor *Gesner*: exclamat *Rollin*: declamatoris *Burman*: malim declaratur   7 neque *Regius*: sed *A*   8 seruiunt
⟨sed⟩ *Regius, non male*   cum ea *A*: cum clausula *Spalding,
fort. recte si sequentibus iungas, deleto* cum *et* (*ut uol. Regius*) enim:
lacunam indicauit Halm   10 namque eo *Halm*: nam quo
A et codd. Rufin.   fit ut cum *ed. Asc. 1516*: cum fit ut *A*: fit ut
Rufin., non male   seuera *Regius, Rufin.*: uera *A*   11 θεοῖς
εὔχομαι πᾶσι] ΘΙΣΙΥΧΟΜΑΙΠΑΣΕΙ *A* (*part. in ras.*)   14–15 non
nimis dura archipiratae *A*: *haec* (*puto*) *secundum ex Cicerone exemplum nobis praebent, cuius clausula est* archipiratae (non 'minus dura
'archipiratae' *Halm ex G*)   16 et qui *ed. Asc. 1516*: ЄC qui *G*
(ᚸ TOIC *a in ras.*)   me ΑΝΤΟΖΣΙΝ *G*: ΜΕΛΕΤΟΣΙΝ *post corr.
A* (*eadem uerba leuius corrupta supra*)   19–20 fortissima *p**,
Hor.: -ime *A*

INSTITVTIO ORATORIA 9. 4. 70

cluditur 'Appennino' et 'armamentis' et 'Orione'. Quare hic **66**
quoque uitandum est ne plurium syllabarum [his] uerbis
utamur in fine.

Mediis quoque non ea modo cura sit, ut inter ⟨se⟩ cohaere-
5 ant, sed ne pigra, ne longa sint, ne, quod nunc maxime
uitium est, breuium contextu resultent ac sonum reddant
paene puerilium crepitaculorum. Nam ut initia clausulaeque **67**
plurimum momenti habent, quotiens incipit sensus aut
desinit, sic in mediis quoque sunt quidam conatus iique
10 leuiter insistunt, ut currentium pes, etiam si non moratur,
tamen uestigium facit. Itaque non modo membra atque
incisa bene incipere atque cludi decet, sed etiam in iis quae
non dubie contexta sunt nec respiratione utuntur ⟨sunt⟩
illi uel occulti gradus. Quis enim dubitet unum sensum in **68**
15 hoc et unum spiritum esse: 'animaduerti, iudices, omnem
accusatoris orationem in duas diuisam esse partis'; tamen
et duo prima uerba et tria proxima et deinceps duo rursus ac
tria suos quasi numeros habent: spiritum sustinemus †sic aput
rimas aestimantur.† Hae particulae prout sunt graues **69**
20 acres, lentae celeres, remissae exultantes, proinde id quod
ex illis conficitur aut seuerum aut luxuriosum aut quad-
ratum aut solutum erit. Quaedam etiam clausulae sunt **70**
claudae atque pendentes si relinquantur, sed sequentibus
suscipi ac sustineri solent, eoque facto uitium quod erat in fine
25 continuatio emendat. 'Non uult populus Romanus obsoletis

---

1 *Pers. 1.95 : Ouid. met. 11. 456 : Germ. Arat. 343 (cf. Verg. Aen.
3. 517)* 15 *Cic. Cluent. 1* 25 *id. Verr. 5. 117*

A] 1 hic *A*: hoc *ed. Asc. 1516* 2 plurium *1434*:
plurimum *A* his *del. Regius* 4 se *P*: om. *A* 8 quotiens *A*: quatenus *Spalding* 10 insist*unt ut A*: insistunt
G 12 cludi *Regius*: includi *A* his *A* 13 sunt[2] *addidi*
(sunt *pro* uel *Spalding*): sint *add. Halm* (*post* gradus) 17 tris
A: *corr. t* 18 habent, ⟨et⟩ *Spalding* 18–19 sic aput
rima*s* (rithmis *G*) aestimantur *A*: *fort.* sicut (ita *ed. Jens.*) rhythmis
aestimatur: *alii alia* 25 continuatione mendat *G* (*et A*[1]*?*), *unde*
continuatione emendatur *Meister 1862-1* uult *Regius, Cic.*: dum
A obsoletis *p (1470), Cic.*: abs- *A*

criminibus accusari Verrem' durum si desinas: sed cum est continuatum his quae secuntur, quamquam natura ipsa diuisa sunt: 'noua postulat, inaudita desiderat', saluus est cursus. 'Vt adeas, tantum dabis' male cluderet, nam et trimetri uersus pars ultima est: excipit 'ut tibi cibum uestitumque intro ferre liceat, tantum': praeceps adhuc firmatur ac sustinetur ultimo 'nemo recusabat'.

Versum in oratione fieri multo foedissimum est totum, sed etiam in parte deforme, utique si pars posterior in clausula deprehendatur aut rursus prior ⟨in⟩ ingressu. Nam quod est contra saepe etiam decet, quia et cludit interim optime prima pars uersus, dum intra paucas syllabas, praecipue senari atque octonari ('in Africa fuisse' initium senari est, primum pro Q. Ligario caput cludit; 'esse uideatur', iam nimis frequens, octonarium inchoat: talia sunt Demosthenis πᾶσι καὶ ⟨πάσαις,⟩ πᾶσιν ὑμῖν et totum paene principium) et ultima uersuum initio conueniunt orationis: 'etsi uereor, iudices', et 'animaduerti, iudices'. Sed initia initiis non conuenient, ⟨ut⟩ T. Liuius hexametri exordio coepit: 'facturusne operae pretium sim' (nam ita editum est, [quod] melius quam quo modo emendatur), nec clausulae clausulis, ut Cicero: 'quo me uertam nescio', qui trimetri finis est.

4 *Cic. Verr.* 5.118   13 *id. Lig.* 1   15–16 *u. Rufin. GL* 6. 568. 8–9
16 *de cor.* 1   17 *Cic. Mil.* 1   18 *id. Cluent.* 1   19 *praef. init.*   22 *Lig.* 1 (*et Cluent.* 4)

A]   1 accusari uerrem *P, Cic.*: accusare (-ret *a*) uere *A*
4 dabis *P, Cic.*: -it *A*   cluderet *P*: cludere *A*   5 ultima est *G*: ul*t*ima saepe *A*   7 ultimo 'nemo recusabat' *Spalding*: ultima∗recusabat *A* (u*l*tima *o*recusabat *G*): nemo recusabat *p**
8 uersum *p* (*Regius*): uerrem *A*   fędissimum *1434*: fid- *A*
9 utique *1416*: utque *A*   10 rursus *p* (*Regius*): uisus *A* in *p* (*Regius*): om. *A*   11 ⟨et⟩ interim *a*   13 ⟨quod⟩ initium *Halm*   14 iam *Burman*: nam *A*   16 καὶ πάσαις] ΚΑΙΠΑϹΑΙΕ *G*: ΚΑΙΕ *A*: καὶ πάσαις et *Rufin.*, *recte? (καὶ πάσαις καὶ 1418*)   18 animaduerti *P, Cic.*: -uerte *A*¹ (-uertite *a*)
19 ut *add. Weidner*   20 ita editum *A* (*uix m.* 2): itē dedite *G*, *unde* ita edidit *p**   est *scripsi*: est quod *A ut uid.*: est qui *G*, *unde* estque *p** (estque id *Halm*)   22 qui *G*: quid *A*

INSTITVTIO ORATORIA 9. 4. 79

Trimetrum et ⟨senarium⟩ promiscue dicere licet: sex enim pedes, tres percussiones habet. Peius cludit finis hexametri, ut Brutus in epistulis: 'neque illi malunt habere tutores aut defensores, quamquam sciunt placuisse Catoni.' Illi minus 76 sunt notabiles, quia hoc genus sermoni proximum est. Itaque et uersus hic fere excidunt, quos Brutus ipso componendi durius studio saepissime facit, non raro Asinius, sed etiam Cicero nonnumquam, ut in principio statim orationis in L. Pisonem: 'pro di inmortales, qui hic inluxit dies?' Non 77 minore autem cura uitandum est quidquid est εὔρυθμον, quale apud Sallustium: 'falso queritur de natura sua.' Quamuis enim uincta sit, tamen soluta uideri debet oratio. Atqui Plato, diligentissimus compositionis, in Timaeo prima statim parte uitare ista non potuit. Nam et initium hexa- 78 metri statim inuenias, et anacreontion protinus colon efficies, et si uelis trimetron, et quod duobus pedibus et parte πενθημιμερές a Graecis dicitur, et haec omnia in tribus uersibus: et Thucydidi ὑπὲρ ἥμισυ Κᾶρες ἐφάνησαν ex mollissimo rhythmorum genere excidit.

Sed quia omnem oratoriam ⟨compositionem pedibus⟩ con- 79 stare dixi, aliqua de his quoque: quorum nomina quia uarie traduntur, constituendum est quo quemque appellemus.

9 *frg. 1 Nisbet* 11 *Iug. 1* 18 *1. 8. 1* 20 §§ 79–82 → *Diom. GL 1. 465. 10–22*

A] 1 trimetrum ... habet (*l. 2*) *susp. Radermacher praeeunte Gesnero* et senarium *Christ*: et a (e *A*¹): *fort.* ⟨et senarium⟩ ex (*deinde* promiscuo) promiscue *f*: pro*misce A* (promisceo *G*), *fort. recte* 2 cludit *1418*: eludit *A* 4 quam*quam A*: quam con *G*: suspicor quam quos illi *A*: iambi *Halm* 5 sermoni *p* (*Regius*): -nis *A* 6 hic (*sc.* in oratione) *A*: hi *ed. Ald.* quos *A*: quod *Meister* brutis *A*: *corr. t* 7 studio s(a)epissime *post t 1416*: studiosae pessim∗e *A* 9 immortales *1416*: -alis *A* 10 ἔνρυθμον *ed. Ven. 1493, ut coni. Capperonnier*: enpiomon *A in ras.* (*i.e.* ΕΝΡΥΘΜΟΝ): ἀναπαιόμενον *Radermacher* (*debuit* ἀναπαῖον ?) 13 atqui *1418*: atque *A* timeo *G*: timae∗ *A*: Timaei *Halm* (*et p* ?) 17 ΠΕΝΟΗΑΜΕΡΕC *A* 17–18 uersibus *tempt. ed. Leid.*: uerbis *A* 18 ΠΕΡ ΗΜΥCΙ *A* 20 *suppl. Radermacher* (*praeeuntibus Regio*† *et Spaldingio*), *confirmante Diom.* 21 uarie∗ *A* (uaria est *G*): uaria *ed. Jens.*

551

Equidem Ciceronem sequar (nam is eminentissimos Graecorum est secutus), excepto quod pes mihi tris syllabas non uidetur excedere, quamquam ille paeane dochmioque, quorum prior in quattuor, secundus in quinque excurrit, utatur; nec tamen ipse dissimulat quibusdam numeros uideri, non pedes, neque inmerito: quidquid est enim supra tris syllabas, id est ex pluribus pedibus. Ergo cum constent quattuor pedes binis, octo ternis, spondion longis duabus, pyrrhichium, quem alii pariambum uocant, breuibus, iambum breui longaque, huic contrarium e longa et breui choreum, non ut alii trochaeum nominemus: ex iis uero qui ternas syllabas habent dactylum longa duabusque breuibus, huic temporibus parem sed retro actum appellari constat anapaeston. Media inter longas breuis faciet amphimacron (sed frequentius eius nomen est creticus); longa inter breuis amphibrachys. * huic aduersus longis breuem praecedentibus palimbacchius erit. Tres breues trochaeum, quem tribrachyn dici uolunt qui choreo trochaei nomen imponunt, tres longae molosson efficient. Horum pedum nullus non in orationem uenit, sed quo quique sunt temporibus pleniores longisque syllabis magis stabiles, his grauiorem faciunt orationem, breues celerem ac mobilem. Vtrumque locis utile: nam et illud, ubi opus est uelocitate, tardum et segne et hoc, ubi pondus exigitur, praeceps ac resultans merito damnetur. Sit in hoc quoque aliquid fortasse momenti, quod et longis

1 *orat. 215 seq.*

A] 1 equidem *Zumpt*: et quidem *A* 2 tris syllabas *G*: trisyll- *A* (*eadem uariatio l. 7*) 4–5 excurrit utatur *p* (*Badius*): excurri putatur *A* 7 constet *A*: *corr. p** 9 breuibus ⟨duabus⟩ *Halm inter addenda* (*contra Diom.*) 11 his *A* 16 amphibrachys *P* (-is), *Diom.*: amphibrachios (*ex* bracchios) *A*: amphibrachyn *Spalding, fort. recte* *lacunam hic statuit Gertz, supplens* Duabus longis breuem sequentibus bacchios: *ipse suspicor similia excidisse iis quae habet Diomedes, sc.* At cum duas longas praecedit breuis, bacchius: *alii aliter* (*post p, 1470*) *locum sanauerunt* aduersus *Gertz* (*conf. Diom.*): ausis *A* 19 tres *scripsi* (*ex Diom.*): tyty *A*: totidem *1418* longe *G* (*Diom.*): lonke *A* 20 orationem *1418*: oratione *a* (ratione *A*[1]) quo quique *t*: quod quisque *A* 21 his *A*: hoc *p* (*ed. Camp.*) 22 locis ⟨suis⟩ *Halm*

longiores et breuibus sunt breuiores syllabae: ut, quamuis
neque plus duobus temporibus neque uno minus habere
uideantur ideoque in metris omnes breues omnesque longae
inter se ipsae sint pares, lateat tamen nescio quid quod
5 supersit aut desit. Nam uersuum propria condicio est, ideoque in his quaedam etiam communes; ueritas uero qui patitur 85
aeque breuem esse uel longam uocalem cum est sola quam
cum eam consonantes una pluresue praecedunt? Certe in dimensione pedum syllaba quae est breuis, insequente alia uel
10 breui, quae tamen duas primas consonantes habeat, fit longa,
ut 'agrestem tenui musam': nam 'a' breuis, 'gres' breuis, faciet 86
tamen longam a priorem. Dat igitur illi aliquid ex suo tempore; quo modo, nisi habet plus quam quae breuissima, qualis
ipsa esset detractis consonantibus? Nunc unum tempus
15 accommodat priori et unum accipit a sequente: ita duae
natura breues positione sunt temporum quattuor.

Miror autem in hac opinione doctissimos homines fuisse, 87
ut alios pedes ita eligerent aliosque damnarent quasi ullus
esset quem non sit necesse in oratione deprendi. Licet igitur
20 paeana sequatur Ephorus, inuentum a Thrasymacho, proba-
tum ab Aristotele, dactylumque ut temperatos breuibus ac
longis, fugiat * trochaeum, alterius tarditate nimia, alterius 88
celeritate damnata, herous, qui est idem dactylus, Aristoteli
amplior, iambus humilior uideatur, trochaeum ut nimis
25 currentem damnet eique cordacis nomen imponat, eademque dicant Theodectes ac Theophrastus, similia post eos

11 *Verg. ecl. 1. 2 et 6. 8*   20 *Eph. frg. 3 AS*   *Thras. frg. 13 AS*
21 *Aristot. rhet. 1409ª2*   23 *ibid. 1408ᵇ 32–3.*   26 *Theophr.*
π. λέξ. *frg. 19 Schmidt*

A]   3 uideantur *ed. Camp.*: -atur *A*   4 ipsae *Spalding*:
obsessae *A*, *mire*   quid quod *Spalding*: quidquid *A*   6 qui *A*¹
(*def. Gertz*): quia *a*   8 una *pluresue A*: una etreue *G* (*unde* duae
tresue *Gertz*)   praecludunt *Radermacher*   11 gre *p*, fort. recte*
12 longam a *a* (longa *A*¹): longam *Spalding*   20 ephoforus *A*
22 molossum et (et *in ras.*) *post* fugiat *add. a*, et spondeum et *ed.
Camp.* (*cf. Cic. orat. 191*) *probabilius*   nimia *Halm*: etenim *A*
24 humilior *Pithoeus*: humanior *A*   25 dam(p)net eique *t?, 1418*:
damnateque *A*

553

89 Halicarnasseus Dionysius: inrumpent etiam ad inuitos, nec semper illis heroo aut paeane suo, quem quia uersum raro facit maxime laudant, uti licebit. Vt sint tamen aliis alii crebriores non uerba facient, quae neque augeri nec minui nec sicuti modulatione produci aut corripi possunt, sed trans- **90** mutatio et conlocatio; plerique enim ex commissuris eorum uel diuisione fiunt pedes. Quo fit ut isdem uerbis alii atque alii uersus fiant, ut memini quendam ⟨non⟩ ignobilem poetam talis exarasse:

'astra tenet caelum, mare classes, area messem.'

Hic retrorsum fit sotadeus, itemque sotadeus [adiu] retro trimetros:

'caput exeruit mobile pinus repetita.'

91 Miscendi ergo sunt, curandumque ut sint plures qui placent et circumfusi bonis deteriores lateant. Nec uero in litteris syllabisque natura mutatur, sed refert quae cum quaque optime coeat. Plurimum igitur auctoritatis, ut dixi, et ponderis habent longae, celeritatis breues: quae si miscentur **92** quibusdam longis, currunt, si continuantur, exultant. Acres quae ex breuibus ad longas insurgunt, leuiores quae a longis in breues descendunt. Optime incipitur a longis, recte aliquando a breuibus, ut 'nouum crimen': leuius ⟨a duabus⟩, ut 'animaduerti, iudices', sed hoc pro Cluentio recte quia initium eius partitionis simile est, quae celeritate gaudet.

1 *de comp. 17*   17 §§ *91–3* → *Diom. GL 1. 467. 4–12*   22 *Cic. Lig. 1*   23 *1*

A]   1 ad inuitos *ed. Ald.*: adiutos *A*¹ (in adiunctos *a*): ad uetitos *Kroll 1924*   5 sicuti ⟨toni⟩ *Christ*: *fort.* sicut in   8 non *add. t* (*cf. 1. 12. 18*)   9 talis exarasse *scripsi* (talem ex. *iam Halm*): tal elarasse *G* (tali*ter lus*isse *A*)   11 sotadeus² *scripsi*: sotadeo adiu *A*¹ (sotadeo adiit *a*): e sotadeo (*deleto* adiu) *Bonnell* (*Lex. p. 909*), *quo recepto* euadit *pro* adiu *Kiderlin 1891-3*   16 sed *G*: seu *A*   17–18 ponderis *t, Diom.*: conderes *G* (conditurae *a in ras.*)   20 leuiores *A, Diom.*: leniores *Regius, probabiliter*   21 descendunt *t, Diom.*: discedunt *A*   22 leuius *Regius*: leuibus *A, codd. Diom.*: lenius *ed. Vasc. 1538* (*sed nec hoc nec illud ualde placet*)   a duabus *Capperonnier ex Diom., praeeunte 'Turnebo'*: *om. A*: a duabus breuibus *Halm*   24 partitioni *P*

INSTITVTIO ORATORIA   9. 4. 97

Clausula quoque e longis firmissima est, sed uenit et in **93** breues, quamuis habeatur indifferens ultima. Neque enim ego ignoro in fine pro longa accipi breuem, quia uidetur aliquid uacantis temporis ex eo quod insequitur accedere: aures
5 tamen consulens meas intellego multum referre uerene longa sit quae cludit an pro longa. Neque enim tam plenum est 'dicere incipientem timere' quam illud 'ausus est confiteri': atqui si nihil refert breuis an longa sit ultima, idem pes erit, **94** uerum nescio quo modo sedebit hoc, illud subsistet. Quo
10 moti quidam longae ultimae tria tempora dederunt, ut illud tempus quod breuis ex loco accipit huic quoque accederet. Nec solum refert quis cluda⟨t pes, sed clude⟩ntem quis antecedat. Retrorsum autem neque plus tribus, iique si non **95** ternas syllabas habebunt, repetendi erunt (absit tam poetica
15 obseruatio) neque minus duobus (alioqui pes erit, non numerus). Potest tamen uel unus esse, dichoreus si unus est, qui constat e duobus choreis, itemque paean, qui est ex **96** choreo et pyrrhichio (quem aptum initiis putant), uel contra, qui est ex tribus breuibus et longa, cui clausulam adsignant:
20 de quibus fere duobus scriptores huius artis locuntur, alii omnes †ut quocumque sint quoque† temporum quod ad rationem pertineat paeanas appellant. Est et dochmius, qui **97** fit ex bacchio et iambo uel iambo et cretico, stabilis in clausulis et seuerus. Spondius quoque, quo plurimum est
25 Demosthenes usus, non eodem ⟨modo⟩ semper [prae] se

7 *id. Mil. 1 : Lig. 1*   22–5 est ... usus *exscribit Rufin. GL* 6. 568. 9–11

A]   4 uacantis *p**, *Diom.*: uacanti *a* (uocantis *A*¹)   temporis *p**, *Diom.*: -ori *A*   7 ausus *p**, *Cic.*: usus *A*   11 loco *Spalding*: longo *A*¹ (longa *a*)   12 claudat ... claudentem *Meister* (*praeeuntibus Spaldingio et Halmio*): claudātem *G* (claudat *et A*) 13 neque *Badius*: quae *A*   iique *1418*: is quae *A*   14 absit tam *scripsi*: sit tam *A*¹: absit tamen *a*: absit enim *Christ*   19 clausulam *t*: -ula *A*: *an* -ulas?   21 ut quocumque (quotcumque *a*) sint quoque *A*: in quocumque sit loco longa *Halm* (et quocumque sunt loco *iam Bonnell*)   22 orationem *ed. Camp., fort. recte* pertinea *A*¹: -tinet *Bonnell*   25 non eodem modo *Halm*: neodem *A*¹ (in eodem *a*)   prae *A*: *del. f*

555

habet: optime praecedet eum creticus, ut in hoc: 'de qua ego nihil dicam nisi depellendi criminis causa.' Non nihil est, quod supra dixi multum referre, unone uerbo sint duo pedes comprehensi an uterque liber. Sic enim fit forte 'criminis causa', molle 'archipiratae', mollius si tribrachys praecedat, 'facilitates', 'temeritates'. Est enim quoddam ipsa diuisione uerborum latens tempus, ut in pentametri medio spondio, qui nisi alterius uerbi fine, alterius initio constat, uersum non efficit. Potest, etiam si minus bene, praeponi anapaestos: 'muliere non solum nobili uerum etiam nota.' Cum anapaestos et creticus, iambus quoque, qui est utroque syllaba minor: praecedet enim tres longas breuis. Sed ⟨et⟩ spondius iambo recte praeponitur: 'isdem in armis fui'. Cum spondius, et bacchius: sic enim fiet ultimus dochmius: 'in armis fui.' Ex iis quae supra probaui apparet molosson quoque clausulae conuenire, dum habeat ex quocumque pede ante se breuem: 'illud scimus, ubicumque sunt esse pro nobis.' Minus grauis erit spondius, praecedentibus †et pyrrhichio,† ut 'iudicii Iuniani', et adhuc peius priore paeane, ut 'Brute dubitaui', nisi potius hos esse uolumus dactylum et bacchium. Duo spondii non fere se iungi patiuntur, quae in uersu quoque notabilis clausula est, ni cum id fieri potest ex tribus quasi membris: 'cur de perfugis nostris copias comparat is contra nos?'—una syllaba, duabus, una. Ne dactylus quidem spondio bene praeponitur, quia finem uersus damnamus in fine

1 *Cic. Cael. 31*   10 *ibid.*   13 *id. Lig. 9*   17 *id. frg. orat. B. 10*   18–19 *id. Cluent. 1*   19 *id. orat. 1*   23 *ibid. 223*

A]   1 hac *A*: *corr. t*   2 causa. Non *Halm*: causam *A*[1] (causa *a*)   6 quoddam *P*: quod ad *A*: quoddam ⟨in⟩ *ed. Asc. 1516*   7 medio *t*: mod- *A*   12 et *add. Regius*   13 isdem (*quod om. T*) in *del. Regius*   15 his *A*   18 praecedentibus et *G* (praecedente *se* ∗ *A*): praecedentibus ⟨choreo⟩ et *Kroll 1920*: *ipse malim* praecedentibus et pyrrhichio, ut∗, ⟨et choreo, ut⟩   iudici *ut uid. A*[1], *Cic.*   20 hos (*sc.* pedes?) *A*: hoc *1416*   21 fere se *Enderlein*: ferest *G* (fere∗∗ *A*)   22 notabilis *Regius*†: nobis *A* ni *A*[1]: nisi *a, fort. recte*   23 comparatis *A*: comparant *P*, *Cic.* 24 duabus una *G*: duab*us*∗∗ *A*

INSTITVTIO ORATORIA 9. 4. 107

orationis. Bacchius et cludit et sibi iungitur: 'uenenum timeres', uel choreum et spondium ante ⟨se⟩ amat: 'ut uenenum timeres'. Contrarius quoque qui est cludet, nisi si ultimam syllabam longam esse uolumus, optimeque habebit ante se molosson: 'ciuis Romanus sum', aut bacchium: 'quod hic potest nos possemus.' Sed uerius erit cludere **103** choreum praecedente spondio, nam hic potius est numerus: 'nos possemus' et 'Romanus sum'. Cludet et dichoreus, id est idem pes sibi ipse iungetur, quo Asiani sunt usi plurimum; cuius exemplum Cicero ponit: 'patris dictum sapiens temeritas fili comprobauit.' Accipiet ante se choreus et **104** pyrrhichium: 'omnis prope ciues uirtute gloria dignitate superabat.' Cludet et dactylus, nisi eum obseruatio ultimae creticum facit: 'muliercula nixus in litore.' Habebit ante se bene creticum et iambum, spondium male, peius choreum. Cludit amphibrachys: 'Q. Ligarium in Africa **105** fuisse', si non eum malumus esse bacchium. Non optimus est trochaeus, si ulla est ultima breuis, quod certe sit necesse est: alioqui quo modo cludet, qui placet plerisque, dichoreus? Illa obseruatione ex trochaeo fit anapaestos. Idem **106** trochaeus praecedente longa fit paean, quale est 'si potero' et 'dixit hoc Cicero', 'obstat inuidia'. Sed hunc initiis dederunt. Cludet et pyrrhichius choreo praecedente, nam sic paean est. Sed omnes hi qui in breues excidunt minus erunt stabiles nec alibi fere satis apti quam ubi cursus orationis exigitur et clausulis non intersistitur. Creticus et initiis optimus: 'quod **107** precatus a dis inmortalibus sum', et clausulis: 'in conspectu populi Romani uomere postridie.' Apparet uero quam bene

1 *id. Cael. 33*   5 *id. Verr. 5. 162*   6 *id. Lig. 10*
10 *orat. 214*   12 *id. Cael. 34*   14 *id. Verr. 5. 86*   16 *id. Lig. 1*   26 *id. Mur. 1*   27 *id. Phil. 2. 63*

A]   2 se *add. Regius*   5 ciuis Romanus *Spalding*: cibis R̃ *G* (cibis *resp A*)   17 optimus est *P*: optimus e *A*: *fort.* optime (*sc.* cludit)   18 quod *1416*: q; *A*   23 *fort.* ⟨male⟩ cludet nam *G*: nam *et* (*in ras. min.*) *a* (*recte?*)   sic *Regius*: si *A*   28 populi ·r· uomere *1418*: populi suo mere (more *a*) *A*

eum praecedant uel anapaestos uel ille qui uidetur fini aptior paean. Sed et se ipse sequitur: 'seruare quam plurimos'. Sic melius quam choreo praecedente: 'quis non turpe duceret?' (si ultima breuis pro longa sit: sed fingamus sic: 'non turpe duceres.') Sed hic est illud inane quod dixi: paulum enim morae damus inter ultimum atque proximum uerbum, et 'turpe' illud interuallo quodam producimus: alioqui sit exultantissimum et trimetri finis: 'quis non turpe duceret?' sicut illud 'ore excipere liceret' si iungas lasciui carminis est, sed interpunctis quibusdam et tribus quasi initiis fit plenum auctoritatis. Nec ego, cum praecedentis pedes posui, legem dedi ne alii essent, sed quid fere accideret, quid in praesentia uideretur optimum ostendi. Qui non optime est sibi iunctus anapaestos, ut qui sit pentametri finis uel rhythmos qui nomen ab eo traxit: 'nam ubi libido dominatur, innocentiae leue praesidium est' (nam synaliphe facit ut duae ultimae syllabae pro una sonent), melior fiet praecedente spondio uel bacchio, ut si idem mutes 'leue innocentiae praesidium est'. Non me capit, ut a magnis uiris dissentiam, paean qui est ex tribus breuibus et longa (nam est et ipse una plus breui anapaestos): 'facilitas' et 'agilitas'. Qui quid ita placuerit his non uideo, nisi quod illum fere probauerunt quibus loquendi magis quam orandi studium fuit. Nam et ante se breuibus gaudet pyrrhichio uel choreo: 'mea facilitas', 'nostra facilitas', ac praecedente spondio tamen plane finis est trimetri, cum sit per se quoque. Ei contrarius principiis merito laudatur: nam et primam stabilem et tres celeres habet. Tamen hoc quoque meliores alios puto.

2 *Cic. Lig. 38*   3 *id. Phil. 2. 63*   9 *id.Verr. 5. 118*
15 *Cic. orat. 219 (ex Crasso)* = *ORF p. 245*

A]   1 fini p *(ed. Camp.)*: fine *A*   2 sic *Regius*: sit *A* 4 pro *ed. Col. 1527*: p̄ *A*¹ (e *a*)   sic *ed. Asc. 1516*: si *A*   12 accideret ⟨et⟩ *Spalding, non male* in *Burn. 243*: ut *A*   13 qui non *Kroll 1920 (fort.* ita qui non): quidem *A*¹ (non quidem *iam Spalding*): et quidem *a*   20 ipse *Regius*: ipsa *A*   21 qui quid *Halm*: quidquid *A*   24 mea *Badius*: ne✱ *A* (neo *G*) 26 cum ... quoque *del. Halm*

INSTITVTIO ORATORIA 9. 4. 117

Totus uero hic locus non ideo tractatur a nobis ut oratio, 112
quae ferri debet ac fluere, dimetiendis pedibus ac perpendendis syllabis consenescat: nam id cum miseri, tum in
minimis occupati est: neque enim qui se totum in hac cura 113
5 consumpserit potioribus uacabit, si quidem relicto rerum
pondere ac nitore contempto 'tesserulas', ut ait Lucilius,
struet et uermiculate inter se lexis committet. Nonne ergo
refrigeretur sic calor et impetus pereat, ut equorum cursum
delicati minutis passibus frangunt? Quasi uero fecerint * sint 114
10 in compositione deprensi, sicut poema nemo dubitauerit
spiritu quodam initio fusum et aurium mensura et similiter
decurrentium spatiorum obseruatione esse generatum, mox
in eo repertos pedes. Satis igitur in hoc nos componet multa
scribendi exercitatio, ut ex tempore etiam similia fundamus.
15 Neque uero tam sunt intuendi pedes quam uniuersa com- 115
prensio, ut uersum facientes totum illum decursum, non
sex uel quinque partes ex quibus constat uersus, aspiciunt:
ante enim carmen ortum est quam obseruatio carminis,
ideoque illud 'Fauni uatesque canebant'. Ergo quem in poe- 116
20 mate locum habet uersificatio, eum in oratione compositio.

Optime autem de illa iudicant aures, quae plena sentiunt
et parum expleta desiderant, et fragosis offenduntur, leuibus
mulcentur, [et] contortis excitantur, et stabilia probant,
clauda deprendunt, redundantia ac nimia fastidiunt. Ideoque
25 docti rationem componendi intellegunt, etiam indocti uoluptatem. Quaedam uero tradi arte non possunt. Mutandus est 117
casus si durius is quo coeperamus feratur: num in quem
transeamus ex quo praecipi potest? Figura laboranti

6 *84–5 Marx*   19 *Enn. ann. 214*

A]   2 ferri *P* (*cf.* § *18*): ferre *a* (ferret *A*¹)   dimetiendis *ed. Vasc.*
1538: de- *A*   7 uermiculate *G*: -lata *A* : *fort.* -latas   inter *Regius*:
in *A*   9 sibi numeros, non hi *suppl. Radermacher* (non *iam add.*
Zumpt)   11 spiritu *Kroll 1920*: peritu *A*¹ (-ito *a*): impetu *Halm*
21 plena *t*: poema *A* (pena *G*)   22 lenibus *P*   23 et¹ *deleui*
(⟨et⟩ leuibus *Vat. lat. 1762*)   24 clauda *t*: claudant*A*¹ (ac laudant *a*)
28 figura *ed. Ven. 1493*: figurant *G* (figurae∗ *A*, *deinde* laborant∗
compositio *in*: *recte G*)

559

9.4.118 M. FABI QVINTILIANI

compositioni uariata saepe succurrit, quae cum orationis, tum etiam sententiae: num praescriptum eius rei ullum est? Occasionibus utendum et cum re praesenti deliberandum est.
118 Iam uero spatia ipsa, quae in hac quidem parte plurimum ualent, quod possunt nisi aurium habere iudicium? Cur alia paucioribus uerbis satis plena uel nimium, alia pluribus breuia et abscisa sint? Cur in circumductionibus, etiam cum sensus finitus est, aliquid tamen loci uacare uideatur?
119 'Neminem uestrum ignorare arbitror, iudices, hunc per hosce dies sermonem uulgi atque hanc opinionem populi Romani fuisse.' Cur 'hosce' potius quam 'hos'? Neque enim erat asperum. Rationem fortasse non reddam, sentiam esse melius. Cur non satis sit 'sermonem uulgi fuisse'? Compositio enim patiebatur: ignorabo, sed ut audio hoc, animus
120 accipit plenum sine hac geminatione non esse: ad sensus igitur referenda sunt. †Nequis† satis forte, quid seuerum, quid iucundum sit intellegent; facient quidem natura duce melius quam arte, sed naturae ipsi ars inerit.

121 Illud prorsus oratoris, scire ubi quoque genere compositionis sit utendum. Ea duplex obseruatio est: altera quae ad pedes refertur, altera quae ad comprensiones quae efficiun-
122 tur e pedibus. Ac de his prius. Diximus igitur esse incisa membra circumitus. Incisum, quantum mea fert opinio, erit sensus non expleto numero conclusus, plerisque pars membri. Tale est enim quo Cicero utitur: 'Domus tibi deerat? At habebas. Pecunia superabat? At egebas.' Fiunt autem etiam singulis uerbis incisa: 'diximus, testes dare uolumus':

9 *Cic. Verr. 1. 1*   19 §§ *121–5* → *Diom. GL 1. 466. 27–9*: *4–14, 20–5*   25 *orat. 223* = *Scaur. 45 m*   27 seq. *ibid. 225 (exscripsit Rufin. GL 6. 571) = frg. orat. VIII. 2*

A]   1–2 quae...sententiae *interrogatiue edunt*   3–4 est. Iam *Halm*: etiam *A*   14 ut *Spalding*: ita *A*: ita ut *t*   15 sensus *scripsi*: sensur *G*: sensum *A*   16 ne quis *G*: ne qui• *A*: et si qui non *Halm*: *alii alia*: *ipse malim aut* qui *aut* namque hi (*sc.* sensus), deinde satis ⟨quid⟩   22 e *A* (*cf.* § 57): ex *t* (et *G*), *Diom.* 24 sensus ... conclusus *p* (*Regius*), *Diom.*: sensu (*in ras.*)... conclusum *A*   expleto *G, Diom.*: explet*um A*

INSTITVTIO ORATORIA 9. 4. 127

incisum est 'diximus'. Membrum autem est sensus numeris **123**
conclusus, sed a toto corpore abruptus et per se nihil efficiens. 'O callidos homines' perfectum est, sed remotum a
ceteris uim non habet, ut per se manus et pes et caput: 'o
5 rem excogitatam.' Quando ergo incipit corpus esse? Cum
uenit extrema conclusio: 'quem quasi nostrum fefellit id uos
ita esse facturos?' Quam Cicero breuissimam putat. Itaque
fere incisa et [in] membra mutila sunt et conclusionem
utique desiderant. Perihodo plurima nomina dat Cicero: **124**
10 ambitum, circumitum, comprensionem, continuationem,
circumscriptionem. Genera eius duo sunt: alterum simplex,
cum sensus unus longiore ambitu circumducitur, alterum
quod constat membris ⟨et⟩ incisis, quod plures sensus habet:
'aderat ianitor carceris, [et] carnifex praetoris', reliqua.
15 Habet perihodos membra minime duo; medius numerus **125**
uidetur quattuor, sed recipit frequenter et plura. Modus eius
a Cicerone aut quattuor senariis uersibus aut ipsius spiritus
modo terminatur. Praestare debet ut sensum concludat: sit
aperta, ut intellegi possit, non inmodica, ut memoria con-
20 tineri. Membrum longius iusto tardum, breuius instabile est.
Vbicumque acriter erit et instanter ⟨et⟩ pugnaciter dicen- **126**
dum, membratim caesimque dicemus: nam hoc in oratione
plurimum ualet; adeoque rebus accommodanda compositio
ut asperis asperos etiam numeros adhiberi oporteat et cum
25 dicente aeque audientem inhorrescere. Membratim plerum- **127**
que narrabimus, aut ipsas perihodos maioribus interuallis
et uelut laxioribus nodis resoluemus, exceptis quae non

9 *orat. 204* 14 *Cic. Verr.* 5. *118* 21–2 *CGL* 5. *138* = 5. *237*
(pugnaciterque dicendum): *CGL* 5. *54* (membratim . . . dicimus)

A] 1 numeris *p* (*Regius*): membris *A* 3 o *post Regium
Bonnell* (*confirmant codd. Cic., Ruf., Diom.*): oi *A* 6 quasi *A*
(*confirmant codd. Cic., Ruf., Diom.*): quaeso *ed. Camp., edd. Cic.*
8 in *non hab. Diom., del. p** mutila *Christ*: mixta *A*: multa *codd.
Diom.* 13 et *p* (*Regius*†), *Diom.*: om. *A* 14 et *A*: *non hab.
Cic., Diom.* (*cf.* 8. 4. 27): *del. Halm* ⟨et⟩ reliqua *a* 15 minimum
p (*Regius*) 20 stabile *A*: *corr. ed. Col. 1527* 21 et
pugnaciter *Halm*: pugnaciter *A*: pugnaciterque *P* (*et CGL locc. citt.*)
23 accommodanda *p* (*Regius*): -data *A*

561

9. 4. 128 M. FABI QVINTILIANI

docendi gratia sed ornandi narrantur, ut in Verrem Proser-
128 pinae raptus: hic enim lenis et fluens contextus decet. Perihodos apta prohoemiis maiorum causarum, ubi sollicitudine
commendatione miseratione res eget, item communibus locis
et in omni amplificatione, sed poscitur tum austera si
accuses, tum fusa si laudes. Multum et in epilogis pollet.
129 Totum autem hoc adhibendum est, quod sit amplius compositionis genus, cum iudex non solum rem tenet, sed etiam
captus est oratione et se credit actori et uoluptate iam ducitur. Historia non tam finitos numeros quam orbem quendam contextumque desiderat. Namque omnia eius membra
conexa sunt, †et quoniam lubrica est ac fluit,† ut homines,
qui manibus inuicem adprehensis gradum firmant, continent
130 et continentur. Demonstratiuum genus omne fusiores habet
liberioresque numeros, iudiciale et contionale ut materia
uarium est, sic etiam ipsa conlocatione uerborum.

Vbi iam nobis pars ex duabus quas modo fecimus secunda
tractanda est. Nam quis dubitat alia lenius alia concitatius,
alia sublimius alia pugnacius, alia ornatius alia gracilius esse
131 dicenda: grauibus, sublimibus, ornatis longas magis syllabas conuenire, ita ut lenia spatium, sublimia et ornata claritatem quoque uocalium poscant? his contraria magis
gaudere breuibus, argumenta partitiones iocos et quidquid
132 est sermoni magis simile? Itaque componemus prohoemium
uarie atque ut sensus eius postulabit. Neque enim accesserim
Celso, qui unam quandam huic parti formam dedit et optimam compositionem esse prohoemii ut est apud Asinium

1 *4. 106 seq.*   5–6 *CGL 5. 170* (tum austera . . . laudes)
26 *frg. rhet. 19 Marx*

A]   2 decet *P*: docet *A*   3 aptas *a* (*unde* aptast *Halm*)
3–4 sollicitudinem commendatio miserationem *A*: *corr. t*   5 poscitur *Regius*: poscit *A*   9 auctori *A*: *corr. t*   10 orbem *P*:
ob rem *G* (obi*c*em *A*)   12 et *del. Regius* (*quo accepto* quoniam
. . . fluit *post* desiderat *malim transponere*)   *est* ac *A* (et hac *G*):
est, hac atque illac *tempt. Spalding*   17 duabus *1418*: duob*u*s *A*
20 grauibus *A*: lenibus *Gertz, probabiliter*   23 gaudere *Spalding*:
laudere *G* (lu∗dere *A*)   partitione *A*¹?, *G*: -onem *p*∗   iocos et *ed.
Jens.*: locos et *A* (loco sed *G*)

INSTITVTIO ORATORIA 9. 4. 136

dixit: 'si, Caesar, ex omnibus mortalibus qui sunt ac fuerunt
posset huic causae disceptator legi, non quisquam te potius
optandus nobis fuit': non quia negem hoc †aut† bene esse 133
compositum, sed quia legem hanc esse componendi in omnibus principiis recusem. Nam iudicis animus uarie praepara-
tur: tum miserabiles esse uolumus, tum modesti, tum acres,
tum graues, tum blandi, tum flectere, tum ad diligentiam
hortari. Haec ut sunt diuersa natura, ita dissimilem componendi quoque rationem desiderant. An similibus Cicero
usus est numeris in exordio pro Milone, pro Cluentio, pro
Ligario? Narratio fere tardiores atque, ut sic dixerim, 134
modestiores desiderat pedes ex omnibus maxime mixtos.
Nam et uerbis, ut saepius pressa est, ita interim insurgit, sed
docere et infigere animis res semper cupit, quod minime fes-
tinantium opus est: ac mihi uideatur tota narratio constare
longioribus membris, breuioribus perihodis. Argumenta 135
acria et citata pedibus quoque ad hanc naturam commodatis
utentur, non †dum ita ut† trochaeis (quae celeria quidem
sed sine uiribus sunt), uerum iis qui sunt breuibus longisque
mixti, non tamen plures longas quam breuis habent. Iam 136
illa sublimia spatiosas clarasque uoces habent; amant am-
plitudinem dactyli quoque ac paeanis, etiam si maiore ex
parte syllabis breuibus, temporibus tamen satis pleni.
Aspera contra iambis maxime concitantur, non solum quod
sunt e duabus modo syllabis eoque frequentiorem quasi pul-
sum habent, quae res lenitati contraria est, sed etiam quod
omnibus pedibus insurgunt et a breuibus in longas nituntur

1 *ORF p. 526*

A, sed post argumenta (*l. 16*) *G*]   3 aut *A*: *del. p (ed. Camp.)*
12 ex *Spalding*: et *A*   15 ac mihi (*G*: *om. A in scissura*)
uideatur *A, uix recte*: ut mihi uideatur *Spalding*: ac mihi uidetur *t*
17 accommodatis *P*   18 non dum ita ut *G*: non *Kiderlin 1892-2*:
non dico ⟨continuis⟩ *Becher 1887-1*   que celeria *G*: qui celeres
Gallaeus (*sed altius uidetur latere corruptio*)   20 mixti *Gallaeus*:
miati *G* (mixta *iam t*)   habent (*hoc iam Halm*). Iam *Radermacher*:
habentia *G*   22 maiore *ed. Camp.*: maior *G*   23 breuis *G*: *corr. t*
24 concitantur *p* (*Regius*): -tatus *G*   25 duabus *P*: duobus *G*
27 insurgunt *H*: -ent *G*

563

9. 4. 137   M. FABI QVINTILIANI

et crescunt, ideoque meliores choreis, qui ab longis in breues
137 cadunt. Summissa, qualia in epilogis sunt, lentas et ipsa,
sed minus exclamantis exigunt.

Vult esse Celsus aliquam et †superiorem† compositionem,
quam equidem si scirem non docerem: sed sit necesse est 5
tarda et supina; uerum nisi ex uerbis atque sententiis †per
se si† id quaeritur, satis odiosa esse non poterit.

138   Denique, ut semel finiam, sic fere componendum quo
modo pronuntiandum erit. An non in prohoemiis plerumque
summissi, nisi cum in accusatione concitandus est iudex aut 10
aliqua indignatione complendus, in narratione pleni atque
expressi, in argumentis citati atque ipso etiam motu celeres
sumus, [ut] in locis ac descriptionibus fusi ac fluentes, in
139 epilogis plerumque deiecti et infracti? Atqui corporis quoque
motus sua quaedam ⟨habet⟩ tempora, et ad signandos 15
pedes non minus saltationi quam modulationibus adhibetur
musica ratio numerorum. Quid?, non uox et gestus accommodatur
naturae ipsarum de quibus dicimus rerum? Quo
minus id mirere in pedibus orationis, cum debeant sublimia
140 ingredi, lenia duci, acria currere, delicata fluere. Itaque 20
†tragoediae ubi recesset adfectatus etiam tumor rerum et†
spondiis atque iambis maxime continetur:

   'en impero Argis, sceptra mihi liquit Pelops.'

4 *frg. rhet. 20 Marx*   23 *frg. trag. inc. 55 Klotz*

G]   1 in breues *uoluit t, hab. 1416*: ymbres G   2 lentos
(*sc.* pedes) *Christ, probabiliter*   2–3 ipsa sed *p.? (Regius)*: ipsas et G
(ipsa et *1416*)   4 aliquam *p**: -qua G: -quando *Kiderlin 1892-2*
superbiorem *Spalding: fort.* securiorem   compositionem *H*: -ione
G   5 etquidem G: *corr. t*   scirem non *Spalding*: scireno G
6–7 per se si G: per sese *p (Regius)*: peruersis *Kroll 1924 (fort.* peruerse)
7 *malim* otiosa   9 an *p**: ate G: age *Radermacher*   10 summis
G: *corr. p**   12 ipsum G: *corr. t*   13 ut *del. Spalding*
15 habet *hic addidi (post* motus *Gabler)*: ⟨amat⟩ *hic Radermacher*
signos G: *corr. Halm*   17 gestus *Burman*: cextus G¹? (cestus *g* ?)
18 naturae *p (Badius)*: -ura G   19 mirere *Spalding (melius*
mireris?): inire G: mirum *p**: mirum est *Kiderlin 1892-2, conl. 12.
10. 74*   21 *locus desperatus, in quo conicio* tragoedia, ubi decet uel
adfectatus etiam tumor rerum, spondiis ... recesset G: necesse est *t,
edd.* (*frigide*)   et ⟨uerborum⟩ *Kroll 1920*   23 sceptra *1418*: scepta
G: regna *Seneca (ep. 80. 7)*   liquit *P, Sen. l.c.*: licuit G

INSTITVTIO ORATORIA 9. 4. 144

At ille comicus aeque senarius, quem trochaicum uocant,
pluribus choreis, qui trochaei ab aliis dicuntur, pyrrhichiis-
que decurrit, sed quantum accipit celeritatis, tantum graui- 141
tatis amittit:
    'quid igitur faciam? non eam ne nunc quidem?'
Aspera uero et maledica, ut dixi, etiam in carmine iambis
grassantur:
        'quis hoc potest uidere, quis potest pati,
        nisi inpudicus et uorax et aleo?'
In uniuersum autem, si sit necesse, duram potius atque 142
asperam compositionem malim esse quam effeminatam et
eneruem, qualis apud multos, et cotidie magis, lasciuissimis
syntonorum modis saltat. Ac ne tam bona quidem ulla erit
ut debeat esse continua et in eosdem semper pedes ire. Nam 143
et uersificandi genus est unam legem omnibus sermonibus
dare, et id cum manifestae adfectationis est, cuius rei
maxime cauenda suspicio est, tum etiam taedium ex similitudine ac satietatem creat, quoque est dulcius, magis perdit
†atque† et fidem et adfectus motusque omnis qui est in hac
cura deprensus, nec potest ei credere aut propter eum dolere
et irasci iudex cui putat hoc uacare. Ideoque interim quae- 144
dam quasi soluenda de industria sunt, ⟨et⟩ quidem illa maximi
laboris, ne laborata uideantur. Sed neque longioribus quam
oportet hyperbatis compositioni seruiamus, ⟨ne⟩ quae eius
rei gratia fecerimus propter eam fecisse uideamur, et certe

5 *Ter. Eun. 46*   8 *Catull. 29. 1–2*

G]   1–3 *mira doctrina: succurrunt Bonnell* (*delens* quem ...
uocant) *et Spalding* (*scribens* pluribus trochaeis qui tribrachi)
6 maledica ut *Spalding*: maledicunt G   10 neces dura G:
corr. t   11–12 et eneruem *t*: teneruem G   14 in *ed. Jens.*:
id G   16 manifestae ... est *Spalding*: manifeste adfectatione G
(manifesta—*sic et t*—affectatio est *ed. Ald.*)   17 suspicio *1416*:
suscipio G   18 sacietatem *ed. Jens.*: sacietate G   18–19 *fort.*
⟨hoc gratiam⟩ magis perdit. ⟨Perdit⟩ aeque (*hoc Obrecht*) *et uel sim.*:
magis perdit amittitque et *Regius*   19 qui H: quis G   20 ne
G: *corr. t*   dolore g (-rem G¹): *corr. t*   22 et quidem illa
Spalding (et illa quidem *iam Obrecht*): quidam illa G   24 (h)yper-
batis *1434*: cyperabatis G   ne *add. t*

565

9.4.145   QVINTILIANI INSTITVTIO

nullum aptum atque idoneum uerbum permutemus gratia
145 leuitatis. Neque enim ullum erit tam difficile quod non commode inseri possit, nisi quod in euitandis eius modi uerbis non decorem compositionis quaerimus, sed facilitatem. Non tamen mirabor Latinos magis indulsisse compositioni quam Atticos, quo minus in uerbis habeant uenustatis et gratiae,
146 nec uitium duxerim si Cicero a Demosthene paulum in hac parte desciuit. Sed quae sit differentia nostri Graecique sermonis explicabit summus liber.

Compositio (nam finem imponere egresso destinatum modum uolumini festino) debet esse honesta iucunda uaria.
147 Eius tres partes: ordo coniunctio numerus. Ratio in adiectione detractione mutatione: usus pro natura rerum quas dicimus: cura ita magna ut sentiendi atque eloquendi prior sit: dissimulatio curae praecipua, ut numeri sponte fluxisse [arcessisse], non arcessiti et coacti esse uideantur.

G]   1 gratiam G: *corr. t*   6 quo G: cum *W. Meyer* uenustatis *Ammon 1901*: ueritatis G: uarietatis *p (Regius)*   8 qua sint differentiam G: *corr. t*   9 explicauit G: *corr. p**   13 quas *ed. Jens.*: quam G   14 cura ita magna *Christ*: curai*dam*agna G: cura magna *t*   loquendi G: *corr. Spalding*   15 numeri *Regius*: -rum G   sponte fluxisse *1418*: spondet flexisse G   16 arcessisse *del. Regius*: ac uenisse *Gertz, frigide*

LIBER DECIMVS

1. Sed haec eloquendi praecepta, sicut cogitationi sunt necessaria, ita non satis ad uim dicendi ualent nisi illis firma quaedam facilitas, quae apud Graecos hexis nominatur,
5 accesserit: ad quam scribendo plus an legendo an dicendo conferatur, solere quaeri scio. Quod esset diligentius nobis examinandum [citra] si qualibet earum rerum possemus una esse contenti; uerum ita sunt inter se conexa et indiscreta **2** omnia ut, si quid ex his defuerit, frustra sit in ceteris labora-
10 tum. Nam neque solida atque robusta fuerit umquam eloquentia nisi multo stilo uires acceperit, et citra lectionis exemplum labor ille carens rectore fluitabit, et qui sciet quae quoque sint modo dicenda, nisi tamen in procinctu paratamque ad omnis casus habuerit eloquentiam, uelut
15 clausis thesauris incubabit. Non autem ut quidquid prae- **3** cipue necessarium est, sic ad efficiendum oratorem maximi protinus erit momenti. Nam certe, cum sit in eloquendo positum oratoris officium, dicere ante omnia est, atque hinc initium eius artis fuisse manifestum est, proximam deinde
20 imitationem, nouissimam scribendi quoque diligentiam. Sed ut perueniri ad summa nisi ex principiis non potest, ita **4** procedente iam opere [iam] minima incipiunt esse quae prima sunt. Verum nos non quomodo sit instituendus orator

G] 2 cognitioni P (*non stulte*) 3 forma G: *corr. Regius*
4 quadam G: *corr. t* ἕξις *ed. Col. 1527*: ex his G 5 accesserat
G: *corr. t* 6 conferuntur G: *corr. ed. Col. 1527* 7 citra *om.
ed. Col. 1527 (cf. l. 11)*: cura t (*unde* diligenti *ed. Camp.*) 8 sunt
1416: sint G 12 fluitabit et *Halm* (*post Spaldingium*): fluuit
aū G: fluitabit. Etiam *iam ed. Col. 1527* 13 quae quoque G: quo
quaeque t (*recte?*) dicendi G: *corr. t* tamen G: tamquam t (*at
cf. 7. 3. 26*) 14 aeloquentia G: *corr. t* 15 quicque P
18 est] *nimis nudum, ut putant quidam* 19–20 proximam . . .
inimitationem (imit- *iam T*) nouissimam . . . diligentia (-iam *iam T*)
G: *nominatiua omnia Kiderlin 1891-4 (cf. et Halm)* 21 summam
P (*cf. 1 pr. 5*) 22 iam² G: *om.* P

567

10. 1. 5   M. FABI QVINTILIANI

hoc loco dicimus (nam id quidem aut satis aut certe uti potuimus dictum est), sed athleta qui omnis iam perdidicerit a praeceptore numeros quo genere exercitationis ad certamina praeparandus sit. Igitur eum qui res inuenire et disponere sciet, uerba quoque et eligendi et conlocandi rationem perceperit, instruamus †qua in oratione† quod didicerit facere quam optime quam facillime possit.

5   Num ergo dubium est quin ei uelut opes sint quaedam parandae, quibus uti ubicumque desideratum erit possit?
6 Eae constant copia rerum ac uerborum. Sed res propriae sunt cuiusque causae aut paucis communes, uerba in uniuersas paranda: quae si [in] rebus singulis essent singula, minorem curam postularent: nam cuncta sese cum ipsis protinus rebus offerrent. Sed cum sint aliis alia aut magis propria aut magis ornata aut plus efficientia aut melius sonantia, debent esse non solum nota omnia sed in promptu atque [id] ut ita dicam in conspectu, ut, cum se iudicio dicen-
7 tis ostenderint, facilis ex his optimorum sit electio. Et quae idem significarent ⟨scio⟩ solitos ediscere, quo facilius et occurreret unum ex pluribus, et, cum essent usi aliquo, si breue intra spatium rursus desideraretur, effugiendae repetitionis gratia sumerent aliud quo idem intellegi posset. Quod cum est puerile et cuiusdam infelicis operae, tum etiam utile parum: turbam enim tantum modo congregat, ex qua sine discrimine occupet proximum quodque.

G]   3 numeros *ed. Col. 1527*: numuro G   quo *t?, 1416*: quae G   6 rationem P: -one G   qua in oratione G: qua ratione *ed. Col. 1527 (frigide)*: *malim* qua praeparatione (qua in p. *iam Kiderlin 1891-4) uel* ut in oratione   7 didicerit *Zumpt**: dicere G: didicit iam *ed. Col. 1527*   9 ubicumque *t?, 1416*: ubique cumque G 9–10 possit (*hoc iam t*). Eae *ed. Col. 1527*: positae G   10 constant *ed. Col. 1527*: -stantia G   11 sunt H: sint G   12 in *del. Regius*   essent *1416*: esset G   12–13 singulam maurem coram G: *corr. t*   14 offerent G: *corr. t*   magis *t*: malis G   16 promutu G: *corr. t*   17 id *del. t.*   19 significarentur G: *corr. t* scio *hic addidit Halm* (*an* ⟨scio quosdam⟩*?*), *post* solitos *ed. Jens.* 19–20 occurrere G: *corr. t*   20 essent usi *ed. Col. 1527*: esset usui G   22 quo *p** (*cf. 3. 6. 21*): quod G   24 turbam enim (*haec iam p**) tantum *Osann 2. 5*: turbam̃itum G

INSTITVTIO ORATORIA 10. 1. 12

Nobis autem copia cum iudicio paranda est, uim orandi, **8** non circulatoriam uolubilitatem spectantibus. Id autem consequimur optima legendo atque audiendo: non enim solum nomina ipsa rerum cognoscemus hac cura, sed quod quoque loco sit aptissimum. Omnibus enim fere uerbis, **9** praeter pauca quae sunt parum uerecunda, in oratione locus est. Nam scriptores quidem iamborum ueterisque comoediae etiam in illis saepe laudantur; sed nobis nostrum opus intueri sat est. Omnia uerba, exceptis de quibus dixi, sunt alicubi optima: nam et humilibus interim et uulgaribus est opus, et quae nitidiore in parte uidentur sordida, ubi res poscit proprie dicuntur. Haec ut sciamus, atque eorum non **10** significationem modo sed formas etiam mensurasque norimus ut ubicumque erunt posita conueniant, nisi multa lectione atque auditione adsequi nullo modo possumus, cum omnem sermonem auribus primum accipiamus. Propter quod infantes a mutis nutricibus iussu regum in solitudine educati, etiam si uerba quaedam emisisse traduntur, tamen loquendi facultate caruerunt. Sunt autem alia huius naturae, **11** ut idem pluribus uocibus declarent, ita ut nihil significationis quo potius utaris intersit, ut 'ensis' et 'gladius'. Alia, etiam si propria rerum aliquarum sint nomina, tropicos [quare] tamen ad eundem intellectum feruntur, ut 'ferrum' et 'mucro'; nam per abusionem sicarios etiam omnis uocamus **12** qui caedem telo quocumque commiserunt. Alia circumitu

G] 3 consequemur *Regius*   4 hac *t*: haec G   quod (*sc.* nomen) G: quid *1416*   5 loco sit aptissimum *p**: locis ita petissimum G   fere uerbis *Badius post p*: ferebis uel G   6 uerecundia G: *corr. t*   8–9 intueri *ed. Col. 1527*: itinueteri G (interim tueri *t*)   11 nitidiore *ed. Col. 1527* (cultiore *iam p**): tidiorem G   12 propria G: *corr. t*   14 ut *ed. Col. 1527*: et G   15 possumus *1416*: -imus G   16 omnem sermonem *p** (omnem enim sermonem *post t 1416*): omemisermonem G   17 mutis *P*: multis G   19 caruerunt *1418* (*ante corr.*), *Burn. 243*: caruerṭ G   20 declarant G: *corr. t*   21 alia *Frotscher* (*idem* alia uero *temptauit*): aliaue G: alia qu(a)e *P*   22 sunt *Osann 2. 9, probabiliter*   23 quare *om. ed. Camp., del. Maehly 1886*   tamen *t*: tam G   25 commiserunt. Alia *Halm* (-int. Alia *Regius*: -int talia *iam t*): commiserit italia G

10. 1. 13   M. FABI QVINTILIANI

uerborum plurium ostendimus, quale est 'et pressi copia lactis'. Plurima uero mutatione figurarum: 'scio' 'non ignoro' et 'non me fugit' et 'non me praeterit' et 'quis nescit?' et
13 'nemini dubium est'. Sed etiam ex proximo mutuari licet. Nam et 'intellego' et 'sentio' et 'uideo' saepe idem ualent quod 'scio'. Quorum nobis ubertatem ac diuitias dabit lectio, ut non solum quo modo occurrent sed etiam quo modo opor-
14 tet utamur. Non semper enim haec inter se idem faciunt, nec sicut de intellectu animi recte dixerim 'uideo', ita de uisu oculorum 'intellego', nec ut 'mucro' gladium, sic mucronem
15 'gladius' ostendit. Sed ut copia uerborum sic paratur, ita non uerborum tantum gratia legendum uel audiendum est. Nam omnium quaecumque docemus hinc sunt exempla, potentiora etiam ipsis quae traduntur artibus (cum eo qui discit perductus est ut intellegere ea sine demonstrante et sequi iam suis uiribus possit), quia quae doctor praecepit orator ostendit.

16   Alia uero audientis, alia legentis magis adiuuant. Excitat qui dicit spiritu ipso, nec imagine †ambitu† rerum sed rebus incendit. Viuunt omnia enim et mouentur, excipimusque noua illa uelut nascentia cum fauore ac sollicitudine: nec fortuna modo iudicii sed etiam ipsorum qui orant periculo ad-
17 ficimur. Praeter haec uox, actio decora, commodata ut [quis] quisque locus postulabit pronuntiandi uel potentissima in dicendo ratio, et, ut semel dicam, pariter omnia docent. In lectione certius iudicium, quod audienti frequenter aut

1 *Verg. ecl. 1. 81*

G]   3 quis *ed. Camp.*: qui G   nescit et *Spalding*: nescit e G (nescit *T*)   4 licet *P*: libet G   9 uisu *t*: usu G   10 mucronem *t*: mucro nec G   11 paratur *ed. Col. 1527*: -atus G   13 hinc *Gertz*: haec G: hoc *p* (*Regius*)   18 adiuuant *1418*: -uat G   19 ambitu G (et ambitu *t*): ambigua *Ammon 1901*: tantum *Maehly 1886*: ambitu *seruat* 'G.S.M.', *deleto* imagine   21 solicitudine *1418*: solitudine G   23 commodata ut *Bursian* (*ap. Halm*) (accommodata ut *iam ed. Col. 1527*): commodat aut G   quis *om. ed. Vasc. 1542*   24 postulabit *1418*: -uit G   26 audiendi G: *corr. p**

INSTITVTIO ORATORIA 10. 1. 23

suus cuique fauor aut ille laudantium clamor extorquet. Pudet enim dissentire, et uelut tacita quadam uerecundia **18** inhibemur plus nobis credere, cum interim et uitiosa pluribus placent, et a conrogatis laudantur etiam quae non placent. Sed ⟨e⟩ contrario quoque accidit ut optime dictis **19** gratiam praua iudicia non referant. Lectio libera est nec ⟨ut⟩ actionis impetus transcurrit, sed repetere saepius licet, siue dubites siue memoriae penitus adfigere uelis. Repetamus autem et tractemus et, ut cibos mansos ac prope liquefactos demittimus quo facilius digerantur, ita lectio non cruda sed multa iteratione mollita et uelut [ut] confecta memoriae imitationique tradatur.

Ac diu non nisi optimus quisque et qui credentem sibi **20** minime fallat legendus est, sed diligenter ac paene ad scribendi sollicitudinem nec per partes modo scrutanda omnia, sed perlectus liber utique ex integro resumendus, praecipueque oratio, cuius uirtutes frequenter ex industria quoque occultantur. Saepe enim praeparat dissimulat insidiatur **21** orator, eaque in prima parte actionis dicit quae sunt in summa profutura; itaque suo loco minus placent, adhuc nobis quare dicta sint ignorantibus, ideoque erunt cognitis omnibus repetenda. Illud uero utilissimum, nosse eas causas **22** quarum orationes in manus sumpserimus, et, quotiens continget, utrimque habitas legere actiones: ut Demosthenis et Aeschinis inter se contrarias, et Serui Sulpici atque Messalae, quorum alter pro Aufidia, contra dixit alter, et Pollionis et Cassi reo Asprenate, aliasque plurimas. Quin etiam si minus **23**

G] 2 uelut *ed. Col. 1527*: illud G   3 uitiosa *1418*: -oset G   4 laudetur G: *corr. t*   5 e *add. t*   6 parua G: *corr. t* lecti G: *corr. t*   ut *add. Halm*   8 adfire G: *corr. t*   repetamus *ed. Col. 1527*: -imus G   9 mensos G: *corr. t*   10 demittimus *ed. Ven. 1493*: di- G   dirigantur G: *corr. t*   11 alteratione G: *corr. p**   ut *del. t*   13 sibi *t*: siue G   15 sollicitudine G: *corr. t*   scrutandi G: *corr. t*   16 perlectus *H*: -luctus G utrique G: *corr. t*   17 uirtute G: *corr. t*   18–19 dissimulatim insidiatus oratore atque G: *corr. ed. Col. 1527*   22 illud *p**: illa G (*unde* utilissima *Kiderlin 1891-4*)   24 utrumque G: *corr. t* 25 (a)eschinis *1418*: ethini G (escini *t*)   27 Asprenate *Obrecht*: aspernatae G

pares uidebuntur aliquae, tamen ad cognoscendam litium quaestionem recte requirentur, ut contra Ciceronis orationes Tuberonis in Ligarium et Hortensi pro Verre. Quin etiam easdem causas ut quisque ⟨egerit utile⟩ erit scire. Nam de domo Ciceronis dixit Calidius, et pro Milone orationem Brutus exercitationis gratia scripsit, etiam si egisse eum Cornelius Celsus falso existimat, et Pollio et Messala defenderunt eosdem, et nobis pueris insignes pro Voluseno Catulo Domiti Afri, Crispi Passieni, Decimi Laeli orationes ferebantur. Neque id statim legenti persuasum sit, omnia quae summi auctores dixerint utique esse perfecta. Nam et labuntur aliquando et oneri cedunt et indulgent ingeniorum suorum uoluptati, nec semper intendunt animum, nonnumquam fatigantur, cum Ciceroni dormitare interim Demosthenes, Horatio uero etiam Homerus ipse uideatur. Summi enim sunt, homines tamen, acciditque iis qui quidquid apud illos reppererunt dicendi legem putant ut deteriora imitentur (id enim est facilius), ac se abunde similes putent si uitia magnorum consequantur. Modesto tamen et circumspecto iudicio de tantis uiris pronuntiandum est, ne, quod plerisque accidit, damnent quae non intellegunt. Ac si necesse est in alteram errare partem, omnia eorum legentibus placere quam multa displicere maluerim.

Plurimum dicit oratori conferre Theophrastus lectionem poetarum multique eius iudicium secuntur; neque inmerito:

7 *Cels. frg. rhet.* 21 Marx 14 *frg. epist. IX A.* 4 15 *ars* 359 24 π. λέξ. *frg.* 20 Schmidt

G] 1 noscogendam G: *corr.* t 3 tuberonis P: tu uero nisi G ligarium *1416*: liguarium G uerre *1418*: uerri G quin p (*ed. Ven. 1493*): quis G: quid? *Radermacher* 4 ut quisque egerit *ed. Col. 1527 post Regium, probabiliter*: utrisque G utile *Regius* (*post* p): *om.* G 5 dixi G: *corr.* t 8 uoluseno t: uulse (*sed s.l.* uoluse) non G 11 summi *Gernhard*: omi G: optimi *Frotscher: del. Becher* (*ap. Rad.*) 12 indulgenti G: *corr.* t 14 fatigatur G: *corr.* t dormitare *1418*: -ari G 16 acciditque P: occ- G his G qui t: quod G 17 repererunt p*: reperierunt G 20 uiribus G: *corr.* t 22 altera G: *corr.* t 23 displicere T: dispicere G maluerim P: -rint G

INSTITVTIO ORATORIA 10. 1. 32

namque ab his in rebus spiritus et in uerbis sublimitas et in adfectibus motus omnis et in personis decor petitur, praecipueque uelut attrita cotidiano actu forensi ingenia optime rerum talium †libertate† reparantur; ideoque in hac lectione Cicero requiescendum putat. Meminerimus tamen non per 28 omnia poetas esse oratori sequendos, nec libertate uerborum nec licentia figurarum: genus ostentationi comparatum, et, praeter id quod solam petit uoluptatem eamque [etiam] fingendo non falsa modo sed etiam quaedam incredibilia sectatur, patrocinio quoque aliquo iuuari: quod alligata 29 ad certam pedum necessitatem non semper uti propriis possit, sed depulsa recta uia necessario ad eloquendi quaedam deuerticula confugiat, nec mutare [que] modo uerba, sed extendere corripere conuertere diuidere cogatur: nos uero armatos stare in acie et summis de rebus decernere et ad uictoriam niti. Neque ego arma squalere situ ac robigine 30 uelim, sed fulgorem in iis esse qui terreat, qualis est ferri, quo mens simul uisusque praestringitur, non qualis auri argentique, inbellis et potius habenti periculosus.

Historia quoque alere oratorem quodam uberi iucundoque 31 suco potest. Verum et ipsa sic est legenda ut sciamus plerasque eius uirtutes oratori esse uitandas. Est enim proxima poetis, et quodam modo carmen solutum est, et scribitur ad narrandum, non ad probandum, totumque opus non ad actum rei pugnamque praesentem sed ad memoriam posteritatis et ingenii famam componitur: ideoque et uerbis remotioribus et liberioribus figuris narrandi taedium euitat. Itaque, ut dixi, neque illa Sallustiana breuitas, qua nihil 32

5 *Arch. 12*

G]   4 libertate G (*cf. l. 6*): ubertate *Kroll 1924*: *an* uoluptate?
5 putant G: *corr. t*   6 poeta G: *corr. t*   libertate *t*: -rtas G
8 uoluptatem P: -tate G   9 etiam¹ *om. ed. Jens.*   10 sectator G: *corr. t*   12 ⟨poesis⟩ possit *Radermacher, contra numeros*   13 mutareque G: *correxi* (mutare quaedam *t*, *ineleganter*)
16 uictoria G: *corr. t*   ego P: ergo G   squalere P: -lore G
17 uerim G: *corr. p**   fulgorem in iis esse qui *Herzog*: fulgore nimis sequi G   20 uberi *Spalding*: moueri G: molli P   23 est *del.*
*p**   28 qua P: quia G

apud aures uacuas atque eruditas potest esse perfectius, apud occupatum uariis cogitationibus iudicem et saepius ineruditum captanda nobis est, neque illa Liui lactea ubertas satis docebit eum qui non speciem expositionis sed fidem quaerit. Adde quod M. Tullius ne Thucydiden quidem aut Xenophontem utiles oratori putat, quamquam illum 'bellicum canere', huius ore 'Musas esse locutas' existimet. Licet tamen nobis in digressionibus uti uel historico nonnumquam nitore, dum in iis de quibus erit quaestio meminerimus non athletarum toris sed militum lacertis ⟨opus⟩ esse, nec uersicolorem illam qua Demetrius Phalereus dicebatur uti uestem bene ad forensem puluerem facere. Est et alius ex historiis usus, et is quidem maximus sed non ad praesentem pertinens locum, ex cognitione rerum exemplorumque, quibus in primis instructus esse debet orator; nec omnia testimonia expectet a litigatore, sed pleraque ex uetustate diligenter sibi cognita sumat, hoc potentiora quod ea sola criminibus odii et gratia uacant.

A philosophorum uero lectione ut essent multa nobis petenda uitio factum est oratorum, qui quidem illis optima sui operis parte cesserunt. Nam et de iustis honestis utilibus, iisque quae sint istis contraria, et de rebus diuinis maxime dicunt, et argumentantur acriter, et altercationibus atque interrogationibus oratorem futurum optime [Socratici] praeparant. Sed his quoque adhibendum est simile iudicium, ut etiam cum in rebus uersemur isdem, non tamen

6–7 *orat. 39 et 62*

G]   3 liuii *t*: leui *G*   4 sed *t*: et *G*   5 adde quod *Regius*: audeo quia *G*: quod dicere fortius audeo quia *ed. Col. 1527* (*cf. Kiderlin 1891-4*): ideoque *Geel*   ne *P*: nec *G*   7 canere *ed. Col. 1527*: -erem *G*   ore ... locutas *t*: oremus has esse locutis *G*   8 storicon numquam *G: corr. t*   9 his *G*   10 opus *add. ed. Col. 1527*   nec *P*: ne *G*   11 quam *G: corr. t*   12 et *t*: ut *G*   13 his *G: corr. t*   15 nec *G*: ne *p* (*ed. Asc. 1516*)   18 gratiae *Regius, non male*   20 uitio *1418*: uitia *G*   21 cesserunt *Regius*: censenter *G*   22 sunt *ed. Col. 1527*   25 Socratici *del. Peterson* (*quo seruato* acriter ⟨Stoici⟩ *Meister*)

INSTITVTIO ORATORIA 10. 1. 41

eandem esse condicionem sciamus litium ac disputationum,
fori et auditorii, praeceptorum et periculorum.

Credo exacturos plerosque, cum tantum esse utilitatis in 37
legendo iudicemus, ut id quoque adiungamus operi, qui sint
⟨legendi⟩, quae in auctore quoque praecipua uirtus. Sed persequi singulos infiniti fuerit operis. Quippe cum in Bruto M. 38
Tullius tot milibus uersuum de Romanis tantum oratoribus
loquatur et tamen de omnibus aetatis suae, qui quidem
tum uiuebant, exceptis Caesare atque Marcello, silentium
egerit: quis erit modus si et illos et qui postea fuerunt et
Graecos omnis et philosophos *? Fuit igitur breuitas illa 39
tutissima quae ⟨est⟩ apud Liuium in epistula ad filium
scripta, legendos Demosthenen atque Ciceronem, tum ita ut
quisque esset Demostheni et Ciceroni simillimus. Non est 40
dissimulanda nostri quoque iudicii summa: paucos enim uel
potius uix ullum ex iis qui uetustatem pertulerunt existimo
posse reperiri quin iudicium adhibentibus allaturus sit
utilitatis aliquid, cum se Cicero ab illis quoque uetustissimis
auctoribus, ingeniosis quidem sed arte carentibus, plurimum
fateatur adiutum. Nec multo aliud de nouis sentio: quotus 41
enim quisque inueniri tam demens potest qui ne minima
quidem alicuius certe fiducia partis memoriam posteritatis
sperauerit? Qui si quis est, intra primos statim uersus depre-
hendetur, et citius nos dimittet quam ut eius nobis magno

12 *frg. 84 Weissenborn-Müller*

G]   5 legendi *add. ed. Col. 1527*   6 fuerint G: *corr. t*
marcus *t*: mon G   8–9 qui ... uiuebant *Toernebladh* (qui tum
uiuebant *iam ed. Col. 1521*): quidqui conuiuebit G: *alii alia*
11 *suppl.* persequamur (exequar iam *p, 1470*) *Regius*: *excidit potius*
(*ut uidit Claussen 1872 inter alios*) *poetarum et historicorum mentio*
fuerit *Regius*   12 est *ed. Ven. 1493*: *om.* G   15 uel *ed.
Col. 1527*: uex G   16 uix ullum *p**: uexillum G   ex *t*:
et G   his G   uetustate G: *corr. t*   17 quin *p* (*Obrecht*): qui G
sit *t*: sunt G   20 nobis G: *corr. Obrecht*   quotus *ed. Col.
1527*: quot G   21 inueniri ... potest *ed. Col. 1527*: inueri-
tande mens potens G   22 certe *ed. Camp.*: caeteri G   fiducia
malim post quidem *ponere*   posteritatis *ed. Col. 1527*: pot- G   24 ut
P: et G

575

42 temporis detrimento constet experimentum. Sed non quidquid ⟨ad⟩ aliquam partem scientiae pertinet, protinus ad faciendam etiam phrasin, de qua loquimur, accommodatum.

Verum antequam de singulis loquar, pauca in uniuersum **43** de uarietate opinionum dicenda sunt. Nam quidam solos ueteres legendos putant, neque in ullis aliis esse naturalem eloquentiam et robur uiris dignum arbitrantur; alios recens haec lasciuia deliciaeque et omnia ad uoluptatem multi**44** tudinis imperitae composita delectant. Ipsorum etiam qui rectum dicendi genus sequi uolunt alii pressa demum et tenuia et quae minimum ab usu cotidiano recedant sana et uere Attica putant, quosdam elatior ingenii uis et magis concitata et plena spiritus capit, sunt etiam lenis et nitidi et compositi generis non pauci amatores. De qua differentia disseram diligentius cum de genere dicendi quaerendum erit: interim summatim quid et a qua lectione petere possint qui **45** confirmare facultatem dicendi uolent attingam. Paucos (sunt enim eminentissimi) excerpere in animo est: facile est autem studiosis qui sint his simillimi iudicare, ne quisquam queratur omissos forte aliquos ⟨quos⟩ ipse ualde probet; fateor enim pluris legendos esse quam qui nominabuntur. Sed nunc genera ipsa lectionum, quae praecipue conuenire intendentibus ut oratores fiant existimem, persequor.

46 Igitur, ut Aratus ab Ioue incipiendum putat, ita nos rite

24 *Phaen.* 1

G, sed ab igitur (*l.* 24) *Gγ* (= *XY*)] 2 ad¹ *add. t* 3 φράσιν *ed. Taru.*: farisin *G* 5 quidem *G*: *corr. t* 9 ipsorum *ed. Col. 1527 ut coni. Spalding*: ipso *G* 10 dicendi *t*: dicit di *G* 11 tenuia et quae *ed. Col. 1527*: tenui atque *G*: tenuia atque quae *t* sana et *t*: sanet *G* 13 spiritus] sp̄s *G, cum uar. lect.* spuritus lenis *G* (*cf. 12. 10. 67*): leuis *W. Meyer* (*ap. Halm inter addenda*) 16 summatim quid *ed. Col. 1527* (*omisso* et): sumat quia *G* (*sed* quia *s.l.*) possint *ed. Camp.*: -sit *G* 17–18 sunt enim *t*: enim sunt *G* 19 sunt *G*: *corr. Regius* simillimis *g* (simillibus *G*¹): *corr. t* 20 omissos *P*: amissos (*ex* -us) *G* quos *Burn. 243*: *om. G* 21 plures *P*: plurimis *G* qui *t*: quia *G*: qui a me *ed. Col. 1527*: *an* qui iam? nominabuntur *1418*: -bantur *G* 23 persecor *G*: persequar *1418, fort. recte* 24 ab γ: ali *G*: a *1418*

coepturi ab Homero uidemur. Hic enim, quem ad modum ex Oceano dicit ipse amnium fontiumque cursus initium capere, omnibus eloquentiae partibus exemplum et ortum dedit. Hunc nemo in magnis rebus sublimitate, in paruis 5 proprietate superauerit. Idem laetus ac pressus, iucundus et grauis, tum copia tum breuitate mirabilis, nec poetica modo sed oratoria uirtute eminentissimus. Nam ut de laudi- 47 bus exhortationibus consolationibus taceam, nonne uel nonus liber, quo missa ad Achillem legatio continetur, uel in primo 10 inter duces illa contentio uel dictae in secundo sententiae omnis litium atque consiliorum explicant artes? Adfectus 48 quidem uel illos mites uel hos concitatos nemo erit tam indoctus qui non in sua potestate hunc auctorem habuisse fateatur. Age uero, non utriusque operis ingressu in paucis- 15 simis uersibus legem prohoemiorum non dico seruauit sed constituit? Nam et beniuolum auditorem inuocatione dearum quas praesidere uatibus creditum est et intentum proposita rerum magnitudine et docilem summa celeriter comprensa facit. Narrare uero quis breuius quam qui mortem 49 20 nuntiat Patrocli, quis significantius potest quam qui Curetum Aetolorumque proelium exponit? Iam similitudines, amplificationes, exempla, digressus, signa rerum et argumenta †ceteraque quae probandi ac refutandi sunt† ita multa ut etiam qui de artibus scripserunt plurima earum 25 rerum testimonia ab hoc poeta petant. Nam epilogus quidem 50 quis umquam poterit illis Priami rogantis Achillem precibus

2 *Il. 21. 196–7*

Gγ]   1 hinc *G*   2 ⟨omnium⟩ amnium *Osann 4. 1*   3 sepere *G*
4 dedit *hic GX, ante* exemplum *Y*   5 latus *Francius*   6 poetisica
G   8 nonus *P*: unus *Gγ*   9 qui omissa *G*   10 in secundo
γ: in dicendo in secundo *G*   11 atque γ: hac *G*   12 uel¹ *om.* γ
13 potestate γ: potest te *G*   14 utrisque *G*   operis γ: operis si
G ex dittographia (*unde* operis sui *t*)   ingressus *Gγ*: *corr. Badius*
15 seruabit *G*   16 bene uolunt (*om.* et) *G*   inuocationem *G*
17 creditum est γ: creditur. m̅. ē *G*   19 compensa *G*: *malim* comprehensa (*ut 1418*)   20 quis γ: qui *G*   23 *latet lacuna* (*post* quae?): sunt ⟨nonne sunt⟩ *Kiderlin 1888-4*   24 plurimae harum
G   25 epilogus γ: et philogus *G*

aequari? Quid? in uerbis, sententiis, figuris, dispositione totius operis nonne humani ingenii modum excedit?—ut magni sit uiri uirtutes eius non aemulatione, quod fieri non potest, sed intellectu sequi. Verum hic omnis sine dubio et in omni genere eloquentiae procul a se reliquit, epicos tamen praecipue, uidelicet quia durissima in materia simili comparatio est. Raro adsurgit Hesiodus magnaque pars eius in nominibus est occupata, tamen utiles circa praecepta sententiae, leuitasque uerborum et compositionis probabilis, daturque ei palma in illo medio genere dicendi. Contra in Antimacho uis et grauitas et minime uulgare eloquendi genus habet laudem. Sed quamuis ei secundas fere grammaticorum consensus deferat, et adfectibus et iucunditate et dispositione et omnino arte deficitur, ut plane manifesto appareat quanto sit aliud proximum esse, aliud secundum. Panyasin, ex utroque mixtum, putant in eloquendo neutrius aequare uirtutes, alterum tamen ab eo materia, alterum disponendi ratione superari. Apollonius in ordinem a grammaticis datum non uenit, quia Aristarchus atque Aristophanes, poetarum iudices, neminem sui temporis in numerum redegerunt, non tamen contemnendum edidit opus aequali quadam mediocritate. Arati materia motu caret, ut in qua nulla uarietas, nullus adfectus, nulla persona, nulla cuiusquam sit oratio; sufficit tamen operi cui se parem credidit. Admirabilis in suo genere Theocritus, sed musa illa rustica et pastoralis non forum modo uerum ipsam etiam urbem reformidat. Audire uideor undique congerentis nomina plurimorum poetarum. Quid? Herculis acta non bene Pisandros? Quid? Nicandrum frustra secuti Macer atque Vergilius?

Gγ]   1 dispositionem *G*   3 uiri uirtutes γ: uirtutis *G*
4 intellectus aequi *G*   6 similis *Gγ*: *corr. ed. Vasc. 1538*
8 occupat *G*   10 palam *G*   mediocri *1418 (prob. Radermacher)*
11 uolgari *G*   eloquentiae γ   15 quanto γ: e quanto *G*
secundum *om. G*   19 qui *G*   20 poetarum iudicium *G*:
del. Osann 4. 9   21 reddit *G (unde* reddidit *Halm)*   22 arti *G*
23 nulla¹ ... adfectus *om. G*   24 tam operis *G*   25 thecus
(*ex* decus) *G*   sed γ: et *G*   29 quid *om. G*

INSTITVTIO ORATORIA 10. 1. 62

Quid? Euphorionem transibimus? Quem nisi probasset Vergilius idem, numquam certe conditorum Chalcidico uersu carminum fecisset in Bucolicis mentionem. Quid? Horatius frustra Tyrtaeum Homero subiungit? Nec sane quisquam 57 est tam procul a cognitione eorum remotus ut non indicem certe ex bibliotheca sumptum transferre in libros suos possit. Nec ignoro igitur quos transeo nec utique damno, ut qui dixerim esse in omnibus utilitatis aliquid. Sed ad illos iam 58 perfectis constitutisque uiribus reuertemur: quod in cenis grandibus saepe facimus, ut, cum optimis satiati sumus, uarietas tamen nobis ex uilioribus grata sit. Tunc et elegiam uacabit in manus sumere, cuius princeps habetur Callimachus, secundas confessione plurimorum Philetas occupauit. Sed dum adsequimur illam firmam, ut dixi, 59 facilitatem, optimis adsuescendum est et multa magis quam multorum lectione formanda mens et ducendus color. Itaque ex tribus receptis Aristarchi iudicio scriptoribus iamborum ad hexin maxime pertinebit unus Archilochus. Summa in 60 hoc uis elocutionis, cum ualidae tum breues uibrantesque sententiae, plurimum sanguinis atque neruorum, adeo ut uideatur quibusdam quod quoquam minor est materiae esse, non ingeni uitium. Nouem uero lyricorum longe Pin- 61 darus princeps spiritu, magnificentia, sententiis, figuris, beatissima rerum uerborumque copia et uelut quodam eloquentiae flumine: propter quae Horatius eum merito nemini credit imitabilem. Stesichorum quam sit ingenio ualidus 62

---

3 *ecl. 10. 50*   4 *ars 402*   25 *carm. 4. 2. 1 seq.*

Gγ]   1–2 quid ... uirgilius γ: *om.* G   2 conditorem G   calchidico uersu γ: chalcidis conuersu G   7 damno γ: magno G   8 ad *om.* G   8–9 iam perfectis *t*: iam perfectus G: inperfectis γ   9 in c(a)enis γ: ingeniis G   10 ut *om.* G   11–12 grata ... uacabit γ: grā sitam certe licere iam uacauit G   13 confessiones G   philetas *1418*: philatas γ: phileta G   15 et γ: ut G   multo magis quia γ   16 formanda mens G: formandus γ   calor *u.l. in X, Y*   18 hexim *ed. Col. 1527*: exi γ: haec G   19 ualida γ   21 quibus G quoquam GY: quodam X   22 ingenii uitium γ: ingenitiuium G   23 spiritus G   25 merito *om.* γ   25–6 nemini credit γ: credidit nemini G   26 Stesichorum *Badius*: -us γ: iste sichorus G

579

10. 1. 63

materiae quoque ostendunt, maxima bella et clarissimos canentem duces et epici carminis onera lyra sustinentem. Reddit enim personis in agendo simul loquendoque debitam dignitatem, ac si tenuisset modum uidetur aemulari proximus Homerum potuisse, sed redundat atque effunditur, 5
63 quod ut est reprehendendum, ita copiae uitium est. Alcaeus in parte operis aureo plectro merito donatur, qua tyrannos insectatus multum etiam moribus confert, in eloquendo quoque breuis et magnificus et diligens et plerumque oratori similis, sed et lusit et in amores descendit, maioribus tamen 10
64 aptior. Simonides, tenuis alioqui, sermone proprio et iucunditate quadam commendari potest, praecipua tamen eius in commouenda miseratione uirtus, ut quidam in hac eum parte omnibus eiusdem operis auctoribus praeferant.

65 Antiqua comoedia cum sinceram illam sermonis Attici 15 gratiam prope sola retinet, tum facundissimae libertatis, et si est ⟨in⟩ insectandis uitiis praecipua, plurimum tamen uirium etiam in ceteris partibus habet. Nam et grandis et elegans et uenusta, et nescio an ulla, post Homerum tamen, quem ut Achillem semper excipi par est, aut similior sit 20
66 oratoribus aut ad oratores faciendos aptior. Plures eius auctores, Aristophanes tamen et Eupolis Cratinusque praecipui. Tragoedias primus in lucem Aeschylus protulit, sublimis et grauis et grandilocus saepe usque ad uitium, sed rudis in plerisque et incompositus: propter quod correctas eius 25 fabulas in certamen deferre posterioribus poetis Athenienses

7 *Hor. carm. 2. 13. 26–7*

---

*G*γ] 1–2 carissimos canente *G* 3 loquendoque *X*: loquendo *GY* 4 uideretur *Y* (*deinde* proximus aemulari homerum) 5 potuisset *G* 7 audeo *G* 8 confert in γ: confestim *G* 9 diligens γ: dicendi *G* oratori *ed. Col. 1527*: orationis *G*γ 10 lusit γ: eius sit *G* 11 altior γ simonides tenuis γ: simōid ÷ enim *G* sermones *G* 12 pr(a)ecipue *G*γ: *corr. p** 13 miserationis *G* 14 eiusdem γ: ei *G* (*unde* eius *t*) 15 attici γ: ati *G* 16 dum fecundissime *G* 17 in *ed. Ven. 1493*: *om. G*γ 19 uetusta *G* ulla γ: illa *G*: *fort.* ulla ⟨pars⟩ (ulla ⟨poeseos pars⟩ *Andresen*) 20 quae *G* 22 et eupolis γ: neopolis *G* 22–3 praecipue *G* 25 incompositis *G* rectas *G*

INSTITVTIO ORATORIA 10. 1. 70

permisere: suntque eo modo multi coronati. Sed longe 67
clarius inlustrauerunt hoc opus Sophocles atque Euripides,
quorum in dispari dicendi uia uter sit poeta melior inter
plurimos quaeritur. Idque ego sane, quoniam ad praesentem
5 materiam nihil pertinet, iniudicatum relinquo. Illud quidem
nemo non fateatur necesse est, iis qui se ad agendum comparant utiliorem longe fore Euripiden. Namque is et sermone 68
(quod ipsum reprehendunt quibus grauitas et coturnus et
sonus Sophocli uidetur esse sublimior) magis accedit oratorio
10 generi, et sententiis densus, et in iis quae a sapientibus
tradita sunt paene ipsis par, et in dicendo ac respondendo
cuilibet eorum qui fuerunt in foro diserti comparandus, in
adfectibus uero cum omnibus mirus, tum in iis qui miseratione constant facile praecipuus. Hunc et admiratus maxime 69
15 est, ut saepe testatur, et secutus, quamquam in opere diuerso, Menander, qui uel unus meo quidem iudicio diligenter
lectus ad cuncta quae praecipimus effingenda sufficiat: ita
omnem uitae imaginem expressit, tanta in eo inueniendi
copia et eloquendi facultas, ita est omnibus rebus personis
20 adfectibus accommodatus. Nec nihil profecto uiderunt qui 70
orationes quae Charisi nomine eduntur a Menandro scriptas
putant. Sed mihi longe magis orator probari in opere suo
uidetur, nisi forte aut illa iudicia quae Epitrepontes, Epicleros, Locroe habent, aut meditationes in Psophodee, Nomo-
25 thete, Hypobolimaeo non omnibus oratoris numeris sunt

$G\gamma$] 1 permisere suntque γ: permiserint quae G 3 discendi G
uterque G 4 ego γ: eo G 7 longe fore GX: longo fieri Y
8 reprehendunt γ: quod reprehendit G 9 sublimior γ:
sublimior erit G 10 genere γ his $G\gamma$ (*item l. 13*) 11 in
dicendo γ: docendo G respondo G 13 minus G qui γ: qui
in G 14 constat G hunc *om*. G admiratus γ: admiratus
miratus G 15 praestatur G 15–16 opera diuersa G
18 uitem G ea G 19 copia et *ed*. *Jens*.: copiae G: copia γ
21 charisi(i) nomine γ: charis in homine G eduntur γ: adductur
G scripta G 22 longo *ut uid*. Y 23 illa γ: illa mala
G: mala illa *Wilkins* 24 Locroe *Zumpt* post Gesnerum*:
locros γ: locre G sophodee $G\gamma$ 24–5 nomotheti X: -eci
Y 25 oratoris G, X (*ex* oratioris): -riis Y *ut uid*., *ed*. *Ven*. *1493*
(*fort*. *recte*) numeri G

71 absolutae. Ego tamen plus adhuc quiddam conlaturum eum declamatoribus puto, quoniam his necesse est secundum condicionem controuersiarum plures subire personas, patrum filiorum, ⟨caelibum⟩ maritorum, militum rusticorum, diuitum pauperum, irascentium deprecantium, mitium asperorum. In quibus omnibus mire custoditur ab hoc poeta decor.

72 Atque ille quidem omnibus eiusdem operis auctoribus abstulit nomen, et fulgore quodam suae claritatis tenebras obduxit. Habent tamen alii quoque comici, si cum uenia legantur, quaedam quae possis decerpere, et praecipue Philemon, qui ut prauis sui temporis iudiciis Menandro saepe praelatus est, ita consensu tamen omnium meruit credi secundus.

73 Historiam multi scripsere praeclare, sed nemo dubitat longe duos ceteris praeferendos, quorum diuersa uirtus laudem paene est parem consecuta. Densus et breuis et semper instans sibi Thucydides, dulcis et candidus et fusus Herodotus: ille concitatis, hic remissis adfectibus melior, **74** ille contionibus, hic sermonibus, ille ui, hic uoluptate. Theopompus his proximus ut in historia praedictis minor, ita oratori magis similis, ut qui, antequam est ad hoc opus sollicitatus, diu fuerit orator. Philistus quoque meretur qui turbae quamuis bonorum post eos auctorum eximatur, imitator Thucydidi et ut multo infirmior, ita aliquatenus lucidior. Ephorus, ut Isocrati uisum, calcaribus eget. Clitarchi **75** probatur ingenium, fides infamatur. Longo post interuallo temporis natus Timagenes uel hoc est ipso probabilis, quod intermissam historias scribendi industriam noua laude reparauit. Xenophon non excidit mihi, sed inter philosophos reddendus est.

Gγ] 4 caelibum *suppl. Spalding* maritorum *om. G* 6 custodietur *G* 7 operis auctoribus γ: operibus *G* 9 abduxit *G* habent tamen γ: *inu. ord. G* uenia *temptauerunt nonnulli, iniuria* 10 leguntur *G* possit decernere γ 11 praue *G* 14 multis scribere *G* 18 ille . . . melior *om. G* 19 ui *G*: ut γ 20 in *om.* γ 21 oratoris *G* ad γ: ab *G* 24 thucydidis *X* (tuchi- *Y*) 27 imagines *G* probabiles *G* 28–9 praeparauit *G*

INSTITVTIO ORATORIA 10. 1. 81

Sequitur oratorum ingens manus, ut cum decem simul 76
Athenis aetas una tulerit. Quorum longe princeps Demosthenes ac paene lex orandi fuit: tanta uis in eo, tam densa
omnia, ita quibusdam neruis intenta sunt, tam nihil otiosum,
5 is dicendi modus, ut nec quod desit in eo nec quod redundet
inuenias. Plenior Aeschines et magis fusus et grandiori 77
similis quo minus strictus est, carnis tamen plus habet, minus
lacertorum. Dulcis in primis et acutus Hyperides, sed minoribus causis, ut non dixerim uilioribus, magis par. His aetate 78
10 Lysias maior, subtilis atque elegans et quo nihil, si oratori
satis sit docere, quaeras perfectius: nihil enim est inane,
nihil arcessitum, puro tamen fonti quam magno flumini
propior. Isocrates in diuerso genere dicendi nitidus et comp- 79
tus et palaestrae quam pugnae magis accommodatus omnes
15 dicendi ueneres sectatus est, nec inmerito: auditoriis enim
se, non iudiciis compararat: in inuentione facilis, honesti
studiosus, in compositione adeo diligens ut cura eius reprehendatur. Neque ego in his, de quibus sum locutus, has solas 80
uirtutes, sed has praecipuas puto, nec ceteros parum fuisse
20 magnos. Quin etiam Phalerea illum Demetrium, quamquam
is primus inclinasse eloquentiam dicitur, multum ingenii
habuisse et facundiae fateor, uel ob hoc memoria dignum,
quod ultimus est fere ex Atticis qui dici possit orator, quem
tamen in illo medio genere dicendi praefert omnibus Cicero.
25 Philosophorum, ex quibus plurimum se traxisse eloquen- 81
tiae M. Tullius confitetur, quis dubitet Platonem esse praecipuum siue acumine disserendi siue eloquendi facultate
diuina quadam et Homerica? Multum enim supra prorsam

24 *orat. 92, 96*

Gγ] 2 principes G 4 tamen G 6 inuenies G
grandiori *quibusdam suspectum* 9 uilioribus *Kroll 1905*:
utilior Gγ aetatem G 10 si *om.* Y 11 sit Gγ: esset
Spalding dicere γ 13 proprior G in diuerso γ: iudici uerso
G 15 audituris G 16 compararat *X corr.*: comparat GX¹Y
19 peto Y 20 qui etiam phalaere attillum G 21 primum G
23 quem γ: quae G 24 perfert G 25 transisse G 26 dubitet
γ: dubitet et G 28 quaedam G

583

M. FABI QVINTILIANI

orationem et quam pedestrem Graeci uocant surgit, ut mihi non hominis ingenio sed quodam Delphico uideatur oraculo instinctus. Quid ego commemorem Xenophontis illam iucunditatem inadfectatam, sed quam nulla consequi adfectatio possit?—ut ipsae sermonem finxisse Gratiae uideantur, et quod de Pericle ueteris comoediae testimonium est in hunc transferri iustissime possit, in labris eius sedisse quandam persuadendi deam. Quid reliquorum Socraticorum elegantiam? Quid Aristotelen? Quem dubito scientia rerum an scriptorum copia an eloquendi [usu] suauitate an inuentionum acumine an uarietate operum clariorem putem. Nam in Theophrasto tam est loquendi nitor ille diuinus ut ex eo nomen quoque traxisse dicatur. Minus indulsere eloquentiae Stoici ueteres, sed cum honesta suaserunt, tum in colligendo probandoque ⟨quae⟩ instituerant plurimum ualuerunt, rebus tamen acuti magis quam, id quod sane non adfectarunt, oratione magnifici.

Idem nobis per Romanos quoque auctores ordo ducendus est. Itaque ut apud illos Homerus, sic apud nos Vergilius auspicatissimum dederit exordium, omnium eius generis poetarum Graecorum nostrorumque haud dubie proximus. Vtar enim uerbis isdem quae ex Afro Domitio iuuenis excepi, qui mihi interroganti quem Homero crederet maxime accedere 'secundus' inquit 'est Vergilius, propior tamen primo quam tertio'. Et hercule ut illi naturae caelesti atque

6 *Eupol. frg. 94 Kock*   14 *SVF 2. 25*

Gγ]   2 quaedam *G*   3 instinctus γ: de ⟨*unde* dei *t*⟩ instrictus *G*   4 nullam *G*   5 sermonem finxisse *G*: *inu. ord.* γ   9 qui aristole *G*   10 usu γ: usus *G*: *om. D'Orv. 13, ut coni. Regius*: ui et Geel (*minime sibi placens*)   11 an *G*: ac γ   12 eloquendi δ (*sed omisso* est)   13 minus γ: utinus *G* 14 stoici γ: histori *G*   tum γ: cum *G*   15 -que quae *f*: -que *GY*: quae *X*: -que quod *p**   institueram *G*   ualuerunt *om. X* 16 adfectarunt *X*, *Y* (aff-): adfectitacuerunt *G*   17 orationi *G* 18 QVI ROMANORVM Idem γ (*titulum in indice praebet G*)   19 sic γ: sit sic *G*   21 haud γ: aut *G*   ⟨ei⟩ proximus *Halm* (⟨illi⟩ haud *iam Regius*)   22 utar *G*: ut γ   quae *om. G*   22–3 excipi *G* 23 credere *G*   24 proprior *G*   25 ut γ: cum *G*

INSTITVTIO ORATORIA 10. 1. 91

inmortali cesserimus, ita curae et diligentiae uel ideo in hoc
plus est, quod ei fuit magis laborandum, et quantum eminentibus uincimur, fortasse aequalitate pensamus. Ceteri omnes
longe sequentur. Nam Macer et Lucretius legendi quidem, 87
sed non ut phrasin, id est corpus eloquentiae, faciant, elegantes in sua quisque materia, sed alter humilis, alter difficilis. Atacinus Varro in iis per quae nomen est adsecutus
interpres operis alieni, non spernendus quidem, uerum ad
augendam facultatem dicendi parum locuples. Ennium sicut 88
sacros uetustate lucos adoremus, in quibus grandia et antiqua robora iam non tantam habent speciem quantam religionem. Propiores alii atque ad hoc de quo loquimur magis
utiles. Lasciuus quidem in herois quoque Ouidius et nimium
amator ingenii sui, laudandus tamen partibus. Cornelius 89
autem Seuerus, etiam si est uersificator quam poeta melior,
si tamen (ut est dictum) ad exemplar primi libri bellum
Siculum perscripsisset, uindicaret sibi iure secundum locum.
Serranum consummari mors inmatura non passa est, puerilia
tamen eius opera et maximam indolem ostendunt et admirabilem praecipue in aetate illa recti generis uoluntatem.
Multum in Valerio Flacco nuper amisimus. Vehemens et 90
poeticum ingenium Salei Bassi fuit, nec ipsum senectute
maturuit. Rabirius ac Pedo non indigni cognitione, si uacet.
Lucanus ardens et concitatus et sententiis clarissimus et, ut
dicam quod sentio, magis oratoribus quam poetis imitandus.
Hos nominamus quia Germanicum Augustum ab institutis 91
studiis deflexit cura terrarum, parumque dis uisum est esse

Gγ]   1 idoneo G   4 sequentur *14 16*: seq̄nter G: sequuntur
γ, *fort. recte*   5 phrasin id est γ: pars in idem G   6 humilis
γ: luminis G   7 his Gγ   8 alienis G   uerum ad γ: uerus G
10 uetustatem (*ex* uetus tamen) G   11 tantam GY: tanquam X
12 propriores GX¹   qua G (*unde* hanc *pro* hoc *t*)   14 laudandis X   tamen *om.* γ   ⟨in⟩ partibus *ed. Vasc. 1542*   15 si
est γ: sit G: si fuit *Richards*: si sit *Spalding*   17 praescripsississet
(*sic*) G   18 ferrenum G: farrenum γ: *corr. Sarpe 1819 (p. 12)*
19 tamen GY: non tamen X   indole G   19–20 mirabilem γ
22 Salei *ed. Camp.*: sali G: sale γ   22–3 senectutem maturbit G
23 conditione γ   27 parum γ   diis γ: his G

585

10. 1. 92   M. FABI QVINTILIANI

eum maximum poetarum. Quid tamen his ipsis eius operibus in quae donato imperio iuuenis secesserat sublimius, doctius, omnibus denique numeris praestantius? Quis enim caneret bella melius quam qui sic gerit? Quem praesidentes studiis deae propius audirent? Cui magis suas artis aperiret familiare numen Minerua? Dicent haec plenius futura saecula, nunc enim ceterarum fulgore uirtutum laus ista praestringitur. Nos tamen sacra litterarum colentis feres, Caesar, si non tacitum hoc praeterimus et Vergiliano certe uersu testamur
'inter uictrices hederam tibi serpere laurus.'

Elegia quoque Graecos prouocamus, cuius mihi tersus atque elegans maxime uidetur auctor Tibullus. Sunt qui Propertium malint. Ouidius utroque lasciuior, sicut durior Gallus. Satura quidem tota nostra est, in qua primus insignem laudem adeptus Lucilius quosdam ita deditos sibi adhuc habet amatores ut eum non eiusdem modo operis auctoribus sed omnibus poetis praeferre non dubitent. Ego quantum ab illis, tantum ab Horatio dissentio, qui Lucilium 'fluere lutulentum' et esse aliquid quod tollere possis putat. Nam et eruditio in eo mira et libertas atque inde acerbitas et abunde salis. Multum est tersior ac purus magis Horatius et, nisi labor eius amore, praecipuus. Multum et uerae gloriae quamuis uno libro Persius meruit. Sunt clari hodieque et qui olim nominabuntur. Alterum illud etiam prius saturae genus, sed non sola carminum uarietate mixtum condidit Terentius Varro, uir Romanorum eruditissimus. Plurimos hic libros et doctissimos composuit, peritissimus linguae Latinae et omnis antiquitatis et rerum Graecarum nostrarumque, plus tamen scientiae conlaturus quam eloquentiae. Iambus non sane a

10 *ecl. 8. 13*   19 *sat. 1. 4. 11*

---

*G*γ]   1 qui *G*   2 successerat *G*γ: *corr. Lipsius* (*ad Tac. hist. 4. 86*)   4 qui *GY*: quis *X*   5 deae γ: ea *G*   propius *nonnullis suspectum*   8 feras *H*   9 uerso *G*   12 qui γ: pri *G*   15 quodam *G*   18 dissensio *G*   20 nam et γ: nam *G*   21 est γ: et est *G*   22 nisi γ: non *G*   24 nominabantur *G*   prius *G*γ: *uarie temptatum*   26 plurimis *G*   28 -que *om. G*   29 collaturus ... eloquentiae γ: *om. G*

INSTITVTIO ORATORIA 10.1.100

Romanis celebratus est ut proprium opus, †quibusdam interpositus†: cuius acerbitas in Catullo, Bibaculo, Horatio (quamquam illi epodos interuenit) reperiatur. At lyricorum idem Horatius fere solus legi dignus: nam et insurgit aliquando et plenus est iucunditatis et gratiae et uarius figuris et uerbis felicissime audax. Si quem adicere uelis, is erit Caesius Bassus, quem nuper uidimus; sed eum longe praecedunt ingenia uiuentium.

Tragoediae scriptores ueterum Accius atque Pacuuius **97** clarissimi grauitate sententiarum, uerborum pondere, auctoritate personarum. Ceterum nitor et summa in excolendis operibus manus magis uideri potest temporibus quam ipsis defuisse: uirium tamen Accio plus tribuitur, Pacuuium uideri doctiorem qui esse docti adfectant uolunt. Iam Vari **98** Thyestes cuilibet Graecarum comparari potest. Ouidi Medea uidetur mihi ostendere quantum ille uir praestare potuerit si ingenio suo imperare quam indulgere maluisset. Eorum quos uiderim longe princeps Pomponius Secundus, quem senes [quem] parum tragicum putabant, eruditione ac nitore praestare confitebantur. In comoedia maxime claudicamus. **99** Licet Varro Musas, Aeli Stilonis sententia, Plautino dicat sermone locuturas fuisse si Latine loqui uellent, licet Caecilium ueteres laudibus ferant, licet Terenti scripta ad Scipionem Africanum referantur (quae tamen sunt in hoc genere elegantissima, et plus adhuc habitura gratiae si intra uersus trimetros stetissent): uix leuem consequimur **100** umbram, adeo ut mihi sermo ipse Romanus non recipere

Gγ]   1–2 quibusdam interpositus (-tis *Y*) *Gγ*: a quibusdam interpositus *1418*: sed (*quod iam Osann*) aliis q. interpositus *Christ* 3 illa γ   interuenon reperietur *G*   at *t*: a *G*: *om.* γ, *fort. recte* 5 uariis *GX*¹   6 uerbis γ: urbis *G*   quem *P*: quidem *Gγ*   ueris is serit *G*   7 uidemus *G*   longo γ   9 uerum γ   10 clarissimi γ: grauissima *G*   12 manu *G*   14–15 uarii tyoestes (*sic*) *G*: uarus γ   19 quem *G*: non γ: quidem *Spalding*: *del. t*   20 comoediam *G*   iudicamus *G*   21 aeli γ: epi *G*   22 locutura *G*   23 terentii γ: ferenti *G* 24 tam *G*   25 elegantissima *om. G*   gratiae si γ: gratia est *G* 27 romam *G*

uideatur illam solis concessam Atticis uenerem, cum eam ne Graeci quidem in alio genere linguae optinuerint. Togatis excellit Afranius: utinam non inquinasset argumenta puerorum foedis amoribus, mores suos fassus.

101 At non historia cesserit Graecis. Nec opponere Thucydidi Sallustium uerear, nec indignetur sibi Herodotus aequari Titum Liuium, cum in narrando mirae iucunditatis clarissimique candoris, tum in contionibus supra quam enarrari potest eloquentem, ita quae dicuntur omnia cum rebus tum personis accommodata sunt: adfectus quidem, praecipueque eos qui sunt dulciores, ut parcissime dicam, nemo histori-
102 corum commendauit magis. Ideoque illam inmortalem Sallusti uelocitatem diuersis uirtutibus consecutus est. Nam mihi egregie dixisse uidetur Seruilius Nonianus pares eos magis quam similes: qui et ipse a nobis auditus est, clari uir ingenii et sententiis creber, sed minus pressus quam his-
103 toriae auctoritas postulat. Quam paulum aetate praecedens eum Bassus Aufidius egregie, utique in libris belli Germanici, praestitit genere ipso, probabilis in omnibus, sed in quibus-
104 dam suis ipse uiribus minor. Superest adhuc et exornat aetatis nostrae gloriam uir saeculorum memoria dignus, qui olim nominabitur, nunc intellegitur. Habet amatores—nec inmerito—Cremuti libertas, quamquam circumcisis quae dixisse ei nocuerat: sed elatum abunde spiritum et audaces sententias deprehendas etiam in iis quae manent. Sunt et alii scriptores boni, sed nos genera degustamus, non bibliothecas excutimus.

Gγ] 1 cum *P* (quom *1418*): q̄m *G*: quando γ: quam (*deleto* eam) *Halm*   nec *G*   2 alios *G*   linguae γ: lingue quae *G ex dittographia*: linguae suae *Koehler* (*ap. Meister, inter addenda*)   3 excellet γ   africanus (*ex* affr-) *G*   utinamque γ   6 ne *G*   7 in *G*: et γ   9 itaque edicuntur *G*   12 commodauit *Halm*   illam *om. G*   15 clari uir γ: clarius *G*   17 quam γ: qua *G*   19 *distinxit Kiderlin 1888-3*: sed genere ipso *uix placet*   ipsos *G*   sed in *om. G*   20 suis γ: uis *G*   et *om. G*   exorant *X*   22 nominabatur *X*   23 Cremuti *Nipperdey*: remuti *Gγ*   24 sed elatum γ: se latum *G*   25 deprehendas etiam γ: depraehenda sed iam *G*   his *Gγ*

Oratores uero uel praecipue Latinam eloquentiam parem 105
facere Graecae possunt: nam Ciceronem cuicumque eorum
fortiter opposuerim. Nec ignoro quantam mihi concitem
pugnam, cum praesertim non id sit propositi, ut eum Demostheni comparem hoc tempore: neque enim attinet, cum
Demosthenen in primis legendum uel ediscendum potius
putem. Quorum ego uirtutes plerasque arbitror similes, con- 106
silium, ordinem, diuidendi praeparandi probandi rationem,
omnia denique quae sunt inuentionis. In eloquendo est aliqua
diuersitas: densior ille, hic copiosior, ille concludit adstrict-
ius, hic latius, pugnat ille acumine semper, hic frequenter et
pondere, illic nihil detrahi potest, hic nihil adici, curae plus
in illo, in hoc naturae. Salibus certe et commiseratione, quae 107
duo plurimum ⟨in⟩ adfectibus ualent, uincimus. Et fortasse
epilogos illi mos ciuitatis abstulerit, sed et nobis illa quae
Attici mirantur diuersa Latini sermonis ratio minus permiserit. In epistulis quidem, quamquam sunt utriusque,
dialogisue, quibus nihil ille, nulla contentio est. Cedendum 108
uero in hoc, quod et prior fuit et ex magna parte Ciceronem
quantus est fecit. Nam mihi uidetur M. Tullius, cum se totum
ad imitationem Graecorum contulisset, effinxisse uim Demosthenis, copiam Platonis, iucunditatem Isocratis. Nec uero 109
quod in quoque optimum fuit studio consecutus est tantum,
sed plurimas uel potius omnes ex se ipso uirtutes extulit
inmortalis ingenii beatissima ubertas. Non enim pluuias,
ut ait Pindarus, aquas colligit, sed uiuo gurgite exundat,
dono quodam prouidentiae genitus in quo totas uires

26 *frg. 287 Bowra*

$G\gamma$, *sed inde a* nulla (*l. 18*) $B\gamma b$] 2 possint G^1 ciceronem γ (*sed post* eorum): -one G 3 quantam γ: quam tam G 7 ergo Y 8 uidendi $G\gamma$: *corr. ed. Ald.* 8–9 rationem omnia γ: racioni G 11 laetius γ 12 illic ... hic $G\gamma$: illi ... huic E 13 qui $G\gamma$: *corr. t* 14 in *add. t* 16 sermonis p^*: sermoni G: nominis γ 18 dialogisui ... illi (*sic*) G: *om. γ: corr. Spalding post Obrechtium* 22 isocratis P: socratis $B\gamma$ 24 omnes $B\gamma$: *del. b* ipsa *Radermacher* extulit b: *om.* $B\gamma$ 25 ubertate p^* 27 uires b: uirtutes $B\gamma$

110 suas eloquentia experiretur. Nam quis docere diligentius, mouere uehementius potest, cui tanta umquam iucunditas adfuit?—ut ipsa illa quae extorquet impetrare eum credas, et cum transuersum ui sua iudicem ferat, tamen ille non rapi **111** uideatur sed sequi. Iam in omnibus quae dicit tanta auctoritas inest ut dissentire pudeat, nec aduocati studium sed testis aut iudicis adferat fidem, cum interim haec omnia, quae uix singula quisquam intentissima cura consequi posset, fluunt inlaborata, et illa qua nihil pulchrius auditum est **112** oratio prae se fert tamen felicissimam facilitatem. Quare non inmerito ab hominibus aetatis suae regnare in iudiciis dictus est, apud posteros uero id consecutus ut Cicero iam non hominis nomen sed eloquentiae habeatur. Hunc igitur spectemus, hoc propositum nobis sit exemplum, ille se profecisse **113** sciat cui Cicero ualde placebit. Multa in Asinio Pollione inuentio, summa diligentia, adeo ut quibusdam etiam nimia uideatur, et consilii et animi satis: a nitore et iucunditate Ciceronis ita longe abest ut uideri possit saeculo prior. At Messala nitidus et candidus et quodam modo praeferens in **114** dicendo nobilitatem suam, uiribus minor. C. uero Caesar si foro tantum uacasset, non alius ex nostris contra Ciceronem nominaretur: tanta in eo uis est, id acumen, ea concitatio, ut illum eodem animo dixisse quo bellauit appareat; exornat tamen haec omnia mira sermonis, cuius proprie studiosus **115** fuit, elegantia. Multum ingenii in Caelio et praecipue in accusando multa urbanitas, dignusque uir cui et mens melior et uita longior contigisset. Inueni qui Caluum praeferrent omnibus, inueni qui Ciceroni crederent eum nimia contra se

28 *Brut. 283*

$B\gamma b$]   2 tanta $B\gamma$: tamquam b 3 ut ipsa $B\gamma$: ipse b
imperare b 9 quae *post* nihil *add.* b 11 omnibus $B\gamma$: *corr.* t
14 proposito b 16 inuenio $B\gamma$: *corr.* b 19–20 in dicendo $B\gamma$:
incidendo b 21 aliud b 22 tanto b 23 eo Y 26 muta b
27 uita $B\gamma$: ita b inueni . . . caluum $B\gamma$: inue qui con caluo b
praeferrent γ: -ferent B 28 ciceroni p^*: ciceronem $B\gamma$: *del.*
Bonnet *1887* (*et fort. corrector quidam codicis* B)

INSTITVTIO ORATORIA 10. 1. 121

calumnia uerum sanguinem perdidisse; sed est et sancta et
grauis oratio et castigata et frequenter uehemens quoque.
Imitator autem est Atticorum, fecitque illi properata mors
iniuriam si quid adiecturus sibi, non si quid detracturus,
fuit. Et Seruius Sulpicius insignem non inmerito famam 116
tribus orationibus meruit. Multa si cum iudicio legatur dabit
imitatione digna Cassius Seuerus, qui, si ceteris uirtutibus
colorem et grauitatem orationis adiecisset, ponendus inter
praecipuos foret. Nam et ingenii plurimum est in eo et acer- 117
bitas mira et urbanitas †et sermo†, sed plus stomacho quam
consilio dedit: praeterea ut amari sales, ita frequenter amari-
tudo ipsa ridicula est. Sunt alii multi diserti, quos persequi 118
longum est. Eorum quos uiderim Domitius Afer et Iulius
Africanus longe praestantissimi. Verborum arte ille et toto
genere dicendi praeferendus et quem in numero ueterum
habere non timeas: hic concitatior, sed in cura uerborum
nimius et compositione nonnumquam longior et tralationibus parum modicus. Erant clara et nuper ingenia. Nam et 119
Trachalus plerumque sublimis et satis apertus fuit et quem
uelle optima crederes, auditus tamen maior: nam et uocis
quantam in nullo cognoui felicitas, et pronuntiatio uel scaenis
suffectura, et decor, omnia denique ei quae sunt extra super-
fuerunt: et Vibius Crispus compositus et iucundus et delectationi natus, priuatis tamen causis quam publicis melior.
Iulio Secundo si longior contigisset aetas, clarissimum pro- 120
fecto nomen oratoris apud posteros foret: adiecisset enim
atque adiciebat ceteris uirtutibus suis quod desiderari potest,
id est autem, ut esset multo magis pugnax et saepius ad
curam rerum ab elocutione respiceret. Ceterum interceptus 121

$B\gamma b$] 2 grauis b: breuis $B\gamma$ oratio ... castigata $B\gamma$: et custo-
dita b 4 sibi ... qui (quid *1416*) detracturus b: *om*. $B\gamma$
5 -merito $B\gamma$: mero b 6 id *ante* tribus *add*. b 9 et² *del*. b
10 et sermo $B\gamma$: et summo b: eximia *Kroll* (*ap*. *Rad*.): *fort*. summa
(et uis summa p^*)   13 uiderim γb: -erem *ut uid*. B afer et
$B\gamma$: feret b 14 longe γb: lon B praesentissimi b (*deleto*
uerborum)   16 habitare b 18 nam *del*. b 22 extra $B\gamma$:
ex ira b 23-4 delectatione γ 24 qua b 28 pugnans b

591

10.1.122 M. FABI QVINTILIANI

quoque magnum sibi uindicat locum, ea est facundia, tanta in explicando quod uelit gratia, tam candidum et leue et speciosum dicendi genus, tanta uerborum etiam quae adsumpta sunt proprietas, tanta in quibusdam ex periculo
122 petitis significantia. Habebunt qui post nos de oratoribus scribent magnam eos qui nunc uigent materiam uere laudandi: sunt enim summa hodie quibus inlustratur forum ingenia. Namque et consummati iam patroni ueteribus aemulantur et eos iuuenum ad optima tendentium imitatur ac sequitur industria.

123 Supersunt qui de philosophia scripserint: quo in genere paucissimos adhuc eloquentes litterae Romanae tulerunt. Idem igitur M. Tullius, qui ubique, etiam in hoc opere Platonis aemulus extitit. Egregius uero multoque quam in orationibus praestantior Brutus suffecit ponderi rerum: scias eum
124 sentire quae dicit. Scripsit non parum multa Cornelius Celsus, Sextios secutus, non sine cultu ac nitore. Plautus in Stoicis rerum cognitioni utilis; in Epicuriis leuis quidem sed non
125 iniucundus tamen auctor est Catius. Ex industria Senecam in omni genere eloquentiae distuli, propter uulgatam falso de me opinionem qua damnare eum et inuisum quoque habere sum creditus. Quod accidit mihi dum corruptum et omnibus uitiis fractum dicendi genus reuocare ad seueriora iudicia contendo: tum autem solus hic fere in manibus
126 adulescentium fuit. Quem non equidem omnino conabar excutere, sed potioribus praeferri non sinebam, quos ille non destiterat incessere, cum diuersi sibi conscius generis placere se in dicendo posse quibus illi placerent diffideret. Amabant autem eum magis quam imitabantur, tantumque ab illo

*B*γ*b*] 2 explicando γ*b*: plicando (*ex* -a) *B* uellet *b*
leue *B*γ: leuo *b*: lene *ed. Camp.* 4 in ... ex *B*γ: ex ... in *b*
5 habebant *b* 6 scribet *b* 8 nosque *Y* 11 scripserunt *E* 15 eum *B*γ: cum *b* 17 plausus *b* 18 Epicuriis *Halm* (-eis *iam P*): epicuris *B*γ 19 catius *p**: caucius *b*: *om. B*γ 21 quia *b* 24 tum *p**: cum *B*γ solus hic (huic *b*) *BX*: hic solus *Y* 25 quem ... equidem *B*γ: non equidem quidem *b* 26 perferre *b* quo *b* 27 cum *del'. b*
28 quibus γ*b*: in quibus *B* placere *b* (placent *Bg*¹) 29 illo *B*γ: eo *b*

INSTITVTIO ORATORIA   10. 2. 1

defluebant quantum ille ab antiquis descenderat. Foret enim 127
optandum pares ac saltem proximos illi uiro fieri. Sed placebat propter sola uitia, et ad ea se quisque dirigebat effingenda
quae poterat: deinde cum se iactaret eodem modo dicere,
5 Senecam infamabat. Cuius et multae alioqui et magnae uir- 128
tutes fuerunt, ingenium facile et copiosum, plurimum studii,
multa rerum cognitio, in qua tamen aliquando ab iis quibus
inquirenda quaedam mandabat deceptus est. Tractauit
etiam omnem fere studiorum materiam: nam et orationes 129
10 eius et poemata et epistulae et dialogi feruntur. In philosophia parum diligens, egregius tamen uitiorum insectator
fuit. Multae in eo claraeque sententiae, multa etiam morum
gratia legenda, sed in eloquendo corrupta pleraque, atque
eo perniciosissima quod abundant dulcibus uitiis. Velles eum 130
15 suo ingenio dixisse, alieno iudicio: nam si aliqua contempsis-
set, si †parum† non concupisset, si non omnia sua amasset,
si rerum pondera minutissimis sententiis non fregisset,
consensu potius eruditorum quam puerorum amore com-
probaretur. Verum sic quoque iam robustis et seueriore 131
20 genere satis firmatis legendus, uel ideo quod exercere potest
utrimque iudicium. Multa enim, ut dixi, probanda in eo,
multa etiam admiranda sunt, eligere modo curae sit; quod
utinam ipse fecisset: digna enim fuit illa natura quae meliora
uellet; quod uoluit effecit.
25 **2.** Ex his ceterisque lectione dignis auctoribus et uerborum
sumenda copia est et uarietas figurarum et componendi ratio,
tum ad exemplum uirtutum omnium mens derigenda. Neque

Bγb, sed post efficit (*l. 24*) *Bb*]   1 foret enim *B*γ: fore enim aliquid (*unde* alioqui *Spalding*) *b*   2 proximos *B*γ: primos *b*   uiros
b   2–3 sed placebat *del. b*   3 ea *del. b*   7 cognitio
del. b   his *B*γ   9 materiam ... orationes *B*γ: nam materia
et orationem *b*   12 in eo ... etiam *B*γ: multia (*sic*) *b*   13 legendo
b ⟨nec⟩ atque *b*   15 si aliqua *b*: simile quam *B*γ: si simplicia
non *Eitrem*: *alii alia*   16 parum *B*γ: praua *Sarpe* (*u. Frotscher
p. 254*): parum ⟨recta⟩ *Woelfflin 1890*: *alii alia*   21 utrinque
ed. Col. 1521: utrumque *B*γ: utcumque *Halm*   21 iudicem *b*
22 admiranda γ*b*: -dae *B*   24 quod *BX*[1]: quae quod *X corr.*,
Y   efficit *b*   25 DE IMITATIONE Ex *B*   26 est *del. b*

593

enim dubitari potest quin artis pars magna contineatur imitatione. Nam ut inuenire primum fuit estque praecipuum, 2 sic ea quae bene inuenta sunt utile sequi. Atque omnis uitae ratio sic constat, ut quae probamus in aliis facere ipsi uelimus. Sic litterarum ductus, ut scribendi fiat usus, pueri secuntur, sic musici uocem docentium, pictores opera priorum, rustici probatam experimento culturam in exemplum intuentur, omnis denique disciplinae initia ad propositum 3 sibi praescriptum formari uidemus. Et hercule necesse est aut similes aut dissimiles bonis simus. Similem raro natura praestat, frequenter imitatio. Sed hoc ipsum, quod tanto faciliorem nobis rationem rerum omnium facit quam fuit iis qui nihil quod sequerentur habuerunt, nisi caute et cum iudicio adprehenditur nocet.

4 Ante omnia igitur imitatio per se ipsa non sufficit, uel quia pigri est ingenii contentum esse iis quae sint ab aliis inuenta. Quid enim futurum erat temporibus illis quae sine exemplo fuerunt si homines nihil nisi quod iam cognouissent faciendum sibi aut cogitandum putassent? Nempe nihil fuisset 5 inuentum. Cur igitur nefas est reperiri aliquid a nobis quod ante non fuerit? An illi rudes sola mentis natura ducti sunt in hoc, ut tam multa generarent: nos ad quaerendum non eo ipso concitemur, quod certe scimus inuenisse eos qui quae- 6 sierunt? Et cum illi, qui nullum cuiusquam rei habuerunt magistrum, plurima in posteros tradiderint, nobis usus aliarum rerum ad eruendas alias non proderit, sed nihil habebimus nisi beneficii alieni? Quem ad modum quidam pictores in id solum student, ut describere tabulas mensuris 7 ac lineis sciant. Turpe etiam illud est, contentum esse id consequi quod imiteris. Nam rursus quid erat futurum si nemo plus effecisset eo quem sequebatur? Nihil in poetis

Bb]   2 inuenire *om. B*: *add. b*   praecipua *B*: *corr. b*   4 constant *b*   ipse *b*   5 ut *del. b*   6 ducentium *b*   8 initia *del. b*   11 imitatis *b*   16 esse iis *B*: essetis *b*   17 quae *B*: qui *b*   18 iam *B*: in mago *b*   19 fuisset *N*: fuisse *B*   21 an *B*: tam *b*   25 tradiderint *b*: -runt *B*   usus *B*: est *b*   26 aliorum *b*   eruendas *P*: erudiendas *B*   28 describerent *b*   30 quod *del. b*

supra Liuium Andronicum, nihil in historiis supra pontificum annales haberemus; ratibus adhuc nauigaremus, non esset pictura nisi quae lineas modo extremas umbrae quam corpora in sole fecissent circumscriberet. Ac si omnia percenseas, nulla sit ars qualis inuenta est, nec intra initium stetit: nisi forte nostra potissimum tempora damnamus huius infelicitatis, ut nunc demum nihil crescat: nihil autem crescit sola imitatione. Quod si prioribus adicere fas non est, quo modo sperare possumus illum oratorem perfectum? cum in iis quos maximos adhuc nouimus nemo sit inuentus in quo nihil aut desideretur aut reprehendatur. Sed etiam qui summa non adpetent, contendere potius quam sequi debent. Nam qui hoc agit, ut prior sit, forsitan, etiam si non transierit, aequabit. Eum uero nemo potest aequare cuius uestigiis sibi utique insistendum putat: necesse est enim semper sit posterior qui sequitur. Adde quod plerumque facilius est plus facere quam idem: tantam enim difficultatem habet similitudo ut ne ipsa quidem natura in hoc ita eualuerit, ut non res quae simillimae quaeque pares maxime uideantur utique discrimine aliquo discernantur. Adde quod quidquid alteri simile est necesse est minus sit eo quod imitatur, ut umbra corpore et imago facie et actus histrionum ueris adfectibus. Quod in orationibus quoque euenit. Namque iis quae in exemplum adsumimus subest natura et uera uis, contra omnis imitatio facta est et ad alienum propositum commodatur. Quo fit ut minus sanguinis ac uirium declamationes habeant quam orationes, quod in illis uera, in his adsimulata materia est. Adde quod ea quae in oratore maxima sunt imitabilia non sunt, ingenium, inuentio, uis, facilitas et quidquid arte non traditur. Ideoque plerique, cum uerba

Bb]   2 nauigaretur *b*   5 sit *B*: mansit *Meister 1884*: est *tempt. Gensler*   8 si *del. b*   9 cum *B*: quam *b*   10 his *B* quos *N*: quo *B*   13 hoc *om. B*: *add. b*   agit *t*: ait *b*: *om. B* 16 qui *del. b*   quod *del. b*   19 quae simillimae *B*: simplicissime *b*   quaeque pars (pares *t*) maxime *b*: *om. B*   20 utique *b*: *om. B*, *fort. recte*   21 simili *b*   23 uenit *b*   26 accommodatur *b*, *non male*   quo fit *B*: quod facit *b*   27 habent *b* quod *B*: quam *b*   28 dissimulata *b*   29 uis *B*: nis *b*

10. 2. 14 M. FABI QVINTILIANI

quaedam ex orationibus excerpserunt aut aliquos compositionis certos pedes, mire a se quae legerunt effingi arbitrantur, cum et uerba intercidant inualescantque temporibus, ut quorum certissima sit regula in consuetudine, eaque non sua natura sint bona aut mala (nam per se soni tantum sunt), sed prout oportune proprieque aut secus conlocata sunt, et compositio cum rebus accommodata sit, tum ipsa uarietate gratissima.

14 Quapropter exactissimo iudicio circa hanc partem studiorum examinanda sunt omnia. Primum, quos imitemur: nam sunt plurimi qui similitudinem pessimi cuiusque et corruptissimi concupierint: tum in ipsis quos elegerimus **15** quid sit ⟨ad⟩ quod nos efficiendum comparemus. Nam in magnis quoque auctoribus incidunt aliqua uitiosa et a doctis, inter ipsos etiam mutuo reprehensa: atque utinam tam bona imitantes dicerent melius quam mala peius dicunt. Nec uero saltem iis quibus ad euitanda uitia iudicii satis fuit sufficiat imaginem uirtutis effingere et solam, ut ⟨ita⟩ dixerim, cutem uel potius illas Epicuri figuras, quas e summis corporibus **16** dicit effluere. Hoc autem iis accidit qui non introspectis penitus uirtutibus ad primum se uelut aspectum orationis aptarunt: et cum iis felicissime cessit imitatio, uerbis atque numeris sunt non multum differentes, uim dicendi atque inuentionis non adsecuntur, sed plerumque declinant in peius et proxima uirtutibus uitia comprehendunt fiuntque pro grandibus tumidi, pressis exiles, fortibus temerarii, laetis corrupti, compositis exultantes, simplicibus neglegentes.
17 Ideoque qui horride atque incomposite quidlibet illud frigidum

---

19 *ep. 1. 49 seq.*

Bb]   1 quaedam *del. b*   2–3 arbitrabantur *b*   3 cum et *ed. Col. 1527*: et cum *B*: cum *p** (*uel P*)   10 exanimanda *b* imitemur *J*: -etur *B*: imitendum *b*   13 ad *suppl. Regius*   14–15 *distinxit Kiderlin 1888-4*   16 dicunt *p**: -ant *B*   17 iudicii satis *B*: iudicatis *b*   fuerit *Gensler*: sit *tempt. Wilson*   18 ita *add. Halm* (⟨sic⟩ iam *p**)   duxerim *b*   19 quas e *t*: quae se *b*: quae *B*   20 his *B*   inprosspectis (*sic*) *b*   28 quidlibet *B*: qui licet *b*: quamlibet *p**   illud *del. Badius*

596

et inane extulerunt, antiquis se pares credunt, qui carent
cultu atque sententiis, Atticis; scilicet [qui] praecisis conclusionibus obscuri Sallustium atque Thucydiden superant,
tristes ac ieiuni Pollionem aemulantur; otiosi et supini, si
quid modo longius circumduxerunt, iurant ita Ciceronem
locuturum fuisse. Noueram quosdam qui se pulchre express- **18**
isse genus illud caelestis huius in dicendo uiri sibi uiderentur
si in clausula posuissent 'esse uideatur'. Ergo primum est ut
quod imitaturus est quisque intellegat, et quare bonum sit
sciat.

Tum in suscipiendo onere consulat suas uires. Nam quae- **19**
dam sunt imitabilia quibus aut infirmitas naturae non sufficiat aut diuersitas repugnet: ne cui tenue ingenium erit sola
uelit fortia et abrupta, cui forte quidem sed indomitum
amore subtilitatis et uim suam perdat et elegantiam quam
cupit non persequatur: nihil est enim tam indecens quam
cum mollia dure fiunt. Atque ego illi praeceptori quem in- **20**
stitueram in libro secundo credidi non ea sola docenda esse
ad quae quemque discipulorum natura compositum uideret:
nam is et adiuuare debet quae in quoque eorum inuenit bona
et quantum fieri potest adicere quae desunt et emendare
quaedam et mutare. Rector enim est alienorum ingeniorum
atque formator; difficilius est naturam suam fingere. Sed ne **21**
ille quidem doctor, quamquam omnia quae recta sunt uelit
esse in suis auditoribus quam plenissima, in eo tamen cui
naturam obstare uiderit laborabit.

Id quoque uitandum, in quo magna pars errat, ne in oratione poetas nobis et historicos, in illis operibus oratores aut
declamatores imitandos putemus. Sua cuique proposito lex, **22**

Bb]   1 carent *B*: parent *b*   2 attici *B*: *corr. b*   qui *deleui*:
lacunam post conclusionibus *statuit Radermacher* (obscuri ⟨sunt⟩
Meister)   4 ieiuli *b*   6 quoddam *b*   8 si *del. b*
potuissent *B*: *corr. b*   11 uires *B*: scires *b*   12 inimitabilia
E, *iniuria*   12–13 sufficiat aut *B*: sufficit an *b*   14 cui *k*:
qui *B*   17 atqui *Spalding*   17–18 instituebam *b*   18 credi *b*
19 quenque *E*: quem *B*   20 nam *del. b*   debent *b*   25 ⟨hi⟩
cui *b*   27 quo *B*: quid *b*   29 tua cuiusque *b* (*addito* cuique
post suus)   proposito *T ut coni. Gertz*: -itio *B*: -ita *t*

suus decor est: nec comoedia in coturnos adsurgit, nec contra tragoedia socco ingreditur. Habet tamen omnis eloquentia aliquid commune: id imitemur quod commune est.

23 Etiam hoc solet incommodi accidere iis qui se uni alicui generi dediderunt, ut, si asperitas iis placuit alicuius, hanc etiam in leni ac remisso causarum genere non exuant: si tenuitas aut iucunditas, in asperis grauibusque causis ponderi rerum parum respondeant: cum sit diuersa non causarum modo inter ipsas condicio, sed in singulis etiam causis partium, sintque alia leniter alia aspere, alia concitate alia remisse, alia docendi alia mouendi gratia dicenda, quorum 24 omnium dissimilis atque diuersa inter se ratio est. Itaque ne hoc quidem suaserim, uni se alicui proprie quem per omnia sequatur addicere. Longe perfectissimus Graecorum Demosthenes, aliquid tamen aliquo in loco melius alii (plurima ille). 25 Sed non qui maxime imitandus, et solus imitandus est. Quid ergo? non est satis omnia sic dicere quo modo M. Tullius dixit? Mihi quidem satis esset si omnia consequi possem. Quid tamen noceret uim Caesaris, asperitatem Caeli, diligentiam Pollionis, iudicium Calui quibusdam in locis ad26 sumere? Nam praeter id quod prudentis est quod in quoque optimum est, si possit, suum facere, tum in tanta rei difficultate unum intuentis uix aliqua pars sequitur; ideoque cum totum exprimere quem elegeris paene sit homini inconcessum, plurium bona ponamus ante oculos, ut aliud ex alio haereat, et quo quidque loco conueniat aptemus.

27 Imitatio autem (nam saepius idem dicam) non sit tantum in uerbis. Illuc intendenda mens, quantum fuerit illis uiris

Bb] 1 con *B*: *corr. b* 2 soculo *b* 3 id *del. b* 4 incommodi *B*: in commedia *b* iis qui se uni *B*: eius quis eum *b*
7 aut *B*: ac *b* iuditas *B* (nuditas *N*): *corr. b* causis ⟨in⟩ *b*
8 respondeat *b* 10 sintque . . . concitate *B*: sint qualia . . . conciliate alia aspere *b* 11 moriendi *b* 12 diuisa *b* 13 uni se *B*: us non *b* propria *b* 14 addicere longe *B*: addici rei omnem *b* 16 et solus imitandus *del. b* 18 mihi *B*: nihil *b* 19 ui *b* 24 sit *B*: sunt *b* 25 aliud *B*: alium *b*
26 quo . . . loco *B*: quod de cuique longo *b* ueniat *B*: *corr. b*
28 quantum *B*: que cum *b*

INSTITVTIO ORATORIA 10.3.3

decoris in rebus atque personis, quod consilium, quae dispositio, quam omnia, etiam quae delectationi uideantur data, ad uictoriam spectent: quid agatur prohoemio, quae ratio et quam uaria narrandi, quae uis probandi ac refellendi, quanta in adfectibus omnis generis mouendis scientia, quamque laus ipsa popularis utilitatis gratia adsumpta, quae tum est pulcherrima cum sequitur, non cum arcessitur. Haec si peruiderimus, tum uere imitabimur. Qui uero etiam propria 28 his bona adiecerit, ut suppleat quae deerant, circumcidat si quid redundabit, is erit quem quaerimus perfectus orator: quem nunc consummari potissimum oporteat, cum tanto plura exempla bene dicendi supersunt quam illis qui adhuc summi sunt contigerunt. Nam erit haec quoque laus eorum, ut priores superasse, posteros docuisse dicantur.

3. Et haec quidem auxilia extrinsecus adhibentur: in iis autem quae nobis ipsis paranda sunt, ut laboris, sic utilitatis etiam longe plurimum adfert stilus. Nec inmerito M. Tullius hunc 'optimum effectorem ac magistrum dicendi' uocat, cui sententiae personam L. Crassi in disputationibus quae sunt de Oratore adsignando iudicium suum cum illius auctoritate coniunxit. Scribendum ergo quam diligentissime et quam 2 plurimum. Nam ut terra alte refossa generandis alendisque seminibus fecundior, sic profectus non a summo petitus studiorum fructus et fundit uberius et fidelius continet. Nam sine hac quidem constantia ipsa illa ex tempore dicendi facultas inanem modo loquacitatem dabit et uerba in labris nascentia. Illic radices, illic fundamenta sunt, illic opes uelut 3

18 *de orat. 1. 150*

Bb]   2 quam ... etiam *B*: quod omnē iam *b*   4 reffelli *ut uid. b*   5 actibus *b*   mouendi *B*: *corr. p**   5–6 quamque ... gratia *del. b*   6 tum *B*: cum *b*   8 imitabitur *b*   9 ut *del. b*   deerunt *Francius*   10 renunciabit *b*   11 oportebat *B*: *corr. b*   12 supersunt quam *B*: qua supersunt *b*   14 prioris *B*: *corr. t*   poteras *b*   15 QVO MODO SCRIBENDVM SIT (SIT *del. b*) Et *B* (*ita et G in indice, omisso* SIT)   16 autem *del. b*   18 uocatu *b*   24 et fundit *p**: effundit *B* (-ditur *b*)   25 constantia *Gesner*: conscientia *B* (*def. Spalding*)

sanctiore quodam aerario conditae, unde ad subitos quoque casus cum res exiget proferantur. Vires faciamus ante omnia quae sufficiant labori certaminum et usu non exhauriantur.

4 Nihil enim rerum ipsa natura uoluit magnum effici cito, praeposuitque pulcherrimo cuique operi difficultatem: quae nascendi quoque hanc fecerit legem, ut maiora animalia diutius uisceribus parentis continerentur.

Sed cum sit duplex quaestio, quo modo et quae maxime 5 scribi oporteat, iam hinc ordinem sequar. Sit primo uel tardus dum diligens stilus, quaeramus optima nec protinus offerentibus se gaudeamus, adhibeatur iudicium inuentis, dispositio probatis: dilectus enim rerum uerborumque agendus est et pondera singulorum examinanda. Post subeat ratio conlocandi uerseturque omni modo numeri, non ut 6 quodque se proferet uerbum occupet locum. Quae quidem ut diligentius exequamur, repetenda saepius erunt scriptorum proxima. Nam praeter id quod sic melius iunguntur prioribus sequentia, calor quoque ille cogitationis, qui scribendi mora refrixit, recipit ex integro uires, et uelut repetito spatio sumit impetum: quod in certamine saliendi fieri uidemus, ut conatum longius petant, et ad illud quo contenditur spatium cursu ferantur, utque in iaculando bracchia reducimus et expulsuri tela neruos retro tendimus.

7 Interim tamen, si feret flatus, danda sunt uela, dum nos indulgentia illa non fallat; omnia enim nostra dum nascuntur placent: alioqui nec scriberentur. Sed redeamus ad 8 iudicium et retractemus suspectam facilitatem. Sic scripsisse Sallustium accepimus, et sane manifestus est etiam ex opere ipso labor. Vergilium quoque paucissimos die

Bb] 1 aerarios *b*   2 exigent *B*: *corr. b*   4–5 preposuit *b*
7 diutius *B*: diiunctis *b*   contineretur *b*   9 hunc *Obrecht*
10 protinus *B*: primus *b*   11 efferentibus *b*   inuentis *b*: intuentis *B*   12 dilectis *b*   13 potest *b*   14 uerseturque *b*   numeri *N*: mumeri *B*¹ (muneri *B*²)   15 proferet *t*: properet *b*: proferat *B*
16 ut *del. b*   exequimur *b*   16–17 scriptorum *J*: -rem *B*
18 color quo *b*   20 impetu *b*   21 conatu *b*   ad illud *B*: aliud *b*   23 neruis *b*   24 tam si fieret (*uel* fieret?) *b*   27 sic *B*: sed *b*   29 labore *b*   dies *b*

INSTITVTIO ORATORIA 10.3.13

composuisse uersus auctor est Varius. Oratoris quidem alia condicio est: itaque hanc moram et sollicitudinem initiis impero. Nam primum hoc constituendum, hoc optinendum est, 9 ut quam optime scribamus: celeritatem dabit consuetudo. Paulatim res facilius se ostendent, uerba respondebunt, compositio sequetur, cuncta denique ut in familia bene instituta in officio erunt. Summa haec est rei: cito scribendo non fit 10 ut bene scribatur, bene scribendo fit ut cito. Sed tum maxime cum facultas illa contigerit resistamus, ut prouideamus et ferentis equos frenis quibusdam coerceamus, quod non tam moram faciet quam nouos impetus dabit. Neque enim rursus eos qui robur aliquod in stilo fecerint ad infelicem calumniandi se poenam alligandos puto. Nam quo modo sufficere 11 officiis ciuilibus possit qui singulis actionum partibus insenescat? Sunt autem quibus nihil sit satis: omnia mutare, omnia aliter dicere quam occurrit uelint, increduli quidam et de ingenio suo pessime meriti, qui diligentiam putant facere sibi scribendi difficultatem. Nec promptum est dicere utros 12 peccare ualidius putem, quibus omnia sua placent an quibus nihil. Accidit enim etiam ingeniosis adulescentibus frequenter ut labore consumantur et in silentium usque descendant nimia bene dicendi cupiditate. Qua de re memini narrasse mihi Iulium Secundum illum, aequalem meum atque a me, ut notum est, familiariter amatum, mirae facundiae uirum, infinitae tamen curae, quid esset sibi a patruo suo dictum. Is fuit Iulius Florus, in eloquentia Galliarum, 13 quoniam ibi demum exercuit eam, princeps, alioqui inter paucos disertus et dignus illa propinquitate. Is cum Secundum, scholae adhuc operatum, tristem forte uidisset,

Bb]   1 Varius *ed. Col. 1527*: uarus *B*   3 hoc[1] *B*: est *b*
4 celeritate *b*   5 ostendit *b*   respondemus *b*   6 persequetur *b*   bene *del. b*   9 ut *B*: et *b*   9–10 et ferentes *ed. Ald.* (ferentes iam *p**): efferentes *B* (-is *b*): et efferentes se *Burman*: *alii alia* (*an* et feruentis?)   11 nouus *b*   12 aliquid *B: corr. t*
14 possit *B*: sit *b*   accionī *b*   16 uelit *b*   17 suo *del. b*
possim emeriti *b*   qui *N*: quid *B*   18–19 utros peccare *t*: utro (utros *marg.*) spectare *B*   21 consumantur *N*: -summantur *B* (-summatus *b*)   24–5 mira fecundae uerum *b*   29 fortem *b*

601

14 interrogauit quae causa frontis tam adductae. Nec dissimulauit adulescens tertium iam diem esse quod omni labore materiae ad scribendum destinatae non inueniret exordium: quo sibi non praesens tantum dolor sed etiam desperatio in posterum fieret. Tum Florus adridens 'numquid tu' inquit **15** 'melius dicere uis quam potes?' Ita se res habet: curandum est ut quam optime dicamus, dicendum tamen pro facultate: ad profectum enim opus est studio, non indignatione. Vt possimus autem scribere etiam plura et celerius, non exercitatio modo praestabit, in qua sine dubio multum est, sed etiam ratio: si non resupini spectantesque tectum et cogitationem murmure agitantes expectauerimus quid obueniat, ⟨sed⟩ quid res poscat, quid personam deceat, quod sit tempus, qui iudicis animus intuiti humano quodam modo ad scribendum accesserimus. Sic nobis et initia et quae secuntur natura **16** ipsa praescribit. Certa sunt enim pleraque, et nisi coniueamus in oculos incurrunt: ideoque nec indocti nec rustici diu quaerunt unde incipiant: quo pudendum est magis si difficultatem facit doctrina. Non ergo semper putemus optimum esse quod latet: inmutescamus alioqui, si nihil dicendum **17** uideatur nisi quod non inuenimus. Diuersum est huic eorum uitium qui primo decurrere per materiam stilo quam uelocissimo uolunt, et sequentes calorem atque impetum ex tempore scribunt: hanc siluam uocant. Repetunt deinde et componunt quae effuderant: sed uerba emendantur et nu- **18** meri, manet in rebus temere congestis quae fuit leuitas. Protinus ergo adhibere curam rectius erit, atque ab initio sic opus ducere ut caelandum, non ex integro fabricandum sit.

Bb] 1 adducentae *b*   1–2 dissimulaui *b*   2 quod *B*: ex quo *p, ed. Jens. (at u. Loefstedt, Phil. Komm. zur Peregr. Aeth. pp. 56–7)*   3 destinatae *T*: dist- *B*   6 potest *B*: *corr. t*   7 proter (*sic*) facultatem *b*   8 profectum *B*: fecero tum *b*   11 -que tectum *del. b*   12 sed *add. ed. Vasc. 1538*   13 doceat quod sunt *b*   14 intuiti *B*: intulit *b*   15 sequitur *b*   16 cohibeamur *b*   17 ideo *B*: *corr. b*   19 faciat *b*   non *del. b*   20 latet ⟨in⟩ *b*   aliqui *B*: *corr. b*   22 qui primo *B*: inquiri modo *b*   qua *b*   27 si *b*

INSTITVTIO ORATORIA 10. 3. 22

Aliquando tamen adfectus sequemur, in quibus fere plus calor quam diligentia ualet.

Satis apparet ex eo quod hanc scribentium neglegentiam damno, quid de illis dictandi deliciis sentiam. Nam in stilo 19 quidem quamlibet properato dat aliquam cogitationi moram non consequens celeritatem eius manus: ille cui dictamus urget, atque interim pudet etiam dubitare aut resistere aut mutare quasi conscium infirmitatis nostrae timentis. Quo 20 fit ut non rudia tantum et fortuita, sed inpropria interim, dum sola est conectendi sermonis cupiditas, effluant, quae nec scribentium curam nec dicentium impetum consequantur. At idem ille qui excipit, si tardior in scribendo aut incertior in legendo uelut offensator fuerit, inhibetur cursus, atque omnis quae erat concepta mentis intentio mora et interdum iracundia excutitur. Tum illa quae altiorem animi 21 motum secuntur quaeque ipsa animum quodam modo concitant, quorum est iactare manum, torquere uultum, †simul et† interim obiurgare, quaeque Persius notat cum leuiter dicendi genus significat ('nec pluteum' inquit 'caedit nec demorsos sapit unguis') etiam ridicula sunt, nisi cum soli sumus. Denique, ut semel quod est potentissimum dicam, 22 secretum, quod dictando perit, atque liberum arbitris locum et quam altissimum silentium scribentibus maxime conuenire nemo dubitauerit. Non tamen protinus audiendi qui credunt aptissima in hoc nemora siluasque, quod illa caeli libertas locorumque amoenitas sublimem animum et

18 *1. 106*

Bb] 2–3 diligentia ... neglegentiam *B*: diligentiam *b*
4 in *del. b* 5 quamlibet *t*: quemlibet et (et *del. b*) *B* dato *b*
6 eius *del. b* 7–8 aut[1] ... mutare *del. b* 12 in *del. b*
13 *locus conclamatus*: in legendo *B*: et diligendo *b*: in intellegendo
H. J. Mueller 1877: *alii alia* fuerit *t*: fuit *B* 14 conceptae *B*:
corr. Regius 15 altiorem *1434*: aptiorem *B* (-ore *b*): apertiorem
J 15–16 animi motum *B*: motum animis *b* 16 ⟨in⟩ quodam *b*
17 uolutum *b* 17–18 simul et *B*: sintieletus *b*: sinum et latus '*G. S. M.*': femur et latus *Bursian* (*ap. Halm*): semet *Gertz* 21 simus
b potissimum *b* 22 quod *B*: in *b* 24 audendi *b*
26 cecilii liberatas locorum *b*

603

23 beatiorem spiritum parent. Mihi certe iucundus hic magis quam studiorum hortator uidetur esse secessus. Namque illa quae ipsa delectant necesse est auocent ab intentione operis destinati. Neque enim se bona fide in multa simul intendere animus totum potest, et quocumque respexit desinit intueri **24** quod propositum erat. Quare siluarum amoenitas et praeterlabentia flumina et inspirantes ramis arborum aurae uolucrumque cantus et ipsa late circumspiciendi libertas ad se trahunt, ut mihi remittere potius uoluptas ista uideatur **25** cogitationem quam intendere. Demosthenes melius, qui se in locum ex quo nulla exaudiri uox et ex quo nihil prospici posset recondebat, ne aliud agere mentem cogerent oculi. Ideoque lucubrantes silentium noctis et clusum cubiculum **26** et lumen unum uelut †rectos† maxime teneat. Sed cum in omni studiorum genere, tum in hoc praecipue bona ualetudo quaeque eam maxime praestat frugalitas necessaria est, cum tempora ab ipsa rerum natura ad quietem refectionemque nobis data in acerrimum laborem conuertimus. Cui tamen non plus inrogandum est quam quod somno supererit aut **27** ⟨non⟩ deerit. Obstat enim diligentiae scribendi etiam fatigatio, et abunde si uacet lucis spatia sufficiunt: occupatos in noctem necessitas agit. Est tamen lucubratio, quotiens ad eam integri ac refecti uenimus, optimum secreti genus.

28 Sed silentium et secessus et undique liber animus ut sunt maxime optanda, ita non semper possunt contingere, ideoque non statim si quid obstrepet abiciendi codices erunt et deplorandus dies, uerum incommodis repugnandum, et hic faciendus usus, ut omnia quae impedient uincat intentio: quam si tota mente in opus ipsum derexeris, nihil eorum **29** quae oculis uel auribus incursant ad animum perueniet. An uero frequenter etiam fortuita hoc cogitatio praestat, ut

Bb] 1 parenti *b* [4 destinat *b* 7 ramis *Flor.*: rami *B* 7–8 arme uolucrum *b* 10 quam *del. b* 11 et ex *B*: est et *b* 14 uelut *B*: et uelut *b* tectos *ed. Stoer. 1580*: erectos *Herzog*: *alii alia* 15 tum *B*: cum *b* 17 ab *B*: ipsa cum *b* 19 inrigandum *b* quod somno *B*: quam sono *b* 19–20 aut non *Kiderlin 1888-5*: aut *B*: haud *p* (*Badius*): *fort.* aut facile 28 inuentio *b*

INSTITVTIO ORATORIA 10. 3. 33

obuios non uideamus et itinere deerremus: non consequemur idem si et uoluerimus? Non est indulgendum causis desidiae. Nam si non nisi refecti, non nisi hilares, non nisi omnibus aliis curis uacantes studendum existimarimus, semper erit
5 propter quod nobis ignoscamus. Quare in turba, itinere, con- 30 uiuiis etiam faciat sibi cogitatio ipsa secretum. Quid alioqui fiet cum in medio foro, tot circumstantibus iudiciis, iurgiis, fortuitis etiam clamoribus, erit subito continua oratione dicendum, si particulas quas ceris mandamus nisi in solitu-
10 dine reperire non possumus? Propter quae idem ille tantus amator secreti Demosthenes in litore, in quo se maximo cum sono fluctus inlideret, meditans consuescebat contionum fremitus non expauescere.

Illa quoque minora (sed nihil in studiis paruum est) non 31
15 sunt transeunda: scribi optime ceris, in quibus facillima est ratio delendi, nisi forte uisus infirmior membranarum potius usum exiget, quae ut iuuant aciem, ita crebra relatione, quoad intinguntur calami, morantur manum et cogitationis impetum frangunt. Relinquendae autem in utrolibet genere 32
20 contra erunt uacuae tabellae, in quibus libera adiciendi sit excursio. Nam interim pigritiam emendandi angustiae faciunt, aut certe nouorum interpositione priora confundant. Ne latas quidem ultra modum esse ceras uelim, expertus iuuenem studiosum alioqui praelongos habuisse sermones
25 quia illos numero uersuum metiebatur, idque uitium, quod frequenti admonitione corrigi non potuerat, mutatis codicibus esse sublatum. Debet uacare etiam locus in quo noten- 33 tur quae scribentibus solent extra ordinem, id est ex aliis quam qui sunt in manibus loci, occurrere. Inrumpunt enim

Bb]   1 itinere *E*: itane *B*   erremus *b*   3 hilares *B*: nihil aps *b*   4 erit *del. b*   6 ibi *b*   se certum quid aliquid *b*   11 in² *del. b?*   14 parum *b*   16 foret *b*   17 crebra relatione *p**: crebro relationi *B*: *alii alia*   18 quoad *p**: quod *B*: *malim* quotiens   intinguntur *J*: -guitur *B* (-guuntur *marg.*): inguitur *b*   ⟨repetione⟩ morantur *b*   20 erunt *b*: eum *B*   uacuae *B*: uel quae *b*   adicienda *B*: *corr. b*   sint *b?*   21 anguste *b*   22 interpositionem *b*   confundunt *ed. Camp.*   24 aluisse *b*   25 qui illos numeros usum *b* optimi nonnumquam sensus, quos neque inserere oportet neque differre tutum est, quia interim elabuntur, interim memoriae sui intentos ab alia inuentione declinant: ideoque optime sunt in deposito.

4. Sequitur emendatio, pars studiorum longe utilissima: neque enim sine causa creditum est stilum non minus agere cum delet. Huius autem operis est adicere detrahere mutare. Sed facilius in iis simpliciusque iudicium quae replenda uel deicienda sunt: premere uero tumentia, humilia extollere, luxuriantia adstringere, inordinata digerere, soluta componere, exultantia coercere duplicis operae: nam et damnanda sunt quae placuerant et inuenienda quae fugerant.
2 Nec dubium est optimum esse emendandi genus si scripta in aliquod tempus reponantur, ut ad ea post interuallum uelut noua atque aliena redeamus, ne nobis scripta nostra
3 tamquam recentes fetus blandiantur. Sed neque hoc contingere semper potest, praesertim oratori, cui saepius scribere ad praesentis usus necesse est, et ipsa emendatio finem habet. Sunt enim qui ad omnia scripta tamquam uitiosa redeant, et, quasi nihil fas sit rectum esse quod primum est, melius existiment quidquid est aliud, idque faciant quotiens librum in manus resumpserunt, similes medicis etiam integra secantibus. Accidit itaque ut cicatricosa sint et exsanguia et cura
4 peiora. Sit ergo aliquando quod placeat aut certe quod sufficiat, ut opus poliat lima, non exterat. Temporis quoque esse debet modus. Nam quod Cinnae Zmyrnam nouem annis accepimus scriptam, et panegyricum Isocratis qui parcissime decem annis dicunt elaboratum, ad oratorem nihil pertinet, cuius nullum erit si tam tardum fuerit auxilium.

Bb]   2 elabuntur interim *del.* *b*   3 declinandi *b*
5 DE EMENDATIONE Sequitur *B* (quomodo emendandum *in indice G*)   7 cum delet *B*: tum debet *b*   10 inordinata ... soluta *B*: resoluta *b*   12–13 et inuenienda ... est *del.* *b*
15 nostra *b*: nos *B*   19 uitia *B*: *corr.* *b*   25 polliat (*sic*) lima *B*: spolliati ima *b*   26–7 smyrnam ... panegiricum (*sic*) *B*: zmyrne giricum *b*   27–8 parcissimum (*uel* -imum e?) *b*   29 nullum *b*: multum *B*

INSTITVTIO ORATORIA   10. 5. 4

5. Proximum est ut dicamus quae praecipue scribenda sint hexin parantibus. ⟨Non est huius⟩ quidem operis ut explicemus quae sint materiae, quae prima aut secunda aut deinceps tractanda sint (nam id factum est iam primo libro, quo puerorum, et secundo, quo iam robustorum studiis ordinem dedimus), sed de quo nunc agitur, unde copia ac facilitas maxime ueniat.

Vertere Graeca in Latinum ueteres nostri oratores optimum iudicabant. Id se L. Crassus in illis Ciceronis de Oratore libris dicit factitasse: id Cicero sua ipse persona frequentissime praecipit, quin etiam libros Platonis atque Xenophontis edidit hoc genere tralatos: id Messalae placuit, multaeque sunt ab eo scriptae ad hunc modum orationes, adeo ut etiam cum illa Hyperidis pro Phryne difficillima Romanis subtilitate contenderet. Et manifesta est exercitationis huiusce ratio. Nam et rerum copia Graeci auctores abundant et plurimum artis in eloquentiam intulerunt et hos transferentibus uerbis uti optimis licet: omnibus enim utimur nostris. Figuras uero, quibus maxime ornatur oratio, multas ac uarias excogitandi etiam necessitas quaedam est, quia plerumque a Graecis Romana dissentiunt.

Sed et illa ex Latinis conuersio multum et ipsa contulerit. Ac de carminibus quidem neminem credo dubitare, quo solo genere exercitationis dicitur usus esse Sulpicius. Nam et sublimis spiritus attollere orationem potest, et uerba poetica libertate audaciora non praesumunt eadem proprie dicendi

2

3

4

9–10 *I. 155*   11 *loci ignoti*

Bb]   1 QVAE SCRIBENDA SINT PRAECIPVE Proximum *B* (quae maxime scribenda *in indice G*)   2 sunt *B*: *corr. ed. Asc. 1516* hexim parantibus *B*: ex sperantibus *b*   non est huius quidem *Bursian* (*ap. Halm*): quidem *B*: id qua idem *b*   2–3 explicemus *B*: exemplice meus (*sic*) *b*   4 iam *Halm*: etiam *B*   5 iam *del. b* (*fort. recte*)   robustiorum *T*   9 iudicabant id se *B*: iudicarant ipse *b*   10 oratoris *b*   12 id *B*: in *b*   13 ad hunc *N*: adhuc *B*   15 contendere *b*   20 excogitandi . . . necessitas *del. b*   23 carnibus *b*   24 esse *B*: est *b*   et *B*: est *b*   26 audaciora *p**: -ciore *b*: -cior *B*   non *b*: et *B*   eadem *M*: eandem *B*

10. 5. 5　M. FABI QVINTILIANI

facultatem. Sed et ipsis sententiis adicere licet oratorium
robur, et omissa supplere, effusa substringere. Neque ego
paraphrasin esse interpretationem tantum uolo, sed circa
eosdem sensus certamen atque aemulationem. Ideoque ab
illis dissentio qui uertere orationes Latinas uetant quia optimis occupatis quidquid aliter dixerimus necesse sit esse
deterius. Nam neque semper est desperandum aliquid illis
quae dicta sunt melius posse reperiri, neque adeo ieiunam
ac pauperem natura eloquentiam fecit ut una de re bene dici
nisi semel non possit. Nisi forte histrionum multa circa uoces
easdem uariare gestus potest, orandi minor uis, ut dicatur
aliquid, post quod in eadem materia nihil dicendum sit. Sed
esto neque melius quod inuenimus esse neque par, est certe
proximis locus. An uero ipsi non bis ac saepius de eadem re
dicimus et quidem continuas nonnumquam sententias? —nisi
forte contendere nobiscum possumus, cum aliis non possumus. Nam si uno genere bene diceretur, fas erat existimari
praeclusam nobis a prioribus uiam: nunc uero innumerabiles
sunt modi, plurimaeque eodem uiae ducunt. Sua breuitati
gratia, sua copiae, alia tralatis uirtus, alia propriis, hoc oratio
recta, illud figura declinata commendat. Ipsa denique utilissima est exercitationi difficultas. Quid quod auctores maximi
sic diligentius cognoscuntur? Non enim scripta lectione
secura transcurrimus, sed tractamus singula et necessario
introspicimus et quantum uirtutis habeant uel hoc ipso
cognoscimus, quod imitari non possumus.

Nec aliena tantum transferre, sed etiam nostra pluribus
modis tractare proderit, ut ex industria sumamus sententias
quasdam easque uersemus quam numerosissime, uelut

Bb] 　2 effusa *b* (et effusa *P*): et omissa *B* 　4 emulatione *b*
6–7 esse deterius *B*: sed erius (*sic*) *b* 　7 semper (illud) *b*
10 nisi¹ *B*: non *b* 　nisi forte *B*: non sorte *b* 　multa *P*: muta *B*
10–11 uetes eadem *b* 　12 sed *del. b* 　14 non bis *ed. Col. 1527*:
nobis *B*: nos bis *p* (*Regius*) 　15 sentias *B*: *corr. b* 　16 adintendere
b 　17 dicetur *B*: *corr. b* 　18 nunc uero *1434*: numero *b*:
nunc uere *B* 　19 breuitate *B*: *corr. b* 　20 gratia sua *B*:
gratiam ut *b* 　copi(a)e *p**: copia *B*: *del. b* 　23 cognoscantur *b*
25 ipsi *b* 　26 possimus *b* 　28 tractamus *b*

INSTITVTIO ORATORIA 10. 5. 13

eadem cera aliae aliaeque formae duci solent. Plurimum 10 autem parari facultatis existimo ex simplicissima quaque materia. Nam illa multiplici personarum causarum temporum locorum dictorum factorum diuersitate facile delitescet infirmitas, tot se undique rebus ex quibus aliquam adprehendas offerentibus. Illud uirtutis indicium est, fun- 11 dere quae natura contracta sunt, augere parua, uarietatem similibus uoluptatem expositis dare, et bene dicere multa de paucis.

In hoc optime facient infinitae quaestiones, quas uocari thesis diximus, quibus Cicero iam princeps in re publica exerceri solebat. His confinis est destructio et confirmatio 12 sententiarum. Nam cum sit sententia decretum quoddam atque praeceptum, quod de re, idem de iudicio rei quaeri potest. Tum loci communes, quos etiam scriptos ab oratoribus scimus. Nam qui haec recta tantum et in nullos flexus recedentia copiose tractauerit, utique in illis plures excursus recipientibus magis abundabit eritque in omnis causas gratus: omnes enim generalibus quaestionibus constant. Nam quid 13 interest Cornelius tribunus plebis quod codicem legerit reus sit, an quaeramus 'uioleturne maiestas si magistratus rogationem suam populo ipse recitarit'? 'Milo Clodium rectene occiderit' ueniat in iudicium, an 'oporteatne insidiatorem interfici uel perniciosum rei publicae ciuem, etiam si non insidietur'? 'Cato Marciam honestene tradiderit Hortensio'

20 cf. Cic. frg. orat. VII. 29

Bb]   1 cera ⟨in⟩ *b*   ali(a)e *N*², *J*: alia *B*   aliasque formas *b*   2 parari *P*: -are *B*   3 causarum *del. b*   4 locorum ⟨ut⟩ *b*   5 se *B*: sec- *b*   ex *B*: et *b*   aliquam *P*: -quem *B*   6 offerencium *b*   uirtutum *B*: *corr. p, ed. Jens. (sed ne sic quidem placet)*   7 arte uarietate *b*   8 uoluntatem *b*   10 infinitas *b*   11 qui *b*   12 hic *B*: *corr. b*   restructio *b*   14 quaeri *B*: quae *b*   15 tum *b*: cum *B*   quos *B*: quo *b*   17 recentia *b*   copiose *b*: compositione *B*   18 recipientium *b*   gratus *B*: eratus *b*: paratus *Gebhard et Obrecht, probabiliter*   19 quaestionibus *del. b*   constat *b*   19 seq. *textum receptum defendit Becher 1886*: ⟨rectene⟩ reus *Halm, quo probato quaeramus, an Gertz (ut iam Gensler)*   21 si magistratus *B*: immagestatus *b*   23 an *b*: *om. B*   -ne *B*: nec *b*   24 non ⟨nisi⟩ *b*

10. 5. 14   M. FABI QVINTILIANI

an 'conueniatne res talis bono uiro'? De personis iudicatur,
14 sed de rebus contenditur. Declamationes uero, quales in scholis rhetorum dicuntur, si modo sunt ad ueritatem accommodatae et orationibus similes, non tantum dum adolescit profectus sunt utilissimae, quae inuentionem dispositionem pariter exercent, sed etiam cum est consummatus ac iam in foro clarus: alitur enim atque enitescit uelut pabulo laetiore facundia et adsidua contentionum asperitate fati-
15 gata renouatur. Quapropter historiae nonnumquam ubertas in aliqua exercendi stili parte ponenda et dialogorum libertate gestiendum. Ne carmine quidem ludere contrarium fuerit, sicut athletae, remissa quibusdam temporibus ciborum atque exercitationum certa necessitate, otio et iucun-
16 dioribus epulis reficiuntur. Ideoque mihi uidetur M. Tullius tantum intulisse eloquentiae lumen quod in hos quoque studiorum secessus excurrit. Nam si nobis sola materia fuerit ex litibus, necesse est deteratur fulgor et durescat articulus et ipse ille mucro ingenii cotidiana pugna retundatur.
17 Sed quem ad modum forensibus certaminibus exercitatos et quasi militantis reficit ac reparat haec uelut sagina dicendi, sic adulescentes non debent nimium in falsa rerum imagine detineri et inanibus simulacris usque adeo ut difficilis ab his digressus sit adsuefacere, ne ab illa in qua prope consenuerunt umbra uera discrimina uelut quendam solem refor-
18 mident. Quod accidisse etiam M. Porcio Latroni, qui primus clari nominis professor fuit, traditur, ut, cum ei summam in scholis opinionem optinenti causa in foro esset oranda, inpense petierit uti subsellia in basilicam transferrentur: ita

Bb]   3 ueritate *b*   4 similibus *b*   5 profectus *B*: iuuentus *b*   quae *B*: quia *Halm*   5–6 ⟨et⟩ dispositionem *t*: *malim* dispositionem ⟨elocutionem⟩   6 exercet *b*   13 atque *b*: *om. B*   17 deterreatur *b*   18 retundantur *b*   19 exercitatos *P*: excitatos *B*   20 quas *b*   21 alescentes *b* (*omnibus deinde deletis usque ad* in)   22 inanibus ⟨se⟩ *Frotscher, probabiliter*   23 assuescere *Zumpt**   23–4 consenuerunt *Halm* (-int *Regius*): consuerunt *B* (-int *b*)   24 quedam *b*   25 M. *Spalding*: in *b*: *om. B, fort. recte*   26 professus fuit traditus aut *b*   28 transferrentur *N*: -ferentur *B*

610

INSTITVTIO ORATORIA 10. 5. 23

illi caelum nouum fuit ut omnis eius eloquentia contineri tecto ac parietibus uideretur. Quare iuuenis qui rationem 19 inueniendi eloquendique a praeceptoribus diligenter acceperit (quod non est infiniti operis si docere sciant et uelint), exercitationem quoque modicam fuerit consecutus, oratorem sibi aliquem, quod apud maiores fieri solebat, deligat quem sequatur, quem imitetur: iudiciis intersit quam plurimis et sit certaminis cui destinatur frequens spectator. Tum 20 causas uel easdem quas agi audierit stilo et ipse componat, uel etiam alias, ueras modo, et utrimque tractet et, quod in gladiatoribus fieri uidemus, decretoriis exerceatur, ut fecisse Brutum diximus pro Milone. Melius hoc quam rescribere ueteribus orationibus, ut fecit Cestius contra Ciceronis actionem habitam pro eodem, cum alteram partem satis nosse non posset ex sola defensione.

Citius autem idoneus erit iuuenis quem praeceptor coegerit 21 in declamando quam simillimum esse ueritati et per totas ire materias quarum nunc facillima et maxime fauorabilia decerpunt. Obstant huic, quod secundo loco posui, fere turba discipulorum et consuetudo classium certis diebus audiendarum, nonnihil etiam persuasio patrum numerantium potius declamationes quam aestimantium. Sed, quod dixi 22 primo, ut arbitror, libro, nec ille se bonus praeceptor maiore numero quam sustinere possit onerabit, et nimiam loquacitatem recidet, ut omnia quae sunt in controuersia, non, ut quidam uolunt, quae in rerum natura, dicantur, et uel longiore potius dierum spatio laxabit dicendi necessitatem uel materias diuidere permittet. Diligenter effecta plus proderit 23 quam plures inchoatae et quasi degustatae. Propter quod

---

Bb] 1 ut *del. b*   eius *del. b*   4 finiti *B* : *corr. b*   uelint *b* : uel in *B*   8 tum *B* : est *b*   10 ⟨se⟩ uel *b*   alias ⟨uel alias⟩ *b*   utrumque *B* : *corr. ed. Vasc. 1538*   11 derectoriis *B* : delectoris *b* : *corr. p**   16 autem *b* : autem si (is *Gensler*) *B*   17 tota scire *b*   18 et *B* : ut *b*   23 maiores *b*   24 sustinere *P* : -eri *B*   25 recidet *D'Orv. 13* : recidere *B*   27 uel *B* : ue *b*   28 ⟨una enim⟩ diligenter *p* (*ed. Asc. 1516*), *non male*

accidit ut nec suo loco quidque ponatur, nec illa quae prima sunt seruent suam legem, iuuenibus flosculos omnium partium in ea quae sunt dicturi congerentibus: quo fit ut, timentes ne sequentia perdant, priora confundant.

6. Proxima stilo cogitatio est, quae et ipsa uires ab hoc accipit et est inter scribendi laborem extemporalemque fortunam media quaedam et nescio an usus frequentissimi. Nam scribere non ubique nec semper possumus, cogitationi temporis ac loci plurimum est. Haec paucis admodum horis magnas etiam causas complectitur: haec, quotiens intermissus est somnus, ipsis noctis tenebris adiuuatur: haec inter medios rerum actus aliquid inuenit uacui nec otium patitur. **2** Neque uero rerum ordinem modo, quod ipsum satis erat, intra se ipsa disponit, sed uerba etiam copulat, totamque ita contexit orationem ut ei nihil praeter manum desit: nam memoriae quoque plerumque inhaerent fidelius quae nulla scribendi securitate laxantur.

Sed ne ad hanc quidem uim cogitandi perueniri potest **3** aut subito aut cito. Nam primum facienda multo stilo forma est quae nos etiam cogitantis sequatur: tum adsumendus usus paulatim, ut pauca primum complectamur animo quae reddi fideliter possint, mox per incrementa, tam modica ut onerari se labor ille non sentiat, augenda uis et exercitatione multa continenda est; quae quidem maxima ex parte memoria constat, ideoque aliqua mihi in illum locum differenda **4** sunt: eo tamen peruenit ut is cui non refragetur ingenium, acri studio adiutus, tantum consequatur ut ei tam quae

Bb] 3 quo *B*: quod *b* 5 DE COGITATIONE Proxima *B* (*ita G in indice*) et *B*: est *b* 6 accipit et est *B*: accipiet est quae *b* extemporale *b* 7 unus *b* 8 non *B*: nam *b* (*unde* nec *t*) cogitatio *b* 9 temporibus ac loco *B*: *corr. b* (est) horis *b* 11 sonus *b* 12 aliquis *b* uacui nec *b*: uacuum *B* otium *B*: experientium *b*, *mire*: perire otium *anon. ap. Peterson* 13 reum *b* 14 inter *b* totamque *B*: amque *b* 16 inh(a)erent *ed. Camp.*: -ret *B* (*unde* quod *pro* quae *p, ed. Jens.*): -reret *b* 17 laxatur *B*: *corr. ed. Camp.* 22 possit *b* 23 se *del. b* uis *b*: usu *B* 26 tandem *Madvig* (*Emend. Liu.*² *p.* 76) ingenium *del. b* 27 ei tam *Spalding*: etiam *B*: ei etiam *b*

INSTITVTIO ORATORIA 10. 7. 1

cogitarit quam quae scripserit atque edidicerit in dicendo
fidem seruent. Cicero certe Graecorum Metrodorum
Scepsium et Empylum Rhodium nostrorumque Hortensium
tradidit quae cogitauerant ad uerbum in agendo rettulisse.
Sed si forte aliqui inter dicendum offulserit extemporalis 5
color, non superstitiose cogitatis demum est inhaerendum.
Neque enim tantum habent curae ut non sit dandus et fortunae locus, cum saepe etiam scriptis ea quae subito nata
sunt inserantur. Ideoque totum hoc exercitationis genus ita
instituendum ut et digredi ex eo et redire in id facile possimus. Nam ut primum est domo adferre paratam dicendi 6
copiam et certam, ita refutare temporis munera longe stultissimum est. Quare cogitatio in hoc praeparetur, ut nos
fortuna decipere non possit, adiuuare possit. Id autem fiet
memoriae uiribus, ut illa quae complexi animo sumus fluant
secura, non sollicitos et respicientes et una spe suspensos re-
cordationis non sinant prouidere: alioqui uel extemporalem
temeritatem malo quam male cohaerentem cogitationem.
Peius enim quaeritur retrorsus, quia dum illa desideramus 7
ab aliis auertimur, et ex memoria potius res petimus quam
ex materia. Plura sunt autem, si utrimque quaerendum
est, quae inueniri possunt quam quae inuenta sunt.

7. Maximus uero studiorum fructus est et uelut †primus
quidam plius† longi laboris ex tempore dicendi facultas;

2 *de orat.* 2. 360, *Tusc.* 1. 59, *Brut.* 301

Bb]   1 quam quae] quamque *b*: quaeque *B*   ediderint *b*
3 escepsium *B*: scerpsium *b*   4 cogitauerint *b*   ad ⟨in⟩ *b*
5 effulserit *b*, *non male*   6 color *B*: cohors *b*   8 scribitis *b*
11 domum *B*: *corr. p**   12 refutari *B marg.* (reputari *in text.*): res
futari *b*: *corr. p (Regius)*   17 praeuidere *B*: *corr. b*   19 dum *b*:
cum *B*   21 si *B*: strictius *b* (*unde* si tutius *Jeep, deinde*
utcumque, *conlato* 4. 1. 21)   utrimque *Radermacher tamquam
ex P*: utrumque *B*: *locus nondum sanatus*   22 quam quae]
quamque *B*: quaque *b*   23 QVEM AD MODVM (quomodo
in indice G) EXTEMPORALIS FACILITAS PARETVR ET CONTINEATVR
(-uatur *in indice G*) Maximus *B*   et *del. b*   23–4 primus
quidam plius *B*: praemium quoddam (*haec p**) amplissimum *ed. Vasc.
1542*: prouentus quidam plenus *Walter*

613

10. 7. 2 M. FABI QVINTILIANI

quam qui non erit consecutus, mea quidem sententia ciuilibus officiis renuntiabit et solam scribendi facultatem potius ad alia opera conuertet. Vix enim bonae fidei uiro conuenit auxilium in publicum polliceri quod praesentissimis quibusque periculis desit, * intrare portum ad quem nauis accedere
2 nisi lenibus uentis uecta non possit: siquidem innumerabiles accidunt subitae necessitates uel apud magistratus uel repraesentatis iudiciis continuo agendi. Quarum si qua, non dico cuicumque innocentium ciuium, sed amicorum ac propinquorum alicui euenerit, stabitne mutus et salutarem petentibus uocem, statimque si non succurratur perituris, moras et secessum et silentium quaeret, dum illa uerba fabricentur et memoriae insidant et uox ac latus praeparetur?
3 Quae uero patitur hoc ratio, ut quisquam sit orator aliquando? Mitto casus: quid cum aduersario respondendum erit fiet? Nam saepe ea quae opinati sumus et contra quae scripsimus fallunt, ac tota subito causa mutatur, atque ut gubernatori ad incursus tempestatium, sic agenti ad uarie-
4 tatem causarum ratio mutanda est. Quid porro multus stilus et adsidua lectio et longa studiorum aetas facit, si manet eadem quae fuit incipientibus difficultas? Perisse profecto confitendum est praeteritum laborem cui semper idem laborandum est. Neque ego hoc ago, ut ex tempore dicere malit, sed ut possit. Id autem maxime hoc modo consequemur.
5 Nota sit primum dicendi uia: neque enim prius contingere cursus potest quam scierimus quo sit et qua perueniendum. Nec satis est non ignorare quae sint causarum iudicialium

Bb]   1 mea *b*: ea *B*   2 renuntiauit *b*   3 fide *b*
5 *lacunam indicaui (excidit e.g.* ut si quis iubeat)   intrare portum *B*: intra possum *b*: monstrare portum *Regius*: alii alia   ad quem *B*: atque *b*   6 nisi *B*: non *b*   7 accedunt *b*
9 quicumque *b*   11 succuratur (*sic*) *B*: suo curratur *b*   perituri *b*
12 quaerat *b*   12–13 fabricantur *b*   14 ratio *p**: oratio *B*   sit *B*: possit *Frotscher p. 270*   15 mitto *Gertz (qui locum sic distinxit)*: mittere *B*: omittere *Gernhard p. 604*: *possis* mittam   17 ut *del.*
b   18 tempestatiuum *b*   ad² *B*: aut *b*   20 adsidua *N*: ad sua *B*   studio *B*: *corr. b*   21 qui *b*   23 dicerē alit *B*: dicere malii *b*   24 consequimur *b*   25 diligendi *b*
27 sint *ed. Ven. 1493*: sunt *B*

partes, aut quaestionum ordinem recte disponere, quamquam ista sunt praecipua, sed quid quoque loco primum sit ac secundum et deinceps: quae ita sunt natura copulata ut mutari aut interuelli sine confusione non possint. Quisquis autem uia dicet, utetur ante omnia rerum ipsa serie uelut duce, propter quod homines etiam modice exercitati facillime tenorem in narrationibus seruant. Deinde quid quoque loco quaerant scient, nec circumspectabunt nec offerentibus se aliunde sensibus turbabuntur, nec confundent ex diuersis orationem uelut salientes huc illuc nec usquam insistentes. Postremo habebunt modum et finem, qui esse citra diuisionem nullus potest, ⟨et⟩ expletis pro facultate omnibus quae proposuerint peruenisse se ad ultimum sentient.

Et haec quidem ex arte; illa uero ex studio, ut copiam sermonis optimi, quem ad modum praeceptum est, comparemus, multo ac fideli stilo sic formetur oratio ut scriptorum colorem etiam quae subito effusa sint reddant, ut, cum multa scripserimus, etiam multa dicamus. Nam consuetudo ⟨et⟩ exercitatio facilitates maxime parit: quae si paulum intermissa fuerit, non uelocitas illa modo tardatur, sed ipsum ⟨os⟩ coit atque concurrit. Quamquam enim opus est naturali quadam mobilitate animi, ut, dum proxima dicimus, struere ulteriora possimus, semperque nostram uocem prouisa et formata cogitatio excipiat: uix tamen aut natura aut ratio in tam multiplex officium diducere animum queat ut inuentioni, dispositioni, elocutioni, ordini rerum uerborumque, tum iis quae dicit, quae subiuncturus est, quae ultra

Bb] 2 sunt *B*: sint *b* 3 ac *B*: ad *b* et *b*: ac *B* copula *b* 4 possit *b* 5 dicet *b*: ducet *B* utetur *Bonnet 1892*: ducetur *B* 10 hic illud nec umquam *b* 12 nullum *b* et *add. Wolff* pro *del. b* 13 quae ... se *B*: proposuisse *b* 14 ex¹ *B*: et *b* 16 ⟨ut⟩ multo *Spalding* 17 effulsa sunt *b* 18 etiamque *b* 19 et exercitatio *t*: exercitatio *B*: excitatio *b*: *fort. delendum* facilitates *b*: -tem *B* paululum *b* 20 non *del. b* 21 os *add. Halm (praeeunte Gesnero)* quamquam *B*: qui *b* 22 quoda nobilitate *b* ut *del. b* 23 interiora possumus *b* 26 elocutioni *om. B*: *add. b*

10. 7. 10   M. FABI QVINTILIANI

spectanda sunt, adhibita uocis pronuntiationis gestus obseruatione una sufficiat. Longe enim praecedat oportet intentio
ac prae se res agat, quantumque dicendo consumitur, tantum
ex ultimo prorogetur, ut, donec perueniamus ad finem,
non minus prospectu procedamus quam gradu, si non inter-
sistentes offensantesque breuia illa atque concisa singultan-
tium modo eiecturi sumus.

11 Est igitur usus quidam inrationalis, quam Graeci ἄλογον
τριβήν uocant, qua manus in scribendo decurrit, qua oculi
totos simul in lectione uersus flexusque eorum et transitus
intuentur, et ante sequentia uident quam priora dixerunt.
Quo constant miracula illa in scaenis pilariorum ac uentila-
torum, ut ea quae emiserint ultro uenire in manus credas et
12 qua iubentur decurrere. Sed hic usus ita proderit si ea de qua
locuti sumus ars antecesserit, ut ipsum illud quod in se
rationem non habet in ratione uersetur. Nam mihi ne dicere
quidem uidetur nisi qui disposite ornate copiose dicit, sed
13 tumultuari. Nec fortuiti sermonis contextum mirabor umquam, quem iurgantibus etiam mulierculis uideamus super-
fluere: cum eo quod, si calor ac spiritus tulit, frequenter
accidit ut successum extemporalem consequi cura non pos-
14 sit. Deum tunc adfuisse cum id euenisset ueteres oratores, ut
Cicero dicit, aiebant, sed ratio manifesta est. Nam bene con-
cepti adfectus et recentes rerum imagines continuo impetu

23 *locus ignotus*

Bb]   1 gestus ⟨in gestu⟩ *b*   1–2 obseruatione *J*: -onem *B* (*et, ex* -onum, *b*)   2 una *t*: in una *b*: in luna *B*: *fort.* unus oportet *b*: *om. B*   4 ut donec *del. b*   5 minus *B*: id unus *b* procedimus *b*   6 atque ⟨illa⟩ *b*   7 elucturi *b*   simus *B*: *corr. b*
8 usus *B*: uiui *b*   irrationalis *ed. Camp.*: inrationabilis *B*   quem *b*
14 ea de qua *B*: eum tota loca *b*   15–16 quod ... rationem *del. b*   16 ne *del. b*   18 fortuitu *b*   contextum *P*: -textu *B*: -texe *b*   19 que *b*   murculis *B*: *corr. k*   uideamus *Kroll ap. Radermacher* (uidemus *iam Meister 1884*: *possis* uideas *conlato 11. 3. 170*): uideantur *b*: *om. B*   22 deum tunc *B*: deuertam *b*   id euenisset *B*: inter *b*   23 dicit aiebant *f* (aiebant *p*, deleto* dicit): dicit agebant *b*: dictitabant *B*   24 adfectus et *B*: adfectet *b*

feruntur, quae nonnumquam mora stili refrigescunt et dilatae non reuertuntur. Vtique uero, cum infelix illa uerborum cauillatio accessit et cursus ad singula uestigia restitit, non potest ferri contorta uis, sed, ut optime uocum singularum cedat electio, non continua sed composita est.

Quare capiendae sunt illae de quibus dixi rerum imagines, **15** quas uocari φαντασίας indicauimus, omniaque de quibus dicturi erimus, personae, quaestiones, spes, metus, habenda in oculis, in adfectus recipienda: pectus est enim quod disertos facit, et uis mentis. Ideoque imperitis quoque, si modo sunt aliquo adfectu concitati, uerba non desunt. Tum in- **16** tendendus animus non in aliquam rem unam sed in plures simul continuas, ut, si per aliquam rectam uiam mittamus oculos, simul omnia quae sunt in ea circaque intuemur, non ultimum tantum uidemus, sed usque ad ultimum. Addit ad dicendum etiam pudor stimulos, mirumque uideri potest quod, cum stilus secreto gaudeat atque omnis arbitros reformidet, extemporalis actio auditorum frequentia, ut miles congestu signorum, excitatur. Namque et difficiliorem **17** cogitationem exprimit et expellit dicendi necessitas, et secundos impetus auget placendi cupido: adeo pretium omnia spectant, ut eloquentia quoque, quamquam plurimum habeat in se uoluptatis, maxime tamen praesenti fructu laudis opinionisque ducatur. Nec quisquam tantum fidat ingenio **18** ut id sibi speret incipienti statim posse contingere, sed, sicut in cogitatione praecipimus, ita facilitatem quoque extemporalem a paruis initiis paulatim perducemus ad summam; quae neque perfici neque contineri nisi usu potest: ceterum **19** peruenire eo debet ut cogitatio non utique melior sit ea, sed

Bb] 5 compositast *B*: -ita si *b*   6 capienda *b*   6–7 imagine quos *b*   9 adfectis *b*   10 ideo *b*   11 desunt tum *B*: sunt *b*   12 plures *B*: re *b*   13 continuas ... per *B*: continua super *b*   14 ⟨onus⟩ non *b*   15–16 addit ... dicendum *B*: ad discendum *b*   16 mirumque *b*: utrumque *B*   17 stimulus *b*   19 congestu *B*: contentus *b*: concentu *D'Orv. 13* 20 ⟨esse⟩ cogitationem *b*   23 uoluptate⟨is⟩ *b* (*ut uid.*)   26 pr(a)ecepimus *p* (*1470*), *probabiliter*   quoque *del. b*

10. 7. 20 M. FABI QVINTILIANI

tutior, cum hanc facilitatem non in prorsa modo multi sint consecuti, sed etiam in carmine, ut Antipater Sidonius et Licinius Archias: credendum enim Ciceroni est, non quia nostris quoque temporibus non et fecerint quidam hoc et faciant. Quod tamen non ipsum tam probabile puto (neque enim habet aut usum res aut necessitatem) quam exhortandis in hanc spem qui foro praeparantur utile exemplum.
20 Neque uero tanta sit umquam fiducia facilitatis ut non breue saltem tempus, quod nusquam fere deerit, ad ea quae dicturi sumus dispicienda sumamus; quod quidem in iudiciis ac foro datur semper: neque enim quisquam est qui causam **21** quam non didicerit agat. Declamatores quosdam peruersa ducit ambitio ut exposita controuersia protinus dicere uelint, quin etiam, quod est in primis friuolum ac scaenicum, uerbum petant quo incipiant. Sed tam contumeliosos in se ridet inuicem eloquentia, et qui stultis uideri eruditi uolunt, stulti **22** eruditis uidentur. Si qua tamen fortuna tam subitam fecerit agendi necessitatem, mobiliore quodam opus erit ingenio, et uis omnis intendenda rebus, et in praesentia remittendum aliquid ex cura uerborum, si consequi utrumque non dabitur. Tum et tardior pronuntiatio moras habet et suspensa ac uelut dubitans oratio, ut tamen deliberare, non haesitare **23** uideamur. Hoc dum egredimur e portu, si nos nondum aptatis satis armamentis aget uentus, deinde paulatim simul

3 *de orat. 3. 194: Arch. 18*

Bb]   1–5 *constructio dubia*:   tutior. Cum... faciant: quod tamen ἀνακολούθως *Sarpe 1815 (p. 18)*: tutior. Quin . . . multi sunt *Gertz*   1 felicitatem *B*: *corr. b*   in *del. b*   sint *b*: sunt *B*   2 in *del. b*   sidonium *b*   3 enim *B*: ergo *b*   4 fecerit *b*   6 aut usum res *B*: tu sum est tamen habet *b*   qua *b*   7 in *om. B*: *add. b* speciem *b*   8 tanta sit *Jeep (cf. 12. 8. 8)*: tanta esse *B (quo recepto* umquam ⟨debet⟩ *D'Orv. 13)*: tanta se *b*   fiducia . . . non *del. b*   9 fert *b*   10 simus dispicienda sumus *(deleto* quod quidem*) b*   12 non *del. b*   quosdam *b*: quod *B*   13 ducit *b*: discet *B*   14 ac *B*: ad *b*   15 quod *b*   16–17 erudito res erutio uolunt stultis eruditis uideatur *b*   19 et² *B*: ne *b*   20 consequi *Spalding*: non sequi *b*: *om. B*   22 non *del. b* 23–4 optatis *b*   24 uentis *b* euntes aptabimus uela et disponemus rudentes et impleri sinus optabimus. Id potius quam se inani uerborum torrenti dare quasi tempestatibus quo uolent auferendum.

Sed non minore studio continetur haec facultas quam paratur; ars enim semel percepta non carpitur, stilus quoque intermissione paulum admodum de celeritate deperdit: promptum hoc et in expedito positum exercitatione sola continetur. Hac uti sic optimum est, ut cotidie dicamus audientibus pluribus, maxime de quorum simus iudicio atque opinione solliciti (rarum est enim ut satis se quisque uereatur): uel soli tamen dicamus potius quam non omnino dicamus. Est ⟨et⟩ illa exercitatio cogitandi totasque materias uel silentio (dum tamen quasi dicat intra ipsum) persequendi, quae nullo non et tempore et loco, quando non aliud agimus, explicari potest, et est in parte ⟨maioris⟩ utilitatis quam haec proxima: diligentius enim componitur quam illa, in qua contextum dicendi intermittere ueremur. Rursus in alia plus prior confert, uocis firmitatem, oris facilitatem, motum corporis, qui et ipse, ut dixi, excitat oratorem et iactatione manus, pedis supplosione, sicut cauda leones facere dicuntur, hortatur. Studendum uero semper et ubique. Neque enim fere tam est ullus dies occupatus ut nihil lucratiuae, ut Cicero Brutum facere tradit, operae ad scribendum aut legendum aut dicendum rapi aliquo momento temporis

23 *orat. 34*

Bb] 1 aptarimus *b* disponimus *b* 2 potius *p**: protinus *B* 3 quo *Badius*: qui *B* 4 non *b*: om. *B* 5 carpitur *Jeep*: capitur *B*: labitur *ed. Asc. 1531*: alii alia 7 depromptum *b* portum exercitationem *b* 9 quo *b* 10 enim *del. b* 11–12 potius ... dicamus *del. b* 11 omnino non *Gesner* 12 et illa *Spalding*: illa *B*: alia *F* 13 intra *b*: contra *B*: intra se *f* 14 et[1] *p (ed. Asc. 1531)*: est *B* et[2] *p (ed. Asc. 1531)*: te *B* quando *p**: quo modo *B (def. Bursian ap. Halm)* 15 explicare *b* ⟨maioris⟩ *add. Kiderlin 1888-5* (utilior *k*) 16 ⟨in⟩ illa *Gertz, fort. recte* 17 ueremur *B*: deberemus *b* 19 quae *b* exercitat *b* 22 dies *del. b* 22–3 lucrati uelut *b* 23 tradi opera *b* 23–4 aut legendum *b*: om. *B (recte?)*

10. 7. 28 M. FABI QVINTILIANI

possit: siquidem C. Carbo etiam in tabernaculo solebat hac
28 uti exercitatione dicendi. Ne id quidem tacendum est, quod
eidem Ciceroni placet, nullum nostrum usquam neglegentem
esse sermonem: quidquid loquemur ubicumque sit pro sua
scilicet portione perfectum. Scribendum certe numquam est
magis quam cum multa dicemus ex tempore. Ita enim seruabitur pondus et innatans illa uerborum facilitas in altum
reducetur, sicut rustici proximas uitis radices amputant,
quae illam in summum solum ducunt, ut inferiores penitus
29 descendendo firmentur. Ac nescio an, si utrumque cum cura
et studio fecerimus, inuicem prosit, ut scribendo dicamus
diligentius, dicendo scribamus facilius. Scribendum ergo
quotiens licebit, si id non dabitur cogitandum: ab utroque
exclusi debent tamen ita dicere ut neque deprensus orator
neque litigator destitutus esse uideatur.

30 Plerumque autem multa agentibus accidit ut maxime
necessaria et utique initia scribant, cetera, quae domo
adferunt, cogitatione complectantur, subitis ex tempore
occurrant: quod fecisse M. Tullium commentariis ipsius
apparet. Sed feruntur aliorum quoque et inuenti forte, ut eos
dicturus quisque composuerat, et in libros digesti, ut causarum quae sunt actae a Seruio Sulpicio, cuius tres orationes
extant: sed hi de quibus loquor commentarii ita sunt exacti
ut ab ipso mihi in memoriam posteritatis uideantur esse
31 compositi. Nam Ciceronis ad praesens modo tempus aptatos
libertus Tiro contraxit: quos non ideo excuso quia non probem, sed ut sint magis admirabiles. In hoc genere prorsus

19 *frg. orat. p. 484*

Bb]   2 est *del. b*   3 idem *b*   4 loquimur *b*   sit *B*: sunt *b*
5 perfecte *b*   nusquam *B*: *corr. b*   6 cum *om. B*: *add. b*
6–7 seruabit *B*: *corr. b*   7 innatans *ed. Vasc. 1542*: inatrans *b*: una trans *B*   8 reducatur *B*: *corr. b*   amputent *B*: *corr. b*
9 dicunt et *b*   10 descendendi formantur *b*   an si *ed. Camp.*:
ac si *b*: an *B*   12 dicendo *del. b*   14 ita dicere *Frotscher*
(sic dicere *tempt. idem*): inicere *B*: id agere *Badius*   15 destinatus *b*
18 complectuntur *b*   23 hi *B*: is (*ex* his) *b*   25 nam *b*: iam *B*
26 ideo *B*: in eo *b*

recipio hanc breuem adnotationem, libellosque qui uel manu
teneantur et ad quos interim respicere fas sit. Illud quod 32
Laenas praecipit displicet mihi, uel in iis quae scripserimus
[uel in] summas in commentarium et capita conferre. Facit
5 enim ediscendi neglegentiam haec ipsa fiducia et lacerat ac
deformat orationem. Ego autem ne scribendum quidem puto
quod non simus memoria persecuturi: nam hic quoque accidit ut reuocet nos cogitatio ad illa elaborata, nec sinat praesentem fortunam experiri. Sic anceps inter utrumque animus 33
10 aestuat, cum et scripta perdidit et non quaerit noua. Sed de
memoria destinatus est libro proximo locus nec huic parti
subiungendus, quia sunt alia prius nobis dicenda [de is quia
sunt].

Bb]   1–2 libellusque ... teneatur *b*   2 fas sit *p**: faxit *b*:
dixit *B*   3 lenas *b*: laudas *B*   praecepit *b*   uel *Spalding*: ne *B*:
del. Halm   his *B*   4 uel in *del. Wolff*: uelut *Halm* (uelut in
Spalding)   in² *B*: sine *b*   5 discendi *b*   6 ne *K*: nec *B*
7 quod non *Regius*: quod *B*: non *b*   hic *B*: id *b*   10 cum et *B*:
eum est *b*   de *del. b*   11 locus *del. b*   12–13 de is quia (qui
b) sunt *B* (*aut ex libri undecimi titulo aut ex dittographia illius* -dus
quia sunt): quia sunt *om. 1418*: de ... sunt *om. ed. Jens.*

LIBER VNDECIMVS

1. Parata, sicut superiore libro continetur, facultate scribendi cogitandique et ex tempore etiam, cum res poscet, orandi, proxima est cura ut dicamus apte, quam uirtutem quartam elocutionis Cicero demonstrat, quaeque est meo **2** quidem iudicio maxime necessaria. Nam cum sit ornatus orationis uarius et multiplex conueniatque alius alii, nisi fuerit accommodatus rebus atque personis non modo non inlustrabit eam, sed etiam destruet et uim rerum in contrarium uertet. Quid enim prodest esse uerba et Latina et significantia et nitida, figuris etiam numerisque elaborata, nisi cum iis in quae iudicem duci formarique uolumus con- **3** sentiant: si genus sublime dicendi paruis in causis, pressum limatumque grandibus, laetum tristibus, lene asperis, minax supplicibus, summissum concitatis, trux atque uiolentum iucundis adhibeamus?—ut monilibus et margaritis ac ueste longa, quae sunt ornamenta feminarum, deformentur uiri, nec habitus triumphalis, quo nihil excogitari potest august- **4** ius, feminas deceat. Hunc locum Cicero breuiter in tertio de Oratore libro perstringit, neque tamen uideri potest quicquam omisisse dicendo 'non omni causae neque auditori neque personae neque tempori congruere orationis unum genus': nec fere pluribus in Oratore eadem. Sed illic L. Crassus, cum apud summos oratores hominesque eruditissimos dicat, satis habet partem hanc uelut notare inter agnoscen- **5** tis, et hic Cicero adloquens Brutum testatur esse haec ei

5 *de orat. 3. 37*   21 *210 seq.*   23 *69 seq.*

Bb]   2 *titulum* De apte dicendo sub quo capite quid quam personam et rem deceat. Quomodo medendum is quae natura parum speciosa sunt *in indice b*   facultate *B*: facilitate *B marg. et ut uid. b*
5 est *om. B*: *add. b*   6 necessario *b*   9 lustrabit *b*   et *del. b*
11 et *B*: est *b*   etiam numerisque *del. b*   12 dici *b*   13 in *del. Spalding*   pressum *I. Mueller 1876*: paruum *B*   15 cogitatis *b*   17 deformetur *b*   18 habitum *b*   19 in tertio *del. b*   20 perstringit *J*: prae- *B*   21 misisse *b*

QVINTILIANI INSTITVTIO 11. 1. 10

nota ideoque breuius a se dici, quamquam sit fusus locus tracteturque a philosophis latius. Nos institutionem professi non solum scientibus ista sed etiam discentibus tradimus, ideoque paulo pluribus uerbis debet haberi uenia.

Quare notum sit nobis ante omnia quid conciliando docendo mouendo iudici conueniat, quid quaque parte orationis petamus. Ita nec uetera aut tralata aut ficta uerba in incipiendo, narrando, argumentando tractabimus, neque decurrentis contexto nitore circumitus ubi diuidenda erit causa et in partis suas digerenda, neque humile atque cotidianum sermonis genus et compositione ipsa dissolutum epilogis dabimus, nec iocis lacrimas, ubi opus erit miseratione, siccabimus. Nam ornatus omnis non tam sua quam rei cui adhibetur condicione constat, nec plus refert quid dicas quam quo loco. Sed totum hoc apte dicere non elocutionis tantum genere constat, sed est cum inuentione commune. Nam si tantum habent etiam uerba momentum, quanto res ipsae magis? Quarum quae esset obseruatio suis locis subinde subiecimus.

Illud est diligentius docendum, eum demum dicere apte qui non solum quid expediat sed etiam quid deceat inspexerit. Nec me fugit plerumque haec esse coniuncta: nam quod decet fere prodest, neque alio magis animi iudicum conciliari aut, si res in contrarium tulit, alienari solent. Aliquando tamen et haec dissentiunt: quotiens autem pugnabunt, ipsam utilitatem uincet quod decet. Nam quis nescit nihil magis profuturum ad absolutionem Socrati fuisse quam si esset usus illo iudiciali genere defensionis et oratione summissa conciliasset iudicum animos sibi crimenque ipsum sollicite redarguisset? Verum id eum minime decebat,

Bb]   2 institutione *b*   5 nobis *del. b*   7 uerbo *b*
8–10 neque ... digerenda (digendas *b*) *B*: *uerbum excidisse susp. Spalding*   13 siccauimus *b*   16 est cum *B*: et cum in *b*
16–17 commune *del. b*   17 habeant *B*: *corr. b*   18 re ipsa *b*
20 subdiligentis *b*   ante *b*   21 quid[1] *B*: qui *b*   21–2 quid deceat ... nam *del. b*   23 decet *b*: deceat *B*   24 solet *b*
27 profuturam (*del.* ad) *b*   28 orationi *b*

11. I. 11 M. FABI QVINTILIANI

ideoque sic egit ut qui poenam suam honoribus summis esset
aestimaturus. Maluit enim uir sapientissimus quod superesset
ex uita sibi perire quam quod praeterisset. Et quando ab
hominibus sui temporis parum intellegebatur, posterorum
se iudiciis reseruauit, breui detrimento iam ultimae senec- 5
11 tutis aeuum saeculorum omnium consecutus. Itaque quamuis Lysias, qui tum in dicendo praestantissimus habebatur,
defensionem illi scriptam optulisset, uti ea noluit, cum
bonam quidem sed parum sibi conuenientem iudicauisset.
Quo uel solo patet non persuadendi sed bene dicendi finem 10
in oratore seruandum, cum interim persuadere deforme sit.
Non fuit hoc utile absolutioni, sed, quod est maius, homini
12 fuit. Et nos secundum communem potius loquendi consuetudinem quam ipsam ueritatis regulam diuisione hac utimur,
ut ab eo quod deceat utilitatem separemus: nisi forte prior 15
ille Africanus, qui patria cedere quam cum tribuno plebis
humillimo contendere de innocentia sua maluit, inutiliter
13 sibi uidetur consuluisse, aut P. Rutilius, uel cum illo paene
Socratico genere defensionis est usus, uel cum reuocante
eum †P.† Sulla manere in exilio maluit, quid sibi maxime 20
conduceret nesciebat. Hi uero parua illa quae abiectissimus
quisque animus utilia credit, si cum uirtute conferantur,
despicienda iudicauerunt, ideoque perpetua saeculorum
admiratione celebrantur. Neque nos simus tam humiles ut
14 quae laudamus inutilia credamus. Sed hoc qualecumque 25
discrimen raro admodum eueniet: ceterum idem fere, ut dixi,
in omni genere causarum et proderit et decebit. Est autem
quod omnes et semper et ubique deceat, facere ac dicere
honeste, contraque neminem umquam ullo in loco tur-
piter. Minora uero quaeque sunt ex mediis plerumque sunt 30

Bb] 4 posterorum *P*: posteriorum *B*   7 dicando *b*
habeatur *b*   11 oratione *M*   13 secum *ut uid. b*
16 patria *B*: patre iam *b*   cum *del. b*   17 de *b*: *om. B*
18 uel *del. b*   19 reuocantem *b*   20 P.] L. *Gertz: fort. delendum*   quid *b*: quod *B*   24 non sumus *b*   25 hoc *om. B*: *add. b*
26 euenit *b*   ceterum *b*: *om. B (recte?)*   28 deceat facere *b*:
persuadere *B, mire*   29 contraque ⟨quod⟩ *tempt. Spalding*
30 plerumque *b*: plura *B*: plurima *Halm*

talia ut aliis sint concedenda, aliis non sint, aut pro persona tempore loco causa magis ac minus uel excusata debeant uideri uel reprehendenda. Cum dicamus autem de rebus aut alienis aut nostris, diuidenda ratio est eorum, dum sciamus pleraque neutro loco conuenire.

In primis igitur omnis sui uitiosa iactatio est, eloquentiae tamen in oratore praecipue, adfertque audientibus non fastidium modo sed plerumque etiam odium. Habet enim mens nostra natura sublime quiddam et erectum et inpatiens superioris: ideoque abiectos aut summittentes se libenter adleuamus, quia hoc facere tamquam maiores uidemur, et quotiens discessit aemulatio, succedit humanitas. At qui se supra modum extollit, premere ac despicere creditur nec tam se maiorem quam minores ceteros facere. Inde inuident humiliores (hoc uitium est eorum qui nec cedere uolunt nec possunt contendere), rident superiores, improbant boni. Plerumque uero deprendas adrogantium falsam de se opinionem, sed in ueris quoque sufficit conscientia.

Reprehensus est in hac parte non mediocriter Cicero, quamquam is quidem rerum a se gestarum maior quam eloquentiae fuit in orationibus utique iactator. Et plerumque illud quoque non sine aliqua ratione fecit: aut enim tuebatur eos quibus erat adiutoribus usus in opprimenda coniuratione, aut respondebat inuidiae, cui tamen non fuit par, seruatae patriae poenam passus exilium: ut illorum quae egerat in consulatu frequens commemoratio possit uideri non gloriae magis quam defensioni data. Eloquentiam quidem, cum plenissimam diuersae partis aduocatis concederet, sibi numquam

Bb] 1 talia ... concedenda *B*: alii aut aliis sunt contennenda *b* 3 aut *B*: autem *b* 7 orationibus *b* (*deleto* praecipue ... audientibus) 9 rectum *b* 15 ⟨nam⟩ hoc *b* 17 uerbo *b* 17 falsam de se *b*: fallacem *B* 20–2 maior quam *et* utique ... quoque *om. B* (*spatiis relictis*): *add. b* 22 facit *b* enim *b*: in *B* 22–4 tuebatur ... erat *et* coniuratione aut res *om. B* (*spatiis relictis*): *suppl. b* 23 in *del. b* 24 inuidias *b* 25 in *om. B*: *add. b* 26 possunt *b* 28 concedere *b* numquam *B*: um in *b*

625

in agendo inmodice adrogauit. Illius sunt enim: 'si, iudices, ingeni mei, quod sentio quam sit exiguum', et: 'quod ingenio minus possum, subsidium mihi diligentia comparaui.'
20 Quin etiam contra Q. Caecilium de accusatore in Verrem constituendo, quamuis multum esset in hoc quoque momenti, uter ad agendum magis idoneus ueniret, dicendi tamen facultatem magis illi detraxit quam adrogauit sibi, seque non consecutum sed omnia fecisse ut posset eam consequi
21 dixit. In epistulis aliquando familiariter apud amicos, nonnumquam in dialogis, aliena tamen persona uerum de eloquentia sua dicit. Et aperte tamen gloriari nescio an sit magis tolerabile uel ipsa uitii huius simplicitate quam illa iactatione peruersa, si abundans opibus pauperem se et nobilis obscurum et potens infirmum et disertus imperitum plane et in-
22 fantem uocet. Ambitiosissimum gloriandi genus est etiam deridere. Ab aliis ergo laudemur: nam ipsos, ut Demosthenes ait, erubescere etiam cum ab aliis laudabimur decet. Neque hoc dico, non aliquando de rebus a se gestis oratori esse dicendum, sicut eidem Demostheni pro Ctesiphonte: quod tamen ita emendauit ut necessitatem id faciendi ostenderet, inuidiamque omnem in eum regereret qui hoc se co-
23 egisset. Et M. Tullius saepe dicit de oppressa coniuratione Catilinae, sed modo id uirtuti senatus, modo prouidentiae deorum inmortalium adsignat. Plerumque contra inimicos atque obtrectatores plus uindicat sibi: erant enim illa tuenda

1 *Arch. 1*   2 *Quinct. 4*   8 *40*   17 *de cor. 128*

Bb]   1 adrogauit *B*: interrogauit *b*   *alia codd. Cic.*: *at u. 11. 3. 97*   2–3 quo ... diligentiam *b, ut codd. Cic.*   5 esse *b*
8 consecutum *B*: secum *b*   posse *b*   eam *p**: etiam *B*: ea *b*
9 ⟨amicos⟩ apud *b*   10 aliena *om. B*: *add. b*   10–11 de ... tamen *del. b*   12 uicii *Flor.*: uiui *B*: auicii *b*   illa ⟨in⟩ *b*
(*deinde* actatione)   iactatio *Rollin*   13 se et *Meister*: sed *b*: se neget *B* (*unde* se non neget *Flor.*)   15 uocent *b*   16 aliis ergo *B*: illis *b*   17 etiam *B*: id iam *b*   decet *B*: dicet *b*
18 gesti *b*   19 idem *b*   20 ad *b*   21 quid *b*
23 uirtutis *b*   25 erat *b*   illa tuenda *Halm*: intuenda *B*: tuenda *b*

INSTITVTIO ORATORIA   11. 1. 28

cum obicerentur. In carminibus utinam pepercisset, quae **24**
non desierunt carpere maligni:

'cedant arma togae, concedat laurea linguae'

et

'o fortunatam natam me consule Romam!'

et Iouem illum a quo in concilium deorum aduocatur, et
Mineruam quae artes eum edocuit: quae sibi ille secutus
quaedam Graecorum exempla permiserat.

Verum eloquentiae ut indecora iactatio, ita nonnumquam **25**
concedenda fiducia est. Nam quis reprendat haec: 'Quid
putem? Contemptumne me? Non uideo nec in uita nec in
gratia nec in rebus gestis nec in hac mea mediocritate ingenii
quid despicere possit Antonius': et paulo post apertius: 'An **26**
decertare mecum uoluit contentione dicendi? Hoc quidem
est beneficium. Quid enim plenius, quid uberius quam mihi
et pro me et contra Antonium dicere?'

Adrogantes et illi qui se iudicasse de causa nec aliter ad- **27**
futuros fuisse proponunt. Nam et inuiti iudices audiunt
praesumentem partes suas, nec hoc oratori contingere inter
aduersarios quod Pythagorae inter discipulos contigit potest:
'ipse dixit.' Sed istud magis minusue uitiosum est pro personis dicentium: defenditur enim aliquatenus aetate digni- **28**
tate auctoritate: quae tamen uix in ullo tanta fuerint ut non
hoc adfirmationis genus temperandum sit aliqua moderatione, sicut omnia in quibus patronus argumentum ex se
ipso petet. Quid fuisset tumidius si accipiendum criminis

3 seq. *frg. 16–17, 21* Morel   10 *Phil. 2. 2*

Bb]   1 obicere *b*   3–4 laurea . . . et *B*: laudare alinue *b*
5 0 *om. B*: *add. b*   natam *del. b*   6 in *om. B*: *add. b*   aduocatus *b* (*unde temptes* aduocatus ⟨est⟩)   7 docuit *b*   8 permiserant *b*   9 ita *om. B*: *add. b*   10 reprehendet *b*
11 in *ante et* uita *et* gratia *del. b*   13 dispicere *b*   15 uberius
B, Cic.: uerius *b*   16 et pro me et *D'Orv. 13, Cic.*:
pro me et *B*: et pro me *b*   17 adrogantes *B*: an rogantes *b*
19 nec *1416*: ne *B*   20 contigit *del. b* (*recte ?*)   22–3 dignitatem
b   23 quae tamen *B*: quantum *b*   fuerunt *b*   ut *om. B*: *add.*
b   26 quid *b*: quod *B*   accipiendum *om. B*: *add. b*

627

loco negasset Cicero equitis Romani esse filium se defendente? At ille fecit hoc etiam fauorabile coniungendo cum iudicibus dignitatem suam: 'equitis Romani autem esse filium criminis loco poni ab accusatoribus neque his iudicantibus oportuit nec defendentibus nobis.'

29 Impudens, tumultuosa, iracunda actio omnibus indecora, sed, ut quisque aetate dignitate usu praecedit, magis in ea reprendendus. Videas autem rixatores quosdam neque iudicum reuerentia neque agendi more ac modo contineri, quo ipso mentis habitu manifestum sit tam in suscipiendis
30 quam in agendis causis nihil pensi habere. Profert enim mores plerumque oratio et animi secreta detegit: nec sine causa Graeci prodiderunt ut uiuat quemque etiam dicere. Humiliora illa uitia: summissa adulatio, adfectata scurrilitas, in rebus ac uerbis parum modestis ac pudicis uilis pudor, in omni negotio neglecta auctoritas. Quae fere accidunt eis qui nimium aut blandi esse aut ridiculi uolunt.

31 Ipsum etiam eloquentiae genus alios aliud decet; nam neque tam plenum et erectum et audax et praecultum senibus conuenerit quam pressum et mite et limatum et quale intellegi uult Cicero cum dicit orationem suam coepisse canescere, sicut uestibus quoque non purpura coccoque ful-
32 gentibus illa aetas satis apta sit: in iuuenibus etiam uberiora paulo et paene periclitantia feruntur, at in isdem siccum et sollicitum et contractum dicendi propositum plerumque adfectatione ipsa seueritatis inuisum est, quando etiam morum senilis auctoritas inmatura in adulescentibus creditur.

3 *Cael. 4*   13 *Otto, Sprichwörter p. 257*   22 *Brut. 8*

Bb]   1 negasset *B*: nec esset *b*   4 his *B, Cic.*: uobis *b*
6 iracundia *b*   9 more ac *del. b*   10 ⟨ab⟩ ipso *b*
tam *B*: tum *b*   13 uiuat *p**: iuuat *B*: iubant *b*   etiam *del.*
b   16 uilis *B*: uerbis *b*   17 aut² *om. B*: *add. b*   21 mitem
b   quali *b*   24 ⟨et⟩ in *Gertz p. 123*   ueriora *b*   26 propositum *del. b*   27 affectione *b*   28 austeritas *Cornelissen, Kiderlin 1889-3*   in *del. b*

Simpliciora militaris decent. Philosophiam ex professo, ut **33** quidam faciunt, ostentantibus parum decori sunt plerique orationis ornatus maximeque ex adfectibus, quos illi uitia dicunt. Verba quoque exquisitiora et compositio numerosa tali proposito diuersa. Non enim solum illa laetiora, qualia **34** a Cicerone dicuntur 'saxa atque solitudines uoci respondent', sed etiam illa, quamquam plena sanguinis, 'uos enim iam, Albani tumuli atque luci, uos, inquam, inploro atque testor, uosque Albanorum obrutae arae, sacrorum populi Romani sociae et aequales' non conueniant barbae illi atque tristitiae. At uir ciuilis uereque sapiens, qui se non otiosis disputa- **35** tionibus sed administrationi rei publicae dederit, a qua longissime isti qui philosophi uocantur recesserunt, omnia quae ad efficiendum oratione quod proposuerit ualent libenter adhibebit, cum prius quid honestum sit efficere in animo suo constituerit. Est quod principes deceat, aliis non concesseris. **36** Imperatorum ac triumphalium separata est aliqua ex parte ratio eloquentiae, sicut Pompeius abunde disertus rerum suarum narrator, et hic qui bello ciuili se interfecit Cato eloquens senator fuit. Idem dictum saepe in alio liberum, in **37** alio furiosum, in alio superbum est. Verba aduersus Agamemnonem a Thersite habita ridentur: da illa Diomedi aliiue cui pari, magnum animum ferre prae se uidebuntur. 'Ego te' inquit 'consulem putem' L. Crassus Philippo 'cum tu me non putes senatorem?': uox honestissimae libertatis, non tamen ferres quemcumque dicentem. Negat se magni **38** facere aliquis poetarum utrum Caesar ater an albus homo sit: insania; uerte, ut idem Caesar de illo dixerit, adrogantia

6 *Arch. 19*   7 *Mil. 85*   24 *ORF p. 252*   27 *Catull. 93*

Bb]   1 dicent *b*   3 maxime *b*   5 propositio *b*
6 cicero *b*   8 inplora *b*   10 socie̜tate quales *b*   11 at
k: ad *b*: aut *B*   12 administratione *B*: *corr. k*   dediderit *b*
14 proposuerint *B*: *corr. b*   16 cesseris *b*   19 ciuilis et
interficit *b*   20 in alio liberum (*sic P*: librorum *b*) *b*: *om. B*
22 de *b*   23 par *B*: *corr. b*   ferre 1418: fere *B*   24 inquit
del. b   26 quecumque *b*

11. 1. 39 M. FABI QVINTILIANI

est. Maior in personis obseruatio est apud tragicos comicosque: multis enim utuntur et uariis. Eadem et eorum qui orationes aliis scribebant fuit ratio et declamantium est: non enim semper ut aduocati, sed plerumque ut litigatores dicimus.

39 Verum etiam in iis causis quibus aduocamur eadem differentia diligenter est custodienda. Vtimur enim fictione personarum et uelut ore alieno loquimur, dandique sunt iis quibus uocem accommodamus sui mores. Aliter enim P. Clodius, aliter Appius Caecus, aliter Caecilianus ille, aliter **40** Terentianus pater fingitur. Quid asperius lictore Verris: 'ut adeas, tantum dabis'? quid fortius illo cuius inter ipsa uerberum supplicia una uox audiebatur: 'ciuis Romanus sum'? Quam dignae Milonis in peroratione ipsa uoces eo uiro qui pro re publica seditiosum ciuem totiens compescuisset qui**41** que insidias uirtute superasset! Denique non modo quot in causa totidem in prosopopoeia sunt uarietates, sed hoc etiam plures, quod in his puerorum, feminarum, populorum, mutarum etiam rerum adsimulamus adfectus, quibus omni**42** bus debetur suus decor. Eadem in iis pro quibus agemus obseruanda sunt: aliter enim pro alio saepe dicendum est, ut quisque honestus humilis inuidiosus fauorabilis erit, adiecta propositorum quoque et ante actae uitae differentia. Iucundissima uero in oratore humanitas facilitas moderatio beniuolentia. Sed illa quoque diuersa bonum uirum decent: malos odisse, publica uice commoueri, ultum ire scelera et iniurias, et omnia, ut initio dixi, honesta.

43 Nec tantum quis et pro quo sed etiam apud quem dicas

11 *Cic. Verr. 5. 118*   13 *ibid. 162*

Bb]   3 scribant *b*   4 ut¹ *B*: et *b*   7 est *B*: et *b*
12 illo *B*: o *b*   12–13 uerborum *b*   14 milonis *b*: miloni si *B*   15 pro re· p· seditiosum *B*: propere diciosum *b*   conpescuisse *b*   16 quot *1434*: quod *B*   18 quod *del. b*
19 multarum *B*: *corr. p**   22 honesti *b*   adiecta *B*: delicta *b*
23 ante *del. b*   differentiae *b*   26 publicae *b*   ultum ire *B*: uult cineris *b*   26–7 et iniurias *del. b*   27 ⟨ut⟩ honesta *b*
28 quis *B*: qui *b*

INSTITVTIO ORATORIA   11. 1. 48

interest: facit enim et fortuna discrimen et potestas, nec eadem apud principem, magistratum, senatorem, priuatum, tantum liberum ratio est, nec eodem sono publica iudicia et arbitrorum disceptationes aguntur. Nam ut orantem pro 44
5 capite sollicitudo deceat et cura et omnes ad amplificandam orationem quasi machinae, ita in paruis rebus iudiciisque uana sint eadem, rideaturque merito qui apud disceptatorem de re leuissima sedens dicturus utatur illa Ciceronis confessione, non modo se animo commoueri, sed etiam corpore
10 ipso perhorrescere. Quis uero nesciat quanto aliud dicendi 45 genus poscat grauitas senatoria, aliud aura popularis? cum etiam singulis iudicantibus non idem apud grauis uiros quod leuiores, non idem apud eruditum quod militarem ac rusticum deceat, sitque nonnumquam summittenda et con-
15 trahenda oratio, ne iudex eam uel intellegere uel capere non possit.

Tempus quoque ac locus egent obseruatione propria: nam 46 et tempus tum triste tum laetum, tum liberum tum angustum est, atque ad haec omnia componendus orator: et loco 47
20 publico priuatone, celebri an secreto, aliena ciuitate an tua, in castris denique an foro dicas interest plurimum, ac suam quidque formam et proprium quendam modum eloquentiae poscit: cum etiam in ceteris actibus uitae non idem in foro, curia, campo, theatro, domi facere conueniat, et pleraque,
25 quae natura non sunt reprendenda atque adeo interim sunt necessaria, alibi quam mos permiserit turpia habeantur. Illud iam diximus, quanto plus nitoris et cultus demonstra- 48 tiuae materiae, ut ad delectationem audientium compositae,

8 *diu. Caec. 41*

Bb]   1 fecit *b*   5 amplificandum *b*   6 machinae *B*: -na et *b*   iudicibusque *B* (-que *del. b*): *corr. p**   10 quanto *Bg*: quanio *B* (*unde* quando *N*): cuncto *b*   12 quos *b*   14 summittendae *b* (*deleto* et)   16 non *del. b*   21 denique *B*: deinde quae *b*   22 quedam modo *b*   25 adeo *Gesner*: ideo *B*
28 delectatione *b*

631

quam quae sunt in actu et contentione suasoriae iudicialesque permittant.

Hoc adhuc adiciendum, aliquas etiam quae sunt egregiae dicendi uirtutes quo minus deceant effici condicione causarum. An quisquam tulerit reum in discrimine capitis, praecipueque si apud uictorem et principem pro se ipse dicat, frequenti tralatione, fictis aut repetitis ex uetustate uerbis, compositione quae sit maxime a uulgari usu remota, decurrentibus perihodis, quam laetissimis locis sententiisque dicentem? Non perdant haec omnia necessarium periclitanti sollicitudinis colorem petendumque etiam innocentibus misericordiae auxilium? Moueaturne quisquam eius fortuna quem tumidum ac sui iactantem et ambitiosum institorem eloquentiae in ancipiti sorte uideat? Non immo oderit reum uerba aucupantem et anxium de fama ingenii et cui esse diserto uacet? Quod mire M. Caelius in defensione causae, qua reus de ui fuit, comprendisse uidetur mihi: 'ne cui uestrum atque etiam omnium qui ad rem agendam adsunt meus aut uultus molestior aut uox inmoderatior aliqua aut denique, quod minimum est, iactantior gestus fuisse uideatur'. Atqui sunt quaedam actiones in satisfactione, deprecatione, confessione positae: sententiolisne flendum erit? epiphonemata aut enthymemata exorabunt? non quidquid meris adicietur adfectibus omnis eorum diluet uiris, et miserationem securitate laxabit? Age, si de morte filii sui uel iniuria, quae morte sit grauior, dicendum patri fuerit, aut in narrando gratiam illam expositionis quae continget ex sermone puro atque dilucido quaeret, breuiter ac significanter

17 *ORF p. 485*

Bb] 3 adiciendum *b*: audiendum *B*   4 officio *b*
5–6 precipueque si *b* (*cf. 4. 5. 18*): praecipue quis *B*   6 principalem *b*   dicant *b*   8 sunt *b*   12 commoueaturne *b*   13 et ambitiosum *B*: etiam uitiosum *b*   15 auxilium *b*   16 m̅ *b*: om. *B*   20 nimium *B*: *corr. b*   20–1 uideantur *b*   23 epiphonena *b*   24 meritis *b*   errorum *b*   25 laxauit *b*
27 illa *b*   28 dilucida *b*

ordinem rei protulisse contentus, aut argumenta diducet in digitos et propositionum ac partitionum captabit leporem et, ut plerumque in hoc genere moris est, intentione omni remissa loquetur? Quo fugerit interim dolor ille? Vbi lacri- 54 mae substiterint? Vnde se in medium tam secura obseruatio artium miserit? Non ab exordio usque ad ultimam uocem continuus quidam gemitus et idem tristitiae uultus seruabitur, si quidem uolet dolorem suum etiam in audientis transfundere? Quem si usquam remiserit, in animum iudicantium non reducet. Quod praecipue declamantibus (neque 55 enim me paenitet ad hoc quoque opus meum et curam susceptorum semel adulescentium respicere) custodiendum est, quo plures in schola finguntur adfectus, quos non ut aduocati sed ut passi subimus: cum etiam hoc genus simulari 56 litium soleat, cum ius mortis a senatu quidam uel ob aliquam magnam infelicitatem uel etiam paenitentiam petunt: in quibus non solum cantare, quod uitium peruasit, aut lasciuire, sed ne argumentari quidem nisi mixtis, et quidem ita ut in ipsa probatione magis emineant, adfectibus decet. Nam qui intermittere in agendo dolorem potest, uidetur posse etiam deponere.

Nescio tamen an huius de quo loquimur decoris custodia 57 maxime circa eos contra quos dicimus examinanda sit. Nam sine dubio in omnibus statim accusationibus hoc agendum est, ne ad eas libenter descendisse uideamur. Ideoque mihi illud Cassi Seueri non mediocriter displicet: 'di boni, uiuo, et, quo me uiuere iuuet, Asprenatem reum uideo'. Non enim iusta ex causa uel necessaria uideri potest postulasse eum,

26 *FOR p. 549*

Bb] 1 re *b* protulisse *ed. Jens.*: per- *B* ⟨non⟩ contentus *Spalding, contra numeros* ducet *b* 2 captauit *b* 4 quod *b* 9 umquam *b* 10 quod *del. b* 12 semel *B*: semper *b* 13 quo *B*: quod *b* 13–14 aduocatis et *b* 15 cum ius *p**: cuius *B* 17–18 aut ... sed *B*: am laxi uiros et *b* 18 nisi *B*: in *b* 19 in *del. b* (*recte ?*) 23 contra *P*: circa *B* 25 nec *b* 27 aspernatem *B*: *corr. ed. Ven. 1493* 28 uidere *B*: *corr. b*

58 sed quadam accusandi uoluptate. Praeter hoc tamen, quod est commune, propriam moderationem quaedam causae desiderant. Quapropter et qui curationem bonorum patris postulabit doleat eius ualetudine, et quamlibet grauia filio pater obiecturus miserrimam sibi ostendat esse hanc ipsam necessitatem, nec hoc paucis modo uerbis sed toto colore actionis, ut id eum non dicere modo sed etiam uere dicere **59** appareat. Nec causanti pupillo sic tutor irascatur umquam ut non remaneant amoris uestigia et sacra quaedam patris eius memoria. Iam quo modo contra abdicantem patrem, querentem uxorem agi causam oporteret in libro, ut arbitror, septimo dixi. Quando etiam ipsos loqui, quando etiam aduocati uoce uti deceat quartus liber, in quo prohoemii praecepta sunt, continet.

60 Esse et in uerbis quod deceat aut turpe sit nemini dubium est. Vnum iam igitur huic loco, quod est sane summae difficultatis, adiciendum uidetur, quibus modis ea quae sunt natura parum speciosa, quaeque non dicere si utrumlibet esset liberum maluissemus, non tamen sint indecora dicenti**61** bus. Quid asperiorem habere frontem potest aut quid aures hominum magis respuunt quam cum est filio filiiue aduocatis in matrem perorandum? Aliquando tamen necesse est, ut in causa Cluenti Habiti, sed non semper illa uia qua contra Sasiam Cicero usus est, non quia non ille optime, sed quia **62** plurimum refert qua in re et quo modo laedat. Itaque illa, cum filii caput palam inpugnaret, fortiter fuit repellenda: duo tamen, quae sola supererant, diuine Cicero seruauit, primum ne obliuisceretur reuerentiae quae parentibus debetur, deinde ut repetitis altius causis diligentissime ostenderet quam id quod erat in matrem dicturus non oporteret modo

---

24 *Cluent. 12 seq.*

Bb] 4 postulauit *b*   ualetudinem *b*   8 tutori *b*   9 non *del. b*   10 partem *b*   12 ipsos ... etiam *del. b*   etiam² *del. ed. Vasc. 1542*   13 deceret *B*: *corr. b*   15 et *del. b*   23 habitis et *b*   quam *b*   24 sasiam *B*: asia *b* (*u. 4. 2. 105*)   sed *B*: est *b*   27 seruabit *b*

INSTITVTIO ORATORIA   11.1.67

fieri sed etiam necesse esset. Primaque haec expositio fuit, **63**
quamquam ad praesentem quaestionem nihil pertinebat:
adeo in causa difficili atque perplexa nihil prius intuendum
credidit quam quid deceret. Fecit itaque nomen parentis
5 non filio inuidiosum sed ipsi in quam dicebatur. Potest **64**
tamen aliquando mater et in re leuiore aut minus infeste
contra filium stare: tum lenior atque summissior decebit
oratio. Nam et satisfaciendo aut nostram minuemus inuidiam aut etiam in diuersum eam transferemus, et, si graui-
10 ter dolere filium palam fuerit, credetur abesse ab eo culpam
fietque ultro miserabilis. Auertere quoque in alios crimen **65**
decet, ut fraude aliquorum concita credatur, et omnia nos
passuros, nihil aspere dicturos testandum, ut, etiam si non
possumus conuiciari, nolle uideamur. Etiam, si quid obicien-
15 dum erit, officium est patroni ut id filio inuito sed fide
cogente facere credatur: ita poterit uterque laudari. Quod **66**
de matre dixi, de utroque parente accipiendum est: nam
inter patres etiam filiosque, cum interuenisset emancipatio,
litigatum scio. In aliis quoque propinquitatibus custodien-
20 dum est ut inuiti et necessario et parce iudicemur dixisse,
magis autem aut minus ut cuique personae debetur reuerentia. Eadem pro libertis aduersus patronos obseruantia. Et ut
semel plura complectar, numquam decebit sic aduersus tales
agere personas quo modo contra nos agi ab hominibus con-
25 dicionis eiusdem iniquo animo tulissemus. Praestatur hoc **67**
aliquando etiam dignationibus, ut libertatis nostrae ratio
reddatur, ne quis nos aut petulantes in laedendis eis aut
etiam ambitiosos putet. Itaque Cicero, quamquam erat in
Cottam grauissime dicturus neque aliter agi P. Oppi causa

28 *frg. orat. III. 9*

Bb]   1 esset *B*: est *b*   6 et *B*: *del. Gertz p. 123: fort.* aut
aut *B*: at *b*   7 cum *b*   10 fuerat *b*   13 dicturo *b*
14 possumus ⟨non⟩ *ed. Col. 1527*   19 litigatus *b*   20 parce
*Bg*¹, *1434*: parte *B* (*et b ?*)   22 libertatis *b*   patronos *b*: nos
(*spatio relicto*) *B*   23 si *b*   26 dignitatibus *b*, *non male*
27 aut¹ *B*: ut *b*   aut² *b*: autem *B*   28 putes *b*

635

11. 1. 68 M. FABI QVINTILIANI

poterat, longa tamen praefatione excusauit officii sui neces-
68 sitatem. Aliquando etiam inferioribus praecipueque adule-
scentulis parcere aut uideri decet. Vtitur hac moderatione
Cicero pro Caelio contra Atratinum, ut eum non inimice corripere sed paene patrie monere uideatur: nam et nobilis et 5
iuuenis et non iniusto dolore uenerat ad accusandum.

Sed in his quidem, in quibus uel iudici uel etiam adsisten-
tibus ratio nostrae moderationis probari debet, minor est
labor: illic plus difficultatis ubi ipsos contra quos dicimus
69 ueremur offendere. Duae simul huius modi personae Ciceroni 10
pro Murena dicenti obstiterunt, M. Catonis Seruique Sulpici.
Quam decenter tamen Sulpicio, cum omnes concessisset uirtutes, scientiam petendi consulatus ademit! Quid enim aliud
esset quo se uictum homo nobilis et iuris antistes magis
ferret? Vt uero rationem defensionis suae reddidit, cum se 15
studuisse petitioni Sulpici contra honorem Murenae, non
70 idem debere accusationi contra caput diceret! Quam molli
autem articulo tractauit Catonem! Cuius naturam summe
admiratus non ipsius uitio sed Stoicae sectae quibusdam in
rebus factam duriorem uideri uolebat, ut inter eos non foren- 20
sem contentionem sed studiosam disputationem crederes
71 incidisse. Haec est profecto ratio et certissimum praeceptorum genus illius uiri obseruatio, ut, cum aliquid detrahere
salua gratia uelis, concedas alia omnia: in hoc solo uel minus
peritum quam in ceteris (adiecta, si potuerit fieri, etiam causa 25
cur id ita sit) uel paulo pertinaciorem uel credulum uel ira-
72 tum uel inpulsum ab aliis. Hoc enim commune remedium est,
si tota actione aequaliter appareat non honor modo eius sed
etiam caritas. Praeterea causa sit nobis iusta [sit] dicendi,

Bb, sed inde a pertinaciorem (*l. 26*) *G*]   5 mobilis *b*   7 uel[1]
B: ue *b*   7–8 adstantibus *b*   8 ratio *P*: oratio *B*   est
om. *B*: add. *b*   9 defficultati (*sic*) *b*   12 concessisse *b*
14 antistites *b*   15 uero rationem *B*: uerberor actionem *b*
16 sulpicioni *b*   munere *b*   19 admirati *b*   uitio sed *B*: uitiosa e *b*
20 duriori *b*   21 studiosam *J*: -sum *B* (-sorum *ed. Ald.*)
22 haec *B*: *fort*. hic   perfecta *Becher* (*ap. Rad.*)   25 poterit *ed. Camp.*   28 si *Regius*: nisi *G*: si in *p* (*Badius*): ut *Becher 1887-1*
29 sit[2] *om. Burn. 243, ut uol. Radermacher*: sic *P, fort. recte*

636

INSTITVTIO ORATORIA 11. 1. 76

neque id moderate tantum faciamus sed etiam necessario.

Diuersum ab hoc, sed facilius, cum hominum aut alioqui 73
turpium aut nobis inuisorum quaedam facta laudanda sunt:
decet enim rem ipsam probare in qualicumque persona.
Dixit Cicero pro Gabinio et P. Vatinio, inimicissimis antea
sibi hominibus et in quos orationes etiam scripserat, uerum
et iusta sic faciendi * non se de ingenii fama sed de fide esse
sollicitum. Difficilior ei ratio in iudicio Cluentiano fuit, cum 74
Scamandrum necesse haberet dicere nocentem, cuius egerat
causam. Verum id elegantissime cum eorum a quibus ad se
perductus esset precibus, tum etiam adulescentia sua excusat,
detracturus alioqui plurimum auctoritatis sibi, in causa praesertim suspecta, si eum se esse qui temere nocentis reos
susciperet fateretur.

Apud iudicem uero qui aut erit inimicus alioqui aut prop- 75
ter aliquod commodum a causa quam nos susceperimus auersus, ut persuadendi ardua est ratio, ita dicendi expeditissima:
fiducia enim iustitiae eius et nostrae causae nihil nos timere
simulabimus. Ipse erit gloria inflandus, ut tanto clarior eius
futura sit fides ac religio in pronuntiando quanto minus uel
offensae uel utilitati suae indulserit. Hoc et apud eos ⟨a⟩ 76
quibus appellatum erit, si forte ad eosdem remittemur:
adicienda ratio uel necessitatis alicuius, si id causa concedit,
uel erroris uel suspicionis. Tutissimum ergo paenitentiae
confessio et satisfactio culpae, perducendusque omni modo

6 *frg. orat. pp.* 465, 486

G] 5 decet *p**: dicet G 7 sibi *1418*: sic̄ G 8 et G:
ut *Schenkl post Halmium, quo recepto* faciendi ⟨esset ratio⟩ *Radermacher*: *sed plura, ut puto, exciderunt* sic *1418*: sit G se de
P: sed G 11 id *ed. Camp.* (illud *iam* P): uid G ad *Spalding*:
a G 13 detractus G: *corr. p** sibi *Halm* (*monente Spaldingio*): sic̄ G (*cf.* § 73) causa *1416*: -am G 15 suscipere
G: *corr. p* (*1470*) 16 inimicus *Bonnell*: -cos G (*colon
om. H et inde recc.*) 17 a causa *Spalding* (in causa *1416*): ac
uasa G 19 nostrae *f*: nn̄e G 20 simulabimus *1416*: -uimus G
erit . . . inflandus P: erat . . . infandus G 22 eos P: nos G
a *add. p** 24 necessitas G: *corr. p**

637

77 iudex ad irae pudorem. Accidit etiam nonnumquam ⟨ut⟩ ea de causa de qua pronuntiauit cognoscat iterum. Tum illud quidem commune: apud alium nos iudicem disputaturos de illius sententia non fuisse, neque enim emendari ab alio quam ipso fas esse: ceterum ex causa, ut quaeque permittet, aut ignorata quaedam aut defuisse testes aut, quod timidissime et si nihil aliud plane fuerit dicendum est, patronos non **78** suffecisse succurret. Etiam si apud alios iudices agetur, ut in secunda adsertione aut in centumuiralibus iudiciis duplicibus, parte uicta decentius erit, quotiens contigerit, seruare iudicum pudorem: de qua re latius probationum loco dictum est.

Potest euenire ut in aliis reprehendenda sint quae ipsi fecerimus, ut obicit Tubero Ligario quod in Africa fuerit **79** et ambitus quidam damnati recuperandae dignitatis gratia reos eiusdem criminis detulerunt, ut in scholis luxuriantem patrem luxuriosus ipse iuuenis accusat. Id quo modo decenter fieri possit equidem non inuenio nisi aliquid reperitur quod intersit, persona aetas tempus causa locus animus. **80** Tubero iuuenem se patri haesisse, illum a senatu missum non ad bellum sed ad frumentum coemendum ait, ut primum licuerit a partibus recessisse: Ligarium et perseuerasse et non pro Cn. Pompeio, inter quem ⟨et⟩ Caesarem dignitatis fuerit contentio, cum saluam uterque rem publicam uellet, sed pro Iuba atque Afris inimicissimis populo Romano stetisse. **81** Ceterum uel facillimum est ibi alienam culpam incusare ubi

14 *ORF p. 528*

G] 1 ad irae *Regius*: adire G   ut *add. p* (*Regius*)   1–2 ea de *Meister 1865* (eadem de *Halm*): eadem G   2 cognat G: *corr. Badius*   3 disputaturos *1416*: -rus G   5 ut *P*: aut G   6 tumidissime G: *corr. p**   8 iudices agetur *1418*: iudex augetur G   9 assertione *1416*: adsertionem G   10 contigerit *1416*: -tingerit G   11 iudicum *1418*: -cium G   15 quidam damnati *p* (*1470*): quidam nati G   16 eiusdem *1416*: eidem G   ut G: et *Gertz*   17–18 q̃modocenter G¹ (q̃m decenter g): *corr. Obrecht*   18 fieri *1418*: fierit G   possit *P*: possunt G   20 senatu *1416*: -tum G   22 recessisse ⟨se⟩ *Kiderlin 1889-3*   23 et c(a)esarem *1418*: cessarem G

INSTITVTIO ORATORIA 11. 1. 85

fateris tuam: uerum id iam indicis est, non actoris. Quod si
nulla contingit excusatio, sola colorem habet paenitentia.
Potest enim uideri satis emendatus qui in odium eorum in
quibus errauerat ipse conuersus est. Sunt enim casus quidam 82
5 qui hoc natura ipsa rei non indecens faciant, ut cum pater
ex ⟨meretrice natum, quod duxerit⟩ meretricem in matrimonium, abdicat: scholastica materia, sed non ⟨quae in foro
non⟩ possit accidere. Hic igitur multa non deformiter dicet:
uel quod omnium sit uotum parentum ut honestiores quam
10 sint ipsi liberos habeant (nam et, si filia nata, meretrix eam
mater pudicam esse uoluisset), uel quod humilior ipse fuerit
(licet enim huic ducere), uel quod non habuerit patrem qui
moneret: quin eo minus id faciendum filio fuisse, ne reno- 83
uaret domus pudorem et exprobraret patri nuptias, matri
15 prioris uitae necessitatem, ne denique legem quandam suis
quoque [sum] liberis daret. Credibilis erit etiam propria
quaedam in illa meretrice turpitudo, quam nunc hic pater
ferre non possit. Alia praetereo: neque enim nunc decla-
mamus, sed ostendimus nonnumquam posse dicentem ipsis
20 incommodis bene uti.

Illic maior aestus ubi quis pudenda queritur, ut stuprum, 84
praecipue in maribus, aut os profanatum. Non dico si loquatur ipse: nam quid aliud ei quam gemitus aut fletus ⟨et⟩ ex-
secratio uitae conueniat, ut iudex intellegat potius dolorem
25 illum quam audiat? Sed patrono quoque per similes adfectus
eundum erit, quia hoc iniuriae genus uerecundius est ⟨fateri⟩
passis quam ausis. Mollienda est in plerisque aliquo colore 85

G] 3 qui in *P*: quin *G* 5 pater *1418*: patre *G*
6 *suppl. ed. Camp.* (*similia iam p**) 7–8 *suppl. Spalding* (quae
non *iam add. p**): ⟨cuius similis aliqua in foro non⟩ *Gertz, fort. rectius*
(*conl.* 7. 4. *11*) 8 multa *P*: muta *G* 9 quam *1418*: qua *G*
12 licuit *Spalding* huic *Spalding*: hoc *G* 16 sum *del. Gertz*:
rursum *Halm* (*at noster* rursus *scribit*) 18 praetereo *ed. Asc.*
1531: -rea *G* nunc *1418*: hunc *G* 21 maior *P*: maiora *G*
22 maribus *P*: manibus *G* prophanatum *1416*: prophana natum *G*
23 *suppl. ed. Camp.* 26 quia *P*: qui ad *G* fateri *add. Halm*
27 aliquo *p marg.* (*et 1470 marg.*): alia *G* (alio *P*): *del. Radermacher*
colore *P*: loco re *G*

639

11. 1. 86   M. FABI QVINTILIANI

asperitas orationis, ut Cicero de proscriptorum liberis fecit. Quid enim crudelius quam homines honestis parentibus ac maioribus natos a re publica summoueri? Itaque durum id esse summus ille tractandorum animorum artifex confitetur, sed ita legibus Sullae cohaerere statum ciuitatis adfirmat ut iis solutis stare ipsa non possit. Consecutus itaque est ut aliquid eorum quoque causa uideretur facere contra quos **86** diceret. Illud etiam in iocis monui, quam turpis esset fortunae insectatio, et ne in totos ordines aut gentes aut populos petulantia incurreret. Sed interim fides patrocinii cogit quaedam de uniuerso genere aliquorum hominum dicere, libertinorum uel militum uel publicanorum uel similiter aliorum. **87** In quibus omnibus commune remedium est ut ea quae laedunt non libenter tractare uidearis, nec in omnia impetum facias sed in id quod expugnandum est, et reprehensa [alia] **88** laude compenses: sic cupidos ⟨milites⟩ dicas: sed non mirum, quod periculorum ac sanguinis maiora sibi deberi praemia putent; eosdem petulantes: sed hoc fieri quod bellis magis quam paci consuerint. Libertinis detrahenda est auctoritas: licet iis testimonium reddere industriae per quam exierint de **89** seruitute. Quod ad nationes exteras pertinet, Cicero uarie: detracturus Graecis testibus fidem doctrinam his concedit ac litteras, seque eius gentis amatorem esse profitetur, Sardos contemnit, Allobrogas ut hostis insectatur: quorum nihil tunc cum diceretur parum aptum aut remotum ⟨a⟩ **90** cura decoris fuit. Verborum etiam moderatione detrahi solet

1 *frg. orat. XI*   21 *Flacc. 62 seq.: Scaur. 39 seq.: Font. 21 seq.*, 26

G]   3 summoueri *1416*: summori *G*   5 affirmat *P*: -ant *G*
6 consecutus *Spalding*: secutus *G*: assecutus *Regius*   8 iocis
P uel p (*Regius*): locis *G*   esset *1418*: esse *G*   9 toto *G*: *corr. p**
10 interim *1418*: -rit *G*   fides *1434*: fideles *G*   15 quod *1416*:
quo *G*   reprehensa *Ehwald*: prendens *P* (reprendens *f*): reprendens
⟨alia⟩ *Ammon 1929*   alia *deleui*   16 sic *Spalding*: si *G*   cupidos *ed. Jens.*: -dum *G*   milites *add. hic Spalding, ante* cupidos *iam ed.
Asc. 1516*   dicas sed *Spalding* (dicas esse *iam p**): dedicasset *G*
18 sed *Spalding*: et *G*   19 detrahenda *P*: trahenda *G*   24 insectatur *1418*: -tus *G*   25 a *add. ed. Ven. 1493*   26 moderacio *G*: *corr. p**   detrahi *1418*: -it *G*

si qua est rei inuidia: si asperum dicas nimium seuerum, iniustum persuasione labi, pertinacem ultra modum tenacem esse propositi: plerumque uelut ipsos coneris ratione uincere, quod est mollissimum.

Indecorum est super haec omne nimium, ideoque etiam 91 quod natura rei satis aptum est, nisi modo quoque temperatur, gratiam perdit. Cuius rei obseruatio iudicio magis quodam [seruiri] sentiri quam praeceptis tradi potest: quantum satis sit et quantum recipiant aures non habet certam mensuram et quasi pondus, quia ⟨ut⟩ in cibis [his] alia aliis magis complent.

Adiciendum etiam breuiter uidetur quo fiat ⟨ut⟩ dicendi 92 uirtutes diuersissimae non solum suos amatores habeant sed ab eisdem saepe laudentur. Nam Cicero quodam loco scribit id esse optimum quod [non] facile credideris consequi imitatione, non possis, alio uero non id egisse, ut ita diceret quo modo se quilibet posse confideret, sed quo modo nemo. Quod potest pugnare inter se uideri, uerum utrumque, ac 93 merito, laudatur: causarum enim modo distat, quia simplicitas illa et uelut securitas inadfectatae orationis mire tenuis causas decet, maioribus illud admirabile dicendi genus magis conuenit. In utroque eminet Cicero: ex quibus alterum imperiti se posse consequi credent, neutrum qui intellegunt.

14 *orat.* 76   16 *locus ignotus*

G]   1 asperum *1418*: aspere *G*   3 uelut *G*: *malim* uero ratione *1418*: -em *G*   6–7 temperatur *Spalding*: -atus *G* (-etur *P*)   8 sentiri *ed. Jens.*: seruiri sentiri *G*   quantum *P*: quam *G*   9–10 habet certam mensuram *scripsi* (habet *iam P*, mensuram *iam 1418*): haberet remansuram *G*   10 ut *add. Regius*
cibis *Regius*: cybus his *G* (*sine dubio ex* cibus): cibis his *1416*
12 quo fiat ut *Gertz* (*p.* 97): quod fiat *G*: quod fit ut *Halm*
15 non *om.* M (*prob. Ehwald*): cum te *Regius* (te *iam p**): cum *Gertz*
16 se *add. ante* non² *Regius*, *post* egisse *Gertz*   18 quod potem (*sic*) *G*: *malim* quae possunt   uideri *1418*: -ere *G*   19 causarum enim *Spalding*: causa H enim *G*

11. 2. 1   M. FABI QVINTILIANI

2. Memoriam quidam naturae modo esse munus existimauerunt, estque in ea non dubie plurimum, sed ipsa excolendo sicut alia omnia augetur: et totus de quo diximus adhuc inanis est labor nisi ceterae partes hoc uelut spiritu continentur. Nam et omnis disciplina memoria constat, frustraque docemur si quidquid audimus praeterfluat, et exemplorum, legum, responsorum, dictorum denique factorumque uelut quasdam copias, quibus abundare quasque in promptu semper habere debet orator, eadem illa uis **2** praesentat: neque inmerito thesaurus hic eloquentiae dicitur. Sed non firme tantum continere uerum etiam cito percipere multa acturos oportet, nec quae scripseris modo iterata lectione complecti, sed in cogitatis quoque rerum ac uerborum contextum sequi, et quae sint ab aduersa parte dicta meminisse, nec utique eo quo dicta sunt ordine refutare sed **3** oportunis locis ponere. Quin extemporalis oratio non alio mihi uidetur mentis uigore constare. Nam dum alia dicimus, quae dicturi sumus intuenda sunt: ita cum semper cogitatio ultra eat, id quod est longius quaerit, quidquid autem repperit quodam modo apud memoriam deponit, quod illa quasi media quaedam manus acceptum ab inuentione tradit elo- **4** cutioni. Non arbitror autem mihi in hoc inmorandum, quid sit quod memoriam faciat, quamquam plerique inprimi quaedam uestigia animo, uelut in ceris anulorum signa seruentur, existimant. Neque ero tam credulus ut †quam abitu

10 §§ 2–3 → *Fortunatianus RLM pp. 128. 24–129. 3*

G]   1 *titulum* de memoria sub quo capite quae ars memoriae que exercitatio *b in indice*   7 legum *ed. Camp.*: -em G   denique *Spalding*: dineque G   10 praestat *Becher (ap. Rad.) (cf. § 8)*: repraesentat *ed. Ven. 1493*   11 tantum *1418, Fort.*: -us G   12 nec qu(a)e P: neque G   13 complecti sed P: complectis et G   cogitatis P *(cf. Fort.)*: concitatis G   15 eo *Regius, Fort.*: ea G   16 quin *Spalding*: quid G   alio P: alia G   18 ⟨alia⟩ quae *Halm (cf. Fort.), probabiliter*   cogitatio *1416*: percogitacio G   19 ultra *(hoc iam 1416)* eat *Halm*: ultre ad G   20 quod P: quo G   21 intencione G: *corr. ed. Col. 1527*   24 ⟨quae⟩ uelut *Regius*   ceris p *(Regius)*: guris G   25–p. 643. 2 *locus incertus*: qui habitu . . . fieri ⟨uideam⟩, ei *(hoc Halm)* artem quoque audeam impertire *Spalding, uix recte*

INSTITVTIO ORATORIA 11. 2. 10

tardiorem firmioremque memoriam fieri et actem quoque ad animum pertire.† Magis admirari naturam subit, tot res ue- 5 tustas tanto ex interuallo repetitas reddere se et offerre, nec tantum requirentibus sed [in] sponte interim, nec uigilanti-
5 bus sed etiam quiete compositis: eo magis quod illa quoque 6 animalia quae carere intellectu uidentur meminerunt et agnoscunt et quamlibet longo itinere deducta ad adsuetas sibi sedes reuertuntur. Quid? non haec uarietas mira est, excidere proxima, uetera inhaerere? hesternorum inmemores
10 acta pueritiae recordari? Quid quod quaedam requisita se 7 occultant et eadem forte succurrunt? nec manet semper memoria, sed aliquando etiam redit? Nesciretur tamen quanta uis esset eius, quanta diuinitas illa, nisi in hoc lumen orandi extulisset. Non enim rerum modo sed etiam 8
15 uerborum ordinem praestat, nec ea pauca contexit sed durat prope in infinitum, et in longissimis actionibus prius audiendi patientia quam memoriae fides deficit. Quod et ipsum argu- 9 mentum est subesse artem aliquam iuuarique ratione naturam, cum idem [indocti] facere illud indocti inexercitati non
20 possimus. Quamquam inuenio apud Platonem obstare memoriae usum litterarum, uidelicet quoniam illa quae scriptis reposuimus uelut custodire desinimus et ipsa securitate dimittimus. Nec dubium est quin plurimum in hac parte ualeat 10 mentis intentio et uelut acies luminum a prospectu rerum
25 quas intuetur non auersa; unde accidit ut quae per plures dies scribimus ediscenda sint, cogitatio se ipsa contineat.

20 *Phaedr. 275 a*   23–4 cf. *Fortunat. RLM p. 129. 1*

G]   2 subit tot res *Obrecht* (subito res *1418*): subito tres *G*
3 tanto *1418*: tanta *G*   4 in *G*: et *1418*: *om. ed. Camp.*
5 quiete *P*: quie *G*   compositis *p (ed. Camp.)*: -siti *G*   6 uidentur *1418*: uiderunt *G*   9 inh(a)erere *1418*: inhaere *G*   10 quod *1418*: quo *G*   14 orandi ⟨uim⟩ *Regius*   17 patientia *1418*: pacienciam *G*   deficit *P, numerose*: defecit *G*   18 ratione *P*: racio *G*   19 indocti[1] *deleui*: docti *1418*   20 possimus *ed. Ven. 1493*: -unus *G* (-umus *H*)   24 acies *1416*: aciues *G*   prospectu *P*: promptu *G*   25 auersa *1418*: aduersa *G*   26 ediscenda *ed. Camp.* (*ut coni. Gertz*): -di *G*   cogitatio se *scripsi*: cogitaciones *G*: cogitatio res *Gertz*: cogitationes ⟨mens⟩ *Kiderlin 1890-2*: *alii audaciora*

643

11 Artem autem memoriae primus ostendisse dicitur Simonides, cuius uulgata fabula est: cum pugili coronato carmen, quale componi uictoribus solet, mercede pacta scripsisset, abnegatam ei pecuniae partem quod more poetis frequentissimo degressus in laudes Castoris ac Pollucis exierat: quapropter partem ab iis petere quorum facta celebrasset **12** iubebatur. Et persoluerunt, ut traditum est: nam cum esset grande conuiuium in honorem eiusdem uictoriae atque adhibitus ei cenae Simonides, nuntio est excitus, quod eum duo iuuenes equis aduecti desiderare maiorem in modum dicebantur. Et illos quidem non inuenit, fuisse tamen gratos **13** erga se deos exitu comperit. Nam uix eo ultra limen egresso triclinium illud supra conuiuas corruit, atque ita confudit ut non ora modo oppressorum sed membra etiam omnia requirentes ad sepulturam propinqui nulla nota possent discernere. Tum Simonides dicitur memor ordinis quo quis**14** que discubuerat corpora suis reddidisse. Est autem magna inter auctores dissensio Glaucone Carystio an Leocrati an Agatharcho an Scopae scriptum sit id carmen, et Pharsali fuerit haec domus, ut ipse quodam loco significare Simonides uidetur utque Apollodorus et Eratosthenes et Euphorion et Larissaeus Eurypylus tradiderunt, an Crannone, ut Apollas †Calimachus†, quem secutus Cicero hanc famam latius fudit. **15** Scopam nobilem Thessalum perisse in eo conuiuio constat,

INSTITVTIO ORATORIA   11. 2. 20

adicitur sororis eius filius, putant et ortos plerosque ab alio Scopa qui maior aetate fuerit. Quamquam mihi totum de **16** Tyndaridis fabulosum uidetur, neque omnino huius rei meminit umquam poeta ipse, profecto non taciturus de tanta sua gloria.

Ex hoc Simonidis facto notatum uidetur iuuari memoriam **17** signatis animo sedibus, idque credet suo quisque experimento. Nam cum in loca aliqua post tempus reuersi sumus, non ipsa agnoscimus tantum sed etiam quae in iis fecerimus reminiscimur, personaeque subeunt, nonnumquam tacitae quoque cogitationes in mentem reuertuntur. Nata est igitur, ut in plerisque, ars ab experimento. Loca discunt quam **18** maxime spatiosa, multa uarietate signata, domum forte magnam et in multos diductam recessus. In ea quidquid notabile est animo diligenter adfigunt, ut sine cunctatione ac mora partis eius omnis cogitatio possit percurrere. Et primus hic labor est, non haerere in occursu: plus enim quam firma debet esse memoria quae aliam memoriam adiuuet. Tum quae scripserunt uel cogitatione complectuntur [et] **19** aliquo signo quo moneantur notant, quod esse uel ex re tota potest, ut de nauigatione, militia, uel ex uerbo aliquo: nam etiam excidentes unius admonitione uerbi in memoriam reponuntur. Sit autem signum nauigationis ut ancora, militiae ut aliquid ex armis. Haec ita digerunt: primum sensum **20** [bello cum] uestibulo quasi adsignant, secundum (puta)

6–7 → *Fortunat. RLM p. 129. 4–5*

G]   2 maiora *G*: *corr. f*   3 tindaridis *1418*: tyndariis *G*
4 meminit *1418*: -nerit *G*   usquam *P*   ipse *P*: ipsa *G*   taciturus
1418: tacitus *G*   6 simonidis *P, Fort.*: simonis *G*   7 credet
Gesner (credet e *Radermacher*: *debuit* ex): credere *G*   8 loca *p**:
loco *G*   9 his *G*   12 ars abę experimenti *G* (*recte iam 1416*)
loca *1418*: loce *G*   discunt *G*: deligunt *Spalding*   15 nobile *G*:
corr. Regius   17 labor est *1418*: laborem *G*   19 complectuntur *Vat. lat. 1766*: conplectitur *G*   et *del. Slothouwer*   20 aliquo
1416: alio quo *G*   moneantur *1418*: mou- *G*   22 excidentes
(sensus) *Gemoll 1890* ((res) *Obrecht*)   23 signum *P*: magnum *G*
24 diligerunt *G*: *corr. p* (*memorat Regius*)   25 bello cum *G*:
uel locum *p* (*cf. Regium*): *om. ed. Asc. 1516*

645

11. 2. 21 M. FABI QVINTILIANI

atrio, tum inpluuia circumeunt, nec cubiculis modo aut exhedris, sed statuis etiam similibusque per ordinem committunt. Hoc facto, cum est repetenda memoria, incipiunt ab initio loca haec recensere, et quod cuique crediderunt reposcunt, ut eorum imagine admonentur. Ita, quamlibet multa sint quorum meminisse oporteat, fiunt singula conexa quodam choro, ⟨nec⟩ onerant coniungentes prioribus consequentia solo ediscendi labore. Quod de domo dixi, et in operibus publicis et in itinere longo et urbium ambitu et picturis fieri [spieri] potest. Etiam fingere sibi has† imagines† licet. Opus est ergo locis quae uel finguntur uel sumuntur, ⟨et⟩ imaginibus uel simulacris, quae utique fingenda sunt. Imagines uoco quibus ea quae ediscenda sunt notamus, ut, quo modo Cicero dicit, locis pro cera, simulacris pro litteris utamur. Illud quoque ad uerbum ponere optimum fuerit: 'locis est utendum multis, inlustribus, explicatis, modicis interuallis: imaginibus autem agentibus, acribus, insignitis, quae occurrere celeriterque percutere animum possint.' Quo magis miror quo modo Metrodorus in XII signis per quae sol meat trecenos et sexagenos inuenerit locos. Vanitas nimirum fuit atque iactatio circa memoriam suam potius arte quam natura gloriantis.

Equidem haec ad quaedam prodesse non negauerim, ut si rerum nomina multa per ordinem audita reddenda sint. Namque in iis quae didicerunt locis ponunt res illas: mensam, ut hoc utar, in uestibulo et pulpitum in atrio et sic

14 *de orat. 2. 354*   16 *ibid. 358*

G]   1 cubiculis *P*: cubilis *G*   2 exhedris *P*: hedris *G*   statuis *P?*, *1470*: stacius *G*   5 ut *1418*: et *G*   6 sint *1416*: sit *G*   cōnexa *1418*: necaeta *G*: *fort.* catenata   7 c(h)oro *Vat. lat. 1766 corr.*: coria *G*: *alii alia*   nec onerant *scripsi*: onerant *G*: nec errant *Bonnell* (ne errent *iam p**)   9 et² *P*: ut *G*   10 fieri *1418*: fieris pieri *G*   imagines *susp. Spalding*: *fort.* regiones   12 et *add. Gesner*   13 uoco *Gertz*: uoce *G*   15 fuerit *P*: -rat *G*   16 modicis *P*, *Cic.*: modis *G*   17 imaginibus *1418*, *Cic.*: imaginis *G*   20 locos *1416*: locus *G*   21 sua *Vat. lat. 1766*   23 ut *p**: aut *G*   25 his *G*   26 pulpitum *Bonnell*: populum *G*

INSTITVTIO ORATORIA 11. 2. 27

cetera, deinde relegentes inueniunt ubi posuerunt. Et for- 24
sitan hoc sunt adiuti qui auctione dimissa quid cuique uendidissent testibus argentariorum tabulis reddiderunt, quod praestitisse Q. Hortensium dicunt. Minus idem proderit in
5 ediscendis quae orationis perpetuae erunt: nam et sensus non eandem imaginem quam res habent, cum alterum fingendum sit; et horum tamen utcumque commonet locus, sicut sermonis alicuius habiti: uerborum contextus eadem arte quo modo comprehendetur? Mitto quod quaedam 25
10 nullis simulacris significari possunt, ut certe coniunctiones. Habeamus enim sane, ut qui notis scribunt, certas imagines omnium et loca scilicet infinita, per quae uerba quot sunt in quinque contra Verrem secundae actionis libris explicentur, [ne] meminerimus etiam omnium quasi depositorum: nonne
15 impediri quoque dicendi cursum necesse est duplici memoriae cura? Nam quo modo poterunt copulata fluere si propter 26 singula uerba ad singulas formas respiciendum erit? Qua re et Charmadas et Scepsius de quo modo dixi Metrodorus, quos Cicero dicit usos hac exercitatione, sibi habeant sua:
20 nos simpliciora tradamus.

Si longior complectenda memoria fuerit oratio, proderit 27 per partes ediscere (laborat enim maxime onere); sed hae partes non sint perexiguae, alioqui rursus multae erunt et eam distringent atque concident. Nec utique certum im-
25 perauerim modum, sed maxime ut quisque finietur locus,

16 §§ 26–8 → *Fortunat. RLM p. 129. 8–13*   19 *de orat.* 2. 360

G]   1 cetera P: eēt G   relegantes G: *corr. p**   posuerunt *1418*:
-rint G   2 auctione *1416*: -nem G   2–3 uendidissent P: -et
G   4 Q. Halm: quae G (*om. 1416*)   6 eandem *1418*: eadem G   8 alicuius *1418*: -cui G   10 significari *1416*: signiī G
11 notis P: noti G   12 qu(a)e *1418*: quē G   quot *Spalding*:
quod G   14 ne *del. Spalding*   15 quoque dicendi cursum
Spalding: quodque dicit dicursum G   19 hac *1418*, *Fort.*: hec G
sua *1418*: suas G   22 laborat (*sc.* memoria) G: -atur *Spalding*
sed *Spalding*: et G   23 mult(a)e *p**: mute G   24 eam *ed.
Camp.*: eum G: *fort.* mentem   distinguent G: *corr. Ammon 1929*
25 modo G: *corr. Regius*

647

11. 2. 28   M. FABI QVINTILIANI

28 ni forte tam numerosus ut ipse quoque diuidi debeat. Dandi sunt certi quidam termini, ut contextum uerborum, qui est difficillimus, continua et crebra meditatio, partis deinceps ipsas repetitus ordo coniungat. Non est inutile iis quae difficilius haereant aliquas adponere notas, quarum recordatio **29** commoneat et quasi excitet memoriam: nemo enim fere tam infelix ut quod cuique loco signum destinauerit nesciat. At si erit tardus ad hoc, eo quoque adhuc remedio utatur, ut ipsae notae (hoc enim est ex illa arte non inutile) aptentur ad eos qui excidunt sensus, ancora, ut supra proposui, si de naue **30** dicendum est, spiculum si de proelio. Multum enim signa faciunt, et ex alia memoria uenit alia, ut cum tralatus anulus uel alligatus commoneat nos cur id fecerimus. Haec magis adhuc adstringunt qui memoriam ab aliquo simili transferunt ad id quod continendum est: ut in nominibus, si Fabius forte sit tenendus, referamus ad illum Cunctatorem, qui excidere non potest, aut ad aliquem amicum qui idem **31** uocetur. Quod est facilius in Apris et in Vrsis et Nasone aut Crispo, ut id memoriae adfigatur unde sunt nomina. Origo quoque aliquando declinatorum tenendi magis causa est, ut in Cicerone, Verrio, Aurelio. Sed hoc miseri.

32 Illud neminem non iuuabit, isdem quibus scripserit ceris ediscere. Sequitur enim uestigiis quibusdam memoriam, et

22 §§ *32–3, 35* → *Fortunat. RLM p. 129. 13–16*

G]   1 ni *1416*: in *G*   numerosus ⟨est⟩ *Halm*   2 quidam *1416, Fort.*: quadam *G*   3 continua et *Halm ex Fort.*: continuet *G*   deinde *Fort.*   4 ipsas *P, Fort.*: ipsa *G*   inutile (*hoc iam D'Orv. 13*) iis *Spalding* (his *Fort.*): inutilis *G*   7 at *Halm*: ut *G*: et *M*   8 tardus *Badius*: trandus *G*   hoc quoque, eo *Zumpt**   remedio *ed. Camp.*: -ium *G*   utatur *ed. Ald.*: -itur *G*   9 aptentur *Hiecke* (*praeeunte quodam modo Wolffio*): adtentus *G*   10 ancoram *G*: *corr. Hiecke* (*teste Halmio*)   supra *1418* (*deinde* posui): suae *G*   11 est *Halm* (est et *Kiderlin 1890-2*): esset *G*   13 commoneat *P*: -ueat *G*   cur id *Regius*: cum his *G*   15 nominibus *1418*: omnibus *G*   17 qui idem *1418*: quidem *G*   19 ut *G*: *malim* ubi   nomina *P*: omnia *G*   21 miseri *F* (*cf.* 9. 4. *112*): misceri *G*: miserim *Halm*   22 ceris *P, Fort.*: ceteris *G*   23 sequitur *ed. Col. 1527*: sq̄ *G*   quibusdam *1416*: quisdam *G*

INSTITVTIO ORATORIA 11. 2. 36

uelut oculis intuetur non paginas modo sed uersus prope ipsos, estque cum dicit similis legenti. Iam uero si litura aut adiectio aliqua atque mutatio interueniat, signa sunt quaedam quae intuentes deerrare non possumus. Ista ratio, ut 33 est illi de qua primum locutus sum arti non dissimilis, ita, si quid me experimenta docuerunt, et expeditior et potentior.

Ediscere tacite (nam id quoque est quaesitum) erat optimum ⟨si⟩ non subirent uelut otiosum animum plerumque aliae cogitationes, propter quas excitandus est uoce, ut duplici motu iuuetur memoria dicendi et audiendi. Sed haec uox sit modica et magis murmur. Qui autem legente alio 34 ediscit in parte tardatur, quod acrior est oculorum quam aurium sensus, in parte iuuari potest, quod, cum semel aut bis audierit, continuo illi memoriam suam experiri licet et cum legente contendere. Nam et alioqui id maxime faciendum est, ut nos subinde temptemus, quia continua lectio et quae magis et quae minus haerent aequaliter transit. In ex- 35 periendo teneasne et maior intentio est et nihil superuacui temporis perit quo etiam quae tenemus repeti solent: ita sola quae exciderunt retractantur, ut crebra iteratione firmentur, quamquam solent hoc ipso maxime haerere, quod exciderunt. Illud ediscendo scribendoque commune est, utrique plurimum conferre bonam ualetudinem, digestum cibum, animum cogitationibus aliis liberum. Verum et in iis 36 quae scripsimus complectendis multum ualent et in iis quae cogitamus continendis prope solae, excepta quae potentissima

24 §§ 36–7 →*Vt. p.* 440. 23–9

G, sed inde a -plici (*l. 10*) *Bb*]   1 intuetur *ed. Jens.*: -entur *G*   paginas *P*: -is *G*   modo *P*: ṁ *G*   2 estque *Meister 1862–1*: que *G*: *del. Hiecke*   litura aut *P*: littore et *G*   3 mutatio *P*: mutata *G*   interueniat *T*: -ant *G*   4 ista *Gertz*: est *G*: haec *Gallaeus*   8 si *add.* p*   10 duplici *G*: plici *B*   et audiendi *del. b*   12 tardatur *b marg.* (*in textu* iuuari potest *add. ex l. 13*): tradatur *B*   15 alioqui id *B*: alio quid *b*   17 h(a)erent (a)equaliter *P*: harentę qualiter *B*   19 reperiti *B*: *corr. p* (*Regius*)   22 -que *del. b*   25 scribimus *R, Vt.*   26 sola *B*: *corr.* p*   excepta *del. b*

est [et] exercitatione, diuisio et compositio. Nam qui recte
37 diuiserit, numquam poterit in rerum ordine errare: certa
sunt enim non solum in digerendis quaestionibus sed etiam
in exequendis, si modo recte dicimus, prima ac secunda et
deinceps, cohaeretque omnis rerum copulatio, ut ei nihil
neque subtrahi sine manifesto intellectu neque inseri possit.
38 An uero Scaeuola in lusu duodecim scriptorum, cum prior
calculum promouisset essetque uictus, dum rus tendit repetito totius certaminis ordine, quo dato errasset recordatus,
rediit ad eum quocum luserat, isque ita factum esse confessus
est: minus idem ordo ualebit in oratione, praesertim totus
nostro arbitrio constitutus, cum tantum ille ualeat alternus?
39 Etiam quae bene composita erunt memoriam serie sua
ducent: nam sicut facilius uersus ediscimus quam prorsam
orationem, ita prorsae uincta quam dissoluta. Sic contigit
ut etiam quae ex tempore uidebantur effusa ad uerbum
repetita reddantur. Quod meae quoque memoriae mediocritatem sequebatur, si quando interuentus aliquorum qui
hunc honorem mererentur iterare declamationis partem
coegisset. Nec est mendacio locus, saluis qui interfuerunt.
40 Si quis tamen unam maximamque a me artem memoriae
quaerat, exercitatio est et labor: multa ediscere, multa cogitare, et si fieri potest cotidie, potentissimum est: nihil aeque
41 uel augetur cura uel neglegentia intercidit. Quare et pueri
statim, ut praecepi, quam plurima ediscant, et quaecumque
aetas operam iuuandae studio memoriae dabit deuoret initio
taedium illud et scripta et lecta saepius reuoluendi et quasi
eundem cibum remandendi. Quod ipsum hoc fieri potest

21 §§ *40–1* → *Fortunat. RLM p. 129. 19–21*

Bb]   1 et¹ *B*: *del. in J*, *om. R*   5 ei *B*: et *b*   7 proprior *b*
8 rus *B*: os *b*   10 die *sup.* quocum *b*   12 constructus *b?*
14 dicent *b*   ediscimus *B*: et lascimur *b*   15 uincta *ed.*
Vasc. 1542 (uinctam *P*): uicta *b*: iuncta *B*   contingit *1416*
20 nec *B*: necesse *b*   22 discere *b*   22–3 concitare *b*
27 et lecta *del. b*   reuolundi *b*   28 feri *B*: *corr. b*

leuius si pauca primum et quae odium non adferant coeperimus ediscere, tum cotidie adicere singulos uersus, quorum accessio labori sensum incrementi non adferat, in summam ad infinitum usque perueniat, et poetica prius, tum ora-
5 torum, nouissime etiam solutiora numeris et magis ab usu dicendi remota, qualia sunt iuris consultorum. Difficiliora 42 enim debent esse quae exercent quo sit leuius ipsum illud in quod exercent, ut athletae ponderibus plumbeis adsuefaciunt manus, quibus uacuis et nudis in certamine utendum
10 est. Non omittam etiam, quod cotidianis experimentis deprenditur, minime fidelem esse paulo tardioribus ingeniis recentem memoriam. Mirum dictu est, nec in promptu ratio, 43 quantum nox interposita adferat firmitatis, siue requiescit labor ille, cuius sibi ipsa fatigatio obstabat, siue maturatur
15 atque concoquitur, quae firmissima eius pars est, recordatio; quae statim referri non poterant, contexuntur postera die, confirmatque memoriam idem illud tempus quod esse in causa solet obliuionis. Etiam illa praeuelox fere cito effluit, 44 et, uelut praesenti officio functa nihil in posterum debeat,
20 tamquam dimissa discedit. Nec est mirum magis haerere animo quae diutius adfixa sint.

Ex hac ingeniorum diuersitate nata dubitatio est, ad uerbum sit ediscendum dicturis, an uim modo rerum atque ordinem complecti satis sit: de quo sine dubio non potest in
25 uniuersum pronuntiari. Nam si memoria suffragatur, tempus 45 non defuit, nulla me uelim syllaba effugiat (alioqui etiam scribere sit superuacuum): idque praecipue a pueris optinendum atque in hanc consuetudinem memoria exercitatione

12 § *43* → *Fortunat. RLM p. 129. 22–4*   22 §§ *44–5, 48* → *Fortunat. RLM pp. 129. 25–130. 3*

Bb]   1 adseruant *b*   2 singulos *del. b*   7 quo *B*: que *b*
8–9 publicis adsuefacerent *b*   11 fidele *b*   ingenis *B*: in genus *b*
12 dictu *N*: -tum *B*   in promptu *B*: propteru (*sic*) *b*   13 requiescit *B*: requies cum *b*   14–15 -atur atque *B*: -atusque *b*
15 quae *Spalding*: seu *B*   17 confirmantque *b*   21 quae *B*: quam *b*   23 dicturus an uim *B*: dicturi sanum in *b*   26 effugiat] effugi. at (*ex* et) *B*: effugi *b*   27 sit *B*: sunt *b*   28 hac *b*

11. 2. 46

redigenda, ne nobis discamus ignoscere. Ideoque et admoneri et ad libellum respicere uitiosum, quod libertatem neglegentiae facit; nec quisquam se parum tenere iudicat quod **46** ne sibi excidat non timet. Inde interruptus actionis impetus et resistens ac salebrosa oratio: et qui dicit ediscenti similis etiam omnem bene scriptorum gratiam perdit, uel hoc ipso quod scripsisse se confitetur. Memoria autem facit etiam prompti ingeni famam, ut illa quae dicimus non domo attulisse sed ibi protinus sumpsisse uideamur, quod et oratori et **47** ipsi causae plurimum confert: nam et magis miratur et minus timet iudex quae non putat aduersus se praeparata. Idque in actionibus inter praecipua seruandum est, ut quaedam etiam quae optime uinximus uelut soluta enuntiemus, et cogitantibus nonnumquam et dubitantibus similes quaerere **48** uideamur quae attulimus. Ergo quid sit optimum neminem fugit. Si uero aut memoria natura durior erit aut non suffragabitur tempus, etiam inutile erit ad omnia se uerba alligare, cum obliuio unius eorum cuiuslibet aut deformem haesitationem aut etiam silentium indicat, tutiusque multo comprehensis animo rebus ipsis libertatem sibi eloquendi relinquere. **49** Nam et inuitus perdit quisque id quod elegerat uerbum, nec facile reponit aliud dum id quod scripserat quaerit. Sed ne hoc quidem infirmae memoriae remedium est nisi in iis qui sibi facultatem aliquam dicendi ex tempore parauerunt. Quod si cui utrumque defuerit, huic omittere omnino totum actionum laborem, ac si quid in litteris ualet ad scribendum potius suadebo conuertere: sed haec rara infelicitas erit.

50 Ceterum quantum natura studioque ualeat memoria uel Themistocles testis, quem unum intra annum optime locutum esse Persice constat, uel Mithridates, cui duas et uiginti

---

Bb]   1 admoueri *b* (∼ *Fort.*)   3 iudicant *b*   4 inde *del. b*   7 memoriam *b*   8 domo *P*: modo *B*   8–9 attulisset *b*   9 et¹ *B*: de *b*   10 primum *b*   11 itaque *b*   14 et *B*: qua et *b*   15 sit *B*: sunt *b*   17 omni *b* (∼ *Fort.*)   19 indicat *B* (*cf. Fort.*): inducat *P, fort. recte*   21–2 elegerat ... id *del. b*   23–4 qui sibi *B*: quae sicut *b*   25 quod si cui *B*: quo si *b*   comittere *b*   26 ac *B*: at *b*   27 integritas *b*

INSTITVTIO ORATORIA 11. 3. 3

linguas, quot nationibus imperabat, traditur notas fuisse, uel Crassus ille diues, qui cum Asiae praeesset quinque Graeci sermonis differentias sic tenuit ut qua quisque apud eum lingua postulasset eadem ius sibi redditum ferret, uel Cyrus, quem omnium militum tenuisse creditum est nomina: quin semel auditos quamlibet multos uersus protinus dicitur reddidisse Theodectes. Dicebantur etiam nunc esse qui facerent, sed mihi numquam ut ipse interessem contigit: habenda tamen fides est uel in hoc, ut qui crediderit et speret.

3. Pronuntiatio a plerisque actio dicitur, sed prius nomen a uoce, sequens a gestu uidetur accipere. Namque actionem Cicero alias 'quasi sermonem', alias 'eloquentiam quandam corporis' dicit. Idem tamen duas eius partis facit, quae sunt eaedem pronuntiationis, uocem atque motum: quapropter utraque appellatione indifferenter uti licet. Habet autem res ipsa miram quandam in orationibus uim ac potestatem: neque enim tam refert qualia sint quae intra nosmet ipsos composuimus quam quo modo efferantur: nam ita quisque ut audit mouetur. Quare neque probatio ulla, quae modo uenit ab oratore, tam firma est ut non perdat uires suas nisi adiuuatur adseueratione dicentis: adfectus omnes languescant necesse est, nisi uoce, uultu, totius prope habitu corporis inardescunt. Nam cum haec omnia fecerimus, felices

10 *praecepta nostri ad pronuntiationem pertinentia sequitur plerumque Fortunatianus RLM pp. 130. 5–16* (= §§ *1, 14, 19*): *132. 1–5* (= §§ *30, 41, 45*): *133. 3–20* (= §§ *73, 75, 77–81, 159*): *133. 26–30* (= §§ *82–5*); *alia suis locis adnoto* 12–13 *de orat. 3. 222: orat. 55*

Bb] 2 uel *del. b* dies *b* 6 quemlibet *B*: *corr. b*
7 etiam *B*: ei aut *b* 8 mihi *B*: non *b* 8–9 contigit habenda *B*: cogitabunda *b* 10 DE PRONVNTIATIONE SVB QVO CAPITE DE VOCIS NATVRA DE CVRA EIVSDEM DE GESTV DE CVLTV QVID CVIQVE CAVSAE CONVENIAT QVID CVIQVE PARTI ET SENTENTIIS ET VERBIS QVID QVEMQVE DECEAT INTVENDVM ESSE Pronuntiatio *B* (*et b in indice, qui tamen* de uocis natura *om., pro* de gestu *hab.* de usu eiusdem) 11 uidetur *b*: uideatur *B* (*cf. 9. 4. 134?*) 13 eis *b*
14 e(a)edem *p**: eadem *B* 17 tam *b*: iam *B* 21 ⟨et⟩ adfectus *ed. Ald., ut coni. Kroll 1920 (at cf. 11. 1. 31–2)* omnis *ut uid. B ante corr.* 21–2 languescat *b* 23 inardescat *b* fecerim *b*: fecerimus ⟨erimus⟩ *W. Meyer*

tamen si nostrum illum ignem iudex conceperit, nedum eum supini securique moueamus ac non et ipse nostra oscitatione
4 soluatur. Documento sunt uel scaenici actores, qui et optimis poetarum tantum adiciunt gratiae ut nos infinite magis eadem illa audita quam lecta delectent, et uilissimis etiam quibusdam impetrant aures, ut quibus nullus est in biblio-
5 thecis locus sit etiam frequens in theatris. Quod si in rebus quas fictas esse scimus et inanes tantum pronuntiatio potest ut iram lacrimas sollicitudinem adferat, quanto plus ualeat necesse est ubi et credimus? Equidem uel mediocrem orationem commendatam uiribus actionis adfirmarim plus habituram esse momenti quam optimam eadem illa destitutam:
6 si quidem et Demosthenes, quid esset in toto dicendi opere primum interrogatus, pronuntiationi palmam dedit, eidemque secundum ac tertium locum, donec ab eo quaeri desineret, ut eam uideri posset non praecipuam sed solam iudicasse
7 (ideoque ipse tam diligenter apud Andronicum hypocriten studuit ut admirantibus eius orationem Rhodiis non inmerito Aeschines dixisse uideatur: 'quid si ipsum audissetis?') et M. Cicero unam in dicendo actionem dominari putat.
8 Hac Cn. Lentulum plus opinionis consecutum quam eloquentia tradit, eadem C. Gracchum in deflenda fratris nece totius populi Romani lacrimas concitasse, Antonium et Crassum multum ualuisse, plurimum uero Q. Hortensium. Cuius rei fides est, quod eius scripta tantum infra famam sunt, qua diu princeps orator, aliquando aemulus Ciceronis existimatus est, nouissime, quoad uixit, secundus, ut appareat placuisse aliquid eo dicente quod legentes non inuenimus.

20 *de orat. 3. 213*   21–4 *Brut. 234: de orat. 3. 214: Brut. 141, 158, 303*

Bb]   2 et *del. b* (*deinde* ipsae)   4 infinito *P, probabiliter B: corr. b*   10 uel *del. b*   11 adfirmarim *b*: -mauerim *B*   14 palam *B: corr. b*   15 -que *del. b*   17 ideo *b*   hypocrite *b*   20 unam *B*: nam *b*   21 hae *b*   22 tradidit *b*   C. *del. b*   23 concitasse ⟨et⟩ *b*   25 intra *B: corr. Gallaeus*   26 oratorum *p* (*ed. Camp.*)   aliquamdiu *Kiderlin 1892-2*

INSTITVTIO ORATORIA 11. 3. 14

Et hercule cum ualeant multum uerba per se et uox pro- 9
priam uim adiciat rebus et gestus motusque significet aliquid, profecto perfectum quiddam fieri cum omnia coierunt
necesse est.

5 Sunt tamen qui rudem illam et qualem impetus cuiusque 10
animi tulit actionem iudicent fortiorem et solam uiris dig-
nam, sed non alii fere quam qui etiam in dicendo curam et
artem et nitorem et quidquid studio paratur ut adfectata et
parum naturalia solent improbare, uel qui uerborum atque
10 ipsius etiam soni rusticitate, ut L. Cottam dicit Cicero fecisse,
imitationem antiquitatis adfectant. Verum illi persuasione 11
sua fruantur, qui hominibus ut sint oratores satis putant
nasci: nostro labori dent ueniam, qui nihil credimus esse
perfectum nisi ubi natura cura iuuetur. In hoc igitur non
15 contumaciter consentio, primas partis esse naturae. Nam 12
certe bene pronuntiare non poterit cui aut in scriptis memoria aut in iis quae subito dicenda erunt facilitas prompta
defuerit, nec si inemendabilia oris incommoda obstabunt.
Corporis etiam potest esse aliqua tanta deformitas ut nulla
20 arte uincatur. Sed ne uox quidem nisi libera uitiis actionem 13
habere optimam potest. Bona enim firmaque ut uolumus uti
licet: mala uel inbecilla et inhibet multa, ut insurgere exclamare, et aliqua cogit, ut intermittere et deflectere et rasas
fauces ac latus fatigatum deformi cantico reficere. Sed nos
25 de eo nunc loquamur cui non frustra praecipitur.

Cum sit autem omnis actio, ut dixi, in duas diuisa partis, 14
uocem gestumque, quorum alter oculos, altera aures mouet,
per quos duos sensus omnis ad animum penetrat adfectus,
prius est de uoce dicere, cui etiam gestus accommodatur.

10 *de orat. 3. 42* : *Brut. 259*

Bb]   1 dum *b*   2 uiam *B*: *corr. b*   3 coirunt *B*: *corr. b*
11 imitatione *b*   14 cura iuuetur *B*: iuuentus *b*   16 in
del. b   18 defuerit *b*: -rint *B*   20 nisi libera uitiis (maculis
Radermacher) *scripsi*: nisi liberalis *B*: exilis *b*   21 ut *B*: sit *b*
22 et *B*: set *b*   22–3 exclamare *B*: et clamare *b*: et exclamare *f*
23 intermittere *b*: summittere *B* (*recte?*)   26 diuisas *b*   27 -que
del. b   altera *k*: alter *B*

11. 3. 15 M. FABI QVINTILIANI

In ea prima obseruatio est qualem habeas, secunda quo modo utaris. Natura uocis spectatur quantitate et qualitate.
15 Quantitas simplicior: in summam enim grandis aut exigua est, sed inter has extremitates mediae sunt species et ab ima ad summam ac retro sunt multi gradus. Qualitas magis uaria. Nam est et candida et fusca, et plena et exilis, et leuis et aspera, et contracta et fusa, et dura et flexibilis, et clara
16 et optusa. Spiritus etiam longior breuiorque. Nec causas cur quidque eorum accidat persequi proposito operi necessarium est—eorumne sit differentia in quibus aura illa concipitur, an eorum per quae uelut organa meat: [an] ipsi propria natura, an prout mouetur: lateris pectorisue firmitas an capitis etiam plus adiuuet. Nam opus est omnibus, sicut non oris modo suauitate sed narium quoque, per quas quod superest uocis egeritur, dulcis esse †tamen† non exprobrans sonus.
17 Vtendi uoce multiplex ratio. Nam praeter illam differentiam quae est tripertita, acutae grauis flexae, tum intentis tum remissis, tum elatis tum inferioribus modis opus est,
18 spatiis quoque lentioribus aut citatioribus. Sed his ipsis media interiacent multa, et ut facies, quamquam ex paucissimis constat, infinitam habet differentiam, ita uox, etsi paucas quae nominari possint continet species, propria cuique est, et non haec minus auribus quam oculis illa dinoscitur.
19 Augentur autem sicut omnium, ita uocis quoque bona cura, [et] neglegentia uel inscitia minuuntur. Sed cura non eadem oratoribus quae phonascis conuenit, tamen multa

Bb] 1 prima *J*: primo *B*   6 plana *b*   et leuis *del. b*
8 causa *B*: *corr. b*   11 an¹ *B*: ā *b*   an² *del. Spalding*
12 pectorisue *K (corr. ?)*: -ne *B*   15 est uocis egreditur *b*
uulgo fortiter distingunt post egeritur: *deinde* sit *pro* esse *Halm*,
tamen ⟨debet⟩ *P*: *ipse malim* debet, *sed deleto* tamen   15-16 tam
non exprobra sonos *b*   17 utenda uocis *b*   19 elatis *b*: flatis *B*
20 his *del. b*   21 quamquam *H (corr. ?)*, *T*: quaquam *B*   22 habet
differentiam *om. B*: *add. b*   23 possunt *b*   27 et *B*: in *b*
⟨*deinde* neglegentiam⟩: *del. Spalding*   uel inscitia *J (ut uol. e.g.*
Kroll 1920): uel scitia *B*: *del. b, fort. recte*

INSTITVTIO ORATORIA 11. 3. 24

sunt utrisque communia, firmitas corporis, ne ad spadonum et mulierum et aegrorum exilitatem uox nostra tenuetur, quod ambulatio, unctio, ueneris abstinentia, facilis ciborum digestio, id est frugalitas, praestat: praeterea ut **20** sint fauces integrae, id est molles ac leues, quarum uitio et frangitur et obscuratur et exasperatur et scinditur uox. Nam ut tibiae eodem spiritu accepto alium clusis alium apertis foraminibus, alium non satis purgatae alium quassae sonum reddunt, item fauces tumentes strangulant uocem, optusae obscurant, rasae exasperant, conuulsae fractis sunt organis similes. Finditur etiam spiritus obiectu aliquo, sicut lapillo **21** tenues aquae, quarum impetus etiam si ultra paulum coit, aliquid tamen caui relinquit post id ipsum quod offenderat. Vmor quoque uocem ut nimius impedit, ita consumptus destituit. Nam fatigatio, ut corpora, non ad praesens modo tempus sed etiam in futurum adficit. Sed ut commu- **22** niter et phonascis et oratoribus necessaria est exercitatio, qua omnia conualescunt, ita curae non idem genus est. Nam neque certa tempora ad spatiandum dari possunt tot ciuilibus officiis occupato, nec praeparare ab imis sonis uocem ad summos nec semper a contentione condere licet, cum pluribus iudiciis saepe dicendum sit. Ne ciborum quidem est **23** eadem obseruatio: non enim tam molli teneraque uoce quam forti ac durabili opus est, cum illi omnes etiam altissimos sonos leniant cantu oris, nobis pleraque aspere sint concitateque dicenda et uigilandae noctes et fuligo lucubrationum bibenda et in sudata ueste durandum. Quare uocem deliciis **24** non molliamus, nec inbuatur ea consuetudine quam desideratura sit, sed exercitatio eius talis sit qualis usus, nec silentio

Bb] 1 utriusque *B*: *corr. b* ad *del. b* 3 uinctio *B*: *corr. k* 4 digestio *B*: abstinentia *b* 6 et exasperatur *del. b* 9 ita *b*, *non male* strangulantur *b* 10 conuulsa *B*: *corr. b* 12 impetus *scripsi*: spiritus *B*: cursus *Spalding*: *alii alia* 14 umor *B*: tum *b* ut . . . ita *B*: aut . . . aut *b* 15 non ad *del. b* 17 et² *B*: sed *b* 20 praeparare A_1: praepare *B*: *del. b* (*etiam* occupato nec *deleto*): repetere *tempt. Spalding* 26 dicendi *b* 27 uiuenda *b* 28–p. 658. 1 quam . . . consuetudine *del. b* 29 nec *ed. Ven. 1493*: ne *B*

subsidat, sed firmetur consuetudine, qua difficultas omnis
leuatur. Ediscere autem quo exercearis erit optimum (nam
ex tempore dicentis auocat a cura uocis ille qui ex rebus ipsis
concipitur adfectus), et ediscere quam maxime uaria, quae
et clamorem et disputationem et sermonem et flexus habeant,
ut simul in omnia paremur. Hoc satis est. Alioqui nitida illa
et curata uox insolitum laborem recusabit, ut adsueta gym-
nasiis et oleo corpora, quamlibet sint in suis certaminibus
speciosa atque robusta, si militare iter fascemque et uigilias
imperes, deficiant et quaerant unctores suos nudumque
sudorem. Illa quidem in hoc opere praecipi quis ferat, uitan-
dos soles atque uentos et nubila etiam ac siccitates? Ita, si
dicendum in sole aut uentoso umido calido die fuerit, reos
deseremus? Nam crudum quidem aut saturum aut ebrium
aut eiecto modo uomitu, quae cauenda quidam monent, de-
clamare neminem qui sit mentis compos puto. Illud non sine
causa est ab omnibus praeceptum, ut parcatur maxime uoci
in illo a pueritia in adulescentiam transitu, quia naturaliter
impeditur, non, ut arbitror, propter calorem, quod quidam
putauerunt (nam est maior alias), sed propter umorem
potius: nam hoc aetas illa turgescit. Itaque nares etiam ac
pectus eo tempore tument, atque omnia uelut germinant
eoque sunt tenera et iniuriae obnoxia. Sed, ut ad propositum
redeam, iam confirmatae constitutaeque uocis genus exercitationis optimum duco quod est operi simillimum, dicere
cotidie sicut agimus. Namque hoc modo non uox tantum

INSTITVTIO ORATORIA 11. 3. 35

confirmatur et latus, sed etiam corporis decens et accommodatus orationi motus componitur.

Non alia est autem ratio pronuntiationis quam ipsius orationis. Nam ut illa emendata dilucida ornata apta esse debet, ita haec quoque. Emendata erit, id est uitio carebit, si fuerit os facile explanatum iucundum urbanum, id est in quo nulla neque rusticitas neque peregrinitas resonet. Non enim sine causa dicitur 'barbarum Graecumue': nam sonis homines ut aera tinnitu dinoscimus. Ita fiet illud quod Ennius probat cum dicit 'suauiloquenti ore' Cethegum fuisse, non quod Cicero in iis reprehendit quos ait latrare, non agere. Sunt enim multa uitia, de quibus dixi cum in quadam primi libri parte puerorum ora formarem, oportunius ratus in ea aetate facere illorum mentionem in qua emendari possunt. Itemque si ipsa uox primum fuerit, ut sic dicam, sana, id est nullum eorum de quibus modo retuli patietur incommodum, deinde non subsurda rudis inmanis dura rigida raua praepinguis, aut tenuis inanis acerba pusilla mollis effeminata, spiritus nec breuis nec parum durabilis nec in receptu difficilis.

Dilucida uero erit pronuntiatio primum si uerba tota exierint, quorum pars deuorari, pars destitui solet, plerisque extremas syllabas non perferentibus dum priorum sono indulgent. Vt est autem necessaria uerborum explanatio, ita omnis inputare et uelut adnumerare litteras molestum et odiosum: nam et uocales frequentissime coeunt et consonantium quaedam insequente uocali dissimulantur. Vtriusque exemplum posuimus: 'multum ille et terris'. Vitatur etiam

10 *ann. 304–5*   11 *Brut. 58*   28 *Verg. Aen. I. 3*

Bb]   1 decens *b*, *Vt.*: dicens *B*   2 orationi *B*, *Vt.*: ordine *b*
3 est autem *B*: sed est alia *b*   5 *distinxit Gertz (cf. Fort. RLM p. 132. 2–3)*   11 his *B*   12 dixi *J*: -it *B*   15 sic *B*: si *b*
17 surda *b* (*cf. 12. 10. 28*)   dura *B*: pura *b*   raua *Burman* (uasta *idem, nescio an melius*): uana *B*: rauca *Wilson*   19 praeceptu *B*: *corr. b*   22 exigerint *B*: *corr. b*   23 non ... dum *B*: nos ... non *b*   sono *B*: solo ñ *b*   27 dissimulatur *b* (*def. Spalding*)

duriorum inter se congressus, unde 'pellexit' et 'collegit' et quae alio loco dicta sunt. Ideoque laudatur in Catulo suauis appellatio litterarum. Secundum est ut sit oratio distincta, id est, qui dicit et incipiat ubi oportet et desinat. Obseruandum etiam quo loco sustinendus et quasi suspendendus sermo sit, quod Graeci ὑποδιαστολήν uel ὑποστιγμήν uocant, **36** quo deponendus. Suspenditur 'arma uirumque cano', quia illud 'uirum' ad sequentia pertinet, ut sit 'uirum Troiae qui primus ab oris', et hic iterum. Nam etiam si aliud est unde uenit quam quo uenit, non distinguendum tamen, quia **37** utrumque eodem uerbo continetur 'uenit'. Tertio 'Italiam', quia interiectio est 'fato profugus' et continuum sermonem, qui faciebat 'Italiam Lauinaque', diuidit. Ob eandemque causam quarto 'profugus', deinde 'Lauinaque uenit litora', ubi iam erit distinctio, quia inde alius incipit sensus. Sed in ipsis etiam distinctionibus tempus alias breuius, alias longius dabimus: interest enim sermonem finiant an sensum. **38** Itaque illam distinctionem 'litora' protinus altero spiritus initio insequar; cum illuc uenero: 'atque altae moenia Romae', deponam et morabor et nouum rursus exordium **39** faciam. Sunt aliquando et sine respiratione quaedam morae etiam in perihodis. Vt enim illa 'in coetu uero populi Romani negotium publicum gerens magister equitum' et cetera multa membra habent (sensus enim sunt alii atque alii) sed unam circumductionem: ita paulum morandum in his interuallis, non interrumpendus est contextus. Et e contrario spiritum interim recipere sine intellectu morae necesse est, quo loco quasi surripiendus est: alioqui si inscite recipiatur, non minus adferat obscuritatis quam uitiosa distinctio.

2–3 *Cic. Brut. 259*   7 seq. *Verg. Aen. I. I seq.*   22 *Cic. Phil. 2. 63*

Bb]   3 ratio *B*: *corr. b*   4 id est ⟨ut⟩ *Regius*   incipiant *b*
5 sustinendum sed *b*   6 ΥΠΟΔΤΔCΤΟΛΗ *B*   7 quia *B*:
qui *b*   8 uirum¹ *del. b*   10 ueniat quam quod *b*   11 eodem
⟨modo⟩ *b*   14 quarta *b*   15 in *om. M*   17 finiant *b*: -iat *B*
22 enim *Obrecht*: in *B*   24 sed *b*: et *B*   26–7 contextui sed e contrarios spiritus *b*   27 mori *b*   28 quo *B*: qua *b*   surpiendus *b*

INSTITVTIO ORATORIA 11. 3. 44

Virtus autem distinguendi fortasse sit parua, sine qua tamen esse nulla alia in agendo potest.

Ornata est pronuntiatio cui suffragatur uox facilis magna **40** beata flexibilis firma dulcis durabilis clara pura, secans aëra et auribus sedens (est enim quaedam ad auditum accommodata non magnitudine sed proprietate), ad hoc uelut tractabilis, utique habens omnes in se qui desiderantur sinus intentionesque et toto, ut aiunt, organo instructa, cui aderit lateris firmitas, spiritus cum spatio pertinax, tum labori non facile cessurus. Neque grauissimus autem in musica sonus **41** nec acutissimus orationibus conuenit: nam et hic parum clarus nimiumque plenus nullum adferre animis motum potest, et ille praetenuis et inmodicae claritatis cum est ultra uerum, tum neque pronuntiatione flecti neque diutius ferre intentionem potest. Nam uox, ut nerui, quo remissior hoc **42** grauior et plenior, quo tensior hoc tenuis et acuta magis est. Sic ima uim non habet, summa rumpi periclitatur. Mediis ergo utendum sonis, hique tum augenda intentione excitandi, tum summittenda sunt temperandi.

Nam prima est obseruatio recte pronuntiandi aequalitas, **43** ne sermo subsultet inparibus spatiis ac sonis, miscens longa breuibus, grauia acutis, elata summissis, et inaequalitate horum omnium sicut pedum claudicet. Secunda uarietas: quod solum est pronuntiatio. Ac ne quis pugnare inter se **44** putet aequalitatem et uarietatem, cum illi uirtuti contrarium uitium sit inaequalitas, huic quae dicitur μονοείδεια, quasi quidam unus aspectus. Ars porro uariandi cum gratiam

10 §§ *41–2* → *Vt. p. 442. 9–14*

Bb] 3 suffratur *B*: *corr. b*   4 beata *B*: lata *Burman*
7 sonos *b*   8 organa *b*   10 facilices rursus *b*   in musica *fort. delendum*   11 et hic *B*: in his *b*   13 et¹ *del. b*
16 et acuta *B* (*cf. Vt.*): est acutum *b*   17 summa rumpi *B* (*cf. Vt.*): summarum *b*   18 utendum ... hique *B* (*cf. Vt.*): utensionis eique *b*   interpretatione *b* (*at u. Vt.*)   22 et *del. b*   23 secundo *B*: *corr. b*   uarietas *ed. Camp.*: uarietatis *B*: uarietas est *J*
25 putat *b*   26 ΜΟΝΟΙΔΙΑ *B*: *corr. Halm* (μονοειδία *iam Obrecht*) quasi *b*: qui si *B*   27 ars *del. b*

11. 3. 45

praebet ac renouat aures, tum dicentem ipsa laboris mutatione reficit, ut standi ambulandi sedendi iacendi uices sunt nihilque eorum pati unum diu possumus. Illud uero maximum (sed id paulo post tractabimus), quod secundum rationem rerum de quibus dicimus animorumque habitus conformanda uox est, ne ab oratione discordet. Vitemus igitur illam quae Graece μονοτονία uocatur, una quaedam spiritus ac soni intentio, non solum ne dicamus omnia clamose, quod insanum est, aut intra loquendi modum, quod motu caret, aut summisso murmure, quo etiam debilitatur omnis intentio, **46** sed ut in isdem partibus isdemque adfectibus sint tamen quaedam non ita magnae uocis declinationes, prout aut uerborum dignitas aut sententiarum natura aut depositio aut inceptio aut transitus postulabit: ut qui singulis pinxerunt coloribus, alia tamen eminentiora alia reductiora fecerunt, sine quo ne **47** membris quidem suas lineas dedissent. Proponamus enim nobis illud Ciceronis in oratione nobilissima pro Milone principium: nonne ad singulas paene distinctiones quamuis in eadem facie tamen quasi uultus mutandus est? 'Etsi uereor, iudices, ne turpe sit pro fortissimo uiro dicere incipientem **48** timere': etiam si est toto proposito contractum atque summissum, quia et exordium est et solliciti exordium, tamen fuerit necesse est aliquid plenius et erectius dum dicit 'pro fortissimo uiro' quam cum 'etsi uereor' et 'turpe sit' et **49** 'timere'. Iam secunda respiratio increscat oportet et naturali quodam conatu, quo minus pauide dicimus quae secuntur, et quod magnitudo animi Milonis ostenditur: 'minimeque deceat, cum Titus Annius ipse magis de rei publicae salute

19 seq. *Cic. Mil. 1*

Bb] 1 renouet *B*: *corr. b*   4 id *B*: illud *b*   tractauimus *b*
5–6 confirmanda *B*: *corr. p**   7 una *B*: ita *b*   9 inter alloquentem *b*   10 dedilatus (*sic*) *b*   11 sunt *b*   13 interceptio *b*   14 postulauit *b*   15 alia reduccira (*sic*) *B*: *del. b*
17 nouissima *b*   20 incipiente *b*   21 si est *del. b*   21–2 commissum *b*   22 quia *J*: qua *B*: quae *b*   28 magis de rei ·p· *B*, *Cic.*: maius rei ·p· de *b*

quam de sua perturbetur.' Deinde quasi obiurgatio sui est: 'me ad eius causam parem animi magnitudinem adferre non posse.' Tum inuidiosiora: 'tamen haec noui iudicii noua 50 forma terret oculos.' Illa uero iam paene apertis, ut aiunt, tibiis: 'qui, quocumque inciderunt, consuetudinem fori et pristinum morem iudiciorum requirunt.' Nam sequens latum etiam atque fusum est: 'non enim corona consessus uester cinctus est, ut solebat.' Quod notaui ut appareret non solum 51 in membris causae sed etiam in articulis esse aliquam pronuntiandi uarietatem, sine qua nihil neque maius neque minus est.

Vox autem ultra uires urgenda non est: nam et suffocata saepe et maiore nisu minus clara est et interim elisa in illum sonum erumpit cui Graeci nomen a gallorum inmaturo cantu dederunt. Nec uolubilitate nimia confundenda quae dicimus, 52 qua et distinctio perit et adfectus, et nonnumquam etiam uerba aliqua sui parte fraudantur. Cui contrarium est uitium nimiae tarditatis: nam et difficultatem inueniendi fatetur et segnitia soluit animos, et, in quo est aliquid, temporibus praefinitis aquam perdit. Promptum sit os, non praeceps, moderatum, non lentum. Spiritus quoque nec crebro recep- 53 tus concidat sententiam nec eo usque trahatur donec deficiat. Nam et deformis est consumpti illius sonus et respiratio sub aqua diu pressi similis et receptus longior et non oportunus, ut qui fiat non ubi uolumus sed ubi necesse est. Quare longiorem dicturis perihodon colligendus est spiritus, ita tamen ut id neque diu neque cum sono faciamus, neque omnino ut manifestum sit: reliquis partibus optime inter iuncturas sermonis reuocabitur. Exercendus autem est ut sit 54 quam longissimus: quod Demosthenes ut efficeret scandens in aduersum continuabat quam posset plurimos uersus. Idem

Bb] 12 sufocat *b*: suffocatur *ed. Camp.* (*probabiliter, nisi et post saepe deleas, ut Bonnet 1892*) 17 est *del. b* 18 fateretur *b* 19 et in quo *B*: sed iniquos *b* 20 promptum *B*: perromotum (*sic*) *b* 21–2 receptum *b* 22 sentiam *b* 24, 25 non *utroque loco del. b* 26 longiore *b* 27 id neque *b*: idque *B* 28 optime *B*: optimum ei *b* 31 idem *B*: de *b*

11. 3. 55

quo facilius uerba ore libero exprimeret, calculos lingua uol-
uens dicere domi solebat. Est interim et longus et plenus et
clarus satis spiritus, non tamen firmae intentionis ideoque
tremulus, ut corpora quae aspectu integra neruis parum
sustinentur. Id βρασμόν Graeci uocant. Sunt qui spiritum
cum stridore per raritatem dentium non recipiunt sed resor-
bent. Sunt qui crebro anhelitu et introrsum etiam clare
sonante imitentur iumenta onere et iugo laborantia: quod
adfectant quoque, tamquam inuentionis copia urgeantur
maiorque uis eloquentiae ingruat quam quae emitti faucibus
possit. Est aliis concursus oris et cum uerbis suis conlucta-
tio. Iam tussire et expuere crebro et ab imo pulmone pitui-
tam trochleis adducere et oris umore proximos spargere et
maiorem partem spiritus in loquendo per nares effundere,
etiam si non utique uocis sunt uitia, quia tamen propter
uocem accidunt potissimum huic loco subiciantur. Sed quodcumque ex his uitium magis tulerim quam, quo nunc maxime
laboratur in causis omnibus scholisque, cantandi, quod
inutilius sit an foedius nescio. Quid enim minus oratori conuenit quam modulatio scaenica et nonnumquam ebriorum
aut comisantium licentiae similis? Quid uero mouendis adfectibus contrarium magis quam, cum dolendum irascen-
dum indignandum commiserandum sit, non solum ab his
adfectibus, in quos inducendus est iudex, recedere, sed ipsam
fori sanctitatem ludorum talarium licentia soluere? Nam
Cicero illos ex Lycia et Caria rhetoras paene cantare in epilogis dixit: nos etiam cantandi seueriorem paulo modum

16 §§ 57–9 → *Vt. p.* 443. 5–13   26 *orat.* 57

Bb]   4 ut *B*: et *b*   5 βρασμόν *Butler*: BRΔMON *B*: βράγχον *P*
10 -que uis *B*: quis *b*   ingruatur *b*   quam quae] quamque
B: maior quae *b*   14 spiritum *B*: *corr. b*   16 accidunt
del. b   se *b*   18 liberatur *B*: *corr. b*   19 ante *b*   20 ⟨hoc⟩
ebriorum *b*   22 dolendum *P*: doc- *B, Vt.*   24 inducendus *1418*
⟨ducendus *Vt.*⟩: indicendus *B*   25 fori *k*: foris *B*: rei *Vt.*   *expectes*
talariorum (*cf. Lange*): saltatoriorum *Radermacher*: theatralium
Slothouwer   26 Lycia] Phrygia *Cic.* (*quo utitur Vt. p.* 443. *15*)

excessimus. Quisquamne, non dico de homicidio sacrilegio 59
parricidio, sed de calculis certe atque rationibus, quisquam denique, ut semel finiam, in lite cantat? Quod si omnino recipiendum est, nihil causae est cur non illam uocis modula-
5 tionem fidibus ac tibiis, immo mehercule, quod est huic deformitati propius, cymbalis adiuuemus. Facimus tamen 60 hoc libenter: nam nec cuiquam sunt iniucunda quae cantant ipsi, et laboris in hoc quam in agendo minus est. Et sunt quidam qui secundum alia uitae uitia etiam hac ubique
10 audiendi quod aures mulceat uoluptate ducantur. Quid ergo? non et Cicero dicit esse aliquem in oratione 'cantum obscuriorem' et hoc quodam naturali initio uenit? Ostendam non multo post ubi et quatenus recipiendus sit hic flexus et cantus quidem, sed, quod plerique intellegere nolunt, ob-
15 scurior.

Iam enim tempus est dicendi quae sit apta pronuntiatio: 61 quae certe ea est quae iis de quibus dicimus accommodatur. Quod quidem maxima ex parte praestant ipsi motus animorum, sonatque uox ut feritur: sed cum sint alii ueri adfectus,
20 alii ficti et imitati, ueri naturaliter erumpunt, ut dolentium irascentium indignantium, sed carent arte ideoque sunt disciplina et ratione formandi. Contra qui effinguntur imita- 62 tione, artem habent; sed hi carent natura, ideoque in iis primum est bene adfici et concipere imagines rerum et tamquam
25 ueris moueri. Sic uelut media uox, quem habitum a nostris acceperit, hunc iudicum animis dabit: est enim mentis index ac totidem quot illa mutationes habet. Itaque laetis in rebus 63

11 *orat.* 57

Bb]   1 quis- *B, Vt.*: quam- *b*   de *b, Vt.*: *om. B*   2–3 quis *b* (∼ *Vt.*)
5 fidibus *b, Vt.*: fiibus *B*   hercule *b*   6 propius *1418*: proprius *B*
7 nec cui- *b*: ne aui- *B*   9 uitia *B*: uita *b*   10 quid *B*:
qui *b*   12 hoc ⟨ex⟩ *b*   natura *b*   13 sunt *b*   16 iam
B: an *b*   17 certa ea est quem *b*   adcommodatur *B*: -tus *b*
21 irascentium indignantium *del. b*   22 -ina et ratione *b*: -inae
traditione *B*   23 hi *b?*, *H*: i *B*: *del. Kiderlin 1892-3 (om. M)*
24 tam *B*: *corr. b*   25 uerbis *b*   nobis *b*   27 quot *J*: quod *B*
mutatione *b*   laeti *b*

plena et simplex et ipsa quodam modo hilaris fluit; at in certamine erecta totis uiribus et uelut omnibus neruis intenditur. Atrox in ira et aspera ac densa et respiratione crebra: neque enim potest esse longus spiritus cum immoderate effunditur. Paulum ⟨in⟩ inuidia facienda lentior, quia non fere ad hanc nisi inferiores confugiunt; at in blandiendo 64 fatendo satisfaciendo rogando lenis et summissa. Suadentium et monentium et pollicentium et consolantium grauis: in metu et uerecundia contracta, adhortationibus fortis, disputationibus teres, miseratione flexa et flebilis et consulto quasi obscurior; at in egressionibus fusa et securae claritatis, in expositione ac sermonibus recta et inter acutum sonum et 65 grauem media. Attollitur autem concitatis adfectibus, compositis descendit, pro utriusque rei modo altius uel inferius.

Quid autem quisque in dicendo postulet locus paulum differam, ut de gestu prius dicam, qui et ipse uoci consentit et animo cum ea simul paret. Is quantum habeat in oratore momenti satis uel ex eo patet, quod pleraque etiam citra 66 uerba significat. Quippe non manus solum sed nutus etiam declarant nostram uoluntatem, et in mutis pro sermone sunt, et saltatio frequenter sine uoce intellegitur atque adficit, et ex uultu ingressuque perspicitur habitus animorum, et animalium quoque sermone carentium ira, laetitia, adulatio et 67 oculis et quibusdam aliis corporis signis deprenditur. Nec mirum si ista, quae tamen in aliquo posita sunt motu, tantum in animis ualent, cum pictura, tacens opus et habitus semper eiusdem, sic in intimos penetret adfectus ut ipsam uim dicendi nonnumquam superare uideatur. Contra si gestus ac uultus ab oratione dissentiat, tristia dicamus hilares, adfirmemus aliqua renuentes, non auctoritas modo

Bb] 1 plena et *1418* (plana et *Spalding*): plenae *b*: plena *B* fluit at *B*: fuit *b*   5 in *add. ed. Jens.*   lenior *B*: *corr. b*   qui *b* 6 at *B*: ac *b*   10 flebilis *P*: flexibilis *B*   11 obscurior at in gressionibus *B*: obscuri oratione gressionibus *b* (*recte P*)   tusa *b* 13 tollitur *b*   14 rei *om. B*: *add. b*   infelicius *b*   16 uoce *b* 17 eas *b*   20 ⟨sed⟩ nostram *b*   21 adfigit *b*   25 in aliquo *B*: malique *b*   motum *b*   26 uolent *b*   tanges opus et in habitu *b* 27 ipsa *b*   29 oratore *b*

INSTITVTIO ORATORIA 11. 3. 72

uerbis sed etiam fides desit. Decor quoque a gestu atque motu uenit. Ideoque Demosthenes grande quoddam intuens 68 speculum componere actionem solebat: adeo, quamuis fulgor ille sinistras imagines reddat, suis demum oculis credidit quod efficeret.

Praecipuum uero in actione sicut in corpore ipso caput est, cum ad illum de quo dixi decorem, tum etiam ad significationem. Decoris illa sunt, ut sit primo rectum et secundum 69 naturam: nam et deiecto humilitas et supino adrogantia et in latus inclinato languor et praeduro ac rigente barbaria quaedam mentis ostenditur. Tum accipiat aptos ex ipsa actione motus, ut cum gestu concordet et manibus ac lateribus obsequatur: aspectus enim semper eodem uertitur quo 70 gestus, exceptis quae aut damnare aut concedere aut a nobis remouere oportebit, ut idem illud uultu uideamur auersari, manu repellere:

'di talem auertite pestem':
'haud equidem tali me dignor honore.'

Significat uero plurimis modis. Nam praeter adnuendi 71 renuendi confirmandique motus sunt et uerecundiae et dubitationis et admirationis et indignationis noti et communes omnibus. Solo tamen eo facere gestum scaenici quoque doctores uitiosum putauerunt. Etiam frequens eius nutus non caret uitio: adeo iactare id et comas excutientem rotare fanaticum est.

Dominatur autem maxime uultus. Hoc supplices, hoc 72 minaces, hoc blandi, hoc tristes, hoc hilares, hoc erecti, hoc

13 § 70 → *Fortunat. RLM p. 134. 2–4*   17–18 *Verg. Aen. 3. 620, 1. 335*

Bb]   2 quoddam *B*: condam *b*   5 quid *b*   9 et[1] *del. b*   supina *b*   10 languor et *b*: languore *B*   praedura *b*   11–12 ipsa actione *B*: ipso sermone *b*   12 gestus *b*   et *del. b*   14 aut concedere *del. Spalding*   aut[3] *del. b*   17 talem ⟨terris⟩ *k, ex Verg.*   18 equidem *b, Verg.*: ego quidem *B*   20 conformandique *B*: *corr. b*   21 et admirationis *del. b*   23 non *B*: nomen *b*   24 et *B*: ex *b*   26 dominatorum *b (ut uid.)*   27 *malim* ⟨hoc graues,⟩ hoc blandi   recti *b*

667

summissi sumus: hoc pendent homines, hunc intuentur, hic
spectatur etiam antequam dicimus: hoc quosdam amamus,
hoc odimus, hoc plurima intellegimus, hic est saepe pro
73 omnibus uerbis. Itaque in iis quae ad scaenam componuntur
fabulis artifices pronuntiandi a personis quoque adfectus
mutuantur, ut sit Aërope in tragoedia tristis, atrox Medea,
74 attonitus Aiax, truculentus Hercules. In comoediis uero
praeter aliam obseruationem, qua serui lenones parasiti
rustici milites meretriculae ancillae, senes austeri ac mites,
iuuenes seueri ac luxuriosi, matronae puellae inter se discernuntur, pater ille, cuius praecipuae partes sunt, quia interim
concitatus interim lenis est, altero erecto altero composito
est supercilio, atque id ostendere maxime latus actoribus
75 moris est quod cum iis quas agunt partibus congruat. Sed
in ipso uultu plurimum ualent oculi, per quos maxime animus emanat, ut citra motum quoque et hilaritate enitescant
et tristitiae quoddam nubilum ducant. Quin etiam lacrimas
iis natura mentis indices dedit, quae aut erumpunt dolore
aut laetitia manant. Motu uero intenti, remissi, superbi, torui,
76 mites, asperi fiunt: quae ut actus poposcerit fingentur. Rigidi
uero et extenti aut languidi et torpentes aut stupentes aut
lasciui et mobiles et natantes et quadam uoluptate suffusi
aut limi et, ut sic dicam, uenerii aut poscentes aliquid polli-
centesue numquam esse debebunt. Nam opertos compres-
sosue eos in dicendo quis nisi plane rudis aut stultus habeat?
77 Et ad haec omnia exprimenda in palpebris etiam et in genis
78 est quoddam deseruiens iis ministerium. Multum et superciliis agitur; nam et oculos formant aliquatenus et fronti

Bb] 1 hoc *B*: hinc *Spalding*: *fort.* ⟨ex⟩ hoc (⟨ab⟩ hoc *Flor.*)
hunc *b*: hoc *B*   hic *B*: hunc *b*   3 semper *b*   4 ad
del. b   6 ut sit *B*: etsi *b*   Merope *Lange*: niobe *k*, *p**   medea
J: -ia *B*   8 ⟨e⟩ qua serui lenonem *b*   12 interim *B*:
inter *b*   14 moris est *B*: moribus et *b*   15–16 animus emanat
b: anima se manat *B*: animus eminet *Spalding, probabiliter*
16 cetera *b*   17 et *del. b*   18 quae aut *B*: quia ut *b*
rumpunt *b*   19 manent *b*   superbi torui *B*: super ultor ui *b*
20 acus *b*   21 exerti *Spalding*   22 uoluptate *b*: uolutate
B   24 -ue numquam esse *del. b*   opertus *b*   26 in^2 *del. b*

668

INSTITVTIO ORATORIA 11. 3. 82

imperant: his contrahitur attollitur remittitur, ut una res in ea plus ualeat, sanguis ille qui mentis habitu mouetur, et, cum infirmam uerecundia cutem accipit, effunditur in ruborem: cum metu refugit, abit omnis et pallore frigescit: temperatus 5 medium quoddam serenum efficit. Vitium in superciliis **79** si aut inmota sunt omnino aut nimium mobilia aut inaequalitate, ut modo de persona comica dixeram, dissident aut contra id quod dicimus finguntur: ira enim contractis, tristitia deductis, hilaritas remissis ostenditur. Adnuendi 10 quoque et renuendi ratione demittuntur aut adleuantur. Naribus labrisque non fere quicquam decenter ostendimus, **80** tametsi derisus contemptus fastidium significari solet. Nam et 'corrugare nares', ut Horatius ait, et inflare et mouere et digito inquietare et inpulso subito spiritu excutere et didu-15 cere saepius et plana manu resupinare indecorum est, cum emunctio etiam frequentior non sine causa reprendatur. Labra et porriguntur male et scinduntur et adstringuntur et **81** diducuntur et dentes nudant et in latus ac paene ad aurem trahuntur et uelut quodam fastidio replicantur et pendent 20 et uocem tantum altera parte dimittunt. Lambere quoque ea et mordere deforme est, cum etiam in efficiendis uerbis modicus eorum esse debeat motus: ore enim magis quam labris loquendum est.

Ceruicem rectam oportet esse, non rigidam aut supinam. **82** 25 Collum diuersa quidem sed pari deformitate et contrahitur

13 *ep. 1. 5. 23*   17 §§ *81, 85–7* → *Vt. p. 442. 19–31*

Bb]   1 remittitur *Gernhard* (*cf. Fort.*): emitt- *B*   3 infirma *b*
accepit *b*   4 apollo refrigescit *b l*   5 quodam *b*   6 aut[1] *b*:
aut ut *B*   omnino *B*: somno *b*   7 inaequalitate *B*, *Fort.*:
inequali ā (*i.e.* aut) *b*   ut *del. b*   9 diductis hilaritate *b*
10 et renuendi uoratione *B*: *corr. b*: renuendiue ratione *p**, *non male*
demittuntur *Flor.*: di- *B*: re- *b*   12 derisus *k* (derisus iis *Obrecht*):
derisui *B*: dorisui *b*   14 pulso *b*   14–15 diducere *ed. Ven.*
1493: de- *B*   15 ⟨ex⟩ plana *b*   resonare *b*   17 labrae
porrigatur *b*   18 diducuntur *ed. Asc. 1516*: de- *B*: ducuntur *b*
plene *b*   19 pendunt (*deleto* et [*l.* 20]) *b*   20 lambere *B*,
Vt.: iam ueri *b*   22 debeat *B*, *Vt.*: -eant *b*   24 ⟨cum⟩
ceruicem *b*   25 collum *B*, *Fort.*: longum *b*   trahitur *b* (~ *Fort.*)

et tenditur, sed tenso subest et labor tenuaturque uox ac fatigatur, adfixum pectori mentum minus claram et quasi 83 latiorem presso gutture facit. Vmerorum raro decens adleuatio atque contractio est: breuiatur enim ceruix et gestum quendam humilem atque seruilem et quasi fraudulentum 5 facit cum se in habitum adulationis admirationis metus fin-84 gunt. Bracchii moderata proiectio, remissis umeris atque explicantibus se in proferenda manu digitis, continuos et decurrentis locos maxime decet. At cum speciosius quid uberiusque dicendum est, ut illud 'saxa atque solitudines 10 uoci respondent', expatiatur in latus et ipsa quodam modo 85 se cum gestu fundit oratio. Manus uero, sine quibus trunca esset actio ac debilis, uix dici potest quot motus habeant, cum paene ipsam uerborum copiam persequantur. Nam ceterae partes loquentem adiuuant, hae, prope est ut dicam, 15 86 ipsae locuntur. An non his poscimus pollicemur, uocamus dimittimus, minamur supplicamus, abominamur timemus, interrogamus negamus, gaudium tristitiam dubitationem confessionem paenitentiam modum copiam numerum 87 tempus ostendimus? non eaedem concitant inhibent 20 [supplicant] probant admirantur uerecundantur? non in demonstrandis locis atque personis aduerbiorum atque pronominum optinent uicem? —ut in tanta per omnis gentes nationesque linguae diuersitate hic mihi omnium hominum communis sermo uideatur. 25

10 *Cic. Arch. 19*

Bb] 1 sed *B*: et (*uel* set) *b* labore *b* 2 pectore *b* (∼ *Fort.*) minas clarum *b* 3 raro ⟨et⟩ *b* 4 breuiatus *b* 6 admirationis *om. B: add. b* 8 manu *R*: -um *B* continuo sed *b* 10 -que *del. b* atque *B* (*ut alibi noster*): et *b, codd. Cic.* 11 expiatur *b* et *B*: ut *b* 13 actio *B, Vt.*: oratio *b* 14 paene *B, Vt.*: plene *b* 16 loquantur *b* (∼ *Vt.*) an non *B*: *del. b* (*om. Vt.*) 18 interrogamus negamus *B, Vt.*: *del. b* 20 ⟨dubitauimus⟩ ostendimus *b* (∼ *Vt.*) eaedem *B* (*cf. Vt.*): eam *b* 21 supplicant *del. Slothouwer, confirmante Vt.* *fort.* probant ⟨improbant⟩ 22 atque[1] *B, Vt.*: at *b* aduerbiorum *b, Vt.*: aut uerborum *B* 24 hominum *B, Vt.*: *del. b*

INSTITVTIO ORATORIA 11. 3. 92

Et hi quidem de quibus sum locutus cum ipsis uocibus 88
naturaliter exeunt gestus: alii sunt qui res imitatione significant, ut si aegrum temptantis uenas medici similitudine
aut citharoedum formatis ad modum percutientis neruos
5 manibus ostendas, quod est genus quam longissime in actione
fugiendum. Abesse enim plurimum a saltatore debet orator, 89
ut sit gestus ad sensus magis quam ad uerba accommodatus,
quod etiam histrionibus paulo grauioribus facere moris fuit.
Ergo ut ad se manum referre cum de se ipso loquatur et in
10 eum quem demonstret intendere et aliqua his similia permiserim, ita non effingere status quosdam et quidquid dicet
ostendere. Neque id in manibus solum sed in omni gestu ac 90
uoce seruandum est. Non enim aut in illa perihodo 'stetit
soleatus praetor populi Romani' inclinatio incumbentis in
15 mulierculam Verris effingenda est, aut in illa 'caedebatur in
medio foro Messanae' motus laterum qualis esse ad uerbera
solet torquendus aut uox qualis dolori exprimitur eruenda,
cum mihi comoedi quoque pessime facere uideantur quod, 91
etiam si iuuenem agant, cum tamen in expositione aut senis
20 sermo, ut in Hydriae prologo, aut mulieris, ut in Georgo,
incidit, tremula uel effeminata uoce pronuntiant: adeo in
illis quoque est aliqua uitiosa imitatio quorum ars omnis
constat imitatione.

Est autem gestus ille maxime communis, quo medius digi- 92
25 tus in pollicem contrahitur explicitis tribus, et principiis
utilis cum leni in utramque partem motu modice prolatus,
simul capite atque umeris sensim ad id quo manus feratur
obsecundantibus, et in narrando certus, sed tum paulo productior, et in exprobrando et coarguendo acer atque instans:

13 *Cic. Verr. 5. 86*   15 *ibid. 162*

Bb]   3 similitudinem *b*   4 formatur *b*   6 a *del. b*
7 sensum *b*   8 etiam ⟨in⟩ *b*   11 ⟨et⟩ ita *b*   dicet *del. b*
15 aut *B*: ut *b*   17 dolore *P*   erudienda *b*   18 quod
B: quid *b*   19 in *del. b*   20 in¹ *del. b*   25 contrahitur
del. b   rexplicitis *B* (*recte iam N*): explicis *b*   26 parte *b*
27 id *B*: ita *b*   28 tum *B*: dum *b*

671

93 longius enim partibus iis et liberius exeritur. Vitiose uero idem sinistrum quasi umerum petens in latus agi solet, quamquam adhuc peius aliqui transuersum bracchium proferunt et cubito pronuntiant. Duo quoque medii sub pollicem ueniunt, et est hic adhuc priore gestus instantior, principio 94 et narrationi non commodatus. At cum tres contracti pollice premuntur, tum digitus ille quo usum optime Crassum Cicero dicit explicari solet. Is in exprobrando et indicando (unde ei nomen est) ualet, et adleuata ac spectante umerum manu paulum inclinatus adfirmat, uersus in terram et quasi pronus 95 urget, et aliquando pro numero est. Idem summo articulo utrimque leuiter adprenso, duobus modice curuatis, minus tamen minimo, aptus ad disputandum est. Acrius tamen argumentari uidentur qui medium articulum potius tenent, tanto contractioribus ultimis digitis quanto priores descen- 96 derunt. Est et ille uerecundae orationi aptissimus, quo, quattuor primis leuiter in summum coeuntibus digitis, non procul ab ore aut pectore fertur ad nos manus et deinde 97 prona ac paulum prolata laxatur. Hoc modo coepisse Demosthenen credo in illo pro Ctesiphonte timido summissoque principio, sic formatam Ciceronis manum cum diceret: 'si, iudices, ingeni mei, quod sentio quam sit exiguum.' Eadem aliquatenus liberius deorsum spectantibus digitis colligitur in nos et fusius paulo in diuersum resoluitur, ut quodam 98 modo sermonem ipsum proferre uideatur. Binos interim digitos distinguimus, sed non inserto pollice, paulum tamen inferioribus intra spectantibus, sed ne illis quidem tensis qui 99 supra sunt. Interim extremi palmam circa ima pollicis premunt, ipse prioribus ad medios articulos iungitur, interim

7 *de orat. 2. 188*   21 *Arch. 1*

Bb]   1 is (*sic*) *B*: *del. b*   exercitus *b*   2 sinistrum quasi *B*: si nostrum quae si *b*   6 narratio *b*   accommodatus *P*
7 optinet *b*   8 ⟨in⟩ is *b*   undet *b*: unde et *Spalding*   9 et (*ex* e) *B*: *del. Becher ap. Rad.*   10 inclinatis *b*   15 ultimus *b*
16 uerecunde *B*: uere cū di *b*   17 digitus *b*   18 refertur *b*
19 hoc modo *B*: homo *b*   21 *cf. adnot. ad. 11.1.19*   29 articulo *B*: *corr. b*

INSTITVTIO ORATORIA 11. 3. 104

quartus oblique reponitur, interim quattuor remissis magis
quam tensis, pollice intus inclinato, habilem demonstrando
in latus aut distinguendis quae dicimus manum facimus,
cum supina in sinistrum latus, prona in alterum fertur.
5 Sunt et illi breues gestus, cum manus leuiter pandata, 100
qualis uouentium est, paruis interuallis et subadsentientibus
umeris mouetur, maxime apta parce et quasi timide loquen-
tibus. Est admirationi conueniens ille gestus, quo manus
modice supinata ac per singulos a minimo collecta digitos
10 redeunte flexu simul explicatur atque conuertitur. Nec uno 101
modo interrogantes gestum componimus, plerumque tamen
uertentes manum, utcumque composita est. Pollici proximus
digitus medium qua dexter est unguem pollicis summo suo
iungens, remissis ceteris, est et adprobantibus et narrantibus
15 et distinguentibus decorus. Cui non dissimilis, sed complicitis 102
tribus digitis, quo nunc Graeci plurimum utuntur, etiam
utraque manu, quotiens enthymemata sua gestu corrutun-
dant uelut caesim. Manus lentior promittit et adsentatur,
citatior hortatur, interim laudat. Est et ille urgentis ora-
20 tionem gestus, uulgaris magis quam ex arte, qui contrahit
alterno celerique motu et explicat manum. Est et illa caua 103
et rara et supra umeri altitudinem elata cum quodam motu
uelut hortatrix manus; a peregrinis scholis tamen prope
recepta tremula scaenica est. Digitos cum summi coierunt
25 ad os referre cur quibusdam displicuerit nescio: nam id et
leniter admirantes et interim subita indignatione uelut paues-
centes et deprecantes facimus. Quin compressam etiam 104
manum in paenitentia uel ira pectori admouemus, ubi uox

Bb]   2 tensis *del. b*   6 uouentium *ed. Camp.*: fou- *B*: fom- *b*
7 apta *B*: altera facie *b*   parce A_1: parte *ut uid. B*: pace *b*
9 per *del. b*   minimos *b*   10 explicantur *b*   13 medium
1434 (ut coni. Gertz): mediumque *B*   qua ⟨ungueris⟩ *b*   14 tan-
gens *Gertz* et² *del. b*   15 complicitis *Zumpt**: -plitis *b*:
-pletis *B*   17–18 conrutundant *b*: corrutunda *B*   18 lentior
Kiderlin 1892-3: lenior *B (fort. recte)*   adsentatur *H*: -antur *B*
21 -que *del. b*   24 remula *B*: *corr. b*   digitis *b*   25 os *B*:
eos *b*: nos *Spalding*   26 leniter *B* (-ites *b*): leuiter *K, probabiliter*
uelut *B*: uel ut *Gertz*: *malim* ⟨et⟩ uelut

11. 3. 105

uel inter dentes expressa non dedecet: 'Quid nunc agam? Quid facias?' Auerso pollice demonstrare aliquid receptum
105 magis puto quam oratori decorum. Sed cum omnis motus sex partes habeat, septimus sit ille qui in se redit orbis, uitiosa est una circumuersio: reliqui ante nos et dextra laeuaque et sursum et deorsum aliquid ostendunt. In posteriora gestus
106 non derigitur: interim tamen uelut reici solet. Optime autem manus a sinistra parte incipit, in dextra deponitur, sed ut ponere, non ut ferire uideatur: quamquam et [in fine] interim cadit, ut cito tamen redeat, et nonnumquam resilit uel negantibus nobis uel admirantibus.

Hic ueteres artifices illud recte adiecerunt, ut manus cum sensu et inciperet et deponeretur: alioqui enim aut ante uocem erit gestus aut post uocem, quod est utrumque de-
107 forme. In illo lapsi nimia subtilitate sunt, quod interuallum motus tria uerba esse uoluerunt, quod neque obseruatur nec fieri potest; sed illi quasi mensuram tarditatis celeritatisque aliquam esse uoluerunt—neque inmerito—ne aut diu otiosa esset manus aut, quod multi faciunt, actionem continuo
108 motu concideret. Aliud est quod et fit frequentius et magis fallit. Sunt quaedam latentes sermonis percussiones et quasi aliqui pedes ad quos plurimorum gestus cadit, ut sit unus motus 'nouum crimen', alter 'C. Caesar', tertius 'et ante hanc diem', quartus 'non auditum', deinde 'propinquus meus' et
109 'ad te' et 'Q. Tubero' et 'detulit'. Vnde id quoque fluit uitium, ut iuuenes cum scribunt, gestu praemodulati cogitationem, sic componant quo modo casura manus est. Inde

2 cf. *Vt. p. 442. 31–2*   23 seq. *Cic. Lig. 1*

Bb]   2 aliquid *B, Vt.*: aliquem *b*   4 habet *B*: *corr. b*   5 relinqui *b*
6–7 gestum non dirigitur *b*   7 ut rei solet ⟨et⟩ *b*   9 ponere ⟨se⟩ *Halm*: poni *Spalding*   in fine *deleui*   interim *b*: et interim *B*
11 admirantibus *A*₁: admirm- *B* (*possis* adfirm-): ad *b* (*deleto* hic ueteres)   12 huc *tempt. Gertz*   16 metus *b*   nec *B*: neque *b*
20 concideret *Regius* (incideret *k*): -erent *B*   et¹ *del. b*   21 latentis *b*
persecutione *b*   22 aliquid *b*   24 propinquos *b*   25 at te et q: (*sic*) *B*: ad te apti et tuque *b*   quoque *B*: quod *b*   26 ut *B*: et *b*
gestu *B*: -um *b*: -us *N*   26–7 cogitatione *R* (*quod uulgo edunt, recepto* gestum)   27 componunt *b*   casuram *b*

674

INSTITVTIO ORATORIA 11. 3. 114

et illud uitium, ut gestus, qui in fine dexter esse debet, in
sinistrum frequenter desinat. Melius illud, cum sint in ser- 110
mone omni breuia quaedam membra ad quae, si necesse sit,
recipere spiritum liceat, ad haec gestum disponere. Vt puta:
5 'nouum crimen C. Caesar' habet per se finem quendam
suum, quia sequitur coniunctio: deinde 'et ante hanc diem
non auditum' satis circumscriptum est: ad haec commo-
danda manus est. Idque dum erit prima et composita actio:
at ubi eam calor concitauerit, etiam gestus cum ipsa ora- 111
10 tionis celeritate crebrescet. Aliis locis citata, aliis pressa
conueniet pronuntiatio: illa transcurrimus congerimus
[abundamus] festinamus, hac instamus inculcamus infigi-
mus. Plus autem adfectus habent lentiora, ideoque Roscius
citatior, Aesopus grauior fuit quod ille comoedias, hic tra-
15 goedias egit. Eadem motus quoque obseruatio est. Itaque in 112
fabulis iuuenum senum militum matronarum grauior ingressus est, serui ancillulae parasiti piscatores citatius mouentur.
Tolli autem manum artifices supra oculos, demitti infra
pectus uetant: adeo a capite eam petere aut ad imum uen-
20 trem deducere uitiosum habetur. In sinistrum intra umerum 113
promouetur, ultra non decet. Sed cum auersantes in laeuam
partem uelut propellemus manum, sinister umerus proferendus, ut cum capite ad dextram ferente consentiat. Manus 114
sinistra numquam sola gestum recte facit: dextrae se fre-
25 quenter accommodat, siue in digitos argumenta digerimus
siue auersis in sinistrum palmis abominamur siue obicimus

23 §§ *114–16* → *Vt. pp. 442. 32–443. 5*

Bb]   1 in fine *B*: infinite *b*   2 sit *B*: *corr. b*   3 omnia
B: *corr. b*   ad *P*: at *B*   6 quia sequitur *B*: qui adquiritur *b*
7–8 accommodanda *b*   8 est *B*: et *b*   9 color *B*: *corr. p**
concitauit *b* (*deleto* etiam)   10 cęleritatis ecrebrescet ⟨et⟩ *b*
12 abundamus *om. ed. Asc. 1531* (*del. p?*)   festinauimus hac stamus
b   14 hic *B*: in *b*   16–17 ingessus *b* (*id est* incessus, *quod
non displicet*)   17 ancillae *b*   mouetur *B*: *corr. b*   18 intra
B: *corr. p**   19 a *del. b*   eam *p* (*ed. Camp.*): eum *B* (*i.e.* gestum?)
20 in sinistrum *b*: ad sinistram *B*   21 leua *b*   25 degerimus
b (∼ *Vt.*)

675

115 aduersas siue in latus utramque distendimus siue satisfacientes aut supplicantes (diuersi autem sunt hi gestus) summittimus siue adorantes attollimus siue aliqua demonstratione aut inuocatione protendimus: 'uos Albani tumuli atque luci', aut Gracchanum illud: 'Quo me miser conferam? **116** In Capitolium? Ad fratris sanguinem? An domum?' Plus enim adfectus in his iunctae exhibent manus, in rebus paruis mitibus tristibus breues, magnis laetis atrocibus exertiores.
117 Vitia quoque earum subicienda sunt, quae quidem accidere etiam exercitatis actoribus solent. Nam gestum poculum poscentis aut uerbera minantis aut numerum quingentorum flexo pollice efficientis, quae sunt a quibusdam scriptoribus **118** notata, ne in rusticis quidem uidi. At ut bracchio exerto introspiciatur latus, ut manum alius ultra sinum proferre non audeat, alius in quantum patet longitudo protendat, aut ad tectum erigat, aut repetito ultra laeuum umerum gestu ita in tergum flagellet ut consistere post eum parum tutum sit, aut sinistrum ducat orbem, aut temere sparsa manu in proximos offendat, aut cubitum utrumque in diuersum latus **119** uentilet, saepe scio euenire. Solet esse et pigra et trepida et secanti similis †interim etiam uncis digitis aut a capite deiciatur aut eadem manu supinata in superiora iactetur†. Fit et ille ⟨gestus⟩, qui, inclinato in umerum dextrum capite, bracchio ab aure protenso, manum infesto pollice extendit:

4 *Cic. Mil. 85*   5 *ORF p. 196*

Bb]   3–4 demonstratione... inuocatione *Spalding, Vt.*: -oni...
-oni *B*   6 ad... sanguinem *B, Vt.*: at... sanguine madet
D'Orv. 13, ut Gracchus ap. Cic. de orat. 3. 214   8 breuibus *b*
exertiores *Spalding*: exteriores sunt *B*: exercitiores *b*   9 subicient
b   13 at *P*: aut *B*   ut *B*: ui *b*   17 in tergum *B*: interdum *b*   consisteret *b*   18 aut¹ *B*: an *b*   timere *B*: *corr.
b*   19 offendat *B*: q. defendat *b*   20 euenire *B*: sepe
uenire *b*   21 secanti *B*: squam *b*   *locus desperatus et ut
uid. lacunosus*   interim *del. b*   ⟨ut⟩ (*quod alii alibi add.*) aut
Halm   a *del. b*   22 manus *ed. Jens.*   23 ille gestus
Halm: ille *B*: ille habitus qui esse in statuis pacificator solet ille *b*
24 infeste *B*: *corr. b*   protendit *b*

INSTITVTIO ORATORIA 11. 3. 124

qui quidem maxime placet iis qui se dicere sublata manu iactant. Adicias licet eos qui sententias uibrantis digitis 120 iaculantur aut manu sublata denuntiant aut, quod per se interim recipiendum est, quotiens aliquid ipsis placuit in
5 unguis eriguntur, sed uitiosum id faciunt aut digito quantum plurimum possunt erecto aut etiam duobus, aut utraque manu ad modum aliquid portantium composita. His 121 accedunt uitia non naturae sed trepidationis: cum ore concurrente rixari; si memoria fefellerit aut cogitatio non suffra-
10 getur, quasi faucibus aliquid obstiterit insonare; in aduersum tergere nares, obambulare sermone inperfecto, resistere subito et laudem silentio poscere. Quae omnia persequi prope infinitum est: sua enim cuique sunt uitia. Pectus ac uenter 122 ne proiciantur obseruandum: pandant enim posteriora et
15 est odiosa omnis supinitas. Latera cum gestu consentiant: facit enim aliquid et totius corporis motus, adeo ut Cicero plus illo agi quam manibus ipsis putet. Ita enim dicit in Oratore: 'nullae argutiae digitorum, non ad numerum articulus cadens, trunco magis toto se ipse moderans et uirili
20 laterum flexione.' Femur ferire, quod Athenis primus fecisse 123 creditur Cleon, et usitatum est et indignantes decet et excitat auditorem. Idque in Calidio Cicero desiderat: 'non frons' inquit 'percussa, non femur.' Quamquam, si licet, de fronte dissentio: nam etiam complodere manus scaenicum est ⟨et⟩
25 pectus caedere. Illud quoque raro decebit, caua manu sum- 124 mis digitis pectus adpetere si quando nosmet ipsos adloquemur cohortantes obiurgantes miserantes: quod si quando fiet, togam quoque inde remoueri non dedecebit.

18 59   22 *Brut. 278*

Bb]   1 placet iis *P*: placentis *B*   2 ad(i)icias *p**: adiciat *B*
uibratis *B*: *corr. b*   5 erigantur *b*   5–6 quanto *B*: *corr. b*
6 aut¹ *B*: autem *b*   8 accidunt *b*   natura *b*   ore *J*: more
B   12 laude *b*   15 otiosa *b*   supinatas (*sic*) *B*: -nata *b*
21 et¹ *B*: est *b*   indignantes *b*: -gnatus *B* (-gnatos *1434*)   et³
del. b   22 non *B*, *Cic.*: et *b*   24–5 scaenicum ... manu
del. b   24 et *add. p**: *ipse malim* pectus caedere *extrudere*
26–7 adloquimur *b*

677

In pedibus obseruantur status et incessus. Prolato dextro stare et eandem manum ac pedem proferre deforme est. In dextrum incumbere interim datur, sed aequo pectore, qui tamen comicus magis quam oratorius gestus est. Male etiam in sinistrum pedem insistentium dexter aut tollitur aut summis digitis suspenditur. Varicare supra modum et in stando deforme est et accedente motu prope obscenum. Procursio oportuna breuis moderata rara conueniet: iam et ambulatio quaedam propter inmodicas laudationum moras, quamquam Cicero rarum incessum neque ita longum probat. Discursare uero et, quod Domitius Afer de Sura Manlio dixit, 'satagere' ineptissimum: urbaneque Flauus Verginius interrogauit de quodam suo antisophiste quot milia passum declamasset. Praecipi et illud scio, ne ambulantes auertamur a iudicibus, sed sint obliqui pedes ad consilium nobis respicientibus. Id fieri iudiciis priuatis non potest, uerum et breuiora sunt spatia nec auersi diu sumus. Interim tamen recedere sensim datur. Quidam et resiliunt, quod est plane ridiculum. Pedis supplosio ut loco est oportuna, ut ait Cicero, in contentionibus aut incipiendis aut finiendis, ita crebra et inepti est hominis et desinit iudicem in se conuertere. Est et illa indecora in dextrum ac laeuum latus uacillatio alternis pedibus insistentium. Longissime fugienda mollis actio, qualem in Titio Cicero dicit fuisse, unde etiam saltationis quoddam genus Titius sit appellatum. Reprehendenda et illa frequens et concitata in utramque partem nutatio, quam in Curione patre inrisit et Iulius, quaerens quis in luntre loqueretur, et

1 §§ *124–5* → *Fortunat. RLM p. 134. 5–7* 10 *orat. 59*
11 *FOR p. 569* 19 *de orat. 3. 220* 24 *Brut. 225*
27 *ORF p. 274*

Bb] 2 eandem *R, Fort.*: eadem *B* 6 stando *B*: tanto *b*
7 et *del. b* 8 *post* conueniet (*ita b*: -ent *B*) *dist. Gertz p. 143*
ambulatio *B*: moderatio *b* 11 manilio *b* 13 quot *k*:
quod *B* 15 sunt *B*: *corr. b* 17 tamen ⟨ne⟩ *b?*
20 aut² *B*: ut *b* ita *B*: sita a *b* 22 laeuom *B* (leuum *Bg corr.*):
leuem *b* 26 parte *B*: *corr. b* 27 iunius *b* in luntre
B: inlustre *b*: e lintre *p*, Cic. Brut. 216*

INSTITVTIO ORATORIA   11. 3. 133

Sicinius: nam cum adsidente collega, qui erat propter ualetudinem et deligatus et plurimis medicamentis delibutus,
multum se Curio ex more iactasset, 'numquam', inquit,
'Octaui, collegae tuo gratiam referes, qui nisi fuisset, hodie
te istic muscae comedissent'. Iactantur et umeri, quod 130
uitium Demosthenes ita dicitur emendasse ut, cum in an-
gusto quodam pulpito stans diceret, hasta umero dependens
immineret, ut, si calore dicendi uitare id excidisset, offensa-
tione illa commoneretur. Ambulantem loqui ita demum
oportet si in causis publicis, in quibus multi sunt iudices,
quod dicimus quasi singulis inculcare peculiariter uelimus.
Illud non ferendum, quod quidam reiecta in umerum toga, 131
cum dextra sinum usque lumbos reduxerunt, sinistra gestum
facientes spatiantur et fabulantur, cum etiam laeuam restrin-
gere prolata longius dextra sit odiosum. Vnde moneor ut ne
id quidem transeam, ineptissime fieri cum inter moras laudationum aut in aurem alicuius locuntur aut cum sodalibus
iocantur aut nonnumquam ad librarios suos ita respiciunt
ut sportulam dictare uideantur. Inclinari ad iudicem cum 132
doceas, utique si id de quo loquaris sit obscurius, decet. Incumbere aduocato aduersis subselliis sedenti iam contumelio-
sum. Reclinari etiam ad suos et manibus sustineri, nisi plane
iusta fatigatio est, delicatum: sicut palam moneri excidentis
aut legere: namque in his omnibus et uis illa dicendi soluitur 133
et frigescit adfectus et iudex parum sibi praestari reuerentiae credit. Transire in diuersa subsellia parum uerecundum

3 ORF p. 300

Bb] 1 adsidentem *b*   2 delibutus *b*, *Cic. Brut. 217*: di- *B*
4 referres *b*   5 istic *1418, Cic. ibid.*: istice *B*   11 quasi *B*:
uasis *b*   singularis *b*   peculiari *b*   12 ferendum *ed. Vasc. 1538*:
referendum (*ex* refell-) *B*   quidem *B*: *corr. b*   in ... toga *B*:
numerum togae *b*   13 usque ⟨ad⟩ *ed. Ven. 1493*   ⟨ut⟩ sinistra
b   gestu *B*: *corr. b*   14–15 leua exstringuere *b*   15 moneo
⟨quoque⟩ *b*   ut ne *1434*: ut (*uel* ut de) *b*: unde ne *B*   20 si id *B*:
suis *b*   decet *B*: licet *b*   21 iam *om. B*: *add. b*   22 reclinari
J: relinari *B*   23 fatigatio est *B*: fatigatione *N*   sicut *B*: nisi *b*
24 uis *B*: tuas *b*   25 et *post* frigescit *rep. B*, *del. b*   25–6 re-
uerenti(a)e *1418*: -tia *B*

11. 3. 134 M. FABI QVINTILIANI

est: nam et Cassius Seuerus urbane aduersus hoc facientem lineas poposcit, et si aliquando concitate itur, numquam non
134 frigide reditur. Multum ex iis quae praecepimus mutari necesse est ab iis qui dicunt apud tribunalia: nam et uultus erectior, ut eum apud quem dicitur spectet, et gestus ut ad eundem tendens elatior sit necesse est, et alia quae occurrere etiam me tacente omnibus possunt. Itemque ab iis qui sedentes agent: nam et fere fit hoc in rebus minoribus, et idem impetus actionis esse non possunt, et quaedam uitia
135 fiunt necessaria. Nam et dexter pes a laeua iudicis sedenti proferendus est, et ex altera parte multi gestus necesse est in sinistrum eant, ut ad iudicem spectent. Equidem plerosque et ad singulas clausulas sententiarum uideo adsurgentis et nonnullos subinde aliquid etiam spatiantis, quod an deceat ipsi uiderint: cum id faciunt, non sedentes
136 agunt. Bibere aut etiam esse inter agendum, quod multis moris fuit et est quibusdam, ab oratore meo procul absit. Nam si quis aliter dicendi onera perferre non possit, non ita miserum est non agere potiusque multo quam et operis et hominum contemptum fateri.

137 Cultus non est proprius oratoris aliquis, sed magis in oratore conspicitur. Quare sit, ut in omnibus honestis debet esse, splendidus et uirilis: nam et toga et calceus et capillus tam nimia cura quam neglegentia sunt reprendenda. Est aliquid in amictu quod ipsum aliquatenus temporum condicione mutatum est: nam ueteribus nulli sinus, perquam
138 breues post illos fuerunt. Itaque etiam gestu necesse est usos esse in principiis eos alio quorum bracchium, sicut Graecorum, ueste continebatur: sed nos de praesentibus loquimur.

21 §§ *137, 139* → *Fortunat. RLM p. 134. 8–9*

Bb]   1 ⟨et⟩ seuerus *b*   3 multum *B*: et *b*   mutare *B*: *corr.*
b   4 apud *B*: animalia *b*   5 spectat *b*   9 *malim* possit   11–12 et . . . est *om. B*: *add. b* (*nisi quod* gestu: gestus *1416*)   13–14 adsurgentis *Spalding*: -genti s̄ *b*: -gentis sibi *B*
19 -que *B*: quam *b*   22 oratore *b*: ora *B*   23 uiridis *b!* (∼ *Fort.*)
24 neglegentiae *B*: *corr. b*   26 nam ⟨et⟩ *b*   27 post illos *B*: pusillos *b*   usos *B*: uox *b*

INSTITVTIO ORATORIA 11. 3. 143

Cui lati claui ius non erit, ita cingatur ut tunicae prioribus oris infra genua paulum, posterioribus ad medios poplites usque perueniant: nam infra mulierum est, supra centurionum. Vt purpurae recte descendant leuis cura est, notatur 139 interim neglegentia. Latum habentium clauum modus est ut sit paulum cinctis summissior. Ipsam togam rutundam esse et apte caesam uelim, aliter enim multis modis fiet enormis. Pars eius prior mediis cruribus optime terminatur, posterior eadem portione altius qua cinctura. Sinus decentis- 140 simus si aliquo supra imam tunicam fuerit, numquam certe sit inferior. Ille qui sub umero dextro ad sinistrum oblique ducitur uelut balteus nec strangulet nec fluat. Pars togae quae postea imponitur sit inferior: nam ita et sedet melius et continetur. Subducenda etiam pars aliqua tunicae, ne ad lacertum in actu redeat: tum sinus iniciendus umero, cuius extremam oram reiecisse non dedecet. Operiri autem umerum cum toto iugulo non oportet, alioqui amictus fiet angustus et dignitatem quae est in latitudine pectoris perdet. Sinistrum bracchium eo usque adleuandum est ut quasi normalem illum angulum faciat, super quod ora ex toga duplex aequaliter sedeat. Manus non impleatur anulis, praecipue 142 medios articulos non transeuntibus: cuius erit habitus optimus adleuato pollice et digitis leuiter inflexis, nisi si libellum tenebit—quod non utique captandum est: uidetur enim fateri memoriae diffidentiam et ad multos gestus est impedimento. Togam ueteres ad calceos usque demittebant, ut 143 Graeci pallium: idque ut fiat, qui de gestu scripserunt circa tempora illa, Plotius Nigidiusque, praecipiunt. Quo magis miror Plini Secundi docti hominis et in hoc utique libro paene etiam nimium curiosi persuasionem, qui solitum id

Bb] 4 descendat *b*   5 neglegentiam latam *b*   7 fiet *del. b*   9 posteriore *b*   quam *b*   10 supra *B*: ultra *b*   tunicam *Spalding*: togam *B*   17 alioquin *k*: aliqui *B*   18 perdet *ed. Asc. 1516*: -it *B*   20 angulum *1416*: angelum *B*   ex *B*: est *b*   21 sedeat ... impleatur *del. b*   23 si *del. b*   29 hominis *1434*: ominis *b*: omines *B*   libro *b*: lobro *B* (*unde* loco *Kiderlin 1892-3*)

11. 3. 144

facere Ciceronem uelandorum uaricum gratia tradit, cum hoc amictus genus in statuis eorum quoque qui post Cicero-144 nem fuerunt appareat. Palliolum, sicut fascias quibus crura uestiuntur et focalia et aurium ligamenta, sola excusare potest ualetudo.

Sed haec amictus obseruatio dum incipimus: procedente uero actu, iam paene ab initio narrationis, sinus ab umero recte uelut sponte delabitur, et cum ad argumenta ac locos uentum est reicere a sinistro togam, deicere etiam, si haereat, 145 sinum conueniet. Laeua a faucibus ac summo pectore abducere licet: ardent enim iam omnia. Et ut uox uehementior ac magis uaria est, sic amictus quoque habet actum quen-146 dam uelut proeliantem. Itaque ut laeuam inuoluere toga et incingi paene furiosum est, sinum uero in dextrum umerum ab imo reicere solutum ac delicatum (fiuntque adhuc peius aliqua), ita cur laxiorem sinum sinistro bracchio non subiciamus? Habet enim acre quiddam atque expeditum et 147 calori concitationique non inhabile. Cum uero magna pars est exhausta orationis, utique adflante fortuna, paene omnia decent, sudor ipse et fatigatio et neglegentior amictus et 148 soluta ac uelut labens undique toga. Quo magis miror hanc quoque succurrisse Plinio curam, ut ita sudario frontem siccari iuberet ne comae turbarentur, quas componi post paulum, sicuti dignum erat, grauiter et seuere uetuit. Mihi uero illae quoque turbatae prae se ferre aliquid adfectus et 149 ipsa obliuione curae huius commendari uidentur. At si incipientibus aut paulum progressis decidat toga, non reponere eam prorsus neglegentis aut pigri aut quo modo debeat amiciri nescientis est.

6 § *144* → *Fortunat. RLM p. 134. 11–15*

Bb]   2 in *del. b*   potest *B*: *corr. b*   4 et[1] *del. b*
6 incipiamus *b* (∼ *Fort.*)   8 delabitur *B*: dil- *b*: labitur *Halm, conl. Fort.*   9 si *del. b* (∼ *Fort.*)   11 ardet *b*
13 togam *b*   14 sinu *b*   17 quiddam *J*: quidam *B*   18 calore concitationisque *b*   20 et[2] *del. b*   22 curatam *b*   23 quam *b*

INSTITVTIO ORATORIA   11. 3. 154

Haec sunt uel inlustramenta pronuntiationis uel uitia, quibus propositis multa cogitare debet orator. Primum quis, 150 apud quos, quibus praesentibus sit acturus (nam ut dicere alia aliis et apud alios magis concessum est, sic [et] etiam
5 facere; neque eadem in uoce gestu incessu apud principem senatum populum magistratus, priuato publico iudicio, postulatione actione similiter decent: quam differentiam subicere sibi quisque qui animum intenderit potest): tunc qua de re dicat et efficere quid uelit. Rei quadruplex obser- 151
10 uatio est: una in tota causa (sunt enim tristes hilares, sollicitae securae, grandes pusillae, ut uix umquam ita sollicitari partibus earum debeamus ut non et summae meminerimus): altera quae est in differentia partium, ut in prohoemio narra- 152 tione argumentatione epilogo: tertia in sententiis ipsis, in
15 quibus secundum res et adfectus uariantur omnia: quarta in uerbis, quorum ut est uitiosa si effingere omnia uelimus imitatio, ita quibusdam nisi sua natura redditur uis omnis aufertur. Igitur in laudationibus, nisi si funebres erunt, gra- 153 tiarum actione, exhortatione, similibus laeta et magnifica et
20 sublimis est actio. Funebres contiones, consolationes, plerumque causae reorum tristes atque summissae. In senatu conseruanda auctoritas, apud populum dignitas, in priuatis modus. De partibus causae et sententiis uerbisque, quae sunt multiplicia, pluribus dicendum.

25 Tria autem praestare debet pronuntiatio, ⟨ut⟩ conciliet 154 persuadeat moueat, quibus natura cohaeret ut etiam delectet. Conciliatio fere aut commendatione morum, qui nescio quo modo ex uoce etiam atque actione perlucent, aut orationis suauitate constat, persuadendi uis adfirmatione, quae

Bb]   1 instrumenta *b*   4 et² *B*: *om.* A_1 7 decent quam *B*: decentium *b*   8 tum *P*   9 efficere *B*: erlit reficere *b* (*unde conicias* quid uelit *ante* efficere *ponendum esse*)   12 et *om. B*: *add. b*   15 quarta ⟨quoque⟩ *b*   16 effingere *Spalding* (*conl.* § 89): efficere *B*   17 ita *del. b*   naturae *b*   18 igitur *del. b*   19 exhortatio *b*   20 consolationes *p**: consulationes *B*: *del. b*   21 deorum *B*: *corr. p* (*ed. Ald.*)   23 quae *om. B*: *add. b*   25 ut *add. Meister* (*cf.* 3. 5. 2)   26 cohaereat *B*: *corr. b* (*et fort. B²*)   etiam *b*: et tam *B*

683

155 interim plus ipsis probationibus ualet. 'An ista', inquit Calidio Cicero, 'si uera essent, sic a te dicerentur?' et: 'tantum abest ut inflammares nostros animos: somnum isto loco uix tenebamus.' Fiducia igitur appareat et constantia, utique **156** si auctoritas subest. Mouendi autem ratio aut in repraesentandis est aut imitandis adfectibus. Ergo cum iudex in priuatis aut praeco in publicis dicere de causa iusserit, leniter est consurgendum: tum in componenda toga uel, si necesse erit, etiam ex integro inicienda dumtaxat in iudiciis (apud principem enim et magistratus et tribunalia non licebit) paulum est commorandum, ut et amictus sit decentior et **157** protinus aliquid spatii ad cogitandum. Etiam cum ad iudicem nos conuerterimus et consultus praetor permiserit dicere, non protinus est erumpendum, sed danda breuis cogitationi mora: mire enim auditurum dicturi cura delectat **158** et iudex se ipse componit. Hoc praecipit Homerus Vlixis exemplo, quem stetisse oculis in terram defixis inmotoque sceptro priusquam illam eloquentiae procellam effunderet dicit. In hac cunctatione sunt quaedam non indecentes, ut appellant scaenici, morae: caput mulcere, manum intueri, infringere articulos, simulare conatum, suspiratione sollicitudinem fateri, aut quod quemque magis decet, ⟨et⟩ ea **159** diutius si iudex nondum intendet animum. Status sit rectus, aequi et diducti paulum pedes, uel procedens minimo momento sinister: genua recta, sic tamen ut non extendantur: umeri remissi, uultus seuerus, non maestus nec stupens nec languidus: bracchia a latere modice remota, manus sinistra qualem supra demonstraui, dextra, cum iam incipiendum

1,2 *frg. orat. VI. 4*   16 *Il. 3. 217 seq.*

Bb] 3 abest *B*: est *b*: afuit *Cic. Brut. 278*   6 aut *B*: ut *b*
8 est *om. B*: *add. b*   11 est *del. b*   13 conuerteremus *b*
15 mire *B*: ira *b*   delectant *b*   17 imotoque *b*: imo totoque *B*
18 illa *b*   19 hac *N*: hanc *B*   21 suspirationem *b*   22 et
add. Halm (ea⟨que⟩ *iam 1434*)   23–4 sit ... diducti *B*: quid rectu
seu sed deducti *b*   25 extendam *b*

INSTITVTIO ORATORIA 11. 3. 163

erit, paulum prolata ultra sinum gestu quam modestissimo, uelut spectans quando incipiendum sit. Vitiosa enim sunt **160** illa, intueri lacunaria, perfricare faciem et quasi improbam facere, tendere confidentia uultum aut quo sit magis toruus 5 superciliis adstringere, capillos a fronte contra naturam retro agere, ut sit horror ille terribilis: tum, id quod Graeci frequentissime faciunt, crebro digitorum labrorumque motu commentari, clare excreare, pedem alterum longe proferre, partem togae sinistra tenere, stare diductum uel rigidum uel 10 supinum uel incuruum uel umeris, ut luctaturi solent, ad occipitium ductis.

Prohoemio frequentissime lenis conuenit pronuntiatio: **161** nihil enim est ad conciliandum gratius uerecundia, non tamen semper: neque enim uno modo dicuntur exordia, ut 15 docui. Plerumque tamen et uox temperata et gestus modestus et sedens umero toga et laterum lenis in utramque partem motus, eodem spectantibus oculis, decebit. Narratio **162** magis prolatam manum, amictum recidentem, gestum distinctum, uocem sermoni proximam et tantum acriorem, 20 sonum simplicem frequentissime postulabit—in his dumtaxat: 'Q. enim Ligarius, cum esset in Africa nulla belli suspicio', et 'A. Cluentius Habitus pater huiusce.' Aliud in eadem poscent adfectus, uel concitati: 'nubit genero socrus', uel flebiles: 'constituitur in foro Laodiceae spectaculum 25 acerbum et miserum toti Asiae prouinciae'. Maxime uaria **163** et multiplex actio est probationum: nam et proponere partiri interrogare sermoni sunt proxima, et contradictionem sumere: nam ea quoque diuersa propositio est. Sed haec

21 *Cic. Lig. 2*   22 *id. Cluent. 11*   23 *ibid. 14*   24 *id. Verr. 1. 76*

Bb]   1 sinu *b*   2 exspectans *b*   3 perfricari *B*: *corr. b* improba *b*   4 confidentiam *B*: *corr. b*   5 capillo *B*: *corr. b*   7 labrorumque *k*: laborumque *b*: librorumque *B*   motum *b*   8 excreare *om. B*: *add. b*   9 partem *B*: pacem *b*   tenere *B*: tegure *b*   15 gestus *B*: genus *b*   16–17 utraque parte *b*   19 distinctum *om. B*: *add. b*   20 postulauit *b*   21 q. *B, Cic.*: *del. b*   24 laodiciae *b*   28 hanc *b*

11.3.164   M. FABI QVINTILIANI

tamen aliquando inridentes, aliquando imitantes pronun-
164 tiamus. Argumentatio plerumque agilior et acrior et instantior consentientem orationi postulat etiam gestum, id est
fortem celeritatem. Instandum quibusdam in partibus et
densanda oratio. Egressiones fere lenes et dulces et remissae, 5
raptus Proserpinae, Siciliae descriptio, Cn. Pompei laus:
neque est mirum minus habere contentionis ea quae sunt
165 extra quaestionem. Mollior nonnumquam cum reprensione
diuersae partis imitatio: 'uidebar uidere alios intrantis, alios
autem exeuntis, quosdam ex uino uacillantis', ubi non dissi- 10
dens a uoce permittitur gestus quoque, in utramque partem
tenera quaedam, sed intra manus tamen et sine motu laterum
166 tralatio. Accendendi iudicis plures sunt gradus. Summus ille
et quo nullus est in oratore acutior: 'suscepto bello, Caesar,
gesto iam etiam ex parte magna' (praedixit enim: 'quantum 15
potero uoce contendam ut populus hoc Romanus exaudiat').
Paulum inferior et habens aliquid iam iucunditatis: 'quid
enim tuus ille, Tubero, in acie Pharsalica gladius agebat?'
167 Plenius adhuc et lentius ideoque dulcius: 'in coetu uero
populi Romani, negotium publicum gerens': producenda 20
omnia trahendaeque tum uocales aperiendaeque sunt fauces.
Pleniore tamen haec canali fluunt: 'uos, Albani tumuli atque
luci'. Iam cantici quiddam habent sensimque resupina sunt:
168 'saxa atque solitudines uoci respondent'. Tales sunt illae in-
clinationes uocis quas inuicem Demosthenes atque Aeschines 25
exprobrant, non ideo improbandae: cum enim uterque

6 *Cic. Verr. 4. 106 seq., 2. 2. seq.*   *id. frg. orat. VII. 47*   9 *id. frg. orat. VI. 1*   14–15 *id. Lig. 7 (deinde 6)*   17 *ibid. 9* 19 *id. Phil. 2. 63*   22 *id. Mil. 85*   24 *id. Arch. 19* 25 *de cor. 291: Ctes. 210*

Bb]   1 aliquando inridentes *del. b*   1–2 pronuntiacio (*deleto* argumentatio) *b*   3 gestus *b*   4 celeritates tantum *b* 5 ⟨et⟩ lenes *b*   7 est mirum *b*: est numerum *B*: enim mirum *P* contentiones *B*: *corr. b*   10 uicino *b*   12 tenerae *b* 13 iudicis (*ex* -es) *B*: -iis *b*   pluris *b*   14 in *B*: ex *b*   auctior *b* 15 iam *om. Vat. lat. 1766, ut codd. Cic.* (*at u. 9. 2. 28*)   21 cum *b*   sunt *del. b*   23 sensumque *b*   24 uocis *b* (*deleto* respondent . . . uocis*)

INSTITVTIO ORATORIA 11. 3. 172

alteri obiciat, palam est utrumque fecisse. Nam neque ille
per Marathonis et Plataearum et Salaminis propugnatores
recto sono iurauit, nec ille Thebas sermone defleuit. Est his **169**
diuersa uox et paene extra organum, cui Graeci nomen
5 amaritudinis dederunt, super modum ac paene naturam
uocis humanae acerba: 'quin compescitis uocem istam,
indicem stultitiae, testem paucitatis?' Sed id quod excedere
modum dixi in illa parte prima est: 'quin compescitis.'
Epilogus, si enumerationem rerum habet, desiderat quandam **170**
10 concisorum continuationem: si ad concitandos iudices est
accommodatus, aliquid ex iis quae supra dixi: si placandos,
inclinatam quandam lenitatem: si misericordia commouendos, flexum uocis et flebilem suauitatem, qua praecipue
franguntur animi quaeque est maxime naturalis: nam etiam
15 orbos uiduasque uideas in ipsis funeribus canoro quodam
modo proclamantis. Hic etiam fusca illa uox, qualem Cicero **171**
fuisse in Antonio dicit, mire faciet: habet enim in se quod
imitamur. Duplex est tamen miseratio, altera cum inuidia,
qualis modo dicta de damnatione Philodami, altera cum
20 deprecatione demissior. Quare, etiam si est in illis quoque **172**
cantus obscurior: 'in coetu uero populi Romani' (non enim
haec rixantis modo dixit) et 'uos Albani tumuli' (neque enim
quasi inclamaret aut testaretur locutus est), tamen infinito
magis illa flexa et circumducta sunt: 'me miserum, me infeli-
25 cem', et 'quid respondebo liberis meis?' et 'reuocare tu me
in patriam potuisti, Milo, per hos: ego te in eadem patria per

---

1 *de cor. 208*   3 *Ctes. 133*   6 *Cic. Rab. perd. 18*
16 *Brut. 141*   21 *id. Phil. 2. 63*   22 *id. Mil. 85*
24 *ibid. 102*

Bb]   1 utramque *b*   3 ille *B*: hic *p**   est *B*: et *b ut
uid.*   7 exercere *b*   8 qui *b*   10 concisiorum
B: corr. b   11 si *del. hic b, post* quandam *addit*   plagatos *b*
13 flexus *b*   qua *B*: quae *b*   15 morbos *b*   uidebas *B: corr.
b*   18 imitemur *ed. Ven. 1493*   20 dimissior *b*   22 haec ...
enim *del. b*   23 quas *B: corr. b*   ⟨et⟩ aut *b*   25 quid *b, Cic.*:
quidquid *B*   25–6 tumet in patria *b*

687

eosdem retinere non potero?' et cum bona C. Rabiri nummo
sestertio addicit: 'o meum miserum acerbumque praeco-
173 nium.' Illa quoque mire facit in peroratione uelut deficientis
dolore et fatigatione confessio, ut pro eodem Milone: 'sed
finis sit, neque enim prae lacrimis iam loqui possum': quae
174 similem uerbis habere debent etiam pronuntiationem. Possunt uideri alia quoque huius partis atque officii, reos excitare, pueros attollere, propinquos producere, uestes laniare:
sed suo loco dicta sunt.

Et quia in partibus causae talis est uarietas, satis apparet
accommodandam sententiis ipsis pronuntiationem, sicut
ostendimus, sed uerbis quoque, quod nouissime dixeram,
175 non semper, sed aliquando. An non †haec† 'misellus' et
'pauperculus' summissa atque contracta, 'fortis' et 'uehemens' et 'latro' erecta et concitata uoce dicendum est?
Accedit enim uis et proprietas rebus tali adstipulatione, quae
176 nisi adsit aliud uox, aliud animus ostendat. Quid quod eadem
uerba mutata pronuntiatione indicant adfirmant exprobrant
negant mirantur indignantur interrogant inrident eleuant?
Aliter enim dicitur:

   'tu mihi quodcumque hoc regni'
et   'cantando tu illum?'
et   'tune ille Aeneas?'
et   'meque timoris
  argue tu, Drance,'

et ne morer, intra se quisque uel hoc uel aliud quod uolet per
omnis adfectus uerset: uerum esse quod dicimus sciet.
177 Vnum iam his adiciendum est: cum praecipue in actione

2 *Cic. Rab. Post. 45*   4 *105*   21–5 *Verg. Aen. 1. 78: ecl.
3. 25: Aen. 1. 617, 11. 383–4*

Bb]   1 eodem *B*: *corr. b*   nummo *Bentley (ad Hor. sat. 1. 4. 14)
praeeunte 'Turnebo'*: uno *B*   2 miserum ⟨non⟩ *b*   3 misere
b   4 dolere *B*: *corr. b*   6–7 possum *B*: *corr. b*   7 alii *b*
10 causae talis *P*: causa et aliis *B*: parte talis *b*   13 an *b*: at *B*
haec *B*: hoc *Spalding: malim delere*   13–14 et pauperculus *B*:
del. b   21 hoc *B*, *Verg.*: eo *b*   23–4 aeneas et meque *B*:
aenea sed se quem *b*   26 ne morer *b*: nemo rerum *B*   se *del. b*

spectetur decorum, saepe aliud alios decere. Est enim latens quaedam in hoc ratio et inenarrabilis, et ut uere hoc dictum est, caput esse artis decere quod facias, ita id neque sine arte esse neque totum arte tradi potest. In quibusdam uirtutes **178** non habent gratiam, in quibusdam uitia ipsa delectant. Maximos actores comoediarum, Demetrium et Stratoclea, placere diuersis uirtutibus uidimus. Sed illud minus mirum, quod alter deos et iuuenes et bonos patres seruosque et matronas et graues anus optime, alter acres senes, callidos seruos, parasitos, lenones et omnia agitatiora melius—fuit enim natura diuersa: nam uox quoque Demetri iucundior, illius acrior erat; adnotandae magis proprietates, quae trans- **179** ferri non poterant. Manus iactare et dulces exclamationes theatri causa producere et ingrediendo uentum concipere ueste et nonnumquam dextro latere facere gestus, quod neminem alium Demetrium decuit (namque in haec omnia statura et mira specie adiuuabatur): illum cursus et agilitas **180** et uel parum conueniens personae risus, quem non ignarus rationis populo dabat, et contracta etiam ceruicula. Quidquid horum alter fecisset, foedissimum uideretur. Quare norit se quisque, nec tantum ex communibus praeceptis sed etiam ex natura sua capiat consilium formandae actionis. Neque illud tamen est nefas, ut aliquem uel omnia uel plura **181** deceant. Huius quoque loci clausula sit eadem necesse est quae ceterorum est, regnare maxime modum: non enim comoedum esse, sed oratorem uolo. Quare neque in gestu persequemur omnis argutias nec in loquendo distinctionibus

3 *Cic. de orat. 1. 132*

Bb]   1 decor *b*   decedere *b*   3 est *B*: es *b*   artis *del. b*
ista *b*   5 delectatur *b*   7 uidissemus *b*   illud *N*: illum *B*
10 fuit *p**: sit *B*: sic *Stroux 1936*   12 ⟨memoriae⟩ magis *b*
14 ingrediendo *B*: in egrediendo *b*   15 lateri facere gustus *b*
16 *distinxit Gertz*   17 statura *B*: quasi a stratura *b*   adiuuitur *b*
18 risus *B*: reus *b*   24 sunt *b*   25 non enim *del. b*   26 neque *del. b*

182 temporibus adfectionibus moleste utemur. Vt si sit in scaena dicendum:

'quid igitur faciam? non eam ne nunc quidem,
cum arcessor ultro? an potius ita me comparem,
non perpeti meretricum contumelias?'

Hic enim dubitationis moras, uocis flexus, uarias manus, diuersos nutus actor adhibebit. Aliud oratio sapit nec uult nimium esse condita: actione enim constat, non imitatione. **183** Quare non inmerito reprenditur pronuntiatio uultuosa et gesticulationibus molesta et uocis mutationibus resultans. Nec inutiliter ex Graecis ueteres transtulerunt, quod ab iis sumptum Laenas Popilius posuit, esse hanc †mocosam† **184** actionem. Optime igitur idem qui omnia Cicero praeceperat quae supra ex Oratore posui: quibus similia in Bruto de M. Antonio dicit. Sed iam recepta est actio paulo agitatior et exigitur et quibusdam partibus conuenit, ita tamen temperanda ne, dum actoris captamus elegantiam, perdamus uiri boni et grauis auctoritatem.

3 *Ter. Eun. 46–8*   14 *141*

Bb] 1 temporibus adfectionibus *del. b*   putemur *b*   3 quid igitur *B, Ter.*: qui dicitur *b*   4 arces *b*   6 enim *B*: est *b* dubitationis *N*: -nes *B*: -ne *b*   uaria *b*   7 natus *b*   9 equare *B*: *corr. b*   10 molesta *1418*: moleste *B*: *del. b* (*simul et* et uocis mutationibus)   12 mocosam *B*: inociosam *P* (*i.e. ἄσχολον*): negotiosam *Halm*: *alii alia*   13 qui *B*: quia *b*   16 exigitur *N*: -guitur *B*: -geritur *b*   17 nec *b*   auctoris *B*: *corr. b*

LIBER DVODECIMVS

⟨PROHOEMIVM⟩

Ventum est ad partem operis destinati longe grauissimam: 1
cuius equidem onus [sit] si tantum opinione prima concipere
potuissem quanto me premi ferens sentio, maturius consuluissem uires meas. Sed initio pudor omittendi quae promiseram tenuit, mox, quamquam per singulas prope partis
labor cresceret, ne perderem quae iam effecta erant per
omnes difficultates animo me sustentaui. Quare nunc quoque, 2
licet maior quam umquam moles premat, tamen prospicienti finem mihi constitutum est uel deficere potius quam
desperare. Fefellit autem quod initium a paruis ceperamus:
mox uelut aura sollicitante prouecti longius, dum tamen
nota illa et plerisque artium scriptoribus tractata praecipimus nec adhuc a litore procul uidebamur et multos circa
uelut isdem se uentis credere ausos habebamus: iam cum 3
eloquendi rationem nouissime repertam paucissimisque
temptatam ingressi sumus, rarus qui tam procul a portu
recessisset reperiebatur; postquam uero nobis ille quem
instituebamus orator, a dicendi magistris dimissus, aut suo
iam impetu fertur aut maiora sibi auxilia ex ipsis sapientiae
penetralibus petit, quam in altum simus ablati sentire coepimus. Nunc 'caelum undique et undique pontus'. Vnum 4
modo in illa inmensa uastitate cernere uidemur M. Tullium,
qui tamen ipse, quamuis tanta atque ita instructa naue hoc
mare ingressus, contrahit uela inhibetque remos et de ipso

23 *Verg. Aen. 3. 193*

Bb] 4 sit *del. k* 5 me *del. b (cuius in hoc prohoemio
nonnullae lectiones sunt erasae)* 10 umquam *b*: uim quam *B*
12 coeperamus *B* 14 partium *b* 18 tam *Gesner*: iam *B*
20 a *B*: ac *b* ⟨in⟩ suo *b* 21 sapientia *B*: *corr. b* 24 uidemus
b 26 contrahet *B*: *corr. b* et *B*: est *b*

demum genere dicendi quo sit usurus perfectus orator satis
habet dicere. At nostra temeritas etiam mores ei conabitur
dare et adsignabit officia. Ita nec antecedentem consequi
possumus et longius eundum est ut res feret. Probabilis
tamen cupiditas honestorum, et uelut tutioris audentiae est
temptare quibus paratior uenia est.

1. Sit ergo nobis orator quem constituimus is qui a M.
Catone finitur uir bonus dicendi peritus, uerum, id quod et
ille posuit prius et ipsa natura potius ac maius est, utique uir
bonus: id non eo tantum quod, si uis illa dicendi malitiam
instruxerit, nihil sit publicis priuatisque rebus perniciosius
eloquentia, nosque ipsi, qui pro uirili parte conferre aliquid
ad facultatem dicendi conati sumus, pessime mereamur de
rebus humanis si latroni comparamus haec arma, non militi.
2 Quid de nobis loquor? Rerum ipsa natura, in eo quod praecipue indulsisse homini uidetur quoque nos a ceteris animalibus separasse, non parens sed nouerca fuerit si facultatem
dicendi sociam scelerum, aduersam innocentiae, hostem ueritatis inuenit. Mutos enim nasci et egere omni ratione satius
fuisset quam prouidentiae munera in mutuam perniciem
3 conuertere. Longius tendit hoc iudicium meum. Neque enim
tantum id dico, eum qui sit orator uirum bonum esse oportere, sed ne futurum quidem oratorem nisi uirum bonum.
Nam certe neque intellegentiam concesseris iis qui proposita
honestorum ac turpium uia peiorem sequi malent, neque
prudentiam, cum in grauissimas frequenter legum, semper
uero malae conscientiae poenas a semet ipsis inprouiso rerum
4 exitu induantur. Quod si neminem malum esse nisi stultum
eundem non modo a sapientibus dicitur sed uulgo quoque

Bb]   2 at b: ad B   3 adsignauit b   negante dentem b
5 uelut tutioris *Obrecht* (uel tutioris N^2, b?): ueluti oris B: tutioris
p (*ed. Jens.*)   7 NON POSSE ORATOREM ESSE NISI VIRVM BONVM
Sit B   is P (*cf.* § 40): et B: *del.* b   10 malitia b   12 qui ...
uirili B: que uirilo uiri b   14 hac b   militi b: multi B
15 quod K: quo B   17 sed B: est b   18 innocentiam b
19 mutos P: multos B   nasci et B: sciet b   26 cum in B: cuius b
29 a *del.* b

INSTITVTIO ORATORIA 12.1.8

semper est creditum, certe non fiet umquam stultus orator.
Adde quod ne studio quidem operis pulcherrimi uacare mens
nisi omnibus uitiis libera potest: primum quod in eodem
pectore nullum est honestorum turpiumque consortium, et
cogitare optima simul ac deterrima non magis est unius
animi quam eiusdem hominis bonum esse ac malum: tum
illa quoque ex causa, quod mentem tantae rei intentam
uacare omnibus aliis, etiam culpa carentibus, curis oportet.
Ita demum enim libera ac tota, nulla distringente atque alio
ducente causa, spectabit id solum ad quod accingitur. Quod
si agrorum nimia cura et sollicitior rei familiaris diligentia
et uenandi uoluptas et dati spectaculis dies multum studiis
auferunt (huic enim rei perit tempus quodcumque alteri
datur), quid putamus facturas cupiditatem auaritiam inuidiam, quarum inpotentissimae cogitationes somnos etiam
ipsos et illa per quietem uisa perturbent? Nihil est enim tam
occupatum, tam multiforme, tot ac tam uariis adfectibus
concisum atque laceratum quam mala mens. Nam et cum
insidiatur, spe curis labore distringitur, et, etiam cum sceleris
compos fuit, sollicitudine, paenitentia, poenarum omnium
expectatione torquetur. Quis inter haec litteris aut ulli bonae
arti locus? Non hercule magis quam frugibus in terra senti-
bus ac rubis occupata. Age, non ad perferendos studiorum
labores necessaria frugalitas? Quid ergo ex libidine ac luxuria
spei? Non praecipue acuit ad cupiditatem litterarum amor
laudis? Num igitur malis esse laudem curae putamus? Iam
hoc quis non uidet, maximam partem orationis in tractatu
aequi bonique consistere? Dicetne de his secundum debitam

Bb]   1 stultus *B* (*numerose*): malus *Gertz, Kiderlin 1888-2*
2 adde *del. b*   studia equidem *b*   pulcherrime *b*   3 quod *B*:
quod si *b*   7 re *B*: *corr. b*   8 aliis etiam culpa *B*: etiam culpa
aliis *b* (aliis etiam *deinde repetito post* carentibus)   11 cur et
solliciora *b*   11–12 diligentia et uenandi *B*: diligentiae tuendi *b*
13 rei perit *B*: re perit *b*   14 datus *b*   15 cogitationis somnus *b*   16 perturbant *b*   18 celeratum *b*   19 labore *del. b*
et etiam *B*: et iam *p, Badius* (etiam *A*₁)   20 fuit *B*: uit *b*: fuerit
R: *fort.* sit   ⟨sollicitudinem⟩ omnium *b*   24 ex *B*: et *b*
25 non *B*: nomen *b*   acui *b*   26 laudis ⟨esse⟩ *b*

693

9 rerum dignitatem malus atque iniquus? Denique, ut maximam partem quaestionis eximam, demus, id quod nullo modo fieri potest, idem ingenii studii doctrinae pessimo atque optimo uiro: uter melior dicetur orator? Nimirum qui homo quoque melior. Non igitur umquam malus idem **10** homo et perfectus orator. Non enim perfectum est quicquam quo melius est aliud. Sed, ne more Socraticorum nobismet ipsi responsum finxisse uideamur, sit aliquis adeo contra ueritatem opstinatus ut audeat dicere eodem ingenio studio doctrina praeditum nihilo deteriorem futurum oratorem malum uirum quam bonum: conuincamus huius quoque **11** amentiam. Nam hoc certe nemo dubitabit, omnem orationem id agere ut iudici quae proposita fuerint uera et honesta uideantur. Vtrum igitur hoc facilius bonus uir persuadebit an malus? Bonus quidem et dicet saepius uera atque honesta. **12** Sed etiam si quando aliquo ductus officio (quod accidere, ut mox docebimus, potest) falso haec adfirmare conabitur, maiore cum fide necesse est audiatur. At malis hominibus ex contemptu opinionis et ignorantia recti nonnumquam excidit ipsa simulatio: inde inmodeste proponunt, sine pudore **13** adfirmant. Sequitur in iis quae certum est effici non posse deformis pertinacia et inritus labor: nam sicut in uita, ita in causis quoque spes improbas habent; frequenter autem accidit ut iis etiam uera dicentibus fides desit uideaturque talis aduocatus malae causae argumentum.

14 Nunc de iis dicendum est quae mihi quasi conspiratione quadam uulgi reclamari uidentur: 'Orator ergo Demosthenes non fuit? atqui malum uirum accepimus. Non Cicero? atqui huius quoque mores multi reprenderunt.' Quid agam? Magna responsi inuidia subeunda est: mitigandae sunt prius

---

Bb]   1 malos ... iniquos *b*   3 idem *B*: id enim *b*: idem esse *Spalding*   5 quid *b*   idē *N*: id · ē *B*
7 sed *B*: est *b*   9 ut *B*: et *b*   10 oratore *b*   12 dubitauit *b*   13 ut iudici *B*: uitium dici *b*   proposita *P*: prae-*B*: *del. b*   15 uerae *b*   16 occideret *b*   21 adfirmantur *b*   22 ita *del. b*   28 accipimus *b*   atqui *B*: qui *b*
30 magni *b*   mitiganda *b*

INSTITVTIO ORATORIA 12.1.20

aures. Mihi enim nec Demosthenes tam graui morum dignus 15
uidetur inuidia ut omnia quae in eum ab inimicis congesta
sunt credam, cum et pulcherrima eius in re publica consilia
et finem uitae clarum legam, nec M. Tullio defuisse uideo in 16
ulla parte ciuis optimi uoluntatem. Testimonio est actus
nobilissime consulatus, integerrime prouincia administrata
et repudiatus uigintiuiratus, et ciuilibus bellis, quae in aetatem eius grauissima inciderunt, neque spe neque metu declinatus animus quo minus optimis se partibus, id est rei
publicae, iungeret. Parum fortis uidetur quibusdam, quibus 17
optime respondit ipse non se timidum in suscipiendis sed in
prouidendis periculis: quod probauit morte quoque ipsa,
quam praestantissimo suscepit animo. Quod si defuit his 18
uiris summa uirtus, sic quaerentibus an oratores fuerint
respondebo quo modo Stoici, si interrogentur an sapiens
Zenon, an Cleanthes, an Chrysippus ipse, respondeant,
magnos quidem illos ac uenerabiles, non tamen id quod natura hominis summum habet consecutos. Nam et Pythagoras 19
non sapientem se, ut qui ante eum fuerunt, sed studiosum
sapientiae uocari uoluit. Ego tamen secundum communem
loquendi consuetudinem saepe dixi dicamque perfectum
oratorem esse Ciceronem, ut amicos et bonos uiros et prudentissimos dicimus uulgo, quorum nihil nisi perfecte
sapienti datur: sed cum proprie et ad legem ipsam ueritatis
loquendum erit, eum quaeram oratorem quem et ille quaerebat. Quamquam enim stetisse ipsum in fastigio eloquentiae 20
fateor, ac uix quid adici potuerit inuenio, fortasse inuenturus
quid adhuc abscisurum putem fuisse (nam et fere sic docti

15 *SVF 1. 44*

Bb]   1 graui morum *B*: grauiorum *b*   3 sint *b*   •et
del. b   6 consultus *b* (*deleto deinde* integerrime ... uigintiuiratus)   8 metus *b*   10 iungerent *b*   11 se *om. B*:
add. b   13 praestantissimos *b*   17 magno *b*   tam *b*
18 consecutus *b*   19 se *B*: sed *b*   sed *B*: et *b*   20 uocare *b*
22 et² *B*: sed *b*   22–3 prudentis *Gallaeus, Gertz*   26 eloquentiae *del. b*   28 quod *J*   et *om. B*: *add. b*

695

iudicauerunt plurimum in eo uirtutum, nonnihil fuisse uitiorum, et se ipse multa ex illa iuuenili abundantia coercuisse testatur): tamen, quando nec sapientis sibi nomen minime sui contemptor adseruit et melius dicere certe data longiore uita et tempore ad componendum securiore potuisset, non maligne crediderim defuisse ei summam illam ad quam nemo
21 propius accessit. Et licebat, si aliter sentirem, fortius id liberiusque defendere. An uero M. Antonius neminem a se uisum eloquentem, quod tanto minus erat, professus est, ipse etiam M. Tullius quaerit adhuc eum et tantum imaginatur ac fingit: ego non audeam dicere aliquid in hac quae superest aeternitate inueniri posse eo quod fuerit perfectius?
22 Transeo illos qui Ciceroni ac Demostheni ne in eloquentia quidem satis tribuunt: quamquam neque ipsi Ciceroni Demosthenes uideatur satis esse perfectus, quem dormitare interim dicit, nec Cicero Bruto Caluoque, qui certe compositionem illius etiam apud ipsum reprendunt, nec Asinio utrique, qui uitia orationis eius etiam inimice pluribus locis insecuntur.
23 Concedamus sane, quod minime natura patitur, repertum esse aliquem malum uirum summe disertum, nihilo tamen minus oratorem eum negabo. Nam nec omnibus qui fuerint manu prompti uiri fortis nomen concesserim, quia sine uir-
24 tute intellegi non potest fortitudo. An ei qui ad defendendas causas aduocatur non est opus fide quam neque cupiditas corrumpat nec gratia auertat nec metus frangat: sed proditorem transfugam praeuaricatorem donabimus oratoris illo sacro nomine? Quod si mediocribus etiam patronis conuenit

3 *Brut. 316*   9 *Cic. de orat. I. 94 etc.*   16 *frg. epist. IXa. 4*

Bb]   2 se ipse *B*: *inu. ord. b*   3 tamen ... nec *B*: tamquam donec *b*   5 uita *B*: ut *b*   tempore *D'Orv. 13*: tempora *b*: te *B*   6 crediderunt *b*   7 licebat *B*: ligaliat (*sic*) *b*
9 quod *B*: quam *b*   10 adhuc *b*: huc *B*   12 aeternitatem *B*: *corr. b*   perfectius *k*: -tus *B*: -tos *b*   15 demosthenis *b*   17 reprendit *b*   25 aduocator *B*: *corr. b*
26 uertat *b*   27 donauimus *b*

INSTITVTIO ORATORIA 12. 1. 29

haec quae uulgo dicitur bonitas, cur non orator ille, qui nondum fuit sed potest esse, tam sit moribus quam dicendi uirtute perfectus? Non enim forensem quandam instituimus 25 operam nec mercennariam uocem neque, ut asperioribus uerbis parcamus, non inutilem sane litium aduocatum, quem denique causidicum uulgo uocant, sed uirum cum ingenii natura praestantem, tum uero tot pulcherrimas artis penitus mente complexum, datum tandem rebus humanis, qualem nulla antea uetustas cognouerit, singularem perfectumque undique, optima sentientem optimeque dicentem. In hoc 26 quota pars erit quod aut innocentis tuebitur aut improborum scelera compescet aut in pecuniariis quaestionibus ueritati contra calumniam aderit? Summus ille quidem in his quoque operibus fuerit, sed maioribus clarius elucebit, cum regenda senatus consilia et popularis error ad meliora ducendus. An 27 non talem quendam uidetur finxisse Vergilius, quem in seditione uulgi iam faces et saxa iaculantis moderatorem dedit:

'tum pietate grauem ac meritis si forte uirum quem conspexere, silent arrectisque auribus adstant'?

Habemus igitur ante omnia uirum bonum: post hoc adiciet dicendi peritum:

'ille regit dictis animos et pectora mulcet'.

Quid? non in bellis quoque idem ille uir quem instituimus, 28 si sit ad proelium miles cohortandus, ex mediis sapientiae praeceptis orationem trahet? Nam quo modo pugnam ineuntibus tot simul metus laboris, dolorum, postremo mortis ipsius exciderint nisi in eorum locum pietas et fortitudo et honesti praesens imago successerit? Quae certe melius 29

18, 22 *Aen. 1. 151–3*

Bb] 3 quadam *b* 4 asperius *b* 5 inutile *b* aduocatum *del.* *b* 7 praestante *b* 8 humanos *b* 9 -que *B*: quo *b* 10 hoc *B*: his hoc *b* 13 summum *b* 15 senatu *b* 16 quedam *b* in *B*: inde *b* 17 faces et *B*: faceret *b* 17–18 dedit tum *B*: deditum *b* 19 arrectasque *b* 20 adiecit *P*: adicit ⟨et⟩ *Halm* 22 amicos *b* 23 uirum *b* 25 trahet *J*: trahaet *B*: trahit *b* 26 metus *B*: mecum cum *b*

697

persuadebit aliis qui prius persuaserit sibi. Prodit enim se, quamlibet custodiatur, simulatio, nec umquam tanta fuerit loquendi facultas ⟨ut⟩ non titubet †ad† haereat quotiens ab animo uerba dissentiunt. Vir autem malus aliud dicat necesse est quam sentit: bonos numquam honestus sermo deficiet, numquam rerum optimarum (nam idem etiam prudentes erunt) inuentio: quae etiam si lenociniis destituta sit, satis tamen natura sua ornatur, nec quicquam non diserte quod honeste dicitur. Quare, iuuentus, immo omnis aetas (neque enim rectae uoluntati serum est tempus ullum) totis mentibus huc tendamus, in haec elaboremus: forsan et consummare contingat. Nam si natura non prohibet et esse uirum bonum et esse dicendi peritum, cur non aliquis etiam unus utrumque consequi possit? Cur autem non se quisque speret fore illum aliquem? Ad quod si uires ingenii non suffecerint, tamen ad quem usque modum processerimus meliores erimus ex utroque. Hoc certe procul eximatur animo, rem pulcherrimam eloquentiam cum uitiis mentis posse misceri. Facultas dicendi, si in malos incidit, et ipsa iudicanda est malum: peiores enim illos facit quibus contingit.

Videor mihi audire quosdam (neque enim deerunt umquam qui diserti esse quam boni malint) illa dicentis: 'Quid ergo tantum est artis in eloquentia? Cur tu de coloribus et difficilium causarum defensione, nonnihil etiam de confessione locutus es, nisi aliquando uis ac facultas dicendi expugnat ipsam ueritatem? Bonus enim uir non agit nisi bonas causas, eas porro etiam sine doctrina satis per se tuetur ueritas ipsa.' Quibus ego, cum de meo primum opere respondero, etiam pro boni uiri officio, si quando eum ad defensionem nocentium ratio duxerit, satisfaciam. Pertractare enim quo

Bb]   3 ut non *k* (*cf. 10. 7. 20*): non *B* (quod non *J*)   ad *B*: atque *Buttmann* (ac *iam p**, et *Flor.*): *possis* aut   4 dissentiuntur *b*
9 quare ⟨o⟩ *b*   omnes aetates *b*   10 mentis *b*   11 haec *B*: hoc *Burn. 243*   12 contingant *B*: *corr. b*   15 si uires *B*: siue res *b*
16 usque *del. b*   17 rerum *p* (*Regius*)   18 posse *J*: posce *B*
facultas *B*: multas *b*   20 contigit *b* (*recte?*)   22 essent *b*
23 totum *b*   24–5 confesso *B*: *corr. Spalding*   25 est *B*: *corr. b*
28 spondebo *b*   30 pertractare *J*: protractare *B*: tractare *b*

INSTITVTIO ORATORIA 12. 1. 39

modo aut pro falsis aut etiam pro iniustis aliquando dicatur non est inutile, uel propter hoc solum, ut ea facilius et deprendamus et refellamus, quem ad modum remedia melius adhibebit cui nota quae nocent fuerint. Neque enim Academici, cum in utramque disserunt partem, non secundum alteram uiuunt, nec Carneades ille, qui Romae audiente Censorio Catone non minoribus uiribus contra iustitiam dicitur disseruisse quam pridie pro iustitia dixerat, iniustus ipse uir fuit. Verum et uirtus quid sit aduersa ei malitia detegit, et aequitas fit ex iniqui contemplatione manifestior, et plurima contrariis probantur: debent ergo oratori sic esse aduersariorum nota consilia ut hostium imperatori. Verum et illud, quod prima propositione durum uidetur, potest adferre ratio, ut uir bonus in defensione causae uelit auferre aliquando iudici ueritatem. Quod si quis a me proponi mirabitur (quamquam non est haec mea proprie sententia, sed eorum quos grauissimos sapientiae magistros aetas uetus credidit), sic iudicet, pleraque esse quae non tam factis quam causis eorum uel honesta fiant uel turpia. Nam si hominem occidere saepe uirtus, liberos necare non numquam pulcherrimum est, asperiora quaedam adhuc dictu si communis utilitas exegerit facere conceditur: ne hoc quidem nudum est intuendum, qualem causam uir bonus, sed etiam quare et qua mente defendat. Ac primum concedant mihi omnes oportet, quod Stoicorum quoque asperrimi confitentur, facturum aliquando bonum uirum ut mendacium dicat, et quidem nonnumquam leuioribus causis, ut in pueris aegrotantibus utilitatis eorum gratia multa fingimus, multa non facturi promittimus, nedum si ab homine occidendo grassator auertendus sit aut hostis pro

25 *SVF* 3. 555

Bb] 2 et B: ut b   3 et *del.* b   5 utraque dissenserunt b
6 uiuent b   nec b: ne B   9 malitiae b   10 inique
contemplatio b   11 contraris (*sic*) B: contra his b   15 iudicii b
17 grauissimus b   magis b   18 iudicent B: *corr. k*   22 exerit
b   23 nudum B: unum quam b   intuendus b   28 ut
in B: uti *Obrecht*

12. 1. 40   M. FABI QVINTILIANI

salute patriae fallendus: ut hoc, quod alias in seruis quoque reprendendum est, sit alias in ipso sapiente laudandum. Id si constiterit, multa iam uideo posse euenire propter quae orator bene suscipiat tale causae genus quale remota ratione
40 honesta non recepisset. Nec hoc dico (quia seueriores sequi placet leges) pro patre, fratre, amico periclitantibus, tametsi non mediocris haesitatio est hinc iustitiae proposita imagine, inde pietatis. Nihil dubii relinquamus. Sit aliquis insidiatus tyranno atque ob id reus: utrumne saluum eum nolet is qui a nobis finitur orator? An, si tuendum susceperit, non tam falsis defendet quam qui apud iudices malam causam tuetur?
41 Quid si quaedam bene facta damnaturus est iudex nisi ea non esse facta conuicerimus: non uel hoc modo seruabit orator non innocentem modo sed etiam laudabilem ciuem? Quid si quaedam iusta natura, sed condicione temporum inutilia ciuitati sciemus: nonne utemur arte dicendi bona
42 quidem, sed malis artibus simili? Ad hoc nemo dubitabit quin, si nocentes mutari in bonam mentem aliquo modo possint, sicut posse conceditur, saluos esse eos magis e re publica sit quam puniri. Si liqueat igitur oratori futurum bonum
43 uirum cui uera obicientur, non id aget ut saluus sit? Da nunc ut crimine manifesto prematur dux bonus et sine quo uincere hostem ciuitas non possit: nonne ei communis utilitas oratorem aduocabit? Certe Fabricius Cornelium Rufinum, et alioqui malum ciuem et sibi inimicum, tamen, quia utilem sciebat ducem, imminente bello palam consulem

Bb]   1 patre *b*   1–2 seris quoque respondendus *b*   2 laudandus *b*   3 multam *b*   4 oratore *b*   mota *B*: *corr. b*   5 nec *B*: sed ne *b*   7 non *om. B*: *add. b*   hunc *b*   8 pietas *B*: *corr. b*
9 nolet *N ante corr.*, *P*: nollet *B* (*et N corr.*)   11 iudici multum *b*   12 quid *B*: quod *b*   17 simili *b*: similia *B* (*unde* simillima *P*)   dubitauit quid *b*   19 posse *B*: possint sicut posse *b ex mera dittographia*   saluus *b ?*   19–20 et rem publicam *b*
20 liceat *b*   21 cui *Regius*: tunc *B*: cui nunc *Kiderlin 1887-1 et 1888-2* (*deinde* obiciuntur), *fort. recte*   23 hostem *Obrecht secundis curis* (hostes *ed. Camp.*): honestem *B* (*unde* honeste *J*)   posset *b*
ei *del. b*   24 aduocauit *b*   25 aliqui *B*: *corr. b*   26 utile *b*
duce *B*: *corr. b*   palam *J*: palem *B*

700

INSTITVTIO ORATORIA   12. 2. 2

suffragio suo fecit, atque id mirantibus quibusdam respondit,
a ciue se spoliari malle quam ab hoste uenire. Ita hic si fuisset
orator, non defendisset eundem Rufinum uel manifesti pecu-
latus reum? Multa dici possunt similia, sed uel unum ex iis 44
quodlibet sufficit. Non enim hoc agimus, ut istud illi quem
formamus uiro saepe sit faciendum, sed ut, si talis coegerit
ratio, sit tamen uera finitio oratorem esse uirum bonum
dicendi peritum. Praecipere uero ac discere quo modo etiam 45
probatione difficilia tractentur necessarium est. Nam frequenter etiam optimae causae similes sunt malis, et innocens
reus multis ueri similibus premitur, quo fit ut eadem actionis
ratione defendendus sit qua si nocens esset. Iam innumera-
bilia sunt bonis causis malisque communia, testes litterae
suspiciones opiniones. Non aliter autem ueri similia quam
uera et confirmantur et refelluntur. Quapropter ut res feret
flectetur oratio, manente honesta uoluntate.

2. Quando igitur orator est uir bonus, is autem citra uirtutem intellegi non potest, uirtus, etiam si quosdam impetus
ex natura sumit, tamen perficienda doctrina est: mores ante
omnia oratori studiis erunt excolendi atque omnis honesti
iustique disciplina pertractanda, sine qua nemo nec uir
bonus esse nec dicendi peritus potest—nisi forte accedemus 2
iis qui natura constare mores et nihil adiuuari disciplina
putant, scilicet ut ea quidem quae manu fiunt atque eorum
etiam contemptissima confiteantur egere doctoribus, uirtutem uero, qua nihil homini quo ad deos inmortalis propius
accederet datum est, obuiam inlaboratam tantum quia
nati simus habeamus. Abstinens erit qui id ipsum quid sit

Bb]   1 id mir- *B*: admir- *b*   2 spoliare *b*   quam *del. b*
hic *del. b*   3 defendisset *B*: defuisset *b*   5 quolibet *b*
6 saepe *B*: re *b*   faciendus *b*   9 tractetur *B*: *corr. b*   15 et¹
om. B: *add. b*   res feret *N*: res ferret *B*: referet *b*   16 uoluntate.
COGNOSCENDA ORATORI QVIBVS MORES FORMANTVR *B*   17 quando
N: quandoque *B*   orator est *B*: oratores *b*   20–1 honestius
utique *b*   21 nec uir *B*: cur *b*   22 accidimus *b*   23 cui *b*
24 quidem *del. b*   25 egere *b*: regere *B*   26 qua *B*:
quo *b*   quo *P*: quod *B*   27 obuiam ⟨et⟩ *b*   28 qui id *B*:
quid *b*

3 abstinentia ignoret? Et fortis, qui metus doloris mortis superstitionis nulla ratione purgauerit? Et iustus qui aequi bonique tractatum, qui leges quaeque natura sunt omnibus datae quaeque propriae populis et gentibus constitutae, numquam eruditiore aliquo sermone tractarit? O quam **4** istud paruum putant quibus tam facile uidetur! Sed hoc transeo, de quo neminem qui litteras uel primis, ut aiunt, labris degustarit dubitaturum puto. Ad illud sequens praeuertar, ne dicendi quidem satis peritum fore qui non et naturae uim omnem penitus perspexerit et mores praeceptis **5** ac ratione formarit. Neque enim frustra in tertio de Oratore libro L. Crassus cuncta quae de aequo iusto uero bono deque iis quae sunt contra posita dicantur propria esse oratoris adfirmat, ac philosophos, cum ea dicendi uiribus tuentur, uti rhetorum armis, non suis. Idem tamen confitetur ea iam esse a philosophia petenda, uidelicet quia magis haec illi **6** uidetur in possessione earum rerum fuisse. Hinc etiam illud est quod Cicero pluribus et libris et epistulis testatur, dicendi facultatem ex intimis sapientiae fontibus fluere, ideoque aliquamdiu praeceptores eosdem fuisse morum atque dicendi. Quapropter haec exhortatio mea non eo pertinet, ut esse oratorem philosophum uelim, quando non alia uitae secta longius a ciuilibus officiis atque ab omni munere oratoris recessit. **7** Nam quis philosophorum aut in iudiciis frequens aut clarus in contionibus fuit? Quis denique in ipsa quam maxime plerique praecipiunt rei publicae administratione uersatus est? Atqui ego illum quem instituo Romanum quendam

11 *e.g. 107*

Bb] 2 superstitiones *Wells* quia *b* 3 quaeque *b*: quae *B* 5 num *B*: *corr. b* 6 paruum *Spalding*: parum *B*: pauorem *b* (*unde* parum re- *Radermacher*) hoc *b*: haec *B* 8 degustarit *H*: -et *B* 8–9 reuertar nec *b* 9 fore *del. b* 10 moris *b* 14 adfirmate (*deleto* ac) *b* ⟨ad⟩ ea *b* 16 esse a *del. b* 16–17 magis...in *del. b* 17 rarum (*pro* rerum) *b* 18 et¹ *om. B*: *add. b* 20 dicenti *b* 23 a ciuilibus *B*: agili *b* 24 aut in *B*: ac *b* 27 atqui *D'Orv. 13*: atque *B* ego *b*: eo *B*

INSTITVTIO ORATORIA 12.2.12

uelim esse sapientem, qui non secretis disputationibus sed rerum experimentis atque operibus uere ciuilem uirum exhibeat. Sed quia deserta ab iis qui se ad eloquentiam contulerunt studia sapientiae non iam in actu suo atque in hac
5 fori luce uersantur, sed in porticus et gymnasia primum, mox in conuentus scholarum recesserunt, id quod est oratori necessarium nec a dicendi praeceptoribus traditur ab iis petere nimirum necesse est apud quos remansit: euoluendi penitus auctores qui de uirtute praecipiunt, ut oratoris uita
10 cum scientia diuinarum rerum sit humanarumque coniuncta. Quae ipsae quanto maiores ac pulchriores uiderentur si illas 9 ii docerent qui etiam eloqui praestantissime possent! Vtinamque sit tempus umquam quo perfectus aliquis qualem optamus orator hanc artem superbo nomine et uitiis quorun-
15 dam bona eius corrumpentium inuisam uindicet sibi ac uelut rebus repetitis in corpus eloquentiae adducat. Quae quidem 10 cum sit in tris diuisa partis, naturalem moralem rationalem, qua tandem non est cum oratoris opere coniuncta?

Nam ut ordinem retro agamus, de ultima illa, quae tota
20 uersatur in uerbis, nemo dubitauerit, si et proprietates uocis cuiusque nosse et ambigua aperire et perplexa discernere et de falsis iudicare et colligere ac resoluere quae uelis oratorum est: quamquam ea non tam est minute atque concise in 11 actionibus utendum quam in disputationibus, quia non
25 docere modo sed mouere etiam ac delectare audientis debet orator, ad quod impetu quoque ac uiribus et decore est opus, ut uis amnium maior est altis ripis multoque gurgitis tractu fluentium quam tenuis aquae et obiectu lapillorum resultantis. Et ut palaestrici doctores illos quos numeros uocant 12

Bb] 3 his *B* qui se ad *B*: quis ab *b* 4 actus *b* 5 porticu sed ⟨in⟩ *b* 7 a dicendi *b*: adiciendi *B* 8 uolendi *b* 9 percipiunt aut *b* 10 conuicta *b* 11 maiore sic *b* uideretur *b* 11–12 illas hii *J*: illas ·l· *B*: illa si *b* 12 doceretur *b* 14 partem *b* 15 uindicent *b* 17 tres *B*: tristis *b* 18 quam tamen *b* 20 in uerbis *B*: bis *b* 20–1 propriętatis uocis cuiuscumque nosset (*del.* et) *b* 23 est² *B*: si *b* 27 uis amnium *B*: uisa *b* maior est *b*: maiorem *B* 28 fluentium *H*: flentium *B* 29 et *B*: sed *b*

12. 2. 13   M. FABI QVINTILIANI

non idcirco discentibus tradunt ut iis omnibus ii qui didicerint in ipso luctandi certamine utantur (plus enim pondere et firmitate et spiritu agitur), sed ut subsit copia illa, ex
13 qua unum aut alterum cuius se occasio dederit efficiant: ita haec pars dialectica, siue illam dicere malumus disputatricem, ut est utilis saepe et finitionibus et comprehensionibus et separandis quae sunt differentia et resoluenda ambiguitate, distinguendo diuidendo inliciendo inplicando, ita, si totum sibi uindicauerit in foro certamen, obstabit melioribus et sectas ad tenuitatem suam uires ipsa subtilitate consumet.
14 Itaque reperias quosdam in disputando mire callidos, cum ab illa cauillatione discesserint, non magis sufficere in aliquo grauiore actu quam parua quaedam animalia quae in angustis mobilia campo deprehenduntur.
15   Iam quidem pars illa moralis, quae dicitur ethice, certe tota oratori est accommodata. Nam in tanta causarum, sicut superioribus libris diximus, uarietate, cum alia coniectura quaerantur, alia finitionibus concludantur, alia iure summoueantur uel transferantur, alia colligantur uel ipsa inter se concurrant uel in diuersum ambiguitate ducantur, nulla fere dici potest cuius non parte in aliqua tractatus aequi ac boni reperiatur, plerasque uero esse quis nescit quae totae in sola
16 qualitate consistant? In consiliis uero quae ratio suadendi est ab honesti quaestione seposita? Quin illa etiam pars tertia, quae laudandi ac uituperandi officiis continetur, nempe
17 in tractatu recti prauique uersatur. An de iustitia fortitudine abstinentia temperantia pietate non plurima dicet orator? Sed ille uir bonus, qui haec non uocibus tantum sibi nota atque nominibus aurium tenus in usum linguae perceperit, sed

Bb]   1–2 ut ... didicerint *B*: uiciis omnibus i quo didicerunt *b*
3 et spiritu *B*: spiritus *b*   subsit *B*: sit *b*   8 diuidendo *del. b*   si *B*: sit *b*   10 consummat *b* (-summet *Bg*)
16 oratoris *B*: *corr. b*   18 alia ... concludantur *del. b*   21 parte in aliqua *B* (*cf.* 4. 2. 32): aliqua in parti *b*   21–2 tracta ... reperiantur *b*   24 hosti *b*   24–5 illa ... tertia *B*: leticia *b*
25 nempe *mihi suspectum*   26 prauique *J*: paruique *B*   28 sibi *B*: si bona *b*   29 ⟨ac⟩ in *b*   lingua *B*: *corr. k*   sed *B*: et *b*

704

INSTITVTIO ORATORIA 12.2.22

qui uirtutes ipsas mente complexus ita sentiet, nec in cogitando laborabit sed quod sciet uere dicet. Cum sit autem 18 omnis generalis quaestio speciali potentior, quia uniuerso pars utique continetur, non utique accedit parti quod uni-
5 uersum est, profecto nemo dubitabit generales quaestiones in illo maxime studiorum more uersatas: Iam uero cum sint 19 multa propriis breuibusque comprensionibus finienda, unde etiam status causarum dicitur finitiuus, nonne ad id quoque instrui ab his, qui plus in hoc studii dederunt, oportet?
10 Quid? non quaestio iuris omnis aut uerborum proprietate aut aequi disputatione aut uoluntatis coniectura continetur? Quorum pars ad rationalem, pars ad moralem tractatum redundat. Ergo natura permixta est omnibus istis oratio, quae 20 quidem oratio est uere. Nam ignara quidem huiusce doc-
15 trinae loquacitas erret necesse est, ut quae uel nullos uel falsos duces habeat.

Pars uero naturalis, cum est ad exercitationem dicendi tanto ceteris uberior quanto maiore spiritu ⟨de⟩ diuinis rebus quam humanis eloquendum est, tum illam etiam moralem,
20 sine qua nulla esse, ut docuimus, oratio potest, totam complectitur. Nam si regitur prouidentia mundus, administranda 21 certe bonis uiris erit res publica: si diuina nostris animis origo, tendendum ad uirtutem nec uoluptatibus terreni corporis seruiendum. An haec non frequenter tractabit orator?
25 Iam de auguriis, responsis, religione denique omni, de quibus maxima saepe in senatu consilia uersata sunt, non erit ei disserendum, si quidem, ut nobis placet, futurus est uir ciuilis idem? Quae denique intellegi saltem potest eloquentia hominis optima nescientis? Haec si rationi manifesta non 22
30 essent, exemplis tamen crederemus, si quidem et Periclem,

Bb]   2 ita *post* cogitando *repetit B, del. b*   laborauit *b*   sed *B*: et *Burn.* 243   4 utique[1] *om. B*: *add. b*   5 dubitauit *b*   *sensum lacunosum esse putant Radermacher, Austin*   6 *fort.* uersari   7 finiendas *b*   8 finitiuos *b*   9 studio *b*   12 pars[2] *b*: parum *B*   18 de *P*: *om. B*   20 nullae se *b*   23 tenendum *b*   24 tractauit *b*   24–5 orator iam *B*: oratoria *b*   27 futuro sed *b*   29 ratione *ed. Jens. (et p?)*   30 tamen *B*: saltem *b*

705

cuius eloquentiae, etiam si nulla ad nos monumenta uenerunt, uim tamen quandam incredibilem cum historici tum etiam liberrimum hominum genus, comici ueteres tradunt, Anaxagorae physici constat auditorem fuisse, et Demosthenen, principem omnium Graeciae oratorum, dedisse operam Platoni. Nam M. Tullius non tantum se debere scholis rhetorum quantum Academiae spatiis frequenter ipse testatus est: neque se tanta umquam in eo fudisset ubertas si ingenium suum consaepto fori, non ipsius rerum naturae finibus terminasset.

Verum ex hoc alia mihi quaestio exoritur, quae secta conferre plurimum eloquentiae possit—quamquam ea non inter multas potest esse contentio; nam in primis nos Epicurus a se ipse dimittit, qui fugere omnem disciplinam nauigatione quam uelocissima iubet: neque uero Aristippus, summum in uoluptate corporis bonum ponens, ad hunc nos laborem adhortetur. Pyrrhon quidem quas in hoc opere habere partis potest, cui iudices esse apud quos uerba faciat, et reum pro quo loquatur, et senatum in quo sit dicenda sententia non liquebit? Academiam quidam utilissimam credunt, quod mos in utramque partem disserendi ad exercitationem forensium causarum proxime accedat. Adiciunt loco probationis quod ea praestantissimos in eloquentia uiros ediderit. Peripatetici studio quoque se quodam oratorio iactant: nam thesis dicere exercitationis gratia fere est ab iis institutum. Stoici, sicut copiam nitoremque eloquentiae fere praeceptoribus suis defuisse concedant necesse est, ita nullos aut probare acrius aut concludere subtilius contendunt. Sed haec inter ipsos, qui uelut sacramento rogati uel etiam superstitione constricti nefas ducunt a suscepta semel persuasione

---

8 *e.g. orat. 12*   13 *frg. 163 Usener*   26 *SVF 2. 25*

Bb]   2 quadam *b*   2–3 historicum etiam uberrimum *b*
5 oratorem *b*   7 quantum *del. b*   8 est *del. b*   tantam *b*
fudisset *P*: fuisset *B* (*quo recepto* se *om. J*)   15 uelocissime *B*:
corr. ed. Asc. 1516   sum *b*   17 hortatus *b*   22 adiciunt *B*:
ad iudicium *b*   23 praestantissimo *b*   25 fere ... iis *B*: fere
stabilis *b*   30 constrictio *b*

INSTITVTIO ORATORIA 12.2.31

discedere: oratori uero nihil est necesse in cuiusquam iurare leges. Maius enim opus atque praestantius ad quod ipse tendit et cuius est uelut candidatus, si quidem est futurus cum uitae tum etiam eloquentiae laude perfectus. Quare in exemplum bene dicendi facundissimum quemque proponet sibi ad imitandum, moribus uero formandis quam honestissima praecepta rectissimamque ad uirtutem uiam deliget. Exercitatione quidem utetur omni, sed tamen erit plurimus in maximis quibusque ac natura pulcherrimis. Nam quae potest materia reperiri ad grauiter copioseque dicendum magis abundans quam de uirtute, de re publica, de prouidentia, de origine animorum, de amicitia? Haec sunt quibus mens pariter atque oratio insurgant: quae uere bona, quid mitiget metus, coerceat cupiditates, eximat nos opinionibus uulgi animumque caelestem ⟨cognatis sideribus admoueat.⟩

Neque ea solum quae talibus disciplinis continentur, sed magis etiam quae sunt tradita antiquitus dicta ac facta praeclare et nosse et animo semper agitare conueniet. Quae profecto nusquam plura maioraque quam in nostrae ciuitatis monumentis reperientur. An fortitudinem, iustitiam, fidem, continentiam, frugalitatem, contemptum doloris ac mortis melius alii docebunt quam Fabricii, Curii, Reguli, Decii, Mucii aliique innumerabiles? Quantum enim Graeci praeceptis ualent, tantum Romani, quod est maius, exemplis. [tantum quod non cognatis ide rebus admoueri] †Qui non modo proximum tempus lucemque praesentem intueri satis credat,† sed omnem posteritatis memoriam spatium uitae

---

Bb] 2 enim ⟨est⟩ *Bg uel b* 5 bene *del. b* 6 uere *b* 7 deliget *P*: diliget *B* 8 plurimis *b* 9 ac natura *B*: actura *b* 15 *lacunam iam pridem perceptam sanauit Stroux 1936 ex § 31 (ille tamen* admouere queat *pro* admoueat) 16 ea *J*: eam *B* 17 ac facta *b*: acta *B* 20 an *B*: aut *b* 20–1 fidem continentiam *del. b* 22 fabri *b* 23 aliique *R*: aliquae *b*: aliqua *B* 24 manus *b* 25 tantum . . . admoueri *B*: tantum quod non cognoti sideribus adueri *b*: *del. Austin 1945 post Radermacher et Stroux 1936 (u. ad l. 15)*: *sed hoc deleto desunt aliqua, nec sufficit illud* non *quod post* intueri *add. Austin 1945: fort.* Igitur qui non hoc proximum

12. 3. 1

honestae et curriculum laudis existimet, ⟨hinc⟩ mihi ille iustitiae haustus bibat, hinc sumptam libertatem in causis atque consiliis praestet. Neque erit perfectus orator nisi qui honeste dicere et sciet et audebit.

3. Iuris quoque ciuilis necessaria huic uiro scientia est et morum ac religionum eius rei publicae quam capesset. Nam qualis esse suasor in consiliis publicis priuatisue poterit tot rerum quibus praecipue ciuitas continetur ignarus? Quo autem modo patronum se causarum non falso dixerit qui quod est in causis potentissimum sit ab altero petiturus, paene non **2** dissimilis iis qui poetarum scripta pronuntiant? Nam quodam modo mandata perferet, et ea quae sibi a iudice credi postulaturus est aliena fide dicet, et ipse litigantium auxiliator egebit auxilio. Quod ut fieri nonnumquam minore incommodo possit cum domi praecepta et composita et sicut cetera quae in causa sunt in discendo cognita ad iudicem perfert: quid fiet in iis quaestionibus quae subito inter ipsas actiones nasci solent? Non deformiter respectet et inter subsellia **3** minores aduocatos interroget? Potest autem satis diligenter accipere quae tum audiet cum dicenda sunt, aut fortiter adfirmare aut ingenue pro suis dicere? Possit in actionibus: quid fiet in altercatione, ubi occurrendum continuo nec libera ad discendum mora est? Quid si forte peritus iuris ille non aderit? Quid si quis non satis in ea re doctus falsum aliquid subiecerit? Hoc enim est maximum ignorantiae **4** malum, quod credit eum scire qui moneat. Neque ego sum nostri moris ignarus oblitusue eorum qui uelut ad arculas sedent et tela agentibus subministrant, neque idem Graecos quoque nescio factitasse, unde nomen his pragmaticorum

---

Bb] 1 hinc *P*: *om. B*   4 et² *del. b*   5 NECESSARIAM IVRIS CIVILIS ORATORI SCIENTIAM Iuris *B*   uiro (*addito* qui) *b*: uero *B*   7 -ue *B*: uel *b*   10 ab *del. b*   11 ⟨scripturarum⟩ scripta *b*   12 perferret *b*   15 sicut *B*: fit ut *b*   16 perfert *p**: praefert *B*: perferret *b*   17 quaesitionibus *b*   ipsa sanctionibus *b*   18 et inter *B*: nisi *b*   20 dicenda *P*: adicienda *B*: iam dicenda *Halm*   25 subicerit *b*   27 mortis *b* 28 graeco *b*

datum est: sed loquor de oratore, qui non clamorem modo
suum causis, sed omnia quae profutura sunt debet. Itaque 5
eum nec inutilem si ad horam forte constiterit neque in testa-
tionibus faciendis esse imperitum uelim. Quis enim potius
5 praeparabit ea quae, cum aget, esse in causa uelit? Nisi forte
imperatorem quis idoneum credit in proeliis quidem stre-
nuum et fortem et omnium quae pugna poscit artificem, sed
neque dilectus agere nec copias contrahere atque instruere
nec prospicere commeatus nec locum capere castris scientem:
10 prius est enim certe parare bella quam gerere. Atqui simili- 6
mus huic sit aduocatus si plura quae ad uincendum ualent
aliis reliquerit, cum praesertim hoc quod est maxime necessarium nec tam sit arduum quam procul intuentibus fortasse
uideatur. Namque omne ius, quod est certum, aut scripto
15 aut moribus constat, dubium aequitatis regula examinandum est. Quae scripta sunt aut posita in more ciuitatis 7
nullam habent difficultatem—cognitionis sunt enim, non
inuentionis: at quae consultorum responsis explicantur aut
in uerborum interpretatione sunt posita aut in recti praui-
20 que discrimine. Vim cuiusque uocis intellegere aut commune
prudentium est aut proprium oratoris, aequitas optimo
cuique notissima. Nos porro et bonum uirum et prudentem 8
in primis oratorem putamus, qui, cum se ad id quod est
optimum natura derexerit, non magnopere commouebitur
25 si quis ab eo consultus dissentiet, cum ipsis illis diuersas inter
se opiniones tueri concessum sit. Sed etiam si nosse quid
quisque senserit uolet, lectionis opus est, qua nihil est in
studiis minus laboriosum. Quod si plerique desperata facul- 9
tate agendi ad discendum ius declinauerunt, quam id scire
30 facile est oratori quod discunt qui sua quoque confessione
oratores esse non possunt! Verum et M. Cato cum in dicendo praestantissimus, tum iuris idem fuit peritissimus, et

Bb]   2 tusis *b*   3 utilem *B*: *corr*. *b*   horam *J*: oram *B*   5 praeparauit *b*   ageret *b*   10 certae (*sic*) *b*: certa *B*   11 quae *del*. *b*
12 reliquerint *b*   13 tam ... quam *B*: tamen ... qua *b*   14 omnis
uis *b*   17 habet *b*   23 id *del*. *b*   24 direxerit *b*   commouebitur *J*: commobitur *B*   27 quia *b*   31 possint *b*

Scaeuolae Seruioque Sulpicio concessa est etiam facundiae uirtus, et M. Tullius non modo inter agendum numquam est destitutus scientia iuris, sed etiam componere aliqua de eo coeperat, ut appareat posse oratorem non discendo tantum iuri uacare sed etiam docendo.

11 Verum ea quae de moribus excolendis studioque iuris praecipimus ne quis eo credat reprendenda quod multos cognouimus qui, taedio laboris quem ferre tendentibus ad eloquentiam necesse est, confugerint ad haec deuerticula desidiae: quorum alii se ad album ac rubricas transtulerunt et formularii uel, ut Cicero ait, legulei quidam esse maluerunt, tamquam utiliora eligentes ea quorum solam facilitatem 12 sequebantur: alii pigritiae adrogantioris, qui, subito fronte conficta inmissaque barba, ueluti despexissent oratoria praecepta paulum aliquid sederunt in scholis philosophorum ut deinde in publico tristes, domi dissoluti captarent auctoritatem contemptu ceterorum: philosophia enim simulari potest, eloquentia non potest.

4. In primis uero abundare debet orator exemplorum copia cum ueterum tum etiam nouorum, adeo ut non ea modo quae conscripta sunt historiis aut sermonibus uelut per manus tradita quaeque cotidie aguntur debeat nosse, uerum ne ea 2 quidem quae sunt a clarioribus poetis ficta neglegere. Nam illa quidem priora aut testimoniorum aut etiam iudicatorum optinent locum, sed haec quoque aut ̀uetustatis fide tuta sunt aut ab hominibus magnis praeceptorum loco ficta creduntur. Sciat ergo quam plurima: unde etiam senibus auctoritas maior est, quod plura nosse et uidisse creduntur

11 *de orat. 1. 236*

Bb]   2–3 et M. . . . destitutus *del. b*   2 inter *P*: in *B*
6 excolendo *b*   7 praecepimus *b*   ne *b*: ñe *B* (*unde* nonne *J*)
8 fere *b*   10 ali (*sic*) se ad *B*: aliis *b*   rubrica *B*: *corr. b*
11 formulari (*sic*) *B*: formula *b*   legali *b*   quidam *P* (*confirm. Cic.*): quidem *B*   13 alii *b*: alique *B*   14 confici *b*
16 tristeque *b*   17 contempti *b*   19 ITEM HISTORIARVM In *B*
24 priora *b*: propria *B*   etiam *del. b*   26 ab *om. B*¹, *del. b*
28 et *del. b*

INSTITVTIO ORATORIA   12.5.4

(quod Homerus frequentissime testatur). Sed non est expectanda ultima aetas, cum studia praestent ut, quantum ad cognitionem pertinet rerum, etiam praeteritis saeculis uixisse uideamur.

5. Haec sunt quae me redditurum promiseram instrumenta, non artis, ut quidam putauerunt, sed ipsius oratoris: haec arma habere ad manum, horum scientia debet esse succinctus, accedente uerborum figurarumque facili copia et inuentionis ratione et disponendi usu et memoriae firmitate et actionis gratia. Sed plurimum ex his ualet animi praestantia quam nec metus frangat nec adclamatio terreat nec audientium auctoritas ultra debitam reuerentiam tardet. Nam ut abominanda sunt contraria his uitia confidentiae 2 temeritatis inprobitatis adrogantiae, ita citra constantiam fiduciam fortitudinem nihil artes, nihil studium, nihil profectus ipse profuerit, ut si des arma timidis et inbellibus. Inuitus mehercules dico, quoniam et aliter accipi potest, ipsam uerecundiam, uitium quidem sed amabile et quae uirtutes facillime generet, esse inter aduersa, multisque in causa fuisse ut bona ingenii studiique in lucem non prolata situ quodam secreti consumerentur. Sciat autem, si quis haec 3 forte minus adhuc peritus distinguendi uim cuiusque uerbi leget, non probitatem a me reprendi, sed uerecundiam, quae est timor quidam reducens animum ab iis quae facienda sunt: inde confusio et coepti paenitentia et subitum silentium. Quis porro dubitet uitiis adscribere adfectum propter quem facere honeste pudet? Neque ego rursus nolo eum 4 qui sit dicturus et sollicitum surgere et colore mutari et

5 §§ *1–4* → *Vt. p. 445. 10–24*

Bb]   3 cognitionem *P*: conitionem *b*: cogitationem *B*   4 uideamus *b*   5 QVAE SINT ARTIS (1 alia) ORATORIAE (1 oratoris) INSTRVMENTA Haec *B*   6 oratoris *om. B*: *add. b*   7 horum (in) *b*   12 debitum *b*   tardet *B* (retardet *Vt.*): tradet *b*   15 ars *J*   16 si des *B, Vt.*: fides *b*   19 interim aduersam *ed. Jens.* (*confirm. Vt.*), *fort. recte*   20 ut *B, Vt.*: et *b*   sita *b* (∼ *Vt.*)   21 aut *b*   22 adhuc *B*: ad hunc *b*   23 leges *b*   quae *J*: qua *B*: *del. b*   28 mutari *B, Vt.*: mutare *b* (*quo recepto* colorem *Burn. 243*)

711

12. 5. 5   M. FABI QVINTILIANI

periculum intellegere, quae si non acciderent, etiam simulanda erant; sed intellectus hic sit operis, non metus, moueamurque, non concidamus. Optima est autem emendatio uerecundiae fiducia et quamlibet inbecilla frons magna conscientia sustinetur.

5 Sunt et naturalia, ut supra dixi, quae tamen et cura iuuantur instrumenta, uox latus decor: quae quidem tantum ualent ut frequenter famam ingeni faciant. Habuit oratores aetas nostra copiosiores, sed cum diceret eminere inter aequalis Trachalus uidebatur: ea corporis sublimitas erat, is ardor oculorum, frontis auctoritas, gestus praestantia, uox quidem non, ut Cicero desiderat, paene tragoedorum, sed **6** super omnis quos ego quidem audierim tragoedos. Certe cum in basilica Iulia diceret primo tribunali, quattuor autem iudicia, ut moris est, cogerentur atque omnia clamoribus fremerent, et auditum eum et intellectum et, quod agentibus ceteris contumeliosissimum fuit, laudatum quoque ex quattuor tribunalibus memini. Sed hoc uotum est et rara felicitas: quae si non adsit, sane sufficiat ab iis quibus quis dicit audiri. Talis esse debet orator, haec scire.

6. Agendi autem initium sine dubio secundum uires cuiusque sumendum est. Neque ego annos definiam, cum Demosthenen puerum admodum actiones pupillares habuisse manifestum sit, Caluus Caesar Pollio multum ante quaestoriam omnes aetatem grauissima iudicia susceperint, praetextatos egisse quosdam sit traditum, Caesar Augustus duodecim **2** natus annos auiam pro rostris laudauerit. Modus mihi uidetur quidam tenendus, ut neque praepropere destringatur

12 *de orat. 1. 128*

Bb]   1–2 acciderent ... erant *b*, *Vt.*: acciderent ... erunt *B* (*unde* accident ... erunt *P*)   2 siet *b*   8 facient *B*: *corr. b*   9 dicere temere *b*   12 non *hic del. b*, *post* desiderat (*ita corr. ex* deside) *add.*   13 tragoedos ... cum *del. b*   17 fluit *b*   18 memini sed *B*: memineret *b*   19 adsit *B*: ad id *b*   his *B*   21 QVOD SIT INCIPIENDI CAVSAS AGERE TEMPVS Agendi *B*   25–6 susceperunt praetextatus *b*   27 natus *del. b*   28 destringantur *b*

inmatura frons et quidquid est illud adhuc acerbum proferatur (nam inde et contemptus operis innascitur et fundamenta iaciuntur impudentiae et, quod est ubique perniciossimum, praeuenit uires fiducia), nec rursus differendum est tirocinium in senectutem: nam cotidie metus crescit maiusque fit semper quod ausuri sumus, et dum deliberamus quando incipiendum sit incipere iam serum est. Quare fructum studiorum uiridem et adhuc dulcem promi decet, dum et uenia et spes est et paratus fauor et audere non dedecet, et si quid desit operi supplet aetas, et si qua sunt dicta iuueniliter pro indole accipiuntur, ut totus ille Ciceronis pro Sexto Roscio locus: 'quid enim tam commune quam spiritus uiuis, terra mortuis, mare fluctuantibus, litus eiectis?' Quae cum sex et uiginti natus annos summis audientium clamoribus dixerit, deferuisse tempore et annis liquata iam senior idem fatetur. Et hercule quantumlibet secreta studia contulerint, est tamen proprius quidam fori profectus, alia lux, alia ueri discriminis facies, plusque, si separes, usus sine doctrina quam citra usum doctrina ualeat. Ideoque nonnulli senes in schola facti stupent nouitate cum in iudicia uenerunt, et omnia suis exercitationibus similia desiderant. At illic et iudex tacet et aduersarius obstrepit et nihil temere dictum perit, et si quid tibi ipse sumas probandum est, et laboratam congestamque dierum ac noctium studio actionem aqua deficit, et omisso magna semper flandi tumore in quibusdam causis loquendum est, quod illi diserti minime sciunt. Itaque nonnullos reperias qui sibi eloquentiores uideantur quam ut causas agant. Ceterum illum quem iuuenem tenerisque adhuc

12 72   16 *orat. 107*

Bb]   1 fons *B*: *corr. b*   est *del. b*   3 ubicumque *b*
4–5 differendus *B*: *corr. b*   5 senectute *b*   6 liberamus *b*
9 est *om. B*: *add. b*   10 et¹ *del. b*   dest *Gertz*   operari *b*
13 litus *b, Cic.*: luctus *B*   14 summi *b*   15 deseruisse *b*:
(nondum) deferuisse *Kiderlin 1888-2*   et *del. b*   16–17 contulerunt *b*   18 sine *del. b*   19 doctrinae ualet *b*   24 congestaque *b*   25 defecit *B*: *corr. b*

uiribus nitentem in forum deduximus et incipere quam
maxime facili ac fauorabili causa uelim, ferarum ut catuli
molliore praeda saginantur, et non utique ab hoc initio con-
tinuare operam et ingenio adhuc alendo callum inducere,
sed iam scientem quid sit pugna et in quam rem studendum 5
7 sit refici atque renouari. Sic et tirocinii metum dum facilius
est audere transierit, nec audendi facilitatem usque ad contemptum operis adduxerit. Vsus est hac ratione M. Tullius,
et, cum iam clarum meruisset inter patronos qui tum erant
nomen, in Asiam nauigauit seque et aliis sine dubio eloquen- 10
tiae ac sapientiae magistris, sed praecipue tamen Apollonio
Moloni, quem Romae quoque audierat, Rhodi rursus for-
mandum ac uelut recoquendum dedit. Tum dignum operae
pretium uenit cum inter se congruunt praecepta et experimenta. 15

7. Cum satis in omne certamen uirium fecerit, prima ei
cura in suscipiendis causis erit: in quibus defendere quidem
reos profecto quam facere uir bonus malet, non tamen ita
nomen ipsum accusatoris horrebit ut nullo neque publico
neque priuato duci possit officio ut aliquem ad reddendam 20
rationem uitae uocet. Nam et leges ipsae nihil ualeant nisi
actoris idonea uoce munitae, et si poenas scelerum expetere
fas non est prope est ut scelera ipsa permissa sint, et licen-
2 tiam malis dari certe contra bonos est. Quare neque sociorum querelas nec amici uel propinqui necem nec erupturas in 25
rem publicam conspirationes inultas patietur orator, non
poenae nocentium cupidus sed emendandi uitia corrigen-
dique mores (nam qui ratione traduci ad meliora non pos-
3 sunt, solo metu continentur; itaque ut accusatoriam uitam
uiuere et ad deferendos reos praemio duci proximum 30

Bb]   1 foro *b*   3 sanguinantur *B*: *corr. b*   5 iam
B: etiam *b*   sit ⟨iam⟩ *b*   8 est *b*: et *B*   10 sique *b*
12 rome *b*: *om. B*   16 QVAE IN SVSCIPIENDIS CAVSIS ORATORI
OBSERVANDA SINT Cum *B*   certamine *b*   18 res *b*   19 accusatoris *1418*: -tionis *B*   22 actoris *k*: accioris *b*: auctoris *B*
25 nec erupturas *B*: recepturas *b*   26 simultas *b*   29 continetur *b*

INSTITVTIO ORATORIA   12. 7. 7

latrocinio est, ita pestem intestinam propulsare cum propugnatoribus patriae comparandum; ideoque principes in re publica uiri non detrectauerunt hanc officii partem, creditique sunt etiam clari iuuenes opsidem rei publicae dare malorum ciuium accusationem, quia nec odisse improbos nec simultates prouocare nisi ex fiducia bonae mentis uidebantur: idque cum ab Hortensio, Lucullis, Sulpicio, Cicerone, Caesare, plurimis aliis, tum ab utroque Catone factum est: quorum alter appellatus est sapiens, alter nisi creditur fuisse uix scio cui reliquerit huius nominis locum): neque defendet omnis orator idem, portumque illum eloquentiae suae salutarem non etiam piratis patefaciet, duceturque in aduocationem maxime causa. Quoniam tamen omnis qui non improbe litigabunt, quorum certe pars est, sustinere non potest unus, aliquid et commendantium personis dabit et ipsorum qui iudicio decernent, ut optimi cuiusque uoluntate moueatur: namque hos et amicissimos habebit uir bonus. Summouendum uero est utrumque ambitus genus uel potentibus contra humiles uenditandi operam suam uel illud etiam iactantius minores utique contra dignitatem attollendi: non enim fortuna causas uel iustas uel improbas facit. Neque uero pudor obstet quo minus susceptam cum melior uideretur litem, cognita inter discendum iniquitate, dimittat, cum prius litigatori dixerit uerum. Nam et in hoc maximum, si aequi iudices sumus, beneficium est, ut non fallamus uana spe litigantem (neque est dignus opera patroni qui non utitur consilio) et certe non conuenit ei quem oratorem esse uolumus iniusta tueri scientem. Nam si ex illis quas supra diximus causis falsum tuebitur, erit tamen honestum quod ipse faciet.

Bb]   3 officio *B* : *corr. b*   6 prouocarent *b*   7 cum *del. b*
9 alter² *om. B* : *add. b*   10 scio *B* : socia *b*   cui *1418* : cuius *B* (cui usquam *k*)   neque *Regius 1492* : namque *B* (*quo recepto* ⟨non⟩ omnis *Becher 1887-2*)   11 defendent *b*   partumque *b*   14 litigabunt *k* : ligabunt *B* : litigabit *b*   ⟨bona⟩ pars *ed. Col. 1527, probabiliter*
16 ut *B* : aut *b*   20 iactantium *B* : *corr. b*   21 causas uel *B* : causarum *b*   24 et *del. b*   26 spes *b*

12. 7. 8   M. FABI QVINTILIANI

8   Gratisne ei semper agendum sit tractari potest. Quod ex prima statim fronte diiudicare inprudentium est. Nam quis ignorat quin id longe sit honestissimum ac liberalibus disciplinis et illo quem exigimus animo dignissimum non uendere operam nec eleuare tanti beneficii auctoritatem, cum pleraque hoc ipso possint uideri uilia, quod pretium habent?

9   Caecis hoc, ut aiunt, satis clarum est, nec quisquam qui sufficientia sibi (modica autem haec sunt) possidebit hunc quaestum sine crimine sordium fecerit. At si res familiaris amplius aliquid ad usus necessarios exiget, secundum omnium sapientium leges patietur sibi gratiam referri, cum et Socrati conlatum sit ad uictum et Zenon Cleanthes Chrysippus mer-

10   cedes a discipulis acceptauerint. Neque enim uideo quae iustior adquirendi ratio quam ex honestissimo labore et ab iis de quibus optime meruerint quique, si nihil inuicem praestent, indigni fuerint defensione. Quod quidem non iustum modo sed necessarium etiam est, cum haec ipsa opera tempusque omne alienis negotiis datum facultatem aliter ad-

11   quirendi recidant. Sed tum quoque tenendus est modus, ac plurimum refert et a quo accipiat et quantum et quo usque. Paciscendi quidem ille piraticus mos et imponentium periculis pretia procul abominanda negotiatio etiam a mediocriter improbis aberit, cum praesertim bonos homines bonasque causas tuenti non sit metuendus ingratus. Quid si

12   futurus? Malo tamen ille peccet. Nihil ergo adquirere uolet orator ultra quam satis erit, ac ne pauper quidem tamquam mercedem accipiet, sed mutua beniuolentia utetur, cum sciet se tanto plus praestitisse: non enim, quia uenire hoc

12 *SVF 1. 14, 467: 2. 4*

Bb]   1 -ne *del. b*   3 quin *B*: qui in *b*   sit *del. b*
4 exegimus *B*: *corr. b*   5 celebrare *b*   7 audiunt *b*
10 usos *b*   omnium *b*: omnis *B*   11 patitur *b*   15 meruerint
B: me *b*: meruerit *Bonnet 1893, probabiliter*   16 iusto
b   19 recidant *B*: requirunt *b*   tum *B*: tune *b*   20 referta *b*   21 pascendi quid *b*   mox et ponentium *b*   22 a *del.*
b   24 quid *b*: qui *B*   27–8 uteretur cum sciret (*del.* se) *b*
28 enim *om. B*: *add. b*

INSTITVTIO ORATORIA 12. 8. 5

beneficium non oportet, ⟨oportet⟩ perire: denique ut gratus sit ad eum magis pertinet qui debet.

8. Proxima discendae causae ratio, quod est orationis fundamentum. Neque enim quisquam tam ingenio tenui reperietur qui, cum omnia quae sunt in causa diligenter cognouerit, ad docendum certe iudicem non sufficiat. Sed eius rei paucis- 2
simis cura est. Nam ut taceam de neglegentibus, quorum nihil refert ubi litium cardo uertatur dum sint quae uel extra causam ex personis aut communi tractatu locorum occa-
sionem clamandi largiantur: aliquos et ambitio peruertit, qui partim tamquam occupati semperque aliud habentes quod ante agendum sit pridie ad se uenire litigatorem aut eodem matutino iubent, nonnumquam etiam inter ipsa subsellia didicisse se gloriantur, partim iactantia ingenii, ut res 3
cito accepisse uideantur, tenere se et intellegere prius paene quam audiant mentiti, cum multa et diserte summisque clamoribus quae neque ad iudicem neque ad litigatorem pertineant decantauerunt, bene sudantes beneque comitati per forum reducuntur. Ne illas quidem tulerim delicias eorum 4
qui doceri amicos suos iubent, quamquam minus mali est si illi saltem recte discant recteque doceant. Sed quis discet tam bene quam patronus? Quo modo autem sequester ille et media litium manus et quidam interpres inpendet aequo animo laborem in alienas actiones, cum dicturis tanti suae
non sint? Pessimae uero consuetudinis libellis esse conten- 5
tum, quos componit aut litigator, qui confugit ad patronum quia liti ipse non sufficit, aut aliquis ex eo genere aduocatorum qui se non posse agere confitentur, deinde faciunt id quod est in agendo difficillimum. Nam qui iudicare quid
dicendum, quid dissimulandum, quid declinandum mutandum fingendum etiam sit potest cur non sit orator, quando,

Bb]   1 oportet *add. hic Buttmann, post* perire *Obrecht*   2 magnis *b*   3 QVAE IN DOCENDIS Proxima *B*   4 tam *om. B: add. hic b (post* ingenio *Halm*)   4–5 reperiretur *b*   9 autem *b* communium *Burn.* 243   10 clamandi *B*: tractandi *b*   aliquo sed *b*   14 parti *b*   re *b*   16 quam ⟨ut⟩ *b*   17 ad iudicem *B*: ducem *b*   litigatorem *J*: ligatorem *B*   25 sint *Spalding*: sit *B*   31 fingendum *del. b*

6 quod difficilius est, oratorem facit? Hi porro non tantum nocerent si omnia scriberent uti gesta sunt; nunc consilium et colores adiciunt et aliqua peiora ueris, quae plerique cum acceperunt inmutare nefas habent, et uelut themata in scholis posita custodiunt: deinde deprenduntur, et causam quam discere ex suis litigatoribus noluerunt ex aduersariis **7** discunt. Liberum igitur demus ante omnia iis quorum negotium erit tempus ac locum, exhortemurque ultro ut omnia quamlibet uerbose et unde uolent †repetito tempore† exponant: non enim tam obest audire superuacua quam igno- **8** rare necessaria. Frequenter autem et uulnus et remedium in iis orator inueniet quae litigatori in neutram partem habere momentum uidebantur. Nec tanta sit acturo memoriae fiducia ut subscribere audita pigeat. Nec semel audisse sit satis: cogendus eadem iterum ac saepius dicere litigator, non solum quia effugere aliqua prima expositione potuerunt, praesertim hominem, quod saepe euenit, imperitum, sed etiam **9** ut sciamus an eadem dicat. Plurimi enim mentiuntur, et tamquam non doceant causam sed agant non ut cum patrono sed ut cum iudice locuntur. Quapropter numquam satis credendum est, sed agitandus omnibus modis et tur- **10** bandus et euocandus. Nam ut medicis non apparentia modo uitia curanda sunt, sed etiam inuenienda quae latent, saepe ipsis ea qui sanandi sunt occulentibus, ita aduocatus plura quam ostenduntur aspiciat. Nam cum satis in audiendo patientiae inpenderit, in aliam rursus ei personam transeundum est, agendusque aduersarius, proponendum quidquid

Bb] 3 et² *del. b* 4 inmutare *B*: an mutare *b*
6 suis *B*: cuius *b* 8 ultro *del. b* 9 uolet *B corr.*: uolunt *b* repetito ⟨ex⟩ tempore *b*: repetita (*ita p, 1470*) *deleto* tempore *Becher 1887-2*: *fort.* repetito ordine 12 ⟨et⟩ quae *b* litigatori ineutram *B*: litigator in neutram *b* 13 sint *b* 14 fiducia *B*: diffici *b* 17 quod *B*: prosequens quod *b* (*unde* dicat ⟨prosequens⟩ *Fordyce ap. Austin*: sed debuit ⟨prosequens⟩ dicat) 18 metuuntur *b* 19 noceant *b* 20 loquuntur *b*: loquantur *B* 24 que sananda *b* 26 inpenderint *B*: *corr. b* ei *del. b* 27 *suspicor* proponendumque

INSTITVTIO ORATORIA   12. 8. 15

omnino excogitari contra potest, quidquid recipit in eius modi disceptatione natura. Interrogandus quam infestissime 11 ac premendus: nam dum omnia quaerimus, aliquando ad uerum ubi minime expectauimus peruenimus.

In summa optimus est in discendo patronus incredulus: promittit enim litigator omnia, testem populum, paratissimas consignationes, ipsum denique aduersarium quaedam non negaturum. Ideoque opus est intueri omne litis instru- 12 mentum: quod uidere non est satis, perlegendum erit. Nam frequentissime aut non sunt omnino quae promittebantur, aut minus continent, aut cum alio aliquo nocituro permixta sunt, aut nimia sunt et fidem hoc ipso detractura, quod non habent modum. Denique linum ruptum aut turbatam ceram 13 aut sine agnitore signa frequenter inuenies: quae nisi domi excusseris, in foro inopinata decipient, plusque nocebunt destituta quam non promissa nocuissent. Multa etiam quae litigator nihil ad causam pertinere crediderit patronus eruet, modo per omnis quos tradimus argumentorum locos eat. Quos ut circumspectare in agendo et adtemptare singulos 14 minime conuenit propter quas diximus causas, ita in discendo rimari necessarium est quae personae, quae tempora loca instituta instrumenta cetera, ex quibus non tantum illud quod est artificiale probationis genus colligi possit, sed qui metuendi testes, quo modo sint refellendi. Nam plurimum refert inuidia reus an odio an contemptu laboret, quorum fere pars prima superiores, proxima pares, tertia humiliores premit. Sic causam perscrutatus, propositis ante oculos 15 omnibus quae prosint noceantue, tertiam deinceps personam induat iudicis, fingatque apud se agi causam, et quod

Bb]   1 quidquid *B*: quid quod *b*   recipi *B*: *corr. b*   2 disputatione *b*   3 nam *b*: non *B*   4 uerbum *b*   6 promittet *b*, *fort. recte*   13 ruptum *B*: tum rupa *b*   turbata cetera (cere *b*) *B*: *corr. Salmasius* (turbata cera *iam 1418*)   14 adsiitore *b*   15 excesseris *b*   docebunt *b*   17 litigator *J*: diligator *B*   eruet *b*: seruet *B*   18 quas *B*: *corr. b*   tradidimus *ed. Jens.*   19 in ... adtemptare *del. b*   20 ita *B*: sit *b*   21 tempora *b*: tempora ē *B* (tempora quae *J*: tempora et *1418*)   locus *b*   23 posset *b*   27 oculis *b*

719

12. 9. 1   M. FABI QVINTILIANI

ipsum mouisset de eadem re pronuntiaturum id potentissimum apud quemcumque agetur existimet. Sic eum raro fallet euentus, aut culpa iudicis erit.

9. Quae sint in agendo seruanda toto fere opere executi sumus, pauca tamen propria huius loci, quae non tam dicendi arte quam officiis agentis continentur, attingam. Ante omnia ne, quod plerisque accidit, ab utilitate eum causae praesentis **2** cupido laudis abducat. Nam ut gerentibus bella non semper exercitus per plana et amoena ducendus est, sed adeundi plerumque asperi colles, expugnandae ciuitates quamlibet praecisis impositae rupibus aut operum mole difficiles, ita oratio gaudebit quidem occasione laetius decurrendi et aequo **3** congressa campo totas uires populariter explicabit: at si iuris anfractus aut eruendae ueritatis latebras adire cogetur, non obequitabit nec illis uibrantibus concitatisque sententiis uelut missilibus utetur, sed operibus et cuniculis et insidiis **4** et occultis artibus rem geret. Quae omnia non dum fiunt laudantur, sed cum facta sunt, unde etiam cupidissimis opinionis plus fructus uenit. Nam cum illa dicendi uitiosa iactatio inter plausores suos detonuit, resurgit uerae uirtutis fortior fama, nec iudices a quo sint moti dissimulant, et doctis creditur, nec est orationis uera laus nisi cum finita est. **5** Veteribus quidem etiam dissimulare eloquentiam fuit moris, idque M. Antonius praecipit, quo plus dicentibus fidei minusque suspectae aduocatorum insidiae forent. Sed illa dissimulari quae tum erat potuit: nondum enim tantum dicendi lumen accesserat ut etiam per obstantia erumperet. Quare artes quidem et consilia lateant et quidquid si deprenditur per**6**it. Hactenus eloquentia secretum habet. Verborum quidem

Bb]   2 quemque *B*: *corr. b*   sic *b*: et sic *B*   4 QVAE IN AGENDIS Quae *B*   agenda *b*   exsecuti *B*: ex *b*   6 agendis *B*: *corr. k*
7 ab *del. b*   8 obducat *b*   10 ciuitatis *b*   13 explicauit *b*   14 erudiendae *b*   15 obequitauit *b*   16 et² *B*: sed *b*
17 re *b*   dum *b*: dum non *B*   18 laudant *b*   19 fluctus *b*
20 retonuit *b*   uera ⟨et⟩ *b*   21 iudicem *b*   motus *b*
21–2 doctis ⟨quae⟩ *b*   24 quod *b*   25–6 illas ⟨forent⟩ simulari *b*   26 cum *b*   27 flumen *Cornelissen*: fulmen *Passerat* (*in ed. Leid.*)   27 obstant *b* (?)

INSTITVTIO ORATORIA 12. 9. 10

dilectus, grauitas sententiarum, figurarum elegantia aut non sunt aut apparent: sed uel propter hoc ipsum ostentanda non sunt, quod apparent, ac, si unum sit ex duobus eligendum, causa potius laudetur quam patronus. Finem tamen 5 hunc praestabit orator, ut uideatur optimam causam optime egisse: illud certum erit, neminem peius agere quam qui displicente causa placet: necesse est enim extra causam sit quod placet. Nec illo fastidio laborabit orator non agendi 7 causas minores, tamquam infra eum sint aut detractura sit 10 opinioni minus liberalis materia. Nam et suscipiendi ratio iustissima est officium, et optandum etiam ut amici quam minimas lites habeant, et abunde dixit bene quisquis rei satisfecit.

At quidam, etiam si forte susceperunt negotia paulo ad 8 15 dicendum tenuiora, extrinsecus adductis ea rebus circumlinunt, ac si defecerunt alia conuiciis implent uacua causarum, si contingit, ueris, si minus, fictis, modo sit materia ingenii mereaturque clamorem dum dicitur. Quod ego adeo longe puto ab oratore perfecto ut eum ne uera quidem obiecturum 20 nisi id causa exiget credam. Ea est enim prorsus 'canina', 9 ut ait Appius, 'eloquentia', cognituram male dicendi subire: quod facientibus etiam male audiendi praesumenda patientia est. Nam et in ipsos fit impetus frequenter qui egerunt, et certe petulantiam patroni litigator luit. Sed haec 25 minora sunt ipso illo uitio animi quod maledicus a malefico non distat nisi occasione. Turpis uoluptas et inhumana et 10 nulli audientium bono grata a litigatoribus quidem frequenter

21 *u. Sall. hist. 4 frg. 54 Maurenbrecher*

Bb] 2 uel *del. b* ostendenda *b* 3 ac *b*: aut *B* sit *om. B*:
add. b ex *b*: e *B* duabus *b* 6 agere *del. b* 7 displicent *b*
ex causam si *b* 8 laborauit *b* orator *del. b* 10 suspiciendi *b*
12 quis *B*: *corr. b* 13 satisfacit *b* 15–16 circumliniunt
b 17 contingit *1418*: contigit *B*: conicit *b* 18 -que
clamorem dum *B*: quaedam ore modum *b* 19 puto ⟨abesse⟩
Meister 1876 (*at u. 8 pr. 3*) abiectorum *b* 20 exiget
b: -git *B* 25 quo maledictus *B*: *corr. b* maleficio *b*
27 bono *P*: bona *B* gratia *B ante corr.*

12. 9. 11　　M. FABI QVINTILIANI

exigitur, qui ultionem malunt quam defensionem; sed neque alia multa ad arbitrium eorum facienda sunt: hoc quidem quis hominum liberi modo sanguinis sustineat, petulans esse
11 ad alterius arbitrium? Atqui etiam in aduocatos partis aduersae libenter nonnulli inuehuntur: quod, nisi si forte meruerunt, et inhumanum est respectu communium officiorum, et cum ipsi qui dicit inutile (nam idem iuris responsuris datur) tum causae contrarium, quia plane aduersarii fiunt et inimici, et quantulumcumque eis uirium est contumelia augetur.
12 Super omnia perit illa quae plurimum oratori et auctoritatis et fidei adfert modestia si a uiro bono in rabulam latratoremque conuertitur, compositus non ad animum iudicis
13 sed ad stomachum litigatoris. Frequenter etiam species libertatis deducere ad temeritatem solet, non causis modo sed ipsis quoque qui dixerunt periculosam; nec inmerito Pericles solebat optare ne quod sibi uerbum in mentem ueniret quo populus offenderetur. Sed quod ille de populo, id ego de omnibus sentio qui tantundem possunt nocere. Nam quae fortia dum dicuntur uidebantur, stulta cum laeserunt uocantur.
14 Nunc, quia uarium fere propositum agentium fuit et quorundam cura tarditatis, quorundam facilitas temeritatis crimine laborauit, quem credam fore in hoc oratoris modum
15 tradere non alienum uidetur. Adferet ad dicendum curae semper quantum plurimum poterit: neque enim hoc solum neglegentis sed mali et in suscepta causa perfidi ac proditoris est, peius agere quam possit. Ideoque ne suscipiendae quidem sunt causae plures quam quibus suffecturum se sciat.
16 Dicet scripta quam res patietur plurima, et, ut Demosthenes ait, si continget, et sculpta. Sed hoc aut primae actiones aut quae in publicis iudiciis post interiectos dies dantur

Bb]　　2 eorum *B*: eo *b*　　8 quia *b*: qui *B*　　11 fabulam *b*
11–12 latratoremque *B*: latronem qui *b*　　14 libertatis *J*: liberatis *B*
15 qui dixerunt *B*: dixerint *b*　　17 quo *B*: quod *b*　　18 de *del. b*
25 hoc *om. B*: *add. b*　　26 neglegentes *b*　　causa *del. b*　　30 et *om. B*: *add. b*　　sculpta . . . aut *B*: sculptas et ut hoc ut *b* actionis *b*　　31 quae *del. b*

INSTITVTIO ORATORIA 12. 10. 1

permiserint: at cum protinus respondendum est, omnia parari non possunt, adeo ut paulo minus promptis etiam noceat scripsisse, si alia ex diuerso quam opinati fuerint occurrerint. Inuiti enim recedunt a praeparatis et tota actione respiciunt 17 requiruntque num aliquid ex illis interuelli atque ex tempore dicendis inseri possit: quod si fiat non cohaeret, nec commissuris modo, ut in opere male iuncto, hiantibus sed ipsa coloris inaequalitate detegitur. Ita nec liber est impetus 18 nec cura contexta, et utrumque alteri obstat: illa enim quae scripta sunt retinent animum, non secuntur. Itaque in iis actionibus omni, ut agricolae dicunt, pede standum est. Nam 19 cum in propositione ac refutatione causa consistat, quae nostrae partis sunt scripta esse possunt: quae etiam responsurum aduersarium certum est (est enim aliquando certum) pari cura refelluntur. Ad alia unum paratum adferre possumus, ut causam bene nouerimus, alterum ibi sumere, ut dicentem aduersarium diligenter audiamus. Licet tamen 20 praecogitare plura et animum ad omnis casus componere, idque est tutius stilo, quo facilius et omittitur cogitatio et transfertur. Sed siue in respondendo fuerit subito dicendum, siue quae alia ita exegerit ratio, non oppressum se ac deprensum credet orator cui disciplina et studium et exercitatio dederit uires etiam facilitatis: quem armatum semper ac 21 uelut in procinctu stantem non magis umquam in causis oratio quam in rebus cotidianis ac domesticis sermo deficiet, nec se umquam propter hoc oneri subtrahet, modo sit causae discendae tempus: nam cetera semper sciet.

10. Superest ut dicam de genere orationis. Hic erat propositus a nobis in diuisione prima locus tertius: nam ita

Bb] 1 at *k*: ad *b*: aut *B* 3 scripsisses (*del.* si) *b*
fuerint *b*: -ant *B* 4 tota *b*: nota *B* 5 interuelli *p**:
-belli *b*: -ualli *B* 6 possunt *b* quod *om. B*: *add. b*
7 opem *b* 10 repentent (*sic*) *b* 13 nostri *B*: *corr.*
b parte *b* scriptam *B*: *corr. b* esse *B*: et se *b* qua *b*
14 est *bis B, semel b* 16 causae *b* 20 sed *B*: et *b* 21 ita
del. b oppressum *B*: quae pressum *b* 21–2 deprensum *ed.
Jens.*: depressum *B* 23 quemque *B*: *corr. b* 24 quamquam
b 28 DE GENERE DICENDI Superest *B*

723

promiseram, me de arte, de artifice, de opere dicturum. Cum sit autem rhetorices atque oratoris opus oratio pluresque eius formae, sicut ostendam, in omnibus iis et ars est et artifex, plurimum tamen inuicem differunt: nec solum specie, ut signum signo et tabula tabulae et actio actioni, sed genere ipso, ut Graecis Tuscanicae statuae, ut Asianus eloquens

2 Attico. Suos autem haec operum genera quae dico ut auctores sic etiam amatores habent, atque ideo nondum est perfectus orator ac nescio an ars ulla, non solum quia aliud in alio magis eminet, sed quod non una omnibus forma placuit, partim condicione uel temporum uel locorum, partim iudicio cuiusque atque proposito.

3 Primi quorum quidem opera non uetustatis modo gratia uisenda sint clari pictores fuisse dicuntur Polygnotus atque Aglaophon, quorum simplex color tam sui studiosos adhuc habet ut illa prope rudia ac uelut futurae mox artis primordia maximis qui post eos extiterunt auctoribus praeferant,

4 proprio quodam intellegendi, ut mea opinio est, ambitu. Post Zeuxis atque Parrhasius non multum aetate distantes circa Peloponnesia ambo tempora (nam cum Parrhasio sermo Socratis apud Xenophontem inuenitur) plurimum arti addiderunt. Quorum prior luminum umbrarumque inuenisse rationem, secundus examinasse subtilius lineas traditur.

5 Nam Zeuxis plus membris corporis dedit, id amplius aut augustius ratus atque, ut existimant, Homerum secutus, cui ualidissima quaeque forma etiam in feminis placet. Ille uero ita circumscripsit omnia ut eum legum latorem uocent, quia deorum atque heroum effigies, quales ab eo sunt traditae,

6 ceteri tamquam ita necesse sit secuntur. Floruit autem circa Philippum et usque ad successores Alexandri pictura praecipue, sed diuersis uirtutibus. Nam cura Protogenes, ratione

21 *mem. 3. 10. 1 seq.*

Bb] 2 atque *B*: utique *b*   5 actioni *1418*: actione *B*: actiones *b* (*deinde* et)   12 cuique *b*   16 pro *b*   18 mea *B*: ex ea *b*   24 edidit *b*   aut *B*: atque *b*   28 effugies *B*: *corr. b*

INSTITVTIO ORATORIA 12. 10. 11

Pamphilus ac Melanthius, facilitate Antiphilus, concipiendis uisionibus quas φαντασίας uocant Theon Samius, ingenio et gratia, quam in se ipse maxime iactat, Apelles est praestantissimus. Euphranorem admirandum facit quod et ceteris
5 optimis studiis inter praecipuos et pingendi fingendique idem mirus artifex fuit.

Similis in statuis differentia. Nam duriora et Tuscanicis **7** proxima Callon atque Hegesias, iam minus rigida Calamis, molliora adhuc supra dictis Myron fecit. Diligentia ac decor
10 in Polyclito supra ceteros, cui quamquam a plerisque tribuitur palma, tamen, ne nihil detrahatur, deesse pondus putant. Nam ut humanae formae decorem addiderit supra uerum, **8** ita non expleuisse deorum auctoritatem uidetur. Quin aetatem quoque grauiorem dicitur refugisse, nihil ausus ultra
15 leuis genas. At quae Polyclito defuerunt, Phidiae atque Alcameni dantur. Phidias tamen dis quam hominibus **9** efficiendis melior artifex creditur, in ebore uero longe citra aemulum uel si nihil nisi Mineruam Athenis aut Olympium in Elide Iouem fecisset, cuius pulchritudo adiecisse aliquid
20 etiam receptae religioni uidetur, adeo maiestas operis deum aequauit. Ad ueritatem Lysippum ac Praxitelen accessisse optime adfirmant: nam Demetrius tamquam nimius in ea reprehenditur, et fuit similitudinis quam pulchritudinis amantior.

25 In oratione uero si species intueri uelis, totidem paene **10** reperias ingeniorum quot corporum formas. Sed fuere quaedam genera dicendi condicione temporum horridiora, alioqui magnam iam ingenii uim prae se ferentia. Hinc sint Laelii, Africani, Catones etiam Gracchique, quos tu licet
30 Polygnotos uel Callonas appelles. Mediam illam formam **11**

Bb, sed l. 25–p. 727. 2 Bγb]   3 apellis *b*   5 optimus etudis *B*: *corr. b*   7 tuscanis *b*   8 hegisias *b*: hegestas *B* 17 effingendis *Duker (ad Suet. Dom. 19 ed. Oudendorp), fort. recte* 19 cuius . . . adiecisse *del. b*   21 ac *B*: an *b*   22 nimis *b* 25 uelis *bγ*: uelit *B*   26 re(p)perias *BX* (-ries *Y*): recipias *b* 27 temporum *Bγ*: corporum *b*   horridior *b*   28 magna *b*   ingenii uim *Bγ*: ingenium *b*

12. 10. 12 M. FABI QVINTILIANI

teneant L. Crassus, Q. Hortensius. Tum deinde efflorescat non multum inter se distantium tempore oratorum ingens prouentus. Hic uim Caesaris, indolem Caeli, subtilitatem Calidi, diligentiam Pollionis, dignitatem Messalae, sanctitatem Calui, grauitatem Bruti, acumen Sulpici, acerbitatem Cassi reperiemus: in iis etiam quos ipsi uidimus copiam Senecae, uires Africani, maturitatem Afri, iucunditatem
12 Crispi, sonum Trachali, elegantiam Secundi. At M. Tullium non illum habemus Euphranorem circa pluris artium species praestantem, sed in omnibus quae in quoque laudantur eminentissimum. Quem tamen et suorum homines temporum incessere audebant ut tumidiorem et Asianum et redundantem et in repetitionibus nimium et in salibus aliquando frigidum et in compositione fractum, exultantem ac paene, quod
13 procul absit, uiro molliorem: postea uero quam triumuirali proscriptione consumptus est, passim qui oderant, qui inuidebant, qui aemulabantur, adulatores etiam praesentis potentiae non responsurum inuaserunt. Ille tamen qui ieiunus a quibusdam et aridus habetur non aliter ab ipsis inimicis male audire quam nimiis floribus et ingenii adfluentia potuit. Falsum utrumque: sit tamen illa mentiendi propior occasio.
14 Praecipue uero presserunt eum qui uideri Atticorum imitatores concupierant. Haec manus quasi quibusdam sacris initiata ut alienigenam et parum superstitiosum deuinctumque illis legibus insequebatur: unde nunc quoque aridi et
15 exsuci et exsangues. Hi sunt enim qui suae inbecillitati sanitatis appellationem, quae est maxime contraria, optendant: qui quia clariorem uim eloquentiae uelut solem ferre non possunt, umbra magni nominis delitescunt. Quibus quia

Bγb]   1 efflorescat *bγ*: florescat *B*   4 polionis *Bγ*: calui quis *b*   8 at *Y*: ad *BX*   9 pluris *b*: plurium *Bγ*   16–17 inuiderant *b*   19 habebatur *b*   inimicissimis *b*   20 male (malle *Y*) audire *Bγ*: laudare *b*   ingenii a(f)fluentia *bγ*: ingenia fluentia *B*   21 sit *b*: sed *Bγ*   propior *γ*: proprior *B*   23 concupiebant *b*   quasi *del. b*   24 et parum *Spalding et fort. Burman*: et rum *Bγ*: parum *b*   26 exsuti *b*: ex(s)ucti *Bγ*

multa et pluribus locis Cicero ipse respondit, tutior mihi de hoc disserendi breuitas erit.

Et antiqua quidem illa diuisio inter Atticos atque Asianos fuit, cum hi pressi et integri, contra inflati illi et inanes haberentur, in his nihil superflueret, illis iudicium maxime ac modus deesset. Quod quidam, quorum et Santra est, hoc putant accidisse, quod paulatim sermone Graeco in proximas Asiae ciuitates influente nondum satis periti loquendi facundiam concupierint, ideoque ea quae proprie signari poterant circumitu coeperint enuntiare ac deinde in eo perseuerarint. Mihi autem orationis differentiam fecisse et dicentium et audientium naturae uidentur, quod Attici limati quidam et emuncti nihil inane aut redundans ferebant, Asiana gens tumidior alioqui atque iactantior uaniore etiam dicendi gloria inflata est. Tertium mox qui haec diuidebant adiecerunt genus Rhodium, quod uelut medium esse atque ex utroque mixtum uolunt: neque enim Attice pressi neque Asiane sunt abundantes, ut aliquid habere uideantur gentis, aliquid auctoris. Aeschines enim, qui hunc exilio delegerat locum, intulit eo studia Athenarum, quae, uelut sata quaedam caelo terraque degenerant, saporem illum Atticum peregrino miscuerunt. Lenti ergo quidam ac remissi, non sine pondere tamen, neque fontibus puris neque torrentibus turbidis sed lenibus stagnis similes habentur.

Nemo igitur dubitauerit longe esse optimum genus Atticorum. In quo ut est aliquid inter ipsos commune, id est iudicium acre tersumque, ita ingeniorum plurimae formae. Quapropter mihi falli multum uidentur qui solos esse Atticos credunt tenuis et lucidos et significantis sed quadam eloquentiae frugalitate contentos ac semper manum intra pallium continentis. Nam quis erit hic Atticus? Sit Lysias; hunc

---

Byb, sed post erit (*l. 2*) *Bb*]   1 respondet *b*   5 maxime *K* (*corr.?*): -imi *B*   6 deesset *B*: denique *b*   9 signa *b*   10 in eo *del. b*
10–11 perseuerarent *B*: *corr. b*   17–18 mixtum ... aliquid *del. b*
18 uideatur *b*   19 delegerit *b*   20 studio *b*   21 celum
terramque *b*   26 communes *b*   28 uidetur *b*   29 tenuis
et *b*: tenuisset *B*   sed *B*: et *P, fort. recte*

enim amplectuntur amatores istius nominis modum: non
igitur iam usque ad Coccum et Andociden remittemur. Interrogare tamen uelim an Isocrates Attice dixerit: nihil enim
tam est Lysiae diuersum. Negabunt: at eius schola principes
oratorum dedit. Quaeratur similius aliquid: Hyperides Atticus? 'Certe'. At plus indulsit uoluptati. Transeo plurimos,
Lycurgum, Aristogitona et his priores Isaeum, Antiphonta:
quos ut homines inter se genere similes, differentis dixeris
specie. Quid ille cuius modo fecimus mentionem Aeschines?
nonne his latior et audentior et excelsior? Quid denique
Demosthenes? non cunctos illos tenues et circumspectos ui
sublimitate impetu cultu compositione superauit? non insurgit locis? non figuris gaudet? non tralationibus nitet?
non oratione ficta dat tacentibus uocem? non illud ius
iurandum per caesos in Marathone ac Salamine propugnatores rei publicae satis manifesto docet praeceptorem eius
Platonem fuisse? Quem ipsum num Asianum appellabimus
plerumque instinctis diuino spiritu uatibus comparandum?
Quid Periclea? similemne credemus Lysiacae gracilitati
quem fulminibus et caelesti fragori comparant comici dum
illi conuiciantur? Quid est igitur cur in iis demum qui tenui
uenula per calculos fluunt Atticum saporem putent, ibi
demum thymum redolere dicant? Quos ego existimo si quod
in iis finibus uberius inuenerint solum fertilioremue segetem
negaturos Atticam esse quod plus quam acceperit seminis
reddat (quia hanc eius terrae fidem Menander eludit). Ita
nunc si quis ad eas Demosthenis uirtutes quas ille summus
orator habuit †tamen† quae defuisse ei siue ipsius natura seu

14 *de cor. 208*   20 *Arist. Ach. 530–1*   26 *georg. 35 seq.*

Bb]   1–2 non ... remittemur *interrogatiue nonnulli*   3 socrates *b*   4 negant ad *b*   6 at *ed. Jens.*: ad *b*: aut
B   8 homines *B* (*def. Buttmann*): omnes *Halm*   dixerim *b*
12 culto *b*   12–13 insurgic (*sic*) *b*: ingurgit *B*   13 iocis *b*
17 ipsum *del. b*   appellauimus *b*   19 credemus *b*: -imus *B*
22–3 ibi demum *B*: ibidem *b*   25 negaturus *B*: *corr. b*
26 reddant *b*   huius *b*   28 tamen] etiam eam (*sed sufficit* eam)
Kiderlin 1887-1 (*deinde* uidetur *ut iam Gertz*)   ei *p**: et *B*: *del. b*

INSTITVTIO ORATORIA   12. 10. 31

lege ciuitatis uidentur adiecerit, ut adfectus concitatius moueat, audiam dicentem 'non fecit hoc Demosthenes'? Et si quid numeris exierit aptius (fortasse non possit, sed tamen si quid exierit), non erit Atticum? Melius de hoc nomine sen-
5 tiant, credantque Attice dicere esse optime dicere.

Atque in hac tamen opinione perseuerantis Graecos magis 27 tulerim: Latina mihi facundia, ut inuentione dispositione consilio, ceteris huius generis artibus, similis Graecae ac prorsus discipula eius uidetur, ita circa rationem eloquendi
10 uix habere imitationis locum. Namque est ipsis statim sonis durior, quando et iucundissimas ex Graecis litteras non habemus (uocalem alteram, alteram consonantem, quibus nullae apud eos dulcius spirant: quas mutuari solemus quotiens illorum nominibus utimur; quod cum contingit, nescio quo 28
15 modo uelut hilarior protinus renidet oratio, ut in 'zephyris' et 'zopyris': quae si nostris litteris scribantur, surdum quiddam et barbarum efficient) et uelut in locum earum succedunt tristes et horridae, quibus Graecia caret. Nam et illa 29 quae est sexta nostrarum paene non humana uoce, uel
20 omnino non uoce potius, inter discrimina dentium efflanda est: quae etiam cum uocalem proxima accipit quassa quodam modo, utique quotiens aliquam consonantium frangit, ut in hoc ipso 'frangit', multo fit horridior; Aeolicae quoque litterae, qua 'seruum' 'ceruum'que dicimus, etiam si forma
25 a nobis repudiata est, uis tamen nos ipsa persequitur. Duras 30 et illa syllabas facit quae ad coniungendas demum subiectas sibi uocalis est utilis, alias superuacua: 'equos' hac et 'aequum' scribimus, cum etiam ipsae hae uocales duae efficiant sonum qualis apud Graecos nullus est ideoque scribi illo-
30 rum litteris non potest. Quid quod pleraque nos illa quasi 31

Bb]   1 uiderent *b*   2 audeat *b*   3 numeris exierit *B*: *inu. ord. b*   14 contigit *b*   15 uelut *del. b*   zephiris *B*: epiris *b*
16 zopyris *B*: zephiris *b*   17 efficient ⟨sonum⟩ *b*   et *b*: sed *B*
18 et² *b*: *om. B*   20 afflanda *b*   22 consonantem *b*
23 ut ... frangit *del. b*   25 nos ... per- *B*: non sonus ipse pro- *b*
26 syllaba *B*: *corr. b*   27 utilitas *B*: *corr. p**   27–8 aequum *ed. Ald.*: aecum *B*: *malim delere* et aecum   30 quid *J?*, *P*: quic *b*: quod *B*

12. 10. 32   M. FABI QVINTILIANI

mugiente littera cludimus, in quam nullum Graece uerbum cadit? At illi ny iucundam et in fine praecipue quasi tinnientem illius loco ponunt, quae est apud nos rarissima in **32** clausulis. Quid quod syllabae nostrae in b litteram et d innituntur adeo aspere ut plerique non antiquissimorum quidem sed tamen ueterum mollire temptauerint, non solum 'auersa' pro 'abuersis' dicendo, sed et in praepositione b litterae ab-**33** sonam et ipsam s subiciendo? Sed accentus quoque cum rigore quodam, tum similitudine ipsa minus suaues habemus, quia ultima syllaba nec acuta umquam excitatur nec flexa circumducitur, sed in grauem uel duas grauis cadit semper. Itaque tanto est sermo Graecus Latino iucundior ut nostri poetae, quotiens dulce carmen esse uoluerunt, illorum id **34** nominibus exornent. His illa potentiora, quod res plurimae carent appellationibus, ut eas necesse sit transferre aut circumire: etiam in iis quae denominata sunt summa paupertas in eadem nos frequentissime reuoluit: at illis non uerborum modo sed linguarum etiam inter se differentium copia est.
35 Quare qui a Latinis exiget illam gratiam sermonis Attici, det mihi in loquendo eandem iucunditatem et parem copiam. Quod si negatum est, sententias aptabimus iis uocibus quas habemus, nec rerum nimiam tenuitatem, ut non dicam pinguioribus, fortioribus certe uerbis miscebimus, ne uirtus **36** utraque pereat ipsa confusione: nam quo minus adiuuat sermo, rerum inuentione pugnandum est. Sensus sublimes uariique eruantur: permouendi omnes adfectus erunt, oratio tralationum nitore inluminanda. Non possumus esse tam graciles, simus fortiores: subtilitate uincimur, ualeamus

Bb]   1 littera *B*: litam *b* (*unde* littera m *conicias*): m littera *Halm* in quam *Halm*: in qua *B*: m qua *P*?   3 rarissimum (*deleto* in) *b*   4 quid quod *P*: quidquid *B*   6 mollire *P*: molire *b*: molliore *B*   aruersa *b*   7 abuersis *P*: ad- *B*   8 s *p* (*ed. Ald.*): f *B*   11 grauem *b*: gra *B* ⟨uox⟩ cadit *Buttmann*   13 certamen *b*   14 quod (*addito* non) *b*: quos *B*: quod nobis *Buttmann*   19 qui a *B*: qua *b*   21 sententiae aptauimus *b*   22 ut *B*: et *b*   23 fortioribus *del.* *b*   25 inuentio *b*   sublime *b*   28 uincamur *b*   ualemus *B*: *corr.* *b*

INSTITVTIO ORATORIA 12. 10. 41

pondere: proprietas penes illos est certior, copia uincamus. Ingenia Graecorum etiam minora suos portus habent, nos plerumque maioribus uelis mouemur: ualidior spiritus nostros sinus tendat. Non tamen alto semper feremur: nam et
5 litora interim sequenda sunt. Illis facilis per quaelibet uada accessus, ego aliquid, non multo tamen, altius in quo mea cumba non sidat inueniam. Neque enim, si tenuiora haec ac pressiora Graeci melius, in eoque uincimur solo et ideo in comoediis non contendimus, prorsus tamen omittenda pars
10 haec orationis, sed exigenda ut optime possumus: possumus autem rerum et modo et iudicio esse similes, uerborum gratia, quam in ipsis non habemus, extrinsecus condienda est. An non in priuatis et acutus et distinctus et non super modum elatus M. Tullius? non in M. Calidio insignis haec
15 uirtus? non Scipio, Laelius, Cato in loquendo uelut Attici Romanorum fuerunt? Cui porro non satis est quo nihil esse melius potest?

Adhuc quidam nullam esse naturalem putant eloquentiam nisi quae sit cotidiano sermoni simillima, quo cum amicis
20 coniugibus liberis seruis loquamur, contento promere animi uoluntatem nihilque arcessiti et elaborati requirente: quidquid huc sit adiectum, id esse adfectationis et ambitiosae in loquendo iactantiae, remotum a ueritate fictumque ipsorum gratia uerborum, quibus solum natura sit officium attri-
25 butum seruire sensibus: sicut athletarum corpora, etiam si ualidiora fiant exercitatione et lege quadam ciborum, non tamen esse naturalia atque ab illa specie quae sit concessa hominibus abhorrere. Quid enim, inquiunt, attinet circumitu res ostendere et tralationibus, id est aut pluribus aut alienis

37

38

39

40

41

Bb]   4 sinus *B*: si non *b*   feramur *b*   5 illis *P*: illi *B* (*def. Radermacher*)   7 inueniat *b*   10 possumus[a]   *k*: opus sumus *B*: *del. b*   12 gratia *del. b*   13 an *b*: at *B* et distinctus *Becher 1887-2*: et indistinctus *B*: *del. b*   15 eloquendo *ed. Ald., probabiliter*   16 fuerint *B*: *corr. b*   cui ⟨non⟩ *b*   quod *b*   21 nihilque ⟨et⟩ *b*   22 id *b*: ad *B*   adfectatio *b* ⟨et⟩ in *b*   23 iactantiore *b*   24 gratia uerborum *om. B*: *add. b*

731

12. 10. 42   M. FABI QVINTILIANI

42 uerbis, cum sua cuique sint adsignata nomina? Denique antiquissimum quemque maxime secundum naturam dixisse contendunt: mox poetis similiores extitisse, etiam si parcius, simili tamen ratione falsa et inpropria ⟨pro⟩ uirtute ducentis. Qua in disputatione nonnihil ueri est, ideoque non tam procul quam fit a quibusdam recedendum a propriis atque com-
43 munibus. Si quis tamen, ut in loco dixi compositionis, ad necessaria, quibus nihil minus est, aliquid melius adiecerit, non erit hac calumnia reprendendus. Nam mihi aliam quandam uidetur habere naturam sermo uulgaris, aliam uiri eloquentis oratio: cui si res modo indicare satis esset, nihil ultra uerborum proprietatem elaboraret: sed cum debeat delectare, mouere, in plurimas animum audientis species inpellere, utetur his quoque adiutoriis quae sunt ab eadem nobis con-
44 cessa natura: nam et lacertos exercitatione constringere et augere uires et colorem trahere naturale est. Ideoque in omnibus gentibus alius alio facundior habetur et loquendo dulcis magis (quod si non eueniret, omnes pares essent), et idem homines aliter de re alia locuntur et seruant personarum discrimina. Ita, quo quisque plus efficit dicendo, hoc
45 magis secundum naturam eloquentiae dicit. Quapropter ne illis quidem nimium repugno qui dandum putant nonnihil esse temporibus atque auribus nitidius aliquid atque adfectius postulantibus. Itaque non solum ad priores Catone Gracchisque, sed ne ad hos quidem ipsos oratorem alligandum puto. Atque id fecisse M. Tullium uideo, ut cum omnia

Bb, sed inde a mouere (*l. 13*) *G*]   3 mox *B*: nos *b*   partius (*sic*) *b*: parum cuius *B*   4 pro uirtute *Stroux 1936* (*p. 222 adn. 2*): uirtute *B*: uirtutes *ed. Ald.*   5 ueri est *B*: uariem *b*   6 quibus *b*   7–8 compositionis ad necessaria *b*: compositioni si ad te necessaria a (a *iam om. Bg*) *B*   9 erit *B*: enim *b*   11 citra *b*   12 proprietate elaborare *b*   16 augere *1418*: auge *G*   17 eloquendo *1461*: ⟨in⟩ loquendo *Buttmann* (in *pro* et *1461*)   18 dulcis *1418*: ducis *G*   19 aliter *Obrecht*: alter *G*   alia locuntur *Halm*: allocuntur *G* (loquuntur *iam ed. Camp.*)   seruant *ed. Asc. 1531*: saluant *G*   23 esse *1418*: est *G*: etiam *ed. Camp.*   23–4 affectius *P*[1]: -tibus *G*: effectius *p**: *locus suspectus*   24 Catone *Obrecht* (-em *iam p**): catime *G*   25 -que *T*: itaque *G*   26 tullium *1416*: -us *G*   omnia *ed. Ald.*: omnium *G*: summum *Radermacher*

732

INSTITVTIO ORATORIA   12. 10. 50

utilitati, tum partem quandam delectationi daret, cum et
suam se rem agere diceret, ageret autem maxime litigatoris:
nam hoc ipso proderat, quod placebat. Ad cuius uoluptates 46
nihil equidem quod addi possit inuenio, nisi ut sensus nos
quidem dicamus pluris: nempe enim fieri potest salua tracta-
tione causae et dicendi auctoritate, si non crebra haec lumina
et continua fuerint et inuicem offecerint. Sed me hactenus 47
cedentem nemo insequatur ultra; do tempori, ne hirta toga
sit, non ut serica, ne intonsum caput, non ⟨ut⟩ in gradus
atque anulos comptum: cum eo quod, si non ad luxuriam
ac libidinem referas, eadem speciosiora quoque sint quae
honestiora. Ceterum hoc, quod uulgo sententias uocamus, 48
quod ueteribus praecipueque Graecis in usu non fuit (apud
Ciceronem enim inuenio), dum rem contineant et copia non
redundent et ad uictoriam spectent quis utile neget? Feriunt
animum et uno ictu frequenter inpellunt et ipsa breuitate
magis haerent et delectatione persuadent.

At sunt qui haec excitatiora lumina, etiam si dicere 49
permittant, a componendis tamen orationibus excludenda
arbitrentur. Quocirca mihi ne hic quidem locus intactus est
omittendus: nam plurimi eruditorum aliam esse dicendi
rationem, aliam scribendi putauerunt, ideoque in agendo
clarissimos quosdam nihil posteritati mansurisque mox
litteris reliquisse, ut Periclem, ut Demaden: rursus alios ad
componendum optimos actionibus idoneos non fuisse, ut
Isocraten; praeterea in agendo plus impetus plerumque et 50
petitas uel paulo licentius uoluptates (commouendos enim
esse ducendosque animos imperitorum): at quod libris

G]   1 daret *1418*: dare G   3 placebat P: placet G
4 nos *1418*: non G   5 nempe Becher *1887-2*: neque G   salua
1418: -uae G   8 hirta Burman: hira G   9 ut² add. Halm
10 anulos P: an nullos G   14 non P: dum G   15 neget
1418: -ent G   16 breuitate *1416*: -tem G   17 deiectione G:
corr. Pottier   18 at ed. Camp.: ac G   19 a *1418*: ac G
21 omittendus *1416*: omitendos G   nam plurimi Halm: ā plurimis G   26 impetus ed. Ald. (impetum posse ed. Asc. *1531*): impetum G (impetum posse Obrecht)   27 uoluptates ⟨conuenire⟩ Gertz
28 ducendosque Burman: docendos quae G   at quod p*: ad quos G

12. 10. 51   M. FABI QVINTILIANI

dedicatum in exemplum edatur et tersum ac limatum et ad
legem ac regulam compositum esse oportere, quia ueniat in
51 manus doctorum et iudices artis habeat artifices. Quin illi
subtiles, ut sibi ac multis persuaserunt, magistri παράδειγμα
dicendo, ἐνθύμημα scribendo esse aptius tradiderunt. Mihi 5
unum atque idem uidetur bene dicere ac bene scribere, neque
aliud esse oratio scripta quam monumentum actionis habitae;
itaque non illas modo, ut opinor, debet habere uirtutes * dico,
non uitia: nam imperitis placere aliquando quae uitiosa sint
52 scio. Quo different igitur? Quod si mihi des consilium iudicum 10
sapientium, perquam multa recidam ex orationibus non
Ciceronis modo sed etiam eius qui est strictior multo, Demosthenis. Neque enim adfectus omnino mouendi erunt nec aures
delectatione mulcendae, cum etiam prohoemia superuacua
esse apud talis Aristoteles existimet; non enim trahentur his 15
illi sapientes: proprie et significanter rem indicare, proba-
53 tiones colligere satis est. Cum uero iudex detur aut populus aut
ex populo laturique sententiam indocti saepius atque interim
rustici, omnia quae ad optinendum quod intendimus prodesse
credemus adhibenda sunt, eaque et cum dicimus promenda 20
et cum scribimus ostendenda sunt, si modo ideo scribimus ut
54 doceamus quo modo dici oporteat. An Demosthenes male
sic egisset ut scripsit, aut Cicero? Aut eos praestantissimos
oratores alia re quam scriptis cognoscimus? Melius egerunt
igitur an peius? Nam si peius, sic potius oportuit dici ut 25
scripserunt, si melius, sic potius oportuit scribi ut dixerunt.
55 Quid ergo? semper sic aget orator ut scribet? Si licebit,
semper. Sed erunt quae impediant breuitate tempora a iudice

15 *rhet.* 1415^{b}7

G]   1 dedicatum *Halm*: dedicatorum G (dedicatur et *p**)   edatur
Halm (editur *P*): edantur G   2 ueniat *T*: -ant G   4 sibi
(sibimet *Gesner*) ac multis *Burman*: similes ac multos G   5 altius G: *corr. Daniel*   8 *repetit* uirtutes *Buttmann: sed plura
deesse perspexit Radermacher*   10 iudicum *P*: -cium G   12 qui
1416: quis G   strictior *P*: fictior G   16 illi sapientes *P*:
illis absentes G   indicare *P*: indignare G   18 ⟨sint⟩ sententiam
Halm   24 quam *1418*: qua G   28 sed erunt *Kiderlin
1887-1*: steterunt G: sin erunt *Gertz*   a *1418*: ac G

734

INSTITVTIO ORATORIA 12. 10. 59

data: multum ex eo quod potuit dici recidetur, editio habebit omnia. Quaedam secundum naturam iudicantium dicta sunt: non ita posteris tradentur, ne uideantur propositi fuisse, non temporis. Nam id quoque plurimum refert, quo 56 modo audire iudex uelit, atque 'eius uultus saepe ipse rector est dicentis', ut Cicero praecipit. Ideoque instandum iis quae placere intellexeris, resiliendum ab iis quae non recipientur. Sermo ipse qui facillime iudicem doceat aptandus; nec id mirum sit, cum etiam testium personis aliqua mutentur. Prudenter enim qui, cum interrogasset rusticum testem an 57 Amphionem ⟨nosset⟩, negante eo detraxit adspirationem breuiauitque secundam eius nominis syllabam, et ille eum sic optime norat. Huius modi casus efficient ut aliquando dicatur aliter quam scribitur, cum dicere quo modo scribendum est non licet.

Altera est diuisio, quae in tris partis et ipsa discedit, qua 58 discerni posse etiam recta dicendi genera inter se uidentur. Namque unum subtile, quod ἰσχνόν uocant, alterum grande atque robustum, quod ἁδρόν dicunt, constituunt, tertium alii medium ex duobus, alii floridum (namque id ἀνθηρόν appellant) addiderunt. Quorum tamen ea fere ratio est, ut pri- 59 mum docendi, secundum mouendi, tertium illud, utrocumque est nomine, delectandi siue, ut alii dicunt, conciliandi praestare uideatur officium, in docendo autem acumen, in conciliando lenitas, in mouendo uis exigi uideatur. Itaque illo subtili praecipue ratio narrandi ⟨probandi⟩que consistet, estque

6 *locus ignotus*

G] 1 recidetur *P*: reciderunt *G* 5 eius *Obrecht*: ius *G* rector *Obrecht*: rectos *G* 6–7 his *utroque loco G* 10 testem *1416*: restem *G* an *p* (*ed. Tarv.*): ad *G* 11 nosset *add. p* (*ed. Tarv.*) negant *G*: *corr. p* (*ed. Ald.*) spiratione *G*: *corr. p* (*ed. Jens.*) 12 secundam *P*: -um *G* 16 discedit *ed. Jens.*: descendit *G* (*fort. recte*) 17 recte *H* 20 ἀνθηρόν *p* (*ed. Ven. 1493*): anaepoenim *G* 22 mouendi *P*: amou- *G* 22–3 utrocumque est *Halm*: est ultro cumque *G* 25 uis *Buttmann*: ui *G* (*om. H et inde recc.*) uidetur *g* 26 probandi *add. p** estque *Meister 1876, Gertz*: sedque *G*

id etiam detractis ceteris uirtutibus suo genere plenum.
60 Medius hic modus et tralationibus crebrior et figuris erit iucundior, egressionibus amoenus, compositione aptus, sententiis dulcis, lenior tamquam amnis et lucidus quidem sed
61 uirentibus utrimque ripis inumbratus. At ille qui saxa deuoluat et 'pontem indignetur' et ripas sibi faciat multus et torrens iudicem uel nitentem contra feret, cogetque ire qua rapiet. Hic orator et defunctos excitabit ut Appium Caecum, apud hunc et patria ipsa exclamabit, aliquandoque * †Ciceronem in oratione contra Catilinam in senatu† adloquetur.
62 Hic et amplificationibus extollet orationem et in supralationem quoque erigetur: 'quae Charybdis tam uorax?' et 'Oceanus medius fidius ipse': nota sunt enim etiam studiosis haec lumina. Hic deos ipsos in congressum prope suum sermonemque deducet: 'uos enim Albani tumuli atque luci, uos, inquam, Albanorum obrutae arae, sacrorum populi Romani sociae et aequales.' Hic iram, hic misericordiam inspirabit: hoc dicente iudex pallebit et flebit et per omnis adfectus tractus huc atque illuc sequetur nec doceri desiderabit.
63 Quare si ex tribus his generibus necessario sit eligendum unum, quis dubitet hoc praeferre omnibus, et ualidissimum alioqui et maximis quibusque causis accommodatissimum?

6 *Verg. Aen. 8. 728*   8 *Cic. Cael. 33*   10 *Cat. 1. 27*
12–13 *id. Phil. 2. 67*   15 *id. Mil. 85*

G]   3 am(o)enus *1418*: amoenis *G*   4 tamquam amnis et *scripsi*: tamen namnis et *G*: tamen ut amnis *P*   quidem sed *Bonnell*: quide est *G*   5 ripis inumbratus *W. Meyer*: sipisim umbratus *G*: siluis inumbratus *P*   at *1416*: ad *G*   7 cogetque *1418*: -itque *G*   8 excitabit *1418*: -uit *G*   9 exclamabit *1418*: -uit *G* (*eadem corruptio infra ll. 17, 18, 19*)   *excidit* ipsum *ut uidetur* (dicentem ipsum *Radermacher post Kiderlin 1887-1*)   9–10 ⟨ut⟩ Ciceronem *Obrecht post Philandrum*: Ciceronem . . . senatu *fort. delendum* (in senatu *del. Austin*), *et nescio an* aliquandoque . . . adloquetur   10 alloquetur *P*: -itur *G*   11–12 supralationem *scripsi*: super- *G*   17 soci(a)e et *1418, Cic.*: sotiet *G*   18 iudex *Buttmann*: iudet *G*: *fort.* iudex et   pallebit *Stroux 1936*: appellauit *G*: ⟨deos⟩ appellabit *Madvig, opusc. acad. p. 684*   19 tractus *Madvig (ibid.)*: tractatus *G*: raptus *Stroux 1936*   huc *Obrecht*: hic *G*   21 quis *P*: qui *G*   22 alioquin *P*: aliqui *G*   et *1418*: ex *G*   magnis *G*[1]

INSTITVTIO ORATORIA   12. 10. 68

Nam et Homerus breuem quidem cum iucunditate et pro- **64**
priam (id enim est non deerrare uerbis) et carentem superuacuis eloquentiam Menelao dedit, quae sunt uirtutes generis
illius primi, et ex ore Nestoris dixit dulciorem melle profluere
5 sermonem, qua certe delectatione nihil fingi maius potest:
sed summam expressurus [est] in Vlixe facundiam et magnitudinem illi uocis et uim orationis niuibus [et] copia uerborum atque impetu parem tribuit. Cum hoc igitur nemo **65**
mortalium contendet, hunc ut deum homines intuebuntur.
10 Hanc uim et celeritatem in Pericle miratur Eupolis, hanc
fulminibus Aristophanes comparat, haec est uere dicendi
facultas.

Sed neque his tribus quasi formis inclusa eloquentia est. **66**
Nam ut inter gracile ualidumque tertium aliquid constitu-
15 tum est, ita horum interualla sunt atque inter haec ipsa mixtum quiddam ex duobus medium est, quoniam et subtili **67**
plenius aliquid atque subtilius et uehementi remissius atque
uehementius inuenitur, ut illud lene aut ascendit ad fortiora
aut ⟨ad⟩ tenuiora summittitur. Ac sic prope innumerabiles
20 species reperiuntur, quae utique aliquo momento inter se
differant: sicut quattuor uentos generaliter ⟨a⟩ totidem
mundi cardinibus accepimus flare, cum interim plurimi
medii et eorum uaria nomina et quidam etiam regionum ac
fluminum proprii deprehenduntur. Eademque musicis ratio **68**
25 est, qui cum in cithara quinque constituerunt sonos, plurima

3 *Il. 3. 213–15*   4 *ibid. 1. 249*   6 *ibid. 3. 221 seq.*
8 *Il. 3. 223, Od. 8. 173*   10 *frg. 94 Kock*   11 *Ach. 531*

G]   4–5 dulciorem . . . sermonem *1416*: -ore . . . -one *G*
6 summam *P*: summa *G*   expressurus *Seyffert*: regressurus *G*
est *del. p (ed. Asc. 1516)*   ulyxe *p**: utile *G*   7 uocis et *Seyffert*:
uicisset *G*   uim *Meister 1860 (p. 5), Seyffert*: cum *G*   orationis niuibus *Radermacher*: orationi simlibus *G*: orationis niuibus hibernis *Seyffert* (n. h. *iam p**)   et *om. ed. Vasc. 1542*
15 interualla *P*: inter se ualla *G*: inter se interualla *Burman*
16 quoniam *Kiderlin 1887-1*: quorum nam *G*   17 et *p**: ut *G*
18 ut *G*: et *ed. Ald., ut coni. Gertz*   ascendit *P*: -det *G*   19 ad
Vat. lat. 1762: *om. G*   sic *1418*: si *G*   21 a *add. ed. Asc. 1516*
22 cardinibus *1418*: carm- *G*   24–5 ratio est *1416*: rationest *G*

737

deinde uarietate complent spatia illa neruorum, atque his [atque huc] quos interposuerant inserunt alios, ut pauci illi transitus multos gradus habeant.

69 Plures igitur etiam eloquentiae facies, sed stultissimum quaerere ad quam se recturus sit orator, cum omnis species, quae modo recta est, habeat usum, atque id ipsum non sit oratoris quod uulgo genus dicendi uocant: utetur enim, ut res exiget, omnibus, nec pro causa modo sed pro partibus
70 causae. Nam ut non eodem modo pro reo capitis et in certamine hereditatis et de interdictis ac sponsionibus et de certa credita dicet, sententiarum quoque in senatu et contionum et priuatorum consiliorum seruabit discrimina, multa ex differentia personarum locorum temporumque mutabit: ita in eadem oratione ⟨aliter concitabit⟩, aliter conciliabit, non ex isdem haustibus iram et misericordiam petet, alias ad
71 docendum, alias ad mouendum adhibebit artis. Non unus color prohoemii narrationis argumentorum egressionis perorationis seruabitur. Dicet idem grauiter seuere acriter uehementer concitate copiose amare, idem comiter remisse subtiliter blande leniter dulciter breuiter urbane, non ubique
72 similis sed ubique par sibi. Sic fiet cum id propter quod maxime repertus est usus orationis, ut dicat utiliter et ad efficiendum quod intendit potenter, tum laudem quoque, nec doctorum modo sed etiam uulgi, consequatur.

73 Falluntur enim plurimum qui uitiosum et corruptum dicendi genus, quod aut uerborum licentia exultat aut puerilibus sententiolis lasciuit aut inmodico tumore turgescit aut inanibus locis bacchatur aut casuris si leuiter excutiantur flosculis nitet aut praecipitia pro sublimibus habet aut specie libertatis insanit, magis existimant populare atque

G]   2 atque huc *G ex dittographia: om. 1418*   interposuerunt *H*   7 utetur *1418*: tutetur *G*   9 ut non *P*: non ut *G*   10 intertis *G: corr. p (ed. Jens.)*   13 mutabit *1418*: -uit *G (idem infra* conciliauit)   14 *suppl.* Halm *(praeeunte Rollino)* 20 dulciter *del. Christ*   23 intendit *1416*: -di *G*   tum ⟨ut⟩ *tempt. Buttmann*   28 bacc(h)atur *1418*: braccatur *G*   30 existimant *ed. Col. 1527*: -mat *G*

INSTITVTIO ORATORIA 12. 10. 78

plausibile. Quod quidem placere multis nec infitior nec 74
miror: est enim iucunda res ac fauorabilis qualiscumque eloquentia, et ducit animos naturali uoluptate uox omnis,
neque aliunde illi per fora atque aggerem circuli. Quo minus
5 mirum est quod nulli non agentium parata uulgi corona est.
Vbi uero quid exquisitius dictum accidit auribus imperito- 75
rum, qualecumque id est, quod modo se ipsi posse desperent,
habet admirationem, neque inmerito: nam ne illud quidem
facile est. Sed euanescunt haec atque emoriuntur compara-
10 tione meliorum, ut lana tincta fuco citra purpuras placet,
'at si contuleris eam Lacaenae, conspectu melioris obruatur',
ut Ouidius ait. Si uero iudicium his corruptis acrius adhibeas 76
ut fucinis sulphura, iam illum quo fefellerant exuant men-
titum colorem et quadam uix enarrabili foeditate pallescant.
15 Lucent igitur haec citra solem et ut quaedam exigua animalia
igniculi uidentur in tenebris. Denique mala multi probant,
nemo improbat bona.

Neque uero omnia ista de quibus locuti sumus orator 77
optime tantum sed etiam facillime faciet. Neque enim uim
20 summam dicendi et os admiratione dignum infelix usque ad
ultimum sollicitudo persequitur nec oratorem macerat et
coquit aegre uerba uertentem et perpendendis coagmen-
tandisque eis intabescentem. Nitidus ille et sublimis et 78
locuples circumfluentibus undique eloquentiae copiis im-
25 perat: desinit enim ⟨in⟩ aduersa niti qui peruenit in summum. Scandenti circa ima labor est, ceterum quantum

12 *frg. 5 Morel*

G] 1 inficior *1418*: infinitior G 2 iucunda res *scripsi*:
iocundiores G: iucunda auri (auribus *Halm*) *Gesner* fauorabilis
1416: faborabili G 6–7 imperitorum *1418*: imped- G 7 id
est *Halm*: id G 8 Imerito *1418*: merito G 9 moriuntur G:
corr. ed. Vasc. 1542 11 at *P*: ac G eam *N. Heinsius ad fragmenta Ouidii*: etiam G Lacaenae *Gallaeus (tamquam ex Vallensi
codice: at P dat* lacerne): lacernae G 13 fucinis ... exuant *Buttmann*: fucinus ... illud (illum *iam ed. Camp.*) quo fefellerat exuat G
15 luceant G¹ 20 et os *Halm*: eos G 21 nec G: *def. Bonnet
1893* 22 coquit *1418*: quoquid G uertentem *1418*: uerbente
G perpendendis *1418*: perpendis G 25 in¹ *1418*: *om.* G
26 scandenti *P*: suadenti G

739

79 processeris, mollior cliuus ac laetius solum. Et si haec quoque iam lenius supina perseuerantibus studiis euaseris, inde fructus inlaborati offerunt sese et omnia sponte proueniunt: quae tamen cotidie nisi decerpantur arescunt. Sed et copia habeat modum, sine quo nihil nec laudabile nec salutare est, 80 et nitor ille cultum uirilem et inuentio iudicium. Sic erunt magna non nimia, sublimia non abrupta, fortia non temeraria, seuera non tristia, grauia non tarda, laeta non luxuriosa, iucunda non [lux] dissoluta, grandia non tumida. Similis in ceteris ratio est ac tutissima fere per medium uia, quia utriusque ultimum uitium est.

11. His dicendi uirtutibus usus orator in iudiciis consiliis contionibus senatu, in omni denique officio boni ciuis, finem quoque dignum et optimo uiro et opere sanctissimo faciet, non quia prodesse umquam satis sit et illa mente atque illa facultate praedito non optandum operis pulcherrimi quam longissimum tempus, sed quia decet hoc quoque prospicere, 2 ne quid peius quam fecerit faciat. Neque enim scientia modo constat orator, quae augetur annis, sed uoce latere firmitate: quibus fractis aut inminutis aetate seu ualetudine cauendum ne quid in oratore summo desideretur, ne intersistat fatigatus, ne quae dicet parum audiri sentiat, ne se quaerat priorem. 3 Vidi ego longe omnium quos mihi cognoscere contigit summum oratorem Domitium Afrum ualde senem cotidie aliquid ex ea quam meruerat auctoritate perdentem, cum agente illo quem principem fuisse quondam fori non erat dubium alii, quod indignum uideatur, riderent, alii erubescerent: quae occasio †illo† fuit dicendi malle eum deficere

---

G] 3 sese *P*: saepe *G*   4 qu(a)e *1418*: qua *G*   5 habet *G*: *corr. Heindorf* (*u. edit. Spald. IV. XVIII*)   8 tristia *1416*: tristitia *G*   9 lux *om. P*   grandia *Spalding* (*et teste Gesnero cod. Gothanus*): fortia *G*   15 illa¹ *P*: ille *G*   16 praedito *P*: pro- *G*   18 faciat *1418*: -iet *G*   20 cauendum· (*sic*) *G*: cauendum est *H*   21 ne² *ed. Ald.*: non *G*   intersistat *P*: interstat *G*   22 sentiat *p**: sententia *G*   ne *M*: nec *G*   25 quam *1418*: quod *G*   28 illo *G*: illi *1418*: *del. Obrecht*: *alii nomen latere putant, ut e.g. Iulio* ⟨Africano⟩ *Stroux 1936*

INSTITVTIO ORATORIA 12. 11. 8

quam desinere. Neque erant illa qualiacumque mala, sed 4
minora. Quare antequam in has aetatis ueniat insidias,
receptui canet et in portum integra naue perueniet. Neque
enim minores eum cum id fecerit studiorum fructus prose-
quentur: aut ille monumenta rerum posteris aut, ut L.
Crassus [aut] in libris Ciceronis destinat, iura quaerentibus
reddet aut eloquentiae componet artem aut pulcherrimis
uitae praeceptis dignum os dabit. Frequentabunt uero eius 5
domum optimi iuuenes more ueterum et uere dicendi uiam
uelut ex oraculo petent. Hos ille formabit quasi eloquentiae
parens, et ut uetus gubernator litora et portus et quae tempestatium signa, quid secundis flatibus quid aduersis ratio
poscat docebit, non humanitatis solum communi ductus
officio, sed amore quodam operis: nemo enim minui uelit id 6
in quo maximus fuit. Quid porro est honestius quam docere
quod optime scias? Sic ad se Caelium deductum a patre
Cicero profitetur, sic Pansam, Hirtium, Dolabellam ⟨ad⟩
morem praeceptoris exercuit cotidie dicens audiensque. Ac 7
nescio an eum tum beatissimum credi oporteat fore cum iam
secretus et consecratus, liber inuidia, procul contentionibus
famam in tuto conlocarit et sentiet uiuus eam quae post fata
praestari magis solet [et] uenerationem et quid apud posteros
futurus sit uidebit.

Conscius sum mihi, quantum mediocritate ualui, quaeque 8
antea scierim quaeque operis huiusce gratia potuerim inquirere candide me atque simpliciter in notitiam eorum, si qui
forte cognoscere uoluissent, protulisse. Atque id uiro bono

6 *de orat.* 1. *190, 199*   17 *Cael. 9*

G]   1 desinere *P*: desenire *G*   3 et in portum *P*: in portu
et *G*   6 in *1418*: aut in *G*   libris *g* (*cf.* 10. 5. 2): librius
*G*¹: libro *Radermacher*   destinat iura *D'Orv.* 13: destinatur a *G*
7 artem *1418*: arte *G*   8 os *1418*: hos *G*   10 formabit *1418*:
-uit *G*   quasi *P*: quae *G*   15 quam *1416*: qua *G*   17-18 ad
morem *scripsi*: morem *G*: in morem *P*: more *D'Orv.* 13   19 tum
beatissimum *Halm* (tunc b. *iam P*): turbatissimum *G*   21 famam
1416: fama *G*   sentiet *Obrecht*: sententia et *G*   eam *T*: ea *G*   fata
1416: facta *G*   22 solet *P*: solet et *G*

9 satis est, docuisse quod scierit. Vereor tamen ne aut magna nimium uidear exigere, qui eundem uirum bonum esse et dicendi peritum uelim, aut multa, qui tot artibus in pueritia discendis morum quoque praecepta et scientiam iuris ciuilis praeter ea quae de eloquentia tradebantur adiecerim, 5 quique haec operi nostro necessaria esse crediderint uelut moram rei perhorrescant et desperent ante experimentum.
10 [tu] Qui primum renuntient sibi quanta sit humani ingenii uis, quam potens efficiendi quae uelit, cum maria transire, siderum cursus numerosque cognoscere, mundum ipsum 10 paene dimetiri minores sed difficiliores artes potuerint. Tum cogitent quantam rem petant quamque nullus sit hoc pro-
11 posito praemio labor recusandus. Quod si mente conceperint, huic quoque parti facilius accedent, ut ipsum iter neque inperuium neque saltem durum putent. Nam id quod prius 15 quodque maius est, ut boni uiri simus, uoluntate maxime constat: quam qui uera fide induerit, facile eas idem quae
12 uirtutem docent artis accipiet. Neque enim aut tam perplexa aut tam numerosa sunt quae †praemuntur† ut non paucorum admodum annorum intentione discantur. Longam 20 [in] eam facit operam quod repugnamus: breuis est institutio uitae honestae beataeque, si credas; natura enim nos ad mentem optimam genuit, adeoque discere meliora uolentibus promptum est ut uere intuenti mirum sit illud magis,
13 malos esse tam multos. Nam ut aqua piscibus, ut sicca 25 terrenis, circumfusus nobis spiritus uolucribus conuenit, ita certe facilius esse oportebat secundum naturam quam contra eam uiuere. Cetera uero, etiam si aetatem nostram non spatio

G] 7 morum G: *corr.* Buttmann   8 qui *p* (Obrecht): tu qui G
14 parti G: opinioni Halm: persuasioni Stroux *1930 (p. 326 adn. 11)*
15 prius P: piu' G   16 simus (hoc *p**) uoluntate P: simul uoluntatem G   17 constat P: -ant G   eas idem Buttmann: easdem G: eas Halm   19 praemuntur G: promuntur 'G.S.M.': praecipiuntur Buttmann: *expectes* traduntur   21 eam Radermacher: in eam G: illam Gertz: enim *p**: *fort.* id eam   institutio P: -tuto G   22 credas G (*cf. 8 pr. 12*): cedas ⟨naturae⟩ Christ, contra *numeros*   24 intuenti *1418*: -di G   25 aqua *1418* (*et 1416 marg.*): *in* G *rasura IV litt.* (atque H)   26 circumfusus P: -um G

senectutis sed tempore adulescentiae metiamur, abunde multos ad discendum annos habent: omnia enim breuiora reddet ordo et ratio et modus. Sed culpa est in praeceptoribus 14 prima, qui libenter detinent ⟨quos⟩ occupauerunt, partim
5 cupiditate diutius exigendi mercedulas, partim ambitione, quo difficilius ⟨uideatur esse⟩ quod pollicentur, partim etiam inscientia tradendi uel neglegentia: proxima in nobis, qui morari in eo quod nouimus ⟨quam⟩ discere quae nondum scimus melius putamus. Nam ut de nostris potissimum 15
10 studiis dicam, quid attinet tam multis annis quam in more est plurimorum, ut de iis a quibus magna in hoc pars aetatis absumitur taceam, declamitare in schola et tantum laboris in rebus falsis consumere, cum satis sit modico tempore imaginem ueri discriminis et dicendi leges comperisse? Quod 16
15 non eo dico quia sit umquam omittenda dicendi exercitatio, sed quia non in una sit eius specie consenescendum. * cognoscere et praecepta uiuendi perdiscere et in foro nos experiri potuimus dum scholastici sumus. Discendi ratio talis ut non multos ⟨poscat⟩ annos: quaelibet enim ex iis partibus quarum
20 habui mentionem in paucos libros contrahi solet, adeo non est infinito spatio ad traditionem opus. Reliqua est ⟨exercitatio⟩, quae uires cito facit, cum fecit tuetur. Rerum cognitio 17 cotidie crescit; et tamen quam multorum ad eam librorum necessaria lectio est, quibus aut rerum exempla ab historicis
25 aut dicendi ab oratoribus petuntur, philosophorum quoque

G]   1 tempore *p**: corpore *G*   3 modus *P*: mundos *G*
4 quos *marg. ed. Bas. 1529: in G ras. IV litt.*   5 cupiditate *1418*:
-tem *G*   exigendi *1418*: -ti *G*   ambitio *G*: *corr. p**   6 quo
1418: quod *G*   uideatur esse *Halm: in G rasura fere XIII litt.*:
sit *p**   7 inscientiam *G*: *corr. p**   8 quam *add. p**
11 his *G*   14 discriminis et *p**: discrimini sed *G*   15 quia
1418: qua *G*   omittenda *1416*: -am *G*   dicendi *P ante corr.*: discendi *G*: discenti *Radermacher*   16 *post* consenescendum *rasura
VIII litt. in G*: ius ciuile *suppl. Kiderlin 1888-2: alii alia*   19 *post*
multos *rasura VI litt. in G*: poscat *suppl. Halm (quod post* annos
*iam posuerat p**)   artibus *p**   20 contrahi *1418*: -his *G*
21 ad traditionem *Halm*: ac traditione *G*   21–2 *post* est *rasura fere
XII litt. in G: suppl. Halm*   22 fecit *Bonnell*: feci *G*   24 historicis *P*: -oriis *G*

743

12. 11. 18   M. FABI QVINTILIANI

consultorumque opiniones, si utilia uelimus legere, non,
18 quod ⟨ne fieri⟩ quidem potest, omnia. Sed breue nobis tempus
nos fecimus: quantulum enim studiis partimur! Alias horas
uanus salutandi labor, alias datum fabulis otium, alias
spectacula, alias conuiuia trahunt. Adice tot genera ludendi
et insanam corporis curam, peregrinationes, rura, calculorum
anxiam sollicitudinem, inuitamenta libidinum et uinum et
fractis omni genere uoluptatum animis ne ea quidem tem-
19 pora idonea quae supersunt. Quae si omnia studiis inpen-
derentur, iam nobis longa aetas et abunde satis ad discendum
spatii uideretur uel diurna tantum computantibus tempora,
ut nihil noctes, quarum bona pars omni somno longior est,
adiuuarent. Nunc computamus annos non quibus studuimus
20 sed quibus uiximus. Nec uero si geometrae ⟨et musici⟩ et
grammatici ceterarumque artium professores omnem suam
uitam, quamlibet longa fuerit, in singulis artibus con-
sumpserunt, sequitur ut pluris quasdam uitas ad plura
discenda desideremus. Neque enim illi didicerunt haec
usque in senectutem, sed ea sola didicisse contenti fuerunt
ac tot annos non in percipiendo exhauserunt ⟨sed in prae-
cipiendo⟩.
21   Ceterum, ut de Homero taceam, in quo nullius non artis
aut opera perfecta aut certe non dubia uestigia reperiuntur,
ut Elium Hippian transeam, ⟨qui non⟩ liberalium modo dis-
ciplinarum prae se scientiam tulit, sed uestem et anulum
crepidasque quae omnia manu sua fecerat in usu habuit,

G]   1 opiniones P: -one G   si utilia Christ: sic uti alia G
2 post quod rasura fere VII litt. in G: suppl. Halm   5 ad(i)ice
tot p*: adicet ut G   6 peregrinationes Vat. lat. 1762 (-atio iam
1418): peregrines G   7 anxiam ... inuitamenta Halm: ansia
sollicitudine multae eam G: pro illo inuitamenta possis tot exempla
et uinum del. Meister   8 fractis scripsi: flagitiis G: flagrantibus
Halm   ea 1416: eam G   11 uel Buttmann: ut G   diurna
1418: diuturna G   14 uero si 1418: ueros in G   post
geometrae rasura VII litt. in G: suppl. Halm   16 uitam 1418:
uiam G   18 discenda 1418: dicendi G   19 contenti 1416:
-tempti G   20 post exhauserunt rasura XII–XIII litt. in G:
suppl. Halm   23 aut[1] 1418: ut G   24 qui non P:
om. G

INSTITVTIO ORATORIA 12. 11. 26

atque ita se praeparauit ne cuius alterius ope egeret: inlusisse tot ⟨malis⟩ quot summa senectus habet uniuersae Graeciae credimus Gorgian, qui quaerere auditores de quo quisque uellet iubebat. Quae tandem ars digna litteris Platoni defuit? **22** Quot saeculis Aristoteles didicit ut non solum quae ad philosophos atque oratores pertinent scientia complecteretur, sed animalium satorumque naturas omnis perquireret? Illis haec inuenienda fuerunt, nobis cognoscenda sunt. Tot nos praeceptoribus, tot exemplis instruxit antiquitas, ut possit uideri nulla sorte nascendi aetas felicior quam nostra, cui docendae priores elaborarunt. M. igitur Cato, idem summus imperator, **23** idem sapiens, idem orator, idem historiae conditor, idem iuris, idem rerum rusticarum peritissimus fuit; inter tot operas militiae, tantas domi contentiones rudi saeculo litteras ⟨Graecas⟩ aetate iam declinata didicit, ut esset hominibus documento ea quoque percipi posse quae senes concupissent. Quam multa, paene omnia tradidit Varro! Quod **24** instrumentum dicendi M. Tullio defuit? Quid plura? cum etiam Cornelius Celsus, mediocri uir ingenio, non solum de his omnibus conscripserit artibus, sed amplius rei militaris et rusticae et medicinae praecepta reliquerit, dignus uel ipso proposito ut eum scisse omnia illa credamus.

At perficere tantum opus arduum, et nemo perfecit. Ante **25** omnia sufficit ad exhortationem studiorum capere id rerum naturam, nec quidquid non est factum ne fieri quidem posse, cum omnia quae magna sunt atque admirabilia tempus aliquod quo primum efficerentur habuissent: nam et **26** poesis ab Homero et Vergilio tantum fastigium accepit et

G, sed inde ab antiquitas (*l.* 9) *A*]   1 ope egeret *1418*: ope regeret *G*: opere egeret *Burn. 243*   inlusire *G*: *corr.* 'G.S.M.'   2 malis *suppl. Bonnell: in G rasura IV litt.*   quot *Bonnell*: quod *G*   3 qu(a)erere *P*: quaere *G*   4 platoni *P*: -nis *G*   5 quot *1418*: quod *G*   ut *1418*: ait *G*   ad *1416*: a *G*   10 forte *A*: *corr. ed. Asc. 1531*   13 fuit *om. ed. Vasc. 1542*   15 gr(a)ecas *1418*: *om. A*   25 nec *Zumpt*: eo *G*: et *A*: alioqui *Kiderlin 1887-1* (*recepto infra* posset *ex A*[1])   26–7 cum . . . habuissent (*ex* -isse) *A*: tum . . . habuisse *ed. Camp.*: *malim* cum (constet) . . . habuisse   28 poesis *A* (poetas *G*): poetica *p* (*Halm*)

12. 11. 27   M. FABI QVINTILIANI

eloquentia a Demosthene atque Cicerone, denique quidquid
est optimum ante non fuerat. Verum etiam si qui summa
desperet (quod cur faciat cui ingenium ualetudo facultas
praeceptores non deerunt?), tamen est, ut Cicero ait, pul-
27 chrum in secundis tertiisque consistere. Neque enim si quis
Achillis gloriam in rebus bellicis consequi non potest, Aiacis
aut Diomedis laudem aspernabitur, nec qui Homeri non
fuerunt *. Quin immo si hanc cogitationem homines habuissent, ut nemo se meliorem fore eo qui optimus fuisset
arbitraretur, ii ipsi qui sunt optimi non fuissent, nec post
Lucretium ac Macrum Vergilius nec post Crassum et Horten-
28 sium Cicero, sed nec illi qui post eos fuerunt. Verum ut transeundi spes non sit, magna tamen est dignitas subsequendi.
An Pollio et Messala, qui iam Cicerone arcem tenente
eloquentiae agere coeperunt, parum in uita dignitatis
habuerunt, parum ad posteros gloriae tradiderunt? Alioqui
pessime de rebus humanis perductae in summum artes
mererentur, si quod optimum, ⟨idem ultimum⟩ fuisset.
29 Adde quod magnos modica quoque eloquentia parit fructus,
ac si quis haec studia utilitate sola metiatur, paene illi per-
fectae par est. Neque erat difficile uel ueteribus uel nouis
exemplis palam facere non aliunde maiores opes honores
amicitias, laudem praesentem futuram hominibus contigisse,
nisi indignum litteris esset ab opere pulcherrimo, cuius tractatus atque ipsa possessio plenissimam studiis gratiam refert,
hanc minorem exigere mercedem, more eorum qui a se non
uirtutes sed uoluptatem quae fit ex uirtutibus peti dicunt.
30 Ipsam igitur orandi maiestatem, qua nihil di inmortales

   4 *orat.* 4

A]   2 quis *a*   8 fuerunt *G*: tyrthei *a in ras.*: fuerunt, ⟨non
fuerunt Tyrtaei⟩ *Radermacher: alii alia*   12 qui . . . fuerunt *a
in ras.*: post eos uicerunt *G*: *locus nonnullis suspectus*   18 *suppl.
Buttmann*   fuisset ⟨defuisset⟩ *a* (*nisi uoluit hoc substituere*)
23 gloriam *add. post* futuram *Radermacher, ante* illud *Meister*
27 fit *P*: sit *A*

INSTITVTIO ORATORIA 12. 11. 31

melius homini dederunt et qua remota muta sunt omnia et luce praesenti ac memoria posteritatis carent, toto animo petamus, nitamurque semper ad optima, quod facientes aut euademus in summum aut certe multos infra nos uidebimus.

Haec erant, Marcelle Vitori, quibus praecepta dicendi pro 31 uirili parte adiuuari posse per nos uidebantur, quorum cognitio studiosis iuuenibus si non magnam utilitatem adferet, at certe, quod magis petimus, bonam uoluntatem.

A] 5 Marcelle *P*: m̄ *A* 7 afferet *1418*: afferrent *A*
8 uoluntatem. FINIT AMEN *A*

INDEX NOMINVM ET LOCORVM

Academia 12. 2. 23, 25. Academici 12. 1. 35.
Accius 1. 7. 14; 1. 8. 11; 5. 13. 43; 10. 1. 97. cf. etiam 5. 10. 84.
Achilles 1. 5. 63; 1. 10. 30; 2. 17. 8; 3. 7. 12; 3. 8. 53; 7. 2. 7; 7. 9. 8; 8. 4. 24; 10. 1. 47, 50, 65; 12. 11. 27.
Acidus 6. 3. 53.
Acisculus 6. 3. 53.
Aeacides 7. 9. 6.
(Sex.) Aebutius[1] 9. 3. 22, 80.
Aegialeus 8. 6. 34.
Aegyptus 1. 5. 38; 1. 12. 15; 3. 8. 33.
Aelius Catus 8. 6. 37. (Stilo) 1. 6. 36; 10. 1. 99.
(Aemilius) Scaurus 5. 12. 10; 5. 13. 55.
Aeneas 11. 3. 176. Aenea 1. 5. 61.
Aenobarbus 6. 1. 50.
Aeolis 1. 4. 16. Aeolicus 1. 4. 8; 1. 6. 31; 1. 7. 26; 8. 3. 59; 12. 10. 29.
Aeolus 8. 4. 18.
Aërope 11. 3. 73.
Aeschines 2. 17. 12; 4. 1. 66; 4. 4. 5; 10. 1. 22, 77; 11. 3. 7; 12. 10. 19, 23.
(in) Ctes(iphontem) 7. 1. 2. 133: 11. 3. 168.
206: 3. 6. 3; 5. 13. 42; 6. 1. 20.
210: 11. 3. 168.
Aeschines Socraticus 5. 11. 27.
Aeschylus 10. 1. 66.

Aesopus 1. 9. 2; 5. 11. 19. αἰσώπειοι λόγοι 5. 11. 20. [tragoedus] 11. 3. 111.
Aetoli 10. 1. 49.
Afranius 10. 1. 100.
Afri 11. 1. 80. Afrum nomen 1. 5. 8. u. etiam Domitius.
Africa 3. 8. 17, 33; 4. 2. 109; 5. 13. 31; 7. 2. 6; 9. 4. 73; 11. 1. 78; 11. 3. 162.
Africani 9. 4. 14; 12. 10. 10. u. Iulius, Scipio.
Agamemnon 3. 7. 12; 3. 11. 5–6, 20; 9. 3. 57; 11. 1. 37.
Agatharcus 11. 2. 14.
Aglaophon 12. 10. 3.
Agnon 2. 17. 15.
Agrippa 1. 4. 25. u. Menenius.
Ahala u. Seruilius.
Aiax (Telamonius) 4. 2. 13; 5. 10. 41; 5. 11. 40; 7. 9. 2; 8. 4. 24; 11. 3. 73; 12. 11. 27. Oïlei filius 7. 9. 2.
Alba 1. 6. 15. Albanus 1. 6. 15; 5. 13. 40; 9. 2. 38; 9. 3. 26; 11. 1. 34; 11. 3. 115, 167, 172; 12. 10. 62. Albanum 6. 3. 44. Albenses 1. 6. 15.
Albucius 2. 15. 36; 3. 3. 4; 3. 6. 62.
Alcaeus 10. 1. 63.
Alcamenes 12. 10. 8.
Alcibiades 8. 4. 23.
Alcidamas Elaites 3. 1. 10.
Alexander 1. 1. 9, 23–4; 2. 20. 3; 3. 8. 16; 5. 10. 42, 111–12, 117–18; 8. 5. 24; 12. 10. 6.
Alexanter 1. 4. 16.

[1] i.e. altero loco adest praenomen, altero deest.

INDEX NOMINVM ET LOCORVM

Alexandria 1. 5. 38; 4. 2. 18.
  Alexandrinae deliciae 1. 2. 7.
Allobroges 11. 1. 89.
Alpes 8. 6. 17.
Ammon 9. 3. 48.
Amphictyones 5. 10. 111, 115, 118.
Amphion 12. 10. 57.
T. Ampius 3. 8. 50.
Amyclaeus canis 9. 3. 51.
Anacreontion colon 9. 4. 78.
Anaxagoras 12. 2. 22.
Anaximenes 3. 4. 9.
Anchariana familia 4. 1. 74; 5. 13. 28; 7. 2. 10; 9. 2. 56.
Anchises 8. 6. 42. Anchisa 1. 5. 61.
Andocides 12. 10. 21.
Andromache 6. 2. 22.
Andronicus 11. 3. 7.
Angitia 9. 3. 34.
Sex. Annalis 6. 3. 86.
Anticato 1. 5. 68.
Antigonus 2. 13. 12.
Antimachus 10. 1. 53.
Antipater Sidonius 10. 7. 19.
Antiphilus 12. 10. 6.
Antiphon 3. 1. 11; 12. 10. 22.
Antoniaster 8. 3. 22.
(C). Antonius 4. 2. 123–4; 9. 3. 58, 94. (M.) Antonius [orator] 2. 15. 7; 2. 17. 5–6; 3. 1. 19; 3. 6. 45; 7. 3. 16; 8 pr. 13; 11. 3. 8, 171, 184; 12. 1. 21; 12. 9. 5. [triumuir] 3. 8. 46; 5. 13. 38; 7. 3. 18; 8. 4. 8, 16, 25; 8. 6. 70; 9. 3. 61, 86; 11. 1. 25–6. Antonius Gnipho 1. 6. 23. Antonius Rufus 1. 5. 43.
Apelles 2. 13. 12; 12. 10. 6.
Apollas 11. 2. 14.
Apollo 3. 7. 8; 8. 3. 73; 8. 6. 52.
Apollodorus [historicus] 11. 2. 14. (Pergamenus) 2. 15. 12; 3. 1. 1, 17–18; 3. 5. 17–18; 3. 6. 35–6; 3. 11. 3; 4. 1. 50; 4. 2. 31; 5. 13. 59; 7. 2. 20; 9. 1. 12. (Apollodoreus 2. 11. 2; 3. 1. 18.)
Apollonia 3. 1. 17.
Apollonius [poeta] 10. 1. 54. Drepanitanus 9. 2. 52. Molon 3. 1. 16; 12. 6. 7.
Appenninus 9. 4. 65.
Appius [decemuir] 5. 13. 35. (Caecus) 2. 16. 7; 3. 8. 54; 11. 1. 39; 12. 9. 9 (?); 12. 10. 61. Pulcher 8. 3. 35. [inimicus Milonis] 9. 3. 31.
Apri 11. 2. 31.
M'. Aquilius 2. 15. 7.
Aratus 10. 1. 46, 55.
Araxes 8. 6. 11.
Arcades 8. 6. 21.
Archedemus 3. 6. 31, 33.
Archias u. Licinius.
Archilochus 10. 1. 59.
Archimedes 1. 10. 48.
Archytas 1. 10. 17.
Areus 2. 15. 36; 3. 1. 16.
Argi 6. 2. 33; 9. 4. 140. **Argiui** 8. 6. 10.
Argiletum 1. 6. 31.
Arion 6. 3. 41.
Ariopagitae 5. 9. 13.
Aristarchus 1. 4. 20; 10. 1. 54, 59.
Aristippus 12. 2. 24.
Aristogiton 12. 10. 22.
Ariston 2. 15. 19.
Aristophanes [poeta] 1. 10. 18; 10. 1. 66; 12. 10. 65. cf. etiam 2. 16. 3; 12. 10. 24. (grammaticus) 1. 1. 15; 10. 1. 54.
Aristophon 5. 12. 10.
Aristoteles 1. 1. 23; 1. 4. 18; 2. 15. 10; 3. 1. 13–15; 3. 4. 1; 10. 1. 83; 12. 11. 22.
  cat(egoriae) 1ᵇ25 seq.: 3. 6. 23 seq.

INDEX NOMINVM ET LOCORVM

Grylus 2. 17. 14.
rhet(orica)
　1355[b]: 2. 15. 16 (cf. 13); 5.
　　1. 1.
　1356[a]: 2. 17. 14; 5. 12. 9.
　1358[b]: 2. 21. 23; 3. 7. 1.
　1367: 3. 7. 23, 25.
　1374[a]: 3. 6. 49.
　1377[b] seq.: 5. 10. 17.
　1404[b]: 8. 3. 6.
　1408[b]: 8. 3. 37; 9. 4. 88.
　1409[a]: 9. 4. 87.
　1414[a]: 3. 8. 63; 3. 9. 5.
　1415[b]: 3. 8. 8; 4. 1. 72; 12.
　　10. 52.
　1416[a]: 3. 6. 49, 60.
　1416[b]: 4. 2. 32.
　1417[b]: 3. 6. 49.
soph(istici) elench(i) 166[a]: 7.
　9. 8.
Aristoxenus 1. 10. 22 (cf. adnot.
　ad 17).
Arruntius 3. 11. 14.
C. Artorius Proculus 9. 1. 2.
Asia 1. 5. 17; 9. 3. 43; 11. 2. 50;
　11. 3. 162; 12. 6. 7; 12. 10. 16.
Asianus 8 pr. 17; 9. 4. 103;
　12. 10. 1, 12, 16–17. Asiane
　12. 10. 18.
Asinius [Gallus] 12. 1. 22. (Asi-
　nius) (Pollio) 1. 5. 8, 56; 1. 6.
　42; 1. 8. 11; 4. 1. 11; 6. 1. 21;
　6. 3. 110; 7. 2. 26; 8. 1. 3; 8.
　3. 32; 9. 2. 9, 24, 34; 9. 3. 13;
　9. 4. 76, 132; 10. 1. 22, 24, 113;
　10. 2. 17, 25; 12. 1. 22; 12. 6. 1;
　12. 10. 11; 12. 11. 28.
Aspasia 5. 11. 27.
Asprenas 1. 5. 62; 10. 1. 22; 11.
　1. 57.
Atalante 5. 9. 12.
Atellanius mos 6. 3. 47.
Athenae 1. 12. 15; 2. 16. 4; 3. 7.
　24; 5. 9. 5, 7; 6. 1. 7; 6. 3. 107;
　7. 2. 4; 10. 1. 76; 11. 3. 123;
　12. 10. 9, 19. Athenienses 1.
　10. 47–8; 2. 16. 8; 5. 11. 38,
　40; 6. 5. 7; 9. 2. 92; 10. 1. 66.
Athenaeus 2. 15. 23; 3. 1. 16;
　3. 3. 13; 3. 5. 5; 3. 6. 47.
Athenodorus Rhodius 2. 17. 15.
Atratinus 11. 1. 68.
Atreus 1. 5. 24; 3. 8. 45; 9. 3. 57.
　Atridae 7. 2. 3.
Atticus [amicus Ciceronis] 6. 3.
　109. [rhetor] 3. 1. 18. Attici
　6. 1. 7; 6. 3. 18; 9. 4. 145; 10.
　1. 80, 100, 107, 115; 10. 2. 17;
　12. 10. 14, 16–17, 39. Atticus
　8. 1. 2; 8. 3. 28, 59; 10. 1. 65;
　12. 10. 1, 19, 25, 35. Attice
　12. 10. 18.
Attius 5. 13. 33, 42.
Aufidia 4. 2. 106; 6. 1. 20; 10. 1. 22.
Aufidius Bassus 10. 1. 103.
Augustus 1. 6. 19; 1. 7. 22; 3. 1.
　17 (Caesar A.); 6. 3. 52, 59,
　63–5, 74, 77, 79, 95; 8. 3. 34;
　12. 6. 1 (Caesar A.). u. Caesar,
　Domitianus.
Aulis 9. 2. 39.
Aurelius 11. 2. 31.

Babylon 8. 5. 24.
Bagoas 5. 12. 21.
Bellii 1. 4. 15.
Beneuentum 1. 6. 31.
Berenice 4. 1. 19.
Bibaculus 10. 1. 96. cf. 8. 6. 17.
†P. Blessius† 6. 3. 58.
Bostar 5. 13. 28; 7. 2. 10.
Bouillae 6. 3. 49.
Britannia 7. 4. 2. Britannus 8. 3.
　28.
Bruges 1. 4. 15.
Brutus [interfector liberorum]
　5. 11. 7. [accusator Planci] 6.
　3. 43–4. [tyrannicida] 1. 10. 4;

751

INDEX NOMINVM ET LOCORVM

Brutus (*cont.*):
2. 20. 9; 3. 6. 93; 6. 3. 20; 8.
6. 20; 9. 1. 41; 9. 3. 86, 95;
9. 4. 41, 63, 75–6; 10. 1. 23,
123; 10. 5. 20; 10. 7. 27; 11. 1.
5; 12. 1. 22; 12. 10. 11. Bruti
1. 6. 31.
Bulbus 4. 2. 107.
Burrus 1. 4. 15. Burri 1. 4. 25.
Busiris 2. 17. 4.

Caecilius [poeta] 1. 8. 11; 10. 1.
99 (Caecilianus pater 11. 1.
39). Q. Caecilius 5. 13. 18;
7. 2. 2; 9. 2. 59; 11. 1. 20.
[rhetor] 3. 1. 16; 3. 6. 48; 5.
10. 7; 9. 1. 12; 9. 3. 38, 46, 89,
91, 98 (cf. adnot. ad 8. 3. 35).
(A.) Caecina 9. 3. 22, 80.
(M.) Caelius 1. 5. 61; 1. 6. 29, 42;
4. 2. 123; 6. 3. 25; 8. 6. 53;
9. 3. 58; 10. 1. 115; 10. 2. 25;
11. 1. 51; 12. 10. 11; 12. 11. 6.
Caeliana pyxis 6. 3. 25.
Caelus 1. 6. 36.
Caepasius 6. 3. 39. Caepasii 4. 2.
19; 6. 1. 41.
Caerellia 6. 3. 112.
(C.) Caesar [dictator] 1. 5. 63;
1. 7. 21, 34; 1. 8. 2; 3. 7. 28;
3. 8. 19, 21, 31, 42, 47, 49, 55;
4. 1. 39; 5. 11. 42; 5. 13. 5, 20;
6. 1. 31; 6. 3. 61, 75, 91, 108–9,
111–12; 7. 2. 6; 7. 4. 2, 17; 8.
2. 9; 8. 4. 20; 8. 5. 7, 10; 9. 2.
28; 9. 3. 61; 10. 1. 38, 114;
10. 2. 25; 11. 1. 38, 80; 11. 3.
108, 110, 166; 12. 6. 1; 12. 7.
4; 12. 10. 11. C. Caesar (nepos
Augusti) 1. 6. 19. nomen usur-
patum de Augusto 9. 3. 24;
de Claudio 6. 3. 81; de Nerone
6. 1. 14; 8. 5. 15; de Domitiano
10. 1. 92; incertum ad quem
spectent 6. 3. 62, 78; 9. 4. 132.
u. etiam Augustus, Claudius,
Tiberius, Iulius.
Caesius Bassus 10. 1. 96.
Calamis 12. 10. 7.
Calchas 2. 13. 13.
(M.) Calidius 10. 1. 23; 11. 3. 123,
155; 12. 10. 11, 39.
Callicles 2. 15. 28.
Callimachus 10. 1. 58; 11. 2.
14 (?).
Callon 12. 10. 7. Callones 12.
10. 10.
Caluus 1. 6. 42; 6. 1. 13; 6. 3. 60;
9. 2. 25; 9. 3. 56; 10. 1. 115;
10. 2. 25; 12. 1. 22; 12. 6. 1;
12. 10. 11.
Calypso 1. 5. 63.
Camillus 1. 5. 22. Camilli 9. 3. 24.
Campatius 6. 3. 71.
Cannae 8. 6. 26.
Canobos 1. 5. 13. Canopitae 1. 5.
13.
Capitolium 1. 6. 31; 11. 3. 115.
C. Carbo 10. 7. 27.
Caria 11. 3. 58.
Carneades 12. 1. 35.
Carthago 2. 13. 14; 3. 8. 17; 8.
6. 30, 43. Carthaginienses 9.
3. 31,
Casander 5. 10. 111, 118.
Cascellius 6. 3. 87.
Cassantra 1. 4. 16.
C. Cassius 6. 3. 90. (Cassius)
(Seuerus) 5. 11. 24 (?); 6. 1. 43;
6. 3. 27, 78–9; 8. 2. 2; 8. 3. 89;
10. 1. 22, 116; 11. 1. 57; 11. 3.
133; 12. 10. 11.
Castor 1. 5. 60; 11. 2. 11.
(L.) Catilina 2. 16. 7; 3. 8. 9, 45;
5. 2. 4; 5. 10. 99; 5. 11. 11;
8. 4. 13–14; 9. 2. 7, 32; 9. 3.
19, 45, 62; 11. 1. 23.
Catius 10. 1. 124.

INDEX NOMINVM ET LOCORVM

(M.) Cato (Censorius) 1. 6. 42;
1. 7. 23; 2. 5. 21; 2. 15. 8;
3. 1. 19; 3. 6. 97; 5. 11. 39;
6. 3. 105; 8. 3. 29; 8. 5. 33;
8. 6. 9; 9. 2. 21; 9. 4. 39; 12.
1. 1, 35; 12. 3. 9; 12. 7. 4;
12. 10. 39, 45; 12. 11. 23. (M.)
Cato [Vticensis] 3. 5. 8, 11, 13;
3. 8. 37, 49; 5. 11. 10; 6. 3. 112;
8. 2. 9; 9. 2. 25; 9. 4. 75; 10. 5.
13; 11. 1. 36, 69; 12. 7. 4.
Catullus 10. 1. 96.
   29. 1–2: 9. 4. 141.
   62. 45: 9. 3. 16.
   84: 1. 5. 20.
   86. 4: 6. 3. 18.
   93: 11. 1. 38.
   97. 6: 1. 5. 8.
Catulus 6. 3. 81; 11. 3. 35.
Caudinum iugum 3. 8. 3.
Celsina 6. 3. 85.
Celsus u. Cornelius.
Centaurus 8. 6. 37.
Ceres 1. 6. 14; 3. 7. 8; 8. 6. 23–4.
Cestius 10. 5. 20.
(M.) Cethegus 1. 5. 23; 2. 15. 4;
11. 3. 31.
Chaeronea 9. 2. 62.
Chalcidicus uersus 10. 1. 56.
Chaos 3. 7. 8.
Charisius 10. 1. 70.
Charmadas 11. 2. 26.
Charybdis 8. 6. 70, 72; 12. 10. 62.
Chiron 1. 10. 30; 8. 6. 37.
Chremes 8. 2. 16.
Chrysippus [philosophus] 1. 1. 4,
16; 1. 3. 14; 1. 10. 32; 1. 11.
17; 2. 15. 34; 12. 1. 18; 12. 7.
9. alter 6. 3. 61.
Chrysogonus 4. 2. 3, 19.
Cicero u. Tullius.
Cimber 8. 3. 29.
Cimbricum scutum 6. 3. 38.
†Cincilius† 8. 3. 35.

Cinna [popularis] 5. 10. 30.
[poeta] 10. 4. 4.
Claudius [imperator] 1. 7. 26; 6.
3. 81 (Claudius Caesar); 8. 5.
16. u. etiam Caesar.
Cleanthes 2. 15. 34; 2. 17. 41;
12. 1. 18; 12. 7. 9.
Cleomenes 9. 3. 43.
Cleon 11. 3. 123.
Clitarchus 10. 1. 74.
Cloatilla 8. 5. 16; 9. 2. 20; 9. 3.
66; 9. 4. 31.
Clodia 3. 8. 54; 5. 13. 30; 9. 2. 99.
(P.) Clodius 2. 4. 35; 3. 5. 10;
3. 6. 12; 3. 8. 54; 3. 11. 15, 17;
4. 2. 25, 57, 88; 4. 5. 15; 5. 2.
4; 5. 10. 41, 50; 5. 11. 12;
5. 14. 22; 6. 3. 49; 6. 5. 10;
7. 1. 34–6; 7. 2. 43, 45; 8. 6. 7;
9. 2. 41, 54; 10. 5. 13; 11. 1.
39. Sex. Clodius Phormio 6.
3. 56.
(A.) (Cluentius) (Habitus) 4. 2.
16, 130; 4. 5. 11; 5. 10. 68;
5. 11. 13; 5. 13. 32, 39, 42; 6.
5. 9; 11. 1. 61; 11. 3. 162.
Cluentianum iudicium 11. 1.
74.
(Clusinius) Figulus 7. 2. 4–5, 26.
Clytaemestra 2. 17. 4; 3. 11. 4–6,
20; 8. 6. 53.
Coccus 12. 10. 21.
Colotes Teius 2. 13. 13.
Cominius 9. 2. 55.
C. Considius 4. 2. 109.
Corax (Siculus) 2. 17. 7; 3. 1. 8.
Cordus 1. 4. 25.
Corinthus 8. 6. 52. Corinthia
aera 8. 2. 8. Corinthia uerba
8. 3. 28.
Cornelia 1. 1. 6.
(C.) Cornelius [trib. pl.] 4. 4. 8;
5. 13. 18, 26; 10. 5. 13. (Cor-
nelius) Celsus 2. 15. 22, 32;

753

INDEX NOMINVM ET LOCORVM

(Cornelius) Celsus (*cont.*):
3. 1. 21; 3. 5. 3; 3. 6. 13, 38;
3. 7. 25; 4. 1. 12; 4. 2. 9; 5. 10.
4 (adn.), 10 (adn.); 7. 1. 10;
7. 2. 19; 8. 3. 35, 47; 9. 1. 18;
9. 2. 22, 40, 54, 101–2, 104,
107; 9. 4. 132, 137; 10. 1. 23,
124; 12. 11. 24. (Cornelius)
Gallus 1. 5. 8; 9. 3. 44; 10. 1.
93. Cornelius Rufinus 12. 1.
43. Cornelius Seuerus 10. 1.
89. Cornelii 5. 10. 30.

Cornificius 3. 1. 21; 5. 10. 2; 9. 2.
27; 9. 3. 71, 89, 91, 98. laudantur *rhet*(*orica ad*) *Her*(*ennium*)
4 passim: 9. 3. 98.
    4. 20: 9. 3. 31, 71.
       21: 9. 3. 70.
       25: 5. 10. 2.
       29: 9. 3. 70.
       30: 9. 3. 72.
       34: 9. 3. 56.
       35: 9. 3. 91.
       39: 9. 3. 85.
       40: 9. 3. 88.
       48: 9. 2. 27.
       55, 65: 9. 2. 31.

'Coruinum' 7. 9. 4.
Corydon 9. 3. 28.
Cos 8. 6. 71.
Cossutianus Capito 6. 1. 14.
L. Cotta 11. 3. 10. (M.) Cotta
5. 10. 69; 5. 13. 20, 30; 6. 5.
10; 11. 1. 67. Cottae 1. 4.
25.
Crannon 11. 2. 14.
(L.) Crassus [orator] 1. 11. 18;
2. 4. 42; 2. 20. 9; 6. 3. 43–4;
7. 6. 9; 8 pr. 14; 8. 3. 89; 10.
3. 1; 10. 5. 2; 11. 1. 4, 37; 11.
3. 8, 94; 12. 2. 5; 12. 10. 11;
12. 11. 4, 27. Crassus diues
11. 2. 50.
Crates 1. 9. 5.

Cratinus 10. 1. 66.
Cremutius 10. 1. 104.
Cressa pharetra 9. 3. 51.
Crispus 11. 2. 31. u. Passienus.
Critolaus (Peripateticus) 2. 15.
19, 23; 2. 17. 15.
Ctesiphon u. Aeschines, Demosthenes.
Culchides 1. 4. 16.
Cupido 2. 4. 26.
Curetes 10. 1. 49.
Curio 6. 3. 76. Curio pater 11. 3.
129.
Curius 7. 2. 38; 9. 3. 18. M'.
Curius 6. 3. 72. Curii 12. 2. 30.
Curianum iudicium 7. 6. 9.
Cyclades 8. 6. 68.
Cyclops 8. 3. 84; 8. 4. 24.
Cynicus 4. 2. 30.
Cyrus 11. 2. 50.

Daedalus 8. 6. 18.
Damon 9. 2. 13.
Danai 9. 2. 39.
Dardanius adulter 9. 2. 49.
Decii 9. 3. 24; 12. 2. 30.
Delos 8. 3. 73.
Delphicum oraculum 10. 1. 81.
Demades 2. 17. 12; 12. 10. 49.
Demeas, 7. 9. 10; 8. 2. 16.
Demetrius [statuarius] 12. 10. 9.
[comoedus] 11. 3. 178–9. Demetrius Phalereus 2. 4. 41; 10. 1.
33, 80. (cf. 9. 3. 84).
Demoleos 8. 4. 25.
Demosthenes 1. 11. 5; 2. 5. 16;
3. 6. 3; 3. 8. 5; 4. 1. 66, 68; 5.
13. 42; 5. 14. 32; 6. 1. 20; 6. 2.
24; 6. 3. 2, 21; 8. 5. 33; 9. 1.
40; 9. 2. 98; 9. 4. 17, 36, 55,
97, 146; 10. 1. 22, 24, 39, 76,
105, 108; 10. 2. 24; 10. 3. 25,
30; 11. 3. 6, 54, 68, 130; 12. 1
14–15, 22; 12. 2. 22; 12. 6. 1;

INDEX NOMINVM ET LOCORVM

12. 9. 16; 12. 10. 23, 26, 52, 54; 12. 11. 26.
(in) *Androt(ionem)* 7: 5. 14. 4.
(*pro Ctesiphonte* =) *de cor(ona)*
    4. 1. 32; 7. 1. 2; 11. 1. 22;
    11. 3. 97.
    1: 9. 4. 63–4, 73.
    3: 9. 2. 54.
    18: 4. 2. 131.
    128: 11. 1. 22.
    179: 9. 3. 55.
    208: 9. 2. 62; 11. 3. 168; 12. 10. 24.
    291: 11. 3. 168.
(in) *Mid(iam)* 72: 6. 1. 17.
(in) *Phil(ippum)* 3. 8. 65.
    1. 2: 6. 5. 7.
    3. 17: 9. 4. 63.
Diana 3. 7. 8.
Didius Gallus 6. 3. 68.
Dido 9. 2. 64.
Didymus 1. 8. 20.
Diiouis Victor 1. 4. 17.
Diogenes Babylonius 1. 1. 9.
Diomedes 11. 1. 37; 12. 11. 27.
Dion 1. 10. 48. [rhetor] 3. 3. 8.
Dionysius [tyrannus ille primus] 5. 11. 8; 8. 6. 72. [filius] 1. 10. 48; 8. 6. 52. Dionysius (Halicarnasseus) 3. 1. 16; 9. 3. 89; 9. 4. 88.
Ditis 1. 6. 34.
P. Dolabella 4. 2. 132. Dolabella [ereptor Ciliciae] 9. 1. 16. [gener Ciceronis] 6. 3. 73 (?), 99; 8. 2. 4; 12. 11. 6. [aequalis Augusti] 6. 3. 79.
Dolopes 9. 2. 37.
Domitia [uxor Passieni] 6. 1. 50; 6. 3. 74.
(Domitianus) (Germanicus) (Augustus) 4 pr. 2; 10. 1. 91. cf. etiam 3. 7. 9. u. Caesar.
Domitius [incertum quis] 3. 1.
18. L. Domitius 4. 2. 17. (Domitius) Afer 5. 7. 7; 5. 10. 79; 6. 3. 27, 32, 42, 54, 68, 81, 84–5, 92–3; 8. 5. 3, 16; 9. 2. 20; 9. 3. 66, 79; 9. 4. 31; 10. 1. 24, 86, 118; 11. 3. 126; 12. 10. 11; 12. 11. 3. (Domitius) Marsus 6. 3. 102, 108, 111.
Dorica 8. 3. 59.
Drances 9. 2. 49; 11. 3. 176.
Duellii 1. 4. 15.
Duilius 1. 7. 12.

Egeria 2. 4. 19.
(Cn.) Egnatius 5. 13. 32–3.
Elis 12. 10. 9.
Empedocles 1. 4. 4; 3. 1. 8.
Empylus Rhodius 10. 6. 4.
Ennius 1. 8. 11; 9. 2. 36; 10. 1. 88.
    ann(ales, Vahlen[2]) 68, 70: 1. 6. 12.
    126: 1. 5. 12.
    174: 6. 3. 86.
    179: 7. 9. 6.
    214: 9. 4. 115.
    304–5: 11. 3. 31.
    308: 2. 15. 4.
    483: 2. 17. 24.
    486: 8. 6. 9.
    Medea frg. 1: 5. 10. 84.
Ephorus 2. 8. 11; 9. 4. 87; 10. 1. 74.
Epicurus 2. 17. 15; 5. 7. 35; 7. 3. 5; 10. 2. 15; 12. 2. 24. Epicurii 10. 1. 124 (cf. 6. 3. 78).
Eratosthenes 1. 1. 16; 11. 2. 14.
Erucius 8. 3. 22.
Erymanthius aper 6. 3. 55.
Euathlus 3. 1. 10.
Eudorus 2. 15. 16.
Euenus 1. 10. 17.
Euphorion 10. 1. 56; 11. 2. 14.
Euphranor 12. 10. 6, 12.

INDEX NOMINVM ET LOCORVM

Eupolis 1. 10. 18; 10. 1. 66 (cf. 82); 12. 10. 65.
Euripides 10. 1. 67.
 Philoctetes 3. 1. 14.
 Phoeniss(ae) 636–7: 5. 10. 31.
Europa 1. 5. 17.
Eurypylus Larissaeus 11. 2. 14.
Euthia 1. 5. 61.

Fabia [uxor Dolabellae] 6. 3. 73.
Fabius (Cunctator) 2. 17. 19; 3. 8. 37; 8. 2. 11; 11. 2. 30. Fabius Pictor 1. 6. 12. Fabius Maximus [aequalis Caesaris] 6. 3. 61. Fabius Maximus [aequalis Augusti] 6. 3. 52. Fabii 3. 8. 19. Fabius fornix 6. 3. 67.
Fabricius 7. 2. 38; 9. 3. 18; 12. 1. 43. (C.) Fabricius 6. 3. 39–40. Fabricii 12. 2. 30.
Fama 9. 2. 36.
(C.) Fannius 7. 9. 12.
Fauni 9. 4. 115.
Fidenates 3. 8. 37.
C. Fidiculanius Falcula 9. 2. 8.
Figulus u. Clusinius.
Flaminius 2. 16. 5.
Flauius 9. 3. 58. alter 8. 3. 22.
Flauus u. Verginius.
Floralia 1. 5. 52.
Fonteius 6. 3. 51.
Fucinus 9. 3. 34.
Fulcinius 4. 2. 49.
Fuluius 6. 3. 100.
Fundanius u. Tullius.
Furia 9. 3. 70.
Furii, Fusii 1. 4. 13.

Gabba 6. 3. 27, 64, 66, 80, 90 (fortasse etiam 62).
Gaia, Gaius 1. 7. 28.
Galba [competitor Ciceronis] 5. 11. 11. L. Galba 6. 3. 62. Seruius Galba 2. 15. 8. Galbae 1. 4. 25; 1. 7. 19.
Galli 3. 8. 19–20; 6. 3. 79; 8. 4. 20 (Gallus 1. 5. 68; 6. 3. 38). Gallia 1. 5. 8. Galliae 8. 5. 15; 10. 3. 13. Gallicum (uerbum) 1. 5. 57, 68 (cf. 8. 3. 28). u. Cornelius.
Gallio (pater) 3. 1. 21; 9. 2. 91.
Gauius 1. 6. 36.
Germani 8. 4. 20; 8. 5. 24 (cf. etiam 8. 3. 29). Germania 3. 8. 19, 21. Germanicum bellum 10. 1. 103.
[Germanicus] *Arat.* 343: 9. 4. 65. u. Domitianus.
Geta 1 pr. 6.
Glaucia 8. 6. 15. Glauciae 2. 16. 5.
Glaucus Carystius 11. 2. 14.
Glycerium 1. 4. 24.
Glyco Spiridion 6. 1. 41.
Gnaeus 1. 7. 29.
Gorgias (Leontinus) 2. 15. 5, 10, 18, 27; 2. 16. 3; 2. 21. 1, 4, 21; 3. 1. 8, 12–13; 3. 8. 9; 9. 2. 102; 9. 3. 74; 12. 11. 21. [rhetor recentior] 9. 2. 102, 106.
(C.) Gracchus 1. 10. 27; 9. 4. 15; 11. 3. 8 (Gracchanum illud 11. 3. 115). (Ti.) Gracchus 5. 13. 24; 7. 4. 13; 8. 4. 13–14. Gracchi 1. 1. 6; 2. 5. 21; 3. 7. 21; 5. 11. 6; 8. 5. 33; 12. 10. 10, 45. Gracci 1. 5. 20.
Graeci 1. 1. 35; 1. 4. 9, 14, 26 et passim. Graecia 1. 11. 17; 3. 4. 14; 12. 2. 22; 12. 10. 28; 12. 11. 21. Graece e.g. 1. 1. 13.
Graii 8. 3. 84; 8. 4. 21.
Gratiae 1. 10. 21; 10. 1. 82.
Ti. Gutta 5. 10. 108.

Halonnesus 3. 8. 5.

INDEX NOMINVM ET LOCORVM

Hannibal 2. 17. 19; 3. 8. 17; 5. 10. 48; 8. 2. 9; 8. 4. 20; 8. 6. 26.
Hecuba 9. 3. 77. Hecoba 1. 4. 16.
Hegesias 12. 10. 7.
Heius 7. 4. 36.
Helena 3. 8. 9; 8. 4. 21.
Hellespontus 4. 2. 2.
(Heluius) Mancia 6. 3. 38.
Hercules 3. 7. 6; 6. 1. 36; 6. 3. 55; 7. 2. 7; 8. 6. 71; 10. 1. 56; 11. 3. 73.
Hermagoras 2. 15. 14; 2. 21. 21; 3. 1. 16; 3. 3. 9; 3. 5. 4, 14; 3. 6. 3, 21, 53, 56, 59–60; 3. 11. 1, 3, 18, 22; 5. 9. 12; 9. 2. 106. 'alius' 3. 5. 14. auditor Theodori (Gadarei) 3. 1. 18. Hermagorei 7. 4. 4. Hermagora 1. 5. 61.
Hermocreon 5. 10. 78.
Herodotus 9. 4. 16, 18; 10. 1. 73, 101.
Hesiodus 1. 1. 15; 5. 11. 19; 10. 1. 52.
Hibericae herbae 8. 2. 2.
Hippias (Elius) 3. 1. 10, 12; 12. 11. 21. [mimicus] 8. 4. 16.
Hippocentaurus 6. 3. 90.
Hippocrates 3. 6. 64.
Hirtius 8. 3. 54; 12. 11. 6.
Hispania 1. 5. 57. Hispanum nomen 1. 5. 8.
Hispo 6. 3. 100.
Homerus 1. 8. 5; 2. 17. 8; 10. 1. 24, 46, 56, 62, 65, 85–6; 12. 4. 2; 12. 11. 21.
 Il(ias) 1. 249: 12. 10. 64.
  2. 101 seq.: 9. 3. 57.
  2. 243: 8. 6. 18.
  2. 558: 5. 11. 40.
  3. 156 seq.: 8. 4. 21.
  3. 213–15: 12. 10. 64.
  3. 217 seq.: 11. 3. 158.
  3. 221 seq.: 12. 10. 64–5.
  4. 125: 1. 5. 72.
  4. 299: 5. 12. 14.
  5. 801: 3. 7. 12.
  7. 219, 16. 140 seq.: 8. 4. 24.
  9. 443: 2. 3. 12.
  21. 196–7: 10. 1. 46.
 Od(yssea) 8. 173: 12. 10. 65.
  9. 394: 1. 5. 72.
  11. 131: 1. 5. 67.
  11. 523: 8. 3. 84.
Homericus 2. 3. 12; 5. 12. 14; 7. 10. 11.
(M.) Horatius (qui sororem occidit) 3. 6. 76; 4. 2. 7; 5. 11. 10, 12; 7. 4. 8. [poeta] 1. 8. 6; 10. 1. 94, 96.
 carm(ina) 1. 4. 13: 8. 6. 27.
  1. 12. 1–2: 8. 2. 9.
  1. 12. 40–1: 9. 3. 18.
  1. 14. 1–3: 8. 6. 44.
  1. 15. 24–5: 9. 3. 10.
  2. 13. 26–7: 10. 1. 63.
  3. 6. 36: 8. 2. 9.
  4. 2. 1 seq.: 10. 1. 61.
  4. 2. 11–12: 9. 4. 54.
  4. 13. 12: 8. 6. 17.
 sat(urae) 1. 1. 100: 9. 4. 65.
  1. 4. 11: 10. 1. 94.
  1. 6. 104: 1. 5. 57.
  1. 10. 44–5: 6. 3. 20.
  2. 6. 83–4: 9. 3. 17.
 ep(istulae) 1. 1. 41: 9. 3. 10.
  1. 1. 73: 5. 11. 20.
  1. 5. 23: 11. 3. 80.
  2. 1. 192: 1. 5. 57.
 ars (poetica) 1–2: 8. 3. 60.
  25–6: 9. 3. 65.
  63–4: 8. 6. 23.
  139: 8. 3. 20.
  311: 1. 5. 2.
  359: 10. 1. 24.
  388: ep. Tryph. 2.
  402: 10. 1. 56.

INDEX NOMINVM ET LOCORVM

Hortensia Q. filia 1. 1. 6.
(Q.) Hortensius 1. 5. 12; 2. 1. 11; 3. 5. 11; 4. 5. 24; 6. 3. 98; 6. 5. 4; 8. 3. 35; 10. 1. 23; 10. 6. 4; 11. 2. 24; 11. 3. 8.; 12. 7. 4; 12. 10. 11; 12. 11. 27.
Hyperbolus 1. 10. 18.
Hyperboreus septentrio 8. 6. 66.
Hyperides 2. 15. 9; 10. 1. 77; 10. 5. 2; 12. 10. 22. cf. 9. 3. 65.

Iadica 8. 3. 59.
Iatrocles 2. 15. 16; 3. 6. 44.
Ilium 5. 10. 42.
Interamna 4. 2. 88.
Iopas 1. 10. 10.
Iphicrates 5. 12. 10.
Iphigenia 2. 13. 13.
Iphitus 9. 3. 35.
Irus 3. 7. 19.
Isaeus 12. 10. 22.
Isauricus 6. 3. 25, 48.
Isocrates 2. 8. 11; 2. 15. 4, 33; 3. 1. 13–14; 3. 4. 11; 3. 5. 18; 3. 6. 3; 3. 8. 9; 4. 2. 31–2; 9. 3. 74; 10. 1. 74, 79, 108; 10. 4. 4; 12. 10. 22, 49.
Isthmos 3. 8. 16.
Italia 1. 5. 18; 1. 6. 31; 1. 12. 15; 7. 2. 26; 9. 2. 48; 11. 3. 37.
Italica (uerba) 1. 5. 56.
Ithacus 9. 3. 11.
Iuba [pater] 11. 1. 80. [filius] 6. 3. 90.
Iudaica superstitio 3. 7. 21.
Iugurthina historia 8. 3. 29.
Iulia basilica 12. 5. 6.
Iulius [quidam] 6. 3. 58. (Iulius) Africanus 8. 5. 15; 10. 1. 118; 12. 10. 11. (C.) (Iulius) (Caesar) [orator] 6. 3. 38; 9. 1. 28; 11. 3. 129. (Iulius) Florus 10. 3. 13–14. (Iulius) Secundus 10. 1. 120; 10. 3. 12–13; 12. 10. 11. u. Caesar.

Iunianum iudicium 4. 1. 36; 9. 4. 101.
Iunius Bassus 6. 3. 27, 57, 74.
Iuno 1. 5. 63; 1. 6. 25; 8. 4. 18; 9. 2. 10.
Iuppiter 1. 6. 25; 2. 3. 6; 3. 7. 8; 5. 11. 42; 9. 3. 57; 10. 1. 46.
Iuppiter Capitolinus 3. 7. 4.
Iuppiter Olympius 12. 10. 9.

Labienus [accusator Rabirii] 5. 13. 20. [orator] 1. 5. 8; 4. 1. 11; 9. 3. 13.
Lacedaemon 3. 7. 24. Lacedaemonii 1. 10. 14–15; 1. 11. 18; 2. 4. 26; 2. 16. 4, 8; 7. 2. 4.
Laches 7. 9. 10.
Laelia 9. 4. 31. C. filia 1. 1. 6.
D. Laelius 6. 3. 39. alter Decimus 10. 1. 24. ['sapiens'] 12. 10. 39. Laelii 9. 4. 14; 12. 10. 10.
Laenas u. Popilius. Laenates 1. 4. 25.
Lampsacum 4. 2. 2.
Laodicea 11. 3. 162.
Larinum 9. 3. 38. Larinas municipium 4. 2. 130.
Lartius 6. 3. 96.
Latini 1. 4. 4; 1. 7. 12; 1. 8. 8; 2. 1. 13; 3. 8. 50; 3. 11. 5; 4. 3. 12; 5. 10. 43; 6. 1. 1; 6. 3. 11; 9. 2. 31; 9. 4. 145; 12. 10. 35. Latinus 1. 9. 6; 1. 12. 6; 2. 1. 1; 2. 4. 42; 7. 1. 51; 12. 10. 27. Latine e.g. 1. 6. 27.
Latium 1. 6. 31.
Latona 3. 7. 8.
Latro u. Porcius.
Lauina litora 11. 3. 37.
Lausus 8. 4. 6.
Lentulus [Catilinarius] 5. 10. 30. Lentulus Spinther 6. 3. 57. Cn. Lentulus 11. 3. 8. Lentuli 6. 3. 67.

INDEX NOMINVM ET LOCORVM

Leocrates 11. 2. 14.
Leon 7. 9. 6.
Leonides 1. 1. 9.
Liber 3. 7. 8; 8. 6. 24.
Λιβυκοὶ λόγοι 5. 11. 20.
Liburnia 9. 2. 34.
Licinius Archias 10. 7. 19.
(Q.) Ligarius 4. 2. 51, 131; 5. 10. 93; 5. 13. 20, 31; 7. 2. 6; 8. 5. 13; 9. 2. 28; 9. 4. 105; 11. 1. 78, 80; 11. 3. 162.
Linus 1. 10. 9.
(T.) Liuius 1. 5. 56; 1. 7. 24; 2. 4. 19; 2. 5. 19; 8. 1. 3; 8. 3. 53; 10. 1. 32, 101.
  (*hist.*) praef. 1: 9. 4. 74.
  1. 9. 3: 9. 2. 37.
  1. 12. 1: 1. 5. 44.
  2. 27. 1: 8. 6. 20.
  38. 54. 1: 8. 6. 10.
  epistula ad filium 2. 5. 20; 10. 1. 39.
Liuius Andronicus 10. 2. 7.
M. Lollius Palicanus Picens 4. 2. 2.
Longi 1. 4. 25; 1. 6. 38.
Lotophagi 5. 8. 1.
Lucanus 10. 1. 90.
Lucilius 1. 5. 56; 1. 6. 8; 1. 7. 15, 19; 1. 8. 11; 9. 4. 38, 113; 10. 1. 94.
Lucretia 5. 11. 10.
Lucretius 1. 4. 4; 10. 1. 87; 12. 11. 27.
  (*de rerum natura*) 1. 926 = 4. 1: 8. 6. 45.
  1. 936–8 = 4. 11–13: 3. 1. 4.
Luculli 12. 7. 4.
Lupercalia 1. 5. 66; 9. 3. 61.
Luranius 9. 4. 38.
Lusius 3. 11. 14.
Lycia 8. 3. 73; 11. 3. 58.
Lycurgus [Lacedaemonius] 1. 10. 15. [Atticus] 12. 10. 22.

Lydia 3. 7. 6.
Lysias 2. 15. 30; 2. 17. 6; 3. 8. 51; 9. 4. 16–17; 10. 1. 78; 11. 1. 11; 12. 10. 21–2. **Lysiaca** gracilitas 12. 10. 24.
Lysippus 12. 10. 9.

Macedones 1. 1. 23.
Macer 6. 3. 96; 10. 1. 56, 87; 12. 11. 27.
Maecenas 1. 5. 62; 9. 4. 28.
(Sp.) Maelius 3. 7. 20; 5. 9. 13; 5. 11. 12; 5. 13. 24; 9. 3. 28.
Magnus 5. 10. 30.
Maiia 1. 4. 11.
Mancinus 7. 4. 12.
(M.) Manlius 3. 7. 20; 5. 9. 13; 5. 11. 7; 7. 2. 2. **Manlius Sura** 6. 3. 54; 11. 3. 126.
Marathon 9. 2. 62; 11. 3. **168**; 12. 10. 24.
Marcia 3. 5. 11, 13; 10. 5. 13.
Marcianus 6. 3. 95.
Marcipores 1. 4. 26.
Maricas 1. 10. 18.
C. Marius 3. 8. 37; 5. 11. 15. Marii 9. 3. 24.
(Marrucini 7. 2. 26?)
Mars 3. 7. 5, 8; 8. 6. 24.
Matius 3. 1. 18.
Medea 5. 10. 84; 8. 5. 6; 9. 2. 8; 11. 3. 73.
Megabuxus 5. 12. 21.
Megalesia 1. 5. 52.
Megarii 5. 11. 40.
Melanthius 12. 10. 6.
Menalcas 8. 6. 46–7.
Menander 1. 8. 8; 1. 10. 18; 3. 7. 18; 9. 3. 89; 10. 1. 69–70, 72; (11. 3. 91).
  georg. 35 seq.: 12. 10. 25. 75: 3. 11. 27.
Menelaus 2. 13. 13; 8. 3. 84; 12. 10. 64.

INDEX NOMINVM ET LOCORVM

Menenius Agrippa 5. 11. 19.
Mercurius 3. 7. 8.
Meropes 8. 6. 71.
Messala 1. 5. 15, 61; 1. 6. 42; 1. 7. 23, 35; 4. 1. 8; 8. 3. 34; 9. 4. 38; 10. 1. 22, 24, 113; 10. 5. 2; 12. 10. 11; 12. 11. 28.
Messana 11. 3. 90.
Metellus 9. 2. 45; 9. 3. 50.
Metrodorus (Scepsius) 10. 6. 4; 11. 2. 22, 26.
Mettus (Fufetius) 1. 5. 12; 9. 3. 26.
Midias 6. 1. 17.
Milesia quaedam 8. 4. 11.
Milo [athleta] 1. 9. 5. (T. Annius) (Milo) 3. 5. 10; 3. 11. 15, 17; 4. 2. 25, 57–8, 121; 5. 2. 1; 5. 10. 41, 50; 6. 1. 24–5, 27; 6. 3. 49; 6. 5. 10; 7. 1. 34, 36; 7. 2. 45; 7. 4. 8; 8. 6. 48; 10. 1. 23; 10. 5. 13, 20; 11. 1. 40; 11. 3. 49, 172 (Milonianum exemplum 4. 2. 61).
Minerua 3. 7. 8; 10. 1. 91; 11. 1. 24; 12. 10. 9. Menerua 1. 4. 17.
Mithridates 8. 3. 82; 11. 2. 50.
Modestus 1. 6. 36.
Mors 9. 2. 36.
Mucii 12. 2. 30.
Murena 1. 4. 24. (L.) Murena 5. 10. 99; 6. 1. 35; 11. 1. 69.
Musae 1. 10. 21; 4 pr. 4; 10. 1. 33, 99. musa 1. 10. 28; 9. 4. 85; 10. 1. 55.
Myron 2. 13. 10; 12. 10. 7.

Naeuius Arpinianus 7. 2. 24.
Narbonensis colonia 6. 3. 44.
(P.) Nasica 5. 11. 16; 5. 13. 24.
Naso 11. 2. 31.
Naucrates 3. 6. 3.

Neptunus 3. 7. 8; 8. 6. 23.
Nereus 1. 5. 24, 67. Nereides 9. 3. 48.
Nero 6. 3. 50. [imperator] 8. 5. 15, 18. u. etiam Caesar.
Nestor 12. 10. 64.
Nicander 10. 1. 56.
Nicias 1. 10. 48.
Nicostratus 2. 8. 14.
Nigidius 11. 3. 143.
Nireus 3. 7. 20.
P. Nouanius Gallio 9. 2. 35.
Numa 1. 10. 20; 2. 4. 19; 3. 7. 18; 7. 1. 24.
Numantia 8. 6. 30, 43. Numantinum foedus 3. 8. 3; 7. 4. 12–13.
Nymphae 9. 3. 59.

Oceanus 3. 8. 16; 7. 4. 2; 8. 6. 70; 10. 1. 46; 12. 10. 62.
Octauius 11. 3. 129.
'Οδυσσεύς 1. 4. 16.
Oedipus Thriasius 9. 3. 89.
Oïleus 7. 9. 2.
'Ολισσεύς 1. 4. 16.
Olympus 1. 4. 28; 1. 5. 62; 9. 4. 49.
L. Opimius 5. 11. 16.
Opiter 1. 4. 25.
Opitergini 3. 8. 30. Opitergina ratis 3. 8. 23.
Oppianicus 4. 5. 11; 5. 2. 1; 5. 10. 68; 5. 13. 32; 8. 4. 11–12; 9. 3. 38.
(P.) Oppius 5. 13. 17, 20, 30; 6. 3. 67; 11. 1. 67.
Orestes 3. 5. 11; 3. 11. 4, 6, 11–12, 20; 7. 4. 8.
Orion 9. 4. 65.
Orpheus 1. 10. 9.
Ostia 3. 8. 16. Ostiensis portus 2. 21. 18.
Ouidius 6. 3. 96; 8. 6. 33; 9. 3. 70; 10. 1. 88, 93; 12. 10. 75.

INDEX NOMINVM ET LOCORVM

met(amorphoses) 4. 1. 77.
1. 502: 8. 3. 47.
5. 17–19: 9. 3. 48.
10. 422: 9. 2. 64.
11. 456: 9. 4. 65.
13. 1: 1. 5. 43.
13. 5–6: 5. 10. 41.
Medea 8. 5. 6; 10. 1. 98.

Pacisculus 6. 3. 53.
Pacuuius 1. 5. 67; 1. 8. 11; 10. 1. 97 (cf. etiam 1. 12. 18).
Padus 1. 5. 8.
Palaemon 1. 4. 20 (cf. 1. 5. 60).
Palamedes 3. 1. 10.
Palatium 9. 3. 30.
Palla 4. 2. 27.
Pallas 6. 2. 33.
Pamphilus [pictor] 12. 10. 6. [rhetor] 3. 6. 34.
Pansa 12. 11. 6. Pansae 1. 4. 25.
Pantaleon 7. 9. 6.
Panyasis 10. 1. 54.
Paris 3. 7. 19; 5. 10. 84; 8. 4. 21.
Parium marmor 2. 19. 3.
Parnasus 9. 3. 18.
Parrhasius 12. 10. 4.
Parthi 3. 8. 33.
Passienus (Crispus) 6. 1. 50; 10. 1. 24.
Patauinitas 1. 5. 56; 8. 1. 3.
Patroclus 10. 1. 49.
L. Paulus 1. 10. 47.
Pedianus 1. 7. 24; 5. 10. 9.
Pedo 6. 3. 61; 10. 1. 90.
Pelias 9. 3. 35. Pelia 1. 5. 61.
Pelides 8. 6. 29–30.
Pelium nemus 5. 10. 84.
Peloponnesium bellum 7. 2. 7. Peloponnesia tempora 12. 10. 4.
Pelops 9. 3. 57; 9. 4. 140.
Pericles 1. 10. 47; 2. 16. 19; 3. 1. 12; 10. 1. 82; 12. 2. 22; 12. 9. 13; 12. 10. 24, 49, 65.

Peripateticus 2. 15. 19–20. Peripatetici 2. 17. 2; 3. 1. 15; 12. 2. 25.
Perses uir 3. 7. 21. Persice 11. 2. 50.
Persius 10. 1. 94.
(*sat.*) 1. 9–10: 9. 3. 9.
1. 26–7: 9. 3. 42.
1. 95: 9. 4. 65.
1. 106: 10. 3. 21.
5. 71: 1. 5. 8.
Phaethon 1. 5. 18.
Phalaris 8. 6. 72.
Pharsalus 11. 2. 14. Pharsalica acies 8. 4. 27; 8. 6. 12; 9. 2. 7, 38; 11. 3. 166.
Phidias 2. 3. 6; 12. 10. 8.
Philemon 10. 1. 72.
Philetas 10. 1. 58.
Philippus [Macedonum rex] 1. 1. 23; 3. 8. 5; 12. 10. 6. [aequalis Crassi] 6. 3. 81; 11. 1. 37.
Philistus 10. 1. 74.
Philocteta 5. 10. 84 (cf. 3. 1. 14).
Philodamus 4. 2. 114; 6. 1. 54; 11. 3. 171.
Phoebe 5. 9. 15.
Phoenix 2. 3. 12; 2. 17. 8.
Φωκικὸς πόλεμος 4. 2. 131.
Phormio 6. 3. 56.
Phrygium canere 1. 10. 32.
Phryne 2. 15. 9; 10. 5. 2.
Pierides 8. 6. 45; 9. 3. 44.
Pindarus 8. 6. 71; 10. 1. 61, 109.
Pindus 9. 3. 18.
Piraeus 8. 6. 64.
Pisandros 10. 1. 56.
Pisaurum 7. 2. 26.
Pisistratus 5. 11. 8.
Piso [in Verrinis memoratus] 9. 2. 61. [Sex. Aebuti aduocatus] 9. 3. 22. [inimicus Ciceronis] 5. 13. 38. Pisones 9. 3. 72.
Pius 5. 10. 30.

761

INDEX NOMINVM ET LOCORVM

Placidus 6. 3. 53.
Plaetorius 6. 3. 51.
C. Plancus 6. 3. 44.
Plataeae 11. 3. 168.
Plato 1. 5. 60; 1. 10. 13, 15, 17;
 1. 12. 15; 2. 15. 26; 5. 7.
 28; 9. 4. 17; 10. 1. 81, 108,
 123; 10. 5. 2; 12. 2. 22;
 12. 10. 24; 12. 11. 22.
 Gorg(ias) 449 c seq.: 2. 21. 4.
 449 d: 2. 21. 1.
 452 e: 2. 15. 10.
 453 a: 2. 15. 5.
 454 b, e: 2. 15. 18.
 460 c: 2. 15. 27.
 462 c: 2. 15. 24.
 463 d, 464 b seq.: 2. 15. 25.
 500 c: 2. 15. 27.
 508 c: 2. 15. 28.
 leg(es) 795 d seq., 813 b seq.,
 830 c: 1. 11. 17.
 Phaedr(us) 260 seq.: 2. 15. 29.
 261 a: 2. 21. 4.
 261 d: 3. 1. 10.
 266 e: 3. 1. 11.
 267 a: 2. 15. 31; 2. 16. 3.
 275 a: 11. 2. 9.
 resp(ublica) ad init.: 8. 6. 64.
 sophistes 222 c: 3. 4. 10.
 symposium 218 b seq.: 8. 4. 23.
 Timaeus ad init.: 9. 4. 77.
Plauti 1. 4. 25. Plautinus sermo
 10. 1. 99. u. Sergius.
Plautia lex 9. 3. 56.
Plinius (Secundus) 3. 1. 21; 11.
 3. 143, 148.
Plisthenes 3. 7. 20.
Plotius 2. 4. 42; 11. 3. 143.
Poeni 1. 5. 57.
Pollio u. Asinius.
Pollux 11. 2. 11.
Polus 2. 15. 28.
Polyclitus 9. 2. 61; 12. 10. 7-8.
Polycrates 2. 17. 4; 3. 1. 11.

Polydorus 9. 3. 25.
Polygnotus 12. 10. 3. Polygnoti
 12. 10. 10.
Polynices 5. 10. 31.
Polyxena 6. 2. 22. Pulixena 1.
 4. 16.
(Cn.) Pompeius 3. 8. 33, 50, 56-7;
 4. 1. 20; 4. 2. 25; 4. 3. 13; 6.
 3. 109, 111; 7. 2. 6; 8. 4. 25;
 9. 2. 55; 9. 3. 29, 41, 95; 11. 1.
 36, 80; 11. 3. 164. Sex. Pompeius 3. 8. 44.
Pomponius [aequalis C. Caesaris]
 6. 3. 75. Pomponius (Secundus) 8. 3. 31; 10. 1. 98.
Pomptina palus 3. 8. 16.
Pompulenus 5. 13. 28.
P. Popilius 5. 10. 108. (Popilius)
 Laenas 3. 1. 21; 10. 7. 32; 11.
 3. 183.
Porciae leges 9. 2. 38.
(M. Porcius) Latro 9. 2. 91; 10.
 5. 18.
Posidonius 3. 6. 37.
Postumus 1. 4. 25.
Praenestina (uerba) 1. 5. 56.
Praxiteles 2. 19. 3; 12. 10. 9.
Priamus 3. 8. 53; 5. 11. 14; 8. 4.
 21; 10. 1. 50.
Priuernas 6. 3. 44.
Proculeius 6. 3. 79; 9. 3. 68.
Prodamus 1. 10. 18.
Prodicus (Cius) 3. 1. 10, 12; 4. 1.
 73; 9. 2. 36.
Propertius 10. 1. 93.
Proserpina 4. 2. 19; 4. 3. 13; 9.
 4. 127; 11. 3. 164.
Protagoras (Abderites) 3. 1. 10,
 12; 3. 4. 10.
Protogenes 12. 10. 6.
Ptolomaeus 7. 2. 6.
Publicola 3. 7. 18. Publicolae 1.
 6. 31.
Publilia 6. 3. 75.

INDEX NOMINVM ET LOCORVM

Publipores 1. 4. 26.
Punicum bellum 3. 8. 30.
Pyrrhon 12. 2. 24.
Pyrrhus 2. 16. 7; 5. 11. 10; 6. 3. 10; 7. 2. 6.
Pythagoras 1. 10. 12, 32; 11. 1. 27; 12. 1. 19. Pythagorei 1. 12. 15; 9. 4. 12.
Pythici 1. 6. 31.

Quintilianus [filius rhetoris] 6 pr. 9.
Quintius 5. 13. 39.
Quirinalis collis 1. 6. 31.
Quirinus 1. 7. 12.

(C.) Rabirius (Postumus) 4. 2. 18; 11. 3. 172. (C.) 5. 13. 20; 7. 1. 9. [poeta] 10. 1. 90.
Reguli 12. 2. 30.
Rhodus 12. 6. 7 (cf. 3. 1. 17). Rhodii 5. 10. 78; 11. 3. 7. Rhodium genus (dicendi) 12. 10. 18.
Roma 4. 2. 88; 5. 9. 5, 7; 6. 3. 103; 7. 1. 24; 8. 2. 8; 8. 5. 9; 9. 4. 41; 11. 1. 24; 11. 3. 38; 12. 1. 35; 12. 6. 7. Romani 1. 5. 44, 68 et passim. Romanus 1. 5. 56, 58 et passim.
Romulus 2. 4. 19; 3. 7. 5. Romulus Arpinas 9. 3. 89.
Roscius 7. 2. 2, 23. [comoedus] 9. 3. 86; 11. 3. 111.
Rufi 1. 4. 25; 1. 6. 38. u. etiam Antonius.
Rufio 8. 3. 22.
Rullus 5. 13. 38; 8. 4. 28.
Rutilius (Lupus) 9. 2. 101–2.
   (*schemata lexeos*) 1. 1: 9. 3. 94.
   1. 4: 9. 3. 65.
   1. 10: 9. 3. 36.
   1. 19–21: 9. 3. 99 (cf. 9. 2. 106).

   2. 2: 9. 3. 92.
   2. 3–4: 9. 3. 99.
   2. 5: 9. 3. 91.
   2. 6: 9. 3. 89.
   2. 7–8, 11: 9. 3. 99.
   2. 12: 9. 3. 75.
   2. 16: 9. 2. 101; 9. 3. 84.
   2. 18: 9. 3. 99.
   2. 19: 9. 3. 93.
   (P.) Rutilius 5. 2. 4; 11. 1. 13.

Sabini 1. 5. 44. Sabina (uerba) 1. 5. 56.
Sacerdos 6. 3. 55.
Saguntini 3. 8. 23.
Salamis 5. 11. 40; 9. 2. 62; 11. 3. 168; 12. 10. 24.
Salarius 7. 1. 9.
Saleius Bassus 10. 1. 90.
Salii 1. 6. 40; 1. 10. 20.
(C.) (Sallustius) (Crispus) 2. 5. 19; 8. 3. 29; 10. 1. 101–2; 10. 2. 17; 10. 3. 8.
   hist(oriae) 4. 2. 2; 8. 3. 82; 8. 6. 59; 9. 3. 12 (cf. 12. 9. 9).
   in Cic(eronem) 1: 4. 1. 68. 7: 9. 3. 89.
   Cat(ilina) 3. 8. 9.
   17. 7: 8. 3. 44.
   20: 3. 8. 45.
   Iug(urtha) 3. 8. 9.
   1. 1: 9. 4. 77.
   10. 1: 9. 3. 12.
   10. 7: 8. 5. 4.
   19. 2: 2. 13. 14.
   21. 2: 8. 3. 44.
   34. 1: 9. 3. 17.
   38. 1: 8. 3. 44.
Sallustiana breuitas 4. 2. 45; 10. 1. 32. (illud Sallustianum 2. 13. 14).
Samia mulier 3. 7. 21.
Samnites 3. 8. 17.

INDEX NOMINVM ET LOCORVM

Santra 12. 10. 16.
Sapiens 5. 10. 30.
Sardi 11. 1. 89. Sardum [uerbum] 1. 5. 8.
Sarmentus 6. 3. 58.
Sasia 4. 2. 105; 11. 1. 61.
Saturninus 5. 11. 6; 6. 1. 49; 7. 1. 9. Saturnini 2. 16. 5.
Saturnus 1. 6. 36.
Scaeuola [cos. 133 a. c.] 11. 2. 38. Q. Scaeuola [cos. 117 a. c.] 7. 9. 12. [cos. 95 a. c.] 7. 6. 9; 12. 3. 9.
Scamander 11. 1. 74.
Scaurus [quem defendit Cicero] 5. 13. 40. [quem defendit Pollio] 9. 2. 24. Scauri 1. 4. 25.
(Scipio) (Africanus) [maior] 2. 4. 19; 3. 8. 17, 37; 5. 10. 48; 8. 4. 20; 8. 6. 9; 9. 3. 56 (?); 11. 1. 12. (Scipio) (Africanus) [minor] 1. 7. 25; 5. 11. 13; 8. 6. 15, 30, 43; 10. 1. 99; 12. 10. 39. (P.) Scipio (Serapio) [interfector Ti. Gracchi] 6. 3. 57; 8. 4. 13. [Metellus] Scipio 5. 11. 10. Scipiones 1. 4. 25. Scipiades 9. 3. 24. u. Africani.
Scopa 11. 2. 14–15.
Scylla 8. 6. 72.
Semproniae leges 9. 2. 38.
Seneca [rhetor] 9. 2. 42 (cf. 91). [filius] 8. 5. 18; 10. 1. 125, 127. *Medea* 453: 9. 2. 8. incertum uter 8. 3. 31; 9. 2. 98.
Septimius 4. 1. 19.
Serani 1. 4. 25.
(Sergius) Plautus [Stoicus] 2. 14. 2; 3. 6. 23; 8. 3. 33; 10. 1. 124.
Serranus 10. 1. 89.
Seruilia lex 6. 3. 44.
(Seruilius) Ahala 5. 11. 16; 5. 13. 24. Seruilius Nonianus 10. 1. 102.

Seruius 9. 3. 21. u. Galba.
Seuerus u. Cassius, Cornelius.
Sextius 8. 4. 27. Sextii 10. 1. 124.
Sibyllini libri 5. 10. 30.
Sicilia 1. 6. 30; 1. 10. 48; 3. 7. 27; 4. 3. 13; 5. 13. 35; 6. 3. 80; 8. 6. 72; 11. 3. 164. Siciliensis praeda 9. 3. 34.
Sicinius 11. 3. 129.
Siculi 6. 3. 41. Siculum bellum 10. 1. 89.
Simonides 10. 1. 64; 11. 2. 11–14, 17.
Sinon 9. 2. 9.
Sirenes 5. 8. 1.
Sisenna 1. 5. 13; 8. 3. 35.
Socrates 1. 10. 13; 1. 11. 17; 2. 15. 10, 18, 26–7, 29–30; 2. 16. 3; 2. 17. 4; 2. 21. 4; 3. 1. 9, 11; 4. 4. 5; 5. 11. 3, 42; 8. 4. 23; 9. 2. 46; 11. 1. 9; 12. 7. 9; 12. 10. 4. Socratici 5. 7. 28; 5. 11. 27; 10. 1. 35, 83; 12. 1. 10 (cf. etiam 11. 1. 13).
Sol 1. 7. 12.
Solitaurilia 1. 5. 67.
Sophocles 10. 1. 67–8.
Sophron 11. 10. 17.
Sosipater 7. 2. 4.
Sparta 9. 2. 49.
Spatale 8. 5. 17, 19.
Sphinx 6. 3. 98.
Spinther 6. 3. 57.
Staienus 4. 2. 107.
Stertinius 3. 1. 21.
Stesichorus 10. 1. 62.
Sthenelus 9. 3. 10.
Stoici 1. 4. 19; 2. 15. 20; 2. 17. 2; 3. 1. 15; 5. 7. 35; 6. 3. 78; 10. 1. 84, 124; 12. 1. 18, 38; 12. 2. 25. Stoica secta 11. 1. 70.
Stratocles 11. 3. 178.
Subura 1. 7. 29.

INDEX NOMINVM ET LOCORVM

Suelius 6. 3. 78.
Sufenas 1. 5. 62.
Sulla 3. 8. 53; 5. 10. 30, 71; 11. 1. 85. P. (*sic*) Sulla 11. 1. 13.
Sullae 1. 4. 25; 1. 7. 19.
Sulpiciana seditio 6. 3. 75.
Sulpicius Gallus 1. 10. 47. alter Gallus 2. 15. 8. Sulpicius Longus 6. 3. 32. [P.] Sulpicius [Rufus] 12. 7. 4. (Seruius) (Sulpicius) [Rufus] 3. 8. 5; 4. 1. 75; 4. 2. 106; 6. 1. 20; 7. 3. 18; 9. 4. 38; 10. 1. 22, 116; 10. 5. 4; 10. 7. 30; 12. 3. 9; 12. 10. 11.
Sybaritae 3. 7. 24.
Syracusae 1. 10. 48. Syracusani 5. 11. 7.

Tantalus 9. 3. 57.
Tarentum 7. 8. 4. Tarentinus 6. 3. 10.
Tarsumennus 1. 5. 13.
Telamo 1. 5. 60.
Terentius 1. 8. 11; 8. 3. 35; 10. 1. 99.
    Andr(ia) 68: 8. 5. 4.
    Eun(uchus) 46: 9. 2. 11; 9. 3. 16; 9. 4. 141.
    46–8: 11. 3. 182.
    85: 9. 3. 18.
    155–7: 9. 2. 58.
    Phorm(io) 36: 1. 7. 22.
Terentianus Phormio 6. 3. 56. Terentianus pater 11. 1. 39. Terentianum illud 9. 2. 11.
(Terentius) Varro 1. 4. 4 (?); 1. 6. 12, 37; 10. 1. 95, 99; 12. 11. 24.
Tereus 1. 5. 24.
Terraconenses 6. 3. 77.
Teucer 4. 2. 13.
Teucri 9. 2. 49.
Thebae 5. 10. 111; 11. 3. 168.

Thebani 5. 10. 111, 117–18; 9. 3. 55.
Themistocles 1. 10. 19; 9. 2. 92; 11. 2. 50.
Theocritus 10. 1. 55.
Theodectes 1. 4. 18; 2. 15. 10; 3. 1. 14; 4. 2. 63; 9. 4. 88; 11. 2. 51.
Theodorus Byzantius 3. 1. 11. Theodorus (Gadareus: 'qui se dici maluit Rhodium') 2. 15. 21; 3. 1. 17–18; 3. 6. 2, 36, 51; 3. 11. 3, 27; 4. 1. 23; 5. 13. 59.
Theodoreus 2. 11. 2. -rei 3. 1. 18; 3. 3. 8; 4. 2. 32.
Theodotus 3. 8. 55–6.
Theon 3. 6. 48. Theon Stoicus 9. 3. 76. Theon Samius 12. 10. 6.
Theophrastus 3. 1. 15; 3. 7. 1; 3. 8. 62; 4. 1. 32; 8. 1. 2; 9. 4. 88; 10. 1. 27, 83.
Theopompus 2. 8. 11; 9. 4. 35; 10. 1. 74. Theopompus Lacedaemonius 2. 17. 20.
Thersites 3. 7. 19; 11. 1. 37.
Thessali 5. 10. 111–13.
Thetis 3. 7. 11.
Thrasybulus 3. 6. 26; 7. 4. 44.
Thrasymachus (Calchedonius) 3. 1. 10, 12; 3. 3. 4; 9. 4. 87.
Thucydides 9. 4. 16; 10. 1. 33, 73–4, 101; 10. 2. 17.
    (*hist.*) 1. 8. 1: 9. 4. 78.
Thurinus ager 4. 2. 131.
Thyestes 1. 5. 52; 10. 1. 98.
Tiberius Caesar 3. 1. 17.
Tibullus 10. 1. 93.
Tiburs 6. 3. 44.
Timagenes 1. 10. 10; 10. 1. 75.
Timanthes 2. 13. 13.
Timarchides 9. 3. 11.
Timotheus 2. 3. 3.
Tinga Placentinus 1. 5. 12.
Tiro 6. 3. 5; 10. 7. 31.

INDEX NOMINVM ET LOCORVM

Tisias (Siculus) 2. 16. 3; 2. 17. 7;
3. 1. 8.
Titius 11. 3. 128. Titius Maximus 6. 3. 71.
Tollius 6. 3. 53.
Torquatus 5. 11. 10.
Trachalus 6. 3. 78; 8. 5. 19; 10.
1. 119; 12. 5. 5; 12. 10. 11.
Trasumennus 1. 5. 13.
Trebatius 3. 11. 18; 5. 10. 64.
Triarius 5. 13. 40.
Triquedra, Triquetra 1. 6. 30.
Troes 8. 4. 25.
Troia 1. 5. 27; 7. 2. 3; 11. 3. 36.
Troiani 8. 4. 21. Troianum bellum 7. 2. 7. Troiana gens 9. 2. 39. Troianus sanguis 9. 3. 14.
Troilus 7. 9. 7.
Tryphon ep. Tryph. 1.
(Q.) Tubero 4. 1. 66–7; 5. 10. 93;
5. 13. 5, 20, 31; 8. 4. 27; 8. 6.
12; 9. 2. 7, 29, 51; 10. 1. 23;
11. 1. 78, 80; 11. 3. 108, 166.
Tuccius 6. 3. 69.
Tullius, Tollius 6. 3. 53 (cf. etiam 9. 3. 21). (M.) Tullius 4. 2. 131.
(M.) (Tullius) (Cicero) *passim memoratur*: hos locos elegi.
   Iudicia de eo 1. 6. 18; 1. 8.
11; 2. 5. 20; 3. 1. 20; 3.
8. 65; 5. 11. 17; 5. 13. 52;
6. 3. 2 seq.; 8. 3. 64 seq.;
9. 3. 74; 9. 4. 1 seq., 36,
57, 146; 10. 1. 39 seq.,
105–12, 123; 10. 2. 18,
25; 11. 1. 17 seq., 93; 11.
3. 184; 12 pr. 4; 12. 1.
14 seq.; 12. 10. 12 seq.,
39, 45, 52; 12. 11. 24,
26 seq.
   De institutione eius 10. 1. 81;
10. 5. 11, 16; 12. 2. 6, 23;
12. 6. 7; cf. 12. 11. 6.

   De imitatoribus eius 10. 2.
17.
   Dicta 6. 3. 4–5, 47, 49, 51,
68–9, 73, 75–7, 86, 90, 96,
98; 8. 3. 54; 12. 1. 17;
12. 10. 45.
OPERA RHETORICA
   Brut(us) 10. 1. 38.
   8: 11. 1. 31.
   27: 3. 1. 12.
   58: 11. 3. 31.
   101: 7. 9. 12.
   141: 11. 3. 8, 171, 184.
   158: 11. 3. 8.
   225: 11. 3. 128.
   234: 11. 3. 8.
   259: 11. 3. 10, 35.
   278: 11. 3. 123.
   283: 10. 1. 115.
   301: 10. 6. 4.
   303: 11. 3. 8.
   316: 12. 1. 20.
   de orat(ore) 3. 6. 60; 9. 3. 90;
10. 3. 1.
   1. 5: 3. 1. 20.
   1. 12: 8 pr. 25.
   1. 20: 2. 21. 14.
   1. 21: 2. 21. 5.
   1. 33: 3. 2. 4.
   1. 94: 8 pr. 13; 12. 1.
21.
   1. 128: 12. 5. 5.
   1. 132: 11. 3. 177.
   1. 138: 2. 15. 5.
   1. 150: 10. 3. 1.
   1. 155: 10. 5. 2.
   1. 190, 199: 12. 11. 4.
   1. 236: 12. 3. 11.
   2. 30: 2. 17. 36.
   2. 43 seq.: 3. 4. 2.
   2. 88: 2. 4. 8.
   2. 108 seq.: 7. 3. 16.
   2. 133 seq.: 3. 5. 15.
   2. 188: 11. 3. 94.

INDEX NOMINVM ET LOCORVM

2. 223 seq.: 6. 3. 43-4.
2. 232: 2. 17. 5.
2. 236: 6. 3. 8.
2. 266: 6. 3. 38.
2. 267: 6. 3. 67.
2. 274: 1. 5. 65.
2. 278: 6. 3. 88.
2. 281: 6. 3. 84.
2. 289: 6. 3. 23.
2. 314: 7. 1. 10.
2. 333 seq.: 3. 8. 14.
2. 334: 3. 8. 1.
2. 352: 11. 2. 14.
2. 354: 11. 2. 21.
2. 358: 11. 2. 22.
2. 360: 10. 6. 4; 11. 2. 26.
3. 37: 11. 1. 1.
3. 42: 11. 3. 10.
3. 54: 2. 21. 6.
3. 55: 2. 20. 9.
3. 56 seq.: 1 pr. 13.
3. 93: 2. 4. 42.
3. 101: 2. 12. 7.
3. 107: 12. 2. 5.
3. 120: 3. 5. 15.
3. 164: 8. 6. 15.
3. 194: 10. 7. 19.
3. 201-8: 9. 1. 26-36.
3. 202: 9. 2. 40.
3. 203: 9. 2. 56, 96.
3. 205: 9. 2. 54.
3. 207: 9. 3. 39, 83.
3. 210 seq.: 11. 1. 4.
3. 213: 11. 3. 7.
3. 214: 11. 3. 8, 115.
3. 220: 1. 11. 18; 11. 3. 128.
3. 222: 11. 3. 1.
(*de*) *inu*(*entione* = '*libri rhetorici*') 2. 14. 4; 3. 1. 20; 3. 3. 6 (ubi u. adn.); 3. 6. 59, 64; 3. 11. 18.
1. 2-3: 3. 2. 4.

1. 3-4: 1 pr. 13.
1. 6: 2. 15. 6, 33; 2. 17. 2.
1. 7 seq.: 2. 21. 5.
1. 8: 1. 5. 61; 3. 5. 14.
1. 10: 3. 6. 50.
1. 12: 3. 3. 15.
1. 14: 3. 6. 58.
1. 19: 3. 11. 9-10, 12.
1. 46-7: 5. 10. 78.
1. 49: 5. 11. 2, 23.
1. 51: 5. 10. 6, 73; 5. 11. 2, 28.
1. 57: 5. 10. 6.
1. 58-9: 5. 14. 7-9.
1. 67: 5. 14. 5.
orat(*or*) 9. 3. 90, 97.
1: 9. 4. 101.
4: 12. 11. 26.
7: 1. 10. 4.
12: 12. 2. 23.
18: 8 pr. 13.
34: 10. 7. 27.
39: 10. 1. 33.
43: 3. 3. 7.
44: 3. 3. 6; 8 pr. 14.
45: 3. 5. 15; 3. 6. 44.
50: 7. 1. 10.
54-5: 3. 3. 7.
55: 11. 3. 1.
57: 11. 3. 58, 60.
59: 11. 3. 122, 126.
62: 10. 1. 33.
67: 9. 4. 54.
69 seq.: 11. 1. 4-5.
76: 11. 1. 92.
77: 9. 4. 37.
85: 9. 2. 29.
87: 6. 3. 42.
90: 6. 3. 18.
92 (cf. 96): 10. 1. 80.
93: 8. 6. 23.
100: 1. 10. 4.
107: 12. 6. 4.
134-9: 9. 1. 37-45.

INDEX NOMINVM ET LOCORVM

(M.) (Tullius) (Cicero) (cont.):
  orat(or) (cont.):
    139: 9. 2. 40.
    154: 1. 5. 66.
    155: 1. 6. 18.
    157: 1. 5. 44.
    161: 9. 4. 38.
    186: 9. 4. 16.
    204: 9. 4. 124.
    214: 9. 4. 103.
    215 seq.: 9. 4. 79.
    219: 9. 4. 16, 109.
    220: 9. 4. 56.
    223: 9. 4. 101, 122 (cf. 9. 2. 15).
    225: 9. 4. 122.
    232–3: 9. 4. 14–15.
    234: 9. 4. 55.
  part(itiones) orat(oriae) 3: 3. 3. 7.
    16: 8. 3. 36.
    19–20: 8. 3. 42–3.
    20: u. adn. ad 6. 2. 32.
    32: 4. 2. 107.
    62: 3. 5. 6.
    78: 2. 20. 9.
    97: 3. 8. 65.
    103–4: 3. 11. 19.
    104: 3. 11. 10.
    105: 7. 3. 35.
  top(ica) 11–14: 5. 10. 62.
    12: 5. 10. 85.
    13, 16: 5. 11. 33.
    15: 5. 11. 32.
    28: 5. 10. 63.
    35: 1. 6. 28.
    42: 5. 10. 73.
    79: 3. 5. 5; 7. 1. 4.
    79 seq.: 3. 5. 15.
    80: 3. 5. 18.
    87: 7. 3. 8.
    88: 7. 3. 28.
    93: 3. 6. 13.
    94: 3. 7. 28.
    95: 3. 11. 18.
    97: 4. 2. 64.
  ORATIONES
    (pro) Arch(ia) 1: 11. 1. 19; 11. 3. 97.
    12: 10. 1. 27.
    18: 10. 7. 19.
    19: 5. 11. 25; 8. 3. 75; 9. 4. 44; 11. 1. 34; 11. 3. 84, 167.
    (pro) Caec(ina) 1: 9. 3. 80.
    11: 4. 2. 49.
    23: 4. 2. 132.
    27: 6. 3. 56.
    34: 5. 11. 33.
    37: 5. 10. 68.
    42: 7. 3. 17.
    43: 5. 10. 92; 7. 3. 29.
    44: 7. 3. 29.
    45: 5. 10. 93.
    51 seq.: 7. 6. 7.
    55: 5. 10. 98.
    82: 9. 3. 22.
    (pro) Cael(io) 4. 1. 31, 39; 4. 2. 27; 9. 2. 39; 11. 1. 68.
    4: 11. 1. 28.
    9: 12. 11. 6.
    31: 5. 13. 30; 9. 4. 97, 98.
    32: 9. 2. 99.
    33: 9. 4. 102; 12. 10. 61.
    33 seq.: 3. 8. 54.
    34: 9. 4. 104.
    35: 9. 2. 60.
    36: 8. 3. 22.
    38: 8. 4. 1.
    39: 9. 2. 15.
    53: 9. 2. 47.
    62: 9. 4. 64.
    69: 6. 3. 25.
    (in) Cat(ilinam) 2. 16. 7.
    1. 1: 4. 1. 68; 9. 2. 7; 9. 3. 30.
    1. 2: 9. 2. 26; 9. 3. 44.

INDEX NOMINVM ET LOCORVM

1. 3: 8. 4. 13.
1. 4: 9. 3. 29.
1. 5: 9. 3. 19.
1. 10: 9. 3. 45.
1. 12: 8. 6. 15.
1. 17: 8. 4. 10.
1. 18: 9. 2. 32.
1. 19: 9. 2. 45.
1. 22: 9. 3. 62.
1. 25: 8. 6. 41.
1. 27: 5. 10. 99(?); 9. 2. 32; 9. 3. 71; 12. 10. 61.
1. 30: 9. 3. 71.
2. 1: 9. 3. 46, 77.
3. 21: 5. 11. 42.
4. 3: 6. 3. 109.

in Clodium (et Curionem)[1] 3. 7. 2; 5. 10. 92; 8. 3. 81; 8. 6. 56; 9. 2. 96.

(pro) Cluent(io) 2. 17. 21; 4. 2. 85; 5. 13. 42; 6. 5. 9; 9. 4. 133; 11. 1. 61, 74.
1: 4. 1. 36 (cf. 69); 6. 5. 9; 8. 6. 65; 9. 4. 68, 74, 92, 101.
4: 9. 2. 19; 9. 3. 75, 81; 9. 4. 75.
5: 9. 2. 51; 9. 3. 81, 85.
9: 4. 5. 11.
11: 4. 1. 79: 4. 2. 16, 130; 11. 3. 162.
12 seq.: 11. 1. 61–3.
14: 4. 2. 121; 11. 3. 162.
15: 4. 2. 105; 9. 3. 62, 77, 81.
32: 8. 4. 11.
41: 9. 3. 38.
49 seq.: 5. 2. 1.
57 seq.: 4. 2. 19; 6. 1. 41; 6. 3. 39–40.
63: 9. 2. 51.
64: 5. 10. 68.

70 seq.: 4. 2. 107.
75: 5. 11. 22.
80: 9. 3. 82.
88 seq.: 5. 11. 13.
91: 8. 6. 55.
96: 8. 3. 51.
98: 5. 10. 108.
103: 9. 2. 8.
106: 9. 2. 16.
111: 5. 13. 39.
117–18: 4. 1. 75.
134: 5. 11. 13.
135: 5. 13. 33.
140: 6. 3. 43.
143: 5. 13. 42, 47.
143 seq.: 6. 5. 9.
144–5: 4. 5. 20.
146: 5. 11. 25.
166: 9. 2. 48.
167: 5. 7. 37; 9. 3. 37.
168: 5. 13. 15.
169: 9. 2. 60.

in competitores 3. 7. 2.

pro Cornelio 4. 3. 13; 4. 4. 8; 5. 11. 25; 5. 13. 18, 26; 6. 5. 10; 7. 3. 35; 8. 3. 3–4; 9. 2. 55; 9. 4. 14, 122–3; 10. 5. 13; 11. 3. 164.

pro Deiotaro 4. 1. 31.

(pro) Flacc(o) 62 seq.: 11. 1. 89.

(pro) Font(eio) 21 seq., 26: 11. 1. 89 (cf. etiam 6. 3. 51).

pro Fundanio 1. 4. 14.

pro Gabinio et in Gabinium 11. 1. 73.

pro Q. Gallio 8. 3. 66; 11. 3. 155, 165.

(de) leg(e) agr(aria) 2. 16. 7.
2. 13: 5. 13. 38; 8. 4. 28.

---

[1] In laudandis orationum deperditarum fragmentis utor editione F. Schoell.

INDEX NOMINVM ET LOCORVM

(M.) (Tullius) (Cicero) (*cont.*):
pro lege Manilia 2. 4. 40.
(*pro*) *Lig*(*ario*) 4. 1. 38-9, 66-7, 70; 6. 5. 10; 9. 2. 50; 9. 4. 133 (cf. etiam 5. 13. 20; 10. 1. 23; 11. 1. 78).
  1: 9. 4. 73, 75, 92-3, 105; 11. 3. 108, 110.
  2: 4. 1. 67; 4. 2. 109, 131; 8. 5. 13; 9. 2. 51; 11. 3. 162.
  3: 4. 2. 110.
  4: 4. 2. 51, 108, 110.
  6: 11. 3. 166.
  7: 9. 2. 14, 28; 11. 3. 166.
  8: 5. 10. 93.
  9: 5. 13. 31; 8. 4. 27; 8. 6. 12; 9. 2. 7, 38, 57; 9. 4. 99; 11. 3. 166.
  10: 5. 13. 5; 8. 5. 10; 9. 2. 29; 9. 4. 102.
  15: 8. 3. 85.
  19: 5. 11. 42; 5. 14. 1; 9. 3. 36.
  30: 7. 4. 17.
  31: 5. 10. 93.
  35: 6. 3. 108.
  37: 8. 5. 3.
  38: 8. 5. 7; 9. 4. 107.
contra contionem Metelli 9. 3. 40, 43, 45, 49, 50.
(*pro*) *Mil*(*one*) 2. 20. 8; 3. 6. 12, 93; 4. 1. 31; 4. 2. 25, 57; 4. 3. 17; 4. 5. 15; 5. 14. 20 seq.; 6. 5. 10; 9. 4. 133; 10. 5. 20; 11. 1. 40.
  1: 9. 4. 74, 93; 11. 3. 47-51.
  1 seq.: 4. 1. 20.
  5: 8. 6. 48; 9. 3. 77.
  7: 5. 11. 12.
  8: 5. 11. 16, 18.
  9: 5. 11. 15; 5. 14. 18, 35; 8. 5. 11.
  10: 5. 14. 19; 9. 3. 83.
  11: 5. 14. 17, 35.
  12 seq.: 5. 2. 1.
  17: 5. 10. 41.
  28: 1. 5. 57; 4. 2. 57 (cf. 61); 5. 10. 50.
  29: 4. 2. 121; 7. 1. 37; 9. 2. 17.
  30: 4. 4. 2.
  33: 9. 2. 56 (cf. 54); 9. 3. 6.
  34-5: 8. 6. 7.
  38 seq.: 7. 2. 43.
  41: 5. 14. 3.
  47: 9. 2. 26.
  53: 5. 10. 37; 8. 6. 41.
  59: 9. 3. 30.
  60: 8. 3. 22.
  72: 5. 11. 12; 9. 3. 28.
  79: 5. 14. 2.
  85: 9. 2. 38; 11. 1. 34; 11. 3. 115, 167, 172; 12. 10. 62.
  88 seq.: 9. 2. 41.
  94: 6. 1. 27; 9. 3. 23.
  102: 6. 1. 24; 11. 3. 172.
  105: 11. 3. 173.
(*pro*) *Mur*(*ena*) 11. 1. 69-70.
  1: 9. 4. 107.
  4: 5. 11. 23; 6. 1. 35.
  7: 4. 1. 75.
  11: 4. 5. 12.
  14: 9. 2. 26.
  17: 5. 11. 11.
  21: 5. 13. 27.
  22: 2. 4. 24; 9. 2. 100; 9. 3. 32-3.
  25: 8. 3. 22.
  26: 7. 1. 51.
  29: 8. 3. 79; 9. 3. 36.
  35: 8. 6. 49.

INDEX NOMINVM ET LOCORVM

36: 8. 3. 80.
60: 8. 6. 30.
73: 7. 3. 16.
76: 9. 3. 82.
79: 6. 1. 35.
80: 9. 2. 18.
83: 5. 10. 99.
pro Oppio 5. 10. 69, 76; 5.
   13. 17, 20–1, 30; 6. 5.
   10; 9. 2. 51; 11. 1. 67.
Phil(ippicae) 3. 8. 46.
   2. 2: 11. 1. 25–6.
   2. 62: 9. 2. 47.
   2. 63: 5. 10. 99; 8. 4. 8,
   10, 16; 8. 6. 68; 9. 4.
   23, 29, 44, 107; 11. 3.
   39, 167, 172.
   2. 64: 9. 2. 26; 9. 3. 29.
   2. 67: 8. 4. 25; 8. 6. 70;
   12. 10. 62.
   3. 22: 5. 13. 38; 9. 3.
   13, 72.
   4. 8: 9. 3. 86.
   8. 2: 3. 8. 5.
   8. 3: 7. 3. 25.
   9: 3. 8. 5.
   9. 7: 7. 3. 18.
   11. 14: 8. 3. 29.
(in) Pis(onem) 3. 7. 2; 8. 3.
   21; 8. 5. 18; 9. 3. 47;
   9. 4. 76.
   1: 5. 13. 38.
   30: 9. 3. 67.
orationes Pompeio et T. Ampio scriptae 3. 8. 50.
de proscriptorum liberis 11. 1. 85.
(pro) Quinct(io) 4: 11. 1. 19.
   78: 9. 3. 86.
(pro) Rab(irio) perd(uellionis reo) 5. 13. 20; 7. 1.
   16 (cf. 9).
   18: 11. 3. 169.
   24 seq.: 6. 1. 49.

(pro) Rab(irio) Post(umo) 3.
   6. 11; 4. 1. 46, 69; 4. 2. 10.
   1: 9. 2. 17.
   7: 9. 3. 6.
   28: 4. 2. 18.
   45: 11. 3. 172.
de haruspicum responsis 5.
   11. 42.
(pro Sex.) Rosc(io) Am(erino)
   9. 2. 53.
   60: 4. 2. 3, 19.
   72: 12. 6. 4.
   98: 9. 2. 41.
(pro) Scaur(o) 4. 1. 69; 5. 13.
   28; 6. 1. 21; 7. 2. 10.
   39 seq.: 11. 1. 89.
   45h: 1. 5. 8.
   45l: 5. 13. 40.
   45m: 9. 2. 15; 9. 4. 122.
pro Tullio 14: 4. 2. 131.
   56: 5. 13. 21.
pro Vareno 4. 1. 74; 4. 2. 26;
   5. 10. 69; 5. 13. 28; 6. 1.
   49; 7. 1. 9, 12; 7. 2. 10,
   22, 36; 8. 3. 22; 9. 2. 56.
in Vatinium testem 5. 7. 6;
   11. 1. 73 (ubi et *pro Vatinio*)
(in) Verr(em) 5. 10. 31.
   diu(inatio in Q.) Caec(ilium) 7. 4. 33.
   1: 4. 1. 49; 9. 2. 17.
   4: 9. 2. 59.
   40: 11. 1. 20.
   41: 11. 1. 44.
   45: 4. 5. 24.
   act(io) prim(a) 43: 6. 1. 13.
   (actio secunda) 1. 1: 9. 4. 119.
   1. 9: 8. 4. 2.
   1. 54: 9. 2. 26.
   1. 63: 4. 2. 2.
   1. 75 seq.: 6. 1. 54.

INDEX NOMINVM ET LOCORVM

(M.) (Tullius) (Cicero) *(cont.)*:
  (actio secunda) (cont.):
    1. 76: 4. 2. 114; 11. 3. 162.
    1. 77: 9. 1. 16.
    1. 109: 5. 10. 76.
    1. 121: 6. 3. 55 (cf. 4).
    2. 2 seq.: 3. 7. 27; 4. 3. 13; 11. 3. 164.
    2. 18: 6. 3. 55.
    2. 73: 4. 2. 67.
    3. 46, 4. 2: 9. 2. 17.
    4. 5: 9. 2. 61.
    4. 18: 7. 4. 36.
    4. 37: 9. 2. 52.
    4. 43: 9. 2. 60.
    4. 57: 9. 2. 61.
    4. 95: 6. 3. 55.
    4. 106 seq.: 4. 2. 19; 4. 3. 13; 9. 4. 127; 11. 3. 164.
    5. 4: 9. 2. 47.
    5. 7: 4. 2. 17.
    5. 10: 9. 2. 22.
    5. 26 seq.: 4. 2. 18.
    5. 44: 9. 3. 34.
    5. 70: 9. 4. 64.
    5. 86: 8. 3. 64; 9. 4. 104; 11. 3. 90.
    5. 107: 9. 3. 43.
    5. 116: 9. 2. 57; 9. 3. 11.
    5. 117: 6. 1. 54; 8. 4. 19; 9. 2. 51; 9. 4. 70.
    5. 118: 4. 2. 106; 8. 4. 27; 9. 4. 71, 108, 124; 11. 1. 40.
    5. 119: 9. 3. 34.
    5. 136: 6. 1. 3.
    5. 145: 8. 6. 72.
    5. 161: 9. 2. 40.
    5. 162: 4. 2. 113; 6. 1. 54; 9. 4. 102; 11. 1. 40; 11. 3. 90.
    5. 163: 9. 2. 38.
    5. 170: 8. 4. 4.
    5. 184 seq.: 6. 1. 3.
  fragmenta uaria orationum
    1. 5. 13; 5. 13. 26; 6. 3. 48; 8. 3. 21; 8. 6. 47; 9. 2. 18, 41, 47, 60; 9. 3. 21, 42; 9. 4. 100.
  EPISTULAE 10. 1. 107; 11. 1. 21; 12. 2. 6.
    (ad) Att(icum) 8. 7. 2: 6. 3. 109; 8. 5. 18.
    9. 10. 6: 8. 3. 32; 8. 6. 32.
    ad Brutum[1] 2. 20. 9; 3. 8. 42; 5. 10. 9; 6. 3. 20 (?); 8. 3. 6, 34; 8. 6. 20, 55; 9. 3. 41, 58; 9. 4. 41.
    ad Brutum et Caluum 10. 1. 24; 12. 1. 22 (cf. et 9. 4. 1).
    ad Caerelliam 6. 3. 112.
    (ad) fam(iliares) 3. 8. 3: 8. 3. 35.
    ad filium 1. 7. 34.
    ad incertum 9. 3. 61.
  OPERA PHILOSOPHICA 10. 1. 107; 11. 1. 21.
    acad(emica) 1. 5: 2. 20. 9.
    1. 32: 2. 15. 5.
    (de) amic(itia) 89: 8. 3. 35.
    Catulus et Lucullus 3. 6. 64.
    (de) nat(ura) deor(um) 1. 95: 1. 5. 72; 8. 3. 32.
    (de) rep(ublica) 9. 3. 75.
    (de) sen(ectute) 7: 5. 11. 41.
    Tusc(ulanae disputationes) 1. 4: 1. 10. 19.
    1. 59: 10. 6. 4.
    libri de Graeco translati 10. 5. 2.
  CARMINA 8. 6. 73; 9. 4. 41; 11. 1. 24.

[1] In laudandis epistularum fragmentis utor editione W. S. Watt.

INDEX NOMINVM ET LOCORVM

VARIA *commentarii* 4. 1. 69;
    10. 7. 30.
  communes loci 2. 1. 11 (cf.
    10. 5. 12).
  liber de iure 12. 3. 10.
  fragmenta rhetorica 1. 4. 11;
    3. 3. 6 (?); 8. 2. 4; 10. 7.
    14; 11. 1. 92; 12. 10. 56.
Turnus Laurens 8. 4. 6.
Tusca (uerba) 1. 5. 56. Tuscanicae statuae 12. 10. 1, 7.
Tutilius 3. 1. 21.
Tydeus 3. 7. 12. Tydides 8. 6. 29–30.
Tyndaridae 9. 4. 65; 11. 2. 16.
Tyrrhenum aequor 9. 3. 17.
Tyrtaeus 10. 1. 56 (cf. adn. ad 12. 11. 27).

Valerius 2. 4. 18. Valerius Flaccus 10. 1. 90. Valerii, Valesii 1. 4. 13.
(C.) Valgius 3. 1. 18; 3. 5. 17; 5. 10. 4.
(C.) Varenus 4. 1. 74; 5. 10. 69; 5. 13. 28; 7. 1. 9; 9. 2. 56. Cn. et L. Varenus 7. 1. 9.
Varius 3. 8. 45; 10. 1. 98; 10. 3. 8.
Q. Varius Sucronensis 5. 12. 10.
(P.) Varro (Atacinus) 1. 5. 18; 10. 1. 87 (cf. etiam 1. 4. 4). u. Terentius.
L. Varus Epicurius 6. 3. 78.
(P.) Vatinius 5. 7. 6; 6. 1. 13; 6. 3. 60, 68, 77, 84; 9. 2. 25; 11. 1. 73.
Vcalegon 8. 6. 25.
Venus 1. 6. 14; 2. 4. 26; 8. 6. 24, 42.
(P.) Vergilius 1. 7. 20; 1. 8. 5; 4. 1. 34; 6. 3. 20; 8. 3. 24, 79; 8. 6. 26; 10. 1. 85–6; 10. 3. 8; 12. 11. 26–7 (Vergilianus e.g. 10. 1. 92).

Catal(epton) 2: 8. 3. **28**.
ecl(ogae) 1. 2: 9. 4. **85**.
  1. 11–12: 1. 4. **28**.
  1. 15: 1. 6. 2.
  1. 22: 5. 11. 30.
  1. 42 seq.: 9. 3. 53.
  1. 81: 10. 1. 12.
  2. 66: 8. 6. 22.
  2. 69: 9. 3. **28**.
  3. 8–9: 9. 3. 59.
  3. 17–18, 21: 9. 2. **13**.
  3. 25: 11. 3. 176.
  3. 69: 1. 6. 2.
  3. 102: 8. 6. 73.
  3. 104–5: 8. 6. **52**.
  4. 62–3: 9. 3. 8.
  6. 5: 8. 2. 9.
  6. 8: 9. 4. **85**.
  6. 62–3: 1. 5. **35**.
  8. 13: 10. 1. 92.
  8. 28: 9. 3. 6.
  9. 7–10: 8. 6. 46.
  9. 45: 9. 4. 54.
  10. 11: 9. 3. 18.
  10. 50: 10. 1. 56.
  10. 72–3: 9. 3. 44.
georg(ica) 1. 43–4: 4. 2. **2**.
  1. 54–5: 9. 3. 39.
  1. 86 seq.: 9. 3. 96.
  1. 181: 8. 3. 20.
  1. 183: 9. 3. 6.
  1. 295: 8. 2. 10.
  1. 357: 8. 3. 47.
  1. 388: 5. 9. **15**.
  1. 422: 5. 9. 16.
  1. 431: 5. 9. **15**.
  1. 512–14: 8. 3. **78**.
  2. 74: 1. 5. **35**.
  2. 169–70: 9. 3. 24.
  2. 272: 1. 3. **13**.
  2. 298: 9. 3. 21.
  2. 541: 9. 3. 20.
  2. 541–2: 8. 6. 45.
  3. 79 seq.: 8. 2. **15**.

INDEX NOMINVM ET LOCORVM

(P.) Vergilius, *georg(ica)* *(cont.)*:
  3. 135–6: 8. 6. 8.
  3. 243: 1. 5. 28.
  3. 344–5: 9. 3. 51.
  3. 346: 9. 3. 20.
  3. 364: 8. 6. 40.
  3. 381: 8. 6. 66.
  3. 435–6: 9. 3. 21.
  4. 59: 8. 6. 18.
  4. 445: 9. 3. 15.
Aen(eis) 1. 1: 1. 5. 27.
  1. 1 seq.: 9. 3. 52; 11. 3. 36 seq.
  1. 2: 1. 5. 18.
  1. 3: 11. 3. 34 (cf. 9. 4. 40).
  1. 19–20: 9. 3. 14.
  1. 33: 8. 5. 11.
  1. 41: 1. 5. 18.
  1. 48: 9. 2. 10.
  1. 65: 8. 6. 29.
  1. 67: 9. 3. 17.
  1. 78: 11. 3. 176.
  1. 81–3: 8. 4. 18.
  1. 109: 8. 2. 14.
  1. 135: 9. 2. 54.
  1. 151–3: 12. 1. 27.
  1. 155: 7. 9. 10.
  1. 162–3: 8. 6. 68.
  1. 177: 8. 6. 23.
  1. 335: 11. 3. 70.
  1. 365: 1. 5. 43.
  1. 369: 9. 2. 7.
  1. 399: 9. 3. 75.
  1. 477: 7. 9. 7.
  1. 617: 11. 3. 176.
  1. 742: 1. 10. 10.
  2. 1: 1. 5. 43.
  2. 15–16: 8. 6. 34.
  2. 29: 9. 2. 37.
  2. 69–70: 9. 2. 9.
  2. 104: 9. 3. 11.
  2. 262: 8. 3. 84.
  2. 268–9: 8. 6. 60.
  2. 307–8: 8. 6. 10.
  2. 311–12: 8. 6. 25.
  2. 355–6: 8. 3. 72, 78.
  2. 435–6: 9. 3. 35.
  2. 540–1: 5. 11. 14.
  3. 29–30: 8. 3. 70.
  3. 55–7: 9. 3. 25.
  3. 56–7: 9. 2. 10.
  3. 193: 12 pr. 4.
  3. 234–5: 9. 3. 64.
  3. 321–3: 6. 2. 22.
  3. 436: 2. 13. 8.
  3. 475: 8. 6. 42.
  3. 517: 9. 4. 65.
  3. 620: 11. 3. 70.
  3. 631: 8. 3. 84.
  3. 659: 8. 4. 24.
  4. 143–4: 8. 3. 73.
  4. 173 seq.: 9. 2. 36.
  4. 254–5: 1. 5. 25; 8. 3. 72.
  4. 359: 8. 3. 54.
  4. 379: 9. 2. 50.
  4. 381: 9. 2. 48.
  4. 419: 8. 2. 3.
  4. 425–6: 9. 2. 39.
  4. 495–6: 8. 6. 29.
  4. 525: 1. 5. 28.
  4. 550–1: 9. 2. 64.
  4. 592: 9. 2. 11.
  4. 595: 9. 3. 25.
  5. 212: 7. 9. 10.
  5. 248: 9. 3. 9.
  5. 264–5: 8. 4. 24.
  5. 319: 8. 6. 69.
  5. 426: 8. 3. 63.
  6. 1: 8. 6. 10.
  6. 16: 8. 6. 18.
  6. 179: 1. 4. 28.
  6. 275: 8. 6. 27, 41.
  6. 276: 8. 6. 41.
  7. 464: 1. 7. 18.
  7. 518: 8. 3. 70.
  7. 649–50: 8. 4. 6.
  7. 759: 9. 3. 34.
  7. 787–8: 9. 3. 15.

INDEX NOMINVM ET LOCORVM

7. 791: 5. 10. 10.
7. 808–9: 8. 6. 69.
8. 641: 8. 3. 19.
8. 642–4: 9. 3. 26.
8. 691–2: 8. 6. 68.
8. 728: 8. 6. 11; 12. 10. 61.
9. 26: 1. 7. 18.
9. 476: 6. 2. 32.
9. 773: 8. 6. 12.
10. 1: 1. 4. 28; 9. 4. 49.
10. 92: 9. 2. 49.
10. 782: 6. 2. 33.
11. 40, 89: 6. 2. 32.
11. 142: 8. 6. 21.
11. 383–4: 11. 3. 176.
11. 383–5: 9. 2. 49.
11. 406: 9. 3. 14.
11. 681: 8. 2. 10; 8. 6. 40.
12. 5: 9. 3. 17.
12. 208: 1. 6. 2.
12. 638: 9. 3. 46.
12. 646: 8. 5. 6.

(Verginius) (Flauus) 3. 1. 21; 3. 6. 45; 4. 1. 23; 7. 4. 24, 40; 11. 3. 126.
(C.) Verres 4. 1. 49; 4. 2. 18; 5. 11. 7; 5. 13. 18, 35; 6. 3. 55, 98; 7. 2. 2; 7. 4. 33, 36; 8. 6. 37, 55; 11. 1. 20.
Verrius 11. 2. 31.
M. Vestinus 6. 3. 64.
Vettius 1. 5. 56.
†Vetto† 8. 6. 73.
(Vibius) Crispus 5. 13. 48; 8. 5. 15, 17; 10. 1. 119; 12. 10. 11.
(Vibius) Curius 6. 3. 73, 90.
Victoriae aureae 9. 2. 92.
(Vitorius) Marcellus ep. Tryph. 1; 1 pr. 6; 4 pr. 1; 6 pr. 1; 12. 11. 31.
A. Villius 6. 3. 69.
Virtus 9. 2. 36.
Visellius 9. 2. 101, 107; 9. 3. 89.
Vita 9. 2. 36.
Vlixes 1. 4. 16; 1. 5. 63; 2. 13. 13; 4. 2. 13; 5. 10. 41; 6. 3. 96; 9. 3. 35; 11. 3. 158; 12. 10. 64.
Voluptas 9. 2. 36.
Volusenus Catulus 10. 1. 24.
Vopiscus 1. 4. 25.
Vrbinia 4. 1. 11; 7. 2. 4–5, 26 (Vrbiniana lis 7. 2. 26).
Vrsi 11. 2. 31.
Vulcanus 8. 6. 24.

Xanthus 8. 3. 73.
Xenophon 5. 11. 27–8; 9. 2. 36; 10. 1. 33, 75, 82; 10. 5. 2; 12. 10. 4.

Zenon 2. 20. 7; 4. 2. 117; 12. 1. 18; 12. 7. 9.
Zeuxis 12. 10. 4–5.
Zmyrna 9. 2. 64. [poema Cinnae] 10. 4. 4.
Zoilus 9. 1. 14.
Zopyrus Clazomenius 3. 6. 3.